财政部规划教材

中央财经大学“双一流”建设精品教材

保险公司财务管理

郑莉莉　编著

中国财经出版传媒集团
中国财政经济出版社
北京

图书在版编目（CIP）数据

保险公司财务管理／郑莉莉编著．-- 北京：中国财政经济出版社，2024.3

财政部规划教材　中央财经大学“双一流”建设精品教材

ISBN 978－7－5223－2704－4

Ⅰ.①保…　Ⅱ.①郑…　Ⅲ.①保险公司－财务管理－高等学校－教材　Ⅳ.①F840.3

中国国家版本馆 CIP 数据核字（2024）第 033909 号

责任编辑：苏小珺　　责任印制：党　辉

封面设计：北京兰卡绘世　　责任校对：胡永立

保险公司财务管理

BAOXIAN GONGSI CAIWU GUANLI

中国财政经济出版社 出版

URL：http：//www.cfeph.cn

E－mail：cfeph@cfeph.cn

社址：北京市海淀区阜成路甲 28 号　邮政编码：100142

营销中心电话：010－88191522

天猫网店：中国财政经济出版社旗舰店

网址：https：//zgczjjcbs.tmall.com

北京中兴印刷有限公司印刷　　各地新华书店经销

成品尺寸：185mm×260mm　16 开　29.5 印张　636 000 字

2024 年 3 月第 1 版　2024 年 3 月北京第 1 次印刷

定价：98.00 元

ISBN 978－7－5223－2704－4

（图书出现印装问题，本社负责调换，电话：010－88190548）

本社质量投诉电话：010－88190744

打击盗版举报热线：010－88191661　QQ：2242791300

前　言

财务管理是企业制度的核心——良好的财务管理对企业的经济健康至关重要。保险公司作为金融市场的重要组成部分，其财务管理活动既有一般企业财务管理的普遍性，又具有其特殊性，与普通企业先有成本支出，后有销售收入的盈利模式不同，保险公司的收入模式体现在保费收入在先，赔付支出在后，因此，使得现金流入先于现金流出，经营成本具有滞后性。一方面，这些特征对保险公司的偿付能力、资产负债管理、投资管理等财务管理活动提出了更高要求；另一方面，保险公司的保险合同期限往往较长，在未来较长的时间内，保险公司要承担的实际成本（给付、赔付等支付义务）受外部环境因素、投保人或被保险人自身状况以及保险公司自身经营情况等综合因素的影响，具有很大的不确定性，因此，负债准备金评估较其他金融企业难度更大，受监管的程度高。由于保险公司负债的特殊性，保险公司的资产负债匹配要求更高，负债特性直接影响资产端的配置策略。

《保险公司财务管理》的目标群体是本科学生，本书吸收了财务管理领域的相关理论，结合保险公司财务管理的发展实践，涵盖了保险公司财务管理的各个方面，内容上采用循序渐进、由浅入深的原则，在保证学科体系完整性的条件下，尽量结合我国的实际情况，将理论和实践结合。本教材编写遵循以下编写原则：一是科学性，全面、准确地阐述保险公司财务管理的基本理论、概念和范畴，分析、探讨和解决保险公司财务管理的理论问题和实际问题，让学习者能够受到启迪；二是系统性，基本上涵盖了保险公司财务管理的各个方面，构成了公司财务管理的整体框架和逻辑体系；三是创新性，在内容方面，结合现有理论，提出新的观点和见解；四是前沿性，考察公司财务管理的最新发展，吸纳和反映保险公司财务管理的前沿信息和内容；五是实用性，大部分章节都包含案例分析，理论联系实际，便于教学，富有启发性，有利于培养学生的综合素质和能力。

本书内容分为三部分，第一部分主要介绍保险公司财务管理的基础，包括财务管理的基本概念及相关理论；第二部分主要是保险公司财务报告及分析，包括保险公司财务报表概述、保险公司合并财务报表、保险公司财务报表分析和保险公司财务状况分析；第三部分主要是保险公司财务管理的实践，包括融资管理、资产负债管理、投资管理、资本结构、偿付能力管理和股利政策。

全书结构如下：每章开始有学习目标和要求、本章概览，每章结尾附课后思考题，一些介绍性的内容以专栏的形式列出，财务管理内容部分包含案例分析，本书最后还附有四个保险公司财务报告的案例分析，并列出主要参考文献。

本书由郑莉莉编著。本书的编写过程中，参考了大量国内外学者的专著、教材和文章，在此表示诚挚谢意。

由于编者的水平有限，编写中难免有疏漏，敬请读者批评指正。

作　者
2023 年 7 月

目录
Contents

第一章　保险公司财务管理总论

【学习目标和要求】

1. 理解保险公司的组织形式。

2. 掌握保险公司财务管理的定义、目标、内容、职能、特点和其工作人员的职责。

3. 了解保险公司财务管理的产生背景和历史演进。

4. 熟悉财务管理的方法与了解保险公司财务管理的环境。

【本章概览】

在保险公司经营管理中，财务管理居于非常重要的地位。那么，保险公司财务管理究竟是什么？做些什么？本章作为全书的基础，将主要回答此类问题。第一节介绍保险公司组织形式，包括保险公司的基本职能、类型和法律形式；第二节介绍保险公司财务管理的内容，主要阐释保险公司财务管理的定义、目标、内容、职能、特点等，以及保险公司财务管理人员的职责；第三节介绍保险公司财务管理的历史演进；第四节介绍保险公司财务管理环境，结合保险公司财务管理的特点介绍保险公司所面临的监管环境、法律环境和经济环境。

第一节 保险公司组织形式

西方特殊的经济和文化环境产生了公司这种组织，伴随着经济和社会不断地向前发展，公司出现了很多种形态，国家基于对经济发展的考虑，对有些公司组织形式进行确认，从而出现了公司的法律组织形式。

一、保险公司的基本职能

保险公司是非银行金融机构的一种形态，保险公司的功能：一是作为组织保险经济活动和经营保险业务的专业公司的功能，发挥着保险经济补偿功能和社会风险管理功能；二是作为金融机构的保险公司的功能，即融通资金的功能。

（一）经济补偿

保险公司为个人或组织（即投保人）提供保障，当被保险人或保险标的发生损失时，保险公司为其提供经济补偿，这种保护的性质是在保单中依法订立的。保单持有人向保险公司购买保障，就承保的保险业务而言，为这项服务支付的金额为“保费”。根据保险业务承保的不同，可以将保险业务分为原保险业务和再保险业务。原保险是指向最终用户提供直接承保的保险，而再保险是指以对冲为目的向其他保险公司提供保险保护。被保险人和保险人之间进行的风险分摊实现了保险分散危险损失的功能。保险公司这种集散风险的能力，就是保险公司经济补偿的功能。

（二）社会风险管理

保险公司是专门与灾险打交道的行业，保险公司在承保时，通过对危险因素的调查和识别，提出危险处理的方案；在承保期间，通过对危险因素的监督检查，提出整改和防范措施；在标的出险时，通过对出险原因的检验核查，总结防灾防险的经验；凭借和危险打交道的丰富经验，开展危机解除管理的咨询服务等。保险公司所具有的这种为保障国家、经济单位和个人财产安全及维护人民身体健康和生命安全提供服务的能力，即为保险公司的防险防灾功能，保险公司具有安定人民生活的社会职能。

（三）融通资金

保险公司把积累的暂时不需要赔付或给付的巨额保险基金用于短期贷款或投资，这种把补偿基金转化为生产建设基金资金的能力，就是保险公司的融通资金功能。因此，除了核心保险产品外，保险公司往往还会向客户提供养老金、基金管理等投资产品。尤其是自20世纪80年代以来，金融与保险之间的联系越来越密切，消费者对便利、多样、收益好的金融产品的需求促进了分红险、投资连结险、养老保险等一系列产品的兴起，使得保险公司在转移投保人风险的职能之外，还具有了储蓄、投资等财务服务功能。融资功能对于保险公司来说是相当重要的，可以极大地降低保险公司整体经营和积累保险基金的机会成本，实现保险基金的保值和增值，增加保险公司盈利，同时，还可为降低保险费率提供物质条件。所以，融通资金功能是保险公司的基本功能之一，也是保险公司之所以被称为金融机构的条件。

二、保险公司的类型

保险公司承保的业务多种多样，从业务上分，保险公司的类型包括人寿保险公司、健康保险公司（health insurers）、财产意外保险公司（general insurers）、综合保险公司、再保险公司、专业保险公司。

（一）人寿保险公司

人寿保险公司产品类型主要为“长期险”，如个人及团体的人寿、年金、健康和意外伤害保险产品。保险单可以采用“定期保险”的形式，如果被保险人在规定的期间内死亡，则理赔；也可以采用“终身保险”的形式，即在被保险人死亡时支付；或“养老保险”，即提供一种储蓄手段（例如，支付抵押贷款承诺），如果投保人在保单期限内死亡，还可以提供额外的保护。另外，人寿保险公司还可以提供养老金服务，参与保险的公司或团体的雇员与保险公司签订个人养老金协议，可以用税收优惠为退休后的生活储蓄。

（二）健康保险公司

人寿保险公司可以提供额外的健康保险，在被保险人出现不可预期的健康问题或伤害时，满足有效的索赔要求，市场上也有专业的健康保险公司，健康险公司的产品结构相较财产险和寿险公司更为复杂，主要面向不同人群对于健康险的不同需求。既包括最低保障性质的健康险产品，又包括高端定制的健康管理服务产品；既包括短期的补充医疗保险，又包括长期保障型的失能、护理保险。我国健康险业务所占市场份额较小，我国的专业健康险公司有中国人民健康保险股份有限公司（2005年）、平安健康保险股份有限公司（2005年）、昆仑健康保险股份有限公司（2006年）、和谐健康保险股份有限公司（2006年）、太保安联健康、复星联合健康和诚志健康保险等。

（三）财产意外保险公司

财产意外保险公司也被称为“非寿险”保险公司，为财产损失、车祸、职业赔偿保险可保的事件提供保险。许多保险公司通过除外风险，如天灾、社会动荡、战争等，来控制他们所承担的风险。此外，保险公司通常会在保险单中规定一定的免赔额，即投保人将为损失支付一定数额的赔偿金，保险公司则承担超过这一数额的费用。此外也有专门的保险公司为所有这些情况提供保险。例如，伦敦劳合社（Lloyds of London）以其创新和创业精神而闻名，几乎为任何事件提供保障，财产意外保险公司产品类型主要为“短期险”，具体包括财产损失保险、责任保险、信用保险、保证保险、短期健康保险、意外伤害保险等。

（四）综合保险公司

这类保险公司承保综合的保险业务，可以同时销售寿险和非寿险。由于其体量庞大，经营综合业务的保险公司往往以集团股份有限公司形式设立。如我国中国平安保险（集团）股份有限公司，其旗下子公司包括平安寿险、平安产险、平安养老险及平安健康险；中国人民保险（集团）股份有限公司及其子公司主要从事财产保险、健康保险、人寿保险、再保险等。由于其集团经营形式，这些公司除了涉及保险行业的各个方面，还涵盖金融业的各个领域，如太平洋保险下设资产管理公司与养老投资公司；中国平安集团旗下还有平安银行、平安信托、平安证券等。

（五）再保险公司

“再保险”的意思就是通过从其他保险公司获得相关保险承保范围来对冲保险风险。就像银行对冲其衍生品敞口一样，保险公司将其在各类保险产品或特定保险事件中承担的最大风险设限。再保险是通过再保险市场进行的，大多数大型保险公司向其他保险公司提供再保险，并通过接受再保险来管理其保险组合。还有一些公司专门为其他保险公司和再保险公司提供保险，而不是为“最终用户”（被保险人）提供保险。在某些地区如欧盟，再保险的使用降低了保险公司偿付能力所需要的资本水平。

再保险承保可按“比例”或“非比例”分类，或者按个别风险（即临时再保险）或者由再保险公司接受某一特定类别的所有风险（即合约再保险）分类。合约再保险使得被保险人无须事先取得再保险接受人的同意，便可即时承保较大的风险。“比例”再保险是指再保险接受人与被再保险人（再保险分出人）按照约定的比例，根据被再保险人的保留额和被保险人的金额，按固定的比例（份额协议）或可变比例（盈余协议）分担风险。再保险公司按比例分担被保险人赚取的保费和支付的索赔，以及所发生的某些费用。“非比例”再保险是指保险金额与被保险人的损失不成正比，再保险接受全部或部分个人损失的责任，也接受超过约定超额水平的全部或全部损失的责任，但风险有上限。

（六）专业保险公司

专业保险公司只提供特定行业的保险。例如，一些信用出口机构（credit export agencies)，如英国的 ECGD、法国的 COFACE、德国的 Euler Hermes、意大利的 SACE、瑞典的 EKN 等，信用出口机构为贸易融资和项目提供担保和保单，通过分配保单和直接承保，向出口商以及金融机构提供保护。其他专业保险公司包括英国汽车协会（Automobile Association）和英国皇家飞行俱乐部（RAC）的汽车故障保险，以及英国保柏医疗保险公司（BUPA）的健康保险等。

三、保险公司的组织形式

（一）保险股份有限公司

1. 保险股份有限公司的特点

保险股份有限公司是遵照股份有限公司的法律与事实特征形成的法律形式。

首先，股份有限公司是典型的合资公司，公司的所有权与经营权相分离，有利于提高经营管理效率，增加保险利润，进而扩展保险业务，使风险更加分散，经营更加安全，对被保险人的保障更强。

其次，股份有限公司通过发行股票（或股权证）筹集资本，保险股份有限公司进入资本市场，通过发行股票进行融资，这有利于增强保险公司的偿付能力。

最后，保险股份有限公司采取确定保险费制，使投保人保费负担确定，比较符合现代保险的特征和投保人的需要，为业务扩展提供便利条件。

2. 保险股份有限公司的组织机构

所谓组织机构，就是保险公司为了达到有效经营管理目的，确定各个部门及其组成人员的职责以及不同职责间的相互关系，从而使全体参加者既要有明确的分工，又要通力合作的一种形式。保险股份有限公司的组织机构为股东大会、董事会、监事会和总经理。

（1）股东大会。股东大会由保险股份有限公司的股东组成，是保险股份有限公司的最高权力机构。股东大会会议由股东选举的董事会负责召集，董事长主持，一般每年召开一次，某些特殊情况下可以召开临时股东大会。股东大会行使的职权一般是有关公司的重大决策，如对公司合并、分立、解散和清算等事项进行投票表决，一般采取"一股一票"表决权。

（2）董事会。董事会是由股东选举的，一般由 5—19 名成员组成，设董事长 1 人，副董事长 1—2 人。董事会是公司的决策与管理机构，是股东大会领导下的公司行政中枢部门，受股东的委托执掌决策大权，并对重大过失、欺诈、使用公司资产为个人目的而损害公司利益的行为向股东负责，但对正常业务判断错误不负直接责任。董事会主要负责宣布派息方针，决定收益留存的比例和股息的支付方式，并决定扩大和缩减生产和经营规模，任命高级管理人员。董事长为保险股份有限公司的法定代表人，负责主持股东大会和召集、主持董事会会议，检查董事会决议的实施情况，签署公司股票、公司债券。董事会每年度至少要召开两次会议，也可召开临时会议。

（3）监事会。监事会是公司的监督机构，由股东代表和适当比例的公司职工代表组成，成员一般不得少于3人。监事会行使的主要职权有：检查公司财务；监督董事执行公司职务时违反法律、行政法规或公司章程的行为；要求董事、经理纠正损害公司利益的行为；提议召开临时股东大会。监事的任期每届三年，任期届满，可连选连任。监事会应当依照国家法律、行政法规、公司章程，忠实履行监事职责，监事可列席董事会会议。

（4）总经理。总经理是公司的高级职员，由董事会聘任或解聘，负责执行公司的经营方针，并向董事会负责。总经理是公司的代理人，有权以公司名义签约，但应当遵守公司的章程，忠实履行职务，维护公司利益，不得利用其在公司的地位和职权为自己谋私利。

股份有限公司的组织形式有利于企业价值的最大化：一是债务责任的有限性使得投资者承担的风险较小，且在其他因素保持不变的情况下，企业的风险越低，其价值越高；二是企业的价值取决于其增长机会，而后者又取决于企业吸引资金的能力。因为股份公司能够比其他类型的企业更容易获得投资，因此能更好地抓住增长机会；三是一项资产的价值还取决于其流动性，流动性指的是将资产按照市场公允价值变为现金所需的时间和精力。相较于个人独资企业和合伙企业，股份公司的股票能够更容易转让给一个潜在的买家，并且投资者更愿意投资于股份公司而并非合伙企业（因其潜在的无限责任），因而，对股份公司的投资具有较高的流动性，这也提高了股份公司的价值。

（二）相互保险公司

相互保险公司是由所有参加保险的人自己设立的保险法人组织，是保险业特有的公司。与股份保险公司相比，相互保险公司具有以下特点：

1. 相互保险公司的投保人具有双重身份

投保人具有双重身份，既是公司所有人，又是公司的顾客；既是投保人或被保险人，同时又是保险人。投保人只要交纳保险费，就可以成为公司成员，而一旦解除保险关系，也就自然脱离公司，成员资格随之消失。

2. 相互保险公司的缴费模式

按照是否事先收取保险费，相互保险公司可以分为评估型和事先收费两大类。评估性相互保险公司不事先确定保险价格，也不收取保费，在保险事故发生后，根据经验损失情况，将损失在所有保单持有人之间进行分摊，确定每人的应付金额，收取后用于支付赔款。事先收费相互保险公司基本上接近股份有限公司，事先设计产品，确定保障范围，评估风险，厘定费率，再通过销售产品吸纳会员参加。

3. 相互保险公司的组织机构

相互保险公司的组织机构类似于股份公司，相互保险公司的最高权力机关是会员大会或会员代表大会，即由保单持有人组成的代表大会会员大会选举董事会，由董事会任命公司的高级管理人员。但随着公司规模的扩大，董事会和高级管理人员实际上已经控制了公司的全部事务，会员很难真正参与管理，而且现在已经演变成委托具有法人资格的代理人营运管理，负责处理一切保险业务。在美国人寿保险业中，约有7%的人寿保险公司采用相互保险公司的组织形式。在国际保险市场上，股份保险公司与相互保险公司之间的转制一直没有停止过。一方面，相互保险公司最初的相互性正在渐渐消失，与股份保险公司已无明显差异，而且事实上，不少相互保险公司最初也是以股份公司形式设立，后来再通过退股相互公司化；另一方面，在现阶段，在经济全球化的推动下，由相互制转向股份制又成为了保险业发展的主流方向。

（三）相互保险社

相互保险社是同一行业的人员，为了应对自然灾害或意外事故造成的经济损失而自愿结合起来的集体组织。相互保险社是最早出现的保险组织，也是保险组织最原始的状态。但是，在欧美国家现在仍然相当普遍，如在人寿保险方面有英国的“友爱社”、美国的“同胞社”，海上保险方面有“船东相互保障协会”等。这类公司通常没有股东，是由投保人共同拥有的，这对贷款机构和交易对手的风险承担者意味着，对共同保险社进行风险投资没有“股本缓冲”，因为没有股东，债权人的风险实际上增加了。

与保险合作社及相互保险公司相比，相互保险社具有以下特征：一是参加相互保险社的成员之间互相提供保险，即每个社员为其他社员提供保险，每个社员同时又获得其他社员提供的保险，真正体现了“我为人人，人人为我”。二是相互保险社无股本，其经营资本的来源仅为社员交纳的分担金，一般在每年年初按暂定分摊额向社员预收，在年度结束计算出实际分摊额后，再多退少补。三是相互保险社保险费采取事后分摊制，事先并不确定。四是相互保险社的最高管理机构是社员选举出来的管理委员会，经营通常由一具有法人资格的代理人代为经营，由社员提出要保书时予以授权。

（四）保险合作社

保险合作社是由一些对某种风险具有同一保障要求的人，自愿集股设立的保险组织。保险合作社与相互保险社存在着很大的差异。首先，保险合作社是由社员共同出资入股设立的，加入保险合作社的社员必须交纳一定金额的股本。社员即为保险合作社的股东，其对保险合作社的权利以其认购的股金为限，而相互保险社却无股本。其次，只有保险合作社的社员才能作为保险合作社的被保险人，但是社员也可以不与保险合作社建立保险关系。也就是说，保险关系的建立必须以社员为条件，但社员却不一定必须建立保险关系，保险关系的消灭也不影响社员关系的存在，也不丧失社员身份，因而保险社与社员间的关系比较长久。只要社员认交股本后，即使不利用合作社的服务，仍与合作社保持联系。而相互保险社与社员之间是为了一时目的而结合的，如果保险合同终止，双方即自动解约。再次，保险合作社的业务范围仅局限于合作社的社员，只承保合作社社员的风险。最后，保险合作社采取固定保险费制，事后不补交，而相互保险社保险费采取事后分摊制，事先并不确定。

（五）离岸保险公司

离岸保险市场作为离岸国际金融市场（off shore international financial markets）的一个组成部分，是由传统的国际保险市场发展演变而来的，但在很多方面又有别于传统的国际保险市场。离岸保险市场的主要特征是：参与交易的主体是交易所在地的非居民，即对于交易所在地而言，保险人与投保人均为外国居民，这一点使离岸市场区别于国内市场；交易不受交易所在地的金融法规限制，也不受交易双方所在国家或地区法规限制，双方在遵守国际惯例的基础上进行管理与运营，这一点使离岸市场区别于传统的国际保险市场。由于保险市场按风险承接的环节分为直接业务市场与再保险市场，离岸保险市场也可分为离岸直接业务市场与离岸再保险市场。

注册在离岸保险市场的公司就是离岸保险公司，离岸保险公司有有限公司性质，但又同有限公司存在差别，离岸保险公司受到的监管会低于欧洲和北美的发达国家。国际上的离岸保险于20世纪六七十年代萌芽，经过几十年的发展，已经成为国际金融不可或缺的一部分，最早发展离岸保险市场的伦敦、百慕大，以及后起之秀新加坡、中国香港均成长为区域性甚至国际性的离岸保险中心，带动资本在国际的流动，促进自身经济发展的同时不断影响着世界经济格局。

（六）劳合社

“劳合社”是英国最大的保险组织，全称是伦敦劳合士保险社。劳合社本身只是一个社团，1871年经英国议会通过法案正式确认。劳合社是承保商的集合体，其成员最初全部是个人，各自独立、自负盈亏，进行单独承保，并以个人的全部财力对其承保的风险承担无限责任。

劳合社经营包括海上保险在内的各种保险业务。劳合社的成员经过劳合社组织严格审查批准，最初只允许具有雄厚财力且愿意承担无限责任的个人为承保会员。1993年开始，劳合社就开始了大力改革，接纳一些实力雄厚的公司会员入社，允许公司资本进入劳合社。1999年有5家新的辛迪加加入了劳合社。经过调整与创新，劳合社在伦敦保险市场仍占据主要地位，使伦敦成为更具吸引力的世界保险中心。

专栏1－1

伦敦劳合社

伦敦劳合社成立于1680年，在爱德华·劳埃德的咖啡店里为商人交换航运新闻。伦敦劳合社不是一家保险公司，而是包括很多成员（企业和个人“资金提供者”）的市场。成员通过企业联合组织接受保险业务，后者承保保单，投保人受到包括中央基金等各种机制的保护。劳合社为许多国家的企业提供高风险和专业保险服务而闻名，是世界领先的保险和再保险市场之一。其保险服务范围很广，几乎任何事件都是可保的：例如土木工程项目、工厂、石油钻井和炼油厂、船只和飞机、个人风险以及对大多数商业事件的责任保险。劳合社最初采用三年制会计制度，从2005年起实行标准年度报告，三年报告仅用于内部管理。

由于遭受的损失，劳合社在某些方面受到负面评价，相对较高的成本，持续的声誉问题和转至Equitas的或有风险，但伦敦劳合社的问题通过英国监管机构的监管在管理和运营方面有所改善。劳合社的主要优势是全球品牌、执照和专业知识，可以与其他重要的保险中心竞争，例如百慕大，加上近年来伦敦劳合社大量索赔（包括与9·11事件有关的索赔）和300多年来的每一项有效索赔的支付，市场保守的投资政策，对股票的低敞口，以及已实现和未变现的重大亏损，劳合社是投保人明智的选择。

（一）劳合社的交易风险

劳合社的保单持有人风险应该由提供保险的联合组织进行评估，同时考虑市场内各种安全机制，在劳合社市场运营的报价公司中潜在购买股份的投资风险可以使用技术进行评估，大多数银行对劳合社的联合组织没有信贷风险，劳合社市场内的保护机制是为了优先保护投保人。因此，通常只有在联合组织成员（如大型保险公司）和将提供适当抵押物的情况下才会考虑风险敞口。

（二）劳合社的市场结构

个人或公司可以通过保险公司或劳合社市场获得保险保障。保险购买者的主要考虑因素是保险的质量、提供的保障范围、除外责任和价格。许多保险公司的保单将排除特定事件（如意外、恐怖事件等），并可能严格限定最大“超额”水平（即超出赔付的损失额）。由于劳合社的灵活性，公司可以获得满足自身需要的保险。在实践中，需要保险或再保险的各方将与当地零售或批发经纪人联系，当地零售或批发经纪人与劳合社经纪人接洽；劳合社经纪人与代表承保集团的代理机构进行联络，看看有什么可供选择的产品。劳合社的市场结构包含7个方面：

1. 劳合社成员

伦敦劳合社的成员提供了建立市场的资本。直到1994年，所有会员都是个人会员或在无限责任业务书上的“签名”。1988年至1992年，在市场遭受严重损失后，劳合社理事会尝试引入有限责任的公司成员。自1995年起，劳合社成员的性质和资本基础从个人成员向公司资本、包括投资机构和国际保险公司在内的公司成员转变。成员被允许支持一个以上的联合组织，个别成员倾向于支持多个联合组织，而公司成员往往只选择一个联合组织承保。资本通过股票市场筹集，劳合社的大部分资金都是由银行或保险公司投资者根据配额股协议提供的，支持这些企业的资本与其他保险市场的风险无关，且对市场的影响一般是长期的。

2. 资本准备金

保险公司的基本原则是，在一个周期内，总保费收入超过索赔支出和费用。然而，为了协调时间上的差异和意外事件，资本需要承保保险和支付未决赔款。劳合社的每一位成员都必须提供资金作为担保，以支持劳合社的承销业务，这被称为“劳合社基金”。劳合社的资金水平基本上取决于一个联合组织承保的保险业务量和所感知的风险等级，这就是所谓的“风险资本”（RBC）。成员可以接受的最大业务量称为“总体保费收入限额”，联合组织也有可以接受的最大业务能力/业务限额，这等于联合组织内每个成员的保费限额总和。劳合社的资金主要来自公司和个人成员，会员通常承诺每年以资本支持劳合社联合组织，他们对联合组织的任何损失负责，直到联合组织通过再保险结束（RITC）程序结束该账户为止。如果一个联合组织无法用足够的数量来量化它的负债，就不能准确地执行 RITC 程序，因此它的成员要持续为之担保，这被称为“亏损年”。

3. 承保联合组织

承保联合组织是一群劳合社的成员，无论是公司还是个人成员，他们都为自己所承保的责任提供资金。联合组织也是一个年度组织，每个成员都独立承担各自的损失。它们在劳合社市场中作为独立的业务部门运作，由代理人管理并指定代表联合组织负责风险的承保小组。如果企业成员和联合组织代理人由同一公司所有或属于同一公司集团，则说明资本提供商是“联盟”成员；如果联合组织只由一个与代理人结盟的公司成员组成，这就是所谓的“结盟劳合社工具”；公司和个人与代理人之间没有所有权联系，并参与了许多联合组织被称为“非联盟”成员。

采用规模较小的竞争性承销集团，意味着市场能够提供创新的保单覆盖面、灵活性和快速反应。资本的年度风险性意味着联合组织的账目通常在 3 年后结清，届时未决赔款的数额可以相当准确地评估—剩余的负债通过再保险进入下一年的账户（通常是相同联合组织）。来自公司支持者的更持久一致的资本优势和来自第三方压力的结合提高了公司透明性和可比性，导致对公布的财务报告进行年度会计核算。自 2005 年起，年度会计核算一直是劳合社主要的报告方法。

4. 管理代理人

管理代理人组成联合组织，并为这些联合组织提供管理服务，包括雇用承保人及其他职员。特定联合组织的承保策略由代理人与承保人共同决定。管理代理人有权在劳合社市场内经营。一些管理代理人是在证券交易所上市的上市公司，另一些是私人公司。在某些情况下，管理代理人充当其管理联合组织的资本提供者，具有代理人和特许经营公司等多重功能。

5. 劳合社经纪人

认可的劳合社经纪人代表客户在劳合社市场承担风险。这些经纪人利用他们的专业知识为客户谈判有竞争力的条款和条件。劳合社有许多经纪公司，他们都对劳合社的市场有全面的了解，其中许多人专门从事特定的风险类别。劳合社为寻求进入市场的经纪人提供认证程序。为了保护投资者，劳合社对所有经纪人申请者进行了仔细的评估，确认他们的声誉和财务状况，在作出授权决定之前调查高级职员和雇员的性格和适合性。公司获得为期三年的临时认证后，才有权使用“劳合社经纪人”的头衔。

6. 本地经纪人

任何保险经纪人都可以通过与认可的劳合社经纪人联系，获得劳合社的专业知识和资源。

7. 其他劳合社实体

（1）Centrewrite股份有限公司。Centrewrite股份有限公司成立于1991年，是为“亏损年”账户再保险和承保房地产再保险。因此，成员可通过向另一联合组织提出再保险，来全部或部分转嫁风险。

（2）Equitas再保险公司。Equitas再保险公司，由Resolute Management Services/Berkshire Hathaway接管，是劳合社联合组织的法人实体，承保1992年和之前几年的一般商业风险责任再保险，这是1988年至1992年期间大量损失的结果。当时一些灾难性事件导致了前所未有的索赔，主要索赔涉及与石棉有关的疾病、飓风和Piper Alpha石油钻井灾难，索赔的数额造成了大量联合组织破产。因此，劳合社被迫为所有未决赔款提供再保险，以限制负债，成员们放弃了向劳合社、Equitas的代理人、保险公司、审计员和经纪人索赔的权利。

（三）投保人保护机制

1. 监管补偿计划

自2004年起，劳合社向英国消费者提供的保险单纳入适用于所有英国保险公司的英国监管赔偿计划，这是劳合社对投保人传统保护之外的附加。不过，考虑到现有的保障机制以及联合组织由此产生的巨大财政负担，也有观点认为劳合社加入该计划是不必要的。

2. 劳合社安全链

对所有投保人来说，安全至关重要。劳合社是一个由承保保险的会员组成的协会，但每个会员对每一份保单都有自己的责任，而不是对其他保单负责。劳合社实行严格的偿付能力控制制度，以确保其符合英国和其他监管机构的标准。所有成员都有义务维持足够的资产来满足承保责任。年度偿付能力程序要求每个联合组织的管理代理人估计所有当前和未来的情况，由精算师独立验证这些估计值。劳合社独特的担保体系意味着可用于支付索赔的总资产比其他公司要好。劳合社为投保人提供的“安全链”的四个环节如下：

（1）保费信托基金（PTFs）。所有收到的保费均以信托形式持有，以保障投保人的利益。这些流动资产可用于支付赔款和其他的承保责任。除支付赔款外，这些资金只能用于允许的费用和支出，例如再保险保费、承销费用和建立境外监管存款，这些存款也构成了链中的第一个环节。在3年内，承保账户关闭并提供全部未决赔款之前，会员无法从基金中获得利润。

（2）劳合社基金（FAL）。所有会员均须在劳合社持有额外资本，作为其承保的保证。所需资本的数额取决于成员承保风险的性质和数量。为保障投保人的利益，资金也以信托形式持有。这些资产必须是可变现的，其中包括现金证券、信用证或银行及其他担保，担保和信用证供应商通常采取安全措施来防范或有信用风险。

如果发布融资通知，而会员又未到场，会员在劳合社的基金（FAL）就会被提款。一旦决定 FAL 提款，承保能力就会同时受限或停止。一旦资金补充完整，承保能力就完全恢复正常。如会员未收到融资通知，会员向劳合社表明进入附加阶段或者退出。

为了反映承保的风险，每年都对资本金额进行审查。那些承保业务波动较大的公司需要存入更多的资金，贡献以风险资本（RBC）计算方法衡量。FAL 是按成员提供的（负债是多项的），这意味着可能用其他联合组织成员的基金来补偿损失。此外，这些基金还可支持成员在其他开户年份的损失。这种形式的资本是“年度风险投资”的中流砥柱。为了继续承保，亏损而减少的资本必须得到补充。同样，这种结构允许新资本以非常灵活的方式进入市场，成员能够根据对市场状况的看法增加或减少承保承诺。

（3）成员其他资产。劳合社成员个人拥有的其他资产也可用于支付承保保单的索赔，因为事实证明仅靠前两个环节中的基金承担责任是不够的。

（4）中央基金和其他中央资产。劳合社设有中央基金，由劳合社理事会酌情决定，以应对前三个来源获得赔偿不足的部分，作为最后保障，劳合社的其他资产也可用于支付会员的承保责任。

（四）劳合社的风险管理

劳合社的风险管理部门对市场进行日常监督。每个联合组织必须评估“现实灾难”的最差潜在影响，也评估潜在的再保险复效和保费恢复。同时对特许经营公司的业务表现进行季度审查。不符合监管要求时，应采取必要的惩罚措施。所有联合组织储备金均需独立进行精算审核，此过程由劳合社的精算师监督，该精算师负责向英国监管机构和精算师协会报告联合组织精算师的工作情况。除了对联合组织的评估外，劳合社还承担广泛的风险审查工作，旨在识别、监控和与经营机构共同解决个别企业所面临的风险，每个特许经营商都通过以下风险标准进行评估（见表 1-1）：

表 1-1　　风险标准

风险标准	
管理风险	委托承保
经营风险	业务策略
风险管理能力	投资回报
承保能力	资本
巨灾风险	准备金
再保险	索赔处理
现金流/流动资金	风险偏好

劳合社在 2003 年 1 月成立特许经营委员会后，显著改善了市场的风险控制，其职责包括批准联合组织商业计划。最终，特许经营委员会拥有一定监督权，可以用于关闭已有的集团或者限制新集团进入，在这些情况下，集团可能会给市场带来不可接受的风险。与保险公司相比，这些控制措施可能会降低劳合社业绩的历史性波动。

劳合社持续进行风险管理活动，以确保对任何新出现的问题做出更快的反应。劳合社了解最差的状况、进行详细的绩效分析、增加资本建模的复杂性、对索赔和再保险复效制定明确战略，以及管理开放年期和联合组织亏损，均有助于加强风险管理环境。

（五）市场监管

过去几年，由于经营业绩不佳（部分原因是缺乏有效的承保监管），旧制度的利益冲突和繁重的决策过程，劳合社对内部的管理结构进行改革。现在，劳合社的市场管理由四个机构有效运行：

劳合社理事会（内部）、特许经营委员会（内部）、劳合社公司（内部）以及英国金融行为管理局（FCA）和审慎监管局（PRA）（外部），劳合社的管理机构是由 FCA 和 PRA 双重监管的，会员代理人和劳合社经纪人由 FCA 监管。

自 2001 年起，金融服务管理局（FSA）以及随后的 FCA 和 PRA 的外部监管结束了劳合社三个世纪的长期自治。FCA/PRA 监督劳合社的规章制度，确保提供的金融服务满足一般标准。然而，实际上，为了避免不必要的重复，FCA/PRA 将其大部分监管活动委托给劳合社的理事会，注重监管职能。

尽管劳合社二十年前出现了一些问题，但目前大部分问题已得到解决，劳合社市场仍然是保险业的一个主要力量。

第二节 保险公司财务管理

从本质来说，保险公司的财务管理与一般企业并无区别，即财务资源的整合和财务活动的管理。其中财务活动的管理包括对企业融资活动的管理、投资活动的管理、资金营运活动的管理以及利润分配活动的管理，具体体现为资金的筹集、资金的运用和资金的分配等一系列活动，涉及的利益主体有企业内部管理者、投资者、债权人、债务人、政府等。保险公司也遵循类似的财务管理框架与内容，但保险财务公司经营的特殊性，对保险公司的财务管理专业能力要求要更高。

一、保险公司财务管理的定义

财务管理这个术语包含了很多方面的含义，一般意义上，财务管理是指企业通过投资、融资、营运资金和利润分配等一系列经营管理活动实现企业特定目标的行为。

保险公司财务管理通过实施具体的财务活动和财务决策、制定财务预算、进行财务分析和控制等措施为各方提供及时有效的信息、避免或防范经营风险、支持并参与经营管理。保险公司财务管理是一项综合性管理活动，需要处理各种财务关系，包括公司与政府等外部监管单位、与股东、与保单持有人、与内部管理人员及员工等关系，使各方利益尽可能达到均衡，最终实现保险公司价值最大化。

二、保险公司财务管理的目标

学术界关于企业财务管理目标的观点虽然有很多，但最主要的有如下三种：

（一）利润最大化目标

亚当·斯密（1776）描述了一只“看不见的手”是如何引导公司追求利润的，这只手引导公司做出有利于社会的决定。斯密的见解得出结论：利润最大化是企业的目标，自由企业制度对社会是最好的。利润最大化也一直是财务管理领域的传统目标之一，也是被接受程度较高的管理目标。一个企业只有首先保证盈利，才能生存下去，这是企业的立足之本。以利润最大化为管理目标，明确清晰，易分解，如利润最大化进一步细分为销售额最大化、成本费用最小化。从理论上来说，利润最大化目标有助于提高企业的未来经营现金流，进而提高企业价值。

利润最大化观点在西方经济管理中渊源很深，西方许多经济学家都是以利润最大化这一概念来分析和评价企业行为和业绩的。例如，亚当·斯密、大卫·李嘉图以及阿尔费莱德·马歇尔的古典经济理论认为，企业的目标应是利润最大化。企业财务管理的利润最大化目标就是根据古典经济理论来设定的。

以利润最大化作为财务管理的目标，有合理的一面，这是因为人类进行任何活动，都是为了创造剩余产品，而剩余产品的多少，可以用利润的多少来衡量。在市场经济条件下，资金的使用权最终将属于获利最大的企业，利润最大化是企业获取资金的最有利条件。取得资金，也就等于取得了经济资源的支配权，因此，利润最大化有利于资源的合理配置。企业追求利润最大化，就必须讲求经济核算，加强管理，改进技术，提高劳动生产率，降低产品成本。这些都有利于经济效益的提高。

然而，把利润最大化作为企业财务管理的目标也存在着如下缺点：首先，对利润的定义是一种长期的利润还是平均意义上的利润，是今年的利润还是未来的利润。一个企业的利润增长如果是建立在应收账款的增加、库存的减少、机器厂房设备管理维护的推迟等方面，虽然可以实现短期内的利润最大化，但是却未必对企业的长期发展有利；其次，忽视了企业的资金成本的问题。一个企业可能是盈利的，解决了生存问题，但是如果盈利给股东带来的回报，远低于市场的平均投资回报率，对于股东来说，也是亏损的；没有考虑获取利润和所承担风险的大小，这可能会使财务人员不顾风险去追求利润；没有考虑所获利润和投入资本额的关系，这可能导致财务决策选择高投入而低效率的项目，还可能导致财务决策带有短期行为的倾向，即只顾实现眼前利润的最大化，而不顾企业的长远发展；还有一些原因，如没有考虑利润与投入资本的关系、没有反映未来的盈利能力、财务决策行为短期化、可能存在利润操纵等。

由这些缺点可见，利润最大化的提法，只是对经济效益浅层次的认识，存在一定的片面性。因此，现代财务理论认为，利润最大化不是企业财务管理的最优目标。

（二）股东财富最大化目标

股东投资企业，只有企业在支付工人工资、供应商货款、债权人的本息以及其他合法要求权的人都得到他们应得的部分以后，才享有企业剩余收益和资产的所有权。只要其中有任何一方无法获得支付，那么股东就什么也不得到。从这个意义上来说，只要实现了股东剩余权益的最大化，那么其他人的权益也一并能够得到保障。股东财富最大化这一目标，在当前的公司财务领域已得到越来越多的认可。

股东创办企业的目的是增加财富，如果企业不能为股东创造价值，他们就不会为企业提供资金。没有了权益资金，企业也就不存在了。因此，企业要为股东创造价值。

股东财富可以用股东权益的市场价值来衡量。股东财富的增加可以用股东权益的市场价值与股东投资资本的差额来衡量，被称为“权益的市场增加值”。权益的市场增加值是使企业为股东创造的价值。

这一目标还被表述为企业价值最大化。企业价值的增加，是由于权益价值增加和债务价值增加引起的。债务价值的变动是利率变化引起的，而利率不是企业的可控因素。假设利率不变，则增加企业价值与增加权益价值具有相同意义；假设股东投资资本和利息率不变，企业价值最大化与增加股东财富具有相同的意义。

这一目标也被表述为股价最大化。在股东投资资本不变的情况下，股价上升可以反映股东财富的增加，股价下跌可以反映股东财富的减损。股价的升降，代表了投资大众对公司股权价值的客观评价。它以每股的价格表示，反映了资本和获利之间的关系；它受预期每股盈余的影响，反映了每股盈余大小和取得的时间；它受企业风险大小的影响，可以反映每股盈余的风险。值得注意的是企业与股东之间的交易也会影响股价，但不影响股东财富。例如，分派股利时股价下跌，回购股票时股价上升等。因此，假设股东投资资本不变，股价最大化与增加股东财富具有同等意义。在股份有限公司中，企业的总价值可以用股票市场价值总额来表示，因此，当公司股票的市场价格达到最高时，就说明公司实现了财富最大化目标。这也意味着股东的财富也实现了最大化。因此，在股份有限公司中，财富最大化也可表述为股东财富最大化。

以财富最大化作为企业财务管理的目标有如下优点：财富最大化目标考虑了取得报酬的时间因素，并用资金时间价值的原理进行了科学的计量；财富最大化目标能克服企业在追求利润上的短期行为。因为不仅过去和目前的利润会影响企业的价值，而且预期未来利润的多少对企业价值的影响会更大；财富最大化目标有利于社会财富的增加。各种企业都把追求财富作为自己的目标，整个社会的财富也就得到增加；财富最大化目标科学地考虑了风险与报酬之间的联系，能有效地克服企业财务管理人员不顾风险的大小，只片面追求利润的错误倾向。

进行企业财务管理，就是要正确权衡报酬增加与风险增加的得与失，努力实现二者之间的最佳均衡，使企业价值达到最大。财富最大化的观点体现了对经济效益的深层次认识，因而现代财务理论认为，财富最大化应是企业财务管理的目标。

然而，以财富最大化作为企业财务管理的目标，也存在着如下缺点：企业财富最大化是一个十分抽象而很难具体确定的目标。从非上市企业来看，其未来财富或价值由于既不能在日常会计核算中加以揭示，也不可能依靠股票价格的变动来加以体现，而只能通过资产评估才能确定，但又由于这种评估要受到其标准或方式的影响，因而难以被较准确地确定。再从上市企业来看，其未来财富或价值虽然可以通过股票价格的变动来直接加以显示，但由于股票价格的变动是受多种因素影响的综合结果，因而也难以被准确地确定。因此，财富最大化目标在实际工作中难以被企业管理当局和财务管理人员所捉摸；从上市企业来看，由于现代企业大都相互参股，其目的在于控股或稳定购销关系，这种股东结构对企业影响深远。事实上，由于法人股东对股票市价变动的敏感程度远不及一般个人股东，从而对股价最大化目标没有足够的兴趣，或者说，法人股东似乎并不把股价最大化作为其财务管理追求的唯一目标；企业是所有者的企业，其财富最终归所有者所有，所以财富最大化目标直接反映了企业所有者的利益，是企业所有者所期望实现的利益目标。但这就可能与其他利益主体如债权人、经理人员、内部职工等所期望实现的利益目标发生矛盾。财富最大化目标尽管存在这些缺点，但与利润最大化目标相比，仍是一个较为合理的财务管理目标。

（三）利益相关者最大化目标

这一目标将企业长期的稳定发展摆在首位，强调在企业价值增长中满足各方利益，保证企业相关主体之间的平等关系。

这一目标的优点体现在：有利于企业长期稳定发展，避免只站在股东的角度进行投资可能导致的一系列问题；体现了合作共赢的价值理念，有利于实现企业经济效益和社会效益的统一；这一目标本身就是一个多元化、多层次的目标体系，较好地兼顾了各个利益主体之间的利益。

这一目标的主要内容包括：关心本企业普通职工的利益，创造优美和谐的工作环境和提供合理恰当的福利待遇，培养职工长期努力地为企业工作；加强与债权人（尤其是银行）的关系，确保稳定的资金供应；关心客户的长期利益，保持销售收入的长期稳定增长；加强与供应商的协作，共同面对市场竞争，遵守承诺，讲究信誉；保持与政府部门（尤其是税务部门）的良好关系。

保险公司作为一般意义的营利性企业组织，也适用于上述企业价值最大化财务管理目标理论，然而由于保险公司收入的特殊，收入在前、偿付在后，保险公司的财务管理目标更具有复杂性。

（四）保险公司财务管理的目标

保险公司的财务管理目标一方面要体现股东和债权人的利益最大化，另一方面还要体现保单持有人的利益不受损，在未来发生意外时，能够及时得到保费补偿。为此，保险公司的财务管理目标，不仅要面对企业与市场之间的关系，还要兼顾外部监管者的要求。因而，保险公司财务管理目标包括以下三个方面：

1. 保证偿付能力

一旦偿付能力不足，保险公司会受到监管部门的严重处罚，甚至被接管重置。此外，相比于其他金融行业，保险业面临的风险更加多样复杂，对于风险的评估计量难度更大，因此需要更加严格的资本监管。偿付能力监管体系也需要根据市场环境不断变化。例如，我国的保险行业就由直接规定定价利率、评估利率、费用率、风险损失率等定价标准的“偿一代”监管，转向以风险管理为核心的“偿二代”监管。旧的监管标准抑制了资本监管对保险公司定价和市场行为的约束和导向，在风险度量方面或略显粗糙，较多地关注承保风险而忽略了资金运用风险；新的监管标准将保险公司面临的各种风险类型都反映到资本要求中，包括保险风险、市场风险、信用风险、操作风险等，增强防范风险的全面性，更加注重定性监管，通过监管分析、检查、综合评价等手段，对保险公司风险进行全面评估，从整体上把握行业风险底线，保证保险市场的平稳健康运行。

2. 实现保险公司价值最大化

保险公司虽然经营方式比较特殊，但毕竟是具有经营性的企业组织。股东大会和董事会对保险公司的战略决策和财务管理起着重大的影响，在保证保单持有人、管理层和员工、债权人的利益的前提下，满足外部监管要求，实现股东权益最大化，对公司长远的发展具有较大的指导意义。理论上来讲，满足各方的目标最后都能反映在公司长期稳定发展和总价值的不断增长，因此保险公司财务管理的最终目标和根本目标是保险公司价值最大化。

3. 履行保险公司社会责任

在自由企业框架下，公司生成市场想要的、有利于社会的产品和服务。然而，一些对公司的限制也是必要的，例如，公司不可以污染空气和水，从事不公平的就业行为，或建立垄断剥削消费者。企业社会责任包括九个维度，企业对股东、员工、消费者、债权人、供应商、政府、社会公众、环境、所在社区的责任。如果公司采取了危害社会的行动，需要对其成本进行评估，另外，社会强加了一系列广泛的规定，这些规定是旨在防止公司从事对社会有害的行为，这些成本公平地将价值转移给受害方，并有助于创造有助于防止今后发生类似事件的激励措施。中国人保集团 2013 年度企业社会责任报告中指出：对于社会，我们承担着促进经济发展、保障经济稳定运行、维护平安和谐、提高全社会保障水平的责任。可见，社会责任对于保险企业来说具有特殊而重要的意义。

三、保险公司财务管理的内容

保险公司有许多不同的部门，包括营销、生产、人力资源和财务部门。财务部门的主要工作是评估那些拟议的决策，并判断这些决策如何影响股票价格和股东财富。例如，假设生产部门的经理希望用一些新的能够降低人工成本的自动化机器来更换旧设备，财务部门就将评估这个方案，并判断其节省额是否大于其成本；类似地，如果营销部门希望在篮球比赛中投放1000万元的广告，那么财务部门就会评估这个方案，考察销售额可能会增加多少，并对资金的投入是否能提高股价做出结论。在评估很多重要的决策时，都需要考虑其在财务方面的影响。

根据保险公司财务管理的对象和保险公司财务管理与有关学科的分工，并结合保险公司财务管理的实际情况，保险公司财务管理的基本内容可概括为如下四个方面：

（一）融资管理

保险公司融资是指保险公司作为融资主体根据生产经营，对外投资和调整资本结构等需要，通过融资渠道和金融市场，运用融资方式，筹措和集中资本的活动。保险公司融资活动是一项基本的财务活动，是保险公司财务管理的一个主要内容，保险公司融资管理包括融资方式的选择、资金成本的确定、资本结构的确定以及杠杆效应分析。保险公司的融资方式一般分为权益性资本、债务资本和混合型融资。权益性资本融资如发行普通股和优先股，债务融资如银行贷款、发行中短期债券、中期票据、融资租赁等，混合型融资是指兼具股票和债券性质的融资方式，如可转债。保险行业是典型的高负债经营行业，资产负债率远高于一般公司，同时由于保险公司的资本金受到监管机构的高度监管，因此，在融资决策中，统筹考虑保险公司以什么方式融资，对应的融资成本是多少，合理的资本结构如何，是融资决策需要重点考虑的基本内容。

（二）投资管理

保险公司投资主要分为两部分：一是长期投资活动；二是日常短期投资活动。

保险公司的长期投资活动对保险公司来说非常重要，保险资金具有在运动中增值的要求。为了承担保险事故所引起的保险责任，保险公司应具有各种形式的准备金，保险投资具有抵抗通货膨胀的功能。

日常短期投资活动需要与保险公司营运资金的管理结合在一起，主要以短期投资为主，目的在于提高流动性资金的配置效率，既避免闲置资金的浪费，又能够在保险公司流动性不足时提供及时的资金支持。在短期投资管理活动中，既需要坚持风险匹配、收益适当的原则，还需要兼顾生产经营的流动性需要。

投资活动的管理对保险公司特别重要。本质上来说，是将通过保费等收入积聚的各种保险资金加以运用，在满足正常偿付的情况下，达到资金保值增值的目标。一般来说，保险公司的投资活动需要满足三个基本原则：安全性、收益性和流动性。

安全性原则，保险行业是高负债比的行业，负债中的70%左右主要由各种保险准备金构成，这些保险准备金是保险信用的承担者。安全性原则意味着需要首先保证保险公司的投资本金和回报应该能如期收回，否则将会导致保险公司较大的破产风险。降低风险，保证安全的基本原则之一在于分散性投资。

收益性原则，由于保险公司收入在前、支付在后的基本模式，如何保障提前收取的保费保值增值，也是保险公司收入的重要来源，有助于提高保险公司的赔付能力，降低保费率。然而投资收益与风险是对等的，收益越高，风险越大。保险公司的投资活动既要考虑收益还要考虑风险，尽量保证风险最低的情况下，实现收益最大化。

流动性原则，保险公司投资以后，为了保障赔付能力，需要在保证已投资产品不损失价值的前提下，具有较强的流动性和变现能力。这一方面，不同的保险公司要求也不一样。如寿险公司的保险产品一般以长期合同居多，保险金额相对固定，精算概率也更精准，对流动性的要求相对较低。财产险公司的产品一般以短期为主，需要较高的理赔效率，赔付变动率大，对流动性要求特别高。而健康保险公司则介于二者之间，其保险产品结构既有短期又有长期，因此对流动性管理的难度也更高，需要结合自身的业务结构，合理搭配长期投资和短期投资，既要保证基本的投资回报率，又要兼顾流动性以保障偿付能力。

（三）营运资金管理

营运资金是指在企业生产经营活动中占用在流动资产上的资金。为了使营运资金在流动性和盈利性上的统一，在各有关项目上保持合理的配置水平，就必须对营运资金进行科学的管理。保险公司的营运资金需首先满足到期债务的偿还，短期债务到期后，如不能偿还，可能直接导致保险公司破产。营运资金的管理既包括流动性资产的管理，也包括流动性负债的管理。在偿还到期债务和满足业务发展的前提下，营运资金管理需要进一步提高资金的使用效率，保险公司可以在金融市场上选择流动性管理工具来提高营运资金的收益率。

保险公司由于需要保障一定时期内的偿付能力，需要的运营资金的管理比一般公司占比更高，因此对营运资金的管理是保险公司财务资金管理的重要部分。为了提高运营资金的管理效率，保险公司往往选择资本市场投资，受资本市场的影响更大。

（四）利润分配

根据保险公司的发展阶段和资金需求，确定相应的利润分配方案，也是保险公司财务管理活动的重要部分，需要与保险公司的融资决策、融资成本结合在一起考虑。利润分配作为保险公司财务管理的一部分，实践中，利润分配的多少往往取决于保险公司所处的不同发展阶段。从保险公司生命周期来看，处于初创期和快速发展阶段的保险公司，一般会将利润留在保险公司内部。进入成熟稳定时期的保险公司，需要综合考量利润分配和对外融资的机会成本。而进入衰退期的保险公司，所获得的利润应尽量多用于利润分配。

根据《中华人民共和国公司法》（以下简称《公司法》）的规定，公司进行利润分配主要包含以下内容：首先，计算可供分配的利润；其次，提取法定盈余公积金；再次，提取任意盈余公积金；最后，才是向股东投资者支付股利分红等利润分配活动。其中，在不存在年初累计亏损的前提下，法定盈余公积金按照税后净利润的10%提取，法定盈余公积金达到注册资本的50%时不可再提取。

四、保险公司财务管理的职能

企业财务管理的职能，是企业财务管理客观上所固有的功能。随着企业的发展以及企业财务管理自身的发展和企业财务环境的变化，企业财务管理的职能也在发展。

（一）财务规划

财务规划是利用会计信息和其他信息，在调查研究和判断情况的基础上，对企业未来一定时间内的各项财务活动进行科学的预测分析，并对一些一次性的较重要的财务问题进行科学的决策分析；然后把通过财务预测所确定的目标和任务，用数量和表格形式加以协调、汇总，编制成财务预算，并加以实施。财务规划的目的是，测算保险公司投资、融资各项方案的经济效益，为财务决策提供依据，预计财务收支（现金流量）的发展变化情况，为编制财务计划服务。财务规划帮助财务人员认识和控制未来的不确定性，使对未来的无知降到最低限度，使财务计划的预期目标同可能变化的周围环境和经济条件保持一致，并对财务计划的实施效果做到心中有数。

（二）财务决策

财务决策是对财务方案进行比较选择，并做出决定。财务决策的目的在于确定合理可行的财务方案。在现实中，财务方案有投资方案、融资方案，还有包含投资和融资的综合方案。财务决策是整个财务管理的核心。财务决策需要有财务决策的基础与前提，是对财务预测结果的分析与选择，财务决策是一种具有多标准的综合决策的复杂过程，可能既有货币化、可计量的经济标准，又有非货币化、不可计量的非经济标准，因此决策方案往往是多种因素综合平衡的结果。

（三）财务控制

财务控制是指对保险公司的资金投入及收益过程和结果进行衡量与校正，目的是确保保险公司目标以及为达到此目标所制订的财务计划得以实现。财务控制总体目标是在确保法律法规和规章制度贯彻执行的基础上，优化保险公司整体资源综合配置效益，厘定资本保值和增值的委托责任目标与其他各项绩效考核标准来制定财务控制目标，是保险公司财务活动的关键环节，也是确保实现理财目标的根本保证，所以财务控制将服务于保险公司的理财目标。

（四）财务分析

财务分析是以会计核算和报表资料及其他相关资料为依据，采用一系列专门的分析技术和方法，对保险公司过去和现在有关融资活动、投资活动、经营活动、分配活动的盈利能力、营运能力、偿债能力和增长能力状况等进行分析与评价的经济管理活动。为保险公司的投资者、债权人、经营者及其他关心保险公司的组织或个人了解保险公司过去、评价保险公司现状、预测保险公司未来做出正确决策提供准确的信息或依据。

（五）财务协调

财务协调职能，是根据一定的原则（如经济利益原则等），采用一定的方法（如完善经营管理方式、建立健全内部经济责任制），分析影响企业财务关系的各种因素，协调企业与各方面的财务关系，消除不和谐现象，维护各方的合法权益，以保证企业财务活动顺利开展。

以上五个职能，既相互独立、依序进行，又相互交叉、相互制约、相互促进。

五、保险公司财务管理的特点

保险公司作为金融市场的重要组成部分，其财务管理活动既有一般企业财务管理的普遍性，即财务规划和财务决策、进行财务控制和分析等财务管理活动，又具有其特殊性，保险公司财务管理的特点如下：

（一）保险公司面临着严格于其他行业的财务监管

保险公司分别受到公众监管、商业监管和法律监管。为保证保单持有人的利益，各国都非常重视对保险公司的财务监管。譬如，以偿付能力为核心的监管，非常强调对保险公司财务状况的监控和评估，此外，还包括财务报告监管、投资监管、资产评估、责任准备金监管、资本与盈余监管等。

在美国，为了保障保单持有者的利益，保证保险公司的偿付能力，除一般公认会计准则（GAAP）外，还专门制定了保险业法定会计准则（SAP），保险公司财务管理需要满足双重监管标准。一般公认会计准则（GAAP）的主要目的在于向一般的非特定会计信息的使用者提供真实、公允地反映保险公司会计期间内的经营成果和资产负债表日的财务状况的信息，要求保险公司财务信息与其他行业保持可比性。保险业法定会计准则（SAP）主要服务于保险监管部门，通过监控保险公司的偿付能力，从而保证保单持有人利益。保险公司财务管理（如信息披露等）根据不同需要，需根据以上两个准则确定的标准进行调整，满足双重监管标准。

除保险主管机关的直接财务监管外，保险公司还要关注保险信用评级公司的财务评级，并通过加强财务管理来提高公司的级别。信用评级是非常直观、公开的，可以直接影响消费者的选择和公司的市场品牌形象。一些著名保险信用评级公司（如 A. M. Best 等）的财务评级，主要对保险公司的财务制度、盈利能力、投资组合、偿付能力及准备金管理等财务因素进行评估。

（二）准备金评估对利润的影响

保险公司的准备金包括未到期责任准备金，未决赔款、已发生未报告赔款等未决赔款准备金，以及总准备金，即为应对今后较长时期内可能发生的特大巨额赔款提取准备金。因为根据大数法则的要求，保险不仅要有广泛的承保面，还需要有长期连续的观察，以应对高赔付率年份的出现。其中，未决赔款的估算比较困难，特别是涉及责任范围、损害程度的比例存在争议或最后由法庭判决等情况时。尽管精算可以通过各种方法测算各种准备金，但是不可能完全准确地计提，而且不同公司计提方法也不一样，这样，使保险公司经营成本的核算具有很大的不稳定性和不确定性，从而影响利润。

提取的准备金与公司盈利之间存在此消彼长的关系。提取的准备金太低，相当于低估负债，高估盈利，导致公司资金通过税收和红利、奖金等方式流出，并造成一种繁荣的假象；相反，如果提取的准备金太高，可以起到避税的作用，也许对投保人有利，但会降低公司盈利，降低对股东的吸引力，从长期来看不利于公司的发展。因此，要尽可能科学、充足地提取各种准备金。

此外，保险公司各年利润可比性也比较差。一般企业只要经营管理上没有太大的变化，各年的利润就会保持相对稳定。但对保险公司来说，由于保费是按“概率论”和“大数法则”计算的各年灾害损失的平均数收取的，赔款支出是按当年的实际损失支付的，而各年灾害事故的发生率并不平衡，从而使保费收入与赔款支出在年度间存在差异，保险公司年度之间的利润可比性较差。

（三）收入与现金流的特殊性

与普通企业先有成本支出，后有销售收入的盈利模式不同，保险公司的收入模式体现在保费收入在先，赔付支出在后，因此，使得现金流入先于现金流出，经营成本具有滞后性。这些特征对保险公司的偿付能力、营运资本管理、成本管控等财务管理活动提出更高要求。保费收入主要来源于新签保单的新业务保费收入和续期保单的续期保费收入。然而，如果按照权责发生制，保险公司所收取的保费并不立即成为公司的收入。相反，它代表保险公司对保单持有者的一种义务，即在保险期间内提供保险保障的义务。随着义务的履行，保费也逐渐成比例地成为公司实现的已赚收入。由于保费收入是在签发保单时入账的，而保险责任要延续到保险期满，保单的有效期与会计年度往往不一致，对于会计年度尚未到期的保单应承担的责任称为未到期责任。按照权责发生制的要求，为了正确计算各个会计年度的经营成果，要把不属于当年收益的保费以未到期责任准备金的形式，从当年收益中提出，作为下一年的收入。同理，应将上年度提存的未到期责任准备金记作本年收入。因此，正确地确认保险公司的保费收入和计提责任准备金，是保险公司财务管理的一个非常重要的组成部分。

保险公司由于产品结构多元，盈利来源也较为分散，分散化的业务收入对财务分析的全面性提出了更高要求，分析时应充分考虑各类业务的收支和现金流状况，从而更为准确地评价公司的盈利能力和风险防御能力。

（四）效率与风险平衡的资金管理

资金管理工作就是保证资金流动的安全，准确判断各个作业环节对资金流量的规模、时间安排等方面的需求，及时满足业务、费用和资本性支出的需要。同时，财务管理还需要对存量资金的使用提出变现能力、波动性、时间安排等方面的要求。

对于一家保险公司，具有偿付能力不仅仅是指满足监管机构的偿付能力要求。保险公司资产数额的充足还需要以现金形式表现出来，这样保险公司在负债到期时才能履行给付。如果没有充足的现金资产，即使资产超过负债，保险公司同样可能会无法偿还债务。不能马上偿还债务时，保险公司要么立即出售资产（可能遭受损失），要么通过其他方式融资来解决。因此，为了确保偿付能力，保险公司应该保持充足的资产流动性。流动性资产是指方便、可以较快并且以接近资产真实的价值转化为现金的资产。流动性越强的资产，越容易以接近资产真实价值转化为现金。显然，现金是最具流动性的资产，因为它没有转换的必要。一些短期证券，比如国库券，因为它们可以很方便地出售，从而也具有较高流动性。一些商业性实物资产具有较小的流动性，因为需要寻找按合理而接近真实价值的购买者，并花费一定时间。

（五）资产与负债的匹配难度高

保险公司的保险合同期限往往较长，在未来较长的时间内，保险公司要承担的实际成本（赔付等支付义务）受外部环境因素、投保人或被保险人自身状况以及保险公司自身经营情况等综合因素的影响，具有很大的不确定性，因此负债准备金评估较其他金融企业难度更大，受监管的程度高。由于保险公司负债的特殊性，保险公司的资产负债匹配要求更高，负债特性直接影响资产端的配置策略（见表 1－2）。

表 1－2　一般企业与保险公司会计各项目区别

项目	一般企业	保险公司
资产	存货和固定资产比重较大	一般没有存货，货币资金和投资的比重较大
负债	是指债权债务引起的现实负债，债务人及债务金额和偿还时间都是确定的，对极少数或有负债	主要是各种责任准备金，人寿保险的责任准备金一般占负债总额的 80%、资产总额的 70% 以上；具体债务金额和偿还时间很难确定
所有者权益	注册资本较低。按《公司法》规定：有限责任公司（生产经营为主）不少于人民币 3 万元；股份有限公司注册资本最低限额为 500 万元	资本要求较高，按《保险法》规定，最低限额为人民币 2 亿元 由于保险经营的风险较大，为防范巨额风险，所有者权益中还包括计提的一般风险准备。 一般风险准备是指保险公司为发生周期较长、后果难以预料的巨灾和巨额危险从税后利润中提取的准备金
收入	分为三类：营业收入、投资收入和营业外收入	也分为三大类，其主要区别在营业外收入和投资收入两方面。保险公司的营业收入主要包括保费收入；投资收入金额较大、地位重要
成本	工业企业的成本主要是料、工、费；金额比较容易事先确定	保险公司的成本可以理解为各种赔付支出和责任准备金，按照精算假设确定，与实际情况存在偏差
费用	主要是销售费用、管理费用和财务费用	主要为手续费及佣金支出和管理费用
利润	一般企业当期发生的业务当期可以实现利润	寿险公司利润的特点是利润的预计性和延迟性

六、保险公司财务管理人员的职责

保险公司财务管理人员的职责在于通过财务工作为保险公司创造价值（见图 1－1）。

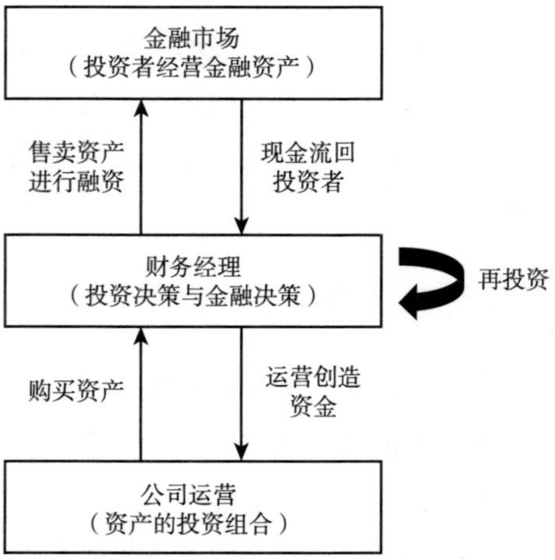

图 1－1　保险公司财务管理人员的职责

财务总监需要关注两个基本问题：一是如何进行资产投资，为公司未来创造价值？二是如何在金融市场上筹借投资所需要的资本，为投资者创造价值？对第一个问题的回答是公司的投资决策，也是资本预算决策，即根据公司的战略规划确定公司资本预算方法和程序，参与投资方案的财务评估；对第二个问题的回答是公司的融资决策，即根据公司的需要选择或设计各种融资工具、估算资本成本、设置资本结构和股利政策等。

国际会计师联盟（IFAC）下属的财务与管理会计委员会（FMAC）于 2002 年 1 月发表了一份题为《2010 年首席财务执行官的任务》（*The Role of the Chief Financial Officer in 2010*）的研究报告。该报告对财务经理未来职责进行了展望，主要表现在以下八个方面：（1）战略规划已成为 CFO 工作中的关键部分，他们将以全球化的视野积极参与公司的战略管理（收购与兼并），关注企业战略远胜于财务数据；（2）在电子商务蓬勃发展、公司数字化生存的环境下，对信息进行流程化管理，远非过去的财务信息的编制者甚或会计数字的魔术师；（3）公司财务仍然是 CFO 的基本职责，但重心将转向以价值为基础的财务运营管理，包括税务、现金流量管理、业绩评估和风险管理方面；（4）CFO 在构建公司治理结构中将更有所作为，结构简单、坚守诚信将成为主流选择；（5）沟通将是全方位、多角度的，CFO 的关注点将从财务监控与信息加工中解脱出来，成为沟通企业内外的信息桥梁；（6）CFO 在高层经营班子里将扮演一个积极成员的角色，与 CEO 结为伙伴关系，两者相辅相成，彼此默契配合，是一种建立在相互信任基础上的良好关系；（7）在资本全球化的大趋势下，在不同国度面对不同的投资者，为公司营造良好的投资者关系是 CFO 面临的重大挑战；（8）如果能够出现一套全球统一的会计准则和财务报告标准将大大简化企业的披露成本。

第三节　保险公司财务管理的历史演进

财务管理经历了一个演进过程，推动这种演进的动力是财务管理活动所面临的社会经济环境的变化。随着社会经济环境的不断变化，财务管理的内容及其重要性也在变化。正确地认识和了解公司财务管理的产生和发展过程，对于研究企业财务管理的理论问题和实践问题，有着十分重要的意义。

一、财务管理的起源

财务管理是一种古老的活动，从有人类生产劳动的那一天起便有了财务管理。但是，最早的财务管理只是简单的会计意义上的管理，在原始社会，简单刻记是原始人最早采用的一种计量、记录方法，通常的做法是以坚硬的石器、骨片以及树干为刻具，在上面刻画出一道道浅纹，或在树干上刻出一道道平行的重复的缺口，人类用这样最原始的方式记录各种财务活动，随后又出现了结绳计数等方式，结绳计数既是文字的起源，也是会计记录的开始，大体上明确了账目的几种要素，如记录对象、应计数量、数量变化以及在这一账目结束后的最终结果。文明古国，如中国、巴比伦、埃及、印度与希腊，都曾留下了对会计活动的记载。

会计所运用的主要技术方法主要涉及原始计量记录法，单式账簿法和初创时期的复式记账法等。1494 年，意大利数学家卢卡·帕西奥利在威尼斯出版了一本数学教科书《概述：算术、几何、比例和比率》（*Summa de arithmetica*，*geometria*，*proportioni et proportionalità*），在此书中他首次详尽阐述了复式记账系统，帕西奥利也因此被尊为“会计学之父”，这是会计发展史上第一个里程碑。1853 年，第一个会计师协会——爱丁堡会计师公会的成立，是会计发展史上的第二个里程碑。

会计所进行的计量、记录、分析等工作一开始是同其他计算工作混合在一起，经过漫长的发展过程后，才逐步形成一套具有自己特征的方法体系，成为一种独立的管理工作。财务管理作为企业的一种独立经济活动，是伴随公司制这一企业组织形式的产生和发展而逐渐形成的。早在 15—16 世纪的地中海沿岸城市，特别是意大利的威尼斯，其商业有了较大的发展，成为欧洲与远东之间的贸易中心。随着商业的发展和企业规模的扩大，在某些城市中出现了吸收公众资金入股的商业组织。这种股份经济组织往往由官方创办并监督其业务，股份不能转让，但投资者可以收回。所以，国外有些学者称其为“原始的股份形式”。虽然这还不是现代意义上的股份公司，但它已经存在向公众募集资金、分配红利、收回股本等财务问题。因此，国外有些学者认为，这实际上已产生了现代财务管理的萌芽，只不过它还没有作为一项独立的职能管理从商业活动中分离出来。

到了 19 世纪 50 年代以后，欧美产业革命的完成，制造业迅速崛起，新技术、新机器不断涌现，企业规模不断扩大，股份公司得到迅速发展。随着企业规模的不断扩大，股份公司的迅速发展，公司内部出现了一种以解决怎样融资、怎样发行股票、怎样使用资金、怎样分配盈利等一系列财务问题的新的职能。这样，各个公司纷纷成立了一个专司这种管理职能的财务管理部门。于是，财务管理作为一种独立的管理活动，便从企业管理中独立出来，从此，正式的财务管理也就产生了。

二、传统财务管理

以社会化大生产、市场经济为基础形成、发展起来的财务管理理论和实务，经历了一个随政治、经济和立法环境变迁而不断充实、完善和丰富的演化过程。一般认为，财务管理可以以 50 年代中期为分水岭，划分为传统财务管理和现代财务管理两个阶段。传统财务管理系统主要是以会计业务为基础，现代财务管理系统在传统的财务管理系统基础之上再扩充了其他一些财务操作。

传统的财务管理主要以会计和报表分析为主。会计功能在这一时期经历了从确认、计量、记录、报告（信息的传统功能）到反映、监督、决策（控制的现代功能）的变迁。

19 世纪末 20 世纪初，工业革命的成功促进了企业规模的不断扩大、生产技术的重大改进和工商活动的进一步发展，股份公司迅速发展起来，并逐渐成为占主导地位的企业组织形式。股份公司的发展不仅引起了资本需求量的扩大，而且也使融资的渠道和方式发生了重大变化，企业融资活动得到进一步强化，如何筹集资本扩大经营，成为大多数企业关注的焦点。于是，许多公司纷纷建立了财务管理部门，财务管理开始从企业管理中分离出来，成为一种独立的管理职业。这一时期的财务管理依赖于会计报表分析。此时会计职能主要是反映职能，即遵照会计准则的要求，正确地、全面地、及时地、系统地将一个会计实体单位所发生的财务会计事项表现出来，并通过科学的分类方法，将不同性质的会计事项分门别类地、集中地表现出来，以达到揭示会计事项本质之目的。当时的资本市场尚处于萌芽状态，各国政府对证券交易和财务信息的披露尚缺乏健全的立法，致使会计报表掺水现象严重，加上内幕交易和投机，造成股价波动剧烈，从而使投资者望而生畏，但也由此产生了投资和融资的严重矛盾。其结果使财务管理的主要重点放在企业的流动能力和资金筹措上。

20 世纪 30 年代，财务管理的重点开始从扩张性的外部融资，向防御性的内部资金控制转移，各种财务目标和预算的确定、债务重组、资产评估、保持偿债能力等问题，开始成为这一时期财务管理的重要内容。会计的职能也开始逐步变迁，由单单的反映职能拓展到反映与监督职能并行的状态。在会计反映企业经营活动的基础上，会计监督通过调节、指导、控制等方式，对客观经济活动的合理、合法有效性进行考核与评价，并采取措施施加一定的影响，以实现预期的目标，从而更好地促进企业的财务管理。

20 世纪 50 年代，面对激烈的市场竞争和买方市场趋势的出现，财务经理普遍认识到，单纯靠扩大融资规模、增加产品产量已无法适应新的形势发展需要，财务经理的主要任务应是解决资金利用效率问题，公司内部的财务决策上升为最重要的问题。在此期间，资金的时间价值引起财务经理的普遍关注，以固定资产投资决策为研究对象的资本预算方法日益成熟，财务管理的重心由重视外部融资转向注重资金在公司内部的合理配置，使公司财务管理发生了质的飞跃。

三、现代财务管理

现代财务管理是指 20 世纪 50 年代以后的这一时期，这一时期的财务管理主要以资产定价和财务决策为主。

20 世纪 50 年代后期，对公司整体价值的重视和研究，是财务管理理论的另一显著发展。实践中，投资者和债权人往往根据公司的盈利能力、资本结构、股利政策、经营风险等一系列因素来决定公司股票和债券的价值。由此，资本结构和股利政策的研究受到高度重视。这一时期，以研究财务决策为主要内容的“新财务论”已经形成，其实质是注重财务管理的事先控制，强调将公司与其所处的经济环境密切关系，以资产管理决策为中心，将财务管理理论向前推进了一大步。第二次世界大战结束以来，科学技术迅速发展，产品更新换代速度加快，国际市场迅速扩大，跨国公司增多，金融市场繁荣，市场环境更加复杂，投资风险日益增加，企业必须更加注重投资效益，规避投资风险，这对已有的财务管理提出了更高要求。

20 世纪 60 年代中期，财务管理的重点转移到投资问题上，因此称为投资财务管理时期。投资组合理论和资本资产定价模型揭示了资产的风险与其预期报酬率之间的关系，受到投资界的欢迎。它不仅将证券定价建立在风险与报酬的相互作用基础上，而且大大改变了公司的资产选择策略和投资策略，被广泛应用于公司的资本预算决策。其结果导致财务学中原来比较独立的两个领域——投资学和公司财务管理的相互组合，使公司财务管理理论跨入了投资财务管理的新时期。

20 世纪 70 年代，金融工具的推陈出新使公司与金融市场的联系日益加强。认股权证、金融期货等广泛应用于公司融资与对外投资活动，推动财务管理理论日益发展和完善。70 年代中期，布莱克（Black）等创立了期权定价模型（option pricing model，OPM）；斯蒂芬·罗斯提出了套利定价理论（arbitrage pricing theory）。在此时期，现代管理方法使投资管理理论日益成熟，主要表现在：建立了合理的投资决策程序；形成了完善的投资决策指标体系；建立了科学的风险投资决策方法。一般认为，70 年代是西方财务管理理论走向成熟的时期。由于吸收自然科学和社会科学的丰富成果，财务管理进一步发展成为集财务预测、财务决策、财务计划、财务控制和财务分析于一身，以融资管理、投资管理、营运资金管理和利润分配管理为主要内容的管理活动，并在企业管理中居于核心地位。

20 世纪 80 年代中后期，进出口贸易融资、外汇风险管理、国际转移价格问题、国际投资分析、跨国公司财务业绩评估等，成为财务管理研究的热点，并由此产生了一门新的财务学分支——国际财务管理。80 年代中后期，拉美、非洲和东南亚发展中国家陷入沉重的债务危机，苏联和东欧国家政局动荡、经济濒临崩溃，美国经历了贸易逆差和财政赤字，贸易保护主义一度盛行。这一系列事件导致国际金融市场动荡不安，使企业面临的投融资环境具有高度不确定性。因此，企业在其财务决策中日益重视财务风险的评估和规避，其结果，效用理论、线性规划、对策论、概率分布、模拟技术等数量方法在财务管理工作中的应用与日俱增。财务风险问题与财务预测、决策数量化受到高度重视。随着数学方法、应用统计、优化理论与电子计算机等先进方法和手段在财务管理中的应用，公司财务管理理论发生了一场“革命”。财务分析向精确方向飞速发展，80 年代诞生了财务管理信息系统。

20 世纪 90 年代中期，计算机技术、电子通信技术和网络技术发展迅猛，引发了财务管理的一场伟大革命。

四、财务管理发展趋势

（一）探索新的理念和方法

现有财务报告体系背后的会计规则往往重视物质资源、轻视人力资源，关注有形资产、忽略无形资产，无法反映有助于创造价值的大量无形资产。在此背景下，新经济企业的分析和估值往往困难重重，因此开始了探索新的会计理论和方法。

1. 探索表外披露的实践

一些企业和咨询机构纷纷开始提出“第四张报表”的概念，不同于传统的三张财务报表，第四张报表尤其关注用户数量、用户标签、用户使用行为等体现互联网特性的业务数据，通过分析这些业务数据，了解其关联特征、增长趋势、波动等情况，可以对企业的成长性与未来价值形成有效的判断依据。例如，海尔对“共赢增值表”的探索与实践，再如德勤建立了“业务数据—财务表现—价值评估”的价值评估模型，希望通过揭示用户数据与财务之间的关系，帮助企业将数据变现，并实现事前决策。

2. 把握价值创造的本质

在数字经济时代，价值创造可视为在特定结构资本（组织结构、规章制度和业务流程等制度安排等）框架下，企业将人力资本（员工专业知识、创新能力、工作经验、团队合作、管理水平等）作用于关系资本（客户关系、供应商关系、政商关系、劳资关系等）而产生的经济价值增值行为。为了更好地揭示价值创造的动因，财务会计制度体系需要更新观念，更多侧重于研究和规范无形资产的确认、计量和报告，更多将研究重心从财务资本转向智慧资本，包括更多地借鉴其他学科成熟的计量理论和模型（如实物期权模型），对人力资本和研发项目的价值进行评估。

（二）关注数字资产

党的十九届四中全会“坚持和完善社会主义基本经济制度”中提到，把数据作为新的生产要素。数字资产（digital assets）可以定义为企业或个人拥有或控制的，以电子数据形式存在的，在日常活动中持有以备出售或处于生产过程中的非货币性资产。数字资产的产生得益于办公自动化，数字资产依托电子支付系统发展。目前数字资产市场需求大幅增长，传统金融机构已经逐渐开始接受数字资产。2020 年年底，全球数字资产市值约为 1.7 万亿美元。2019 年 10 月我国把区块链作为核心技术自主创新的重要突破口，把区块链提升为国家战略。

数字资产独有的特性使其与现行会计准则中一般的“存货”和“无形资产”等既有科目并不完全兼容。但随着经济社会数字化的趋势加深，数字资产在企业财务管理中的重要性与日俱增，企业财务报表中缺乏对数字资产科目的处理将会显著影响财务报表的真实可靠性。因此需要对现行会计准则进行更新，将数字资产科目纳入企业财务管理中。

（三）财务预测的发展

为了提高企业的营运能力、盈利能力和偿债能力，使企业在激烈的市场竞争中立于不败之地，就必须进行科学的财务预测。预测是决策和计划的基础，只有进行科学的预测，才能作出正确的决策，制订出合理的计划；预测可以为日常财务管理提供信息，可以为财务经理指明公司在什么时候需要多少资金，使财务经理能正确地安排融资时机和融资数量，寻找最适合本公司的资金来源；准确的财务预测可以减少公司的财务风险和经营风险。随着企业生产经营日趋复杂，市场竞争加剧，财务预测将会得到广泛开展。

（四）实时财务管理的提出

信息通信技术的迅猛发展促进了信息流、资金流和物流的高效流动，在降低交易成本的同时，也加剧了市场的波动性。面对新经济时代动态多变的市场环境，实时反应、高效决策变得尤为重要。

1. 借助数字技术，建立财务实时报告

2002 年，麦肯锡咨询公司提出了“现时经济”（now economy）或“实时经济”（real-time economy）的概念，指出企业应当借助信息通信技术建立实时报告（real-time reporting）系统，在决策过程中以零时滞的方式对内外环境变化作出反应。从财务的角度看，实时报告和实时会计将促使财务管理在业务流程优化、数据时效提升、内外数据共享、决策智能化、企业架构整合等方面发挥更重要的作用，日趋数字化和智能化的财务管理将以更加高效、更加精细、更加动态的方式参与战略规划、预算编制、决策执行、业务控制和绩效评价等管理决策。

2. 借助智能算法，实现财务智能决策

实时决策的能力有赖于企业内部积累的数据，首先要解决数据提取和分析的问题，即大数据的决策结构设计，而这正是算法的任务。当前的数字化转型的关键要义也在于利用数据对流程进行再造，从流程驱动走向数据驱动，再走向算法驱动，通过不断完善算法模型，实现智能化决策。

（五）财务分析方法的改变

随着新经济企业层出不穷，新商业模式影响剧增，财务分析方法更加关注行业属性、商业模式和竞争战略，商业模式对财务分析有效性的影响包括两个方面：商业模式决定估值模式；资产结构影响现金流量。

从财务角度来看，商业模式是企业通过具有核心竞争力的主营业务来获取收入、利润和现金流量的方式，因此有效的财务分析离不开对企业商业模式的深度了解。更重要的是，战略财务和业务财务都离不开准确的会计信息，而会计分类、确认、计量、列报和披露均受到商业模式的影响，所以加大商业模式的披露力度，可提高财务信息的可理解性，进而更好地为企业做出科学高质量的经营决策和战略决策提供可靠支持。

（六）国际财务管理越来越受到重视

国际企业是指在两个或两个以上国家进行投资和从事生产经营活动的企业。国际企业中的财务管理，就称为国际财务管理。与国内企业财务管理相比较，国际财务管理有许多特殊问题需要解决，如外汇风险问题、多国性融资问题、国外投资环境问题、国外投资的资本预算问题、内部转移价格问题等。国际财务管理是伴随着国际企业的出现而出现，并随国际企业和国际金融市场的发展而发展的。今后，随着世界市场竞争的不断加剧，科学技术的不断进步，国际金融市场的不断发展，生产规模的不断扩大，将会有更多的企业走向国际化经营。因此，国际企业的财务管理将会更加受到重视。

（七）财务管理同人工智能融合

联合国《2019 年数字经济报告》显示，数字经济的规模估计在世界国内生产总值的 4.5%—15.5%。在移动互联网、大数据、超级计算、传感网、脑科学等新理论新技术以及经济社会发展强烈需求的共同驱动下，人工智能加速发展，呈现出深度学习、跨界融合、人机协同、群智开放、自主操控等新特征。大数据驱动知识学习、跨媒体协同处理、人机协同增强智能、群体集成智能、自主智能系统成为人工智能的发展重点。人工智能同公司财务管理融合是一个大方向、大趋势。随着大数据、云计算、人工智能、物联网等新兴数字技术兴起，企业管理的数字化转型在财务部门得以最直观地体现。机器人流程自动化（RPA）、财务云等应用帮助财务人员减少了机械的手工操作，提升了系统之间的沟通效率，加快了财务数据处理的速度，提高了数据分析的精度和广度。以往企业内的财务管理系统主要是以应用为中心，如今是以数据为中心，并且移动化办公、用户体验、跨部门跨企业的生态圈建立等需求一样都不能少。在这样的大背景下如何真正将财务数据、企业数据、市场数据进行全面的处理和分析，如何构建高效、移动、智能、互联、安全的财务管理系统，并且在云计算、数据库技术、大数据分析、移动商务、智能分析、智能决算等领域全方位拓展，会成为今后财务管理的发展方向。

第四节　保险公司财务管理环境

保险公司财务管理的环境，是指对保险公司财务活动和财务管理产生影响作用的外部条件，财务管理环境会影响财务管理模式，也会产生相应的财务管理理论体系，财务管理的内容通常依赖于其生存发展的环境。保险公司财务管理环境涉及的范围很广，主要有监管环境、法律环境和经济环境。

一、监管环境

2023 年 3 月，中共中央、国务院印发了《党和国家机构改革方案》，在中国银行保险监督管理委员会基础上组建国家金融监督管理总局，取代银保监会，统一负责除了证券业之外的金融业监管。根据《国务院机构改革方案》，国家金融监督管理总局在中国银行保险监督管理委员会基础上组建，统一负责除证券业之外的金融业监管，强化机构监管、行为监管、功能监管、穿透式监管、持续监管，统筹负责金融消费者权益保护，加强风险管理和防范处置，依法查处违法违规行为，为国务院直属机构。

国家金融监督管理总局的组建，标志着运行 5 年的银保监会正式告别历史舞台，也标志着我国金融监管进入了一个新阶段。回顾历史，1992 年，证监会成立；1998 年，保监会成立，开始负责对保险业统一监管；2003 年，银监会正式组建，统一监督管理银行、资产管理公司、信托投资公司及其他存款类金融机构；2008 年全球金融危机之后，分业监管体制进一步完善，监管机构之间通过联席会议制度强化协调配合；2018 年，银监会和保监会职责整合，组建成立银保监会，我国金融监管向综合金融监管体系演化。2023 年 3 月，国家金融监督管理总局在银保监会的基础上组建，不再保留银保监会；5 月 18 日，随着国家金融监督管理总局正式揭牌，银保监会正式退出历史舞台。从保监会、银监会，到银保监会，再到国家金融监督管理总局，分别代表着中国金融监管体系演进过程中的不同阶段，且都是基于每个时期经济社会、金融市场发展的必然结果。

组建国家金融监督管理总局将进一步加强金融一体化的协调，防止监管部门条块分割导致的监管真空，避免监管套利。对于金融业而言，从多头监管到归口集中监管，有利于形成统一的监管标准，降低金融机构接受监管的成本，推动金融机构经营效率提升。统一的监管体系意味着更强的监管力度，在当前引导金融回归本源、服务实体的监管导向下，金融机构将更加积极践行新发展理念，增强服务实体经济的均衡性和包容性。

（一）保险公司监管内容

通常保险市场发展的初级阶段一般采用市场行为监管模式。市场行为监管指监管机构对保险公司的设立、产品、销售、核保核赔、投资到高管人员等进行全面的严格监督，是对保险经营主体所进行的直接的实体监管。当一个国家保险市场发展到一定阶段后，就会转入相对宽松的偿付能力监管模式。偿付能力监管指监管机构仅对保险公司的偿付能力风险进行监测和监管，以控制和减少保险公司丧失偿付能力的可能性，而对保险公司的经营行为不进行直接干预。

从监管机构的功能上看，监管可分为分业监管与混业监管。分业监管指在分业经营模式下，银行、保险和证券业分别接受不同监管机构的监管。而混业监管则指监管机构放松对混业经营的限制，允许银行、保险、证券兼业兼营，并成立集银行、保险和证券监管于一体的统一的金融监管机构，注重对金融集团的监管。

保险公司监管内容包括：

1. 对保险公司建立的审批、营业许可和营销的管理

保险公司从组建就受到严格的保险监管。国家保险监管部门需要对新建立保险公司进行审查和批准，颁发营业许可，然后保险公司才能进行保险经营活动，向保险消费者提供保险服务。保险公司必须按照保险法和保险监管部门的规定进行经营活动。

2. 对承保的管理

承保是保险人进行损失风险选择和分类，以便确定其可能提供的保险保障的过程。适当的承保工作和承保技术对于保证保险人的偿付能力，公平对待被保险人和潜在的被保险人是至关重要的。保险监管部门对承保的管理主要包括对保单格式和保单条款的审批制度、对拒绝承保或终止保险的限制。

3. 对保险费率的管理

厘定保险费率是指保险产品的定价过程。保险产品的价格和其他产品的价格一样必须包括生产该产品或提供该服务的成本、营业费用和合理利润。不合理的定价会损害消费者的利益。保费过高会不合理地增加投保人或被保险人的负担；保费过低会损害保险公司的偿付能力，一旦保险公司破产，最终受到损害的仍然是广大的保险消费者。

保险费率是为特定保险保障水平每一风险单位所制订的价格。美国意外伤害保险协会所制订的“财产和意外保险费率厘定原则”中指出，厘定保险费率有四个基本原则：第一，保险费率反映了对将来保险成本的预期价值的估计；第二，保险费率应该能够补偿与风险转移相关的全部成本；第三，保险费率应该能够补偿与每一个别风险转移相关的成本；第四，如果与每一个别风险转移相关的全部将来成本的预期价值经过充分有效的精算，保险费率应该是合理的，不应过高、不准确或带有歧视性。这四个原则应该作为保险费率监管的基础。

保险监管部门对保险费率的管理主要是通过保险费率审批制度进行的 。其审批方式主要有：法定费率、事先批准、备案并使用、使用并备案和无须备案五种。使用哪种保险费率审批制度主要取决于险种。例如，失业保险、员工赔偿保险等险种的费率通常是法定的或需要事先批准；汽车保险的费率一般需要事先批准或备案并使用；个人寿险费率常常采用使用并备案的审批制度；而海上船舶和货物保险的保险费率则无须备案。

此外，对保险费率的监管内容还包括对保费结构比例的管理。例如，保费中行政管理费用在保费中的比例、利润和巨灾风险准备金在保费中的比例，以及人寿保险中营销代理佣金在保费中的比例等。

4. 对理赔的监管

保险理赔是最直接关系保险消费者利益的一项工作。损失发生后，从某种意义上说保险人和被保险人或受益人是处在利益对立的地位上。因此，对保险理赔的监管既要保证被保险人或受益人可以按照保险合同公平合理地获得保险赔偿，又要防止保险欺诈损害保险人的利益和偿付能力。对保险理赔的监管主要包括三个方面的内容：第一，建立保险理赔人员许可制度；第二，防止保险人不公平的理赔做法；第三，防范保险欺诈。

5. 对保险公司偿付能力的管理

被保险人投保的目的是在损失发生时能够获得保险补偿。因此，保险公司能够履行保险合同，具有偿付被保险人或受益人损失的能力就成为保险交易的核心。保险监管的一个最重要职能就是监督和保证保险人具有足够的偿付能力和良好的财务状况。保险监管部门需要不断定期审核保险人的财务状况，及时发现处于财务困境的公司，并立即采取措施改变保险人的不良财务状况。

6. 对保险公司破产的管理

保险监管部门的重要职能就是及时发现保险公司的不良财务状况，并尽快予以纠正。如果保险公司的财务状况严重到无法纠正和恢复的境地，保险监管部门就需要依法对该保险公司进行破产清算。

7. 对保险代理人和经纪人的管理

大多数保险业务都是通过保险中介进行或完成这一特点决定了各国保险法均规定对保险代理人和经纪人实行严格的保险监管。对保险代理人和经纪人的管理主要集中在三个方面：资格许可、授权责任和营销行为。不同险种对保险中介监管的侧重也有所不同。在财产责任保险中，保险代理人或经纪人可以代表保险人或被保险人订立保险合同，因此，对保险代理人和经纪人的监管就主要集中在资格许可和授权责任方面；在人身保险中，保险代理人主要是替人身保险公司推销保险，无权代表保险公司与投保人订立保险合同，所以，对这部分保险代理人的监管就主要是资格许可和对其营销行为的管理。

（二）我国保险公司的监管环境

我国保险监管最初是市场行为与偿付能力监管并重。随着我国保险公司自律能力的增强和市场秩序的好转，我国保险监管逐步不再参与市场的直接活动。为维持公平的市场秩序，监管活动开始向以偿付能力为核心的监管方式过渡。

我国的保险监管主要以市场行为、偿付能力和公司治理为监管的三支柱。2008 年保险监管机构在借鉴欧盟偿付能力额度制度和美国风险资本管理、保险监管信息系统、财务偿付能力跟踪系统等做法的基础上，经过广泛的征求意见，制定了《保险公司偿付能力管理规定》这一“偿一代”下偿付能力监管的纲领性文件。通过监测这套指标体系，对保险公司的经营状况进行跟踪与分析，根据审慎监管原则，做出是否应采取必要的监管措施的决策；同时也可以督促和指导保险公司适时监测自身的经营管理情况，及时调整经营策略，以保证公司的偿付能力水平。

随着我国保险业的快速发展和偿付能力监管制度的变革，“偿一代”已经不能完全适应行业发展和监管需要。随后“偿二代”建设于2012年启动，经过三年努力，2015年2月，“偿二代”正式发布并进入实施过渡期。2016年1季度起，“偿二代”监管体系正式实施，保险公司只向保险监管机构报送“偿二代”报告，停止报送“偿一代”报告。这意味着我国保险监管将全面实行“风险导向”新制度，实现质变。中国“偿二代”在采纳国际通行的三支柱框架的同时，在风险分层理论、三支柱的逻辑关联、资产负债评估框架、寿险合同负债评估、风险管理要求与评估（SARMRA）、风险综合评级（IRR）、市场约束机制等多个方面，充分体现了中国新兴保险市场的特征。长远来看，严格的监管制度会为保险行业发展创造更加公平有序的良好环境。

二、法律环境

保险公司财务管理的法律环境是指保险公司和外部发生经济关系时所应遵守的各种法律、法规和规章制度，主要包括公司组织法规、国家税法、金融企业会计法规及保险行业法规等。法律、法规和规章对企业财务管理的影响和制约作用，主要体现在以下四个方面：一是在融资活动中，国家通过法律规定了融资的最低规模和结构、融资的前提条件和基本程序；二是在投资活动中，国家通过法律规定了投资的基本程序、基本前提和应履行的手续；三是在分配活动中，国家通过法律规定了企业分配的类型或结构、方式和程度、数量比例等；四是在生产经营活动中，国家的各项法规变动也会引起财务安排的变动，因此，在财务管理中也必须予以考虑。

2014年8月13日，国务院颁布《关于加快发展现代保险服务业的若干意见》（以下简称新国十条），其中提到要提升保险行业的地位，把商业保险建成社会保障体系的重要支柱。保险具有经济补偿、资金融通和社会管理的功能，是市场经济条件下风险管理的基本手段，是金融体系和社会保障体系的重要组成部分，在社会主义和谐社会建设中具有支柱作用。

（一）公司组织法规

保险监管机构成立后，探索出台了一系列规章和规范性文件，形成了会机关、省级派出机构（36家）、地市级派出机构（13家）三级架构，初步建立了中国特色的现代保险法律体系。

公司组织法规如《中华人民共和国公司法》《外资企业法》《中外合资经营企业法》《中外合作经营企业法》和《私营企业法》等。其中，《公司法》对财务管理有着重要的影响，直接关联的内容包括：股份有限公司的股份发行与转让；公司债券；公司财务、会计和公司分立、合并、增资、减资。我国的《公司法》适用范围很广，社会经济体系中的每一公司都要遵循公司法，保险公司同样应受到《公司法》的制约。除此之外，《外资企业法》《中外合资经营企业法》《中外合作经营企业法》和《私营企业法》对不同组织形式的保险公司成立与经营都有着不同法律规定。公司法作为法律环境中的重要法规，对财务管理有着深远的影响。由于各国体制、经济发展状况的不同，各国的公司法对公司财务运作所发挥的职能与作用也不同。中西方的公司法在违法惩罚措施上，受国家政府和股份公司有关财务管理权力等方面因素影响，存在着很大的差异。

除此之外，保险监管机构于2009年9月18日主席办公会审议通过的《保险公司管理规定》，是对保险公司法人机构和分支机构的准入和日常监管进行规定的基本制度。相对于《保险法》而言，它从法人机构设立、分支机构设立、机构变更、解散与撤销、分支机构管理、保险经营和监督管理等多个层面，更加细化地规范了保险公司的经营管理。

（二）税务法规

保险公司主要涉及的税务有：企业与个人所得税、营业税金及附加、印花税等。税赋是公司的一项费用，将以流出的形式反映在公司的现金流上，对保险公司的财务管理有着重要的影响。在税率环境的公平性、企业所得税法与会计准则衔接方面，国外的税法理念与我们存在着差异。目前国内的税赋环境对保险公司的财务管理而言可能存在不完全匹配的情况，必要的时候或可借鉴国外税法理念来协助改善保险公司所面临的税法环境。

税务法规包括《企业所得税法》《营业税暂行条例》等；财务法规包括《中华人民共和国会计法》《企业会计准则》等。税务法规基本规定：在中华人民共和国境内有偿提供应税劳务、转让无形资产或者销售不动产的单位或者个人，应该缴纳3%—20%的营业税（保险业5%），与财务管理相关的税收筹划利用合理的税法漏洞。比如，纳税人有偿提供应税劳务才征收营业税，无偿提供应税劳务不征收营业税。《关于规范寿险公司赠送保险有关行为的通知》（保监发〔2005〕98号）规定，寿险公司可以以促销或者公益事业为目的，赠送人身保险。利用相关的税收优惠，农牧保险及其相关技术培训免征营业税（暂行条例第8条第5款）；境内保险机构为出口货物提供的保险产品（暂行条例第8条第7款）；第8条第7款所称为出口货物提供的保险产品，包括出口货物保险和出口信用保险（实施细则第2条第5款）；《财政部、国家税务总局关于人寿保险业务免征营业税若干问题的通知》（财税〔2001〕118号）规定，对保险公司开展1年期以上返还性人身保险业务的保费收入免征营业税。

财政部、国家税务总局发布的《财政部 国家税务总局关于全面推广营业税改征增值税试点的通知》（财税〔2016〕36号，以下简称36号文），明确了自2016年5月1日起，在全国范围内全面推开营业税改征增值税（以下简称营改增）试点，将建筑业、房地产业、金融业、生活服务业等全部营业税纳税人，纳入试点范围，由缴纳营业税改为缴纳增值税。此文的发布标志着营改增的工作全面展开，将对试点行业产生重大影响。36号文将金融服务业纳入营改增范围，并统一适用6%的税率，金融企业的小规模纳税人则按3%征收率缴纳增值税。文件所称金融服务，是指经营金融保险的业务活动。在税目分类上包括贷款服务、直接收费金融服务、保险服务和金融商品转让。

营改增以后，从销项端来看，保险企业需要对属于应税范畴的保费收入、手续费/管理费收入及投资收益（含金融产品持有期间收益及转让收益）按6%缴纳增值税；一年期以上人身保险保费收入将延续营业税的免税规定。而从进项端来看，业界普遍比较关注与理赔支出有关的进项税抵扣问题。虽然36号文并未提及，但普遍理解是，如果保险公司的赔付是通过购入货物或服务的形式提供，并可以取得增值税专用发票，那么相应的进项税应该可以获得抵扣。总体上，36号文对于保险行业的很多行业性问题着墨不多，如再保险业务的增值税处理，保险公司购入赔付用的货物和劳务在实际赔付时是否会被界定为视同销售，投连险、万能险等险种的非风险保费部分收入的税务处理等，均未予明确，而这些事项可能会对保险行业的流转税负和系统改造合规产生较大影响，相关处理仍待后续法规出台。

2017年5月2日，财政部、国家税务总局和中国保险监管机构发布通知，决定自2017年7月1日起，将商业健康保险个人所得税试点政策推广到全国范围实施，旨在以激励的方式唤起人们的健康保险意识，降低投保人的个人所得税。2017年6月19日，财政部国家发改委发布《关于暂免征银行业监管费和保险业监管费的通知》（财税〔2017〕52号），规定自2017年7月1日至2020年12月31日，暂免征保险业监管费，进一步降低保险公司的税费压力。

（三）财务法规

财务法规主要是指企业会计准则、分行业的企业财务制度及企业财务通则。企业会计准则是指各类企业进行财务活动、实施财务管理的基本规范。保险公司财务制度主要遵循《金融企业会计制度》,《金融企业会计制度》是根据企业会计准则的规定，由财政部按照金融、保险行业的特点和管理要求而制定的行业财务规范。新的《金融企业会计制度》由财政部于2001年10月9日颁布，该制度适用于中华人民共和国境内依法成立的金融企业，包括银行、保险公司、证券公司、信托投资公司、金融资产管理公司、租赁公司、财务公司及所属分支机构。

为了适应我国市场经济发展的需要，规范企业财务行为，有利于企业公平竞争，加强财务管理和经济核算，财政部于1992年11月30日颁布了《企业财务通则》，并于1993年7月1日起实施。企业财务通则对资金筹集、各项资产、对外投资、成本费用、营业收入、利润及分配、外币业务、企业清算、财务报告与财务评价等方面作了较为详细的规范，我国境内的各类企业财务活动都必须遵循其原则和规范。从2007年1月1日起，保险公司全面采用《新企业会计准则》。

（四）保险经营法规

自1995年《中华人民共和国保险法》（以下简称《保险法》）颁布以来，经过了2002年、2009年、2014年和2015年四次修订，以及历次修订后若干次的司法解释，已逐渐成熟。《农业保险条例》《机动车交通事故责任强制保险条例》《机动车交通事故责任强制保险条例》《中华人民共和国外资保险公司管理条例》等行政法规，《保险公司股权管理办法》等部门规章以及保险监管部门发布的大量的规范性文件和其他法规共同构成了我国保险业经营的法律体系。作为保险业的根本大法，《中华人民共和国保险法》规定保险公司的设立、变更、终止、保险合同的签订、保险业务范围、保险资金管理及运用、保险条款和保险费率管理、保险公司偿付能力管理、保险经营行业管理、监管管理等都必须严格遵循保险经营法规。《保险法》在2009年2月28日新修订以后，更加体现了保险公司经营管理活动中财务管理与会计的重要性。根据专门法优于普通法的法律适用原则，《保险法》中对公司组织有相关规定的，适用于《保险法》的规定，未规定的则适用于《公司法》。尽管目前我国的保险法规还有一些不完善的地方，未能完全满足保险业迅速发展的需要，但是随着保险公司自律能力的增强和市场秩序的好转，不断完善的《保险法》将会在保险公司经营、保险公司资金投放渠道等方面产生更积极的影响。作为保险监管部门中国银保险监管机构也会根据各项业务的情况发布监管规定，保险公司也必须遵守中国银保险监管机构的监管要求。加入世贸组织后，国务院于2001年出台《外资保险公司管理条例》，2006年出台《机动车交通事故责任强制保险条例》，2012年出台《农业保险条例》，目的是规范相关领域（见图1－2）。

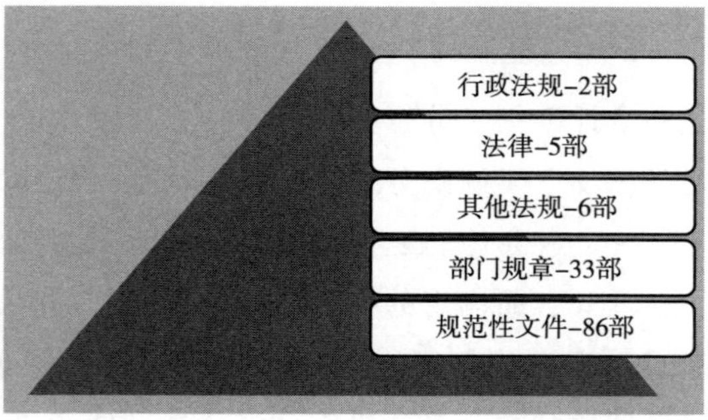

图1－2　2013—2018年五年来保险行业新增法律法规数量

三、经济环境

经济环境是影响企业财务管理的各种经济因素的总和，包括国民经济发展总体形势、经济政策、经济管理体制、社会总供求情况和由此决定的通货膨胀水平等。经济发展水平经济发展规划、产业政策及经济管理体制对企业的生产经营和财务活动也有着极为重要的影响。

（一）经济发展状况

经济发展对保险公司财务管理有重大影响。近几年，我国经济增长比较快。保险公司为了跟上这种发展并维持其在行业中的地位，至少要有同样的增长速度，故企业要相应增加投入。这种增长需要大规模地筹集资金，如借入巨额款项或增发股票。

经济发展的波动，对保险公司财务管理有极大影响。这种波动，最先影响的是企业销售额，销售额下降会阻碍企业现金的流转，例如，当企业资金不足时需要融资以维持运营，销售增加也会加大保险公司的风险，保险公司财务管理人员对这种波动要有所准备，筹措并分配足够的资金用以调整经营。

经济环境的发展给保险企业财务管理带来了新的挑战。在新的经济环境下，保险企业需要不断加强财务管理创新，提高财务管理水平，从而为企业的发展带来新的活力和机遇。

（二）宏观经济政策

国民经济的发展规划、国家的产业政策、经济体制改革的措施、政府的行政法规等，对保险公司的财务活动都将有着重大的影响，政府采取紧缩还是积极的宏观经济政策直接影响着利率的变化及金融市场的动态，进而影响着保险公司的投资策略。

国家对某些地区、行业及经济行为的优惠、鼓励和倾斜构成政府政策的主要内容。从反面来看，政府政策也是对另外一些地区、行业和经济行为的限制。企业在财务决策时，只有认真研究政府政策，按照政策导向行事，才能扬长避短。

问题的复杂性在于政府政策会因经济状况的变化而调整。因此，企业在财务决策时能够为这种变化留有余地，甚至预见其变化的趋势，对企业理财大有好处。

（三）保险行业状况

2019 年，全国各地区原保险保费收入 42645 亿元，同比增长 12.17%，从总量上来看，已经位居世界第二名，但这主要得益于我国的人口基数大，并且与保费收入第一大国美国的数据仍有很大差距。2019 年我国保险深度（保费收入/GDP）为 4.3%，相比 2018 年的 4.22%，提高了 0.08 个百分点，但世界上主要发达国家的保险深度为我国的 2—3 倍。2019 年我国保险密度（保费收入/总人口）为 3046.07 元，相比 2018 年的 2724 元，增加了 300 多元，增长了 11.82%，但是世界上主要发达国家的保险密度为我国的 6—10 倍。由此可见，我国保险行业仍有较大发展空间。

在保险行业发展形势一片大好的背后，保险公司之间也存在着异常激烈的竞争现状。社会资本纷纷将保险牌照视为资本运作的低门槛通道。2018 年已有 7 家保险公司开业，目前仍有超过百余家公司在排队等候，金融业界内很多社会资本都想在保险这样一个生机勃勃的行业中分一杯羹。保险行业中各主体的竞争，对公司的财务管理会产生重大的影响。保险公司的获利取决于其产品优势及市场占有率，因此，保险行业的竞争状况直接影响到公司产品设计的实施效果。公司要想夺得市场，提高自身产品的市场占有率，在采取竞争措施前，必须对竞争对手的产品信息及其可能采取的行动进行全面、细致地了解和判断，以保证在竞争中知己知彼，处于有利地位。

专栏 1－2

新冠疫情对公司财务状况的影响

疫情对保险公司业务的影响主要集中在保险销售和保险赔付两个层面，总体来看，在疫情下，保险销售将在短期内受阻，但是在疫情结束后会有反弹；因感染新冠病毒赔付的险种主要为医疗保险，且在社会保险赔付之后赔付，保险赔付的压力并不大。

一、保险公司的经营状况

1. 保费收入状况

如表 1－3，2020 年上半年，我国保险业共实现原保费收入 27186 亿元，同比增加 6.46%（上年同期增长 14.16%）。其中，财产险业务原保费收入 6207 亿元，比 2019 年增加 5.33%（上年同期增长 8.29%）；人身险业务原保费收入 20979 亿元，比 2019 年增加 6.80%（上年同期增长 16.05%）。原保费增速最快的为互联网、科技类公司（见表 1－3）。

表 1－3　　2020 年上半年保险业经营情况及其变动

指标	2020 年上半年	2019 年上半年	同比变动（%）
1. 原保险保费收入（亿元）	**27186**	**25537**	**6.46**
（1）财产险	**6207**	**5893**	**5.33**
（2）人身险	**20979**	**19644**	**6.80**
寿险	15619	15027	3.94
健康险	4760	3976	19.72
人身意外伤害险	600	641	－6.40
2. 保险金额（万亿元）	**4056**	**3193**	**27.03**

资料来源：根据银保监会公布数据整理。

我国寿险公司新业务开展主要通过代理人线下展业及银保渠道。受疫情影响，营销人员开展线下业务受限，培训、签约等活动均受到不同程度的影响；银行网点在春节期间延迟开门、节后网点轮换开门，也给新业务的拓展带来较大冲击。海外寿险公司全年收入分布相对国内较为均衡，一二季度收入受到的影响会比小一些。从具体险种来看，寿险原保费收入 15619 亿元，比 2019 年同期增长 3.95%；健康险原保费收入 4003 亿元，比 2019 年同期增长 16.43%，增长的幅度较大，可见疫情提高了消费者对健康的关注度；意外险原保费收入 346 亿元，比 2019 年同期下降 5.72%①。

我国产险公司受疫情影响不大，比 2019 年增长 5.33%。车险方面，疫情影响新车销量带来的大幅下降对车险新业务的开展形成较大负面影响。非车险方面，受出行限制及企业停工的影响，保费呈下降趋势。随着各行业的复工及经济复苏，居民的消费能力逐渐提升，业务量也有较为显著的回升。

① 数据来源：根据银保监会数据整理。

2. 保险赔付状况

如图 1－3 所示，2020 年上半年，保险业原保险赔付支出 6308 亿元，比 2019 年增长 1.22%。其中，人身险原保险赔付支出 3324 亿元，比 2019 年增长 0.30%，与 2019 年同期基本持平；财产险原保险赔付支出 2984 亿元，比 2019 年增长 2.26%①。

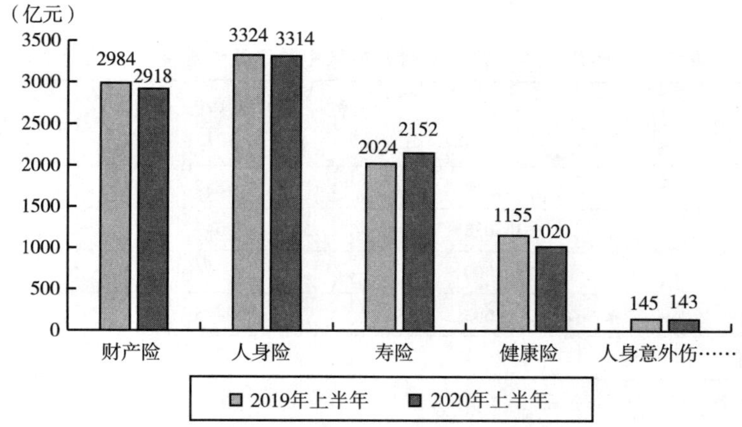

图 1－3 2019 年上半年—2020 年上半年原保险赔付支出

资料来源：根据银保监会公布数据整理。

从理赔角度来看，由于新冠肺炎属于新型病种，不在各保险公司已销售的重疾险保险责任范围内，而且新冠肺炎导致的死亡病例较少，赔付主要集中在医疗保险层面。而国家医保局在 2020 年 1 月 21 日就宣布对于感染新冠肺炎的患者，商业保险赔付在社会保险赔付之后，我国商业保险公司的直接赔付压力较小。对于病死率、感染人数比例均相对较高的国家而言，其寿险行业的身故赔付的压力较大。产险行业，由新冠肺炎引起的赔付也多属于大多数财产险、责任险的免赔范围之内，赔付支出较大的险种主要为营业中断险和赛事取消险。

公司层面，同比赔付支出的上涨幅度最高的和赔付支出最高的是中国太平，涨幅 6.47%，支出额 1290.06 亿元；同比下降幅度最大的是新华人寿，降幅 14.60%；赔付支出最小的是资产规模最小的众安在线，赔付支出额为 35.39 亿元。除新华人寿外，各公司的赔付支出波动幅度都在 5% 左右，变动不是很大。

二、疫情对保险公司融资的影响

新冠疫情带来的不确定对金融市场的影响最大，目前我国保险公司的主要融资渠道有股权融资、股东注资、发行债券、内部融资等。2020 年第一季度，上市保险公司的融资活动现金流入相比上年同一时期都有较大变动。其中，新华保险的变动幅度最大，同比变动 445.77%，中国平安的变动规模最大，达到了 2144.91 亿元，中国人寿和中国太保融资活动现金流入均有所下降（见表 1－4）。

---

① 数据来源：根据银保监会公布数据整理。

具体来看，新华保险收到卖出回购金融资产的现金净额比去年同期增加 173.15 亿元，这也是导致现金流入变化大的最主要原因。中国平安的融资渠道相对较多，而且规模很大，在疫情期间的融资需求也很高。2020 年第一季度，中国平安发行债券收到现金 1223.86 亿元，卖出回购业务资金增加 612.62 亿元，吸收投资收到现金增加 271.3 亿元，融资活动现金流入同比变化达 180.93%。中国人保通过发行债券进行融资收到现金 80 亿元，其在 2019 年同一时期没有融资活动现金流入。中国人寿和中国太保的融资活动现金流入总量减少。但是中国人寿吸收投资收到的现金比去年增加了 18.54 亿元，减少现金流入的主要是借款和其他与融资活动有关的现金，中国太保通过卖出回购金融资产款的新渠道进行融资，但收到的其他与融资活动有关的现金减少近 20 亿元，导致其整体的融资活动现金流入减少，整体来看，2020 年第一季度，上市保险公司收到的其他与融资活动有关的现金大幅下降，这应该是疫情带来的负面冲击。这一时期，保险公司的融资需求上升，纷纷通过发行债券、股权融资和卖出回购金融资产的方式进行大规模的融资。

表 1－4　　2020 年第一季度上市保险公司合并报表中融资活动现金流入及变动①

上市保险公司	2020Q1（百万元）	2019Q1（百万元）	同比变动（%）
新华保险	21214	3887	445.77
中国平安	333038	118547	180.93
中国人保	8000	—	—
中国人寿	4603	37745	－87.81
中国太保	2981	4540	－34.34

资料来源：根据各公司财务报告整理。

三、疫情对保险公司投资收益的影响

2020 年初预期保费收入大幅下降使得保险公司可用资金增速明显放缓，加上国际金融市场动荡不安，新冠疫情给保险公司投资端造成了较大的冲击。银保监会数据显示（见表 1－5），截至 2020 年 6 月，保险业资金运用余额为 20.13 万亿元，较上年末增长了 8.63 个百分点。其中，银行存款 2.82 万亿元，占比 13.99%；债券 6.97 万亿元，占比 34.63%；股票和证券投资基金 2.68 万亿元，占比 13.33%，基本与上年末持平。

表 1－5　　2019 年末—2020 年上半年保险业资金运用及资产情况

指标	2020 年 6 月末（亿元）	2019 年末（亿元）	变动（%）
资金运用余额	201251	185271	8.63
银行存款	28152	25227	11.59

① 本部分数据来源于各公司 2020 年第一季度财务报表。

续表

指标	2020 年 6 月末（亿元）	2019 年末（亿元）	变动（%）
债券	69700	64032	8.85
股票和证券投资基金	26828	24365	10.11
资产总额	219792	205645	6.88

数据来源：根据银保监会公布数据整理。

2020 年上半年各公司净投资收益率都有小幅下降，但总体还算稳健。在表 1－6 列举的上市保险公司中，中国平安和新华保险同比变动幅度最大，均下降 0.4%，中国平安的总投资收益率同比下降幅度较大，达 1.1%，在列出的几家保险公司中居末位，中国人保的净投资收益率和总投资收益率都领先其余公司。

表 1－6　2020 年上半年我国上市保险公司投资收益率（年化）及其变动表　单位：%

上市保险公司	净投资收益率	同比变动	总投资收益率	同比变动
中国平安	4.10	－0.40	4.50	－1.10
中国人寿	4.29	－0.37	5.34	－0.44
中国太保	4.40	－0.20	4.80	0.00
新华保险	4.60	－0.40	5.10	0.40
中国人保	4.90	－0.20	5.50	0.10
中国太平	4.29	－0.31	5.35	0.55

数据来源：各公司财务报告，华创证券。

从资产配置角度来看，中国平安和中国人保权益、固收类投资占比整体变化不大，股票基金的占比变化也不大，但均加大了对债券的配置，债券占比较 2020 年初分别提升 2.4%、4%；新华保险、中国太保和中国人寿均采取将风险资产转为持有现金的策略，现金及现金等价物占比分别提升 2.9%、2.2%、1.3%。

金融市场的波动对固定资产收益影响较大，尤其对于寿险和年金保险公司而言，可供调整空间也相对较小；对产险行业来说，短期流动性资产较多，对股票价格的波动反应将更为剧烈，投资收益损失可能较大，但大多数产险公司资产负债间的期限良好，对股票的风险敞口较低，因此它们的偿付能力不会受到太大影响。分市场来看，债券市场方面，在降准且全球主要央行延续扩表的情况下，国债利率持续下跌，国内利率下行明显。低利率环境下，保险公司尤其是寿险公司的固定资产收益面临的挑战巨大。寿险业平均负债久期高于资产久期，利率下行将导致负债价值比资产价值的上升幅度更大，给保险资产的管理带来了诸多的风险和挑战。股票市场方面，国际金融市场震荡在短期内对保险公司投资收益产生较大影响。信托等非标计划投资方面，信托公司产品发行规模明显收缩，保险公司的再投压力较大。但从长期来看，保险公司的资金来源较为稳定，资金规模较大且期限较长，短期波动对长久期资产配置的影响是有限的。

四、疫情对保险公司销售的影响

2020 年第一季度，传统代理人线下拜访获单的方式遭到重创（见图 1-4）。根据麦肯锡咨询发布麦肯锡白皮书①，疫情期间约有半数的代理人业务收入下滑，超 4 成代理人退保量增加。客户在保单到期后未能续保、保险预算在疫情期间降低都是退保量增加的主要原因。代理人需要投入更多的时间来联系客户、推销产品，但仍然存在新单拓展的问题。

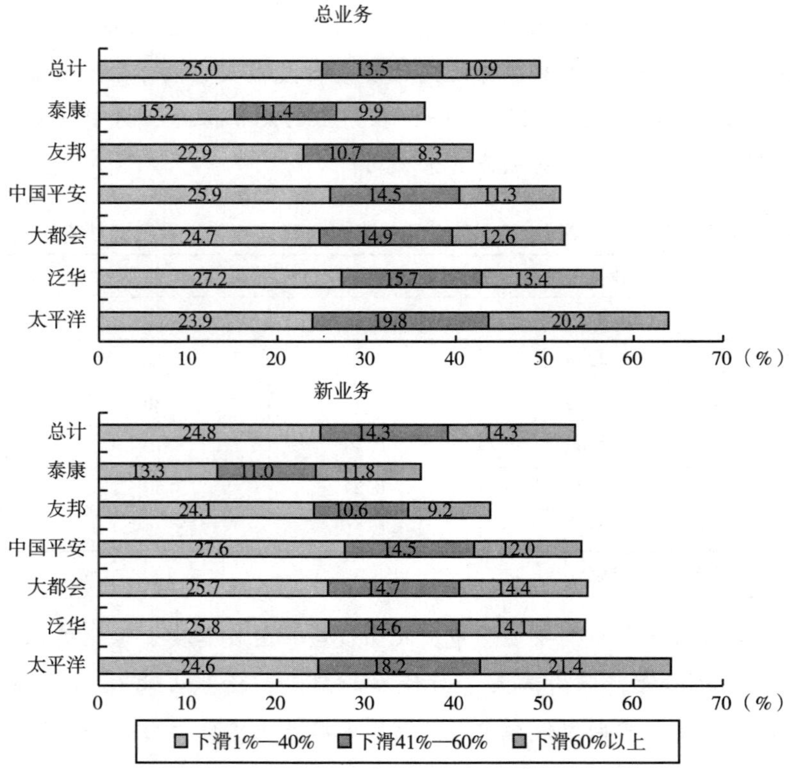

图 1-4　部分保险公司代理人总业务与新业务情况

资料来源：麦肯锡咨询。

从五大上市保险公司的中报数据来看，银保渠道保费收入出现分化。其中，新华保险银保渠道的保费规模达 291.43 亿元，同比增长 133.80%，位居第一，但其本身从银保渠道获客的比例相对较高；其次是中国人寿，同比增加 70.44%；中国平安同比增长 32.14%，银保渠道保费收入达 56.49 亿元。而中国人保、中国太保的银保渠道保费收入则呈下降趋势，同比下降超 20%，可能是受到银行网点延迟或轮换开门、客流量减少的影响。

与此同时，互联网人身险销售创下 1394.4 亿元规模保费，较上年同期增长了 12.2%。

① 参见麦肯锡白皮书：《寿险行销变革暨保险代理人队伍赋能》。

疫情冲击使线下渠道受限的同时也倒逼线上市场快速发展。上市保险公司中，中国平安和中国人寿就布局了网销渠道等其他业务渠道。其中，中国平安 2020 年上半年其他渠道寿险的保费收入 300.63 亿元，占比达到 8.50%；中国人寿其他渠道寿险的保费收入 262.5 亿元，占比达到 6.10%。虽然从量上看，个险渠道和银保渠道还是上市保险公司主要的业务渠道，占比高达 90%，但是网络销售渠道的发展势头也不容小觑。

【思考题】

1. 如果一家公司的董事会希望管理层将股东财富最大化，那么 CEO 的薪酬是否应该被设定为固定的数额，或者该补偿应该取决于公司表现得好坏吗？如果要以业绩为基础，业绩应该如何衡量？用报告利润的增长率或股票内在价值的增长率来衡量业绩会更容易吗？哪一项是更好的绩效衡量标准？为什么？

2. 保险股份有限公司的组织结构是什么？

3. 股东财富最大化应该被认为是一个长期还是短期目标？例如，如果一项行动在 6 个月内将一家公司的股价从目前的 20 元升至 25 元，然后在 5 年内升至 30 元，但另一项行动在数年内将股价保持在 20 元，但在 5 年内又将其升至 40 元，哪种行动会更好？

4. 简述保险公司集中财务管理策略并举例。

5. 经济、金融和财务管理之间有什么关系？

6. 股东价值的最大化与社会责任的承担是否不一致？请解释。

7. CFO 是什么？这个职位在公司阶层中属于哪一级？其职责是什么？

第二章 财务管理相关理论

【学习目标和要求】

1. 了解保险公司财务管理的相关理论。

2. 掌握委托代理理论的发展及其产生的代理问题的解决方法。

3. 熟悉资本结构理论发展的进程。

4. 理解财务管理的价值理论，了解货币的时间价值、风险报酬、利息率等概念。

【本章概览】

本章主要介绍保险公司财务管理的相关理论，通过正确理解和把握相关经济学理论，对保险公司财务管理有更深刻的认识。本章共三节：第一节介绍委托代理理论这一企业契约理论的重大发展及其产生的代理关系和解决办法；第二节介绍资本结构理论，了解其在不同时代的发展；第三节介绍财务管理的价值理论，了解资金的时间价值、风险与风险报酬、利息率等概念。

第一节 委托代理理论

股份公司是所有权和经营权相分离的一种典型的企业组织形式。股东并不直接参与企业的经营管理活动，而是委托经理人代表他们管理企业，股东是委托人，经理人是代理人。委托人与代理人的目的往往并不完全一致，因而代理关系对企业财务管理的影响成为一个值得探讨的问题。

一、委托代理理论的主要内容

所有权与控制权的分离推动了现代公司组织形式的演进，同时也相应带来了代理问题。委托代理理论研究的是现代企业制度中资本所有者和经营者之间的委托代理关系以及由此产生的代理成本和代理收益，而经营者激励约束和竞争机制的安排是委托代理理论研究的主体。

委托代理关系实际上就是一种契约关系。在这一契约关系中，设计契约形式的当事人称为委托人，接受契约的人称为代理人。委托人授权代理人为其利益从事某些活动，代理人则通过代理行为获取一定报酬。在委托代理关系中，委托人和代理人的目标是实现各自效用的最大化。委托人要实现自己目标，必须同时让代理人在代理过程中实现自身目标。因此，委托代理关系，就是委托人设计出一个契约，授予代理人某些决策权，以报酬等形式满足代理人的效用目标，并对代理人行为进行监督和约束，从而使委托人效用目标最大化。委托代理理论认为，当剩余索取权与合同控制权相分离后，可以产生代理收益，收益包括分工效果和规模效果。前者是指两个或两个以上拥有不同禀赋的经济主体通过分工各自获得超额收益，后者是指经济主体随所参与的经济活动规模的增大而获得的边际效用的增加大于其边际规模的增大。

然而，由于构成代理关系双方的条件各异，需要有别，行为目标也就会有冲突，而且信息的不对称也使委托人很难验明代理人的实际行为是否合理，或面临着验明情况的费用会很高的问题，这样，在委托代理关系中可能出现道德风险和逆向选择问题。道德风险和逆向选择会大大损害委托人的利益，为尽可能降低道德风险和逆向选择对委托人的利益造成的损害，委托人就必须订立尽可能详细的合约并获取足够多的信息来监督代理人行为，委托人为此付出费用，即监督成本，代理人承担担保成本，所有这些成本构成了代理成本。有效的委托代理关系就是代理成本小于代理收益。因此，委托人需要思考如何设置激励约束和竞争机制，在代理人实现个人效用最大化的同时，实现委托人预期效用的最大化，使代理成本少于代理收益。

二、股东和管理者的委托代理关系

股东和管理者之间的委托代理关系是由于资本的所有权与控制权相分离造成的。股东作为资本所有者并不直接参与经营活动，而是将资本控制权交给管理者，由管理者运用资本进行经营，从而形成代理关系。也就是说，两权（所有权和经营权）分离是股东和管理者之间的代理关系矛盾产生的前提。

股东与管理者代理关系之所以存在矛盾，基于以下两个原因：

（一）目标不一致

在股东和经营分离以后，股东的目标是使财富最大化，即股东权益最大化。那么，为了达到这一目标，股东就会千方百计地要求管理者以最大的努力去完成这个目标。然而，基于经济学上的经济人假设，市场中的每个人都是一个经济人，其出发点必然是自身利益的最大化，管理者作为所有者的代理人，被赋予了公司的经营权，管理者可能更关心自己的财富最大化，他们的目标既包括货币性收益又包括非货币性收益，具体包括报酬的增加、闲暇的时间、高奖励、豪华的办公条件以及个人声誉、社会地位等。

（二）信息不对称

由于实际上是管理者负责整个公司日常的运营，掌握着企业货币资金的流入流出，在一定的授权范围内负责企业内部资源的配置，控制着企业各项费用的支出，管理者拥有公司更全面、更准确的信息，因此，管理者比所有者更清楚怎么做对自己最有利，怎么做对公司更有利。与之相反，所有者因为将公司的经营权交给了管理者，他们往往掌握不到公司全面的信息，并不能完全了解管理者的做法对公司是否有足够的帮助，因此，两者在信息上存在着不对称的情况。这样便给管理者带来了为自己谋取福利的机会，与此同时，这也必然会损害股东的利益。

三、代理成本

（一）代理问题

代理问题具有两种主要的表现形式：道德风险和逆向选择。

道德风险是指管理者在不违反国家法律法规和企业行政责任的前提下仅在道德层次上做出的不利于委托人利益最大化的行为。道德风险主要呈现两种典型情况：一是管理者对风险决策的回避态度；二是管理者的短期性行为。首先，管理者不会冒着可能引发公司财务危机致使自己引咎辞职的风险去使公司股价上升。冒险成功了，股价上涨的收益也不属于管理者；反之，一旦冒险失败，他们就要承担名誉上的损失，因此，管理者会不求有功但求无过。还有就是所谓的短期性行为，如管理者不会很重视研发活动等，这些都会在很大程度上损害公司的利益，在契约不完备的情况下，道德风险的责任追究途径和追究程度难以构建和强化，管理者的道德风险损失客观上由所有者承担。

逆向选择是指管理者巧借业务需要，过度追求自身效用的行为。比如，装修豪华的办公室，购置高档汽车等。所有者有权追究管理者由于逆向选择而应该承担的行政责任甚至法律责任，但管理者往往以合理的契约规定为借口搪塞，作为企业外部主体的所有者往往很难获取有效证据控告管理者。

（二）代理成本（agency costs）

按照詹森和梅克林的定义，代理成本可分为三部分：

一是委托人的监督成本，即委托人激励和监控代理人，以图使代理人为委托人利益尽力的成本；

二是代理人的担保成本，即代理人用以保证不采取损害委托人行为的成本，以及如果采用了某种行为将给予赔偿的成本；

三是剩余损失，是委托人因代理人代行决策而产生的一种价值损失，等于代理人决策和委托人在假定具有与代理人相同信息情况下自行决策效用之间的差异。

显然，前两个是制定、实施和治理契约的实际成本，第三个是在契约最优但又不完全被遵守、执行时的机会成本。

代理成本出现的一个重要原因就是前文所说的信息不对称。代理成本之所以出现还有一个内在原因是经理层一般并不持有企业股份，这会造成两种后果：一是经理层辛勤工作并取得了相当卓著的业绩，但由此产生的企业利润完全归企业股东所有，而经理层只能得到约定的报酬，这种付出和得到的不平衡很容易导致经理层放弃积极经营企业的努力。二是经理层“在职消费”带来的效用完全由经理层享有，但“在职消费”产生的高额成本则完全由企业股东承担。这种得到和付出的不平衡极易导致经理层侵蚀企业利益，为自己谋取福利而不承担任何成本。

四、代理问题的解决方式

根据代理理论，解决股东与管理者之间矛盾的最好方法是，通过契约关系对管理者实行激励与监督，从而令代理人为实现委托人的利益而努力工作。聪明的所有者应该使用激励方法，促使管理者用最低的成本为公司赚取最大的利润，即促使管理者为公司价值最大化做出努力。当管理者感到他的收益是未来公司收益的一部分时，管理者与所有者“目标不一致”的矛盾，就会在一定程度上得到缓解。通过“激励”的手段，可以促使管理者与所有者的目标在某种程度上达成一致，导致管理者在实现自身利益最大化的同时，也能够使所有者的利益最大化，从而营造出一个“双赢”的局面。

（一）监督

为了避免所有者和管理者之间信息不对称的问题，企业所有人会对管理者进行监督，监督可以增加公司透明度，从而减少信息不对称程度。当管理者背离股东目标时，就可以将减少报酬、甚至解雇作为惩罚，要求管理者及时改变当前的行为。任何代理关系都需要不同程度的监督，监督能确保代理人不违背委托人的意愿，不做出超出代理范围的行为。

对管理者的监督要从内部监督和外部监督两个方面来进行。内部监督主要是指现代企业内部的制衡机制，包括董事会对经理层的监督、监事会对董事会和经理的监督；外部监督则包括注册会计师和金融机构的审计。在现代市场经济中，商业银行、投资银行、投资基金等金融机构已逐步成为企业最大的投资者和债权人，他们为了保障自身的利益的安全，以及未来收益的可持续性，必然对企业加以约束。

（二）激励

“激励”同“监督”一样重要。在确定激励的方法前，所有者必须先了解管理者的需求，能满足管理者需求的激励方法才能激发管理者，在推行过程中才能行之有效。有效的激励可以使管理者主动采取符合股东最大利益的行动，比如当企业盈利率或股票价格提高时，管理者可以得到一定比例的股票期权作为奖励。

合理的经理薪酬方案也是对管理者较好的激励方法，薪酬方案应该足以吸引并留住有能力的经理，并需要随时间推移而保持一致性。并且，对于薪酬的设计应使得经理的薪酬与长期股票表现挂钩，而不是基于期权执行日的股票价格。这意味着期权（或直接的股份奖励）应该在几年中被逐步授予经理，以使得经理具有提高长期股价的动机。如果能用客观和可靠的方法衡量内在价值，那么就可以在内在价值变动额的基础上确定绩效薪酬。但是因为内在价值难以观察，所以就必须基于股票的市场价格来确定薪酬，但这个价格必须是一个长时间的平均价格，而不是特定某一天的价格。

管理者年薪制也是比较常用的方法，管理者的年薪收入分为基本工资和效益工资两个部分，基本工资是固定的，而效益工资则随着企业当年效益的增减而起伏。股票期权可以作为效益工资，将管理者的报酬与若干年后企业的盈利情况画上等号，这样就能在消除不平衡心态的前提下，最大限度地限制管理者的短期行为，树立为企业长期经营的思想。

（三）潜在的约束

股东还可以直接干预经理的工作。现在公司股票的主要部分大多由机构投资者所持有，比如保险公司、养老金以及共同基金；并且私募股权公司也随时准备着介入并收购那些业绩不佳的公司。因此，机构资金的经理可以对绝大多数公司的经营产生相当大的影响，他可以与公司的管理层协商，对公司的经营提出有关建议，虽然股东所提的建议是没有约束力的，但公司的最高管理层仍要认真听取投票表决结果。美国 1934 年的《公司法》第 14A－11 条规定，股东有权成为一家公司董事会的主要董事，任何持有上市公司至少 3% 有表决权股票至少三年的股东，都必须在公司的材料中列入董事提名。近年来，美国可口可乐、美林、雷曼兄弟、通用汽车、标致、IBM、施乐、通纳美等公司的高管都因公司业绩不佳而被解聘。

当公司的股票价值因管理不善而被低估时，公司狙击手（corporate raider）就可以乘机占便宜，并试图在敌意收购（hostile takeover）的情况下接管公司。如果敌意收购成功了，被收购公司的经理人员通常都会被解职。因此，经理人员都有强烈的动机采取那些使得公司股票价格最高化的措施。当公司的内在价值高而实际价格低时，对股东和管理者都是不利的，在这种情况下，公司可能会遭遇低价收购，经理也会被解雇，这要求管理者尽量最大化股票的内在价值，并保持与股东有效沟通。

第二节 资本结构理论

资本结构解决的是公司的钱从哪里来的问题。企业运营需要资金，而资金的取得需要付出相应的成本。资本结构是指企业各种资本的价值构成及其比例关系，实务中，资本结构有广义和狭义之分，广义的资本结构是指企业全部资本的价值构成及其比例关系，不仅包括长期资本，还包括短期资本，主要是短期债务资本；狭义的资本结构仅指企业各种长期资本的价值构成及其比例关系，尤其是指长期的股权资本与债务资本的构成及其比例关系。企业的资本结构是由企业采用多种融资方式融资形成的，各种融资方式的不同组合类型决定着企业资本结构及其变化。虽然企业可采用的融资方式很多，而且还呈现出越来越丰富的发展势头，但总体来看不外乎债务资本和权益资本两大类。

现代资本结构理论始于 1958 年，莫迪利安尼（Modigliani）和米勒（Miller）两位学者在一系列严格假设下对企业价值和资本结构的关系进行了探讨。这一研究奠定了现代西方资本结构理论的基础，也为后续资本结构理论的推进提供了方向。此后，沿着这一思路，学者们对于资本结构理论进行了开拓和创新，提出了诸如权衡理论、信息不对称理论等现代资本结构理论。资本结构问题一直是财务管理中的重要理论问题与实际问题。围绕着这一问题，现已形成了各种各样的理论学派与理论观点。主要的资本结构理论可以分为两类：早期资本结构理论和现代资本结构理论。

一、早期资本结构理论

早期资本结构理论始于杜兰特（David Dorand）1952 年的研究，在其论文《企业债转股成本：趋势与计量问题》（*Cost of Debt and Equity Funds for Business*：*Trends and Problems of Measurement*）中提出了早期的三种资本结构理论：净收益理论、营业收益理论和传统理论，这三种理论的不同之处在于对投资者确定企业负债与权益资本价值的假设不同。

（一）净收益理论

净收益理论（net income theory）认为，在公司的资本结构中债权资本的比例越大，公司的净收益或税后利润就越多，公司的价值就越高。按照这种观点，公司获取资本的来源和数量不受限制，并且债权资本成本率和股权资本成本率都是固定不变的，不受财务杠杆的影响。

（二）营业收益理论

营业收益理论（net operating income theory）认为，在公司的资本结构中，债权资本的多寡、比例的高低，与公司的价值没有关系。按照这种观点，公司债权资本成本率是固定的，但股权资本成本率是变动的，公司的债权资本越多，公司的财务风险就越大，股权资本成本率就越高；反之亦然。经加权平均计算后，公司的综合资本成本率不变，是常数。因此，资本结构与公司价值无关，决定公司价值的真正因素应该是公司的净营业收益。

（三）传统理论

传统理论（traditional theory）是一种介于净收益理论与营业收益理论这两种极端理论之间的折中理论。传统理论认为，当企业一定限度负债时，股权资本成本和负债利息不会因债务融资而增加的风险补偿得到同步增加，公司通过财务杠杆来融资，在一定限度内会提高公司的预期市场价值，超过该限度，股权资本成本的提高部分将足以抵消可供股东分配盈利的增加部分，结果导致公司市场价值降低。所以，公司的加权平均资本成本先升后降，也就存在个负债比例低于100%的最优资本结构能使企业价值最大。按照这种观点，增加债权资本对提高公司价值是有利的，但债权资本规模必须适度。

早期的资本结构理论对企业债务融资和权益融资成本以及企业市场价值之间的关系进行了探索性分析，为现代资本结构理论的产生与发展创造了条件。

二、现代资本结构理论

前述三种理论都是建立在对公司所有者行为的假设这一基础之上，而缺乏充分的经验基础和统计分析依据。现代资本结构理论始于20世纪50年代，1958年莫迪利安尼和米勒两位学者在著名的经济学期刊《美国经济评论》（*American Economic Review*）上发表了题为《资本成本、公司财务和投资理论》（*The Cost of Capital, Corporation Finance, and the Theory of Investment*）的文章，开启了现代资本结构理论的开端。文章中首次用严谨的模型推导讨论了在完美市场假设基础上，资本结构对企业价值的影响，在无税收、无破产成本、无代理成本以及市场完全等严格假设下得出了公司价值与资本结构无关的结论，即为著名的“MM定理”。莫迪利安尼和米勒两位学者也因其突出贡献，分别于1985年和1990年获得了诺贝尔经济学奖。与早期的资本结构理论相比，现代资本结构理论的最大贡献是提供了一种研究资本结构的科学方法和途径，它给出了企业资本结构与资本成本以及企业价值的函数关系，使得这些关系能够得到检验。资本结构理论随着新的经济学分析方法不断被引入资本结构研究而得以发展。

（一）MM 理论（modiglini - miller theory）

1. 未考虑公司所得税的 MM 理论

资本结构无关论据以建立的基本假设，主要有：

（1）公司经营风险的高低，可由其息税前利润的标准差来衡量；而且如果公司的经营风险相同，则它们所属的风险等级也相同。

（2）所有投资人对于每家公司未来能产生的息税前利润及其风险都有相同的预期。

（3）投资人在资本市场上买卖股票与举债，不必支付交易成本；而且他们在举债时，所负担的利率和公司相同。

（4）个人和公司一样，都可以发行无风险债券来融资，因而债券利率为无风险利率。

（5）公司每年所产生的预期现金流量都固定不变，且会一直持续到永久。换句话说，公司是一家零成长公司，它每年都有固定的息税前利润，且发行的债券具有永续年金的性质。

根据上述假设，MM 理论得出三个重要结论：

（1）资本结构与资本成本和公司价值无关。MM 理论认为，如果不考虑公司所得税和破产风险，且资本市场充分发育并有效运行，则公司的资本结构与公司资本总成本和公司价值无关。或者说，公司资本结构的变动不会影响公司加权平均的资金总成本，也不会影响到公司的市场价值。这是因为，尽管负债资金成本低，但随着负债比率的上升，投资者会要求较高的收益率，因而公司的股权资金成本也会上升，也就是说，由于负债增加所降低的资金成本，会由于股权资金成本的上升所抵销，更多的负债无助于降低资金总成本。

（2）资本结构与公司价值无关。MM 理论认为，对股票上市公司而言，在完善的资本市场条件下，资本向高收益公司自由地流动，最终会使不同资本结构的公司价值相等。MM 理论认为，若以股票市价总值来衡量公司价值，那么公司的资本结构与公司价值无关。

（3）如果融资决策与投资决策分离，那么公司的股利政策与公司价值无关。MM 理论认为，公司价值完全由公司资产的获利能力或投资组合决定，股息与保留盈余之间的分配比例不影响公司价值，因为股息支付虽能暂时提高股票市价，但公司必须为此而扩大融资，这样会使企业资金成本提高和财务风险上升，从而引起公司股价下跌，两者将会相互抵销。因此米勒认为，股息政策仅能反映目前收入与未来期望收入的关系，其本身并不能决定股票市价或公司价值，这一论断与传统财务理论也是大相径庭的。

MM 理论与传统的资本结构理论大相径庭，对现代资本结构理论产生了深远的影响，被称为“整个现代资本结构理论的奠基石”，但“MM 定理”中所作出的严格假设与现实生活是有较大差距的。在现实生活中，企业和个人都要面临相应的税负，即便是发达资本市场，也无法达到完全竞争市场的要求。此外，债务融资成本也不是一成不变的，当企业的财务杠杆增大到一定程度，面临着较大的财务风险和破产风险时，债权人往往会要求更高的利息，以弥补可能的违约风险。这些都限制了“MM 定理”对客观实践的解释和指导，但“MM 定理”提供了一个基本的参考，后续的学者在此基础上，根据现实情况逐步放松“MM 定理”的某些严格假设，不断推进了资本结构理论的发展，并由此形成了一系列资本结构的不同理论。

2. 考虑公司所得税的 MM 理论

MM 资本结构理论的修正观点即“有税的 MM 理论”，其在“MM 定理”的基础上，放松了无税的假设条件，考虑存在企业所得税的情况资本结构如何影响企业价值。由于企业需要缴纳企业所得税，且债务的利息可以在税前作为费用扣除，因此，债务在“MM 定理”的基础之上对企业起到了税收抵免的作用，这一“税盾”效应会增加企业的价值。即在考虑企业所得税的前提下，企业债务资本占总资本的比例越高，企业价值越大，企业应当争取更多的债务融资。在考虑公司所得税的理论下，公司的最佳资本结构似乎应为 100% 的债务，这显然与事实不符。

（二）米勒模型（Miller model）

1977 年，米勒在《债务与所得税》一文中，以模型说明同时考虑公司所得税和个人所得税时负债对企业价值的影响，这就是米勒模型，此模型对资本结构对企业价值的影响的解释更贴近现实。米勒模型扩展了 MM 理论，并把理论置于其特殊情况之下。但是，米勒模型和 MM 理论一样，忽视了一个重要的因素即财务风险，他认为财务破产成本对公司价值的影响是微不足道的。个人所得税的存在会在某种程度上抵销债务利息的“税盾”效应，然而，在正常税率条件下，负债的“税盾”效应不会因此而完全消失。

（三）均衡理论（trade off theory）

MM 理论和米勒模型成功地运用数学模型，找出了资本结构与公司价值和资本成本的内在关系。但是，MM 理论和米勒模型只考虑了负债带来的税蔽效应，却忽略了负债带来的风险和额外费用，因而在描述和解释现实经济活动中资本结构决定机制方面存在较大的缺陷。

为了解决 MM 理论和米勒模型存在的上述问题，有不少学者如斯蒂格利兹（Stiglitz）、哈玛达（Hamada）、克劳思（Kraus）、利兹伯格（Litzenberger）、斯高特（Scott）等，将市场均衡理论纳入资本结构的理论分析当中，形成了资本结构的均衡理论。该理论认为，适度的负债可以通过抵税来增加公司的价值，但当负债超过一定规模之后，便会加大财务风险，产生代理成本、财务危机成本和破产成本，最终导致公司价值随着负债规模的扩大而降低。

均衡理论考虑了预期代理成本、财务危机成本和破产成本的现值，其中，代理成本是指由于公司股东和债权人之间的关系引起的公司价值的减少，在没有任何限制性条款的条件下，公司管理者总是会维护股东的利益而损坏债权人的利益。因此，在公司进行负债融资时，债权人为了保护其利益，总是要求规定一些限制性条款。这些限制性条款会在某些方面限制公司的经营活动；同时，公司也必须控制其经营活动，以遵守这些限制性条款，然而这会在一定程度上损害公司的效率。这种损害公司效率和控制经营的活动所引起的成本，便是代理成本。代理成本会在一定程度上抵减公司使用债务资本所带来的利益。

财务危机成本是指公司发生财务危机虽然还不至于破产，但由于债权人和股东的利益各不相同，他们之间在财务危机期间为各自的利益展开明争暗斗，这会造成公司价值的降低，构成公司的财务危机成本。一般来说，当公司面临财务危机时，股东通常会尽力去避免公司破产，此时公司所采取的某些决策会损害其价值。而公司的债权人则希望尽快宣布公司破产，以尽量减少其损失。因此，处于财务危机中的公司的价值在一定程度上会降低。

破产成本，是指因公司破产而发生的资产损失。例如，破产公司一般都被迫以极低的价格出售资产；公司索赔人之间的争论会推迟资产清理，导致公司存货和固定资产发生物质损耗或无形损耗，产生律师费、法院审理费以及管理费用；当公司管理人员意识到公司即将破产时，便会采取短期行为，而损害公司的长期价值（如推迟固定资产修理、拍卖公司资产、不顾产品质量降低成本等）；一旦公司的客户和供应商意识到公司即将破产时，就会采取谨慎行为，以避免承担更大的损失。所有这些直接或间接的破产成本，都会抵减公司的价值。

均衡理论的主要观点是，当节税利益与上述三种成本相互平衡时，即双方相互抵消时，其资本结构最佳，企业的最优资本结构应该在税蔽效应和三种成本之间进行权衡。

（四）非对称信息理论（asymmetric information theory）

非对称信息理论是以“公司资本结构是公司经理们拥有信息的信号”这个假设条件为基本出发点，涉及对公司资本结构的研究可归纳为如下三方面：

1. 代理成本理论

在代理成本框架下，资本结构理论有了新的拓展。当公司债务融资增加时，一方面会产生“税盾”效应，另一方面会增加股东和债权人之间的代理成本。因此，存在一个最优资本结构，使得两者的效应达到均衡，企业价值最大化。

代理成本理论是经过研究代理成本与资本结构的关系而形成的，公司债务的违约风险是财务杠杆系数的增函数。随着公司债权资本的增加，债权人的监督成本随之上升，债权人会要求更高的利率。这种代理成本最终要由股东承担，公司资本结构中债权比率过高会导致股东价值的减低。根据代理成本理论，债权资本适度的资本结构会增加企业的价值。

2. 信号传递理论

基于信息不对称的另一个资本结构理论发展分支是“信号理论”。罗斯（Ross，1977）首先作出了开创性的贡献。他的模型假定，公司经理了解公司收益的实际分布，而外部投资者则不了解这些信息；公司的各种收益分布是根据一阶随机优势来排序的。如果公司证券被市场高估，则内部管理者受益；而如果公司破产，则内部管理者受损。投资者则将高比例的债券看作是高质量公司的信号，因为低质量的公司在任何债务水平上都具有较高的边际期望破产成本，所以低质量公司的经理并不能模仿高质量公司发行更多的债券。

由于投资者和公司内部人之间存在着信息不对称，公司的内部人能够通过资本结构的调整向市场传递公司获利能力和风险的信号。通常来说，如果公司选择债务融资，表明公司内部人对于公司未来的经营状况和获利能力有较高预期，否则，较高的债务融资会大大增加公司的破产风险，增加财务困境成本。同时，如果公司的内部人了解公司的发展潜力和经营状况，而由于信息不对称外部投资者，倾向于低估公司价值，那么如果公司选择股权融资，其股票市场的股价往往会被大幅低估，给公司造成更高的融资成本，因此经营情况较好的公司也倾向于选择债务融资。按照信号理论，当公司价值被低估时，公司会增加债务融资，即债务融资向市场传递了公司内部人对于公司未来的正面信息。信号传递理论认为，公司通过调整资本结构不仅可以传递有关获利能力和风险方面的信息，而且可以传递公司如何看待股票市价的信息。按照资本结构的信号传递理论，公司价值被低估时会增加债权资本，反之会减少债权资本。

有的研究考虑了管理人员的风险厌恶，认为公司债务的增长将使经理们保留一个较大比例的风险主权资本。经理对风险的厌恶表达了一个确定均衡的资本结构信号，由于对风险的厌恶，较高比例的主权资本将减少经理们的财富效用。当然，高质量项目的财富效用减少量是极其微小的。因此，高质量公司的经理们就能通过在均衡时发行较多的债券来发出信号。

3. 啄序理论

啄序顺序理论最早是由梅叶斯（Myers）和梅吉拉夫（Majluf，1986）提出的，在“MM 定理”的基础上，放松了无交易成本的假设，基于信息不对称，从一个新的角度推进了资产结构理论。梅叶斯等学者认为，市场上的投资者和公司内部人对公司价值存在着较大的信息不对称，在这样的情况下，当企业有一个新的投资项目需要融资时，如果选择外部融资，外部投资者由于对企业内部情况以及投资项目信息的不了解，可能会低估公司和项目价值，要求更高的投资回报率，增加公司的融资成本。由于内部融资不需要与投资者签订契约，也无须支付各种费用，所受限制少，因而是首选的融资方式，其次是低风险债券，其信息不对称的成本可以忽略，再次是高风险债券，最后在不得已的情况下才发行股票。

啄序理论认为，公司倾向于首先采用内部融资。如果需要外部融资，公司将先选择债券融资，再选择其他外部股权融资，这种融资顺序的选择不会传递对公司股价产生比例影响的信息。按照啄序理论，不存在明显的目标资本结构，因为虽然留存收益和增发新股均属股权融资，但前者优于后者。获利能力强的公司之所以安排较低的债权比率，并不是因为要确立较低的目标债权比率，而是由于不需要外部融资，获利能力较差的公司选用债权融资是由于没有足够的留存收益，而且在外部融资选择中债权融资是首选。

依据啄序理论，公司没有最佳资本结构，公司的负债/权益比率仅反映了公司内部资金不足时对外部融资的需要。

（五）市场择时理论（market timing theory）

斯坦（Stein，1996）在其论文《非理性世界的理性资本安排》中首次提出市场择时假说，即在股票市场非理性、公司股价被过分高估时，理性的管理者可能发行更多的股票以利用投资者的过度热情；反之当股票价格被过分低估时，管理者可能回购股票。沿着这一思路，之后的学者从市场择时这一新的视角展开对企业资本结构理论和实证的深入研究。

2002 年，贝克（Baker）和伍格勒（Wurgler）提出了一个新的资本结构理论：市场择时理论。该理论认为，对企业而言，没有一个最优的资本结构，企业的资本结构只是企业历史上有益的市场择时行为的累积结果。市场择时理论突破传统资本结构理论的理性人假设和完全套利假设，来研究管理者如何利用股票市场窗口机会选择融资工具，利用市场上暂时出现的低成本融资优势，使现有股东价值最大化，并形成长期资本结构的一种理论分析框架。市场择时资本结构理论的提出，为解释公司融资决策行为提供了一个全新的视角。

贝克和伍格勒提出了以下两种股票市场时机模式：首先，股票错误定价时机模式。所谓错误定价时机模式是指行为公司金融理论所提出的关于投资者或管理者的一种非理性模式：投资者在情绪高涨时会推动股价上涨，导致股价高估；在情绪低落时则会推动股价下跌，导致股价低估。在此模式下，如果公司没有实现最优资本结构，管理者随后也不需要调整公司的资本结构，这样一来暂时的股价波动会对资本结构产生长期影响。其次，信息动态不对称时机模式。信息不对称假设认为，管理者比任何其他人都更了解投资项目的“真实”价值，每个公司的管理层都乐意向市场宣布前景光明的投资项目，以此来推高股价，展示自己的优秀业绩。因此，投资者不会相信管理者的说法，从而导致对新股的估价低于没有信息不对称问题时的均衡价格。为了降低信息不对称导致股价低估的程度，管理者总是选择信息不对称程度低的时机发行股票。

Hovakimian 在研究目标杠杆率在证券发行和回购中的作用时，发现市值账面比和股票收益对企业股票发行具有重要影响，股票发行时机是由市场条件驱动的。Welch 研究了股票价格变动对公司资本结构的影响，发现在股市持续错误定价导致股票收益变化时，股票收益变化会影响公司的资本结构，从而支持了股票错误定价市场时机模式。Huang 和 Ritter 运用股权融资成本检验了融资决策模式以及各种融资方式对资本结构的影响，从新的角度重新检验了市场时机资本结构理论，其研究结果表明，市场时机是公司选择发行股票或债券的重要决定因素，发行股票和债券对资本结构的影响会持续 10 年之久。

Henderson 等在调查 1990—2001 年世界范围内公司融资资金来源状况时发现，市场时机是公司发行证券时的重要考虑因素，各公司更喜欢在股票市场收益率较高时发行股票。

第三节 价值理论

一、资金的时间价值

资金的时间价值，是指资金的拥有者因放弃对资金的使用而根据其时间的长短所获得的报酬。例如，企业将所拥有的资金存入银行、购买债券、出借给其他单位而获得的利息，或出租给其他单位而获得的租金。在假设没有通货膨胀和风险的情况下，都是企业因放弃对这笔资金的使用而根据其时间的长短所获得的时间价值。由于不同时间的资金价值不同，在进行价值大小比较的时候，就必须折算到同一时间上。货币时间价值解释了不同时点上资金之间的换算关系，是财务决策的基本依据。

（一）单利和复利

单利（simple interest）是指仅对原本金进行利息计算，利息的计算公式如下：

$$I = Prt \qquad \text{（式 2－1）}$$

其中，I 为利息，P 为本金，r 表示利率，t 为使用资金的时间。

复利（compound interest）是一种本生利，利也生利的计息方法。根据国际惯例，不论是投资、融资，还是存款、贷款业务，若资金使用时间在两个或两个时期以上，通常均按复利计算利息。

（二）名义利率和实际利率

复利的计息期不一定总是一年，有可能是季度、月和日。当年复利多次计息后，就会产生名义利率和实际利率的问题。名义利率（nominal interest rate）是银行挂牌或票面所标明的利率。实际利率（effective interest rate）是指投资实际赚取或借款实际发生的利率。二者关系如下：

$$r_e = \left(1 + \frac{r}{m}\right)^m - 1 \qquad \text{（式 2－2）}$$

其中，r_e为实际利率，r 为名义利率，m 为复利次数。

$m > 1, r_e > r; m = 1, r_e = r; m < 1, r_e < r$

（三）现值和终值

在财务决策分析中，要应用资金的时间价值，就必须先弄清楚“终值”和“现值”这两个特定概念。终值是指一定量资金按规定利率折算的未来价值，现值是指一定量资金按规定利率折算的现在价值。在银行存款中，“终值”叫“本利和”，“现值”叫“本金”。两者之间的差额，就是资金的时间价值。终值（future value）是期末的价值，复利终值用 FV_n 表示，现值（present value）是现在的价值，复利现值用 PV 表示。此外 $FV_{i,n}$ 表示复利终值系数，$PV_{i,n}$ 表示复利现值系数，具体的计算如下：

$$FV_n = PV \times (1+i)^n = PV \times FV_{i,n} \quad \text{（式 2-3）}$$

$$PV = \frac{FV_n}{(1+i)^n} = FV_n \times PV_{i,n} \quad \text{（式 2-4）}$$

（四）年金

年金是指每隔相同时期（一年、半年、一季等）收入或支出相等金额的款项。例如分期付款赊购、分期偿还贷款、发放养老金、分期支付工程款、每年相等的销售收入等，都属于年金的收付形式。按照收付的次数和时间的不同，年金一般可分为“普通年金”“预付年金”“递延年金”和“永续年金”四种。但不论哪种年金，都是建立在复利基础上的。在年金的计算中，设定以下符号：年金终值 FVA_n，年金现值 PVA_n，年金终值系数 $FVA_{i,n}$，年金现值系数 $PVA_{i,n}$。

1. 普通年金

普通年金又称“后付年金”，是指每期期末收付等额款项的年金。这种年金在现实经济生活中最为常见，而且其他几种年金均可在这种年金的基础上推算出来。其中终值和现值计算公式如下：

$$FVA_n = A\sum_{i=1}^{n}(1+i)^{t-1} = A \times FVA_{i,n} \quad \text{（式 2-5）}$$

$$PVA_n = A\sum_{i=1}^{n}\frac{1}{(1+i)^t} = A \times PVA_{i,n} \quad \text{（式 2-6）}$$

2. 预付年金

预付年金亦称首期年金、即付年金或先付年金。它是指在每期期初收付款项的年金。可见，预付年金与普通年金的区别仅在于收付款时间的不同：前者是在期初收付款项；而后者则是在期末收付款项。因此，预付年金终值和现值的计算，是在普通年金终值和现值的基础上进行的。

$$FV_{due} = A \times FVA_{i,n} \times (1+i) \quad \text{（式 2-7）}$$

$$PV_{due} = A \times PVA_{i,n} \times (1+i) \quad \text{（式 2-8）}$$

3. 递延年金

递延年金指第一次收付款的时间不是在第一期期末，而是隔若干期后才开始发生的收付等额款项。递延年金终值与递延期无关，其计算方法等同于普通年金。递延年金现值共有两种计算思路：一是将递延年金视为 n 期普通年金，计算其在 m 期末的现值再折现到第一期期初；二是假设递延期中也有等额收付款，计算出 $m+n$ 期的普通年金现值，再减去

没有收付款的 m 期普通年金现值。公式如下：

$$PV(def) = A \times PVA_{i,n} \times (1+i)^{-m} = A \times PVA_{i,n} \times PV_{i,m} \quad \text{（式 2-9）}$$

$$PV(def) = A \times (PVA_{i,m+n} - PVA_{i,m}) \quad \text{（式 2-10）}$$

4. 永续年金

无限期定额支付的年金，称为永续年金，永续年金没有终止的时间，也就没有终值。支付无限期债券的利息、优先股的股利等，均可视为永续年金。

永续年金的现值可以通过后付年金现金的计算公式导出。

$$PV_{\infty} = \lim_{n \to \infty} A \frac{1-(1+i)^{-n}}{i} = \frac{A}{i} \quad \text{（式 2-11）}$$

二、风险与风险报酬

资金的时间价值是在没考虑风险和通货膨胀条件下的报酬率。但在企业的融资、投资等活动中风险是客观存在的，保险公司财务管理是在各种风险和不确定状态下展开的，不充分考虑各种风险因素，就不可能做好理财工作。

（一）风险与风险报酬的概念

风险是面临结果的不确定性。从财务管理的角度，一个投资方案的收益与风险往往是相伴而生的，风险越大，收益就越高；风险越小，收益就越低。财务决策就是在风险与收益之间进行选择，冒的风险越大，收益率就应该越高。因此承担风险要有额外的补偿，风险的补偿就是风险溢价，一般由风险的程度和投资者对待风险的态度决定。风险溢价一般有两种表现形式：报酬额和报酬率。

风险报酬额是投资的风险价值的绝对数形式，是投资者因冒风险投资而获得的超过资金时间价值的额外报酬。风险越大，投资者要求获得的风险报酬就越高。风险报酬可用风险报酬额这一绝对数表示，也可用风险报酬率这一相对数表示。在不考虑通货膨胀因素的前提下，投资报酬率就是无风险报酬率和风险报酬率之和，即：

期望投资报酬率 = 无风险报酬率（或资金时间价值率）+ 风险溢价

人们总想冒较小的风险而获得较多的收益，至少要使所得的收益与所冒的风险相当，这是对投资的基本要求。因此，进行投资决策必须要考虑各种风险因素，预测风险对投资收益的影响程度，从而判断投资项目的可行性。

（二）风险与收益的度量

风险的衡量，需要使用概率和统计方法进行计算。

1. 概率分布

一般采用方差、标准差和变异系数来衡量单一资产风险，用期望值来表示收益。期望是一个概率分布中各种结果按相应概率计算的加权平均值，其计算公式如下：

$$\overline{X} = E(X_i) = \sum_{i=1}^{n} X_i P_i \quad (式 2-12)$$

2. 期望报酬率（额）

期望报酬率是指各种预期报酬率，是按其概率计算出来的加权平均报酬率。如不用报酬率来反映投资项目的效益，而用现金流入量来反映，那么就应计算其现金流入量的期望报酬额，也称期望值。

3. 标准差和变异系数

方差或者标准差标准离差是各种可能的报酬率偏离期望报酬率的综合差异。实际上一般都是运用标准离差来衡量某一事件可能结果的概率分布的宽窄程度，以此来对决策对象各种可能结果的离散程度进行衡量。标准离差越小，说明离散程度越小，风险也就越小。通常用 σ^2 或 σ 来表示。

$$\sigma^2 = \sum_{i=1}^{n} (X_i - \overline{X})^2 P_i \quad (式 2-13)$$

变异系数是标准差和期望值之比，也称为标准离差率。其作用在于用相对数来衡量离散程度即风险的大小。之所以要使用变异系数，是因为标准差的作用具有局限性，它只对相同的期望报酬率（额）的各种方案进行比较，分析其风险的大小，而不能用来比较分析不同的期望报酬率（额）的各种投资方案的风险大小，变异系数则对其起到了补充作用。计算公式如下：

$$CV = \frac{\sigma}{\overline{X}} \quad (式 2-14)$$

4. 风险报酬的计算

风险报酬的计算是在风险衡量的基础上进行的。

风险报酬率（K_R）的计算公式如下：

$$K_R = bQ \quad (式 2-15)$$

其中，b 表示风险报酬系数。

那么，考虑风险的必要报酬率（K），便可按下列公式计算：

$$K = K_F + K_R = K_p + bQ \quad (式 2-16)$$

其中，K_p 表示无风险报酬率。

无风险报酬率是考虑通货膨胀贴水以后的资金时间价值。在财务管理实务中，通常是把政府发行的债券如国库券的利率视为无风险报酬率。风险报酬系数是将标准离差率转化为风险报酬的一种系数或倍数。此系数越大，表示公司的风险越大，则公司要求获得的风险报酬率也就越高。

风险报酬额的计算，一般有如下两种方法：

（1）根据投资额和风险报酬率来计算，其公式如下：

$$P_R = CK_R \quad (式 2-17)$$

其中，P_R 表示风险报酬额；C 表示投资额。

（2）根据投资报酬额和报酬率的关系来计算，其公式如下：

$$P_R = P \times \frac{K_R}{K} = P \times \frac{K_R}{K_P + K_R} \quad （式2-18）$$

其中，P 表示考虑风险的必要报酬额。

（三）投资组合的风险与收益

公司在进行投资时，一般不会把所有资金都投资于一种实物资产或证券，而是同时投资于多种实物性资产和证券。这种组合形式的投资，就称投资组合。其中，最具有代表性的是证券投资组合，因为不同证券构成的投资组合对投资风险的避免和分散具有重要影响。因此，许多国家的法律都规定银行、保险公司、共同基金、信托公司等金融机构，都必须将其投资分散，组成有效的投资组合，以避免和分散投资风险。由一种以上的证券或资产构成的集合称为组合投资（portfolio investment）。投资组合报酬的计算如式2-19所示：

$$R_p = \sum_{j=1}^{m} R_j W_j \quad （式2-19）$$

其中，R_p表示组合投资的期望值，W_j表示投资于j资产的资金占总投资额的比例，R_j表示资产j的期望值，m表示投资组合中不同投资项目的总数。

同样地，标准差或者方差表示组合投资的风险：

$$\sigma_p = \sqrt{W_A^2\sigma_A^2 + W_B^2\sigma_B^2 + 2W_A W_B \rho_{AB}\sigma_A\sigma_B} \quad （式2-20）$$

其中，ρ 代表投资之间的相关系数，体现了它们的线性相关关系。$\rho=1$，两只股票完全正相关，其组合对风险的减少无任何作用；$\rho=-1$，两只股票完全负相关，其组合可完全分散风险；$\rho=0$，两只股票完全不相关，其组合对风险的减少无规律可循。

只要资产之间的相关系数非完全正相关，其组合的标准差总是小于单项资产的标准差，这说明投资组合确实能起到降低风险的作用。但是并非所有的风险都可以通过证券多样化来消除，比如战争、通货膨胀、经济衰退以及高利率等外部因素带来的系统风险将为市场上的所有证券带来影响。

当投资组合包含两种资产时，则其方差是由2个方差项和2个协方差项构成的；当投资组合包含3种资产时，则其方差是由3个方差项和6个协方差项构成的。将这一关系加以推广，便不难看出，当投资组合包含N种资产时，则其方差就应由N个方差项和$N(N-1)/2$个协方差项构成。据此，包含N种资产的投资组合，其方差的一般表达式是：

$$\sigma_P^2 = W_1^2\sigma_1^2 + W_2^2\sigma_2^2 + \cdots + W_n^2\sigma_n^2 + 2W_1W_2\sigma_{12} + 2W_1W_3\sigma_{13} + \cdots + 2W_nW_{n-1}\sigma_{n-1}$$

$$= \sum_{i=1}^{n} W_i^2\sigma_i^2 + \sum_{i=1}^{n}\sum_{j=1}^{n}\sigma_{ij}(i \neq j) \quad （式2-21）$$

投资组合的风险是由可分散风险和不可分散风险两部分构成的。如上述公式中，第一项即各单个资产的方差之和，就是投资组合的可分散风险；第二项即各单个资产之间的协方差之和，就是投资组合的不可分散风险。随着投资组合包含资产的数目增加，各单个资产的风险被分散的程度就越大，或者说各单个资产的方差对投资组合的方差的影响程度就越小，从而投资组合的风险也就越小。当投资组合所包含资产的数目达到非常大时，各单个资产的方差对投资组合的方差的影响程度几乎可以略而不计，投资组合的风险也就趋于不可分散风险，即系统性风险。

投资组合的必要报酬率是指考虑不可分散风险而要求获得的期望最低报酬率。如前所说，投资组合的风险，是由可分散风险和不可分散风险构成的，因此投资组合的必要报酬率应由如下公式表示：

$$R_p = R_F + R_C + R_N \qquad \text{（式 2－22）}$$

其中，R_C表示可分散风险报酬率；R_N表示不可分散风险报酬率。

然而，由于可分散风险可以通过投资组合加以分散，它没有补偿的风险报酬。这是因为，假如可分散风险也有风险报酬的话，那么投资者就会争相投资于此种证券，结果是这种证券的价格不断提高，从而使预期的投资报酬率也只能反映无风险报酬率和不可分散风险报酬率两部分。因此，资本市场上全部证券的平均投资报酬包括无风险报酬和不可分散风险报酬两部分。同样，投资组合的必要报酬也包括这两部分。故应用下列公式表示：

$$R_p = R_F + R_N \qquad \text{（式 2－23）}$$

（四）资本资产定价模型

投资组合的不可分散风险是用投资组合的 β 系数来衡量的。投资组合的 β 系数是投资组合中各单个资产 β 系数的加权平均数，其权数为各单个资产在投资组合中所占的资金份额。其计算公式如下：

$$\beta_p = \sum_{i=1}^{n} W_i \beta_i \qquad \text{（式 2－24）}$$

其中，β_p 为投资组合的 β 系数；β_i 为第 i 种资产的 β 系数。

当投资组合的 $\beta_p > 1$ 时，属于冒风险投资，它要求获取较高的风险报酬率；当投资组合的 $\beta_p < 1$ 时，属于保守性投资，它只要求获取较低的风险报酬率。

因此，投资组合的 β 系数，受到投资比例和单个资产 β 系数的影响。显然，加入一个 β 系数较低的资产，来取代原投资组合中 β 系数较高的资产，或降低原投资组合中 β 系数较高资产的比重，提高 β 系数较低资产的比重，就可使投资组合的 β 系数相应地降低；反之亦然。同时，由于投资组合中单个资产 β 系数的变化与其报酬率的变化并非完全成正比，因此调整各单个资产的 β 系数对投资组合的报酬率也有影响。正确地掌握和利用这两方面的基本关系，对于寻找既能满足公司期望报酬率要求，又能使其平均 β 系数在公司愿意承担的风险程度内的有效投资组合，有着重要意义。计算投资组合的 β 系数的关键在于计算各单个资产的 β 系数。

系统性风险不能通过证券组合分散，但可以通过反映不可分散程度的 β 系数来衡量，反映个别股票相对于市场上全部证券平均收益率的变动程度。$\beta>1$，说明个别投资证券市场风险的变化程度大于整个市场全部证券的风险，称为进攻型股票；$\beta=1$，说明个别投资证券市场风险的变化程度等于整个市场全部证券的风险，称为中性型股票；$\beta<1$，说明个别投资证券市场风险的变化程度小于整个市场全部证券的风险，称为防守型股票。β的计算如下：

$$\text{单个证券：}\beta_j = \frac{\beta_{jm}\sigma_j\sigma_m}{\sigma_m^2} \qquad \text{（式 2-25）}$$

$$\text{投资组合：}\beta_p = \sum_{j=1}^{n} w_j\beta_j \qquad \text{（式 2-26）}$$

在美国著名学者马科维兹（Markowitz）提出了投资组合理论后，夏普（Sharpe）、林纳（Litner）、莫森（Mossin）等美国著名学者据此创立了资本资产定价模型（capital asset pricing model，CAPM）。所谓资本资产，是指股票、债券等有价证券，它代表对真实资产所产生报酬的求偿权。资本资产定价模型是分析投资组合中各单个资产报酬与其风险之间关系的一种模型，其基本原理同上述投资组合必要报酬率的计算相同，区别在于它是对某一种资本资产必要报酬率的测定。

资本资产定价模型建立在一系列假设的基础上，包括：

（1）投资者都力图回避风险，追求其财富最大化，选择投资组合的主要依据是预期报酬的平均值和标准离差。

（2）存在无风险资产，投资者可以按无风险利率不受限制地借入或贷出资金。

（3）投资者对资产报酬都有齐次的预期，在评估资产报酬的平均值、方差和协方差时都带有明显的主观判断。

（4）投资者是价格的接受者，即投资者的购销行为不影响资产交易的市场价格。

（5）资产的数量固定，且所有资产都可以分割和流动，没有交易成本。

（6）资本市场有效，信息可为所有投资者共享，且信息成本低廉，可略而不计。

（7）不考虑税金因素。

上述基本假设可能与现实经济生活并不相符，但采用这些基本假设有助于进行理论分析，且资本资产定价模型的应用可以不受这些基本假设的严格限制。

资本资产定价模型认为，投资者对单项资产投资所要求的收益率应等于无风险收益率加上该项资产的风险收益率，其计算公式为：

$$R_j = r_f + \beta_j(\overline{R}_m - r_f) \qquad \text{（式 2-27）}$$

其中，R_j表示为第j项风险资产要求的收益率，r_f表示无风险资产的收益率，$\overline{R}_m$表示市场组合资产的要求收益率，代表市场的平均收益，β_j表示第j项风险资产不可分散风险的度量。

资本资产定价模型在坐标图上表现为一条直线，称为“证券市场线”（security market line，SML），如图 2-1 所示。

由上述可见，任何风险性资产的预期报酬率等于无风险利率加风险报酬率（也称市场

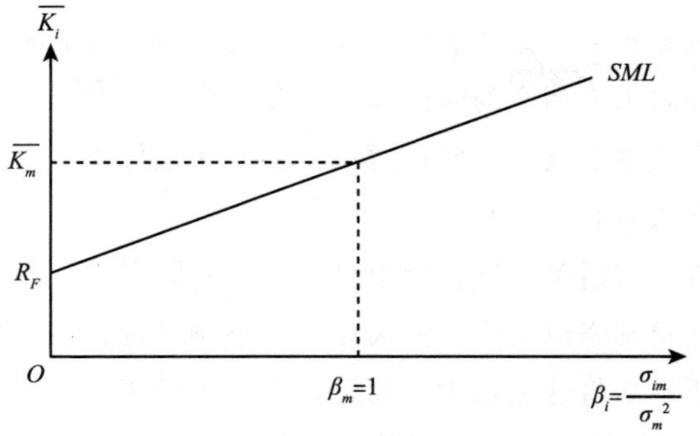

图 2－1　证券市场线图

风险报酬率）；而风险报酬率是风险价格与风险数量的乘积。按照资本资产定价模型的术语，风险价格是证券市场线的斜率，它等于市场投资组合的预期报酬率与无风险利率之差；风险数量通常为 β 系数（β_i），它等于某种风险性资产与市场投资组合（M）之间的协方差除以市场投资组合的方差。

由于无风险资产与市场投资组合的协方差为零，因而无风险资产的 β 系数为零。由于市场投资组合与它自身的协方差等于其方差，因而市场投资组合的 β_m 等于 1，如下列公式所示：

$$\beta_m = \frac{\sigma_{im}}{\sigma_m^2} = \frac{\sigma_{mn}}{\sigma_m^2} = \frac{\sigma_m^2}{\sigma_m^2} = 1 \qquad \text{（式 2－28）}$$

三、利息率

利率是贷款人收取的、借款人支付的债务资本的价格，同样，也是股票投资者期望获得的股息和资本收益，其总和代表权益资本成本。

利率是决定企业资本成本高低的主要因素，同时也是企业融资、投资的决定性因素，其高低取决于借款人的风险、借款的用途、抵押品的类型和借款期限。一般来说，债券的名义利率由无风险利率加上通货膨胀、债券风险和债券到期等几个溢价。这种关系可以表述为：

$$r = r^* + IP + DRP + LP + MRP \qquad \text{（式 2－29）}$$

其中，r 表示给定债券的投资报酬率，r^* 是实际无风险利率，代表了没有通胀条件下无风险债券的利率；IP 表示通胀溢价，等于债券存续期内通胀率的均值；DRP 表示违约风险溢价，反映的是发行人到期无法承付的可能性；LP 是流动性（市场性）风险溢价；MRP 是到期风险溢价。

（一）无风险利率与名义利率

严格来讲，无风险利率应该是完全无风险债券的利率，它没有违约风险，没有到期风险，没有流动性风险，无通胀损失风险，也没有任何其他类型的风险。但是完全无风险债券并不存在，实际无风险利率也无法观测。真正的无风险利率并不是一成不变的，它随经济环境、期望回报率和对未来消费的时间偏好改变。借款人对实际资产的预期收益设定了借款人能够支付的资金成本上限，而储户对消费的时间偏好决定了储户的消费意愿，因此他们将以不同的利率提供贷款。

通货膨胀是指在货币流通条件下，货币供给大于实际需求、购买力大于产出供给所导致的货币贬值现象，其对利率也会产生重大影响。举例来说，假设你攒了 1 万元来购买汽车，预期今天就买，还不如将这笔钱用于投资以期一年后买一辆更好的车。如果你决定投资利率为 1% 的一年期国库券，今年年底你就会有稍微多一点的钱（10100 元，你原来的钱加上 100 元的利息）。现在，假设全年通货膨胀率提高 3%，在这种情况下，你打算年初购买的类似性能的 10000 元汽车，在年底价值将提高 3%，需要 1.03 万元。此时你在国库券上赚的钱并不足以补偿汽车价格的预期上涨。实际上，由于名义利率低于预期的通货膨胀率，你的情况更糟。投资者很清楚这一切，所以当他们借钱的时候，他们另外收取一个通货膨胀溢价 IP（inflation premium），该值等于债券存续期内预期通货膨胀率的均值。

提到无风险利率时，如果没有强调“真实”，指的就是“无风险名义利率” r_{RF}，等于实际无风险利率加上通胀溢价，即：

$$r_{RF} = r^{*} + IP \qquad (式 2-30)$$

因为现实中可以观察到的利率，都是含有通货膨胀溢价的，无风险名义利率也是最经常使用的，通常提到的无风险债券类似国债，流动性强且风险极低。

（二）违约风险溢价

违约风险溢价 DRP（default risk premium），是发行人到期无法支付利息和本金的风险对应的收益补偿。通常认为国债的违约风险溢价是零，其他发行人对应的应该是大于零的。

借款人违约意味着借款人将不会如期支付利息或偿付本金，这也会影响债券的市场利率：债券的违约风险越大，市场利率越高。通常假设国债没有违约风险，因此国债是应税证券中利率最低的。对于公司债券，债券评级通常用来衡量违约风险。债券评级越高，其违约风险越低，其利率也越低。到期时间、流动性和其他特征都相近的国债和公司债在名义利率上的差别就是违约风险溢价。平均的违约风险溢价随着时间的推移而发生变化，经济疲软时，借款人往往更难偿还债务。

（三）流动性溢价

流动性（市场性）风险溢价 LP（liquidity premium），表示将一项投资性资产转化成现金所需要的时间和成本。流动性强的资产能够在较短时间内以接近市场价格转换成现金。贷款人收取溢价反映出一个事实——某些债券不能在短期内以“公允”的价格转换为现金。国债及规模大、状况好的公司的 LP 值都非常低，但小规模的私营公司的 LP 值就相对较高。

“流动性”资产可以以“公允的市场价值”迅速转换为现金。实物资产一般比金融资产流动性低，但不同的金融资产流动性不同。投资者偏好流动性更高的资产，会对不同债券收取流动性溢价。虽然准确地衡量流动性溢价是困难的，但可以通过观察其交易量来量化资产的流动性。交易量较高的资产一般更容易出售，因此流动性更强。流动性溢价均值也会随时间发生变化，比如在房地产高度繁荣时期，许多房屋在“火爆”的房地产市场上市的第一天就卖出，而泡沫破裂后同样的房子常常几个月都难以脱手。

（四）到期风险溢价

到期风险溢价 MRP（maturity risk premium）指的是对长期债券的补偿。一般债权人更加偏好短期的债务。长期债券甚至是国债由于通货膨胀和利率的上升面临较大的价格下跌风险，贷款方通过收取到期风险溢价来反映这一风险。

当利率上升时，长期债权的价格会下降，因此所有的长期债权都面临着利率风险。债券的到期时间越长，利率风险越高。因而到期风险溢价是包含在投资者要求的利率中的。到期风险溢价使得长期债券相对于短期债券利率更高。溢价随着时间发生变化：利率波动越大，不确定性越强，溢价越高，反之则越低。然而，虽然短期债券利率风险小，但其面临较高的再投资风险。当短期债券到期时，本金用于再投资，利率下降必然使再投资回报率更低，这将导致利息收入下降。尽管短期投资使本金保值，但短期国库券的利息收入却比长期债券面临更大的不确定性。

四、有价证券的价值确定

企业融资是指企业作为融资主体，根据经营活动、投资活动和资本结构调整等需要，通过一定的金融市场和融资渠道，采用一定的融资方式，经济有效地筹措和集中资本的活动。任何企业在创立和发展的过程中都需要融资，融资活动是企业的一项重要活动，是企业的基本财务业务。按照资本属性的不同，企业的长期融资可以分为权益资本融资和债务资本融资。权益资本融资亦称为“自有资本”，是企业依法取得并且长期拥有，可自主调配运用的资本。债务性融资是企业依法取得并依约运用、按期偿还的资本，主要通过借款、发行债券、租赁融资等方式筹集。

（一）债券

债券是债务人依照法律手续发行，承诺按约定的利率和日期支付利息，并在特定日期偿还本金的书面债务凭证。债券的发行人是债务人，投资债券的人是债权人。由企业发行的债券称为企业债券或公司债券。

1. 债券估价

债券发行价格的形成受诸多因素的影响，其中主要是票面利率与市场利率的一致程度。债券的发行价格，亦是投资者购买债券时所支付的价格，公司债券的发行价格通常有三种：平价，溢价和折价。平价是以债券的票面金额为发行价格；溢价是指以高出债券票面金额的价格为发行价格；折价是指以低于债券票面金额的价格为发行价格。

债券的价值是由证券的持有者在持有期间收到的现金流量确定的，这些现金流量包括每期的利息和到期的本金。具体公式如下：

$$P_0 = I \times PVA_{k_d,n} + M \times PV_{k_d,n} \quad \text{（式 2 - 31）}$$

其中，P_0表示债券现在的价值（或购买日的价值），n 表示债券持有期，I 为每期支付的利息，M 为面值，K_d为投资者要求的收益率。

2. 债券收益

与固定的息票利率不同，债券的收益率每天都在变化，这取决于当前的市场状况。所以通常除了能看到债券到期日、价格和票面利率的信息，还能看到收益率。到期收益是指将债券持有到偿还期所获得的收益，包括到期的全部利息。到期收益率又称最终收益率，是投资者购买债券的内部收益率，即可以使投资购买债券获得的未来现金流量的现值等于债券当前市价的贴现率。相当于投资者按照当前市场价格购买并且一直持有到满期时可以获得的年平均收益率。购买债券并且一直持有至到期，投资者将获得的收益率称为债券的到期收益（yield to maturity，YTM），具体公式如下：

$$YTM = \frac{I + \frac{(M - P_0)}{n}}{(M + P_0)/2} \quad \text{（式 2 - 32）}$$

（二）优先股

股票是股份有限公司为筹措股权资本而发行的有价证券，是持股人拥有公司股份的凭证，它代表持股人在公司中拥有的所有权。股票持有人即为公司的股东，公司股东作为出资人按投入公司的资本额享有所有者的资产收益、参与公司重大决策和选择管理者的权利，并以其所持股份为限对公司承担责任。以股东享有的权利和承担义务的大小为标准，将股票分为普通股和优先股。优先股（preferred stock）是股份有限公司依法发行的具有一定优先权的股票，从法律上讲，企业对优先股不承担法定的还本义务，优先股是企业自有资金的一部分。

优先股是一种权益证券，它对持有人提供了在公司的收益和资产上有限的或固定的索取权。优先股是介于债券和普通股之间的有价证券，它有固定的收益，但不用偿还本金。优先股股东所具有的索偿权位于普通股股东之前，债权人之后。

与债券一样，优先股有票面价值和固定股利，且其股利需要在普通股之前支付。但是如果公司收益不足以支付，那么经过公司董事会批准，公司可以暂时不支付股利，从而公司不会因此破产。优先股股东有定期获得固定回报的权利，如果这种回报一直持续下去，这就相当于一笔永续年金，其价值的计算公式如下：

$$P_0 = \frac{D_p}{K_p} \quad （式 2-33）$$

其中，P_0表示优先股的价值（或价格），D_p表示优先股股息，K_p表示优先股股东要求的收益率。

（三）普通股

普通股（common stock）是股份有限公司依法发行的、具有管理权、股利不固定的股票，普通股具备股票的最一般特征，是一种没有到期日的永久长期融资，也是股份有限公司资本最基本的部分。普通股的股东对公司的管理、收益享有平等权利，根据公司经营效益分红，风险较大。普通股股东对公司资产和收益的索偿权在债权人和优先股股东之后。

股票带给持有者的现金流入包括股利收入和资本利得两部分。股票价值由未来一系列的股利和股票持有者出售股票时获取的现金流量构成，普通股的预期现金流由两部分组成：每年预期的股息和投资者出售股票的价格。其估价模型如下：

$$P_0 = \sum_{t=1}^{n} \frac{D_t}{(1+K_e)^t} + \frac{P_n}{(1+K_e)^n} \quad （式 2-34）$$

其中，P_n表示普通股在 n 期末的股票价格，K_e表示普通股股东要求的收益率。

然而，股票预期现金流量是不确定的，特别是公司股利的增长状况不同，大致分为零增长、固定增长和变动增长三个类型，通过以下公式可以对这三种股票相应地进行估价。

1. 零增长模型

零增长模型指的是公司每年发给股东的股利相等，预期的股息增长率为零。如果投资者准备长期持有股票且未来股利不变，股利支付实质是一种永续年金，与优先股类似。如果股票的股利不变，即零增长，$D_1 = D_2 = \cdots = D_t = D$，则股票价格为：

$$P_0 = \frac{D}{K_e} \quad （式 2-35）$$

2. 按常数增长的价值模型（gordon dividend growth model）

对于绝大多数公司而言，现金股利和利润的期望值在不断增长，而公司受到所处行业和环境等因素的影响，其增长率各有不同，但就平均水平而言，公司每年股利的增长率应与国内生产总值的增长率大体相当。假设投资者相信股票股利按常数增长，即$g_{t+1} = g_t = g$，则股票价格计算公式为：

$$P_0 = \sum_{t=1}^{\infty} \frac{D_0(1+g)^t}{(1+K_e)^t} = \frac{D_o(1+g)}{K_e - g} = \frac{D_1}{K_e - g}(K_e > g) \quad （式 2-36）$$

$$K_e = \frac{D_1}{P_0} + g \quad （式 2-37）$$

3. 非常数增长的价值模型

任何公司的股利都不可能固定，有可能在一个时期内增长较快，而在另一个时期内增长较慢，甚至是固定不变。对于阶段性成长的股票，要计算股票的价值只能分不同时间段计算。假设公司的股利增长速度在前面阶段较快（g_1），而后面的阶段较为稳定（g_2），则股票价格计算公式为：

$$P_0 = \sum_{t=1}^{m} \frac{D_0(1+g_1)^t}{(1+K_e)^t} + \frac{1}{(1+K_e)^m} \times \frac{D_{m+1}}{K_e - g_2} \qquad \text{（式 2-38）}$$

【思考题】

1. 阐述股东可以使用来激励管理者最大化公司股票长期价格的方法。

2. 如果一家公司的董事会希望管理层将股东财富最大化，那么 CEO 的薪酬是否应该被设定为固定的数额，或者该补偿应该取决于公司表现得好坏吗？如果要以业绩为基础，业绩应该如何衡量？是否可以用报告利润的增长率或股票内在价值的增长率来衡量业绩？哪一项是更好的绩效衡量标准？为什么？

3. 大一刚开始，你的父母就把 1 万元人民币存入一张四年期的银行存单（CD），每年付 5% 的利息，如果你在四年内以优异成绩毕业，你将收到账户中的钱（包括累计利息）。请问四年后账户里会有多少钱？

4. 你父母鼓励你从小养成省钱的习惯，他们建议你每天存 5 元，年底你将有 1825 元（365×5 元），你父母还建议你在年底把这笔钱投资到一个共同基金账户，该账户的年预期回报率为 8%。今天你 18 岁了，如果你今天开始听从你父母的建议，并继续以这种方式储蓄你的余生，当你 65 岁时，你账户中有多少钱？

5. 假设你继承了 10 万美元，并以每年 7% 的速度投资，在接下来的 10 年中，你最多可以在每一年结束时提取多少，才能保证在第 10 年时余额为零？如果你在每年年初提款，结果有什么变化？

6. 假定你的父亲已经 50 岁了，他计划于 10 年后退休，并且希望在他退休后能再活 25 年，即 85 岁。他希望在退休时得到固定的退休金收入，购买力与今天的 40000 美元相等（他明白，在他退休后，他的退休金的真实价值将逐年递减）。10 年后的今天，就是他的退休日，他的退休金将从那一日开始计算，到那时他将得到 24 笔额外的年金。预计通货膨胀率每年为 5%。他目前有 100000 美元的储蓄，并且预期每年会从中赚取 8%（按年计算复利）的收益。为了达到他退休时的目标，在随后的 10 年中，他每年应存入（每年年末存入）多少钱？

7. 一位父亲正在为了供应女儿上大学而制订储蓄计划。他的女儿今年 13 岁。她计划 5 年后报考大学，并且她要用 4 年时间完成她的学业。目前，每年的费用（包括所有的东西：食品、衣服、学费、书籍、交通费用等）为 15000 美元，并预期这些花费每年将增加

5%。学校要求每年年初支付这些款项。她目前在一个大学储蓄账户中拥有7500美元，每年支付6%的利息。她的父亲将会每年在她的账户中存入一笔金额相等的款项，共计六笔：第一笔款项将在今天存入，而第六笔款项将在她开始大学学习时存入。这六笔款项每一笔的金额应该为多少？[提示：计算大学学习每年所需的花费（每年增长5%），按照6%的贴现率贴现到她开始大学学习的那一天，求出这些费用的现值总和。然后，求出她初始的7500美元在她开始大学学习的那一天的复利终值。费用的现值与她初始资金的复利终值之间的差额必须由她父亲的存款来补足，由此可以求出从今天开始的六笔等额存款，这六笔存款将复利增长，最终达到所需的补足金额。]

8. 假设你是X公司董事会的一名成员，也是公司薪酬委员会的主席。在制定CEO的薪酬政策时，委员会应该考虑哪些因素？这个薪酬应该是单纯的薪水，还是基于公司业绩的股票期权，或者是两者的结合？如果基于公司业绩，那么这个业绩应该怎样衡量（将理论因素和实际因素都考虑进来）？如果你同时也是X公司的副总裁，或者你同时也是其他公司的CEO，在这两种情况下你的行为会有所不同吗？

第三章　保险公司财务报告

【学习目标和要求】

1. 了解保险公司财务报表的主要构成部分和作用。
2. 熟悉资产负债表、利润表、现金流量表的内容。
3. 掌握资产负债表、利润表、现金流量表各科目计算的原则和方法。

【本章概览】

本章主要介绍保险公司财务报表的主要构成部分及各表具体包括哪些项目。财务报表之间联系紧密，资产负债表静态反映公司财务状况，利润表和现金流量表动态反映公司运作情况，每一笔现金流量的变化会根据其作用转化为资产负债表的资产或者利润表的费用。本章共分为四节，第一节概述保险公司财务报告的构成及作用；第二至四节则详细介绍资产负债表、利润表和现金流量表的内容及所包含的会计科目，以及各科目计算的原则和方法有哪些。

第一节　保险公司财务报告的构成

一、保险公司主要财务报表

保险公司财务报告是综合反映保险公司某一特定日期的资产、负债和所有者权益状况，以及某一特定时期的经营成果和现金流动情况的书面报告。保险公司通过财务报表来描述经济活动，保险公司定期向监管机构、财税机关等政府部门以及其他与保险公司有关的报表使用者提供财务报告。保险公司的财务报告包括财务报表和财务状况说明书两个部分，财务报表主要有三张，分别是资产负债表、利润表和现金流量表。

（一）资产负债表

1. 资产负债表科目

我国资产负债表采用账户式结构，报表分为左右两方，左方列示资产各项目，反映全部资产的分布及存在形态；右方列示负债和所有者权益各项目，反映全部负债和所有者权益的内容及构成情况。资产负债表左右双方平衡，资产总计等于负债和所有者权益总计，即“资产＝负债＋所有者权益”（见图3－1）。

资产负债表是一个时点概念，表示某个时点上公司的财务状况，列示了保险公司在某一特定日期所拥有或控制的经济资源、所承担的现有义务和所有者对净资产的要求权。资产负债表主要体现了两方面的信息：一是筹备公司的本金来源；二是本金的价值。

2. 资产负债表示例

表3－1列示的是保险公司资产负债表的资产部分。从表中可以看出，资产部分主要由反映流动资产和非流动资产的科目构成。拆出资金是指保险公司按照规定拆借给其他金融机构的款项，应当按照实际发生额入账；保户质押贷款是以保户的保险单为质押品，按照保单现金价值的一定比例为保户发放的贷款，期限较短；存出保证金是保险公司开展直接承保业务按合同约定存出的保证金，包括存出理赔保证金、存出共同海损保证金和存出其他保证金；无形资产是保险公司合法获得、非实物形态但可辨认的非货币性资产，企业的专利权、著作权、商标权等都属于无形资产，但不包括企业品牌、商誉、报刊名（见表3－2）。

表3－2列示的是保险公司资产负债表的负债部分，从表中可以看出，负债部分主要包括流动负债、长期负债等科目。拆入资金反映保险公司按照规定业务拆借业务而拆入的资金，应根据“拆入资金”项目的期末余额填列；未决赔款准备金反映了保险公司对已发生但未处理的未决赔案提存的准备金；保户储金是保险公司以投保人缴存储金的利息作为保费的保险业务；寿险责任准备金反映了保险公司为将来要发生的保险责任而提存的资金；独立账户负债是指保险公司对投资连结保险提取的单位准备金和投资账户负债。其中，投资账户负债是指在投资账户资产投资过程中形成的卖回购出证券、应付款项等负债。

表3－3是保险公司的股东权益部分，从表中可以看出，表内包括反映资本金类的科目如“股本”，以及在经营中形成的“资本公积”“盈余公积”“总准备金”等科目。其中，实收资本是为实缴货币资本，保险公司的实收资本最低限额为2亿元；资本公积和盈余公积共同构成了保险公司的公积金，是为了满足保险经营业务和发展需要而保留的盈余；总准备金是为满足年度超常赔付、巨额损失赔付、巨灾损失赔付而提存的，一般在保险公司的税前利润中提存，逐年累积而成。

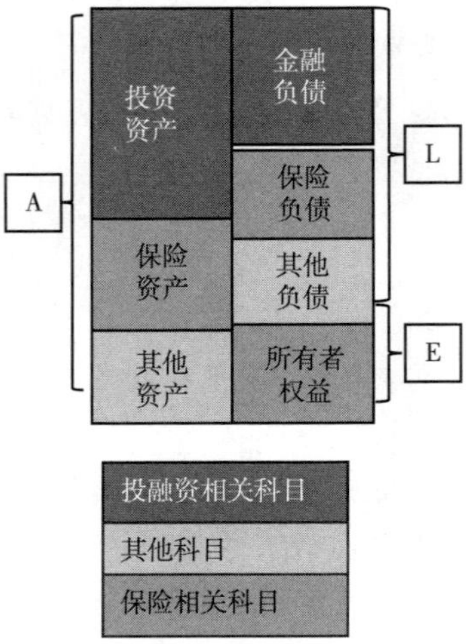

资产：		负债：
货币资金		短期借款
拆出资金		拆入资金
交易性金融资产		交易性金融负债
衍生金融资产		衍生金融负债
买入返售金融资产		卖出回购金融资产款
应收利息		预收保费
应收保费		应付手续费及佣金
应收代位追偿款		应付分保账款
应收分保账款		应付职工薪酬
应收分保未到期责任准备金		应交税费
应收分保未决赔款准备金		应付赔付款
应收分保寿险责任准备金		应付保单红利
应收分保长期健康险责任准备金		保户储金及投资款
保护质押贷款		未到期责任准备金
贷款		未决赔款准备金
定期存款		寿险责任准备金
可供出售金融资产		长期健康险责任准备金
持有至到期投资		长期借款
长期股权投资		应付债券
存出资本保证金		独立账户负债
投资性房地产		递延所得税负债
固定资产		其他负债
无形资产		
独立账户资产		所有者权益：
递延所得税资产		实收资本（或股本）
其他资产		资本公积
		其他综合收益
		盈余公积
		一般风险准备
		未分配利润

图 3－1　资产负债表结构

表 3－1　　**保险公司资产负债表（资产部分）**①

报表单位：　　　　年　月　　　　单位：

资产	年初数	期末数
流动资产：		
现金		
银行存款		
短期投资		
减：短期投资跌价准备		
拆出资金		
保户质押贷款		
应收利息		
应收保费		
应收分保账款		
其他应收款		
应收款项小计		
减：坏账准备		
应收款项净额		
预付赔款		
存出分保准备金		
存出保证金		
买入返售证券		
物料用品		
低值易耗品		
待摊费用		
系统往来（借项）		
内部往来（借项）		
待处理流动资产损溢		
一年内到期的长期债券投资		
其他流动资产		
流动资产合计		
长期投资：		
长期股权投资		
长期债权投资		
证券投资基金		
可转换债券		

① 数据来源：中国人寿保险股份有限公司 2018 年年报资产负债表。

续表

资产	年初数	期末数
减：投资风险准备		
合并价差（贷差以“-”号表示）		
贷款：		
减：贷款损失准备		
减：贷款呆账准备		
固定资产：		
固定资产原值		
减：累计折旧		
固定资产净值		
减：固定资产减值准备		
固定资产净额		
在建工程		
固定资产清理		
待处理固定资产损溢		
固定资产合计		
无形资产及其他资产：		
无形资产		
长期待摊费用		
存出资本保证金		
抵债物资		
其他长期资产		
无形资产及其他资产合计		
递延税款借项		
独立账户资产		
资产总计		

表 3-2　　保险公司资产负债表（负债部分）①

报表单位：　　　　年　月　　　　单位：

负债及所有者权益	年初数	期末数
流动负债：		
短期借款		
拆入资金		

① 数据来源：根据实际的保险股份有限公司年报改编。

续表

负债及所有者权益	年初数	期末数
应付手续费		
应付佣金		
应付分保账款		
预收保费		
预收分保赔款		
存入分保准备金		
存入保证金		
应付工资		
应付福利费		
应付保户红利		
应付保户利差		
应付利润		
应交税金		
卖出回购证券款		
其他应付款		
预提费用		
未决赔款准备金		
其中：已发生未报告赔款责任准备金		
未到期责任准备金		
一年内到期的长期负债		
系统往来（贷项）		
内部往来（贷项）		
其他流动负债		
流动负债合计		
长期负债：		
保户储金		
其中：理财险保户投资金		
长期责任准备金		
寿险责任准备金		
长期健康险责任准备金		
保险保障基金		
卫星发射基金		

续表

负债及所有者权益	年初数	期末数
长期借款		
长期应付款		
货币兑换		
其他长期负债		
长期负债合计		
递延税款贷项		
独立账户负债		
独立账户未实现利得		
负债合计		

表 3-3　　保险公司资产负债表（权益部分）①

报表单位：　　年　月　　单位：

少数股东权益	年初数	期末数
所有者权益：		
实收资本		
股本		
资本公积		
盈余公积		
其中：法定公益金		
总准备金		
外币报表折算差额		
未分配利润		
所有者权益合计		

（二）利润表

1. 利润表科目

$$净利润 = 利润总额 - 所得税 \quad （式 3-1）$$

利润表是反映企业在一定会计期间内经营成果的财务报表。由于利润表反映的是某一期间的情况，因此又被称为动态报表，有时利润表也称为损益表、收益表。当前国际上常用的利润表格式有单步式和多步式两种。单步式是将当期收入总额相加，然后将所有

① 数据来源：根据实际的保险股份有限公司年报改编。

费用总额相加，一次计算出当期收益的方式，其特点是所提供的信息都是原始数据，便于理解；多步式是将各种利润分多步计算求得净利润的方式，便于使用人对企业经营情况和盈利能力进行比较和分析。我国企业会计制度规定，企业应采用多步式利润表（见图 3－2）。

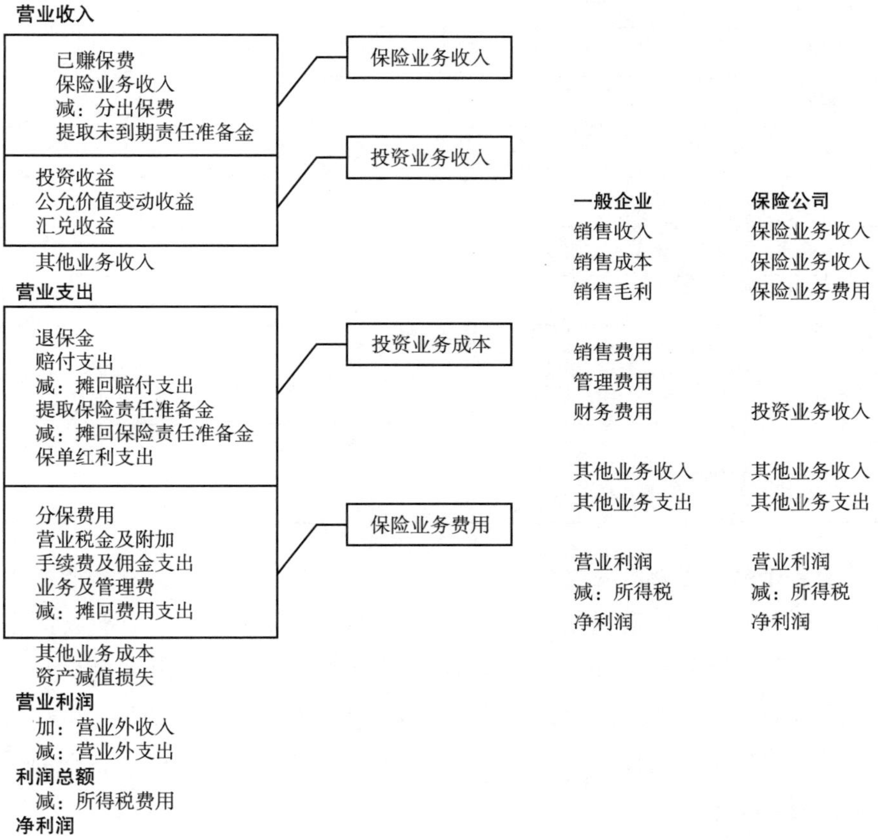

图 3－2　利润表结构

2. 保险公司利润表示例

利润表能够反映保险公司在一定会计期间的经营成果。利润表的作用有两个：一是体现保险公司获取的利润的来源，二是形成对保险公司未来盈利预期的基础。

表 3－4 是保险公司的营业收入部分。表中数据显示，保险公司的营业收入由已赚保费、投资收益、其他收益、公允价值变动损益、汇兑损益、其他业务收入以及资产处置损益这些科目构成。分保费收入是本公司作为分入公司接受分入分保业务时，按分保合同规定向分出公司收取的保险费收入；分出保费是指本公司作为分出公司发生分出分保业务时，向分入公司支付的保费；公允价值变动损益一项资产在取得之后采用公允价值计量模式时，期末资产账面价值与其公允价值之间的差；资产处置损益反映了保险公司对其固定资产、无形资产等进行出售、转让等行为时产生的利得或损失。

表 3-4　　保险公司利润表（营业收入部分）①　　单位：百万元

项目	本年累计数	同比增长（%）
营业收入		
已赚保费		
保险业务收入		
其中：分保费收入		
减：分出保费		
提取未到期责任准备金		
投资收益		
其中：对联营企业和合营企业的投资收益		
其他收益		
公允价值变动损益		
汇兑损益		
其他业务收入		
资产处置损益		

除保险业务带来的保费收入之外，保险公司从事投资活动产生的投资收益也是重要的收入来源，投资收益按照其取得方式可划分为利息收入、股息收入、处置收益等。

表 3-5 是保险公司利润表的营业支出部分。保险公司的退保金主要是开办的各类保险业务的原保险合同解除所形成的；赔付支出包括赔款支出、满期给付、生存给付以及死伤医疗给付等；提取保险责任准备金包括未决赔款准备金、寿险责任准备金和长期健康险责任准备金的提取金额。

表 3-5　　保险公司利润表（营业支出部分）②　　单位：百万元

项目	本年累计数	同比增长（%）
营业支出		
退保金		
赔付支出		
减：摊回赔付支出		
提取保险责任准备金		
减：摊回保险责任准备金		
保单红利支出		
税金及附加		

①② 数据来源：根据实际的保险股份有限公司年报改编。

续表

项目	本年累计数	同比增长（%）
手续费及佣金支出		
业务及管理费		
减：摊回分保费用		
其他业务成本		
资产减值损失		

此外，保险公司开办业务时产生的“手续费及佣金支出”和“业务及管理费”也是营业支出的主要构成部分，保险公司应当合理控制各项费用支出，提高经营效益。

表3－6所示是保险公司利润表，表中罗列了营业收入、营业支出、利润总额、综合收益总额等项目。营业收入与营业支出的差值为营业利润，在营业利润的基础上加上营业外收入与营业外支出的差值得到净利润（净亏损）；其他综合收益的税后净额是保险公司的其他综合收益扣除所得税后的余额；综合收益总额反映了净利润与其他综合收益的税后净额相加后的合计金额。多部式的利润表体现了收入减去成本等于毛利，毛利再减去各种费用可以得到税前收益，税前收益扣除税费就可以得到净利润，收入扣除所有费用就可以得到利润，通过利润表就可以知道保险公司是否赚钱。

表3－6　　保险公司利润表（营业利润及综合收益部分）①　　单位：百万元

项目	本年累计数	同比增长（%）
营业收入		
营业支出		
营业利润（亏损以“－”号填列）		
加：营业外收入		
减：营业外支出		
利润总额（亏损总额以“－”号填列）		
减：所得税费用		
净利润（净亏损以“－”号填列）		
其他综合收益的税后净额		
归属于母公司股东的其他综合收益的税后净额		
将重分类进损益的其他综合收益		
可供出售金融资产公允价值变动损益		
减：前期计入其他综合收益当期转入损益的净额		
可供出售金融资产公允价值变动计入保单红利部分		

① 数据来源：根据实际的保险股份有限公司年报改编。

续表

项目	本年累计数	同比增长（%）
权益法下可转损益的其他综合收益		
外币财务报表折算差额		
不能重分类进损益的其他综合收益		
归属于少数股东的其他综合收益的税后净额		
综合收益总额		

（三）现金流量表

现金流量表是反映企业在一定会计期间现金和现金等价物流入和流出的报表。从编制原则上看，现金流量表以收付实现制为原则，将权责发生制下的盈利信息调整为收付实现制下的现金流量信息，便于信息使用者了解企业净利润的质量。从内容上看，现金流量表被划分为经营活动、投资活动和融资活动三个部分，按照企业所发生的经济活动对现金流做了分类，每类活动又分为各具体项目，这些项目从不同角度反映企业现金的流入与流出，弥补了资产负债表和利润表提供信息的不足。通过现金流量表，报表使用者能够了解影响现金流量的因素，评价企业的支付能力、偿债能力和周转能力，预测企业未来的现金流量，为其决策提供有力依据。保险公司的现金流量表如表 3－7 所示。

表 3－7　　保险公司现金流量表①　　单位：百万元

项目	金额
一、经营活动产生的现金流量	
收到原保险合同保费取得的现金	
保户储金及投资款净增加/（减少）额	
收到以公允价值计量且其变动计入当期损益的金融资产现金净额	
收到以公允价值计量且其变动计入当期损益的金融负债现金净额	
收到的其他与经营活动有关的现金	
经营活动现金流入小计	
支付原保险合同赔付款项的现金	
支付/（收到）的再保险业务现金净额	
支付的手续费及佣金的现金	
支付保单红利的现金	
支付给职工以及为职工支付的现金	
支付的各项税费	

① 数据来源：根据实际的保险股份有限公司年报改编。

续表

项目	金额
支付以公允价值计量且其变动计入当期损益的金融资产现金净额	
支付的其他与经营活动有关的现金	
经营活动现金流出小计	
经营活动产生的现金流量净额	
二、投资活动产生的现金流量	
收回投资所收到的现金	
取得投资收益收到的现金	
处置固定资产、无形资产和其他长期资产收回的现金净额	
收到买入返售金融资产现金净额	
投资活动现金流入小计	
投资支付的现金	
保户质押贷款净增加额	
购置固定资产、无形资产和其他长期资产所支付的现金	
取得子公司及其他营业单位支付的现金净额	
支付的其他与投资活动有关的现金	
投资活动现金流出小计	
投资活动产生的现金流量净额	
三、融资活动产生的现金流量	
吸收投资收到的现金	
其中：子公司吸收少数股东投资收到的现金	
取得借款所收到的现金	
收到卖出回购金融资产款现金净额	
融资活动现金流入小计	
偿还债券支付的现金	
分配股利、利润或偿付利息支付的现金	
支付的其他与融资活动有关的现金	
融资活动现金流出小计	
融资活动产生的现金流量净额	
四、汇率变动对现金及现金等价物的影响	
五、现金及现金等价物净增加额	
加：年初现金及现金等价物余额	
六、年末现金及现金等价物余额	

表 3－7 中现金及现金等价物净增加额等于经营活动、投资活动和融资活动产生的现金流量净额与汇率变动影响之和，当期现金及现金等价物净增加额加上期初余额，即得到期末现金及现金等价物余额。

（四）股东权益变动表

股东权益变动表反映在某一特定时间内，股东权益因企业经营的盈亏及现金股利的发放而发生的变化，显示了管理层是否公平对待股东的最重要的信息。股东权益变动表包括在年度会计报表中，是资产负债表的附表。

表 3－8 是股东权益变动表。该表就各项目从所有者权益变动的来源角度对一定时期股东权益的变动进行全面反映，详细列示了本年增减变动金额、综合收益总额、所有者投入资本、利润分配、提取盈余公积等项目。所有者投入资本反映了保险公司接受投资者投入的股本和资本的溢价。

表 3－8　　保险公司 2018 年度股东权益变动表①　　单位：百万元

项目	股本	权益工具	资本公积	综合收益	盈余公积	一般风险准备	未分配利润	少数股东权益	股东权益合计
××年 1 月 1 日									
本年增减变动金额									
综合收益总额									
所有者投入资本									
其他									
利润分配									
提取盈余公积									
提取一般风险准备									
对股东的分配									
××年 12 月 31 日									

二、保险公司财务报表附注

（一）保险公司财务报表附注的作用

财务报表附注是为了便于财务报表使用者理解财务报表的内容而对财务报表的编制基础、编制依据、编制原则和方法及主要项目等作出的解释。财务报表附注由若干附表和有

① 数据来源：根据实际的保险股份有限公司年报改编。

关项目的文字性说明组成，它是对财务报表的补充说明，是财务会计报告体系的重要组成部分。随着经济环境的复杂化以及人们对相关信息要求的提高，附注在整个报告体系中的地位日益突出，关注财务报表附注显得非常必要。财务报表附注的作用体现在：

1. 使用者更全面了解企业状况的要求

会计信息应全面充分地反映企业的财务状况、经营成果及现金流量，不得有意忽略或隐瞒重要的财务数据，以免使用者发生误解，这就是所谓的充分披露原则。由于外部与企业的信息不对称，会计信息的使用者想要对企业有所了解，就必须依赖于企业所提供的各项资料，因此对信息披露的充分性提出了较高的要求：从横向来看，只要是反映企业生产经营全貌的信息，不论有利或不利的都应该予以披露；从纵向来看，信息披露不应只停留在披露对象的表面，而要进行深层次的揭示。由于成本等因素的限制，财务报表可能无法满足这些要求，而对于附注信息的披露就显得尤为重要。

2. 基于缓解财务报表信息披露压力的考虑

信息需求方总是希望企业提供尽可能多的信息，以便作出正确决策，这无形中增加了财务报表信息披露的压力。但信息的披露应当是有一定限度的，过多的披露可能会适得其反。信息披露的限度主要基于两点考虑：第一，成本效益原则。只有披露的效益大于成本，企业才有披露信息的动力，过多的信息披露一方面会增加企业的披露成本，另一方面会泄露企业的商业秘密，使其在竞争中处于劣势，不利于企业的经营运作；第二，重要性原则。重要性是指如果不对某项会计信息加以说明可能使财务报表使用者发生误解，从而影响或改变其决策。因此从披露目的出发，只有重要的信息对于需求者来说才是有用的。信息需求者利用重要的信息了解企业的财务状况、经营成果等情况，从而作出合理判断。过多地披露信息不仅不会起到决策有用的目的，反而会影响使用者的理解、判断和掌握，甚至产生误导作用，损害使用者的利益。报表附注将那些不符合成本效益原则和重要性原则的信息收纳其中，缓解了财务报表信息披露的压力，解决了企业和信息使用者对于信息供需之间的矛盾和冲突。

3. 增强财务报告体系的灵活性

由于财务报表格式、项目和填列方法固定，表内信息并不能完整地反映企业的综合素质。而报表附注相对来说比较灵活，可以弥补表内信息的局限性，使表内信息更容易理解，相关性更强。具体说来，由于财务会计在确认计量上有严格的标准，使得一些与决策相关的信息不能进入财务报表，忽视它们的存在势必会影响使用者的正确决策。而对报表附注目前尚无统一的规范，可以借助多种计量手段、属性及不同的格式，将那些无法进入表内的信息适当披露，这有利于完整反映企业生产经营的全貌，提高了财务报告体系的总体水平。

4. 保持原有报告模式的需要

经济环境的日新月异，使得会计标准的制定往往落后于会计实务的发展，原有的财务报表模式也存在过时的问题。要满足人们对有用的决策信息的需求，就需要不断对财务报表的内容和体系进行相应的变革。这可以依靠对会计制度和准则的出台予以规范和指导来完成，但这一过程往往费时费力，而且不利于保证财务信息的一贯性和可靠性。因此，借助财务报表附注和其他报告形式，增加表外信息披露，可以在保持原有报告模式的基础上进行完善和改进。

（二）保险公司财务报表附注的内容

保险公司按照规定披露的附注信息主要包括下列内容：

1. 企业的基本情况

（1）企业注册地、组织形式和总部地址；

（2）企业的业务性质和主要经营活动；

（3）母公司以及集团最终母公司的名称；

（4）财务报告的批准报出者和财务报告批准报出日，或者以签字人及其签字日期为准；

（5）营业期限有限的企业，还应当披露有关其营业期限的信息。

2. 财务报表的编制基础

企业首先需要说明报表编制的准则基础，其次说明报表遵循持续经营的会计准则，最后公司会根据自身情况补充一些信息。详见表 3－9B 保险公司与 C 保险公司 2018 年年度报表的部分信息：

表 3－9　　财务报表的编制基础示例

B 保险公司 2018 年度财务报表	C 保险公司 2018 年度财务报表
本财务报表按照财政部于 2006 年 2 月 15 日及以后期间颁布的《企业会计准则——基本准则》、各项具体会计准则及相关规定（以下合称企业会计准则）以及中国证券监督管理委员会（以下简称中国证监会）《公开发行证券的公司信息披露编报规则第 15 号——财务报告的一般规定》的披露规定编制。 本财务报表以持续经营为基础列报。 编制本财务报表时，除以公允价值计量的金融工具及以精算方法计量的保险责任准备金外，均以历史成本为计价原则。资产如果发生减值，则按照相关规定计提相应的减值准备	本财务报表按照财政部于 2006 年 2 月 15 日及以后期间颁布的《企业会计准则——基本准则》、各项具体会计准则及相关规定（以下合称企业会计准则）编制。 财政部于 2017 年颁布了修订后的《企业会计准则第 14 号——收入》，本集团已采用上述准则和通知编制 ＊＊年度财务报表，除导致新增部分披露外，未对本集团的财务状况及经营成果产生重大影响。 本财务报表以持续经营为基础编制。 本财务报表仅为 2018 年度的合并财务报表，未包含 2018 年度的公司财务报表，本公司个别财务报表另行编制

3. 遵循企业会计准则的声明

企业应当声明其编制的财务报表符合企业会计准则的要求，真实完整地反映了企业的财务状况、经营成果和现金流量等信息。

4. 重要会计政策和会计估计

重要会计政策的说明，包括财务报表项目的计量基础和在运用会计政策过程中所做的重要判断等。重要会计估计的说明，包括可能导致下一个会计期间内资产、负债账面价值重大调整的会计估计的确定依据等。

企业应当披露其采用的重要会计政策和会计估计，并结合企业的实际，披露其重要会计政策的确定依据和财务报表项目的计量基础，及其会计估计所采用的关键假设和不确定因素。

5. 会计政策和会计估计变更以及差错更正的说明

企业应当按照《企业会计准则第 28 号——会计政策、会计估计变更和差错更正》的规定，披露会计政策和会计估计变更以及差错更正的情况。

6. 报表重要项目的说明

企业应当按照资产负债表、利润表、现金流量表、所有者权益变动表及其项目列示的顺序，对报表重要项目的说明采用文字和数字描述相结合的方式进行披露。报表重要项目的明细金额合计，应当与报表项目金额相衔接。

企业应当在附注中披露费用按照性质分类的利润表补充资料，可将费用分为耗用的原材料、职工薪酬费用、折旧费用、摊销费用等。

7. 或有和承诺事项、资产负债表日后非调整事项、关联方关系及其交易等需要说明的事项

（1）或有事项，一般用于说明企业为了不确定事项所做的准备。通常进行如下表述：

鉴于保险、银行及其他金融服务的业务性质，本集团在开展正常业务时，会涉及各种估计、或有事项及法律诉讼，包括但不限于在诉讼中作为原告与被告及在仲裁中作为申请人与被申请人。上述纠纷所产生的不利影响主要包括保单及其他的索赔，本集团已对可能发生的损失计提准备，包括当管理层参考律师意见并能对上述诉讼结果做出合理估计后，对保单等索赔计提的准备。

对于无法合理预计的结果及管理层认为败诉可能性较小的稽查、未决诉讼或可能的违约，不计提相关准备。对于上述未决诉讼，管理层认为最终裁定结果产生的义务将不会对本集团或其附属公司的财务状况和经营成果造成重大负面影响。

（2）承诺事项，包括资本、租赁、信用、对外投资承诺等（见表 3－10）。

表 3－10　　A 寿险公司 2018 财务报表附注承诺事项部分　　单位：百万元

资本承诺	2018－12－31	2017－12－31
已签约但未在账目中计提	3304	5922
已获授权但未签约	3593	3545
	6897	9467
租赁承诺		
1 年以内（含 1 年）	6124	6902

续表

资本承诺	2018-12-31	2017-12-31
1年以上至2年以内（含2年）	5026	6095
2年以上至3年以内（含3年）	3609	3946
3年以上	4680	5314
	19439	22257
信用承诺		
银行承诺汇票	251154	248155
开出保函	62821	50039
开出信用证	83757	55763
小计	397732	353957
未使用的信用卡信贷额度及贷款承诺	190531	140336
合计	588263	494293
信用承诺的信用风险加权金额	194921	176352
对外投资承诺		
已签约但未在账目中计提	34429	27

注：表中披露的信用承诺不包括由本集团作为保险合同进行会计处理的财务担保合同。

（3）资产负债表日后事项，用于说明利润分配情况，详情见以下两公司示例：

①A保险公司。于2019年3月12日，本公司董事会通过了《公司2018年度利润分配预案》，同意派发2018年年末股息每股人民币1.10元。

②B保险公司。于2019年3月22日，本公司董事会建议派发2018年度末期股息每普通股4.57分，股息总额约人民币2021百万元。该方案尚待本公司股东大会的批复。

（4）关联方关系及其交易。关联方关系是指在企业财务和经营决策中，如果一方有能力直接或间接控制、共同控制另一方或对另一方施加重大影响，则将其视为关联方；如果两方或多方同受一方控制，同样将其视为关联方。会计准则涉及的关联方关系具体指：

①直接或间接地控制其他企业或受其他企业控制，以及同受某一企业控制的两个或多个企业（例如：母公司、子公司、受同一母公司控制的子公司之间）；

②合营企业；

③联营企业；

④主要投资者个人、关键管理人员或与其关系密切的家庭成员；

⑤受主要投资者个人、关键管理人员或与其关系密切的家庭成员直接控制的其他企业。

而以下各方则不被视为关联方：

①与企业仅发生日常往来而不存在其他关联方关系的资金提供者、公用事业部门、政府部门和机构，虽然它们可能参与企业的财务和经营决策，或在某种程度上限制企业的行动自由。

②仅仅由于与企业发生大量交易而存在经济依存性的单个购买者、供应商或代理商。

关联方交易指在关联方之间发生转移资源或义务的事项，而不论是否收取价款，包括：购买或销售商品；购买或销售除商品以外的其他资产；提供或接受劳务；代理；租赁；提供资金（包括以现金或实物形式的贷款或权益性资金）；担保和抵押；管理方面的合同；研究与开发项目的转移；研究与开发项目的转移；关键管理人员报酬。

附注应当披露事项：

①企业的经济性质或类型、名称、法定代表人、注册地、注册资本及其变化；

②企业的主营业务；

③所持股份或权益及其变化。

另外，在企业与关联方发生交易时，还应披露关联方关系的性质、交易类型及其交易要素，这些要素一般包括：交易的金额或相应比例；未结算项目的金额或相应比例；定价政策。

8. 企业应当在附注中披露下列关于其他综合收益各项目的信息

（1）其他综合收益各项目及其所得税影响；

（2）其他综合收益各项目原计入其他综合收益、当期转出计入当期损益的金额；

（3）其他综合收益各项目的期初和期末余额及其调节情况。

三、保险公司财务报表的作用

财务报表是财务报告的主要组成部分，其提供的会计信息的重要作用主要体现在以下几个方面：

第一，全面系统地揭示企业一定时期的财务状况、经营成果和现金流量，有利于经营管理人员了解本单位各项任务指标的完成情况，评价管理人员的经营业绩，以便及时发现问题，调整经营方向，制定措施改善经营管理水平，提高经济效益，为经济预测和决策提供依据。

第二，有利于国家经济管理部门了解国民经济的运行状况。通过对各单位提供的财务报表资料进行汇总和分析，了解和掌握各行业、各地区的经济发展情况，以便宏观调控经济运行，优化资源配置，保证国民经济稳定持续发展。

第三，有利于投资者、债权人和其他有关方掌握企业的财务状况、经营成果和现金流量情况，进而分析企业的盈利能力、偿债能力、投资收益与发展前景等，为其投资、贷款和贸易提供决策依据。

在不同的情况下，不同使用者的关注点可能不同。比如对一家银行来说，在贷款时银行最关注的是现金流量表，通过现金流量表可以看出企业是否有足够的现金余量偿还债务。而对于一个投资者来说，最关注的可能是利润表，因为利润表能够反映公司赚取利润的能力，从而形成对这个企业未来盈利预期的基础。对于兼并收购行为，收购者最关注的是资产负债表，收购一家公司买的是股东权益，而股东权益等于资产减去负债，这意味着收购者既买下这个公司所有的资产，也买下了这个公司所有的负债。因此在做不同的决策的时候，使用者最关注的会计信息可能来自不同的报表。

第四，有利于满足财政、税务、工商、审计等部门监督企业经营管理。通过财务报表可以检查、监督各企业是否遵守国家的各项法律、法规和制度，有无偷税漏税的行为。

四、保险公司披露信息要求

2018 年中国银行保险监督管理委员会颁布的《保险公司信息披露管理办法》对保险公司披露信息进行了规定，保险公司应当披露下列信息：

“（一）基本信息；

（二）财务会计信息；

（三）保险责任准备金信息；

（四）风险管理状况信息；

（五）保险产品经营信息；

（六）偿付能力信息；

（七）重大关联交易信息；

（八）重大事项信息；

（九）中国银行保险监督管理委员会规定的其他信息。”

而财务会计信息披露中，规定保险公司披露的上一年度财务会计信息应当与经审计的年度财务会计报告保持一致，并包括下列内容：

（一）财务报表，包括资产负债表、利润表、现金流量表、所有者权益变动表和附注

财务报表附注，包括财务报表的编制基础，重要会计政策和会计估计的说明，重要会计政策和会计估计变更的说明，或有事项、资产负债表日后事项和表外业务的说明，对公司财务状况有重大影响的再保险安排说明，企业合并、分立的说明，以及财务报表中重要项目的明细。

（二）审计报告的主要审计意见，审计意见中存在带强调事项段的无保留意见、保留意见、否定意见或者无法表示意见的，保险公司还应当就此作出说明

实际经营期未超过 3 个月的保险公司年度财务会计报告可以不经审计（见表 3-11）。

表 3-11　　保险公司 2018 年披露信息示例①

假设	B 保险公司	C 保险公司	D 保险公司
所得税率假设	中国境内业务适用的企业所得税率为 25%	假设平均所得税税率为每年 25%	所得税率假设为每年 25%
投资回报率	5%	寿险及健康险业务投资回报率锁定为 5%	分账户采取不同的投资回报假设。2018 年 12 月 31 日计算有效业务价值和一年新业务价值的投资回报假设，2019 年传统非分红 4.50%，分红 4.50%，万能 4.50%，投连 7.60%
投资收益中豁免所得税比例	投资收益中豁免所得税的比例，从 14% 开始逐步增加到 18% 后保持不变	假设未来年度投资收益中每年可以豁免所得税的比例为自 12% 起，以后每年增加 2%，至 16% 并保持不变	考虑可以豁免所得税的投资收益，包括中国国债、权益投资及权益类投资基金的分红收入
风险调整后贴现率	10%	寿险及健康险有效业务价值和新业务价值的贴现率假定为 11.0%	采用 11.5% 的风险贴现率来计算有效业务价值和一年新业务价值
死亡率	根据中国人寿保险业 2000—2003 年经验生命表确定死亡率假设，并作适当调整以反映本集团长期的历史死亡率经验	男性和女性的经验死亡率分别按《中国人寿保险业经验生命表（2000—2003）》非年金男性表和女性表的 65% 和 65% 为基准计算。就年金产品而言，进入领取期后的经验死亡率分别以《中国人寿保险业经验生命表（2000—2003）》年金男性表和女性表的 60% 和 50% 为基准计算	采用的死亡率假设主要根据本公司最近的死亡率经验分析和对目前及未来经验的展望而定。死亡率假设表现为中国人身保险业经验生命表（2010—2013）的百分比
发病率	根据对历史经验的分析和对未来发展的预测来确定重大疾病保险的发病率假设	发病率和意外发生率参考行业表或公司本身的定价表为基准，其中发病率考虑长期恶化趋势	根据本公司最近的发病率经验分析和对目前及未来经验的展望，考虑发病率长期恶化趋势经验而定。发病率假设表现为中国人身保险业重大疾病经验发生率表（2006—2010）的百分比
费用率	设基于预计的保单单位成本，考虑以往的费用分析和未来的发展变化趋势确定。对于个人寿险，费用为 45 元/每份保单，保费百分比为 0.85%—0.90%；对于团体寿险，费用为 25 元/每份保单，保费百分比为 0.90%	费用假设根据本公司最近的费用分析而定。费用假设主要分为取得费用和维持费用假设，其中单位维持费用假设每年增加 2%	采用的单位成本假设主要根据本公司最近的实际费用经验和对目前及未来经验的展望而定。对于每单费用，假定未来每年 2.0% 的通胀率

① 数据来源：根据实际的保险股份有限公司年报改编。

续表

假设	B保险公司	C保险公司	D保险公司
保户红利	保单红利假设受分红保险账户的预期投资收益率、本集团的红利政策、保单持有人的合理预期等因素影响，存在不确定性。中国人寿向分红险合同持有人支付累计可分配收益的70%，或按照保单约定的更高比例	个人分红业务的保单红利根据利息及死亡盈余的75%计算。团体分红业务的保单红利根据利息盈余的80%计算	保单持有人红利是根据本公司当前的保单持有人红利政策确定的，该政策要求将70%的分红业务盈余分配给保单持有人
保单失效和退保率	退保率假设受未来宏观经济、可替代金融工具、市场竞争等因素影响，存在不确定性。中国人寿根据过去可信赖的经验、当前状况和对未来的预期为基础，确定退保率假设	保单失效率根据本公司最近的经验研究计算。保单失效率视定价利率水平及产品类别而定	采用的保单失效和退保率假设主要根据本公司最近的失效和退保经验、对目前及未来经验的展望以及对中国人寿保险市场的整体了解而设定的。保单失效和退保率假设根据产品类别和交费方式的不同而有所不同

第二节 保险公司资产负债表主要项目

一、资产

（一）货币资金

货币资金是指在企业生产经营过程中处于货币形态的那部分资金，按其形态和用途不同，可分为包括库存现金、银行存款和其他货币资金。它是企业中最活跃的资金，流动性强，是企业的重要支付手段和流通手段（见表3－12和表3－13）。

表3－12　　A寿险股份有限公司货币资金明细①　　单位：百万元

	2018年12月31日	2017年12月31日
库存现金	1	1
存款	30780	27555
结算备付金	21805	22633
合计	52586	50189

① 数据来源：根据实际保险公司2018年年报附注改编。

表 3-13　　A 寿险股份有限公司定期存款明细[①]　　单位：百万元

到期期限	2018 年 12 月 31 日	2017 年 12 月 31 日
1 个月至 3 个月（含 3 个月）	65288	30301
3 个月至 1 年（含 1 年）	93632	66775
1 年至 2 年（含 2 年）	77441	150574
2 年至 3 年（含 3 年）	33830	76700
3 年至 4 年（含 4 年）	88950	33300
4 年至 5 年（含 5 年）	122800	88950
5 年以上	77400	2800
合计	559341	449400

此外，对于规模较大的保险公司而言，开展分保业务是其分散风险的常用方式，分保业务形成的"应收分保账款"及各项应收分保准备金，也是保险公司资产的重要组成部分。

A 寿险股份有限公司 2018 年 12 月 31 日的货币资金为 52586 百万元，财务报表附注部分通常会列出各类资产的明细情况，例如，"可供出售金融资产"项目可分为可供出售债务工具和可供出售权益工具；"分类为贷款及应收款的投资"项目可划分为债权投资计划、股权投资计划、信托计划、资产管理产品、次级债等。

（二）金融资产

金融资产是实物资产的对称，是指单位或个人所拥有的以价值形态存在的资产，是一种索取实物资产的无形权利，是一切可以在有组织的金融市场上进行交易、具有现实价格和未来估价的金融工具的总称。金融资产最大的特征是能够在市场交易中为其所有者提供即期或远期的货币收入流量。尽管金融市场的存在并不是创造与交易金融资产的必要条件，但大多数国家的金融资产还是在相应的金融市场上交易的。

金融资产包括一切提供到金融市场上的金融工具，但不论是实物资产还是金融资产，只有当它们是持有者的投资对象时方能称作资产。如孤立地考察中央银行所发行的现金和企业所发行的股票、债券，就不能说它们是金融资产，因为对发行它们的中央银行和企业来说，现金和股票、债券是一种负债。因此，不能将现金、存款、股票、债券等简单地称为金融资产，而应称之为金融工具，金融工具对其持有者来说才是金融资产。例如，持有商业票据者，就表明有索取与该商品价值相等的货币的权利；持有股票者，表示有索取与投入资本份额相应的红利的权利；持有债券者，表示有一定额度的债款索取权。

新的会计准则对投资的分类不再局限于以时间来划分为短期投资和长期投资，而是根

① 数据来源：根据实际保险公司 2018 年年报附注改编。

据投资交易的目的性、经济实质反映的经济内容分为以下四类：以公允价值计量且其变动计入当期损益的金融资产或金融负债；持有至到期投资；贷款和应收账款；可供出售金融资产。会计准则还规定上述分类一经确定，不得随意变更。

1. 以公允价值计量且其变动计入当期损益的金融资产

公允价值是指在公平交易中，熟悉情况的交易双方自愿进行资产交换或者债务清偿的金额。在公平交易中，交易双方应当是持续经营企业，不打算或不需要进行清算、重大缩减经营规模，或在不利条件下仍进行交易。存在活跃市场的金融资产或金融负债，活跃市场中的报价应当用于确定其公允价值。对于不存在于活跃市场的金融工具，企业应当采用估值技术确定其公允价值。采用估值技术得出的结果，应当反映估值日在公平交易中可能采用的交易价格。

企业初始确认金融资产或金融负债，应当按照公允价值计量。对于以公允价值计量且其变动计入当期损益的金融资产或金融负债，相关交易费用应当直接计入当期损益；对于其他类别的金融资产或金融负债，相关交易费用应当计入初始确认金额。

（1）交易性金融资产。满足以下条件之一的金融资产，应当划分为交易性金融资产：

①取得该金融资产的目的，主要是为了近期内出售。

②属于进行集中管理的可辨认金融工具组合的一部分，且有客观证据表明企业近期采用短期获利方式对该组合进行管理。

③属于衍生工具，主要指期权和期货。但被指定为有效套期工具的衍生工具、属于财务担保合同的衍生工具、与在活跃市场中没有报价且其公允价值不能可靠计量的权益工具挂钩并须通过交付该权益工具结算的衍生工具除外。

上述三个条件表明，交易性金融资产具有以下两个特征：

①企业持有的目的是短期性的，即在初次确认时即确定其持有目的是短期获利。根据旧准则对长短期的划分，此处的短期也应该是不超过1年（包括1年）；

②该金融资产具有活跃的市场，其公允价值能够通过活跃市场获取。

根据这两个特征可以看出，旧准则中的短期投资如果仅仅是为了随时通过出售获利，则应当属于交易性金融资产。

（2）直接指定为以公允价值计量且其变动计入当期损益的金融资产。当金融资产满足以下条件之一时，应将其直接指定为以公允价值计量且其变动计入当期损益：

①该指定可以消除或明显减少由于该金融资产或金融负债的计量基础不同所导致的相关利得或损失在确认或计量方面不一致的情况。

②企业风险管理或投资策略的正式书面文件已载明，该金融资产组合、该金融负债组合或该金融资产和金融负债组合，以公允价值为基础进行管理、评价并向关键管理人员报告。

在活跃市场中没有报价、公允价值不能可靠计量的权益工具投资，不得指定为以公允价值计量且其变动计入当期损益的金融资产（见表3－14）。

表 3－14　A 寿险股份有限公司以公允价值计量且其变动计入当期损益的金融资产明细①

单位：百万元

	2018 年 12 月 31 日	2017 年 12 月 31 日
债权型投资		
国债	115	2081
政府机构债券	6757	9081
企业债券	79766	66905
其他	1351	4811
小计	87989	82878
股权型投资		
基金	13991	9914
股票	35230	44016
理财产品	1506	—
小计	50727	53930
合计	138716	136808

根据表 3－14，A 寿险公司的金融资产分为债券型投资和股权型投资两类，2017 年其金融资产为 136808 百万元，2018 年为 136808 百万元，债券型投资较多。

2. 持有至到期投资

持有至到期投资，是指到期日固定、回收金额固定或可确定，且企业有明确意图和能力持有至到期的非衍生金融资产。下列非衍生金融资产不应当划分为持有至到期投资：

（1）初始确认时被指定为以公允价值计量且其变动计入当期损益的非衍生金融资产；

（2）初始确认时被指定为可供出售的非衍生金融资产；

（3）贷款和应收款项。

企业应当在资产负债表日对持有意图和能力进行评价，发生变化的，应当按照企业会计准则有关规定处理。

根据以上规定可以看出，持有至到期投资具有以下特征：

（1）持有至到期投资是非权益性的投资；

（2）在初次确认时即明确确定一直持有该投资到期才收回，除非有企业不可控制的原因使得企业无法再对该项投资持有至到期，此时应将其重新分类为可供出售金融资产；

（3）该投资到期时收回的金额固定或可确定。

根据持有至到期投资的特征可知，旧准则中的长期债权投资中持有至债权到期的应确认为持有至到期投资。

此外，对于到期时间短于 1 年的投资，如果满足持有至到期投资的其他条件，也应该

① 数据来源：根据实际保险公司 2018 年年报附注改编。

确认为持有至到期投资。因此，旧准则中的短期投资如果在初次确认时即确定持有至到期，也应确认为持有至到期投资。

由表 3－15、表 3－16 可知，A 公司 2017 年持有至到期投资的公允价值为 692984 百万元，2018 年为 843583 百万元，主要集中在第二层级。

表 3－15　　A 寿险股份有限公司持有至到期投资的公允价值层级①　　单位：百万元

2018 年 12 月 31 日	第一层级	第二层级	合计
债权型投资			
国债	15387	175622	191009
政府机构债券	72455	204029	276484
企业债券	10965	209302	220267
次级债券/债务	—	155783	155783
合计	98807	744736	843583
2017 年 12 月 31 日	**第一层级**	**第二层级**	**合计**
债权型投资			
国债	33496	90216	123712
政府机构债券	20281	203031	223312
企业债券	1360	195177	196537
次级债券/债务	—	149423	149423
合计	55137	637847	692984

表 3－16　　A 寿险股份有限公司 2018 年度持有至到期投资明细②　　单位：百万元

2018 年 12 月 31 日	摊余成本	公允价值
债权型投资		
国债	179943	191009
政府机构债券	266986	276484
企业债券	212709	220267
次级债券/债务	147079	155783
合计	806717	843543
2017 年 12 月 31 日	**摊余成本**	**公允价值**
债权型投资		
国债	125866	123712
政府机构债券	241808	223312
企业债券	200869	196537
次级债券/债务	148494	149423
合计	55137	692984

①② 数据来源：根据实际保险公司 2018 年年报附注改编。

3. 贷款和应收账款

贷款和应收账款，是指在活跃市场中没有报价、回收金额固定或可确定的非衍生金融资产。比如，金融企业发放的贷款和其他债权。

企业不应当将下列非衍生金融资产划分为贷款和应收款项：

（1）准备立即出售或在近期出售的非衍生金融资产，这类非衍生金融资产应划分为交易性金融资产；

（2）初始确认时被指定为以公允价值计量且其变动计入当期损益的非衍生金融资产；

（3）初始确认时被指定为可供出售的非衍生金融资产；

（4）因债务人信用恶化以外的原因，使持有方可能难以收回几乎所有初始投资的非衍生金融资产。

4. 可供出售金融资产

可供出售金融资产，是指初始确认时即被指定为可供出售的非衍生金融资产，以及除下列各类资产以外的金融资产：

（1）贷款和应收款项；

（2）持有至到期投资；

（3）以公允价值计量且其变动计入当期损益的金融资产。

企业会计准则指南规定：可供出售金融资产通常是指企业没有划分为以公允价值计量且其变动计入当期损益的金融资产、持有至到期投资、贷款和应收款项的金融资产。比如，企业购入的在活跃市场上有报价的股票、债券和基金等，没有划分为以公允价值计量且其变动计入当期损益的金融资产或持有至到期投资等金融资产的，可归为此类（见表3－17和表3－18）。

实际利率是指将金融资产或金融负债在预期存续期间或适用的更短期间内的未来现金流量，折现为该金融资产或金融负债当前账面价值所使用的利率。

摊余成本是指该金融资产或金融负债的初始确认金额经过扣除已偿还的本金，加上或减去采用实际利率法将该初始确认金额与到期日金额之间的差额进行摊销形成的累计摊销额，并扣除已发生的减值损失（仅适用于金融资产）的余值。

表3－17　A寿险股份有限公司可供出售金融资产明细①　单位：百万元

	2018年12月31日	2017年12月31日
以公允价值计量的可供出售金融资产		
债权型投资		
国债	28440	24632
政府机构债券	180273	157765

① 数据来源：根据实际保险公司2018年年报附注改编。

续表

	2018 年 12 月 31 日	2017 年 12 月 31 日
企业债券	185720	197133
次级债券/债务	21514	13495
其他	80643	62099
小计	496590	455124
股权型投资		
基金	92304	91344
股票	143469	129424
优先股	32707	31651
理财产品	31348	40327
其他	53479	42027
小计	35307	334773
以成本计量的可供出售金融资产		
股权型投资		
其他	20636	20837
合计	870533	810734

注：其他可供出售金融资产主要包括未上市股权型投资、私募股权基金及信托计划等。

表 3-18　　A 寿险股份有限公司可供出售金融资产明细（续）　　单位：百万元

	2018 年 12 月 31 日		
	以公允价值计量		以成本计量
	债权型投资	股权型投资	股权型投资
成本/摊余成本	479276	381797	20636
累计计入其他综合收益的公允价值变动金额	17314	（24073）	不适用
已计提减值金额	—	（4417）	—
公允价值	496590	353307	不适用

	2017 年 12 月 31 日		
	以公允价值计量		以成本计量
	债权型投资	股权型投资	股权型投资
成本/摊余成本	465001	328458	20837
累计计入其他综合收益的公允价值变动金额	（9877）	8160	不适用
已计提减值金额	—	（1845）	—
公允价值	455124	334773	不适用

公允价值是指在公平交易中，熟悉情况的交易双方自愿进行资产交换或者债务清偿的金额。在公平交易中，交易双方应当是持续经营企业，不打算或不需要进行清算、重大缩减经营规模，或在不利条件下仍进行交易。存在于活跃市场的金融资产或金融负债，活跃市场中的报价应当用于确定其公允价值。对不存在于活跃市场的金融工具，企业应当采用估值技术确定其公允价值。采用估值技术得出的结果，应当反映估值日在公平交易中可能采用的交易价格。

从上述规定可以看出，与前面三类金融资产相比，可出售金融资产具有以下特征：

（1）该资产有活跃市场，公允价值易于取得；

（2）该资产持有限期不定，即企业在初次确认时并不能确定是否在短期内出售以获利，还是长期持有以获利，也就是其持有意图介于交易性金融资产与持有至到期投资之间；

（3）由于可供出售金融资产可能是短期持有，也可能长期持有。为了保持计量的一致性，与交易性金融资产将公允价值变动计入当期损益不同，其公允价值变动计入“其他综合收益”。

表 3－19 介绍了金融资产的初始确认及后续计量规则，交易性金融资产初始计量与后续计量均以公允价值计量，其价值为公允价值，变动计入损益；而持有至到期投资、贷款及应收款项及可供出售金融资产三者均在初始计量时按照公允价值和交易费用计量，后续计量以摊余成本计量，其价值为现值，利息计入损益。

表 3－19　　金融资产的初始确认金额及后续计量规则

类别	初始计量	后续计量		
		计量方法	价值类型	损益处理
交易性金融资产	公允价值	公允价值	公允价值	变动计入损益
持有至到期投资	公允价值＋交易费用	摊余成本	现值	利息计入损益
贷款及应收款项	公允价值＋交易费用	摊余成本	现值	利息计入损益
可供出售金融资产	公允价值＋交易费用	摊余成本	现值	利息计入损益

（三）长期投资

1. 长期股权投资

保险公司的长期股权投资，是指投资方对被投资单位实施控制、重大影响的权益性投资，以及对其合营企业的权益性投资。重大影响，是指投资方对被投资单位的财务和经营政策有参与决策的权力，但并不能够控制或者与其他方一起共同控制这些政策的制定。在确定能否对被投资单位施加重大影响时，应当考虑投资方和其他方持有的被投资单位当期可转换公司债券、当期可执行认股权证等潜在表决权因素。投资方能够对被投资单位施加重大影响的，被投资单位为其联营企业。

（1）长期股权投资的初始计量。企业合并形成的长期股权投资，应当按照下列规定确定其初始投资成本：

①同一控制下的企业合并，合并方以支付现金、转让非现金资产或承担债务方式作为合并对价的，应当在合并日按照被合并方所有者权益在最终控制方合并财务报表中的账面价值的份额作为长期股权投资的初始投资成本。长期股权投资初始投资成本与支付的现金、转让的非现金资产以及所承担债务账面价值之间的差额，应当调整资本公积；资本公积不足冲减的，调整留存收益。

合并方以发行权益性证券作为合并对价的，应当在合并日按照被合并方所有者权益在最终控制方合并财务报表中的账面价值的份额作为长期股权投资的初始投资成本。按照发行股份的面值总额作为股本，长期股权投资初始投资成本与所发行股份面值总额之间的差额，应当调整资本公积；资本公积不足冲减的，调整留存收益。

②非同一控制下的企业合并，购买方在购买日应当按照《企业会计准则第 20 号——企业合并》的有关规定确定的合并成本作为长期股权投资的初始投资成本。

合并方或购买方为企业合并发生的审计、法律服务、评估咨询等中介费用以及其他相关管理费用，应当于发生时计入当期损益。

除企业合并形成的长期股权投资以外，其他方式取得的长期股权投资，应当按照下列规定确定其初始投资成本：

①以支付现金取得的长期股权投资，应当按照实际支付的购买价款作为初始投资成本。初始投资成本包括与取得长期股权投资直接相关的费用、税金及其他必要支出。

②以发行权益性证券取得的长期股权投资，应当按照发行权益性证券的公允价值作为初始投资成本。与发行权益性证券直接相关的费用，应当按照《企业会计准则第 37 号——金融工具列报》的有关规定确定。

③通过非货币性资产交换取得的长期股权投资，其初始投资成本应当按照《企业会计准则第 7 号——非货币性资产交换》的有关规定确定。

④通过债务重组取得的长期股权投资，其初始投资成本应当按照《企业会计准则第 12 号——债务重组》的有关规定确定。

（2）长期股权投资的后续计量。投资方能够对被投资单位实施控制的长期股权投资应当采用成本法核算。

采用成本法核算的长期股权投资应当按照初始投资成本计价，追加或收回投资应当调整长期股权投资的成本，被投资单位宣告分派的现金股利或利润，应当确认为当期投资收益。

投资方对联营企业和合营企业的长期股权投资，应当采用权益法核算。

投资方对联营企业的权益性投资，其中一部分通过风险投资机构、共同基金、信托公司或包括投连险基金在内的类似主体间接持有的，无论以上主体是否对这部分投资具有重大影响，投资方都可以按照《企业会计准则第 22 号——金融工具确认和计量》的有关规定，对间接持有的该部分投资选择以公允价值计量且其变动计入损益，并对其余部分采用权益法核算。

长期股权投资的初始投资成本大于投资时应享有被投资单位可辨认净资产公允价值份额的，不调整长期股权投资的初始投资成本；长期股权投资的初始投资成本小于投资时应享有被投资单位可辨认净资产公允价值份额的，其差额应当计入当期损益，同时调整长期股权投资的成本。

投资方取得长期股权投资后，应当按照应享有或应分担的被投资单位实现的净损益和其他综合收益的份额，分别确认投资收益和其他综合收益，同时调整长期股权投资的账面价值；投资方按照被投资单位宣告分派的利润或现金股利计算应享有的部分，相应减少长期股权投资的账面价值；投资方对于被投资单位除净损益、其他综合收益和利润分配以外所有者权益的其他变动，应当调整长期股权投资的账面价值并计入所有者权益。投资方在确认应享有被投资单位净损益的份额时，应当以取得投资时被投资单位可辨认净资产的公允价值为基础，对被投资单位的净利润进行调整后确认。被投资单位采用的会计政策及会计期间与投资方不一致的，应当按照投资方的会计政策及会计期间对被投资单位的财务报表进行调整，并据以确认投资收益和其他综合收益等。

投资方确认被投资单位发生的净亏损，应当以长期股权投资的账面价值以及其他实质上构成对被投资单位净投资的长期权益减记至零为限，投资方负有承担额外损失义务的除外。被投资单位以后实现净利润的，投资方在其收益分享额弥补未确认的亏损分担额后，恢复确认收益分享额。

投资方计算确认应享有或应分担被投资单位的净损益时，与联营企业、合营企业之间发生的未实现内部交易损益按照应享有的比例计算归属于投资方的部分，应当予以抵销，在此基础上确认投资收益。投资方与被投资单位发生的未实现内部交易损失，按照《企业会计准则第 8 号——资产减值》等的有关规定属于资产减值损失的，应当全额确认。

投资方因追加投资等原因能够对被投资单位施加重大影响或实施共同控制但不构成控制的，应当按照《企业会计准则第 22 号——金融工具确认和计量》确定的原持有的股权投资的公允价值加上新增投资成本之和，作为改按权益法核算的初始投资成本。原持有的股权投资分类为可供出售金融资产的，其公允价值与账面价值之间的差额，以及原计入其他综合收益的累计公允价值变动应当转入改按权益法核算的当期损益。投资方因追加投资等原因能够对非同一控制下的被投资单位实施控制的，在编制个别财务报表时，应当按照原持有的股权投资账面价值加上新增投资成本之和，作为改按成本法核算的初始投资成本。购买日之前持有的股权投资因采用权益法核算而确认的其他综合收益，应当在处置该项投资时采用与被投资单位直接处置相关资产或负债相同的基础进行会计处理。购买日之前持有的股权投资按照《企业会计准则第 22 号——金融工具确认和计量》的有关规定进行会计处理的，原计入其他综合收益的累计公允价值变动应当在改按成本法核算时转入当期损益。在编制合并财务报表时，应当按照《企业会计准则第 33 号——合并财务报表》的有关规定进行会计处理。

投资方因处置部分股权投资等原因丧失了对被投资单位的共同控制或重大影响的，处置后的剩余股权应当改按《企业会计准则第 22 号——金融工具确认和计量》核算，其在丧失共同控制或重大影响之日的公允价值与账面价值之间的差额计入当期损益。原股权投资因采用权益法核算而确认的其他综合收益，应当在终止采用权益法核算时采用与被投资单位直接处置相关资产或负债相同的基础进行会计处理。投资方因处置部分权益性投资等原因丧失了对被投资单位的控制的，在编制个别财务报表时，处置后的剩余股权能够对被投资单位实施共同控制或施加重大影响的，应当改按权益法核算，并对该剩余股权视同自取得时即采用权益法核算进行调整；处置后的剩余股权不能对被投资单位实施共同控制或施加重大影响的，应当改按《企业会计准则第 22 号——金融工具确认和计量》的有关规定进行会计处理，其在丧失控制之日的公允价值与账面价值间的差额计入当期损益。在编制合并财务报表时，应当按照《企业会计准则第 33 号——合并财务报表》的有关规定进行会计处理。

对联营企业或合营企业的权益性投资全部或部分分类为持有待售资产的，投资方应当按照《企业会计准则第 4 号——固定资产》的有关规定处理，对于未划分为持有待售资产的剩余权益性投资，应当采用权益法进行会计处理。已划分为持有待售的对联营企业或合营企业的权益性投资，不再符合持有待售资产分类条件的，应当从被分类为持有待售资产之日起采用权益法进行追溯调整。分类为持有待售期间的财务报表应当作相应调整。

处置长期股权投资，其账面价值与实际取得价款之间的差额，应当计入当期损益。采用权益法核算的长期股权投资，在处置该项投资时，采用与被投资单位直接处置相关资产或负债相同的基础，按相应比例对原计入其他综合收益的部分进行会计处理。

投资方应当关注长期股权投资的账面价值是否大于享有被投资单位所有者权益账面价值的份额等类似情况。出现类似情况时，投资方应当按照《企业会计准则第 8 号——资产减值》对长期股权投资进行减值测试，可收回金额低于长期股权投资账面价值的，应当计提减值准备（见表 3 - 20 和表 3 - 21）。

表 3 - 20 和表 3 - 21 介绍了 A 寿险公司长期股权投资情况，2017—2018 年其长期股权投资金额有所上升，且大部分为对联营企业的投资。

（3）减值准备。长期投资的价值减值是指长期投资未来可收回金额低于账面价值所发生的损失。

长期投资减值准备是指企业的长期股权投资和长期债权投资应当在每个会计期末按照账面价值与可收回金额孰低法的原则计量，对于可收回金额小于其账面价值的差额，应当计提长期投资减值准备，计入当期的投资损益之中。可收回金额大于长期投资的账面价值，一般不作账务处理，但若属于以前已计提减值准备的，其价值得以恢复的，则应在已计提的减值准备的限度之内进行冲减。

表 3-20 A 寿险保险股份有限公司长期股权投资明细① 单位：百万元

	2018 年 12 月 31 日	2017 年 12 月 31 日
合营企业		
Joy City Commercial Property Fund L. P. （以下简称 Joy City）	5787	6139
Mapleleaf Century Limited（以下简称 MCL）	5741	5332
其他	28399	20403
小计	39927	31874
联营企业		
广发银行股份有限公司（以下简称广发银行）	72655	53459
远洋集团控股有限公司（以下简称远洋集团）	12812	13626
中国人寿财产保险股份有限公司（以下简称财产险公司）	7963	8185
中粮期货有限公司（以下简称中粮期货）	1501	1466
中石化川气东送天然气管道有限公司（以下简称川气东送管道公司）	21387	21347
中国联合网络通信股份有限公司（以下简称中国联通）	21892	21783
其他	23524	9732
小计	161734	129598
合计	201661	161472

长期投资减值准备的确认：

长期投资减值准备确认的时间：企业应当定期对长期投资的账面价值逐项进行检查，至少于每年年末检查一次，并根据谨慎性原则的要求，合理地预计各项长期投资可能发生的损失，提取长期投资减值准备。

长期投资减值准备确认的条件：

基本确认标准：如果由于市价持续下跌或被投资单位经营状况恶化等原因导致长期投资可收回金额低于账面价值的，应当计提长期投资减值准备。

对有市价的长期投资计提减值准备的判断标准：根据《企业会计制度》第五十七条的规定，对有市价的长期投资可以根据下列迹象判断是否应当计提减值准备：

①市价持续 2 年低于账面价值；

②该项投资暂停交易 1 年或 1 年以上；

③被投资单位当年发生严重亏损；

④被投资单位持续 2 年发生亏损；

① 数据来源：根据实际保险公司 2018 年年报附注改编。

表 3-21 A 寿险股份有限公司长期股权投资明细（续）

单位：百万元

	核算办法	投资成本	2017 年 12 月 31 日	新增或减少投资	按权益法调整的净损益	宣告分派的股利	其他权益变动	计提减值准备	2018 年 12 月 31 日	持股比例	年末减值准备
合营企业											
Joy City	权益法	6281	6139	—	36	(388)	—	—	5787	66.67%	—
MCL	权益法	7639	5332	1495	(766)	—	(320)	—	5741	75.00%	—
其他	权益法	28914	20403	7684	582	(325)	55	—	28399	—	—
小计		42834	31874	9179	(148)	(713)	(265)	—	39927	—	—
联营企业											
广发银行	权益法	45176	53459	13014	4410	—	1772	—	72655	43.69%	—
远洋集团	权益法	11245	13626	—	269	(558)	(525)	—	12812	29.59%	(1010)
财产险公司	权益法	6000	8185	—	43	(66)	(199)	—	7963	40.00%	—
中粮期货	权益法	1339	1466	—	35	—	—	—	1501	35.00%	—
川气东送管道公司	权益法	20000	21347	—	1106	(1059)	(7)	—	21387	43.86%	—
中国联通	权益法	21829	21783	—	345	(63)	(173)	—	21892	10.29%	—
其他	权益法	21984	9732	12036	1685	(444)	515	—	23524	—	—
小计		127573	129598	25050	7893	(2190)	1383	—	161734	—	(1010)
合计		170407	161472	34229	7745	(2903)	1118	—	201661	—	(1010)

⑤被投资单位进行清理整顿、清算或出现其他不能持续经营的迹象。

对无市价的长期投资计提减值准备的判断标准：根据《企业会计制度》第五十八条的规定，对无市价的长期投资可以根据下列迹象判断是否应当计提减值准备：

①影响被投资单位经营的政治或法律环境的变化，如税收、贸易等法规的颁布或修订，可能导致被投资单位出现巨额亏损；

②被投资单位所供应的商品或提供的劳务因产品过时或消费者偏好改变而使市场的需求发生变化，从而导致被投资单位财务状况发生严重恶化；

③被投资单位所在行业的生产技术等发生重大变化，被投资单位已失去竞争能力，从而导致财务状况发生严重恶化，如进行清理整顿、清算等；

④有证据表明该项投资实质上已经不能再给企业带来经济利益的其他情形。

2. 存出资本保证金

存出资本保证金是指金融企业从事保险业务按规定比例缴存的、用于清算时清偿债务的保证金。存出资本保证金应于金融企业成立后按注册资本的20%提取，在实际发生时，按实际发生额入账。

根据《保险法》第七十九条的规定，保险公司（包括外国保险公司分公司）成立后应当按照其注册资本或者营运资金总额的20%提取保证金，存入保险监管机构指定的银行，除保险公司清算时用于清偿债务外，不得动用。

表3-22反映了A保险公司及其养老保险子公司存出保证金存款情况，存款形式均为定期存款，存款期限为60—61个月，2017年、2018年存出保证金数额不变，均为其注册资本的20%。

表3-22　A寿险股份有限公司存出资本保证金明细①　　单位：百万元

	存放形式	存期	2018年12月31日	2017年12月31日
本公司				
浙商银行	定期存款	60个月	3253	—
南京银行	定期存款	61个月	1300	1300
南京银行	定期存款	61个月	300	300
中国农业银行	定期存款	36个月	300	300
中信银行	定期存款	61个月	300	—
恒丰银行	定期存款	61个月	200	200
中国民生银行	定期存款	61个月	—	3253
招商银行	定期存款	61个月	—	300
小计			5653	5653

① 数据来源：根据实际保险公司2018年年报附注改编。

续表

	存放形式	存期	2018年 12月31日	2017年 12月31日
养老保险子公司				
中国民生银行	定期存款	61个月	380	—
中国农业银行	定期存款	60个月	180	180
中国民生银行	定期存款	60个月	120	120
中国民生银行	定期存款	60个月	—	380
小计			680	680
合计			6333	6333

3. 投资性房地产

投资性房地产是指为赚取租金或资本增值，或两者兼有而持有的房地产。投资性房地产应当能够单独计量和出售。

投资性房地产包括：(1) 已出租的土地使用权；(2) 持有并准备增值后转让的土地使用权；(3) 已出租的建筑物（见表3-23）。

表3-23　　A寿险股份有限公司投资性房地产明细①　　单位：百万元

	房屋及建筑物
原价	
2017年12月31日	3366
本年增加	6875
本年减少	(14)
2018年12月31日	10227
累计折旧	
2017年12月31日	(302)
本年计提	(186)
本年减少	8
2018年12月31日	(480)
净额	
2018年12月31日	9747
2017年12月31日	3064
公允价值	
2018年12月31日	12449
2017年12月31日	4629

① 数据来源：根据实际保险公司2018年年报附注改编。

（四）与再保险相关的科目

再保险合同，是指一个保险人（再保险分出人）分出一定的保费给另一个保险人（再保险接受人），再保险接受人对再保险分出人由原保险合同所引起的赔付成本及其他相关费用进行补偿的保险合同。保险人通常通过签订再保险合同，支付规定的分保费，将其承担的风险和责任的一部分转嫁给一家或多家保险或再保险公司，以分散风险责任，保证其业务经营的稳定性。分保接受人按照再保险合同的规定，对保险人的原保单下的赔付承担补偿责任。

再保险的责任额度按接受人对每一具体的危险单位、每一次事故或每一年度所承担的责任在再保险合同中分别加以规定。

1. 再保险的分类

按照责任限制分类，再保险可以分为比例再保险和非比例再保险。

比例再保险是以保险金额为基础来确定分出公司自留额和接受公司责任额的再保险方式，故有金额再保险之称。在比例再保险中，分出公司的自留额和接受公司的责任额都表示为保额的一定比例，该比例也是双方分配保费和分摊赔款时的依据。比例再保险又可以细分为成数再保险、溢额再保险以及成数和溢额混合再保险。成数再保险是指原保险人将每一危险单位的保险金额，按照约定的比率分给再保险人的再保险方式。按照成数再保险方式，不论分出公司承保的每一危险单位的保额大小，只要是在合同规定的限额之内，都按双方约定的比率进行分配和分摊。溢额再保险，是由保险人与再保险人签订协议，对每个危险单位确定一个由保险人承担的自留额，保险金额超过自留额的部分称为溢额，分给再保险人承担。溢额再保险与成数再保险的区别是，溢额再保险的自留额是一个确定的自留额，不随保险金额的大小变动。某一业务只有在保险金额超过自留额时，才将超过部分分给溢额再保险人。成数和溢额混合再保险，是将成数再保险和溢额再保险组织在一个合同里，以成数再保险的限额，作为溢额再保险的起点，再确定溢额再保险的限额。

非比例再保险以损失为基础来确定再保险当事人双方的责任，又称损失再保险，一般称之为超过损失再保险。由于超过损失再保险是对原保险人赔款超过一定额度或标准时，再保险人对超过部分负责，故又称第二危险再保险，以表示责任的先后。非比例再保险主要有险位超赔再保险、事故超赔再保险和超过赔付率再保险三种。险位超赔再保险是以每一危险单位所发生的赔款来计算自负责任额和再保险责任额的一种再保险方式。假若总赔款金额不超过自负责任额，全部损失由分出公司赔付；假若总赔款金额超过自负责任额，超过部分由接受公司赔付。事故超赔再保险以一次巨灾事故所发生赔款的总和来计算自负责任额和再保险责任额的再保险方式。事故超赔再保险的责任计算，关键在于一次事故的划分。赔付率超赔再保险是按赔款与保费的比例来确定自负责任和再保险责任的一种再保险方式，即在约定的某一年度内，对于赔付率超过一定标准时，由再保险人就超过部分负责至某一赔付率或金额。赔付率超赔再保险的赔付按年度进行，有赔付率的限制，并有一定金额的责任限制。

按照分保安排方式分类，再保险可以分为临时再保险、合约再保险和预约再保险。临时再保险在安排时需将分出业务的具体情况和分保条件逐笔告诉对方，对方是否接受或接受条件多少完全可以自由选择。合同再保险是分出公司和接受公司双方事先通过契约将业务范围、地区范围、除外责任、分保佣金、自留额、合同限额、账单的编制与发送等各项分保条件用文字予以固定，明确双方的权利和义务。合同再保险对当事人双方都具有强制性。预约再保险是介于临时再保险与合同再保险之间的一种安排方式。一般而言，它对于分出公司来说，相当于临时再保险，而对于接受公司来说相当于合同再保险。

2. 再保险的会计科目

资产负债表中再保险相关的项目包括：

应收分保账款：反映再保险接收人应从分出人处收取的分保费收入，或者与之对应，再保险分出人应从再保险接收人收取的摊回分保赔款。

应付分保账款：反映再保险分出人应向再保险接受人支付的分保费收入，或者与之对应，再保险接收人应向再保险分出人支付的摊回分保赔款。

应收分保未决赔款准备金、应收分保未到期准备金、应收分保寿险准备金、应收分保长期健康险准备金，与利润表中的科目相对应。

3. 再保险合同处理

新会计准则第五条规定："再保险分出人不应当将再保险合同形成的资产与有关原保险合同形成的负债相互抵消，再保险分出人不应当将再保险合同形成的收入或费用与有关原保险合同形成的费用或收入相互抵消。"

因此，虽然再保险合同的确定依赖于原保险合同，但在会计处理上，再保险合同的各个经济事项都必须独立于原保险合同单独地确认、计量和报告，不能与原保险合同的会计事项合并确认、计量和报告。

二、负债

（一）保户储金及投资款

保户储金，是指保险公司以储金利息作为保费的保险业务，收到保户缴存的储金。保户储金是保险企业从保户那里借入的、需要退还给保户的"本金"，如同银行向储户吸收的存款，是保险企业对保户的一种"负债"，故属负债类科目。保户之所以愿意将资金交给保险公司，一是保险企业既能还本，又能付息；二是兼有保险性质，出现意外时能得到保险公司给付的保险金。保险公司之所以要吸收保户储金，就是希望通过运用保户储金产生比较高的"利息收入"或"投资收益"，且这种"利息收入"或"投资收益"应该高于付给储户的利息。

保户储金直观反映了非保险合同项下对投保人的负债，体现为期末现值，无须考虑未来现金流和贴现的影响（见图 3－3）。

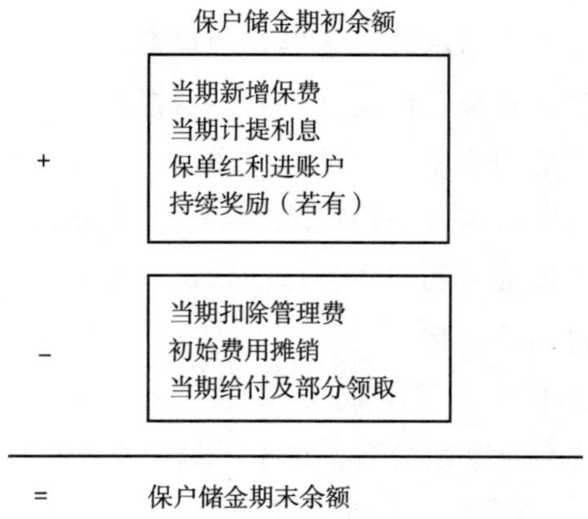

图 3－3　保户储金变化情况

从表 3－24 可以看出，A 寿险公司保户储金及其投资款到期期限在 5 年以上的数额最大，说明保户储金及投资款的到期期限多为长期。

表 3－24　　A 寿险股份有限公司保户储金及投资款明细①　　单位：百万元

到期期限	2018 年 12 月 31 日	2017 年 12 月 31 日
1 年以内（含 1 年）	2865	2762
1 年至 3 年（含 3 年）	3662	4177
3 年至 5 年（含 5 年）	2280	1542
5 年以上	246618	224007
合计	255425	232488

（二）保险合同准备金

1. 保险合同准备金的定义和类型

保险合同准备金是指保险公司为了履行保险合同上的规定，对其事故所支出的保险赔偿基金。保险合同准备金是指保险合同产生的负债，政府部门为了保障保险客户利益不受侵害，其保险合同准备金均以保险立法的形式存在。按照我国保险会计准则的要求，应该提取的原保险合同准备金包括未到期责任准备金、未决赔款准备金、寿险责任准备金和长期健康险责任准备金。

① 数据来源：中国人寿保险股份有限公司 2018 年年报附注。

（1）未到期责任准备金，是指保险人为尚未终止的非寿险保险责任提取的准备金。

（2）未决赔款准备金，是指保险人为非寿险保险事故已发生尚未结案的赔案提取的准备金。对于未决赔款准备金，提取方法主要有逐案评估法、快速法、表定法以及进展法等，这些方法都有各自的优缺点。未决赔款准备金又可分为三类，包括已发生已报案未决赔款准备金、已发生未报案未决赔款准备金以及理赔费用准备金。

已发生已报案未决赔款准备金是保险公司对已经报案但尚未结案的保险事故而提存的赔款准备金。它是一个很广泛的领域，涉及案件受理、责任审核、准备金评估、赔付调整及理赔。在保险公司里，确定已报案未决赔款准备金主要是理赔人员的职责，它要求理赔人员必须了解保险业务的具体细节和一些特殊的知识，并熟知法律的变更、社会、经济的因素变化对已报告赔案赔付额的影响。

已发生未报案未决赔款准备金（IBNR 准备金）是指未决赔款准备金中，由于报告延迟等因素引起的准备金，是不确定性最高、技术上最困难的一项责任准备金。因此，IBNR 准备金的评估是保险精算人员最核心的工作之一。如前所述，对于在评估时点前已经发生保险事故的理赔责任，有报告延迟和理赔延迟两大不确定因素，而报告延迟相对有更大的不确定性，其不确定程度与保险业务的赔付周期长短直接相关。许多国家的保险监管明确要求保险公司要独立地评估 IBNR 责任准备金，不能只是笼统地评估未决赔款准备金。

理赔费用准备金是为将来处理未决赔案时产生的费用而计提的准备金，因此，理赔费用准备金是与未决赔款准备金相伴相生的。由于未决赔款本身具有不确定性而使其相应的理赔费用也具有不确定性，如果对这笔费用不计提准备金，就会增大财务核算结果的波动性，从而不利于保险公司的稳健经营。从理论上来讲，对理赔费用计提准备金是非常有必要的。从理赔费用准备金产生的机制来看，理赔费用准备金应该属于未决赔款准备金的一部分。

（3）寿险责任准备金，是指保险人为尚未终止的人寿保险责任提取的准备金。由于人身意外伤害保险、健康保险大多属于一年以内的短期险，在费率计算方面与财产保险具有类似性质，所以其责任准备金的计算原理与财产保险类似。人寿保险则属于长期险，与财产保险在费率计算方面有显著不同，需要计算寿险责任准备金。人寿保险采取均衡保费的缴费方式，因而在投保后的一定时期内，投保人缴付的均衡纯保费大于自然保费（或支出），此后所缴付的均衡纯保费又小于自然保费（或支出）。对于投保人早期缴付的均衡纯保费中多于自然保费的部分，不能作为公司的业务盈余来处理，只能视为保险人对被保险人的负债，须逐年提存并妥善运用，以保证履行将来的保险金给付义务，这种逐年提存的负债就是寿险责任准备金。根据我国保险法的规定，寿险责任准备金分为未到期责任准备金和保险保障基金。

（4）长期健康险责任准备金，是指保险人为尚未终止的长期健康保险责任提取的准备金。对于健康保险，由于不可撤销和保证续保条款的存在，有些健康保险险种的长期性特点与长期寿险类似。因此，保险人必须把前期保费收入中的一部分提存起来，以弥补后期保险给付的不足。这种以保险合同为依据，为将来赔付而提存的基金，就是长期健康险责任准备金。

对于健康保险责任准备金而言，疾病率/伤残率是非常敏感的因素。在估计疾病率/伤残率假设时，应当以预期的生病或残疾事件和理赔成本为基础。在设定疾病率/伤残率假设时应当考虑各种类型保险（例如，不可撤销意外及医疗保险和保证续保意外及医疗保险合同）的预期残废事件和预期理赔成本以及其他因素，如职业类别、等候期间、性别、年龄和给付期限。设定疾病率/伤残率假设时还应当考虑选择风险（高风险的低终止倾向）。

对健康保险责任准备金而言，评估利率是非常敏感的因素之一，如果利率假设提高，则准备金下降；反之，则准备金上升。因此评估利率的选择将会对保险公司的负债结构及偿付能力产生较大影响。一般而言，法定会计准则对评估利率的规定较公认会计原则更加严格。

对于在责任准备金计量时是否使用退保率，各国的规定有所不同。如我国目前的最低责任准备金计量方法中未规定使用退保率假设；美国的最低法定责任准备金的计量不允许考虑退保率，而公认会计原则需要；但在加拿大，退保率是要求被考虑的。虽然美国的法定最低责任准备金不考虑退保率，但监管会计原则还对保户不可撤销权利的价值提出了最低要求，从这一方面看，退保的一些不利因素在这里得到了反映。因此，退保率对保险公司的负债基本没有太大影响。

提取责任准备金是保险公司抵御风险、保证偿付能力的必要手段。保险公司与被保险人签订保险合同并据此收取保险费，但所收保费并不会全部作为保险公司的收入，其中相当一部分会通过责任准备金的形式被提存出来，保险公司应当持有与责任准备金规模相当的资产作为后盾，以备及时履行保险偿付责任。然而，保险公司无法事先预知保险事故是否会发生，以及保险事故发生后实际造成的损失程度大小。因此，保险公司的责任准备金其实是一种或有负债，其入账规模是基于一定的人为假设预估出来的。由此可见，保险公司的负债具有较大的不确定性，也正因如此，保险公司必须做好风险管理，保证提存的责任准备金是充足且真实的。

保险合同准备金具有三大特点，即估计性、不确定性以及未来性。

①估计性。精算假设是保险公司经营原理的显著特征，其主要表现在预期费用率、预期利率、预期死亡率以及退保率的评估方面，而保险合同准备金主要依据保险公司经营原理进行计量，其计量核心为精算假设，所以保险合同准备金计量具有明显的估计性特点。

②不确定性。不确定性是保险合同准备金的主要特点，其主要表现在两个方面：一方面是保险公司各项经营业务存在着不可控风险，诸多风险难以预防；另一方面是在保险业务中，事故发生概率和损失大小无法预计，现行依据精算结果计提保险合同准备金，存在较大的不确定性。

③未来性。与其他公司经营不同，保险经营是个“收入确定先于成本确定”的运作过程，这种运作机制条件下，保险责任准备金只有在经营业务完成后才能够进行准确核算，这种行为严重违背了会计要求。所以，保险公司需要根据确认保险合同准备金负债的金额实现其收入确认。

财务报表附注部分会列示出保险责任准备金当期以及前一期的变动情况，包括年初余额、本年增加额、赔付款项、提前解除部分、其他变动额以及年末余额。

2. 准备金充足性测试

由于保险业务准备金建立在精算模型基础上，为了保证准备金的安全性，我国会计准则明确规定保险公司需要进行准备金充足性测试，即在分析未来现金流量的基础上评估保险债务的账面价值是否需要提高。

保险会计准则第十四条规定，保险人至少应当于每年年度终了，对未决赔款准备金、寿险责任准备金、长期健康险责任准备金进行充足性测试。如果准备金不足，保险合同存在损失的可能性，应当在损失发生的当期通过补提相关责任准备金的方式进行确认。公司进行准备金充足性测试可以备选的方法包括：整体测算、按产品大类测算和按照个别产品测算。

（1）整体测算。即按公司所有产品品种计算应补提的整体准备金的差额。整体测算是按照公司所有品种进行整体测算的方法，优点在于客观、宜于操作，同时可比性较高。

（2）按产品大类测算。即按照产品大类分别计算各产品大类应补提的准备金差额，公司层面的应补提的准备金差额为各产品大类应补提准备金差额的汇总。按照此类方法测算的结果更趋于保守。由于如何划分产品大类需要主观判断的程度较大，相对整体测算而言，公司之间测算结果的可比性较低。

（3）按照个别产品测算。即按照个别产品分别计算各产品应补提的准备金差额，公司层面的应补提的准备金差额为各产品应补提准备金差额的汇总。按照此类方法测算，相对于前两种方法，结果最为保守，公司之间测算结果的可比性较低。

由表 3 - 25 可以看出，2018 年 A 寿险公司保险合同准备金增加，其中，寿险责任准备金增加数额最多，这也与该公司寿险业务收入占比较高有关。

表 3 - 25　A 寿险股份有限公司 2018 年度保险合同准备金的变动情况[①]　单位：百万元

	年初余额	本年增加	赔付款项	提前解除	其他	年末余额
未到期责任准备金	12289	11432			(12289)	11432
未决赔款准备金	13778	14805	(13778)			14805
寿险责任准备金	1915324	418898	(130340)	(115654)	(5803)	2082425
长期健康险责任准备金	83742	26082	(4058)	(575)	2178	107369
合计	**2025133**	**471217**	**(148176)**	**(116229)**	**(15914)**	**2216031**

① 数据来源：根据实际保险公司 2018 年年报附注改编。

3. 会计准则下准备金计量的框架

（1）准备金计量的三要素：

①对未来现金流采用明确的当前估计。即无偏估计和评估日的最新假设；

②反映货币的时间价值。保险利益与投资收益不相关，用市场利率折现，否则，用资产组合的预期收益率折现；

③包括显性的边际。风险边际，反映未来现金流的不确定性；剩余边际，为不产生首日利得而产生。

（2）保险合同准备金组成部分。保险合同准备金由三部分组成：①合理估计负债；②风险边际；③剩余边际（见图3－4）。

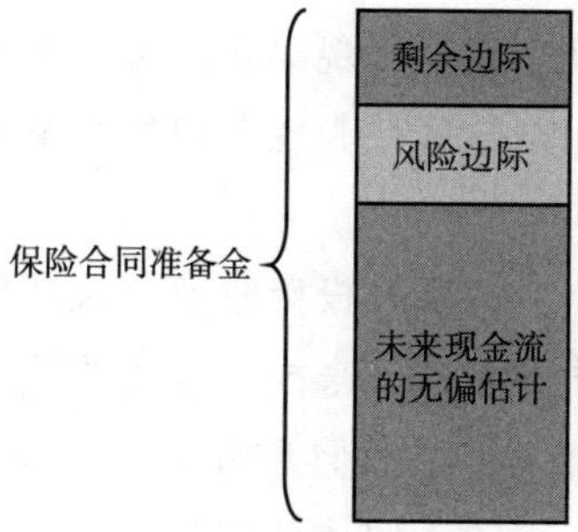

图3－4　保险合同准备金构成

4. 寿险合同准备金评估步骤

第一步：计算合理估计负债，合理估计负债是未来净现金流现值的无偏估计（见图3－5）。

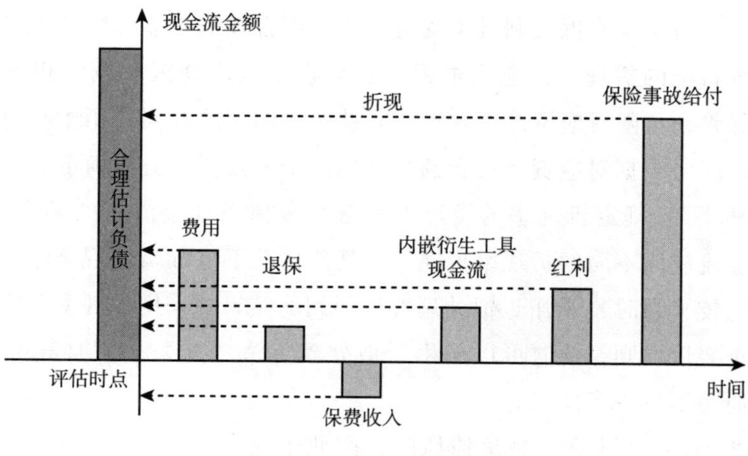

图3－5　合理估计负债

（1）未来现金流：

①保证利益；

②非保证利益；

③必需的合理费用；

④内嵌衍生工具的现金流；

⑤保费收入及其他收入。

（2）现金流的估计特征：

①无偏估计：无偏估计是各种可能情形的概率加权平均，既要考虑金额，也要考虑现金流出现的时间。例如，对一年期意外死亡现金流的估计：从发生时间上看，为年中时刻；从金额上看，等于“意外死亡概率×赔付金额+不发生意外的概率×0”；

②当前估计：以评估日可获取的当前信息为确定基础，即应当使用最新的估计，不能锁定；

③市场一致估计：计量假设应当与可观察到的市场数据一致；无法获得可观察到的市场数据的，应根据保险人的实际经验、行业现有信息及未来趋势确定合理估计值。

（3）确定红利假设：

①未来红利支出的估计应当考虑未来投资收益、未来红利政策等方面的因素；

②无偏估计。例如，某公司在考虑未来投资收益的基础上，预计明年有1亿元可用于分红。以前年度一直将70%分给客户，预计明年有50%的可能性会变更红利政策将80%分给客户。此时，明年的红利支出的无偏估计应等于：

1亿元×(70%×50%+80%×50%)=0.75亿元

（4）确定费用假设。必需的合理费用。“必需”是指费用的性质，即管理保险合同或处理相关赔付所必须支出的费用；“合理”是指费用的金额，不能太高，也不能太低，应当是市场一致的费用水平。

（5）确定折现率假设：

①相关规定：对于未来保险利益不受对应资产组合投资收益影响的保险合同，用于计算未到期责任准备金的折现率，应当根据与负债现金流出期限和风险相当的市场利率确定。对于未来保险利益随对应资产组合投资收益变化的保险合同，用于计算未到期责任准备金的折现率，应当根据对应资产组合预期产生的未来投资收益率确定。

②“期限相当”：确定折现率的资产的期限与负债净现金流出的期限一致；原则上，不同时间的现金流应用不同的折现率折现。在某些情况下（如负债现金流出期限比较集中或折现率曲线比较平缓时）采用近似处理方法得到的结果与采用折现率曲线得到的结果相差较小，根据重要性原则，此时可以采用近似处理方法（如采用“加权平均”负债期限对应的折现率而是不折现率曲线）。

③“风险相当”：“风险”是负债风险，因此不应考虑保险人持有资产的信用风险，不应包括在其他地方已经反映的风险。如保险赔付不确定的风险已经在边际中考虑，就不应在折现率中再考虑。

④基准折现率曲线的选择：以750日移动平均国债到期收益率确定的即期利率曲线为

基础加合理的溢价。在中国债券信息网上可以查询到保险合同准备金计量基准收益率曲线，2006 年以前没有该折现率曲线，公司可以根据当时的市场情况确定折现率。该折现率可以是单一折现率，也可以是折现率曲线；可以是移动平均数，也可以不是移动平均数。实在无法估计签单时刻的折现率假设的，公司可以使用 2006 年或 2007 年的折现率曲线。其他假设也可以采用上款规定的原则。

⑤折现率曲线的溢价：由于长期国债市场通常不是有效的，和保险合同的流动性特点不同，调整时需考虑以下因素：一是流动性溢价，国债通常具有较强的变现能力，由于市场偏好会提高其价格进而导致其收益率低于无风险利率，保险合同流动性要低于国债；二是税收，国债利息免税，因此其收益率是税后的需调整到税前，但税前收益和税后收益不是简单的 25% 的关系；三是其他因素，供求关系可能扭曲国债收益率。

寿险公司对折现率曲线的溢价极为敏感，因此公司在设定溢价时必须十分慎重。确定溢价的内控程序应当合规，溢价的设定必须有充分的理由，并且应当披露提供比较客观、定量的确定溢价的依据，而且确定溢价的方法应在各年度保持一致，不得随意变更。

第二步：计算风险边际。

（1）由于未来现金流在金额和时间上存在不确定性，除合理估计负债外还需要风险边际作为负债的一部分。

（2）风险边际的计量方法包括：资本成本法、分位数法、置信区间法、情景对比法等。

（3）出于现实的考虑，目前建议使用情景对比法：风险边际 = 不利情景下的负债 − 合理估计负债。

（4）情景对比法下，不利情景的选择：

①考虑死亡率的变动（对于定期寿险考虑死亡率增加，对于年金险通常考虑死亡率减少）；

②考虑退保率的变动（退保率的变动方向需根据产品特征确定）；

③考虑费用增加的情景；

④非分红险应采用和合理估计负债相同的折现率；分红险需考虑预期投资收益的变动；

⑤其他因素。

（5）保险监管机构《关于保险业做好实施工作的通知》中对财产险和再保险公司确定非寿险业务准备金的风险边际作出了规定，该规定同样适用于寿险公司的短期险业务。

（6）后续计量时，应采用评估时点的最新假设，重新评估风险边际。

（7）风险边际计算示例：

①计算无偏估计假设下的未来净现金流的现值：合理估计负债 = 500 元。

②计算不利情景下的未来净现金流的现值：不利情景为死亡率增加 10%，退保率增加 10%，费用水平增加 10% 不利情景下的未来净现金流的现值 = 700 元。

③计算风险边际：风险边际 = 不利情景下的负债 − 合理估计负债 = 700 − 500 = 200（元）。

第三步：计算剩余边际。

（1）剩余边际实际上不是真正意义的边际，而是为了不确认首日利得而确认的边际；

（2）首日计量时，剩余边际 = max（0，校验保费 − 合理估计负债 − 风险边际）。因此，在首日计量时会出现以下两种情形：

情形一：首日的剩余边际 = 0，即首日亏损（见图 3 − 6）。

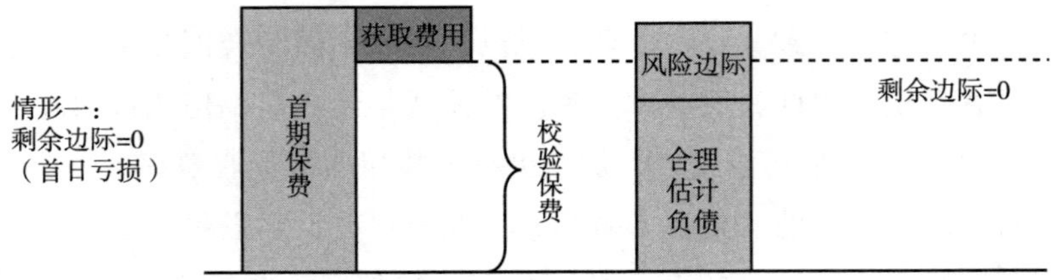

图 3 − 6　首日亏损情况

此时，剩余边际不需要在后续保单年度进行摊销。

情形二：首日的剩余边际 > 0，即首日利得（见图 3 − 7）。

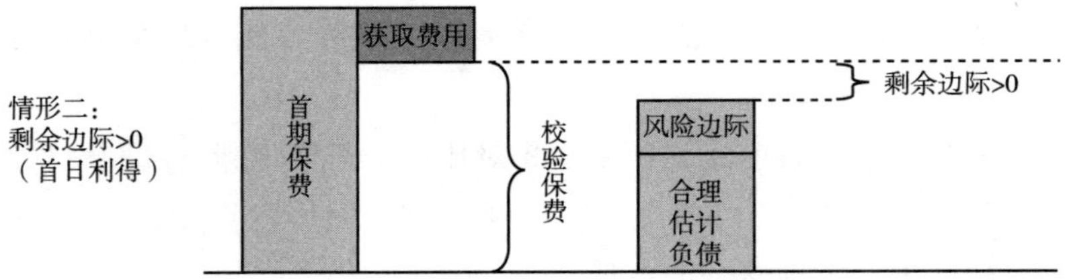

图 3 − 7　首日利得情况

此时，剩余边际需要在后续保单年度进行摊销。

后续计量时，剩余边际的摊销：

①剩余边际的摊销决定了利润释放的时间和金额；

②保险公司的利润来源于两个方面：承担风险和提供服务，因此，剩余边际的摊销应当与公司承担风险和提供服务的模式相匹配；

③保险公司应对保险合同的利润释放模式进行分析，选择合理的利润驱动因素，如风险边际、预期未来赔付的现值、预期未来保费收入的现值、预期未来有效保单红利成本的现值（分红险）、账户价值（投连和万能险）、保单剩余的时间、两个或多个利润驱动因素的组合等。

④当利润驱动因素不递减时，需要考虑利润驱动因素的选取是否合理。

（3）后续计量时，评估假设发生变化的情况。

①美国财务会计准则委员会（FASB）与国际会计准则理事会（IASB）在对此问题进行了讨论，提出了三种方法：方法 A：在首日计量时确定摊销比例 K，这一比例不随假设

的变化而调整。后续计量时，评估时点未摊销的边际 = K × 根据调整后假设计算的利润驱动因素的现值。方法 B：后续计量时，对剩余边际进行调整，以吸收非市场金融变量变动导致的未来现金流的变动。方法 C：剩余边际等于未来现金流现值的固定比例。

②美国财务会计准则委员会（FASB）与国际会计准则理事会（IASB）认为：方法 C 不能提供更多相关的信息，因此被排除。方法 A 的优点是：因评估假设引起的合理估计负债的变化能够立即、完全地反映在当期损益之中。缺点是：如果评估假设发生不利变化，保险合同未来已经没有利润了，但仍然在确认剩余边际。

③会议经过投票，暂时赞成方法 A。

【示例】

产品：缴费 20 年、保障 20 年的定期寿险

模型点：35 岁男性

首期保费 1000 元，期初获取费用 800 元

保单生效日：2008 年 12 月 31 日

利润驱动因素：有效保额（见表 3-26、表 3-27）。

表 3-26　　首日计量（评估时点：2008 年 12 月 31 日）　　单位：元

		情景 1（首日亏损）	情景 2（首日利得）
第一步	（1）合理估计负债 = 贴现的未来赔款和维持费用	-111	-5535
第二步	（2）风险边际 = 不利情景下的未来现金流现值 -（1）	398	402
第三步	（3）校准标准 = 趸交保费 - 获取费用	1000 - 800 = 200	1000 - 800 = 200
	（4）剩余边际 = max(0，（3）-（1）-（2）)	200 - (-111) - 398 = -87 剩余边际为 0，首日损失为 87	200 - (-5535) - 402 = 5333 首日利得作为剩余边际，待摊销
	（5）摊销比例 = （4）/利润驱动因素的现值（选取未来有效保额的现值）	—	5333/3338629 = 0.16%
第六步	(6)保险合同负债 = (1) + (2) + (4)	-111 + 398 + 0 = 287	-5535 + 402 + 5333 = 200

表 3-27　　后续计量（评估时点：2009 年 12 月 31 日）　　单位：元

		情景 1（首日亏损）	情景 2（首日利得）
第一步	（1）合理估计负债 = 贴现的未来赔款和维持费用	-364	-5589
第二步	（2）风险边际 = 不利情景下的未来现金流现值 -（1）	382	386

续表

		情景 1（首日亏损）	情景 2（首日利得）
第三步	（3）利润驱动因素 = 未来有效保额的现值	2946800	2946800
	（4）剩余边际 = （3）×摊销比例	0	2946800 × 0.16% = 4707 （0.16% 首日计量时确定）
第四步	（5）保险合同负债 =（1）+（2）+（3）	−364 + 382 + 0 = 18	−5589 + 386 + 4707 = −496

5. 计算保险合同责任准备金需要注意的问题

（1）如何确定计量单元：

①根据相关会计规定，保险人在确定保险合同准备金时，可以将单项保险合同作为一个计量单元，也可以将具有同质保险风险的保险合同组合作为一个计量单元。计量单元的确定标准应当在各个会计期间保持一致，不得随意变更。

②计量单元的选取不影响合理估计负债，因其不改变保险人的权利和义务。

③计量单元越大现金流越稳定，因此一组保单的风险边际应小于等于组内单个保单风险边际的和。

④大的计量单元允许更多的保单之间首日利得和首日损失相互抵消，因此影响剩余边际。

⑤实务操作：

逐单计算；

在性别、保单生效时间、交费期间及频率、保险期间等一致的情况下，对投保年龄进行分组；

同一产品下的所有保单按保单生效时间分组；

同一产品下所有保单归为一组；

同一产品类型的所有保单归为一组，或更大的计量单元。

（2）分红特储和万能平滑的处理：

①在新的会计准备金体系下，不允许计提分红特储和万能平滑准备金。未来的红利作为推定义务，计入未来现金流，自然就会反映在准备金之中。因此，新的会计准备金与法定准备金的分红特储和万能平滑没有必然联系，也没有对应关系。

②在新的会计准备金体系下，剩余边际与法定准备金的分红特储没有任何联系，也没有任何对应关系。例如，有的分红保险业务实际上是亏损，但仍然计提了分红特储。因此，将 70% 的未分配盈余反映在合理估计负债中，而 30% 的未分配盈余反映在剩余边际中，这种做法是不正确的。

③关于未来的红利分配现金流，在对未来的分配给保单持有人的分配比例预测中，应该综合考虑多方面的因素，例如过去的红利分配比例、对未来分配比例的管理层建议等。公司根据多方面的因素预测未来红利的预期，并基于对各种可能性加权平均后确定的红利

水平确定未来保单持有人的红利分配比例。预测的方法需要在各个会计年度保持一致，分配比例需要稳定。

④不允许将未来的股东红利分配体现在负债中，准备金只能反映公司对客户的负债，即只能将未来分配给客户的现金流反映在准备金之中。

某些再保险合同约定，再保险公司承保分红险的红利责任，其中分红险的红利与直保公司的投资收益率相关。对于这类再保险合同的折现率的计算，由于再保险公司的保险利益不受再保险公司对应资产组合投资收益影响，因此再保险公司在评估上述合同的负债时所使用的折现率，应当根据与负债现金流出期限和风险相当的市场利率确定，不应根据对应资产组合预期产生的未来投资收益率确定。

（三）金融负债

除保险责任准备金以外，各类金融负债也是保险公司负债的重要组成部分。

金融负债是指企业的下列负债：

（1）向其他单位交付现金或其他金融资产的合同义务；

（2）在潜在不利条件下，与其他单位交换金融资产或金融负债的合同义务；

（3）将来须用或可用企业自身权益工具进行结算的非衍生工具的合同义务，企业根据该合同将交付非固定数量的自身权益工具；

（4）将来须用或可用企业自身权益工具进行结算的衍生工具的合同义务，但企业以固定金额的现金或其他金融资产换取固定数量的自身权益工具的衍生工具合同义务除外。其中，企业自身权益工具不包括本身就是在将来收取或支付企业自身权益工具的合同。

金融负债本质上是一种合同义务，由于这项合同义务的存在，持有金融负债的企业承担着给另外的企业支付现金或其他金融工具，或者在潜在不利条件下与其他企业交换金融工具的义务。金融负债属于一种现时义务，由过去交易或事项而形成，其最终结算预期会导致经济利益流出。

金融负债在初始确认时划分为以下两类：一是以公允价值计量且其变动计入当期损益的金融负债（包括交易性金融负债和指定为以公允价值计量且其变动计入当期损益的金融负债）；二是其他金融负债。

公司成为金融工具合同的一方时，确认一项金融资产或金融负债。初始确认金融资产或金融负债时，按照公允价值计量；对于以公允价值计量且其变动计入当期损益的金融资产和金融负债，相关交易费用直接计入当期损益；对于其他类别的金融资产或金融负债，相关交易费用计入初始确认金额。

公司按照公允价值对金融资产进行后续计量，且不扣除将来处置该金融资产时可能发生的交易费用，但下列情况除外：（1）持有至到期投资以及贷款和应收款项采用实际利率法，按摊余成本计量；（2）在活跃市场中没有报价且其公允价值不能可靠计量的权益工具投资，以及与该权益工具挂钩并须通过交付该权益工具结算的衍生金融资产，按照成本计量。

三、所有者权益

股东权益是指公司总资产中扣除负债所余下的部分，股东权益是一个很重要的财务指标，它反映了公司的自有资本。

（一）股本（股份有限公司）

股本指股东在公司中所占的权益，多指股票（在有限责任公司则被称为实收资本）。在中国，股本等同于注册资本，在其他国家股本不一定等于注册资本，即投入的最原始的资金。投资者设立企业必须首先投入资本。实收资本是投资者投入资本形成法定资本的价值，是所有者向企业投入的资本，在一般情况下无须偿还，可以长期使用。实收资本的构成比例，即投资者的出资比例或股东的股份比例，通常是确定所有者在企业所有者权益中所占的份额和参与企业财务经营决策的基础，也是企业进行利润分配或股利分配的依据，同时还是企业清算时确定所有者对净资产要求权的依据。

按照《中华人民共和国公司法》的规定，有限责任公司的股东可以用货币出资，也可以用实物、知识产权、土地使用权等可以用货币估价并可依法转让的非货币财产作价出资；但是法律、行政法规规定不得作为出资的财产除外。对作为出资的非货币财产应当评估作价，核实财产，不得高估或者低估作价。法律、行政法规对评估作价有规定的，从其规定。全体股东的货币出资金额不得低于有限责任公司注册资本的30%。

初建有限责任公司时，各投资者按照合同、协议或公司章程投入企业的资本，应全部记入“实收资本”科目，注册资本为在公司登记机关登记的全体股东认缴的出资额。在企业增资时，如有新投资者介入，新介入的投资者缴纳的出资额大于其按约定比例计算的其在注册资本中所占的份额部分，不记入“实收资本”科目，而作为资本公积，记入“资本公积”科目。

股份有限公司与其他企业相比较，显著的特点就是将企业的全部资本划分为等额股份，并通过发行股票的方式来筹集资本。股东以其所认购股份对公司承担有限责任，股份是很重要的指标。股票的面值与股份总数的乘积为股本，股本应等于企业的注册资本，所以，股本也是很重要的指标。为了直观地反映这一指标，在会计处理上，股份有限公司应设置“股本”科目。

“股本”科目核算股东投入股份有限公司的股本，企业应将核定的股本总额、股份总数、每股面值在股本账户中作备查记录。为提供企业股份的构成情况，企业可在“股本”科目下按股东单位或姓名设置明细账。企业的股本应在核定的股本总额范围内，发行股票取得。但值得注意的是，企业发行股票取得的收入与股本总额往往不一致，公司发行股票取得的收入大于股本总额的，称为溢价发行；小于股本总额的，称为折价发行；等于股本总额的，称为面值发行，我国不允许企业折价发行股票。在采用溢价发行股票的情况下，企业应将相当于股票面值的部分记入“股本”科目，其余部分再扣除发行手续费、佣金等发行费用后记入“资本公积——股本溢价”科目。

由表 3-28 可知，2017 年与 2018 年 A 寿险公司股本均未发生变动。

表 3-28　　A 寿险股份有限公司 2018 年股本情况①　　单位：百万元

	2017 年 12 月 31 日	本年增减变动					2018 年 12 月 31 日
		发行新股	送股	转股	其他	小计	
无限售条件的股份							
境内上市的人民币普通股	20824	—	—	—	—	—	20824
境外上市的外资股	7441	—	—	—	—	—	7441
合计	28265	—	—	—	—	—	28265
	2016 年 12 月 31 日	本年增减变动					2018 年 12 月 31 日
		发行新股	送股	转股	其他	小计	
无限售条件的股份							
境内上市的人民币普通股	20824	—	—	—	—	—	20824
境外上市的外资股	7441	—	—	—	—	—	7441
合计	28265	—	—	—	—	—	28265

注：本公司普通股股票每股面值为人民币 1 元。

（二）资本公积（additional paid-in capital）

资本公积包括资本溢价（股本溢价），即企业收到的投资者的超出企业注册资本的部分，以及直接计入所有者权益的利得和损失等（见表 3-29）。

表 3-29　　A 寿险保险股份有限公司 2018 年资本公积情况②　　单位：百万元

	2017 年 12 月 31 日	本年增加	本年减少	2018 年 12 月 31 日
股本溢价		—	—	
公司成立日股本溢价	9609	—	—	9609
境内上市发行股票股本溢价	26310	—	—	26310
境外上市发行股票股本溢价	17942	—	—	17942
其他	1281	—	(197)	1084
合计	55142	—	(197)	54945

①② 数据来源：根据实际保险公司 2018 年年报附注改编。

续表

	2016年12月31日	本年增加	本年减少	2017年12月31日
股本溢价				
公司成立日股本溢价	9609	—	—	9609
境内上市发行股票股本溢价	26310	—	—	26310
境外上市发行股票股本溢价	17942	—	—	17942
其他	1146	135	—	1281
合计	55007	135	—	55142

从表3－29可以看出，A寿险公司2017年资本公积减少了197000000元，2018年资本公积增加了135000000元，这两年其资本公积发生变动的主要原因是除公司成立日股本溢价、境内上市发行股票股本溢价及境外上市发行股票股本溢价之外的其他原因。

（三）盈余公积（surplus reserve）

盈余公积指企业按照规定从净利润中提取的各种积累资金，即法律不让公司分配的利润。中国公司法规定所有的公司有了盈利之后必须留存至少10%作为盈余公积，在别的国家可能没有这个项目（见表3－30）。

表3－30　A寿险股份有限公司2018年盈余公积及一般风险准备情况①　单位：百万元

	2017年12月31日	本年提取	本年减少	2018年12月31日
法定盈余公积	33384	1275	—	34659
任意盈余公积	30152	3218	—	33370
小计	63536	4493	—	68029
一般风险准备	30541	1392	—	31933
合计	94077	5885	—	99962
	2016年12月31日	本年提取	本年减少	2017年12月31日
法定盈余公积	30166	3218	—	33384
任意盈余公积	28225	1927	—	30152
小计	58391	5145	—	63536
一般风险准备	27241	3300	—	30541
合计	85632	8445	—	94077

由表3－30可以看出，2017年、2018年A寿险公司盈余公积即一般风险准备呈现上升趋势。

① 数据来源：根据实际保险公司2018年年报附注改编。

（四）未分配利润（retained earnings）

企业未作分配的利润，又叫留存收益，在以后年度可继续进行分配，但是在未进行分配之前，属于所有者权益的组成部分。

（1）提取法定公积金：公司制企业的法定公积金按照税后利润的10%提取（非公司制企业也可按照超过10%的比例提取）。在计算提取法定盈余公积的基数时，不应包括企业年初未分配利润。公司法定公积金累计额为公司注册资本的50%以上时，可以不再提取法定公积金。公司的法定公积金不足以弥补以前年度亏损的，在提取法定公积金之前，应当先用当年利润弥补亏损。

（2）提取任意公积金：公司从税后利润中提取法定公积金后，经股东会或者股东大会决议，还可以从税后利润中提取任意公积金。非公司制企业经类似权力机构批准也可提取任意盈余公积。

（3）向投资者分配利润或股利：公司弥补亏损和提取公积金后所余税后利润，有限责任公司股东按照实缴的出资比例分取红利，但是全体股东约定不按照出资比例分取红利的除外；股份有限公司按照股东持有的股份比例分配，但股份有限公司章程规定不按持股比例分配的除外。股东会、股东大会或者董事会违反规定，在公司弥补亏损和提取法定公积金之前向股东分配利润的，股东必须将违反规定分配的利润退还公司。公司持有的本公司股份不得用于分配利润。净利润经以上分配后加上期初的未分配利润即为期末的未分配利润（见表3－31）。

表3－31　　A寿险股份有限公司2018年未分配利润情况①　　单位：百万元

	金额	提取或分配比例（%）
2017年1月1日未分配利润	122558	—
加：本年归属于母公司股东的净利润	32253	—
减：提取法定盈余公积	（3218）	10.00
提取任意盈余公积	（1927）	10.00
提取一般风险准备	（3300）	10.00
派发核心二级资本证券收益	（380）	不适用
派发普通股股利	（6784）	35.20
2017年12月31日未分配利润	139202	—
2018年1月1日未分配利润	139202	—
加：本年归属于母公司股东的净利润	11395	—
减：提取法定盈余公积	（1275）	10.00

① 数据来源：根据实际保险公司2018年年报附注改编。

续表

	金额	提取或分配比例（%）
提取任意盈余公积	（3218）	10.00
提取一般风险准备	（1392）	10.00
派发核心二级资本证券收益	（384）	不适用
派发普通股股利	（11306）	35.14
2018 年 12 月 31 日未分配利润	133022	—

从表 3－31 可以看出，A 寿险公司 2017 年未分配利润增加，说明该公司 2017 年盈利；2018 年未分配利润由 139202000000 元减少到了 133022000000 元。

专栏 3－1

英国保险公司资产负债表项目

（一）资产项目（见表 3－32）

表 3－32　　某英国保险公司资产负债表（资产项目）　　单位：百万英镑

报告日期	31/12/X1	31/12/X2	31/12/X3	30/06/X4
覆盖期间（月）				
资产				
非关联业务的投资				
上市股票和其他可变收益证券	77453	78626	79345	83240
未上市和受限制的股票和基金投资	400	500	750	750
上市固定收益证券	97332	100272	122455	124435
未上市的固定收益证券和债务工具	5000	4000	3000	2000
房地产和建筑投资	12987	13303	13180	13100
抵押贷款	23	26	476	696
其他贷款	12120	12430	13245	13001
信贷机构存款	5222	5271	7627	6988
现金和现金等价物	3987	4341	3586	3356
其他投资（例如衍生品和未指定）	2435	2537	3879	3767
总投资（非关联）	216959	221306	247543	251333
再保险保证金	3245	3000	5034	2306
关联资产	23465	24235	26511	26300
有效保单现值	0	0	0	0
递延保单获取成本	3098	2920	2339	2300
保险和再保险业务的债务	687	560	800	785

续表

报告日期	31/12/X1	31/12/X2	31/12/X3	30/06/X4
集团内部及相关债务	0	0	0	0
其他应收款，预付款和应计款	3214	2921	3109	2987
土地和建筑物（折旧前）	564	475	454	444
办公设备和车辆等（折旧前）	1095	1094	1082	1083
折旧前的固定资产总额	1659	1569	1536	1527
减少总累计折旧	-590	-602	-626	-633
土地和建筑物（负数）	-45	-35	-37	-33
办公设备和车辆等（负数）	-545	-567	-589	-600
折旧后的固定资产	1069	967	910	894
银行资产：信贷机构贷款	345	456	346	659
银行资产：向客户提供贷款	143	123	254	312
对合资企业和合作伙伴的投资	6	5	5	5
交易和销售资产	111	100	728	722
其他资产	912	827	755	754
总有形资产	253254	257420	288334	289357
注意：总资产（包括无形资产）	255566	259787	290383	291406

1. 再保险保证金（deposits on reinsurance assumed）

保险公司通过再保险市场，将对各类保险产品承担的最大风险设限。“再保险保证金”项目涉及保险公司向第三方保险公司存入的金额。第三方保险公司向原保险公司提供再保险，按照分保比例为原保险公司的赔款提供资金。保证金的数额是被保险人保留的保险费的商定百分比，并在每年的滞纳金中扣除。

2. 为支付关联负债而持有的资产（assets held to cover linked liabilities）

“关联负债”是寿险保单或投资工具，其收益水平与基础投资的绩效（如基金单位）相关，支出是任何保证金额和基础投资价值中的较高者。“相关负债准备金”代表保险公司对此类保单持有人或投资者的义务，相应的资产类别“持有以弥补相关负债的资产”为相关证券，为保单持有人/投资者实际拥有。如果证券市场的当前投资价值低于账户最低保障水平，该项目就会出现波动，这意味着保险公司将需要动用自己的资源来满足账户的最低保障。

3. 有效保单现值（present value of acquired in-force business）

“有效保单”指正在支付或已支付保费的保单（通常与人寿业务有关），即在给定时间点上有效的保单。有效保单现值是预期在有效业务上产生的利润的贴现值。

4. 递延保单获取成本（deferred policy acquisition costs）

“递延保单获取成本”是一项无形资产，是与购买人寿保单相关的成本的资本化，按预期利润摊销。如果预期利润不太可能抵消递延收购成本，有必要进行冲销（与摊销相反）。虽然该项目是一项无形资产，但通常的做法是不像其他商誉（例如商誉）那样从盈余（即净值）中扣除此项。

保单获取成本是指为了签订保单发生的相关费用，一般来说主要包括佣金和经纪费、营销和承保费用、保单出单费用和保费收账费用。由于保费收入在损益表中需要进行递延，因此，在很多国家，保单获取成本也允许分期计入损益，以保证收入和费用配比。但在我国现行新会计准则下，保单获取成本是不允许进行递延的，必须计入当期损益。

5. 其他资产类型

保险公司在经营过程中可能产生其他债务人，包括被保险人逾期付款、发放给附属公司、联营公司和合资企业等有关公司的贷款，以及发放给其他金融机构和客户的贷款，例如，在附属银行的贷款业务中发放的贷款。对子公司（非合并数据），合营企业和联营企业的投资往往会显示为单项长期投资项目（即资产净值），但可以在资产负债表内按资产和负债进行分配。保险公司也可能拥有"短期持有的交易资产"，可以通过市场价格波动获利。房屋和设备也是保险公司资产，涉及办公用地和建筑物、计算机设备等，但需要将因工作需要保留房屋和所需设备的资本维护支出在损益表中体现，即非现金折旧费用，以尽可能准确反映有形资产寿命有限的事实。

（二）负债项目（见表 3-33）

表 3-33　　某英国保险公司资产负债表（负债项目）　　单位：百万英镑

报告日期	31/12/X1	31/12/X2	31/12/X3	31/12/X4
覆盖期间（月）	12	12	12	6
负债				
寿险业务准备金（非关联）	105876	104996	132462	132455
非寿险业务准备金	77345	78945	79345	80568
寿险业务（非关联）和非寿险业务准备金	183221	183941	211807	213023
再保险人的份额（负数）	-1112	-1018	-1278	-1234
技术准备金净额（非关联）	182109	182923	210529	211789
关联保险业务及投资产品准备金	23987	24066	26523	25889
再保险人的份额（负数）	0	0	0	0
技术准备金净额合计	206096	206989	237052	237678
非保险准备金（不包括养老金）	305	306	429	430
退休福利义务（养老金）	687	700	543	544
再保险分出保证金	398	401	474	473
债权人重新负责保险和再保险业务	333	345	564	234
银行和其他借款—短期	345	354	654	786
当前部分长期债务和非循环短期债务	0	0	0	0
银行借款和其他非次级债务—长期	8991	9926	9423	9411

续表

报告日期	31/12/X1	31/12/X2	31/12/X3	31/12/X4
次级债	1789	1880	2098	2100
集团内部及相关债权人	0	0	0	0
信贷机构的其他责任（例如衍生产品）	223	236	654	456
应纳税额	824	859	731	730
应付股息	0	0	0	0
其他债权人，包括税务与社会保障	1123	1136	2390	2391
应计和递延收入	623	655	506	511
回购证券的义务	3789	3819	4529	4523
一般银行风险基金	123	134	145	165
交易负债（主要是交付证券和衍生品的义务）	39	40	60	56
递延所得税负债	2178	2279	2991	2900
银行贷款：客户的储蓄账户和类似负债	6543	6607	5830	5888
少数股东权益	134	137	172	170
其他负债	1398	1442	1494	1496
未来拨款基金（“未分配盈余”）（非相互）	15998	16149	11357	11329
总负债	251939	254394	282096	282271

1. 保险准备金（insurance reserves）

保险准备金是反映保险公司对投保人预期索赔承担的责任的会计分录，保险准备金不是用来赔偿投保人提出的索赔的现金储备，而是对预期保险索赔和付款总额的精算评估。在实践中保险准备金通常可以区分为非投连人寿业务、非寿险业务和投连业务的保险准备金。但是考虑到保险准备金的功能本质上是相同的，为了分析的方便性可以将各类保险准备金归为一组，保险准备金现在有时列在一个称为保险合同责任的项目内。此外，根据《国际财务报告准则》（IFRS），保险保单和投资产品之间已作区分，因此有“投资合同负债”这个项目，需要分析保险公司对这些负债的潜在不准确估计相关的风险。

有关人寿和非人寿保险业务中非投连保单的各项技术规定，是根据保险事故发生时的精算评估（即基于历史数据的概率）和时间（如果是人寿保险业务）计算的，其目的是确保准备金能够根据承保的保险风险的类型和性质准确地反映出提出索赔的可能性，并通过再保险对冲部分风险。

考虑到可能的对现有业务的潜在索赔估计不足，保险准备金的增加可能意味着已发生或预计会发生保险事件。在其他条件相同的情况下，这将增加资产负债表中总负债的规模，从而减少公司净值（或“盈余”）的规模。另外，由于保险业务的增加，预计准备金将会增加。假设该业务是盈利的，则报告的盈余不会受到不利影响

“投连人寿业务保单”代表保险公司对保单持有人/投资者的责任，而保单下的付款与

标的证券的表现有关，有时保险公司会保证最低支付水平，这往往等同于“资产负债表上资产一侧显示的关联资产水平，但与最低保证派息水平相关的任何额外普遍要求除外”。再保险可以对冲部分此类风险，因此在确定后再保险或“净”水平时应扣除再保险人的份额（有时在资产负债表资产侧称为“再保险资产”）。

2. 非保险准备金（non-insurance provisions）

类似于保险准备金，但该项目与保险业务没有直接关系。出于分析目的，通常可以将它们组合在一起，但要重视非保险准备金的重要性，因为该项目可能对盈余水平产生实质性影响。

3. 退休福利（retirement benefit obligations）

美国许多行业的公司在“定额福利”养老金计划下对退休员工的给付要大于这些计划中的投资价值。美国公司养老基金的传统是固定收益计划，是指基于既定标准（例如退休时最终工资的百分比）发放退休津贴，但由于网络泡沫破灭和股市骤然下跌使固定收益养老金计划资产受到重创。因此现在大多数公司为新员工实施的是固定缴费计划，员工支付与内部投资的价值直接相关。

固定收益计划下赤字的公司需要在年度报告中显示赤字的程度，而究竟是作为资产负债表中的正式条目，还是通过账目说明，具体取决于会计原则。所使用的会计原则可能对赤字产生重大影响。年度报告或其他公开信息通常还包含该公司减少赤字的计划信息，有的公司通过外部资金实现，例如，供股（从现有股东获得资金）或部分长期银团借款（来自银行），最常见的方法是通过年度利润转移来减少一段时间内的赤字，分析师确定这将对未来几年的利润产生怎样的影响以及消除赤字需要多长时间。

4. 再保险分出保证金（deposits on reinsurance ceded）

负债“再保险分出保证金”与资产负债表资产侧“再保险分入保证金”的情况正好相反，涉及再保险人向原保险公司存入的金额用以资助再保险公司的索赔比例，存款的数额是保险公司自留的保险费的商定百分比，并于每年清缴欠款。

5. 外部借款（external borrowings）

根据特定管辖范围内的要求，保险公司可以向银行等外部融资机构借款，为其活动提供资金；公司也可以向公众发行债券。在外部借款方面，应区分“优先”债务和“次级”债务，“优先”债务是在偿还方面优先于次级债务的高级放款人。要避免由于法律地位（优先或优先级）和结构上的从属关系而引致的债务，比如银行在双边基础上贷款给顶级控股公司，而其他贷款机构则贷款给拥有关键资产的主要运营公司。根据破产法，如果集团遇到困难，经营公司的债权人通常会先于控股公司的债权人得到偿付。

作为一个拥有优先级的次级债权人，可以将资产负债表中的次级债务视为准资本，换句话说，将其视为杠杆率计算中股本（或盈余）缓冲的一部分。

“永久债券（perpetual bonds）”有时会出现在保险公司的资产负债表上，永久债券属于债务的一种形式，不能赎回，但可以永远支付稳定的利息。永久债券对发行方（借款人）有好处，可以避免产生与到期日的债务发行相关的再融资成本。

6. 衍生品风险（derivatives risks）

除直接借款外，保险公司可能对信贷机构承担责任，例如与衍生品交易有关的义务。保险公司通常使用衍生工具（包括远期外汇合约）来对冲其货币和利率风险。

7. 递延所得税（deferred tax）

递延所得税是单独从会计利润中扣除的一项负债，以反映实际应纳税额与仅按会计利润计提的应纳税额之间的差额。

8. 少数股权（minority interests）

出现在公司合并财务报表中的“少数权益”，代表了该集团由第三方拥有的子公司的这一部分。损益表上的数字代表了集团由第三方拥有的该年度利润的一部分，在其他条件相同的情况下，这些利润会出现在资产负债表负债一侧的“少数权益”中。

9. 未分配盈余（funds for future appropriations）

未分配盈余主要适用于在财政年度结束时尚未确定分配给保单持有人还是股东的金额，该项目可以在股票市场上进行投资。

对于有限责任（即非相互）的保险公司，未分配盈余显示为一项长期负债。而对于互助保险公司，由于其没有股东和保单持有人的区别，未分配盈余可以视为资本基础或盈余的一部分。

10. 其他负债

其他负债包括从雇员工资中扣除的公司税和社会保险费的数额；与交易期末未支付的费用和收入有关的应计利润和递延收入，递延收入定义为已收到但在所有事件发生之前未赚得的收入；根据“回购”协议回购证券的义务，回购协议实际上是一种以证券形式（类似于股票借贷）提供的抵押品为抵押借入现金的形式，证券最初以现金形式出售，同时达成协议，在日后回购；以及“反向回购”，即指购买证券，即以股票作抵押借出现金，并同意在稍后的日期将其出售。

（三）所有者权益项目（见表3－34）

表3－34　某英国保险公司所有者权益项目　单位：百万英镑

报告日期	31/12/X1	31/12/X2	31/12/X3	31/12/X4
覆盖期间（月）	12	12	12	6
盈余				
股本（即普通股）	119	119	119	119
未分配盈余	0	0	0	0
未实现的收益准备金	0	0	0	0
其他准备金	1356	1398	1839	1893
留存收益	2152	3876	6329	7123

续表

报告日期	31/12/X1	31/12/X2	31/12/X3	31/12/X4
在扣除无形资产之前的剩余资金	3627	5393	8287	9136
商誉（负数）	-2200	-2245	-1948	-1948
无形资产（负数）	-112	-122	-101	-101
盈余	1315	3026	6238	7086
注：盈余+次级债务+最低利息+准备金	4838	6658	9644	10489

股份有限保险公司的盈余由股权资本、未实现收益准备金、留存利润准备金和各种准备金构成，准备金包括股票溢价准备金和重估准备金，重估准备金主要涉及房地产，而未实现收益的准备金则代表投资的市场价值已经超过购买成本，但还未实现的利润。对于互助保险公司，与其他公司相关的未来拨款基金可被视为盈余的一部分。根据稳健性原则，实践中一般将长期无形资产（如商誉）作为盈余（即有形净资产）的扣除。

第三节 保险公司利润表项目

一、营业收入

（一）保险业务收入

财务报表附注部分分别列示了保险业务收入按照险种和年期划分的明细情况。A寿险股份有限公司2018年度的保险业务收入全部来自原保险合同，按险种划分明细如表3-35所示，按年期划分明细如表3-36所示。

表3-35　A寿险股份有限公司2018年度保险业务收入按险种划分明细①　单位：百万元

保费收入	535826
寿险业务	437540
健康险业务	83614
意外险业务	14672

由表3-35可知，A寿险公司的业务可按险种分为寿险业务、健康险业务和意外险业务。

① 数据来源：根据实际保险公司2018年年报附注改编。

表 3－36　　A 寿险股份有限公司 2018 年度保险业务收入按年期划分明细①　　单位：百万元

寿险业务	**437540**
首年业务	106212
趸交	11378
首年期交	94834
续期业务	331328
健康险业务	**83614**
首年业务	50705
趸交	41275
首年期交	9430
续期业务	32909
意外险业务	**14672**
首年业务	14231
趸交	14076
首年期交	155
续期业务	441
合计	**535826**

由表 3－36 可知，2018 年 A 寿险公司保险业务收入为 535836000000 元，其中寿险业务收入最多，健康险业务收入次之，意外险业务收入最少。

1. 保费收入的确认

保费收入同时满足下列条件的，才能予以确认：

（1）原保险合同成立并承担相应保险责任；

（2）与原保险合同相关的经济利益很可能流入企业；

（3）与原保险合同相关的收入能够可靠地计量。

2. 保险合同的拆分与重大风险测试

财政部《保险合同相关会计处理的规定》（财会〔2009〕15 号）规定保险人与投保人签订的合同，使保险人既承担保险风险又承担其他风险的，应当分别按照下列情况进行处理：

（1）保险风险部分和其他风险部分能够区分，并且能够单独计量的，可以将保险风险部分和其他风险部分进行拆分。将保险风险部分确定为原保险合同；其他风险部分不确定为原保险合同。

① 数据来源：根据实际保险公司 2018 年年报附注改编。

（2）保险风险部分和其他风险部分不能够区分，或者虽能够区分但不能够单独计量的，如果保险风险重大，应当将整个合同确定为保险合同；如果保险风险不重大，不应当将整个合同确定为保险合同。

因此保险公司需对收取的保费按规定“先拆后测”。

目前，在中国进行风险分拆的条件还不成熟，因此，保险公司可以不进行风险分拆，即合同中既承担保险风险，又承担其他风险的，均视为保险合同。只承担保险风险以外风险的合同，视为投资合同。

在新企业会计准则中保险人应当根据在原保险合同延长期内是否承担赔付保险金责任，将原保险合同分为寿险原保险合同和非寿险原保险合同。在原保险合同延长期内承担赔付保险金责任的，应当确定为寿险原保险合同；在原保险合同延长期内不承担赔付保险金责任的，应当确定为非寿险原保险合同。原保险合同延长期是指投保人自上一期保费到期日未交纳保费，保险人仍承担赔付保险金责任的期间（见图3－8）。

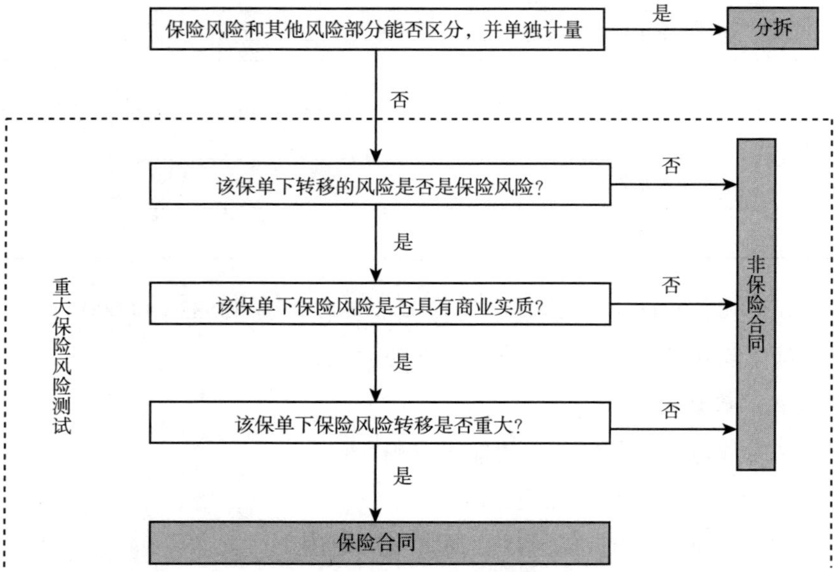

图3－8　保险合同的拆分与重大风险测试

分拆出的非保险合同或未能通过重大风险测试的保险合同，其向投保人收取的保费，不能计入利润表“保费收入”科目，而需通过资产负债表“保户储金及投资款科目”核算。

对商业实质的确定遵循下列原则：

①投资合同加保险合同的组合金融工具；

②投资合同为主合同，提供浮动利息的投资服务（有保底收益）；

③保险合同为附属合同，提供死亡和全残保障；

④分拆后，投资本金作为负债核算；

⑤管理费、风险保费则作为提供保险服务的收入进入利润表核算。

3. 保费收入金额确定

新会计准则的第八条规定保险人应当按照下列规定计算确定保费收入金额：

①对于非寿险原保险合同，应当根据原保险合同约定的保费总额确定。

②对于寿险原保险合同，分期收取保费的，应当根据当期应收取的保费确定；一次性收取保费的，应当根据一次性应收取的保费确定。

（1）寿险合同。对于寿险合同，合同约定分期缴纳保费的，对于宽限期内应收未收的保费，保险公司应当确认保费收入和应收保费。如在宽限期结束后，投保人未及时交纳续期保费造成保险合同效力中止的，应当在效力中止日，终止确认保费收入。

如果投保人在合同约定的期间内按合同条款规定对保险合同进行复效，应当区分补缴保费和利息，对于补缴以前期间未缴保费部分，确认为当期保费收入；对于加收利息部分，确认为当期利息收入。

（2）非寿险原保险合同保费收入的确认。储金业务合同在保险合同成立并开始承担保险责任时，按照合同所承担的保险责任确认保费收入，返还给保户的本金和相应的投资回报应确认为负债。

对于长期工程险合同，如果保险公司承担的保险责任/风险随工程的完工进度不断变化，公司应随所承担保险责任的变化而对保费收入进行调整。

与其他保险人共同承担风险的共保业务应按保险合同确定的总保费及承担风险的份额计算应得保费，确认保费收入。代第三方从投保人收到的款项或费用，应确认为负债。

分红保险合同向保险人转移了保险风险，认定为保险合同。与普通寿险类似，在满足保费收入确认条件时，确认保费收入。

对于万能保险和投资连结保险，通常情况下该类合同都会向保险公司转嫁一定的保险风险，从而可以确认为保险合同。对于此类合同，应当在满足保费收入确认条件的前提下，确认保费收入。

对于某些签发日期晚于保单起保日的保单，按照实质重于形式的原则，承保人在保单起保日期已承担保险责任，保费收入确认的其他条件也已满足，故应在保单起保日期确认保费收入，但无法在保单起保日期获取相关信息，从而无法可靠计量的除外。再如暂保单，保险人应当首先根据暂保单成立的时间以及约定的保费总额确认保费收入，当出具正式保单时，应按照正式保单约定的保费总额及时调整保费收入。对于赠与保险，由于不会有经济利益流入，公司不应确认保费收入，但应当对保单计提责任准备金，并将相应的赔款确认为赔付成本。

对于不包含保险风险转移的合同，属于金融工具，应当按《企业会计准则第22号——金融工具确认和计量》进行确认和计量（见表3-37）。

表 3 - 37　原保险合同约定的不同收费方式对收入确认的影响

	非寿险合同	寿险合同
一次性收取保费	自承担保险责任日始，按照合同确定的应收金额确认保费收入，将所有应收但尚未收到的保费收入全额确认为应收保费	一次性收取保费的，应当根据一次性应收取的保费确定
分期收取保费	在保险合同成立日，按照合同确定的各期应收总额确认保费收入，投保人每期交纳保费后，冲减相应的应收保费	应当根据当期应收取的保费确定

（二）其他业务收入（non-operating revenues）

营业外收入是指除企业营业执照中规定的主营业务以及附属的其他业务之外的所有收入。营业外收入主要包括：非流动资产处置利得、非货币性资产交换利得、出售无形资产收益、债务重组利得、企业合并损益、盘盈利得、因债权人原因确实无法支付的应付款项、政府补助、教育费附加返还款、罚款收入、捐赠利得等。

从表 3 - 38 可以看出，2018 年较 2017 年其他业务总体收入虽然有所上升，但是详细来看，除了养老保障产品服务费和其他以外，各其他业务收入均有所下降。说明养老方面的保险产品较 2017 年受到更多的关注与需求，则其附加的服务费收入随之增加。

表 3 - 38　A 寿险股份有限公司其他业务收入明细①　单位：百万元

	2018 年度	2017 年度
保单销售代理费——财产险公司	2959	3030
投资管理服务费	957	1003
养老保障产品服务费	844	322
保单代理费——集团公司	629	740
非保险合同账户管理费收入	419	563
其他	2017	1613
合计	7825	7271

二、营业支出

由表 3 - 39 可以看出，营业支出占比高的依次是：提取的保险责任准备金、赔付支出、退保金和手续及佣金支出，分别为 30.49%、27.74%、18.48% 和 9.97%。从其占比

① 数据来源：根据实际保险公司 2018 年年报附注改编。

可以看出寿险保单价值现金价值较高，退保情况占营业支出近 20%。

表 3－39　　A 寿险股份有限公司 2018 年度利润表（营业支出部分）①　　单位：百万元

	金额	占营业支出比例（%）
营业支出	**(628814)**	**100.00**
退保金	(116229)	18.48
赔付支出	(174439)	27.74
减：摊回赔付支出	2359	-0.38
提取保险责任准备金	(191718)	30.49
减：摊回保险责任准备金	808	-0.13
保单红利支出	(19646)	3.12
税金及附加	(743)	0.12
手续费及佣金支出	(62705)	9.97
业务及管理费	(39116)	6.22
减：摊回分保费用	533	-0.08
其他业务成本	(19708)	3.13
资产减值损失	(8210)	100.00

（一）退保金

退保金又称“解约金”，是投保人或被保险人要求在保险期限结束前终止保险合同时，保险人支付的款项。由于人寿保险的保险期限长，具有储蓄性，保险费或者趸交，或者采用均衡保险费，所以在保险期限内的各时点上，各保单项下均积累了一定的未到期责任准备金。

投保人解除合同，已交足两年以上保险费的，保险人应当自接到解除合同通知之日起三十日内，退还保险单的现金价值；未交足两年保险费的，保险人按照合同约定在扣除手续费后，退还保险费。

从表 3－40 可以看到，2018 年 A 寿险股份有限公司各险种业务较 2017 年都有所增长，其中寿险业务占比最多，2018 年占比达到了 99.50%。

表 3－40　　A 寿险股份有限公司各险种业务情况明细②　　单位：百万元

	2018 年度	2017 年度
寿险	115646	94123
一年期以上健康险	575	499
一年期以上意外险	8	7
合计	116229	94629

①② 数据来源：根据实际保险公司 2018 年年报附注改编。

（二）赔付支出

赔付支出是指核算企业（保险）支付的原保险合同赔付款项和再保险合同赔付款项。保险公司可以单独设置“赔款支出”“满期给付”“年金给付”“死伤医疗给付”“分保赔付支出”等科目。可按保险合同和险种进行明细核算。

赔款和给付会释放准备金，对利润的影响会被释放的准备金部分抵消（见表3－41）。

表3－41　中国人寿保险股份有限公司赔款和给付明细①　单位：百万元

	2018年度	2017年度
赔款支出	40041	31864
满期及年金给付	119898	154016
死伤医疗给付	14500	12208
合计	174439	198088

2018年度A寿险股份有限公司赔款和给付较2017年有所下降，赔付和给付中满期及年金给付占比最大。

（三）手续费及佣金支出

手续费支出是指公司向保险代理中介机构支付的各项保险代理销售费用。

在保险公司中，佣金是指向受公司委托的个人代理人因其在公司授权范围内代为销售保险业务而支付的报酬，佣金应当分为直接佣金和附加佣金。直接佣金是指个人代理人履行代理合同约定后，公司按代理合同及相关规定，根据代理销售收入和直接佣金计算得出的、直接支付给个人代理人的支出，应当与代理销售收入直接相关。附加佣金是指为满足个人代理人开展代理业务需要，而发生的直接用于个人代理人队伍建设及其直接相关的支出，包括保障支出、教育培训支出和委托报酬。

2009年《关于企业手续费及佣金支出税前扣除政策的通知》中，与保险公司有关的政策有以下两项：第一，财产保险企业按当年全部保费收入扣除退保金等后余额的15%（含本数，下同）计算限额；人身保险企业按当年全部保费收入扣除退保金等后余额的10%计算限额。第二，手续费及佣金支出超过限额的部分，不得扣除。

财政部税务总局公告2019年第72号《关于保险企业手续费及佣金支出税前扣除政策的公告》，保险企业发生与其经营活动有关的手续费及佣金支出，不超过当年全部保费收入扣除退保金等后余额的18%（含本数）的部分，在计算应纳税所得额时准予扣除；超过部分，允许结转以后年度扣除。该政策有以下两个影响：首先，手续费扣除幅度有较大幅度提升，其中寿险由10%提升至18%，财险由15%提升至18%；其次，手续费超过限

① 数据来源：根据实际保险公司2018年年报附注改编。

额部分，允许结转以后年度扣除，这在 2009 年的政策中是不允许的，这相当于企业超出部分可以确认递延所得税资产，当年所得税费用会减少。

以中国平安、中国人寿、中国太保、新华保险、中国人保 2018 年财务数据为基础测算，分别增加当年利润 11%、43%、31%、25%、30%。如果以 2017 年财务数据测算，分别增加当年利润 12%、18%、34%、39%、14%。

（四）税金及附加

流转税（commodity turnover tax 或 goods turnover tax）又称流转课税、流通税，指以纳税人商品生产、流通环节的流转额或者数量以及非商品交易的营业额为征税对象的一类税收，流转税是中国特有的。营业税（business tax）和增值税（value-added tax）也属于流转税，营业税属于价内税，即支付的金额中包含了税，增值税属于价外税，由消费者承担税金，如电脑价值 10000 元，需要额外加收增值税，故共付 11700 元。因税的成本计在商品的价格之外，所以增值税不会出现在经营者的利润表中，经营者收到的 1700 元税金是要交税的，所以这笔钱相当于是经营者的负债——应交税金。

（五）营业费用、管理费用和财务费用

主要项目有工资及福利费、广告宣传费、固定资产折旧、会议费、业务招待费等；不包括手续费及佣金、营业税金及附加、保险业务监管费、保险保障基金等直接和保单相关且金额关系确定的增量费用。保险公司通常通过费用调研的方法进行成本动因分析，将营业费用分配至不同的产品，以确定各产品的盈利水平。由于营业费用相对固定，通过扩大保费规模可以在一定程度上取得规模效应。

管理费用是指企业为组织和管理生产经营活动所发生的费用；财务费用是指企业为筹集生产经营所需资金而发生的各项融资费用。包括：公司经费、职工教育经费、业务招待费、某些税费、技术转让费、无形资产摊销、咨询费、诉讼费、开办费摊销、上缴上级管理费、劳动保险费、待业保险费、董事会会费以及其他管理费用。

财务费用核算的是企业为筹集生产经营所需资金等而发生的融资费用，包括利息支出（减利息收入）、汇兑损益以及相关的手续费、企业发生的现金折扣或收到的现金折扣等。

三、营业利润及综合收益

营业利润是指企业从事生产经营活动中取得的利润，是保险公司利润的主要来源。营业利润等于主营业务利润加上其他业务利润，再减去营业费用、管理费用和财务费用后的金额。

综合收益（comprehensive income）是指在会计期间除所有人投资和所有人派得以外的全部所有者权益变动。因此综合收益包括：（1）在净收益中报告的收入、收益、费用以及损失；（2）不属于净收益但影响所有者权益的收益和损失。例如，可供出售金融资产的未

实现收益和损失就是不属于净收益但影响所有者权益的收益和损失。这些项目构成了其他综合收益（other comprehensive income），通常作为股东权益表的一部分进行报告。另外，还可以作为另一张单独的利润表进行报告，或者是作为综合收益合并利润表进行报告（见表3－42）。

表3－42　A寿险股份有限公司2018年度利润表（营业利润及综合收益部分）①　单位：百万元

营业收入	**643101**
营业支出	**(628814)**
营业利润（亏损以"－"号填列）	**14287**
加：营业外收入	74
减：营业外支出	(440)
利润总额（亏损总额以"－"号填列）	**13921**
减：所得税费用	(1985)
净利润（净亏损以"－"号填列）	**11936**
其他综合收益的税后净额	**(2025)**
归属于母公司股东的其他综合收益的税后净额	(2070)
将重分类进损益的其他综合收益	(2070)
可供出售金融资产公允价值变动损益	(18045)
减：前期计入其他综合收益当期转入损益的净额	14643
可供出售金融资产公允价值变动计入保单红利部分	(24)
权益法下可转损益的其他综合收益	770
外币财务报表折算差额	586
不能重分类进损益的其他综合收益	—
归属于少数股东的其他综合收益的税后净额	45
综合收益总额	**9911**

专栏3－2

英国保险公司利润表项目

表3－43　英国某保险公司利润表　单位：百万英镑

日期	31/12/X1	31/12/X2	31/12/X3	30/6/X4
覆盖期间（月）	12	12	12	6
保险账户：	寿险和健康险业务			

① 数据来源：根据实际保险公司2018年年报改编。

续表

日期	31/12/X1	31/12/X2	31/12/X3	30/6/X4
将此部分用于寿险公司和合并公司的人寿业务，其中可以获得单独的数据。				
寿险总承保保费（+）	15345	16408	15225	7613
健康险总承保保费（+）	1978	2346	3545	1700
总承保保费（寿险和健康险）	17323	18754	18770	9313
保险条款的变化（+/-）	0	0	0	0
其他变化（+/-）	0	0	0	0
总已赚保费	17323	18754	18770	9313
减去再保险分出（i. e. 再保险保费）（-）	-2387	-2556	-1977	-996
净保费收入（i. e. net of reinsurance）	14936	16198	16793	8317
总赔款（-）	-24789	-26593	-33100	-16550
寿险赔款的变化（+/-）	0	0	0	0
健康险赔款的变化（+/-）	0	0	0	0
总发生赔款	-24789	-26593	-33100	-16550
减去再保险赔付份额（+）	3546	3723	4211	2106
净发生赔款（i. e. net of reinsurance）	-21243	-22870	-28889	-14444
净保费收入减去净发生赔款	-6307	-6672	-12096	-6127
其他项目（+/-）	0	0	0	0
保险活动费用，包括保单展业成本（-）	-4989	-5563	-5552	-2776
承保结果	-11296	-12235	-17648	-8903
寿险业务投资收益（损失）（包括利息）（+/-）	12395	15750	24013	12007
健康险的津贴（+）	0	0	0	0
其他净技术收入（费用）（+/-）	1564	2002	2084	1042
养老金损失（-）	0	0	0	0
给保单持有人的分红（-）	0	0	0	0
长期商业账户的税负（-）	0	0	0	0
从未来拨款基金转移（非相互）（+/-）	0	0	0	0
寿险和健康险业务技术账户的平衡	2663	5517	8449	4146
保险账户（包括非寿险和混合业务）	非寿险业务			
将此部分用于非寿险公司，以及综合公司的非寿险业务，这些公司寿险/非寿险没有分开。				
总承保保费（+）	6793	8345	7625	3756
保险条款的变化（+/-）	0	0	0	0
总已赚保费	6793	8345	7625	3756

续表

日期	31/12/X1	31/12/X2	31/12/X3	30/6/X4
减去再保险分出（-）	-1953	-2454	-2334	-956
净保费收入（i. e. net of reinsurance）	4840	5891	5291	2800
总赔款（-）	-3569	-4602	-3121	-2035
索赔及其他类似储备金的变动（+/-）	0	0	0	0
总发生赔款	-3569	-4602	-3121	-2035
减去再保险赔付份额（+）	1049	1346	1232	612
净发生赔款（i. e. net of reinsurance）	-2520	-3256	-1889	-1423
净保费收入减去净发生赔款	2320	2635	3402	1377
保险活动费用，包括保单展业成本（-）	-2052	-2578	-2634	-1304
承保收入	268	57	768	73
投资收益（损失）（包括利息）（+/-）	0	0	0	0
其他收入（费用）（+/-）	0	0	0	0
其他特殊项目（+/-）	0	0	0	0
保险账户的平衡	268	57	768	73
承保业务利润	2931	5574	9217	4219

（一）保险业务（technical accounts）

利润表最重要的是可用于分析保险公司保险业务的“盈利能力”。财务报表附注一般会在这方面提供详细的内容，拆分保险公司的人寿保险业务和一般（财产和意外险，即非人寿）业务。两类业务不同之处在于，人寿保险涉及将在某个时间点（即死亡）发生的事件，而一般保险事件可能会发生，也可能不会发生。

表3-39显示了寿险公司或健康保险公司的保险业务和一般业务，该表详细说明每项业务的基本盈利能力，并在最后显示总利润。

1. 总承保保费（gross premiums written）

总承保保费有效地反映财务报表涵盖时间段内保单的“销售”水平，可以分拆为保险和再保险业务，“分入再保险业务”“分入再保险”和“分入再保险保费”描述的是承保再保险业务。

适用国际财务报告准则IFRS的地区的做法是在损益表中显示“总已赚保费”（gross premiums earned），这在概念上与“毛保费收入”不同，这种情况下，如果在毛保费收入账户附注中没有包含任何信息，则可以使用已获得的总保费作为替代变量进行分析。

2. 总已赚保费（gross premiums earned）

“总已赚保费”与“总承保保费”并不相同，总已赚保费是指在对与人寿保险或一般保险业务有关的某些条款进行调整后得到的总保费。由于保费是提前支付的，因此在财务报表所涵盖的时间段结束时大多数保单还未完成，因此，总已赚保费是与财务期有关的保费按比例分配的结果。

3. 净已赚保费（net premiums earned）

“分出再保险”“分出再保险保费”体现保险公司获得的再保险，意味着保险公司通过从另一家保险公司购买保险来对冲其保险风险。因此，需要将再保险从所获得的总保费中扣除，以获得“净已赚保费”。

4. 已付总赔付、已发生的总赔付和已发生的净赔付（gross claims paid，gross claims incurred，net claims incurred）

“已付总赔付”是保险公司支付给被保险人的有效索赔，“已发生的总赔付”根据相关保单进行调整，以显示财务报表所涵盖的时间段内发生的索赔是否实际赔付，如果保险公司已获得再保险，相关金额将从发生的总索赔中扣除，从而得出“已发生的净赔付”。

5. 承保收入（underwriting results）

“净保费收入”减去“已发生净赔付”可以得到保险公司保险业务在营业费用前的总利润。扣除保险活动费用和其他保险条款得出承保结果，实际上是该保险活动的营业利润率。

6. 保险账户余额（balance on technical account）

通过数据可以得到寿险和一般业务的“保险账户余额”。在会计惯例的背景下，某些地区的做法是将投资收益（或损失）分为人寿和一般业务，这种情况下可以拆分保险账户余额。然后将寿险和一般业务的保险账户余额汇总，以产生总的“承保业务利润”。

（二）非保险业务收入和费用

许多保险公司向客户提供资产管理服务并收取费用，一些保险公司还有银行子公司和联营公司，其业务包括在母公司的合并财务中。保险公司通过其自身账户的投资活动产生的收益和损失对于保险公司尤为重要，包括已实现和未实现的收益和损失：已实现利润是指在购买价格上出售证券时的实际利润减去交易费用；未实现利润是指当前市场的超额部分。保险公司的基本职能是将保险费进行投资，以便有足够的收入和流动性来满足有效的索赔要求，因此投资收益对于保险公司的财务状况非常重要，投资收益可以弥补竞争激烈市场所带来的基本保险损失，尤其是人寿业务的损失（见表3－44）。

表3－44　　非保险业务收入和费用　　单位：百万英镑

报告日期	31/12/X1	31/12/X2	31/12/X3	31/12/X4
覆盖时期（月）	12	12	12	6
保险活动的利润	2931	5574	9217	4219
折旧（－）	－141	－145	－155	－80
无形资产摊销（－）	－11	－11	－12	－7
来自联营公司的收入（亏损）（+/－）	111	120	130	55
资产管理净收入（亏损）（+/－）	403	502	594	324
银行及其他金融服务净收入（亏损）（+/－）	191	235	242	162

续表

报告日期	31/12/X1	31/12/X2	31/12/X3	31/12/X4
总投资收益（亏损），包括毛利息收入	12445	15850	24163	12082
包含在一般业务技术账户中	0	0	0	0
包含在人寿保险业务技术账户中	-12395	-15750	-24013	-12007
其他投资收入（亏损）（+/-）	50	100	150	75
账户保单持有人的投资收益（以上不包括）（+）	10	15	12	6
其他净非保险收入，支出，损失和调整（+/-）	-60	-120	-270	-135
总利息费用（-）	-179	-187	-208	-104
非经常性项目前的税前利润	3305	6083	9700	4515
税（-/+）	-998	-1900	-3395	-1580
少数股东权益（-）	-1	1	-12	-6
非经常性项目和已终止的业务（+/-）	0	-94	3	0
税后利益，少数股东权益和非经常性项目	2306	4090	6296	2929
总分红	-1193	-2340	-3701	-1959
总正常股息：	-1193	-2340	-3701	-1959
中期股息 - 今年支付（-）	-390	-780	-1245	-734
末期股息 - 明年支付（-）	-803	-1560	-2456	-1225
特别股息 - 今年支付（-）	0	0	0	0
保留利润（输入）（+/-）	1113	1750	2595	970

“保单持有人投资收益”账户涉及与所谓关联政策相关的投资收益总额，其中支付与标的资产绩效挂钩，这些保单基本上是保单形式的投资产品，包含一部分保险功能。

“毛利息收入”涉及现金余额、债务投资和贷款收到的利息。

“总利息支出”涉及借款支付的利息，通常来自银行等金融机构。

“税收”是向税务机关支付的部分利润。

出现在公司合并财务中的“少数股东权益”代表集团由第三方拥有的子公司的一部分，损益表（利润和损失账户）中的数字代表集团当年拥有的部分利润。

“终止业务”与非经常性收入和支出一样，将终止业务的利润或损失排除在关键利润指标之外，因为主要关注公司未来的财务状况，公司的利润不受不再经营的业务的利润或亏损的影响。

“股息”通常被认为是上市公司的“强制性支付”，原因是管理层削减股息的决定通常是市场的一个信号，预示着未来的现金流可能比以前更糟，进而可能会降低信心从而导致股价下跌。

第四节 保险公司现金流量表项目

现金流量表是反映企业在一定会计期间内现金和现金等价物流入和流出的报表。从编制原则上看，现金流量表按照收付实现制原则编制，将权责发生制下的盈利信息调整为收付实现制下的现金流量信息，便于信息使用者了解企业净利润的质量。从内容上看，现金流量表被划分为经营活动、投资活动和融资活动三个部分，每类活动又分为各具体项目，这些项目从不同角度反映企业业务活动的现金流入与流出，弥补了资产负债表和利润表提供信息的不足。通过现金流量表，报表使用者能够了解现金流量的影响因素，评价企业的支付能力、偿债能力和周转能力，预测企业未来现金流量，为其决策提供有力依据。

一、保险公司现金流量表的特点

无论财险公司还是寿险公司，经营管理者都需要慎重对待现金流的快速增加，因为当期快速增加的现金流均为对未来的（或有）负债，是未来现金流出的根源，当期现金流的快速增加是否对公司长期发展有利，还应参照综合成本以及资金运用收益等其他因素。

现金流 = 收到的所有现金 - 付出的所有现金

（一）保险公司现金流的特点

保险企业现金流的增加主要依靠负债，如保费收入、投资收入等，这些现金流的增加是对债务的一种确认，本身就是未来现金流出的根源；而生产经营企业现金流的增加主要依靠销售收入，是对债权的一种确认，也是资产累积。因此，尽管保险企业现金流的增加也能构成资产的积累要素，但是这种积累必须要结合较强的盈利能力才能得到稳固。

从量上讲，保险企业在短期内增加现金流的能力远远强于其他类型企业。对于保险业务而言，只要结算利率显著高于市场竞争主体，或者保险费率显著低于主要竞争主体，就能在极短的时间迅速积累大量现金流。因此，除了初始阶段的特殊情况外，需格外警惕保险企业现金流的异常增长，它意味着保险公司管理者过度偏好风险，企业未来发展可能会陷入困境。

（二）保险公司现金流的影响因素

保险公司的现金流变动受到很多因素的影响。从发展阶段来说，尽管对于处于创业阶段的生产性企业而言，增加净现金流的手段较为困乏，而对于同一阶段的保险企业，通常可以实现较为丰富的经营活动净现金流，这是由保险业务的负债经营、现金收付在时间上的不对称性等行业特征决定的。保险企业的快速发展阶段，往往是经营活动现金流最丰富的时期；一旦进入成熟阶段，净现金流也随之进入稳定期。

从业务结构来说，财险业务的保单期限大部分以年为单位，但仍然是现金流入在先，流出在后，只不过现金流进入平衡期的速度相对较快；人身险业务保单期限长，当期的现金流入大部分要在未来较长期年限后才会返还给投保人，因此在业务发展初期提高投保人的收益率极易获得更大的当期现金流，但一旦定价策略出现重大失误，产生丰沛现金流的同时往往会造成长期利差损，给未来经营带来较大压力。

（三）保险公司现金流分析的重要性

通过分析保险公司的全部营业收入和支出，来确定公司的净营业现金流、了解维持资本支出的能力要求、偿还债务本金，并向股东支付股息。这种类型的分析对一般的工商企业来说是必不可少的，因为这些公司的资产通常是非流动性的（如不动产和机器），而产生现金的唯一途径就是制造商品（或购买成品），并将其出售给客户。

在经营方面，一个企业会有现金流入，最主要的原因是其销售产品会收到现金，当然如果它需要缴纳增值税，则会因为增值税的收取导致现金的流入。除此之外，还可能会因税收返还或者退税这类原因而产生来自税收的现金流入。在经营方面，需要采购原材料、给工人发工资、交企业所得税会引起企业现金的流出。在投资方面，包括购建固定资产、无形资产，也包括对外的投资，都会产生现金的流出，那么当投资被处置的时候会有现金的流入，当然如果获得投资收益也可能会产生现金的流入。

融资的方面，企业的两种融资方式一个是债务一个是股权，任何一种融资方式融入资金都会产生现金流入。如果是债务的融资，需要还本付息；如果是股权的融资，可能要给股东分红。这就是现金流量表的一个基本结构。

与制造业公司和其他公司不同，保险公司没有像这样可预测的现金流周期。虽然保险公司公开的财务报表包含现金流量表，但保险公司现金流量表的用处有限。现金流量表显示了报表所涉年度的现金产生情况（通常涉及投资的清算），而在预测未来实际现金流量方面作用较小。对于一般的工商企业，只要了解资产转换周期，并且清楚来年的销售水平，就可以预测通过业务可能产生的最大经营现金流水平，再加上对现金余额和公司持有的有价证券进行估计，这个数值往往在财政年度结束时达到最高水平，使得公司财务人员能够确定可以潜在地支付债务、购买资产等的现金数量。

保险公司是以销售保险合约、提供风险保障为主营业务的金融性公司，其产品的金融特性决定了保险公司的业务就是管理现金流。从理论上看，保险公司不太会出现现金流不足的情况，保险公司现金流管理的核心在于对未来现金流的规划，即保证未来现金流入与现金流出的合理匹配。

但在实际运营中，许多寿险公司为了抢占市场份额扩大自身规模，大力推销一些短期趸缴型产品。该类保单虽然能够在新单年度为保险公司带来大量的现金流入，但缺乏持续性。同时其保障期限过短，对资产配置也产生了很大的影响。这种经营模式往往会造成寿险公司在投资端“短债长配”“卖新还旧”的情况出现，一旦出现风险就会给保险公司的经营带来大量的问题。

保险公司的大部分资产都是流动性强的投资（即快速转换成现金而不造成物质损失），因此现金流量表中的“经营现金流量”不能真正代表保险公司的产生现金的能力。这就是保险公司资产的质量和流动性处于重要地位的原因。

分析保险公司的经营性现金流非常重要，一个原因是保险公司最终必须在经营活动中产生比支出更多的现金。也就是说，公司必须收取的保险费和其他收入要比其赔付、向客户支付的投资和费用更多，如果保险公司无法长期做到这一点，就将面临破产。因此，从长期来看现金流量分析是有用的。另一个原因是，在投资理论中，股票的公允价值是所有未来现金流的净现值。因此，为了让股票分析师推荐“购买”“持有”或“卖出”某只股票，必须能够估计其公允价值，并与当前价格进行比较。

二、保险公司现金流量表的内容

（一）经营活动产生的现金流量

对于保险公司而言，经营活动主要包括原保险业务和再保险业务等。保险公司经营活动现金流入主要为收到原保险合同保费而取得的收入；保险公司的现金流出主要表现为支付赔款、营业费用、代理手续费、营业税金及附加、资本性开支等。保险公司需及时、准确地向被保险人支付赔款，弥补被保险人的经济损失。同时保险公司是经营风险的公司，风险的存在决定了保险赔款的发生具有不确定性，资金支出具有突发性（见表 3－45）。

表 3－45　B 财险股份有限公司 2018 年母公司现金流量表（经营活动部分）　单位：百万元

经营活动产生的现金流量	2018 年度	2017 年度
收到的其他与经营活动有关的现金	413	868
经营活动现金流入小计	413	868
支付给职工以及为职工支付的现金	(601)	(618)
支付的各项税费	(100)	(51)
支付的其他与经营活动有关的现金	(354)	(257)
经营活动现金流出小计	(1055)	(926)
经营活动产生的现金流量净额	**(642)**	**(58)**

经营活动产生的现金流量部分项目与填列方式：

(1)“收到的其他与经营活动有关的现金”项目，反映了除“收到的现金保费”“收到的保户储金”以外收到的其他与经营活动有关的现金，如其他业务收入、捐赠的现金收入、罚款收入等。本项目可根据“现金”“银行存款”“营业外收入”“其他应付款”等科目填列。

(2)“支付给职工以及为职工支付的现金”项目，反映公司实际支付给职工的现金，包括本期实际支付给职工的工资、奖金、各种津贴和补贴等，还包括为职工支付的养老保险、医疗保险和住房公积金等，不包括在建工程人员的工资。本项目一般根据“现金”“银行存款”“应付工资”“应付福利费”等科目填列。

(3)“支付的各项税费”项目包括公司实际支付的营业税金、所得税以及其他费用，包括教育费附加、印花税、房产税、城镇土地使用税、车船税等。但是不包括实际支付的已计入固定资产价值的固定资产投资方向调节税、耕地占用税等。本项目根据“现金”“银行存款”“应交税金”“其他应付款”等科目进行填列。

(4)“支付的其他与经营活动有关的现金”项目，反映公司除上述项目支出外，支付的其他与经营活动有关的现金，如支付的差旅费、业务招待费、购买低值易耗品等现金支出。根据“现金”“银行存款”“物料用品”“营业外支出”等科目填列。

(二) 投资活动产生的现金流量

投资活动是指企业长期资产的购建和不包括在现金等价物范围内的投资及其处置活动。长期资产是指固定资产、无形资产、在建工程、其他资产等持有期限在一年或一个营业周期以上的资产。这里的投资活动，既包括实物资产投资，也包括金融资产投资，之所以将“包括在现金等价物范围内的投资”排除在外，是因为已经将其视同现金。保险公司金融资产投资活动较为频繁，因此保险公司投资活动的现金流量变动主要体现为收回投资收到的现金、取得投资收益收到的现金和投资支付的现金等（见表3-46)。

表3-46　B财险股份有限公司2018年母公司现金流量表（投资活动部分） 单位：百万元

投资活动产生的现金流量	2018年度	2017年度
收回投资所收到的现金	8889	8706
取得投资收益收到的现金	4465	4228
投资活动现金流入小计	13354	12934
投资支付的现金	(18377)	(13613)
购置固定资产、无形资产和其他长期资产支付的现金	(159)	(61)
支付的其他与投资活动有关的现金	(236)	(83)
投资活动现金流入小计	(18772)	(13757)
投资活动产生的现金流量	**(5419)**	**(823)**

投资活动产生的现金流量部分项目与填列方式：

(1)“收回投资所收到的现金”项目，反映了公司出售或转让股票、基金、债券等现金等价物以外的短期投资以及收回长期债券本金时收到的现金，不包括收到的利息以及非现金资产。一般根据“现金”“银行存款”“短期投资”“长期债权”等科目填列。

（2）“取得投资收益收到的现金”项目包括取得股利及红利，还包括债券投资、央行票据等利息收入而收到的现金。本项目根据“现金”“银行存款”“应收利息”“长期债权投资”等科目填列。

（3）“投资支付的现金”项目包括公司购买除现金等价物以外的短期投资和长期投资支付的现金，以及支付的手续费、佣金等附加费用。一般根据“现金”“银行存款”“短期投资”“长期债券投资”等填列。

（4）“购置固定资产、无形资产和其他长期资产支付的现金”项目，反映了公司购买、建造固定资产、取得无形资产支付的现金，不包括为购建固定资产进行借款的利息资本化部分，也不包括融资租入固定资产支付的租赁费、借款利息等。本项目可根据“固定资产”“无形资产”“在建工程”等科目填列。

（5）“支付的其他与投资活动有关的现金”项目包括除了上述项目以外，公司支付的其他与投资活动有关事项现金。根据“现金”“银行存款”和其他有关科目进行填列。

（三）融资活动产生的现金流量

融资活动是指导致企业资本、债务规模和构成发生变化的活动。资本既包括实收资本（股本），也包括资本溢价（股本溢价）；债务指对外举债，包括向银行借款、发行债券以及偿还债务等。通常情况下，应付账款、应付票据等商业应付款等属于经营活动，不属于融资活动。保险公司的融资活动除了非金融企业的一般的资本和债务活动外，还包括其卖出回购业务产生的现金流入或流出（见表3－47）。

表3－47　A寿险股份有限公司2018年母公司现金流量表（融资活动部分）　单位：百万元

融资活动产生的现金流量	2018年度	2017年度
吸引投资收到的现金	6012	—
取得借款收到的现金	600	—
发行债券收到的现金	18000	—
融资活动现金流入小计	24612	—
偿付债务支付的现金	（16600）	—
偿付利息支付的现金	（824）	（792）
分配股利、利润或偿付利息所支付的现金	（1672）	（1433）
支付其他与融资活动有关的现金	（45）	—
融资活动现金流出小计	（19141）	（2225）
融资活动产生的现金流量净额	**5471**	**（2225）**

融资活动产生的现金流量部分项目与填列方式：

（1）“吸引投资收到的现金”项目，反映了企业受到的投资者投入的现金，包括以发行股票、债券等方式筹集的资金扣除佣金等项目后实际收到的现金净额。在融资活动中，企业直接支付的审计、咨询费用应从本项目汇总减去，该部分在“支付其他与融资活动有关的现金”项目中反映。一般可根据“资本公积”“银行存款”等项目填列。

(2)“取得借款收到的现金”项目反映企业举借各种长短期借款所收到的现金。根据“短期借款”“长期借款”“银行存款”等科目填列。

(3)“发行债券收到的现金”反映公司通过发行债券向社会公众等筹集的现金。一般根据“短期借款”“长期借款”“银行存款”等科目填列。

(4)“偿付债务支付的现金”反映公司以现金偿还的债务本金，包括偿还金融公司借款本金、债券本金等，不包括偿还的借款利息、债券利息。一般根据“短期借款”“长期借款”“银行存款”等科目填列。

(5)“偿付利息支付的现金”项目反映公司实际支付的借款利息等。本项目实际根据“银行存款”“长期应付款”等科目填列。

(6)“分配股利、利润或偿付利息所支付的现金”项目反映企业实际支付的现金股利、支付给其他投资单位的利润以及支付的借款利息和债券利息等。根据“利润分配”“长期应付款”等科目填列。

(7)“支付其他与融资活动有关的现金”是指除以上所述各项外，支付的其他与融资活动有关的现金。本项目可根据“现金”“银行存款”等科目填列。

三、现金流量表附注的内容

现金流量表附注主要包括三部分内容：一是将净利润用间接法调节为经营活动的现金流量；二是反映不涉及现金收支的投资和融资活动；三是静态地反映现金及现金等价物净增加情况。具体内容如表 3－48 所示。

表 3－48　　现金流量表附注内容列式　　单位：百万元

	本期金额	上期金额
1. 将净利润调节为经营活动现金流量：	—	—
净利润	—	—
加：资产减值准备	—	—
固定资产折旧、油气资产折耗、生产性生产物资折旧	—	—
无形资产摊销	—	—
长期待摊费用摊销	—	—
处置固定资产、无形资产和其他长期资产的损失（收益以“－”号填列）	—	—
固定资产报废损失（收益以“－”号填列）	—	—
公允价值变动损失（收益以“－”号填列）	—	—
财务费用（收益以“－”号填列）	—	—
投资损失（收益以“－”号填列）	—	—
递延所得税资产减少（增加以“－”号填列）	—	—

续表

	本期金额	上期金额
递延所得税负债增加（减少以“-”号填列）	—	—
存货的减少（增加以“-”号填列）	—	—
经营性应收项目的减少（增加以“-”号填列）	—	—
经营性应收项目的增加（减少以“-”号填列）	—	—
其他	—	—
经营活动产生的现金流量净额	—	—
2. 不涉及现金收支的重大投资和融资活动	—	—
债务转为资本	—	—
一年内到期的可转换公司债券	—	—
融资租入固定资产	—	—
3. 现金及现金等价物的净变动情况	—	—
现金的期末余额	—	—
减：现金的起初余额	—	—
加：现金等价物的期末余额	—	—
减：现金等价物的期初余额	—	—
现金及现金等价物净增加额	—	—

专栏 3-3

自由现金流

自由现金流是用来衡量企业实际持有的能够回报股东的现金，指在不危及公司生存与发展的前提下可供分配给股东和债权人的最大现金额。自由现金流在经营活动现金流的基础上考虑了资本性支出和股息支出，表示的是公司可以自由支配的现金。如果自由现金流丰富，则公司可以偿还债务、开发新产品、回购股票、增加股息支付等。同时，丰富的自由现金流也使得公司成为并购对象。关于自由现金流还有很多定义，但从保险公司的角度来看，最有用的是扣除利息、税项及资本开支净额后的经营现金流量。计算公式如下：

自由现金流 = 利息、税收、折旧和摊销前收益 - 利息支出净额 - 应付税金现金
- 净资本支出（保守估计，至少包括维持资本支出加上边际支出）

自由现金流量可分为企业整体自由现金流量和企业股权自由现金流量。整体自由现金流量是指企业扣除了所有经营支出、投资需要和税收之后，在清偿债务之前的剩余现金流量；股权自由现金流量是指扣除所有开支、税收支付、投资需要以及还本付息支出之后的剩余现金流量。整体自由现金流量用于计算企业整体价值，包括股权价值和债务价值；股权自由现金流量用于计算企业的股权价值。

股权自由现金流量的计算公式如下：

$$自由现金流 = 利润 + 折旧 - 投资$$

自由现金流量的提出是为了克服会计利润的不足。首先，针对于企业可利用增加投资收益等非营业活动操纵利润的缺陷，自由现金流量认为只有在其持续的、主要的或核心的业务中产生的营业利润才是保证企业可持续发展的源泉，而所有因非正常经营活动所产生的非经常性收益（利得）是不计入自由现金流量的。其次，会计利润是按照权责发生制确定的，而自由现金流量是根据收付实现制确定的。正因为在会计上不以款项是否收付作为确认收入和费用的依据，利润才会有比较大的操纵空间。企业通过虚假销售、提前确认销售或有意扩大赊销范围调节利润时，这些销售无法取得现金，因此应收账款的占用就会增加。为调整利润进行的关联交易通常也不使用现金，同样会导致应收账款及其他应收款（其他应收款体现企业与正常经营业务无关的有关各方的资金往来，在某种程度上可以反映企业与关联方的资金关系，比如出售投资给关联方后应收回的款项等）的增加。然而，自由现金流量认准的是收到或支付现金与否。再者，自由现金流量还考虑到了企业存货增减变动的影响，而这并没有反映在会计利润的计量上。比如，在会计计量上 6 天或 60 天的“存货”时间对利润的影响是没有差别的。可企业只有将生产出来的产品销售出去才能增加财富。若将大量存货积压在仓库里，非但不能给企业产生利润，反而还要为存货不断地支付资金成本（仓储费、保险费、维护费、管理费等）。最后，现金流量考虑到股权资本成本的问题，因为自由现金流量指的就是在不影响公司持续发展的前提下，可供分配给股东和债权人的最大现金额（见表 3－49）。

表 3－49　　投资统计数据的示例

数据					
当前股价	欧元			5. 5900	
一年的低点	欧元			4. 5900	
一年的高点	欧元			7. 6300	
一年均值 当前在一年内的位置（百分位数）	欧元			6. 11 33	
β	x			0. 97	
市价总值	欧元	百万		13583. 00	
发行股票数量：	百万			2429. 8748	
价格：账面｛即市值：盈余｝（x）				1. 92	
市值：过剩的无形资产（x）				1. 49	
市值：自由现金流（年）				9. 47	
价格：收入（x）				2. 32	
当前价格：预计收益（x） ｛即预期价格：收益｝	第 1 年 2. 08	第 2 年 1. 88	第 3 年 1. 74	第 4 年 1. 61	第 5 年 1. 49

续表

内部收益率					
年目标回报率投入（%）				10.00	
年平均自由现金流预测投入				2000	
预测模型下年自由现金流				6861	
投资净现值（NPV）（应该=0）				0	
实际收益率（IRR）（%）				14.7245	
基于目标年收益的股票公允价值					
基于目标收益的公司公允价值	欧元	百万		19999.05	
按目标收益计算的每股公允价值	欧元			8.23	

在这种情况下，未来的平均自由现金流可能明显低于预期，但即使在这种不利情况下，14.72%的内部收益率也远远高于最低目标回报率10%，并且股票的公允价值远高于现值。根据投资者的风险厌恶性和其他投资标准，投资者很可能买入股票。

【思考题】

1. 请对以下陈述做出解释：资产负债表可以被视为一家公司财务状况的快照，综合收益表可以看成对保险公司财务状况进行了摄像。

2. 简述如何计算剩余边际。

3. 简述保险公司对保费“先拆后测”的过程。

4. 说明保险公司现金流分析的重要性。

第四章　保险公司合并财务报表

【学习目标和要求】

1. 了解合并财务报表的基本内容和原则。
2. 掌握保险公司合并中的商誉和少数股权的处理。
3. 理解合并财务报表的编制方法。

【本章概览】

企业合并是经济快速发展时期较为常见的交易事项。近些年来，随着我国经济市场化和国际化的发展，保险市场规模快速增长，客观上需要开辟新的投资领域或市场，因此保险公司发生的收购兼并也日趋纷繁复杂；同时，在保险市场竞争日趋激烈情况下，保险企业集团不断形成和壮大。在这种新的形势下，客观上需要能够反映企业集团整体规模和状况的财务报告，以满足财务报告使用者作出科学决策的需要。本章对保险公司合并财务报表进行分析，分为三节：第一节介绍合并财务报表的概念、内容以及原则；第二节重点阐述保险公司合并中的商誉和少数股权；第三节介绍合并财务报表编制。

第一节　合并财务报表概述

一、合并财务报表的概念

（一）企业合并

根据《企业会计准则第 20 号——企业合并》，企业合并是将两个或两个以上单独的企业合并形成一个报告主体的交易或事项。企业合并分为同一控制下的企业合并和非同一控制下的企业合并。

首先，单独的企业指的是具有独立的法人资格，或者说是独立运营的公司；一个报告主体包括以下两种情况：一种是只有一个法人；另一种是有两个法人，但是属于母子公司关系，编制合并报表。其次，企业合并要求被合并方有业务存在，即被合并方有收入、成本、费用发生，不能仅仅是个空壳公司。

企业合并的方式包括：

（1）吸收合并（也称兼并，merger）。吸收合并是指两家或两家以上的企业合并成一家企业，其中一家企业将另一家企业或多家企业吸收进自己的企业，并以自己的名义继续经营，而被吸收的企业在合并后丧失法人地位，解散消失。

（2）创立合并（consolidation），我国《公司法》也称新设合并。创立合并是指几家企业协议合并组成一家新的企业。也就是说，经过这种形式的合并，原来的各家企业均不复存在，而由新企业经营。

（3）控股合并（acquisition of majority interest，简称 acquisition）。控股合并是指一家企业购进或取得了另一家企业有投票表决权的股份或出资证明书，且已达到控制后者经营和财务方针的持股比例的企业合并形式。

（二）企业合并的类型

同一控制下的企业合并是指参与合并的企业在合并前后均受同一方或相同的多方最终控制，且该控制并非暂时性的；同一控制下的企业合并中，在合并日取得对其他参与合并企业控制权的一方为合并方，参与合并的其他企业为被合并方。

非同一控制下的企业合并是指参与合并的各方在合并前后不受同一方或相同的多方最终控制。非同一控制下的企业合并中，在购买日取得对其他参与合并企业控制权的一方为购买方，参与合并的其他企业为被购买方。

二、合并财务报表的内容

合并财务报表，是指反映母公司及其全部子公司形成的企业集团整体财务状况、经营成果和现金流量的财务报表。与个别财务报表相比，合并财务报表反映的是由母公司及其全部子公司组成的会计主体，编制者或编制主体是母公司。合并财务报表是以纳入合并范围的企业个别财务报表为基础，根据其他有关资料，抵消母公司与子公司、子公司相互之间发生的内部交易对合并财务报表的影响而编制的。

（一）合并范围的确定

合并财务报表的合并范围应当以控制为基础加以确定。

（二）控制

控制，是指一个企业能够决定另一个企业的财务和经营政策，并能据以从另一个企业的经营活动中获取利益的权力。控制通常具有如下特征：

（1）控制的主体是唯一的，不是两方或多方。也就是说，对被投资单位的财务和经营政策的提议不必要征得其他方同意，就可以形成决议并付诸实施。

（2）控制的内容是被控制方的财务和经营政策，这些财务和经营政策一般是通过表决权来决定的。在某些情况下，也可以通过法定程序严格限制董事会、受托人或管理层对特殊目的主体经营活动的决策权，如规定除设立者或发起人外，其他人无权决定特殊目的主体经营活动的政策。

（3）控制的性质是一种权力，是一种法定权力，也可以是通过公司章程或协议、投资者之间的协议授予的权力。

（4）控制的目的是获取经济利益，包括为了增加经济利益、维持经济利益、保护经济利益，或者降低所分担的损失等。

（三）母公司与子公司

企业集团由母公司和其全部子公司构成。母公司和子公司是相互依存的，有母公司必然存在子公司，同样，有子公司必然存在母公司。

（1）母公司是指有一个或一个以上子公司的企业（或主体，下同）。作为母公司必须有一个或一个以上的子公司，即母公司必须满足控制的要求，能够决定另一个企业的财务和经营政策，并有据以从另一个企业的经营活动中获取利益。母公司可以只控制一个子公司，也可以同时控制多个子公司。

（2）子公司是指被母公司控制的企业。作为子公司必须被母公司控制，并且只能由一个母公司控制，不可能也不允许被两个或多个母公司同时控制。被两个或多个公司共同控制的被投资单位是合营企业，而不是子公司。

（四）控制标准的具体应用

母公司拥有其半数以上的表决权的，被投资单位应当纳入合并财务报表的合并范围；母公司直接或通过子公司间接拥有被投资单位半数以上的表决权，表明母公司能够控制被投资单位，应当将该被投资单位认定为子公司，纳入合并财务报表的合并范围。通常情况下，当母公司拥有被投资单位半数以上表决权时，母公司就拥有对该被投资单位的控制权，能够主导该被投资单位的股东大会，特别是董事会，并对其生产经营活动和财务政策实施控制。在这种情况下，子公司处在母公司的直接控制和管理下进行日常生产经营活动，子公司的生产经营活动成为事实上的母公司生产经营活动的一个组成部分，母公司与子公司生产经营活动已一体化。拥有被投资单位半数以上表决权，是母公司对其拥有控制权的最明显的标志，应将其纳入合并财务报表的合并范围。母公司拥有被投资单位半数以上表决权，通常包括三种情况：

（1）母公司直接拥有被投资单位半数以上表决权；

（2）母公司间接拥有被投资单位半数以上表决权；

（3）母公司直接和间接方式合计拥有被投资单位半数以上表决权。

母公司拥有其半数以下的表决权的，被投资单位纳入合并财务报表具有一定的条件。在母公司通过直接和间接方式没有拥有被投资单位半数以上表决权的情况下，如果母公司通过其他方式对被投资单位的财务和经营政策能够实施控制时，这些被投资单位也应作为子公司纳入其合并范围。

（1）通过与被投资单位其他投资者之间的协议，拥有被投资单位半数以上表决权；

（2）根据公司章程或协议，有权决定被投资单位的财务和经营政策；

（3）有权任免被投资单位的董事会或类似机构的多数成员；

（4）在被投资单位董事会或类似机构占多数表决权。

所有子公司都应纳入母公司的合并财务报表的合并范围。也就是说，只要是由母公司控制的子公司，不论子公司的规模大小、子公司向母公司转移资金能力是否受到严格限制，也不论子公司的业务性质与母公司或企业集团内其他子公司是否有显著差别，都应当纳入合并财务报表的合并范围。受所在国外汇管制及其他管制，资金调度受到限制的境外子公司，在这种情况下，如果该被投资单位的财务和经营政策仍然由本公司决定，资金调度受到限制并不妨碍本公司对其实施控制，应将其纳入合并财务报表的合并范围。

三、保险公司合并财务报表的原则

（一）同一控制下合并

合并方在企业合并中取得的资产和负债，应当按照被合并方在合并日的账面价值计量。合并方取得的净资产账面价值与支付的合并对价账面价值（或发行股份面值总额）的差额，应当调整资本公积；资本公积不足冲减的，调整留存收益。

同一控制下的企业合并中，被合并方采用的会计政策与合并方不一致的，合并方在合并日应当按照本企业会计政策对被合并方的财务报表相关项目进行调整。

合并方为进行企业合并发生的各项直接相关费用，包括为进行企业合并而支付的审计费用、评估费用、法律服务费用等，应当于发生时计入当期损益。

为企业合并发行的债券或承担其他债务支付的手续费、佣金等，应当计入所发行债券及其他债务的初始计量金额。企业合并中发行权益性证券发生的手续费、佣金等费用，应当抵减权益性证券溢价收入，溢价收入不足冲减的，冲减留存收益。

企业合并形成母子公司关系的，母公司应当编制合并日的合并资产负债表、合并利润表和合并现金流量表。

合并资产负债表中被合并方的各项资产、负债，应当按其账面价值计量。因被合并方采用的会计政策与合并方不一致，按照本准则规定进行调整的，应当以调整后的账面价值计量。

合并利润表应当包括参与合并各方自合并当期期初至合并日所发生的收入、费用和利润。被合并方在合并前实现的净利润，应当在合并利润表中单列项目反映。合并现金流量表应当包括参与合并各方自合并当期期初至合并日的现金流量。

编制合并财务报表时，参与合并各方的内部交易等，应当按照《企业会计准则第33号——合并财务报表》处理。

（二）非同一控制下的合并

购买方应当区别下列情况确定合并成本：

（1）一次交换交易实现的企业合并，合并成本为购买方在购买日为取得对被购买方的控制权而付出的资产、发生或承担的负债以及发行的权益性证券的公允价值。

（2）通过多次交换交易分步实现的企业合并，合并成本为每一单项交易成本之和。

（3）购买方为进行企业合并发生的各项直接相关费用也应当计入企业合并成本。

（4）在合并合同或协议中对可能影响合并成本的未来事项作出约定的，购买日如果估计未来事项很可能发生并且对合并成本的影响金额能够可靠计量的，购买方应当将其计入合并成本。购买方在购买日对作为企业合并对价付出的资产、发生或承担的负债应当按照公允价值计量，公允价值与其账面价值的差额，计入当期损益。被购买方可辨认净资产公允价值，是指合并中取得的被购买方可辨认资产的公允价值减去负债及或有负债公允价值后的余额。被购买方各项可辨认资产、负债及或有负债，符合下列条件的，应当单独予以确认的情况包括：

（1）合并中取得的被购买方除无形资产以外的其他各项资产（不仅限于被购买方原已确认的资产），其所带来的经济利益很可能流入企业且公允价值能够可靠地计量的，应当单独予以确认并按照公允价值计量。

合并中取得的无形资产，其公允价值能够可靠地计量的，应当单独确认为无形资产并按照公允价值计量。

（2）合并中取得的被购买方除或有负债以外的其他各项负债，履行有关的义务很可能导致经济利益流出企业且公允价值能够可靠地计量的，应当单独予以确认并按照公允价值计量。

（3）合并中取得的被购买方或有负债，其公允价值能够可靠地计量的，应当单独确认为负债并按照公允价值计量。或有负债在初始确认后，应当按照下列两者孰高进行后续计量：

①按照《企业会计准则第 13 号——或有事项》应予确认的金额；

②初始确认金额减去按照《企业会计准则第 14 号——收入》的原则确认的累计摊销额后的余额。

企业合并形成母子公司关系的，母公司应当设置备查簿，记录企业合并中取得的子公司各项可辨认资产、负债及或有负债等在购买日的公允价值。编制合并财务报表时，应当以购买日确定的各项可辨认资产、负债及或有负债的公允价值为基础对子公司的财务报表进行调整。

企业合并形成母子公司关系的，母公司应当编制购买日的合并资产负债表，因企业合并取得的被购买方各项可辨认资产、负债及或有负债应当以公允价值列示。母公司的合并成本与取得的子公司可辨认净资产公允价值份额的差额，应按照本准则规定处理的结果列示。

第二节　商誉和少数股权

一、保险公司合并中的商誉

商誉是指能在过去期间为企业经营带来超额利润的潜在经济价值，或一家企业预期的获利能力超过可辨认资产正常获利能力（如社会平均投资回报率）的资本化价值。

《企业会计准则第 20 号——企业合并》与相应的应用指南明确了并购商誉的初始计量方法：购买一方在企业合并中合并成本大于合并中所得的被购买方可辨认净资产公允价值份额的差额，属于企业商誉；以控股方式实行企业合并时，以持股比例计算长期股权投资的成本和购买日应享有被购买方可辨认净资产公允价值份额之间的差额，并将其定义为并购商誉。

并购时的商誉价值包括合并商誉价值和自创商誉价值两部分。合并商誉价值代表了并购公司对并购活动未来的预期价值，因为并购后的商誉价值能否变现存在不确定性，所以它存在被高估或低估的可能；而自创商誉价值是被并购公司经营积累起来的商誉价值，并购时并购公司要对这部分商誉价值进行支付，使得这部分商誉价值得以体现。

（一）商誉能反映出保险公司对并购业务未来现金流的预期

并购方保险公司之所以愿意支付“溢价”，很大程度上是对并购后保险公司的未来收益充满信心，并购带来的商誉价值体现在两个方面：一是被并购保险公司的自创商誉价值。当并购方保险公司收购被并购保险公司后，被并购保险公司的自创商誉价值成为并购方保险公司商誉价值的一部分，而这部分商誉价值将在并购方保险公司未来的经营中产生现金流，为公司的盈利提供源泉。如被并购保险公司具有良好的商业联系、忠诚的客户等，那么当它的这种商誉成为并购方保险公司的商誉之后，依然能为并购方保险公司持续带来保费收入。二是并购后的保险公司将因协同效应创造出新的商誉价值。如果两家保险公司的并购促进了并购后保险公司经营理念的创新、管理制度的改进、员工素质的提升和企业文化的改良等，使新的商誉价值得以创造，那么这些改变将对并购后保险公司的经营带来深远影响。从公司长远发展的角度来看，它同样将会给并购方保险公司带来现金流回报。因此，对商誉价值不能只关注其现在价值和历史成本，而应更多地着眼于未来价值，也就是商誉价值未来能给并购方保险公司带来的收益。

（二）并购发生后的商誉价值确认能改善保险公司的偿付能力

偿付能力是保险公司的生命线，也是监管的重中之重。在并购活动发生后，商誉资产的确认可以改善企业的资产结构，降低企业的资产负债率，在一定程度上提高企业的偿债能力。同时，对并购后商誉进行的资产减值测试，将能及时反映出商誉价值的变化情况，并且，做好必要的减值损失准备也能为监管资本的计算提供一个新的参考标准。这无疑对于正确评估保险公司的偿付能力会产生积极作用。

二、商誉的价值确定

从理论上讲，只要企业有获得超额收益的能力，即可确认商誉的存在，并可将其创立过程中所发生的一切支出作为成本入账。然而这种确定商誉存在的方法及会计计量实施起来是相当困难的。因为商誉是由各种因素相互影响、相互作用而产生的，没有任何一笔支出能够确认是专为创造商誉而支出的。因此，也难决定该笔支出创造了多少商誉，这些支出的受益期是多少，因而在会计实务中，一般只对企业外购商誉即合并商誉加以确认入账，自行创造的商誉不予入账。

对于在同一控制下的企业合并，新准则规定采用权益集合法，相关资产和负债按照在被合并方的原账面价值入账，合并溢价只能调整资本公积和留存收益，并不确认商誉。在新准则体系下，只有对非同一控制下的企业合并采用购买法，才涉及商誉的会计处理，确认商誉。而非同一控制下的企业合并在控股合并和吸收合并时确认商誉又稍有不同，控股合并中产生的商誉体现在购买日编制的合并资产负债表中，吸收合并中产生的商誉则作为购买方账簿和个别报表中的资产列示。

根据第20号会计准则，合并商誉 = 企业合并成本 - 合并中取得被购买方可辨认净资产公允价值份额（若合并成本大于取得的被购买方可辨认净资产公允价值的份额则应当将其差额确认为商誉；而若前者小于后者，则将其差额计入合并当期营业外收入，并在报表附注中说明）。其中，合并成本应包括以下四项内容：（1）一次交换交易实现的企业合并，合并成本为购买方在购买日为取得被购买方的控制权而付出的资产、发生或承担的负债以及发行的权益性证券的公允价值；（2）通过多次交换交易分步实现的企业合并，合并成本为每一单项交易成本之和；（3）为进行企业合并而发生的各项直接相关费用也应当计入企业合并成本；（4）在合并合同或协议中对可能影响企业合并成本的未来事项作出约定的，购买日如果估计未来事项很可能发生并且对合并成本的影响金额能够可靠计量的，购买方应当将其计入合并成本。

可辨认净资产公允价值是指合并中取得的被购买方可辨认资产公允价值减去负债及或有负债公允价值后的余额。

（一）非同一控制下的控股合并

该合并方式下，购买方一般应于购买日编制合并资产负债表，合并中取得的被购买方各项可辨认资产、负债应以其在购买日的公允价值计量，长期股权投资的成本大于合并中取得的被购买方可辨认净资产公允价值的差额，体现为合并财务报表中的商誉；长期股权投资的成本小于合并中取得的被购买方可辨认净资产公允价值的差额，计入合并当期损益，因购买日不需要编制合并利润表，该差额体现在合并资产负债表上，应调整合并资产负债表的盈余公积和未分配利润。

（二）非同一控制下的吸收合并

购买方在购买日应当将合并中取得的符合确认条件的各项可辨认资产、负债，按其公允价值确认为本企业的资产和负债；作为合并对价的有关非货币性资产在购买日的公允价值与账面价值的差额，应作为资产处置损益计入合并当期的利润表；确定的企业合并成本与所取得的被购买方可辨认净资产公允价值之间的差额，视情况分别确认为商誉或是计入企业合并当期的损益。

值得说明的是，企业合并中取得的有关资产、负债由于账面价值和计税基础不同产生所得税的暂时性差异，要调整商誉的价值；商誉确认后，由于账面价值和计税基础之间的差额所形成的应纳税暂时性差异，不确认为递延所得税负债。

三、我国商誉的初始确认的会计处理

(一) 非同一控制下的企业合并涉及商誉的会计处理

中国《企业会计准则第20号——企业合并》中规定:“购买方对合并成本大于合并中取得被购买方可辨认净资产公允价值份额的差额应当确认为商誉。”可以看出，中国就商誉的初始确认及计量与国际会计准则的规定是完全一致的，即都是差额式的间接计量。按照中国新颁布的《企业会计准则》(以下简称新准则)，涉及企业合并的会计处理首先应区分是同一控制下的企业合并，还是非同一控制下的企业合并。对于在同一控制下的企业合并，新准则规定相关资产和负债均以账面价值计量，合并溢价只能调整资本公积和留存收益，并不确认商誉。

(二) 非同一控制下合并成本的内容

根据新准则第20号，非同一控制下的企业合并，购买方在进行账务处理时应分别根据准则确定合并成本以及合并中取得的被购买方可辨认净资产公允价值的份额，并比较两者之间的大小。其中合并成本应包括以下三项内容:

(1) 购买方在购买日为取得被购买方的控制权而付出的资产、发生或承担的负债以及发行的权益性证券的公允价值;

(2) 为进行企业合并而发生的各项直接相关费用;

(3) 合并合同或协议中所约定的未来事项对合并成本的可能影响金额，但该金额计入合并成本的前提是:在购买日能够合理估计该未来事项很可能发生并且对合并成本的影响金额能够可靠计量。

若合并成本大于取得的被购买方可辨认净资产公允价值的份额，则应当将其差额确认为商誉;而若前者小于后者，则首先应对两者的计量进行复核，如果经复核后前者仍然小于后者，则将其差额计入当期损益。

可见，新准则对于正商誉和负商誉采取了不同的处理方式。对于正商誉，新准则规定要单独确认为一项资产。结合准则第2号的要求，在确认商誉的同时还应对按合并成本所确定的长期股权投资初始投资成本进行相应的调整。对负商誉没有采用递延收益的方式分期计入损益，而是在合并当期一次性计入损益。

不形成母子公司关系的企业合并交易，即吸收合并和新设合并，购买日购买方的账务处理中就能够单独确认商誉，从而在合并后存续企业的单独资产负债表中单项列示，而形成母子公司关系的控股合并交易因在合并日账务中作为长期股权投资成本入账的合并成本中就包括商誉价值，所以在合并日购买方的单独资产负债表中商誉并未单独列报，而是包含在“长期股权投资”项目中，而在合并日合并资产负债表中才需要单独列报合并商誉。

四、商誉减值测试方法及会计处理

对于企业合并所形成的商誉，至少应当在每年年度终了进行减值测试。由于商誉难以独立产生现金流量，因此，商誉应当结合与其相关的资产组或资产组组合进行减值测试。

《企业会计准则第20号——企业合并》规定，因企业合并所形成的商誉是母公司根据其在子公司所拥有的权益而确认的商誉，子公司中归属于少数股东的商誉并没有在合并报表中予以确认。如果资产组发生减值，应当首先抵减商誉的账面价值，但由于根据上述方法计算的商誉减值损失包括了应由少数股东承担的部分，故应当将商誉减值损失在可归属于母公司和少数股东权益之间按比例进行分摊，以确认归属于母公司的商誉减值损失。商誉的减值准备在提取以后不能转回，在资产负债表日单独设置“商誉减值准备”科目进行核算，借记“资产减值损失”科目，贷记“商誉减值准备”科目。

【例4-1】 A公司以1000万元取得B公司30%的股权，取得投资时被投资单位可辨认净资产的公允价值为3000万元。

（1）如A公司能够对B公司施加重大影响，则A公司应进行的会计处理为：

借：长期股权投资——B公司（成本）　　1000

　　贷：银行存款　　1000

可见，商誉100万元（1000-3000×30%）体现在长期股权投资成本中。

税法上认可的长期股权投资的计税成本为1000万元，100万元的商誉不作为费用在税前扣除。

此种情况下，税法上的计税成本等于会计上的初始成本。

（2）如投资时B公司可辨认净资产的公允价值为3500万元，则A公司应进行的处理为：

借：长期股权投资——B公司（成本）　　1000

　　贷：银行存款　　1000

成本=3500×30%=1050（万元）

借：长期股权投资——B公司（成本）　　50

　　贷：营业外收入　　50

可见，负商誉50万元体现在长期股权投资成本中。

税法上认可的长期股权投资的计税成本为实际支付的价格1000万元，会计上的初始成本为1050万元，二者存在财税差异50万元。

此种情况下，税法上的对于负商誉不作为当期的收益，也不得递延到以后各期。所以，在纳税申报时应作纳税调减50万元。

五、保险公司合并中的少数股权

在股份制企业中，有两类股东：一类是取得公司控制权的股东，称为控股股东；另一类是掌握非控制权股份的少数股东。与此对应，少数股东在企业中权益称为少数股权。随着资本市场的发展，资本日益集中，使得企业合并的现象频繁发生。企业合并在多数情况下会导致少数股东权益的变动。

在企业合并的过程中少数股东权益产生于子公司非母公司全资投资的情况。中国现行会计准则采用实体理论，在编制合并日及合并日后的会计报表中都需要单独列报少数股东权益。在合并报表中，少数股权体现在两个方面：一是在合并资产负债表中，代表少数股东对集团净资产的要求权；二是在合并利润表中，代表股东对集团利润的应享份额。

在实体理论下，子公司已成为企业集团不可分割的整体，这一整体的经济资源由多数股权和少数股权提供。因此，子公司的净资产应采用相同的计价基础，即均按公允价值计价，同时，由母公司购买子公司股份所蕴含的子公司全部商誉也应由少数股东分享。在这一理论下，少数股东权益应列为所有者权益的一部分，但可与多数股东权益一起附表列示。

新准则规定：以“经济主体理论”为合并基础，该理论认为应对合并主体的所有股东一视同仁，合并报表应反映所有股东的利益。子公司所有者权益中不属于并表母公司的份额，应当作为少数股东权益，在合并资产负债表中所有者权益类项目下以“少数股东权益”项目列示，总资产的计算公式变为：总资产 = 负债 + 所有者权益（含并表母公司权益和少数股东权益）。

少数股权在进行内部股权投资的抵消处理时，需要将投资方的长期股权投资与被投资方的股东权益相互抵消，而在存在少数股东权益的情况下，还需要在贷方确认少数股东权益。合并日后的会计处理，还涉及股权投资收益的抵消处理，需要将报告期内母公司来自子公司的股权投资收益与子公司的股利分配中归属于母公司应享有的部分抵消，可能会涉及少数股东损益的确认。少数股东权益的计算方法如下：

少数股权 = 子公司所有者权益 ×（1 – 母公司在子公司的持股比例）

六、合并下少数股权的会计处理

（一）非同一控制下企业合并产生少数股权的处理问题

《企业会计准则第 33 号——合并财务报表》第二十一条规定，少数股东权益按合并日的公允价值计量。新准则是以“经济主体理论”（实体理论）为合并基础，即在实体理论下，子公司已成为企业集团不可分割的整体，这一整体的经济资源由多数股权和少数股权一并提供，所以合并下长期股权投资和少数股权均应以公允价值计量，改变了传统“母公司理论”的从母公司角度编制合并报表的形式，即属于母公司的部分才能按公允价值计量，而属于少数股东部分的净资产按账面价值计量。

【例 4－2】 甲公司以 2010 年 1 月 1 日支付 900 万元取得乙公司 80% 的股权，合并日乙公司净资产 1000 万元，其中实收资本 600 万元，资本公积 300 万元，盈余公积 30 万元，未分配利润 70 万元。

新准则下合并日编制抵消分录：(单位：万元)

借：实收资本	600	
资本公积	300	
盈余公积	30	
未分配利润	70	
商誉	100	
贷：长期股权投资		900
少数股权	200（1000 × 20%）	

既然准则已经采纳了实体理论，以集团视为整体，将少数股权并购后的公允价值反映在合并报表上，那么以母公司并购价为基准核算的商誉在少数股权上也能实现相应的并购价和商誉，该部分商誉可以而且应该在合并报表上得以体现。

借：实收资本	600	
资本公积	300	
盈余公积	30	
未分配利润	70	
商誉	125	
贷：长期股权投资		900
少数股权	225（900/80% × 20%）	

（二）同一控制下企业合并产生的少数股权问题

依据《企业会计准则第 2 号——长期股权投资》第五条：同一控制下的企业合并，合并方以发行权益性证券作为合并对价的，应当在合并日按照被合并方所有者权益在最终控制方合并财务报表中的账面价值的份额作为长期股权投资的初始投资成本。

【例 4－3】 B 公司和 C 公司均为母公司 A 的控股子公司。A 公司持有 B 公司 60% 股份；A 公司持有 C 公司 80% 股份，X 公司持有 C 公司 20% 股份。从母公司 A 角度，由 A、B、C 三者形成的合并集团中，少数股东 X 为非关联第三方。

2016 年 6 月 30 日（合并前），B 公司股份为 4500 万股，每股面值为 1 元，每股公允价值为 4 元；C 公司净资产的账面价值为 1600 万元，公允价值为 2000 万元。2015 年，B 公司归属于母公司的净利润为 9000 万元，2016 年 1—6 月 B 公司归属于母公司的净利润为 4500 万元，2016 年 7—12 月 B 公司归属于母公司的净利润为 4500 万元（不含 C 公司对归属于母公司净利润的贡献）。

2015 年 6 月 30 日（合并日），B 公司同时分别以向 C 公司的原股东 A 和 X 发行 B 公司自身股份 400 万股、100 万股的方式取得了 C 公司的 100% 股权，从而拥有了对 C 公司的控制权。2015 年，C 公司归属于母公司净利润为 1500 万元，2016 年 1—6 月 C 公司归属于母公司净利润为 750 万元，2016 年 7—12 月 C 公司归属于母公司的净利润为 750 万元。本案不考虑相关税费及其他交易影响。

B 公司向 A 公司发行股收购 C 公司 80% 股权的会计处理依据《企业会计准则第 2 号——长期股权投资》第五条：同一控制下的企业合并，合并方以发行权益性证券作为合并对价的，应当在合并日按照被合并方所有者权益在最终控制方合并财务报表中的账面价值的份额作为长期股权投资的初始投资成本，即以 C 公司净资产的账面价值为 1600 万元的 80% 作为 B 公司向 A 公司发行股收购 C 公司 80% 股权的初始投资成本；按照发行股份的面值总额作为股本，长期股权投资初始投资成本与所发行股份面值总额之间的差额，应当调整资本公积。B 公司向 A 公司发行股收购 C 公司 80% 股权个别报表层面的会计处理为：（单位：万元）

借：长期股权投资——C 公司　　1280

　　贷：股本——A 公司　　400

　　　　资本公积——资本溢价　　880

B 公司向 X 公司发行股收购 C 公司 20% 股权的会计处理根据《企业会计准则解释第 2 号》，母公司购买子公司少数股权所形成的长期股权投资，应当按照《企业会计准则第 2 号——长期股权投资》第四条（2014 年修订后的《企业会计准则第 2 号——长期股权投资》第六条）的规定确定其投资成本，即以发行权益性证券取得的长期股权投资，应当按照发行权益性证券的公允价值作为初始投资成本。B 公司向 X 公司发行股收购 C 公司 20% 股权个别报表层面的会计处理为：（单位：万元）

借：长期股权投资——C 公司　　400

　　贷：股本——X 公司　　100

　　　　资本公积——资本溢价　　300

第三节　合并财务报表编制

我国《企业会计准则第 33 号——合并财务报表》规定：合并财务报表是反映母公司和其全部子公司形成的企业集团整体财务状况、经营成果和现金流量的财务报表。合并资产负债表是母公司编制的、以合并范围内企业资产负债表为基础、剔除集团内部往来业务后展示集团资产、负债和所有者权益状况的报表。编制合并财务报表有利于真实反映企业集团的财务状况、经营成果和现金流量，为财务报表使用者的经济决策提供信息支持。

合并财务报表由合并资产负债表、合并利润表、合并现金流量表、合并所有者权益变动表以及报表附注构成。本节仅介绍合并资产负债表、合并利润表以及合并现金流量表的编制方法和准则。

一、合并资产负债表

合并资产负债表是反映企业集团在某一特定日期财务状况的财务报表，由合并资产、负债和所有者权益组成。

（一）编制合并资产负债表的一般程序

1. 母公司对子公司的长期股权投资与母公司在子公司所有者权益中所享受的份额应当相互抵消，同时抵消相应的长期股权投资减值准备

在购买日，母公司对子公司的长期股权投资与母公司在子公司所有者权益中所享受的份额的差额，应当在商誉项目中列示。商誉发生减值的，应当按照减值测试后的金额列示。各子公司之间的长期股权投资以及子公司对母公司的长期股权投资，应当比照上述规定，将长期股权投资与其对应的子公司或母公司在所有者权益中所享有的份额相互抵消。

抵消分录如下：

借：实收资本（股本）

　　资本公积

　　其他综合收益

　　盈余公积

　　未分配利润

　　商誉（非同一控制下的企业合并才有）

　　贷：长期股权投资（按权益法核算的母公司对子公司的长期股权投资）

　　　　少数股东权益（合并日子公司所有者权益的公允价值×少数股东持股比例）

2. 母公司与子公司、子公司相互之间的债权与债务项目应当相互抵消，同时抵消应收款项的坏账准备和债券投资的减值准备

坏账准备的计提会导致的账面价值和计税基础存在差异，这会涉及递延所得税资产的确认，由于内部应收账款已被抵消，与其相应的递延所得税也须予以抵消。抵消分录如下：

借：应付账款

　　贷：应收账款

借：应收账款——坏账准备

　　贷：资产减值准备

借：所得税费用

　　贷：递延所得税资产

母公司与子公司、子公司相互之间的债券投资与应付债券相互抵消后产生的差额应当计入投资收益项目。

3. 母公司与子公司、子公司相互之间销售商品（或提供劳务，下同）或其他方式形成的资产中所包含的未实现内部销售损益应当抵消

抵消分录如下：

借：营业收入

　　贷：营业成本

　　　　存货

对资产计提的跌价准备或减值准备与未实现内部销售损益相关的部分应当抵消。

4. 母公司与子公司、子公司相互之间发生的其他内部交易对合并资产负债表的影响应当抵消

子公司所有者权益中不属于母公司的份额，应当作为少数股东权益，在合并资产负债表中所有者权益项目下以“少数股东权益”项目列示。

（二）合并资产负债表编制示例

下面举例说明合并资产负债表的编制。

【**例 4－4**】2016 年 P 公司通过认购股份获得了 A 公司的控制权，实现了并购，A 公司的盈余公积为 100 百万元。为了便于理解，资产负债表项目和数据进行了简化。根据下列资料编制一张在 2016 年 12 月 31 日的合并资产负债表（设 P 公司尚未对 S 公司的新增利润进行处理）（见表 4－1 和表 4－2）。

表 4－1　　P 公司 2016 年 12 月 31 日资产负债表　　单位：百万元

资产	
货币资金	6005.14
应收保费	2242.15
长期股权投资——对 A 公司	803.45
固定资产	5538.78
其他资产	832605.55
	847195.07
负债：	783514.25

续表

资产	
所有者权益：	
股本	8420.00
盈余公积	30346.79
一般风险准备	24914.03
所有者权益合计：	63680.82
负债和所有者权益：	847195.07

表 4 – 2　　A 公司 2016 年 12 月 31 日资产负债表　　单位：百万元

资产	
货币资金	79.92
应收保费	223.37
固定资产	1020.87
其他资产	1322.06
	2646.22
负债：	1352.65
所有者权益：	
股本	700.00
盈余公积	273.04
一般风险准备	320.53
所有者权益合计：	1293.57
负债和所有者权益：	2646.22

在编制合并资产负债表时，首先应当确认商誉。此例中合并产生的商誉计算如下所示，商誉为负计入当期损益（见表 4 – 3 和表 4 – 4）。

表 4 – 3　　合并产生的商誉　　单位：百万元

P 公司的投资成本：	803.45
取得的净资产：	—
取得的股本：	700.00
取得的盈余公积：	100.00
合并产生的商誉：	3.45

表 4-4　　P 集团 2016 年 12 月 31 日合并资产负债表　　单位：百万元

资产	
货币资金	6085.06
应收保费	2465.52
固定资产	6559.65
其他资产	833927.61
合并产生的商誉	3.45
	849041.29
负债：	784866.90
所有者权益：	
股本	8420.00
盈余公积	30519.83
一般风险准备	25234.56
所有者权益合计：	64174.39
负债和所有者权益：	849041.29

对上述合并资产负债表，有下列各项需要说明：

（1）集团内所有公司的固定资产和流动资产直接相加，成为合并资产负债表相应的金额；

（2）合并报表中的股本仅为母公司的股本；

（3）合并报表中的盈余公积包括母公司的盈余公积（30346.79 百万元），还包括子公司受资后新增的盈余公积属于集团的部分［即 273.04 - 100.00 = 173.04（万元）］；

（4）母公司对子公司的长期投资，一部分与子公司当日所有者权益中属于母公司的部分（本例为 100%）抵消后，尚有差额即商誉。在本例中商誉作为一项资产保留在合并报表中。

二、合并利润表

合并利润表是母公司编制的、以合并范围内企业的利润表为基础、剔除集团内部交易后展示集团损益状况的报表。合并利润表应当以母公司和子公司的个别利润表为基础，在抵消母公司与子公司、子公司之间发生的内部交易对合并利润表的影响后，由母公司编制。

（一）合并利润表的一般程序

与合并资产负债表相比，合并利润表的编制较为简单。其一般程序是：

（1）将母公司、子公司利润表各项目（税后利润各项目）直接相加，得到集团的税后利润；

（2）在税后利润基础上，减除少数股东权益部分，即得到集团净利润；

（3）在对第1项进行处理时，应注意抵消有关内部交易事项，包括：

①母公司与子公司存货销售的抵消；

②母公司与子公司相互持有债券或借贷款项而发生的利息收入与利息费用的抵消；

③母公司与子公司之间的固定资产交易所产生的未实现内部销售利润的抵消。

（二）合并利润表编制举例

【例4-5】下面列出的是P公司和它持有60%股份的A有限公司的简略利润表，无公司间交易，从公司组成日起P公司就持有A公司的股票（见表4-5）。

表4-5　　截至2016年12月31日年度利润表　　单位：百万元

	P有限公司	A有限公司
营业收入	177142.07	1030.48
营业支出	165911.83	908.47
营业利润	11230.24	122.01
利润总额	11231.58	130.28
所得税	2689.29	13.93
净利润	8542.29	116.35
年初累计未分配利润	4254.59	24.36
年末累计未分配利润	5367.49	42.70

根据表5-5编制的合并利润表如下（见表4-6）：

表4-6　　截至2016年12月31日的合并利润表　　单位：百万元

营业收入（17714207+103048）	178172.55
营业支出	166820.30
营业利润	11352.25
利润总额	11361.86
所得税	2703.22
净利润	8658.64
少数股东权益（2436×40%）	9.74
集团净利润（865864-974.4）	8648.90
年初累计未分配利润（425459+2436×60%）	4269.21
年末累计未分配利润（536749+4270×60%）	5393.11

三、合并现金流量表

合并现金流量表应当以母公司和子公司的现金流量表为基础，在抵消母公司与子公司、子公司相互之间发生的内部交易对合并现金流量表的影响后，由母公司合并编制。合并现金流量表是综合反映母子公司组成的企业集团在一定会计期间现金流入和现金流出的净现金财务报表，包括经营活动、投资活动和筹资活动产生的现金流量三大类。

编制现金流量表的一般程序：

（1）企业集团内部当期以现金投资或收购股权增加所产生的现金流量应当予以抵消；

（2）企业集团内部相互之间取得投资收益收到的现金与分配股利、利润或偿付利息支付的现金当予以抵消；

（3）企业内部相互之间以现金结算债权与债务所产生的现金流量当予以抵消；

（4）企业集团内部相互之间销售商品或提供劳务产生的现金流当予以抵消；

（5）企业集团内部相互之间当期发生的其他内部交易所产生的现金流需要进行抵消处理。

四、合并财务报表实例

以 B 保险集团合并的资产负债表、利润表和现金流量表为例，展示保险公司的合并财务报表情况（见表 4－7、表 4－8 和表 4－9）。

表 4－7　　B 保险集团股份有限公司合并资产负债表　　单位：百万元

资产	2018 年 12 月 31 日	2017 年 12 月 31 日
货币资金	15323	11660
以公允价值加量且其变动计入当期损益的金融资产	11835	16187
买入反售金融资产	23095	17126
应收保费	12063	8492
应收分保账款	6949	7841
应收利息	19282	16757
应收分保未到期责任准备金	5781	5177
应收分保未决赔款准备金	6018	6719
应收分保寿险责任准备金	1884	1360
应收分保长期健康险责任准备金	9784	9319
保户质押贷款	49194	38643

续表

资产	2018年 12月31日	2017年 12月31日
定期存款	128396	103989
可供出售金融资产	415868	368868
持有到期投资	284744	287497
归入贷款及应收款的投资	272015	216748
长期股权投资	17472	5271
存出资本保证金	6738	6566
投资性房地产	8542	8727
固定资产	15058	12986
在建工程	3386	4176
无形资产	2886	1545
商誉	1357	962
递延所得税资产	2379	1742
其他资产	15910	12866
资产总计	1335959	1171224
负债和股东权益		
卖出回购金融资产款	75075	66243
预收保费	16384	21156
应付手续费及佣金	4520	3888
应付分保账款	6233	6002
应付职工薪酬	4972	4703
应交税费	9246	6629
应付利息	585	309
应付赔付款	20789	19035
应付保单红利	26501	24422
保户储金及投资款	62325	56343
未到期责任准备金	49455	44247
未决赔款准备金	38864	39429
寿险责任准备金	787284	681766
长期健康险责任准备金	44068	36797
保费准备金	407	385

续表

资产	2018 年 12 月 31 日	2017 年 12 月 31 日
应付债券	13985	3999
递延所得税负债	1168	920
其他负债	20050	13832
负债	1181911	1030105
股本	9062	9062
资本公积	66635	66613
其他综合损益	2795	1505
盈余公积	4835	4835
一般风险准备	11642	9761
未分配利润	54610	45722
归属于母公司股东权益合计	149576	137498
少数股东权益	4472	3621
股东权益合计	154048	141119
负债和股东权益总计	1335959	1171224

表 4－8　　B 保险集团股份有限公司合并利润表　　单位：百万元

	2018 年 12 月 31 日	2017 年 12 月 31 日
一、营业收入	354363	319809
已赚保费	299724	263554
保险业务收入	321895	281644
其中：分保费收入	1558	2307
减：分出保费	(17563)	(15784)
提取未到期责任准备金	(4608)	(2306)
其他收益	142	24
投资收益	53477	51946
其中：对联营企业和合营企业的投资收益	335	74
公允价值变动（损失/收益）	(2168)	1443
汇兑收益/（损失）	53	(140)
其他业务收入	3117	2814
资产处置收益	18	168

续表

	2018 年 12 月 31 日	2017 年 12 月 31 日
二、营业支出	(326108)	(298786)
退保金	(12641)	(10168)
赔付支出	(107216)	(94786)
减：摊回赔付支出	9434	7723
提取保险责任准备金	(105078)	(105558)
减：摊回保险责任准备金	320	1605
提取保费准备金	(22)	(124)
保单红利支出	(11263)	(8946)
分保费用	(119)	(271)
税金及附加	(900)	(966)
手续费及佣金支出	(56251)	(47281)
业务及管理费	(39943)	(36293)
减：摊回分保费用	5437	5770
利息支出	(2959)	(3703)
其他业务成本	(3805)	(5075)
计提资产减值准备	(1102)	(713)
三、营业利润	28255	21023
加：营业外收入	103	186
减：营业外支出	(350)	(107)
四、利润总额	28008	21102
减：所得税	9574	6111
五、净利润	18434	14991
按经营持续性分类		
持续经营净利润	18434	14991
终止经营净利润		
按所有权归属分类		
归属于母公司股东的净利润	18019	14662
少数股东权益	415	329
六、每股收益		
基本每股收益	1.99	1.62

续表

	2018年 12月31日	2017年 12月31日
稀释每股收益	1.99	1.62
七、其他综合损益		
将重分类进损益的其他综合损益		
外币财务报表折算差额	25	(33)
可供出售的金融资产变动	1686	(3283)
与可供出售金融资产变动相关的所得税	(429)	820
其他综合损益	1282	(2496)
八、综合收益总额	19716	12495
归属于母公司股东的综合收益总额	19306	12206
归属于少数股东的综合收益总额	410	289

表4-9　　B保险集团股份有限公司合并现金流量表　　单位：百万元

	2018年 12月31日	2017年 12月31日
经营活动产生的现金流量		
收到原保险合同保费取得的现金	319175	282577
保户储金及投资款净增加额	3467	5368
收到的税收返还	53	86
收到其他与经营活动有关的现金	3674	1202
经营活动现金流入小计	326369	289233
支付原保险合同赔付款项的现金	(102744)	(89549)
支付再保险业务现金净额	(4181)	(2657)
支付手续费及佣金的现金	(54765)	(47917)
支付保单红利的现金	(6528)	(4412)
支付给职工以及为职工支付的现金	—	—
支付的各项税费	—	—
支付其他与经营活动有关的现金	—	—
经营活动现金流出小计	(236920)	(203182)
经营活动产生的现金流量净额	89449	86051
投资轰动产生的现金流量		
收回投资收到的现金	235774	331019

续表

	2018 年 12 月 31 日	2017 年 12 月 31 日
取得投资收益收到的现金	52836	55230
处置固定资产、无形资产和其他长期资产收到的现金净额	59	334
收到的其他与投资活动有关的现金	226	—
投资活动现金流入小计	288895	286583
投资支付的现金	(353150)	(469683)
保户质押贷款净增加额	(10424)	(10832)
构建固定资产、无形资产和其他长期资产收到的现金净额	(4177)	(4218)
支付其他与投资活动有关的现金	(5)	—
投资活动现金流出小计	(380643)	(490792)
投资活动使用的现金流量净额	(91748)	(104209)
筹资活动产生的现金流量		
吸收投资收到的现金	—	699
发行债券收到的现金净额	9980	—
收到的其他与筹资活动有关的现金	12030	28379
筹资活动现金流入小计	22010	29048
偿还债务支付的现金	—	—
分配股利、利润或偿付利息支付的现金	(910)	(8498)
支付的其他与筹资活动有关的现金	(9544)	(9921)
筹资活动现金流出小计	(2)	—
筹资活动产生的现金流量净额	11554	10629
汇率变动对现金及现金等价物的影响	80	(80)
现金及现金等价物净增加/（减少）额	9335	(7609)
加：年初现金及现金等价物余额	28786	36395
年末现金及现金等价物余额	38121	28786

【思考题】

1. 简述保险公司合并的原因。
2. 简述商誉价值的确定方法。
3. 简述合并资产负债表的一般程序。

第五章　保险公司财务报表分析

【学习目标和要求】

1. 了解保险公司财务报表之间的关联关系。
2. 掌握财务报表的不同分析方式方法。

【本章概览】

财务报表分析是指以财务报表和其他资料为依据和起点，采用专门方法，系统分析和评价企业过去和现在的经营成果、财务状况及其变动，目的是了解过去、评价现在、预测未来，帮助利益关系集团完善决策。财务分析的全部目的是评估正在评定公司目前和未来的福利状况，重点放在分析历史披露信息时，主要侧重从历史数据角度来评估保险公司在评估期内的表现。保险公司财务报告分析还需要结合财务报表中的董事报告、公司的新闻文章、最新代理商报告等，来确定是否有任何重大事件或财务报告后的项目。例如，决定再融资债务；发行配股；与特定事件有关的索赔信息；盈利情况；兼并情况等。决策者需要充分了解这些信息，并以此分析对公司财务状况的影响。

按照保险公司财务报表分析的深度和广度，本章分为五个部分：第一节介绍保险公司财务报表的关联；第二节是保险公司财务报表的横向分析；第三节是保险公司财务报表的纵向分析；第四节是保险公司财务比率分析；第五节是保险公司同行业比较分析。

第一节　保险公司财务报表的关联

一、资产负债表和利润表的关联

资产负债表是时点概念，利润表是时段的概念。利润表的净利润，等于资产负债表“期末盈余公积 + 期末未分配利润 - 期初盈余公积 - 期初未分配利润 + 期内实施的分红”，净利润最终增加企业净资产中的留存收益（包括盈余公积和未分配利润），这样，利润表和资产负债表就产生了关联。利润是收入减费用的净额表现，其所有变动均会影响到资产负债表相关项目。从概念本质看，利润是所有者权益的组成部分，最终表现为资产的增加或负债的减少。

资产负债表可以计算利润，利润 = 期末资产 - 期初资产

在资产负债表下，利润的计算是期末净资产减去期初净资产，即企业净资产的变动。会计上资产的概念是过去的交易或事项所形成的、由企业拥有或者控制的，预期能够给企业带来经济利益的资源，因此资产负债表观下反映的利润是企业的全面收益，着眼于企业持续经营。

利润表的利润计算则是“利润 = 收入 - 费用”。

在利润表下，企业的当期利润是按一定时期内企业已确认的实现收入扣除相关的成本和费用后的差额。在实际操作时首先考虑与交易相关的收入以及与收入相配比的成本、费用的计量。利润表主要描述经营活动，这里面跟经营活动不直接相关的项目有财务费用、投资收益、营业外收支，所以利润表主要在描述保险企业的经营活动。当然在进行经营活动的过程当中，可能会有应收款、应付款，这些会列在资产负债表当中，所以资产负债表虽然也描述了一定的经营活动，但主要的篇幅是在投资、融资活动上。因此，未分配利润是资产负债表和利润表之间产生联系的一个最直接的桥梁。

二、资产负债表和现金流量表的关联

现金流量表把保险公司所有的经济活动按经营、融资、投资全部都描述了一遍，但现金流量表的视角不同于资产负债表，现金流量表主要关注公司的风险，从风险的角度看待整个公司的经营情况。

资产负债表中的现金是企业重要的流动资产项目，它从广义的角度反映企业货币资金的相关构成情况，分为库存现金、银行存款、其他货币资金三个部分。现金流量表中的现金项目是指企业库存现金及可以随时用于支付的银行存款，而不能随时用于支付的银行定

期存款不属于现金。另外，现金流量表中现金还包括现金等价物，现金等价物是指企业持有的期限短、流动性强、易于转换为已知金额现金、价值变动风险很小的投资。其中，“期限短”一般是指从购买日起 3 个月内到期。现金等价物通常包括 3 个月内到期的短期债券投资，权益性投资变现的金额通常不确定，因而不属于现金等价物。企业货币资金中的一部分，例如反映在资产负债表中的没有预先通知不能随时支取的银行定期存款、企业保证金、保证函存款、企业信用证存款、金融企业央行存款准备金等款项，则属于受限制的资金，因其缺乏流动性，企业不能随时用于支付，所以不包含在现金流量表中。

资产负债表的货币资金应当和现金流量表的现金及现金等价物金额一致，但是实际中经常出现两者金额不同的情况。

第一种情况是资产负债表中货币资金项目的金额大于现金流量表中现金及现金等价物项目的金额。这种情况表明，企业的现金流量表中没有现金等价物只有现金，而货币资金中还包含着一部分现金流量表中不包括的受限资金内容，例如反映在资产负债表中的没有预先通知不能随时支付的银行定期存款、企业保证金、保证函存款、企业信用证存款、金融企业央行存款准备金等。由于资产负债表中的这些项目只反映在货币资金中，而现金流量表中现金及现金等价物项目不包括这些受限资金内容，导致两张表的现金项目之间存在着不一致的情况。

第二种情况是资产负债表中货币资金项目金额小于现金流量表中现金及现金等价物项目的金额。这种情况反映的是，企业货币资金中不包括受限资金，而企业现金流量表中现金及现金等价物项目包括 3 个月内到期的短期债券投资。在资产负债表中 3 个月内到期的短期债券投资反映在交易性金融资产项目内，货币资金项目内没有此项内容。

三、利润表和现金流量表的关联

企业实现的净利润与现金流量都是分析企业财务状况的主要指标，现金流量和净利润存在差异的原因主要在于：

（一）影响利润的事项不一定同时发生现金流入、流出

有些收入增加了利润但未发生现金流入。例如，一家公司本期的营业收入有 8 亿多元，而本期新增应收账款却有 7 亿多元，这种增加收入及利润但未发生现金流入的事项，是造成两者差异的原因之一。有些成本和费用的发生减少了利润但并未伴随现金流出，例如进行固定资产折旧和无形资产摊销时，只是按权责发生制、配比原则要求将这些资产的取得成本在使用它们的受益期间合理分摊，并不需要支出现金。

以国内保险公司为例，2019 年 7 月底，产险公司应收保费 2069 亿元，平均应收保费率 26.96%；寿险公司应收保费 880 亿元，相对于寿险总保费来说，占比非常小。寿险的

应收保费主要由团险业务产生，而团险1—7月总保费仅为967亿元，如果只考虑团险，应收保费率达到了91%。此外，有的上市公司依靠关联方交易支撑经营业绩，而关联方资金却迟迟不到位。这些情况的后果都会在现金流量表中有所体现，可能会导致公司经营活动几乎没有多少现金流入，但由于经营要支付费用、购买物资、交纳税金，企业发生大量现金流出，从而使经营活动现金流量净额为负，公司的资金周转发生困难。应收账款迟迟不能收回，在一定程度上也暴露了所确认收入的风险问题。

（二）由于对现金流量分类的需要

净利润总括保险公司经营、投资及融资三大活动的财务成果，而现金流量表上则需要分别反映经营、投资及融资各项活动的现金流量。

例如，支付经营活动借款利息，既减少利润又发生现金流出，但在现金流量表中将其作为融资活动中现金流出列示，不作为经营活动现金流出反映。又如，转让短期债券投资取得净收益，既增加利润又发生现金流入，但在现金流量表中将其作为投资活动中现金流入列示，不作为经营活动现金流入反映。

上述两点是使经营活动现金流量净额与净利润产生差异的原因，其实也是现金流量表附注中要求披露的内容。所以仅以利润来评价企业的经营业绩和获利能力失之偏颇。如能结合现金流量表所提供的现金流量信息，特别是经营活动现金净流量的信息进行分析，则较为客观全面。

对保险企业来说，净利润和净现金流量从长期看是同向变动关系。在一个完整的企业生命周期中，债权债务清结之后，净利润和净现金流在理论上是相等的。从短期看，净现金流与净利润之间存在反向变动的可能，净现金流的改善不一定意味着业务质量的改善，这一指标存在一定虚假性与误导性。因为净现金流和应收保费比率是基于现收现付制和历史数据的指标，而保险业务本质上是一种或然负债，其业务质量具有滞后性，是基于权责发生制和未来状况；这种时间上的错配和会计基准的差异，为人为调整净现金流留下了制度空间。如通过不充分定价，可以使本期保费迅速增加，能够有效增加净现金流，但是业务质量却可能显著下降，如果这种发展势头不能持续下去，当期过快的净现金流必然带来较大的隐患。

因此，净现金流的增加能否提升保险企业经营效益，要进一步分析净现金流增加的来源，才能确定到底是业务质量改善还是其他因素（如基期效应、定价策略等）引起的。在不考虑其他因素的情况下，只有现金流增速与投资收益率快速上升相结合，才有可能改善短期盈利状况，否则公司必然会走向难以为继的困境。

四、三张报表的逻辑关系

资产负债表反映的是企业的财务状况：企业有多少资产、分别是些什么资产；有多少负债、长短期负债各有多少、有多少负债需要付利息，这类信息都体现在资产负债表里，企业所控制资源的多寡强弱，决定了企业持续经营和成长的能力。

利润表反映了企业一段时间内的经营成果，能够展示企业利用掌控的资源创造价值并实现盈利的过程及能力。

现金流量表反映了企业现金流入流出的过程，能够展示企业筹措和管控资金的能力。从现金流量表中，可以观察企业是否有足够的偿债能力，是否能够持续健康经营。

利润表列示了公司一定时期实现的净利润，但未揭示其与现金流量的关系。资产负债表提供了公司货币资金期末与期初的增减变化，但未揭示其变化的原因。现金流量表沟通了资产负债表和利润表的信息，向投资者与债权人提供更全面、有用的信息。

总的来说，资产负债表的负债和权益，都会先经由现金流量表这个出入口，转化为资产负债表的资产或者利润表的费用。利润表的费用，通过公司的经营会变成收入，重新经由现金流量表这个出入口回到公司，至于回来的多少则要看利润的正负。

由此可见，三张财务报表实际上包含两个维度：第一个维度是现金流量表，这是从风险的视角。另一个维度是由资产负债表和利润表共同构成的这个维度，这是从收益的视角。这两个维度缺一不可，在每个维度之下都可以了解经营、投资、融资的情况。因此，三张报表构成一个整体，完整地描述保险公司所有的经济活动（见图 5－1）。

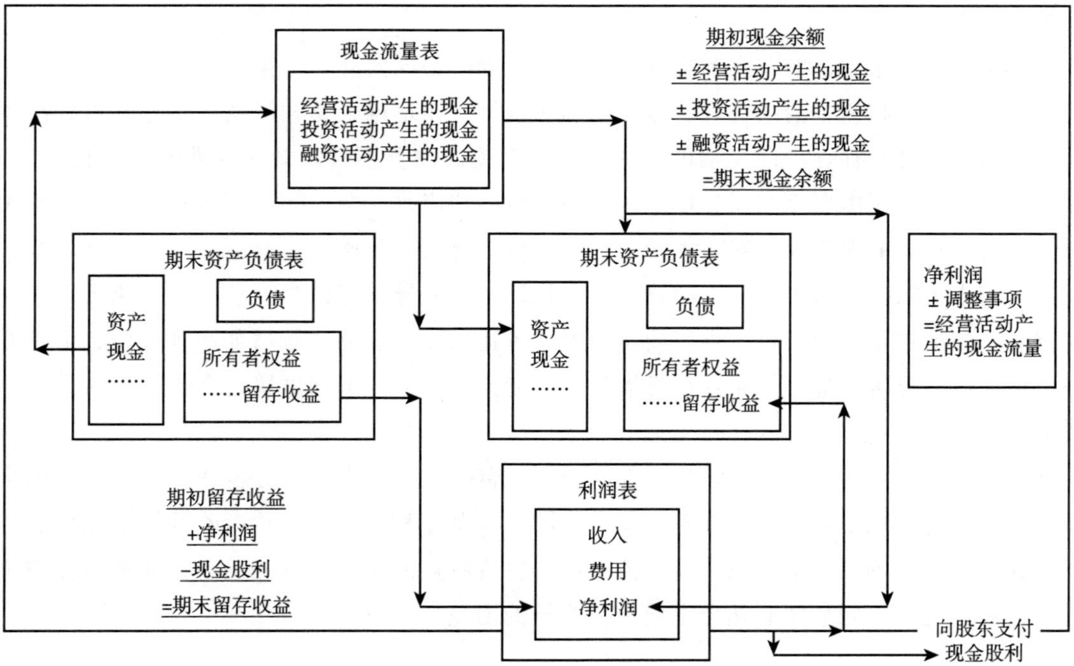

图 5－1　三张财务报表的逻辑关系

第二节　保险公司财务报表的横向分析

横向分析是指将反映企业报告期财务状况的信息与反映企业前期或历史某一时期财务状况的信息进行对比，研究企业各项经营业绩或财务状况的发展变动情况的一种财务分析方法。横向分析主要是比较财务报表，也就是将包括本期在内的两期或数期财务报表并列，对财务报表上同一项目前后两期的数额加以对比，计算出增减变动的金额和百分比，重点在于分析不同期间同一项目的变动情况和变动原因。

增减变动率的计算通常是将前一年的数额作为基数，计算本年度相对于上年度上升或下降的幅度。

$$变动率 = \frac{变动金额}{上年度该项目金额} \times 100\% \qquad （式 5-1）$$

趋势分析（trend analysis）则是通过对保险公司长期数据进行计算分析，预测保险公司未来的某些财务项目的发展趋势，变动百分比的计算可以采用定比也可以采用环比，定比是以某一时期的数额为基数计算的比率。

$$定比比率 = \frac{比较期金额}{固定基期金额} \times 100\% \qquad （式 5-2）$$

环比是以每一比较期的前期数额为基础计算的比率。

$$环比比率 = \frac{比较期金额}{前期金额} \times 100\% \qquad （式 5-3）$$

下面以 M 财产保险股份有限公司为例来进行比较财务报表分析。

一、资产负债表

由表 5-1 可知，2017 年总资产与 2016 年相比增加了 47830333 千元，增加幅度为 10.05%。2018 年总资产与 2017 年相比增加了 26485012 千元，增加幅度为 5.06%。

表 5-1　M 财产保险股份有限公司资产负债表（资产项目）①　　单位：百万元

报表日期	2015	2016	2017	2018
资产				
货币资金	13153.84	19631.89	14620.22	16488.85
以公允价值计量且其变动计入当期损益的金融资产	15029.21	13796.75	7638.408	13449.13

① 数据来源：根据真实保险公司年报改编。

续表

报表日期	2015	2016	2017	2018
买入返售金融资产	9590.77	5491.799	20082.37	17289.31
应收保费	6882.815	10537.54	16758.63	27101.91
应收分保账款	12012.46	19465.66	20562.68	14630.22
应收分保未到期责任准备金	9175.887	10100.97	9666.673	10621.63
应收分保未决赔款准备金	16946.74	20304.59	19485.15	17703.1
定期存款	98663.26	68286.29	61300.29	73963.24
可供出售金融资产	118839.1	122237.9	168882.5	162363.2
持有至到期投资	42258.8	41651.53	41908.17	41789.21
归入贷款及应收款项类的投资	30051.76	63854.78	50346.27	53731.84
长期股权投资	8679.572	37141.11	41949.13	45415.58
存出资本保证金	2965.703	2965.703	2965.703	4448.554
投资性房地产	4941.91	5061.98	5139.809	5048.747
固定资产	13844.83	14587.1	14983.14	16561.25
无形资产	4375.612	4526.243	4701.4	5385.189
递延所得税资产	298.085	4191.401	7603.032	7115.68
其他资产	12744.56	12221.67	15291.6	17263.53
资产总计	420454.9	476054.8	523885.2	550370.2

由表 5－2 可知，2017 年总负债相比 2016 年增加了 34161749 千元，增加幅度为 9.55%。2018 年总负债与 2017 年相比增加了 18050787 千元，增加幅度为 4.61%。

表 5－2　　M 财产保险股份有限公司资产负债表（负债项目）[①]　　单位：百万元

报表日期	2015	2016	2017	2018
负债				
卖出回购金融资产款	23687.65	21030.46	23121.49	27999.5
预收保费	11307.93	13854.49	18135.18	23589.44
应付手续费	4861.531	6842.608	7342.365	6744.077
应付分保账款	9141.183	16443.27	17319.29	15706.44
应付职工薪酬	8802.446	9575.89	9736.387	9622.964
应交税费	7986.526	7985.733	10885.25	10528.61
应付赔付款	2883.399	3529.443	3065.997	3099.795
应付保单红利	61.699	62.643	63.759	62.097
保户储金及投资款	2163.89	2267.239	2231.958	1894.203
未到期责任准备金	102532.8	113979.5	125126.4	139044

① 数据来源：根据真实保险公司年报改编。

续表

报表日期	2015	2016	2017	2018
未决赔款准备金	113525.3	126742.5	137831.2	134526.8
保费准备金	2314.494	2491.427	3002.295	3333.262
应付债券	16296.76	23112.25	23261.81	23419.53
其他负债	6950.205	9760.163	10715.88	10319.34
负债合计	312515.8	357677.5	391839.3	409890.1

由表 5－3 可知，2017 年总权益相比 2016 年增加了 13668584 千元，增加幅度为 11.55%；2018 年总权益相比 2017 年增加了 8434225 千元，增加幅度为 6.39%。

表 5－3　M 财产保险股份有限公司资产负债表（权益项目）①　单位：百万元

报表日期	2015	2016	2017	2018
股东权益				
股本	14828.51	14828.51	14828.51	22242.77
资本公积	18985.55	18985.55	18951.08	10801.78
其他综合收益	13293.64	10141.38	8717.209	6630.262
盈余公积	30804.59	32614.42	34585.34	42212.16
一般风险准备	7527.803	9337.63	11308.55	12935.38
大灾风险利润准备金	1885.477	1885.477	2471.926	2472.155
未分配利润	20613.6	30584.35	41183.28	43185.61
归属于母公司股东权益合计	107939.2	118377.3	132045.9	140480.1
股东权益合计	107939.2	118377.3	132045.9	140480.1
负债及股东权益总计	420454.9	476054.8	523885.2	550370.2

M 财产保险股份有限公司比较资产负债表分析如表 5－4 所示。

表 5－4　M 财产保险股份有限公司比较资产负债表分析　单位：百万元

报表日期	2016		2017		2018	
	变化额	变化率（%）	变化额	变化率（%）	变化额	变化率（%）
资产						
货币资金	6478.043	49.25	－5011.67	－25.53	1868.63	12.78
以公允价值计量且其变动计入当期损益的金融资产	－1232.46	－8.20	－6158.34	－44.64	5810.721	76.07

① 数据来源：根据真实保险公司年报改编。

续表

报表日期	2016		2017		2018	
	变化额	变化率（%）	变化额	变化率（%）	变化额	变化率（%）
买入返售金融资产	-4098.97	-42.74	14590.57	265.68	-2793.06	-13.91
应收保费	3654.723	53.10	6221.091	59.04	10343.28	61.72
应收分保账款	7453.201	62.05	1097.019	5.64	-5932.46	-28.85
应收分保未到期责任准备金	925.086	10.08	-434.3	-4.30	954.956	9.88
应收分保未决赔款准备金	3357.853	19.81	-819.441	-4.04	-1782.05	-9.15
定期存款	-30377	-30.79	-6986	-10.23	12662.95	20.66
可供出售金融资产	3398.725	2.86	46644.66	38.16	-6519.28	-3.86
持有至到期投资	-607.266	-1.44	256.638	0.62	-118.964	-0.28
归入贷款及应收款项类的投资	33803.02	112.48	-13508.5	-21.16	3385.568	6.72
长期股权投资	28461.53	327.91	4808.026	12.95	3466.445	8.26
存出资本保证金	0	0	0	0	1482.851	50.00
投资性房地产	120.07	2.43	77.829	1.54	-91.062	-1.77
固定资产	742.267	5.36	396.044	2.72	1578.107	10.53
无形资产	150.631	3.44	175.157	3.87	683.789	14.54
递延所得税资产	3893.316	1306.11	3411.631	81.40	-487.352	-6.41
其他资产	-522.886	-4.10	3069.925	25.12	1971.935	12.90
资产总计	55599.91	**13.22**	47830.33	**10.05**	26485.01	**5.06**
负债						
卖出回购金融资产款	-2657.19	-11.22	2091.025	9.94	4878.01	21.10
预收保费	2546.555	22.52	4280.698	30.90	5454.253	30.08
应付手续费	1981.077	40.75	499.757	7.30	-598.288	-8.15
应付分保账款	7302.084	79.88	876.023	5.33	-1612.85	-9.31
应付职工薪酬	773.444	8.79	160.497	1.68	-113.423	-1.16
应交税费	-0.793	-0.01	2899.521	36.31	-356.641	-3.28
应付赔付款	646.044	22.41	-463.446	-13.13	33.798	1.10
应付保单红利	0.944	1.53	1.116	1.78	-1.662	-2.61
保户储金及投资款	103.349	4.78	-35.281	-1.56	-337.755	-15.13
未到期责任准备金	11446.67	11.16	11146.98	9.78	13917.52	11.12
未决赔款准备金	13217.2	11.64	11088.72	8.75	-3304.34	-2.40
保费准备金	176.933	7.64	510.868	20.51	330.967	11.02
应付债券	6815.487	41.82	149.56	0.65	157.721	0.68
其他负债	2809.958	40.43	955.712	9.79	-396.531	-3.70
负债合计	45161.77	**14.45**	34161.75	**9.55**	18050.79	**4.61**

续表

报表日期	2016		2017		2018	
	变化额	变化率（%）	变化额	变化率（%）	变化额	变化率（%）
股东权益	0		0		0	
股本	0	0	0	0	7414.255	50.00
资本公积	0	0	-34.473	-0.18	-8149.29	-43.00
其他综合收益	-3152.26	-23.71	-1424.17	-14.04	-2086.95	-23.94
盈余公积	1809.827	5.88	1970.924	6.04	7626.825	22.05
一般风险准备	1809.827	24.04	1970.924	21.11	1626.825	14.39
大灾风险利润准备金	0	0	586.449	31.10	0.229	0.01
未分配利润	9970.748	48.37	10598.93	34.65	2002.332	4.86
归属于母公司股东权益合计	10438.15	9.67	13668.58	11.55	8434.225	6.39
股东权益合计	10438.15	9.67	13668.58	11.55	8434.225	6.39
负债及股东权益总计	55599.91	13.22	47830.33	10.05	26485.01	5.06

因此，2016—2018 年，公司资产、负债和所有者权益三者增长的幅度基本一致，变动相适应。

流动资产总体增长幅度较大，比非流动资产和流动负债的增长速度都要快。流动资产的大幅度增长可以使公司的资产流动性升高，对于企业的偿付能力以及满足资产流动性的影响都是有利的。

2016 年衍生金融资产为 300 万元，2017 年和 2018 年没有衍生金融资产，说明保险公司在衍生金融资产上的投资变化很快。原因在于，2014 年首次放开了保险资金对于蓝筹股的投资，保险资金的投资监管环境较为宽松，鼓励保险公司去投资，而保险公司为了追求更高的收益，会选择进行一些风险较大的杠杆投资。但是从 2016 年开始，监管政策突变，监管当局要求保险"回归本源"，对保险公司的投资范围和额度进行了严格的限制，因此保险公司的衍生金融资产急剧下降。

二、利润表

2016 年营业收入较 2015 年增长 23948817 千元，营业支出增长 28548237 千元，所以除税前利润减少了 4599420 千元，所得税减少了 1717350 千元，净利润减少了 3202042 千元。

2017 年较 2016 年税前利润增加，达到了 27283340 千元，2017 年所得税高于 2015 年和 2016 年，增加至 7305394 千元，净利润为 19709240 千元，比 2016 年增加了 8.90%（见表 5－5）。

表 5－5　　**M 财产保险股份有限公司利润表**①　　单位：百万元

项目	2015	2016	2017	2018
营业收入	266915.5	290864.3	332507	366821.6
已赚保费	244217.6	270252.5	309736	344397.5
保险业务收入	281697.9	311160.4	350313.6	388769.3
其中：分保费收入	687.915	706.945	1023.489	749.543
减：分出保费	29569.67	30386.37	28996.3	31409.27
提取未到期责任准备金	7910.604	10521.59	11581.28	12962.57
投资收益	20784.39	18870.08	21176.19	19982.98
其中：对联营企业和合营企业的投资收益	472.826	2945.492	4631.21	4479.822
公允价值变动损益	227.188	-154.679	-95.317	174.567
汇兑收益/（损失）	350.974	422.454	-450.543	212.956
其他业务收入	1335.279	1473.977	1920.924	1786.052
资产处置收益	—	—	55.811	87.113
其他收益	—	—	163.964	180.397
营业支出	239672.6	268220.8	305223.7	342958.2
赔付支出	160981.6	180480.8	199753.4	232734.5
减：摊回赔付支出	18406.59	18748.51	18967.31	18097.68
提取未决赔款准备金	11691.98	13217.2	11088.72	-3304.34
减：摊回未决赔款准备金	996.117	3357.853	-819.441	-1782.05
提取保费准备金	534.789	37.369	655.343	336.083
保单红利支出	2.802	1.547	1.542	1.357
分保费用	206.866	186.526	284.796	162.634
税金及附加	13682.48	6636.011	2063.234	1960.56
手续费支出	31663.2	46964.96	60525.37	75123
业务及管理费	47062	50393.06	54268.5	59376.38
减：摊回分保费用	9909.085	10239.59	9558.188	10559
其他业务成本	2473.718	2127.373	3645.979	3260.225
资产减值损失	684.989	521.943	642.818	182.463
营业利润	27242.89	22643.47	27283.34	23863.36
加：营业外收入	404.235	368.582	188.721	569.527
减：营业外支出	172.992	457.311	457.427	196.677
利润总额	27474.13	22554.74	27014.63	24236.21
减：所得税费用	6173.82	4456.47	7305.394	7967.961
净利润	21300.31	18098.27	19709.24	16268.25

① 数据来源：根据真实保险公司年报改编。

2018 年营业收入较 2017 年增加了 34314559 千元，而营业支出增加了 37734541 千元，导致最终营业利润减少了 3419982 千元。2018 年所得税较 2017 年增加了 662567 千元，净利润减少了 3440993 千元（见表 5－6）。

表 5－6　　M 财产保险股份有限公司比较利润表分析　　单位：百万元

报表日期	2016		2017		2018	
项目	变化额	变化率（%）	变化额	变化率（%）	变化额	变化率（%）
营业收入	23948.82	**8.97**	41642.73	**14.32**	34314.56	**10.32**
已赚保费	26034.82	10.66	39483.53	14.61	34661.52	11.19
保险业务收入	29462.51	10.46	39153.14	12.58	38455.78	10.98
其中：分保费收入	19.03	2.77	316.544	44.78	－273.946	－26.77
减：分出保费	816.705	2.76	－1390.07	－4.57	2412.967	8.32
提取未到期责任准备金	2610.982	33.01	1059.69	10.07	1381.289	11.93
投资收益	－1914.32	－9.21	2306.112	12.22	－1193.21	－5.63
其中：对联营企业和合营企业的投资收益	2472.666	522.95	1685.718	57.23	－151.388	－3.27
公允价值变动损益	－381.867	－168.08	59.362	－38.38	269.884	－283.14
汇兑收益/（损失）	71.48	20.37	－872.997	－206.65	663.499	－147.27
其他业务收入	138.698	10.39	446.947	30.32	－134.872	－7.02
资产处置收益	—	—	—	—	31.302	56.09
其他收益	—	—	—	—	16.433	10.02
营业支出	28548.24	**11.91**	37002.85	**13.80**	37734.54	**12.36**
赔付支出	19499.23	12.11	19272.64	10.68	32981.06	16.51
减：摊回赔付支出	341.913	1.86	218.801	1.17	－869.624	－4.58
提取未决赔款准备金	1525.225	13.05	－2128.48	－16.10	－14393.1	－129.80
减：摊回未决赔款准备金	2361.736	237.09	－4177.29	－124.40	－962.607	117.47
提取保费准备金	－497.42	－93.01	617.974	1653.71	－319.26	－48.72
保单红利支出	－1.255	－44.79	－0.005	－0.32	－0.185	－12.00
分保费用	－20.34	－9.83	98.27	52.68	－122.162	－42.89
税金及附加	－7046.47	－51.50	－4572.78	－68.91	－102.674	－4.98
手续费支出	15301.76	48.33	13560.42	28.87	14597.63	24.12
业务及管理费	3331.059	7.08	3875.441	7.69	5107.882	9.41
减：摊回分保费用	330.505	3.34	－681.402	－6.65	1000.811	10.47
其他业务成本	－346.345	－14.00	1518.606	71.38	－385.754	－10.58
资产减值损失	－163.046	－23.80	120.875	23.16	－460.355	－71.62
营业利润	－4599.42	**－16.88**	4639.872	**20.49**	－3419.98	**－12.54**

续表

报表日期	2016		2017		2018	
项目	变化额	变化率（%）	变化额	变化率（%）	变化额	变化率（%）
加：营业外收入	-35.653	-8.82	-179.861	-48.80	380.806	201.78
减：营业外支出	284.319	164.35	0.116	0.03	-260.75	-57.00
利润总额	-4919.39	**-17.91**	4459.895	**19.77**	-2778.43	**-10.28**
减：所得税费用	-1717.35	-27.82	2848.924	63.93	662.567	9.07
净利润	-3202.04	**-15.03**	1610.971	**8.90**	-3440.97	**-17.46**

已赚保费和保险业务收入逐年增长，已赚保费增长幅度为：2016 年比 2015 年增长 10.66%，2017 年比 2016 年增长 14.61%，2018 年比 2017 年增长 11.19%。总保费收入增长幅度为：2016 年比 2015 年增长 10.46%，2017 年比 2016 年增长 12.58%，2018 年比 2017 年增长 10.98%。

2016 年净利润较 2015 年减少 3208373 千元，下降幅度为 15.07%；2017 年净利润较 2016 年有所回升，增长了 1625578 千元，增长幅度为 8.99%；2018 年净利润较 2017 年又有所下滑，减少了 3412161 千元，下降幅度为 17.31%。

2016 到 2018 年归属于母公司股东的其他综合收益的税后净额都为负，2018 年较 2017 年又下降 662774 千元。

2016 年归属于母公司的综合收益总额较上一年度下降 11693910 千元，下降幅度为 43.92%，2017 年综合收益总额有所回升，较 2016 年增长了 3352917 千元，增长幅度为 22.45%；2018 年较 2017 年又有所下降，减少 4075120 千元（见表 5-7）。

表 5-7　　M 财产保险股份有限公司净利润①　　单位：百万元

	2015	2016	2017	2018
净利润	21294.82	18086.45	19712.03	16299.87
归属于母公司股东的其他综合收益的税后净额	5332.81	-3152.26	-1424.17	-2086.95
归属于母公司股东的综合收益总额	26627.58	14933.67	18286.59	14211.47
归属于少数股东的综合收益总额	0.06	0.53	1.27	1.45

2017 年归属于母公司的综合收益总额与净利润之差较前两年有明显降低，原因主要是其他综合收益税后净额低，而其中的主要影响因素是 2017 年可供出售的金融资产的公允价值损失较 2016 年下降了 4279000 千元，下降幅度约为 98%，这可能与 2016 年股市行情波动较大有关。2016 年承保利润较前一年大幅降低，2017 年承保利润较 2015 年有所上升，但是 2016 年总保费收入未发现明显降低，推测 2016 年重大赔付发生较多，加上成本

① 数据来源：根据真实保险公司年报改编。

上升，严重影响了当年的承保利润。2013—2016 年 M 财产保险公司财产净利润的波动趋势与投资收益的波动趋势接近，都是只在 2016 年明显下降。2018 年资本市场情况波动也较大，所有 2018 年整个的收益情况都较 2017 年有所下降（见表 5－8）。

表 5－8　　M 财产保险股份有限公司净利润分析　　单位：百万元

	2016		2017		2018	
	变化额	变化率（%）	变化额	变化率（%）	变化额	变化率（%）
净利润	－3208.37	**－15.07**	1625.58	**8.99**	－3412.16	**－17.31**
归属于母公司股东的其他综合收益的税后净额	－8485.07	－159.11	1728.08	－54.82	－662.77	46.54
归属于母公司股东的综合收益总额	－11693.91	－43.92	3352.92	22.45	－4075.12	－22.28
归属于少数股东的综合收益总额	0.47	854.55	0.74	141.52	0.19	14.59

三、股东权益变动表

股本：从 2015—2017 年股东权益变动表可以发现，三年内 M 财产保险公司股本一直为 14828510 千元，并未发生变化，说明 M 财产保险公司在最近三年财务状况稳定，公司财务结构良好，并未进行调整，并未进行增资或减资。在 2018 年由于资本公积转增股本，股本增加了 7414255 千元。

资本公积：2015 年和 2016 年 M 财产保险公司资本公积均为 18985549 千元，并未发生变动。2017 年由于其他项目减少了 34442 千元的资本公积。2018 年资本公积转增股本，资本公积减少了 7414255 千元，再加上联营企业其他权益变动减少了 735039 千元的资本公积，2018 年年末资本公积余额为 10801813 千元。

盈余公积与未分配利润：2015 年 M 财产保险公司从净利润中提取法定盈余公积 2130031 千元，年末盈余公积为 30804588 千元。未分配利润由年初的 8728749 千元增长到 20595354 千元，增幅高达 135.95%。

2016 年 M 财产保险公司从净利润中提取法定盈余公积 1809827 千元，年末盈余公积为 32614415 千元。未分配利润为 30553756 千元，较 2015 年增加了 48.35%。

2017 年 M 财产保险公司从净利润中提取法定盈余公积 1971000 千元，年末盈余公积为 34585000 千元。未分配利润为 42273000 千元，较 2016 年增加了 38.365 千元。

2018 年 M 财产保险公司从净利润中提取法定盈余公积 1626825 千元，提取任意盈余公积 6000000 千元，年末盈余公积为 42212164 千元。未分配利润为 43186704 千元，较 2017 年增加了 913704 千元。

从 2015 年到 2018 年的盈余公积与未分配利润来看，二者一直处于增长状态，但增速逐年减缓，其中 2015 年增幅达到 135.95%。

表 5-9　　M 财产保险股份有限公司 2015 年度合并股东权益变动表①　　单位：百万元

	归属于母公司的股东权益									
	股本	资本公积	其他综合收益	盈余公积	一般风险准备	大灾风险利润准备金	未分配利润	合计	少数股东权益	股东权益合计
年初余额	14828.51	18985.55	7897.60	28674.56	5397.77	721.08	8728.75	85233.81	4.98	852387.79
本年增减变动金额										
（一）净利润	—	—	—	—	—	—	21294.77	21294.77	0.06	21294.82
（二）其他综合收益	—	—	5332.81	—	—	—	—	5332.81	—	5332.81
综合收益总额	—	—	5332.81	—	—	—	21294.77	26627.58	0.06	26627.63
（三）利润分配										
提取法定盈余公积	—	—	—	2130.03	—	—	-2130.03	—	—	—
提取一般风险准备	—	—	—	—	2130.03	—	-2130.03	—	—	—
提取大灾风险利润准备金	—	—	—	—	—	1164401.00	-1164.40	—	—	—
股利分配-2014 年末股利	—	—	—	—	—	—	-4003.70	-4003.70	—	-4003.70
年末余额	14828.51	18985.55	13230.41	30804.59	7527.80	1885.48	20595.35	107857.69	5.03	107862.72

表 5-10　　M 财产保险股份有限公司 2016 年度合并股东权益变动表②　　单位：百万元

	归属于母公司的股东权益									
	股本	资本公积	其他综合收益	盈余公积	一般风险准备	大灾风险利润准备金	未分配利润	合计	少数股东权益	股东权益合计
年初余额	14828.51	18985.55	13230.41	30804.588	7527.803	1885.477	20595.354	107857.7	14828.51	18985.55
本年增减变动金额										
（一）净利润	—	—	—	—	—	—	18085.923	18085.92	—	—
（二）其他综合收益	—	—	-3152.26	—	—	—		-3152.26	—	—

①② 数据来源：根据真实保险公司年报改编。

续表

	归属于母公司的股东权益									
	股本	资本公积	其他综合收益	盈余公积	一般风险准备	大灾风险利润准备金	未分配利润	合计	少数股东权益	股东权益合计
综合收益总额	—	—	-3152.26	—	—	—	18085.923	14933.67	—	—
（三）利润分配										
提取法定盈余公积	—	—	—	1809.827	—	—	-1809.827	—	—	—
提取一般风险准备	—	—	—	—	1809.827	—	-1809.827	—	—	—
股利分配-2014年末股利	—	—	—	—	—	—	-4507.867	-4507.867	—	-4507.867
年末余额	14828.51	18985.55	101078.2	32614.42	9337.63	1885.477	30553.756	118283.49	5.559	118289.05

表5-11　M财产保险股份有限公司2017年度合并股东权益变动表①

单位：百万元

	归属于母公司的股东权益									
	股本	资本公积	其他综合收益	盈余公积	一般风险准备	大灾风险利润准备金	未分配利润	合计	少数股东权益	股东权益合计
年初余额	14828.51	18985.55	10078.15	32614.42	9337.63	1885.48	30553.76	118283.49	5.56	118289.05
本年增减变动金额										
（一）净利润	—	—	—	—	—	—	19710.76	19710.76	1.27	19712.03
（二）其他综合收益	—	—	-1424.17	—	—	—	—	-1424.17	—	-1424.17
综合收益总额	—	—	-1424.17	—	—	—	19710.76	18286.59	1.27	18287.85
（三）利润分配										
提取法定盈余公积	—	—	—	1970.92	—	—	-19710.76	—	—	—
提取一般风险准备	—	—	—	—	1970.92	—	-19710.76	—	—	—
提取大灾风险利润准备金	—	—	—	—	—	586.45	-586.45	—	—	—

① 数据来源：根据真实保险公司年报改编。

续表

	归属于母公司的股东权益									
	股本	资本公积	其他综合收益	盈余公积	一般风险准备	大灾风险利润准备金	未分配利润	合计	少数股东权益	股东权益合计
股利分配 - 2016 年末股利	—	—	—	—	—	—	-4582.01	-4582.01	—	-4582.01
子公司分红	—	—	—	—	—	—	—	—	-0.30	-0.30
（四）其他	—	-34.44	—	—	—	—	—	-34.44	-0.13	-34.57
年末余额	14828.51	18951.11	8653.98	34585.34	11308.55	2471.93	41154.21	131953.62	6.40	131960.02

表 5-12　M 财产保险股份有限公司 2018 年度合并股东权益变动表①

单位：百万元

	归属于母公司的股东权益									
	股本	资本公积	其他综合收益	盈余公积	一般风险准备	大灾风险利润准备金	未分配利润	合计	少数股东权益	股东权益合计
年初余额	14828.51	18951.11	8653.98	34585.34	11308.55	2471.93	41154.21	131953.62	6.40	131960.02
本年增减变动金额										
（一）净利润	—	—	—	—	—	—	16298.41	16298.41	1.45	16299.87
（二）其他综合收益	—	—	(2086.95)	—	—	—	—	(2086.95)	—	(2086.95)
综合收益总额	—	—	(2086.95)	—	—	—	16298.41	14211.47	1.45	14212.92
（三）利润分配	—	—	—	—	—	—	—	—	—	—
提取法定盈余公积	—	—	—	1626.83	—	—	(1626.83)	—	—	—
提取任意盈余公积	—		0.00	6000.00	—	—	(6000.00)	—	—	—
提取一般风险准备	—	—	—	—	1626.83	—	(1626.83)	—	—	—
提取大灾风险利润准备金	—		0.00	0.00	0.00	279.55	(279.55)	—	—	—
使用大灾风险利润准备金	—	—	—	—	—	(279.32)	279.32	—	—	—

① 数据来源：根据真实保险公司年报改编。

续表

	归属于母公司的股东权益									
	股本	资本公积	其他综合收益	盈余公积	一般风险准备	大灾风险利润准备金	未分配利润	合计	少数股东权益	股东权益合计
股利分配 - 2017 年末股利	—	—	—	—	—	—	(5012.04)	(5012.04)	—	(5012.04)
子公司分红	—	—	—	—	—	—	—	—	(0.29)	(0.29)
（四）股东权益内部结转	—		—	—	—	—	—	—	—	(34.57)
1. 资本公积转增股本	7414.26	(7414.26)	—	—	—	—	—	—	—	—
（五）其他	—	—	—	—	—	—	—	—	—	—
1. 联营企业其他权益变动	—	(735.04)	—	—	—	—	—	(735.04)	—	(735.04)
年末余额	22242.77	10801.81	6567.03	42212.16	12935.38	2472.16	43186.70	140418.01	7.56	140425.57

表 5 - 13　　M 财产保险股份有限公司合并股东权益变动表分析

单位：百万元

	2015		2016		2017		2018	
	变化额	变化率（%）	变化额	变化率（%）	变化额	变化率（%）	变化额	变化率（%）
股本	—	—	—	—	—	—	7414.26	50.00
资本公积	—	—	—	—	(34.44)	-0.18	(8149.29)	-43.00
其他综合收益	5332.81	67.52	(3152.26)	-23.83	(1424.17)	-14.13	(2086.95)	-24.12
盈余公积	2130.03	7.43	1809.83	5.88	1970.92	6.04	7626.83	22.05
一般风险准备	2130.03	39.46	1809.83	24.04	1970.92	21.11	1626.83	14.39
大灾风险利润准备金	1164.40	161.48	—	—	586.45	31.10	0.23	0.01
未分配利润	11866.61	135.95	9958.40	48.35	10600.45	34.69	2032.50	4.94
合计	22623.88	26.54	10425.80	9.67	13670.13	11.56	8464.39	6.41
少数股东权益	0.06	1.10	0.53	10.43	0.84	15.06	1.16	18.14
股东权益合计	(744525.07)	-87.35	10426.33	9.67	13670.97	11.56	8465.55	6.42

股东权益总额：2015 年年末，M 财产保险公司股东权益总额为 107862724 千元，较 2014 年增加 26.54%；2016 年年末，M 财产保险公司股东权益总额为 118289050 千元，较 2015 年增加 9.67%；2017 年年末，M 财产保险公司股东权益总额为 131960020 千元，较 2016 年增加 11.56%。2018 年年末，M 财产保险公司股东权益总额为 140425570 千元，较 2017 年增加 6.42%。4 年股东权益总额稳定增长，但是 2018 年增速放缓。

四、现金流量表

表 5-14　　M 财产保险有限公司现金流量表[①]　　单位：百万元

	2015	2016	2017	2018
一、经营活动产生的现金流量				
收到原保险合同保费取得的现金	281813.81	321188.91	366671.33	404435.72
收到的其他与经营活动有关的现金	2930.02	2868.10	2047.26	2021.04
经营活动现金流入小计	284743.84	324057.01	368718.59	406456.77
支付原保险合同赔付款项的现金	(155485.41)	(174578.73)	(196248.19)	(229693.74)
支付给职工以及为职工支付的现金	(26144.63)	(28510.25)	(30187.55)	(38234.39)
支付手续费的现金	(30611.64)	(46167.82)	(63110.01)	(78441.64)
支付的各项税费	(20257.43)	(24099.50)	(23726.17)	(20892.76)
支付再保业务现金净额	(2086.33)	(2090.41)	(2334.22)	(1895.76)
支付保单红利的现金	(0.38)	(0.60)	(0.43)	(3.02)
保户储金及投资款净减少额	437.45	103.35	(35.28)	(337.76)
支付的其他与经营活动有关的现金	(22506.24)	(25144.88)	(31183.46)	(26327.53)
经营活动现金流出小计	(256654.60)	(300488.84)	(346825.30)	(395826.59)
经营活动产生的现金流量净额	28089.24	23568.17	21893.29	10630.18
二、投资活动产生的现金流量	0.00	0.00	0.00	0.00
收回投资所收到的现金	160777.15	131370.69	112259.96	79242.58
取得投资收益收到的现金	13284.04	15648.61	15606.18	17261.16
处置固定资产、无形资产和其他长期资产收回的现金净额	317.05	225.63	168.58	166.73
投资活动现金流入小计	174378.24	147244.93	128034.72	96670.46
投资支付的现金	(195125.32)	(139439.49)	(132996.88)	(100942.21)
取得的联营企业和合营企业投资	(3190.00)	(24944.40)	(100942.21)	(98.00)

① 数据来源：根据真实保险公司年报改编。

续表

	2015	2016	2017	2018
购置固定资产、无形资产和其他长期资产所支付的现金	(2460.71)	(2415.18)	(1888.76)	(4388.23)
支付其他与投资活动有关的现金	(665.50)	(156.80)	(72.78)	(901.78)
投资活动现金流出小计	(201441.53)	(166955.87)	(136035.62)	(106330.22)
投资活动产生的现金流量净额	(27063.29)	(19710.95)	(8000.90)	(9659.76)
三、融资活动产生的现金流量				
发行资本补充债券收到的现金	—	15000.00	—	—
卖出回购金融资产款净增加额	9446.88	—	2091.03	—
融资活动现金流入小计	9446.88	15000.00	2091.03	—
赎回次级债支付的现金	(6000.00)	(8000.00)	—	—
卖出回购金融资产款净减少额	—	(2657.19)	—	4878.01
分配股利所付的现金	(4003.70)	(4507.87)	(4582.01)	(5012.04)
偿付利息支付的现金	(1821.39)	(1441.45)	(1808.25)	(1846.41)
融资活动现金流出小计	(11825.09)	(16606.51)	(6390.26)	(1980.44)
融资活动产生的现金流量净额	(2378.21)	(1606.51)	(4299.23)	(1980.44)
四、汇率变动对现金及现金等价物的影响	20.92	59.21	(59.62)	90.33
五、现金及现金等价物净增加额	(1331.34)	2309.92	9533.54	(919.69)
加：年初现金及现金等价物余额	24053.22	22721.88	25031.80	34565.34
六、年末现金及现金等价物余额	22721.88	25031.80	34565.34	33645.65

表 5-15　　M 财产保险有限公司现金流量表　　单位：百万元

	2016		2017		2018	
	变化额	变化率（%）	变化额	变化率（%）	变化额	变化率（%）
一、经营活动产生的现金流量						
收到原保险合同保费取得的现金	39375.09	13.97	45482.43	14.16	37764.39	10.30
收到的其他与经营活动有关的现金	(61.92)	-2.11	(820.84)	-28.62	(26.22)	-1.28
经营活动现金流入小计	39313.17	**13.81**	44661.58	**13.78**	37738.18	**10.23**
支付原保险合同赔付款项的现金	(19093.32)	12.28	(21669.46)	12.41	(33445.56)	17.04
支付给职工以及为职工支付的现金	(2365.63)	9.05	(1677.30)	5.88	(8046.84)	26.66
支付手续费的现金	(15556.18)	50.82	(16942.19)	36.70	(15331.63)	24.29
支付的各项税费	(3842.07)	18.97	373.33	-1.55	2833.41	-11.94
支付再保业务现金净额	(4.07)	0.20	(243.81)	11.66	438.46	-18.78
支付保单红利的现金	(0.22)	58.68	0.18	-29.35	(2.59)	608.69

续表

	2016		2017		2018	
	变化额	变化率（%）	变化额	变化率（%）	变化额	变化率（%）
保户储金及投资款净减少额	(334.10)	-76.37	(138.63)	-134.14	(302.47)	857.33
支付的其他与经营活动有关的现金	(2638.64)	11.72	(6038.58)	24.02	4855.93	-15.57
经营活动现金流出小计	(43834.24)	**17.08**	(46336.46)	**15.42**	(49001.29)	**14.13**
经营活动产生的现金流量净额	(4521.07)	-16.10	(1674.88)	-7.11	(11263.11)	-51.45
二、投资活动产生的现金流量						
收回投资所收到的现金	(29406.46)	-18.29	(19110.74)	-14.55	(33017.38)	-29.41
取得投资收益收到的现金	2364.56	17.80	(42.42)	-0.27	1654.97	10.60
处置固定资产、无形资产和其他长期资产收回的现金净额	(91.42)	-28.83	(57.05)	-25.28	(1.85)	-1.10
投资活动现金流入小计	(27133.31)	**-15.56**	(19210.21)	**-13.05**	(31364.26)	**-24.50**
投资支付的现金	55685.83	-28.54	6442.60	-4.62	32054.67	-24.10
取得的联营企业和合营企业投资	(21754.40)	681.96	(75997.81)	304.67	100844.21	-99.90
购置固定资产、无形资产和其他长期资产所支付的现金	45.54	-1.85	526.42	-21.80	(2499.47)	132.33
支付其他与投资活动有关的现金	508.70	-76.44	84.03	-53.59	(829.00)	1139.13
投资活动现金流出小计	34485.66	**-17.12**	30920.25	**-18.52**	29705.40	**-21.84**
投资活动产生的现金流量净额	7352.35	-27.17	11710.05	-59.41	(1658.86)	20.73
三、融资活动产生的现金流量						
发行资本补充债券收到的现金	15000.00	—	(15000.00)	-100.00	—	—
卖出回购金融资产款净增加额	(9446.88)	-100.00	2091.03	—	(2091.03)	-100.00
融资活动现金流入小计	5553.12	**58.78**	(12908.98)	**-86.06**	(2091.03)	**-100.00**
赎回次级债支付的现金	(2000.00)	33.33	8000.00	-100.00	0.00	—
卖出回购金融资产款净减少额	(2657.19)	0	2657.19	-100.00	4878.01	—
分配股利所付的现金	(504.17)	12.59	(74.14)	1.64	(430.03)	9.39
偿付利息支付的现金	379.94	-20.86	(366.79)	25.45	(38.16)	2.11
融资活动现金流出小计	(4781.42)	**40.43**	10216.25	**-61.52**	4409.82	**-69.01**
融资活动产生的现金流量净额	771.69	**-32.45**	(2692.72)	**167.61**	2318.80	**-53.94**
五、现金及现金等价物净增加额	3641.26	-273.50	7223.62	312.72	(10453.23)	-109.65
加：年初现金及现金等价物余额	(1331.34)	-5.53	2309.92	10.17	9533.54	38.09
六、年末现金及现金等价物余额	2309.92	10.17	9533.54	38.09	(919.69)	-2.66

（一）流入结构分析

在公司经营活动流入中，2016 年、2017 年和 2018 年分别增长 13.81%、13.78% 和 10.23%，由此可以看出该公司经营情况良好。

投资活动的流入中，2016 年为 147244926 千元，减少了 15.56%。2017 年较 2016 年又减少了 13.05%，2018 年较 2017 年又下降了 24.49%，说明公司在 2016 年以后收回投资所收到的现金开始逐年减少，更加青睐长线投资。

2016 年度公司扩大资本，发行补充债券融资，融资活动资金流入上涨 58.78%。2017 年公司仅通过卖出回购证券得到少量现金流入，没有继续发行应付债券。2018 年无融资活动现金流入。

（二）流出结构分析

经营活动现金流出中，公司以每年 16% 左右的速率稳步增长，其中主营业务即支付原保险合同赔付的现金占比 60% 以上，业务开展较为稳定。投资活动流出中投资支付的现金在 2016 年则降低到了 83%，可见 M 财产保险公司在 2016 年十分重视对外投资，不断扩充原始资本，2017 年和 2018 年这一比例又增加到 97.77% 和 94.93%。融资流出中赎回次级债支付的现金在 2016 年占比为 50% 左右，而在 2017 年则没有赎回任何债券，主要流出为利息和股息的支出，2018 年也没有赎回任何债券。从以上分析可以看出，近 4 年来 M 财产保险公司经营活动的现金流出较大，而经营活动的现金流出以支付原保险合同的赔付为主。

第三节 保险公司财务报表的纵向分析

财务报表横向分析侧重于分析同一项目不同期间的变动情况，纵向分析则着重分析特定财务报表内不同项目之间的相互关系，通常采用编制共同比财务报表的方式进行分析。

共同比报表是将财务报表上某关键项目的金额当作 100%，而将其余项目分别换算为对关键项目的百分比，以显示各项目的相对地位，共同比报表反映了同一报表内有关项目之间的比例关系，显示了各项目的相对重要地位，有利于比较分析同一报表内各项目变动的适当性。将报表中的每一个项目表述为同一报表内某一关键项目的百分比，这一关键项目称为基数。例如，在资产负债表上，将资产或负债和股东权益总额作为基数；在利润表上，将销售收入作为基数；在现金流量表中，将现金流入量总额作为基数。

一、共同比资产负债表

根据共同比分析得到的比例可以看到 S 寿险公司债券投资、发起贷款及垫款在整个资产部分中占比较大，分别占29.05%和27.02%；其次就是以公允价值计量且其变动计入当期损益的金融资产，占比达到11.55%，货币资金占比6.64%（见表5-16）。

表5-16　S寿险公司2018年资产负债表共同比分析（资产部分）①　单位：百万元

项目	金额	结构（%）
资产		
货币资金	474059	6.64
结算备付金	8964	0.13
拆出资金	74434	1.04
买入返售金融资产	92951	1.30
应收利息		0
应收保费	67150	0.94
应收款项	22798	0.32
应收分保账款	8683	0.12
衍生金融资产	21911	0.31
应收分保合同准备金	16671	0.23
保户质押贷款	111219	1.56
长期应收款	165214	2.31
发起贷款及垫款	1929842	27.02
定期存款	172033	2.41
金融投资：		
以公允价值计量且其变动计入当期损益的金融资产	824939	11.55
债权投资	2075151	29.05
其他债权投资	310901	4.35
其他权益工具投资	222639	3.12
可供出售金融资产	—	—
持有至到期投资	—	—
应收款项类投资	—	—
长期股权投资	154895	2.17
商誉	20520	0.29
存出资本保证金	12446	0.17
投资性房地产	46789	0.66

① 数据来源：根据真实保险公司年报改编。

续表

项目	金额	结构（%）
固定资产	45371	0.64
无形资产	29383	0.41
递延所得税资产	45187	0.63
其他资产	152502	2.13
独立账户资产	36308	0.51
资产总计	7142960	100.00

根据共同比分析得到的比例，可以看到2018年S寿险公司负债中占比较大的是吸收存款和保险合同准备金，分别占比32.34%和24.85%（见表5-17）。

表5-17　S寿险公司2018年资产负债表共同比分析（负债部分）①　单位：百万元

项目	金额	结构（%）
负债		
短期借款	93627	1.45
向中央银行借款	149756	2.32
银行同业及其他金融机构存放款项	387096	5.99
拆入资金	24606	0.38
以公允价值计量且其变动计入当期损益的金融负债	16975	0.26
衍生金融负债	22247	0.34
卖出回购金融资产款	189028	2.93
代理买卖证券款	25315	0.39
应付款项	9779	0.15
预收保费	47227	0.73
应付手续费及佣金	11195	0.17
应付分保账款	10587	0.16
应付职工薪酬	35999	0.56
应交税费	39995	0.62
应付利息	—	0.00
应付赔付款	51679	0.80
应付保单红利	52591	0.81

① 数据来源：根据真实保险公司年报改编。

续表

项目	金额	结构（%）
吸收存款	2089029	32.34
保户储金及投资款	622915	9.64
保险合同准备金	1605411	24.85
长期借款	148069	2.29
应付债券	556875	8.62
递延所得税负债	18476	0.29
其他负债	214532	3.32
独立账户负债	36308	0.56
负债合计	6459317	100.00

由表 5－18 可以看出，2018 年 S 寿险公司资本公积占股东权益的比例为 19.18%，未分配利润占比为 48.88%，少数股东权益占比 18.60%。

表 5－18　S 寿险公司资产负债表共同比分析（股东权益部分）①　单位：百万元

项目	金额	结构（%）
股东权益		
股本	18280	2.67
资本公积	131148	19.18
其他综合收益	4940	0.72
盈余公积	12164	1.78
一般风险准备	55794	8.16
未分配利润	334182	48.88
归属于母公司股东权益合计	**556508**	**81.40**
少数股东权益	127135	18.60
股东权益合计	**683643**	**100.00**
负债和股东权益总计	**7142960**	

二、共同比利润表

由共同比表 5－19 可以看出：2018 年度利润总额占主营业务收入的 16.70%，净利润总额占主营业务收入的 12.33%，营业利润总额占主营业务收入的 16.72%。

① 数据来源：根据真实保险公司年报改编。

表 5-19　　S 寿险公司 2018 年共同比利润表①　　单位：百万元

项目	金额	结构（%）
一、营业收入		
保险业务收入	719556	73.66
其中：分保费收入	115	0.01
减：分出保费	(19417)	-1.99
提取未到期责任准备金	(22436)	-2.30
已赚保费	677703	69.38
银行业务利息收入	161714	16.55
银行业务利息支出	(86931)	-8.90
银行业务利息净收入	74783	7.66
非保险业务手续费及佣金收入	46277	4.74
非保险业务手续费及佣金支出	(9086)	-0.93
非保险业务手续费及佣金净收入	37191	3.81
非银行业务利息收入	88546	9.06
投资收益	74589	7.64
公允价值变动损益	(28284)	-2.90
汇兑（损失）/收益	(946)	-0.10
其他业务收入	50503	5.17
资产处置损失	(38)	0
其他收益	2785	0.29
营业收入合计	976832	100.00
二、营业支出		
退保金	(21539)	-2.20
保险合同赔付支出	(203323)	-20.81
减：摊回保险合同赔付支出	9466	0.97
提取保险责任准备金	(1909900)	-19.55
减：摊回保险责任准备金	642	0.07
保单红利支出	(16445)	-1.68
分保费用	(11)	0
保险业务手续费及佣金支出	(130383)	-13.35
税金及附加	(3884)	-0.40
业务及管理费	(147697)	-15.12
减：摊回分保费用	7966	0.82
财务费用	(18227)	-1.87

① 数据来源：根据真实保险公司年报改编。

续表

项目	金额	结构（%）
其他业务成本	(45255)	-4.63
资产减值损失	—	—
信用减值损失	(52105)	-5.33
其他资产减值损失	(1709)	-0.17
营业支出合计	(813494)	-83.28
三、营业总利润	**163338**	**16.72**
加：营业外收入	385	0.04
减：营业外支出	(572)	-0.06
四、利润总额	**163151**	**16.70**
减：所得税	(42699)	-4.37
五、净利润	**120452**	**12.33**
归属于母公司股东的净利润	107404	11.00
少数股东损益	13048	1.34

三、共同比现金流量表

S寿险公司2018年经营活动产生的现金流入中收到原保险合同保费取得的现金占比最多；融资活动的现金流入中发行债券收到的现金以及取得借款收到的现金占比较大，可见企业融资能力强，资金周转灵活；投资活动的现金流入中收回投资所收到的现金占比最大（见表5-20）。

表5-20　　S寿险公司2018年共同比现金流量表①

单位：百万元

项目	金额	流入结构（%）	流出结构（%）
一、经营活动产生的现金流量			
收到原保险合同保费取得的现金	712020	50.90	
客户存款和同业存放款项净增加额	98803	7.06	
存放中央银行和银行同业款项净减少额	90075	6.44	
向中央银行借款净增加额	16791	1.20	
保户储金及投资款净增加额	56936	4.07	
收取利息、手续费及佣金的现金	206112	14.74	
银行业务及证券业务拆借资金净增加额	6262	0.45	
银行业务及证券业务买入返售资金净减少额			

① 数据来源：根据真实保险公司年报改编。

续表

项目	金额	流入结构（%）	流出结构（%）
银行业务及证券业务卖出回购资金净增加额	7940	0.57	
银行业务应收款项净减少额	52886	3.78	
融资租赁业务借款净增加额	26554	1.90	
银行业务及证券业务为交易目的持有的金融资产净减少额			
收到的其他与经营活动有关的现金	124388	8.89	
经营活动现金流入小计	**1398767**	**100.00**	
支付原保险合同赔付款项的现金	-198450		16.64
再保业务产生的现金净额	-1482		0.12
支付保单红利的现金	-11171		0.94
发放贷款及垫款净增加额	-342759		28.74
存放中央银行和银行同业款项净增加额			
支付利息、手续费及佣金的现金	-213956		17.94
支付给职工以及为职工支付的现金	-66490		5.58
支付的各项税费	-69615		5.84
银行业务及证券业务拆借资金净减少额			
银行业务及证券业务买入返售资金净增加额	-1221		0.10
银行业务及证券业务卖出回购资金净减少额			
银行业务应收账款净增加额			
融资租赁业务长期应收款净增加额	-49429		4.14
银行业务及证券业务为交易目的持有的金融资产净增加额	-77215		6.48
支付的其他与经营活动有关的现金	-160719		13.48
经营活动现金流出小计	**-1192507**		**100.00**
经营活动产生的现金流量净额	**206260**		
二、投资活动产生的现金流量			
收回投资所收到的现金	1347063	89.33	
取得投资收益收到的现金	153237	10.16	
处置固定资产、无形资产和其他长期资产收回的现金净额	3573	0.24	
处置子公司收到的现金净额	1206	0.08	
收到的其他与投资活动有关的现金	2914	0.19	
投资活动现金流入小计	**1507993**	**100.00**	
投资支付的现金	-1711291		97.88
购建固定资产、无形资产和其他长期资产支付的现金	-10663		0.61
保户质押贷款净增加额	-26281		1.50

续表

项目	金额	流入结构（%）	流出结构（%）
购买子公司部分少数股权支付的现金	-42		0
收购子公司支付的现金净额	-142		0.01
处置子公司减少的现金净额			
投资活动现金流出小计	**-1748419**		**100.00**
投资活动使用的现金流量净额	**-240426**		
三、融资活动产生的现金流量			
吸收投资收到的现金	3220	0.30	
其中：子公司吸收少数股东投资收到的现金	3220	0.30	
取得借款收到的现金	166538	15.40	
发行债券收到的现金	860782	79.59	
保险业务卖出回购业务资金净增加额	47382	4.38	
收到的其他与融资活动有关的现金	3601	0.33	
融资活动现金流入小计	**1081523**	**100.00**	
偿还债务所支付的现金	-986646		93.94
分配股利及偿付利息支付的现金	-61001		5.81
其中：子公司支付给少数股东的股利	-2423		0.23
支付的其他与融资活动有关的现金	-2612		0.25
融资活动现金流出小计	**-1050259**		**100.00**
融资活动产生的现金流量净额	**31264**		
四、汇率变动对现金及现金等价物的影响	**2262**		
五、现金及现金等价物净减少额	**-640**		
加：年初现金及现金等价物余额	308664		
六、年末现金及现金等价物余额	**308024**		

S寿险公司2018年度现金流出总额为3991185百万元，其中经营活动产生的现金流出量、投资活动产生的现金流出量、融资活动产生的现金流出量所占比重分别为29.88%、43.81%、26.31%，可见投资活动是引起现金流出的主要原因，融资活动和经营活动相差不大。投资活动中投资支付的现金占比最高，占流出总额的97.88%，是现金流出的主要原因。

（一）经营活动现金流量项目分析

收到原保险合同保费取得的现金在经营活动现金流入中所占比重大且相对稳定，是公司现金流入主要来源之一。客户存款和银行同业存放款项净增加额在经营活动现金流入中占比较大，也是公司现金流入主要来源之一。客户贷款及垫款净增加额、银行业务及证券业务买入返售资金净增加额是经营活动现金流出的主要原因。

（二）投资活动现金流量项目分析

收回投资所收到的现金是投资活动现金流入的主要原因，其在投资活动产生的现金流量中占比较高且增长幅度大，投资支付的现金是投资活动现金流出的主要原因。

（三）融资活动现金流量项目分析

发行债券收到的现金在融资活动产生的现金流入中所占比重较大。

第四节 保险公司财务比率分析

财务比率分析是被广泛接受和普遍应用的财务分析方法。财务比率是指财务报表上某些财务项目之间的数额之比，财务比率分析通过对项目之间的比率进行计算和分析，判断保险公司的财务状况、盈利能力以及经营管理效率等方面的情况。保险公司经营的对象是各类风险，由于其经营对象的特殊性，保险公司的财务指标有其自身的特点。保险公司按照保险合同事先收取保费，在触发赔付条件后承担赔付责任，其资金的收付之间存在较长的时间差，因此保险公司的负债水平较高，且负债金额具有很大的不确定性。一方面，对保险公司进行财务分析时，应当注重考察偿付能力，即保险公司及时足额偿付各项长、短期债务的能力；另一方面，保险公司积聚了大量资金，这些资金能否被有效利用从而创造投资收益、能否在帮助公司降低风险的同时提高其盈利能力，也是保险公司财务分析中的关注点。

本节将保险公司的主要财务比率指标分为五类：盈利能力比率、偿付能力比率、资产质量比率、投资质量比率和市场价值比率。

一、保险公司盈利能力比率

保险公司的盈利能力是保险公司的债权人、投资者和企业管理者都非常关心的问题，因为企业具有良好的盈利能力，就可以扩展企业经营规模，改善企业财务状况，实施有吸引力的股利政策。保险公司盈利能力分析主要从以下两个角度考虑：一是评估保险公司是否有足够的盈利创造能力以补偿投资者的投资风险；二是评估管理者是否对企业内部的可用资源进行最优化配置，以实现股东利润的最大化。

利润是保险公司盈余的重要因素，其他因素例如资产价值（投资和资产）的变化，以及公司重组、收购等也是保险公司盈利的原因，因此在分析保险公司的盈利能力时，需要把这些指标都考虑在内。

保险公司盈利能力指标包括：

（一）保费增长率（change in gross premiums written）

$$保费增长率 = \frac{本期保费}{上一期保费} \quad （式 5-4）$$

保费是保险公司依照其在保险合同中的承诺，对被保险人因承保风险造成保险标的的损失进行补偿或者将保险收益支付给受益人而收取的价金。毛保费是与净保费对应的概念，保费中的风险成本部分通常被称为净保费（net premium），它是保险人根据保险期间预期可能发生的全部损失计算出每一风险单位或被保险人应当分担的金额。而投保人/被保险人所支付的全部保费则叫作毛保费（gross premium），是净保费、经营管理费用（包括保险代理人佣金、各种办公费用、雇员工资、保费分期支付的利息损失、广告费用、法律费用、非预期意外损失基金（surplus）等以及利润的总和。保费增长率是确定保险公司扩大保险业务的能力的重要指标，该指标类似于工业企业净销售额或净利润的变化率。

有效年保费增长率（change in effective annual premiums）

$$有效年保费增长率 = \frac{本期有效年保费}{上一期有效年保费} \quad （式 5-5）$$

“有效年保费”与新开展的保险业务有关，定义为定期保费加上一次性保费（single premiums）的 10%。保险公司某些业务的保费是按期支付的（如房屋保险、汽车保险等），这样的新业务可能会使保单持有人在接下来的几年中持续获得保障，而通过一次性付款（如旅行保险）获得的保险可能在到期时停止。因此，有效的年度保费指标评估了未来重复开展新业务的可能性，有效年保费率显示出保险公司继续开展业务的可能性。

（二）盈余增长率

$$盈余增长率 = \frac{第 N 年的盈余 - 第 N-1 年的盈余}{第 N-1 年的盈余} \quad （式 5-6）$$

该指标显示资本基础逐年增加的情况，如果这一指标减少则需要进行特别调查，这可能是由于总损失（即负利润保留）和资产价值下降造成的。

（三）净保费同净责任准备金的比率［total net premiums written/net technical provision（non-linked）］

净保费总额同净责任准备金的比率体现了保费收入水平与保险负债增加相匹配的程

度。在其他条件相同的情况下，该比率稳定往往表明保单价格保持稳定，保单数量的增加导致保险责任按比例增加，因为承保更多的保单会导致预期索赔额、保险责任准备金按比例增加。

如果该比率下降，下降的原因可能是：该公司改变了业务，每份保单承担着更大的风险，而增加的风险没有得到价格补偿；由于竞争对手或市场的行为，保险公司保单定价降低，每份保单的收入减少；公司引进了一种更为保守的保险金额估计方法。

如果该比率上升，可能意味着：由于低风险保险业务流入，保险公司承担的风险更低，而保险费没有与风险成比例减少；每份保单的定价提高，相同数量的保单收取了更多的保费；预期索赔的精算估计数减少，从而减少了同类型保险单的责任准备金。

（四）各项业务保费/总保费（gross premiums written/total gross premiums written）

该比率将保险公司每项主要业务的保费收入与公司总的业务总额进行比较，以确定每项业务在销售方面的相对重要性。

（五）再保险比率和自留比率（reinsurance ratio and retention ratio）

$$\text{再保险比率}=\frac{\text{再保险分出额}}{\text{总保费}} \qquad \text{（式 5-7）}$$

再保险应该是对保险或再保险的保险，原保险人以支付再保险费为对价，将其所承担的风险转让给一个或几个受让人——再保险人，原保险人可以保留部分原保单项下的承保风险自己承担，也可以将原保单项下的承保风险全部转让给再保险人承担，因此再保险比率衡量承保的保险业务中再保险业务的百分比。如果该百分比很高，需要了解保险公司所使用的再保险公司的质量和风险多元化的政策，因为再保险并不是一种完全的风险分配，如果再保险接受人不能满足索赔要求，再保险承保将毫无价值。

$$\text{自留比率}=\frac{\text{总保费收入}-\text{再保险分出额}}{\text{总保费}} \qquad \text{（式 5-8）}$$

或也可以直接表示为：

$$\text{自留比率}=1-\text{再保险比率} \qquad \text{（式 5-9）}$$

因此，自留比率是再保险比率的反向，显示未分保的保险业务承保水平。

（六）给付率（寿险业务）及赔付率（财险业务）（pay-out ratio and loss ratio）

$$\text{给付率}=\frac{\text{净给付额}}{\text{已赚保费}} \qquad \text{（式 5-10）}$$

$$\text{赔付率}=\frac{\text{净赔付额}}{\text{已赚保费}} \qquad \text{（式 5-11）}$$

其中，已赚保费 = 原保费收入 + 分保费收入 - 分出保费 - 未到期责任准备金变动额 - 长期责任准备金变动额。

人寿业务主要是期满给付、死伤医疗给付和年金给付，而财险业务主要是赔付支出，该指标体现了保险索赔与保险业务之间的关系，反映了公司短期内取得可持续业务的能力。

已赚保费是考虑了再保分出业务和准备金提取后的保险公司净自留保费，是保险公司真正可以确定的收入。如果一家保险公司的分出业务增多，已赚保费占整体保费的比例就会缩减。理论上说，分出业务较多的情况下，再保摊回的赔付金额也会相应增多，从而减少赔付支出。但是考虑到大数法则，原保险业务的基数越小，则因为若干个案引起赔付支出大幅上升的可能性越大。已赚保费将再保分出业务从保费收入中剔除，以此为分母计算得到的综合赔付率，对保险公司原保险业务赔付支出的变动将变得十分敏感，从而能够充分反映出保险公司的经营风险。

（七）综合费用率（expense ratio）

$$综合费用率 = \frac{综合费用}{已赚保费} \qquad （式 5-12）$$

其中，综合费用 = 业务及管理费 + 手续费及佣金 + 分保费用支出 - 摊回分保费用，寿险公司和财险公司都可以使用该指标，显示公司成本对保险业务的影响。费用率表示营业和管理费用同保费收入之间的关系，费用包含营业费用和管理费用（保单取得费用、保单维护费用、保单行销费用等）。该比率的趋势非常重要，显示了保险公司能够在多大程度上控制其获取业务的成本，如果该比率呈上升趋势表示保险公司成本较高。

（八）综合成本率（net claims incurred + expenses/net premiums earned and combined ratio）

$$综合成本 = \frac{净给付或净赔付 + 费用}{已赚保费} \qquad （式 5-13）$$

综合成本率反映了保险公司的给付或赔付支出、费用支出加总得到的综合成本与已赚保费的比率。从指标的计算公式中可以看出，综合给付率或赔付率与综合费用率之和即为综合成本率。给付或赔付支出以及费用支出的总和为保险公司的综合成本，其中包含了保险公司实际运营产生的各项支出。以综合成本为分子计算得到的综合成本率是用于测算保险公司经营成本的核心指标，亦是衡量其成本控制能力和经营效益的参考依据。

综合比率是衡量保险公司在给定期间保险业务盈利能力的一项关键指标，该指标同时考虑到已发生的索赔和成本，如果计算的百分比小于 100%，则表示保险公司盈利，如果百分比大于 100%，则表明保险公司的保险业务正在从根本上亏损。但是单看某一公司的综合成本比率可能较为片面，激烈的市场竞争导致寿险公司保费较低，而财险公司的索赔事件在某些时期（如发生地震、飓风等）也可能非常集中，所以在分析时还可以通过同行业分析，也就是与主要竞争对手进行对比，从而分析该公司保险业务的相对盈利能力，并强调与竞争对手的不同之处，全面反映公司的盈利能力以及发生盈利或亏损原因。例如，如果保险公司的综合比率与其竞争对手类似，那么更有可能是宏观环境问题（如自然灾害）导致的结果，而不是公司内部问题。

（九）退保率

$$退保率=\frac{报告期退保金}{期初保险责任准备金+报告期保费收入} \qquad （式5-14）$$

退保率是指报告期退保总额与保险公司承保总额的比率。退保率可按不同的保险种类进行计算，从而得到某类险种的退保率。如以报告期内原保险业务的退保金为分子，以期初责任准备金与报告期原保费收入之和为分母，计算得到的退保率即为原保险业务的退保率。

退保率可以反映保险公司的业务经营情况，退保率上升可能意味着保险公司的业务质量出现了问题。退保金属于保险公司的营业支出，退保率过高将影响保险公司的业务稳定性，从而对盈利能力产生不利影响。

（十）应收保费周转率（turnover rate of premium receivable）

应收保费周转率计算了应收保费一年中收回的次数，是测试应收保费周转速度的指标，周转速度越快代表资产回笼和再利用的效率越高。计算公式为：

$$应收保费周转率=\frac{保费收入}{平均应收账款额} \qquad （式5-15）$$

应收保费平均收账时间计算的是应收保费平均收账的天数，是周转率的直观表现形式。收账期越短，代表保户能按时缴纳保费款项，呆账产生的可能性较小。计算公式为：

$$应收保费平均收账时间=\frac{365}{应收保费周转率} \qquad （式5-16）$$

（十一）资产收益率（return on assets）

资产收益率，又称资产回报率，它是用来衡量每单位资产创造多少净利润的指标，是衡量保险公司整体盈利能力的重要指标，分母还可以使用税后利润、留存利润或总资产（包括无形资产）。资产收益率衡量每单位资产创造净利润的能力，反映了企业对资产的利用效率。

资产收益率包括总资产收益率和净资产收益率。总资产收益率是指报告期实现的净利润与平均资产总额的比率，表示企业包括净资产和负债在内的全部资产的总体获利能力，用以评价企业运用全部资产的总体获利能力，是评价企业资产运营效益的重要指标。

$$总资产收益率=\frac{净利润总额}{资产总额} \qquad （式5-17）$$

净资产收益率又称股东权益收益率，是净利润与平均股东权益的百分比，是公司净利润除以净资产得到的百分比率。该指标反映股东权益的收益水平，用以衡量公司运用自有资本的效率，它弥补了每股税后利润指标的不足。例如，在公司对原有股东送红股后，每股盈利将会下降，从而在投资者中造成错觉，认为公司的获利能力下降了，而事实上，公司的获利能力并没有发生变化，而用净资产收益率来分析公司获利能力就比较适宜。

$$净资产收益率（ROE）=\frac{净利润}{净资产} \quad （式5-18）$$

（十二）市场份额指标

1. 市场份额

$$市场份额=\frac{公司保费收入}{保险市场保费收入} \quad （式5-19）$$

市场份额是指报告期内保险公司实现的保费收入占保险市场的保费收入总额的比重，该指标反映了保险公司在保险市场上的盈利能力和竞争能力，是公司发展应当重视的指标之一。

2. 保费收入增量市场份额

$$保费收入增量市场份额=\frac{公司报告期保费收入-公司基期保费收入}{保险市场报告期保费收入-保险市场基期保费收入} \quad （式5-20）$$

保费收入增量市场份额，是从增量角度分析保险公司的市场占有率。通过对增量市场份额与存量市场份额的比较进行，可以判断保险公司市场份额的变动趋势。若增量指标大于存量指标，则保险公司的市场份额呈现上升态势，反之亦然。

3. 发展系数

$$发展系数=\frac{保费收入增量市场份额}{市场份额} \quad （式5-21）$$

发展系数是保费收入增量市场份额与存量市场份额的比值。若发展系数大于1，则保费收入增量市场份额大于存量市场份额，这意味着报告期内保险公司的市场占有率增加；反之，若发展系数小于1，则保费收入增量市场份额小于存量市场份额，此时报告期内保险公司的市场占有率是下降的。

专栏5-1

保险公司盈利能力指标

英国某保险公司盈利能力比率如表5-21所示。

表 5－21　　某英国保险公司盈利能力比率　　单位：%

比率（年比率）	X1/12/31	X2/12/31	X3/12/31	X4/12/31
盈利能力				
总承保保费增长率	N/A	12.37	－2.6	－0.97
有效年保费增长率（新业务）	N/A	0	0	0
新承保保费/总承保保费	0	0	0	0
净保费总额/净责任准备金	10.86	12.08	10.49	10.5
寿险业务				
总承保保费/总毛保费	71.83	69.21	71.11	71.26
总承保保费增长率	N/A	8.26	0.09	－0.77
再保险比率（再保险分出/毛保费）	13.78	13.63	10.53	10.69
自留比率	86.22	86.37	89.47	89.31
赔付率（净赔款/净保费）	142.23	141.19	172.03	173.67
综合费用率（费用/净保费）	33.4	34.34	33.06	33.38
发生净赔款＋费用/净保费	175.63	175.53	205.09	207.05
一般业务（除寿险业务的其他保险业务）				
一般业务总承保保费/毛保费	28.17	30.79	28.89	28.74
毛保费增长率	N/A	22.85	－8.63	－1.48
再保险比率（再保险分出/毛保费）	28.75	29.41	30.61	25.45
自留比率	71.25	70.59	69.39	74.55
损失比率	52.07	55.27	35.7	50.82
费用率（费用/净已赚保费）	42.4	43.76	49.78	46.57
综合成本率	94.46	99.03	85.48	97.39
投资盈利能力				
投资收益率	5.74	7.16	9.76	9.61
有效利息收入率	4.59	4.49	3.9	3.89
分红支付率	51.73	57.21	58.78	66.88
分红/盈余	90.72	77.33	59.33	55.29
整体盈利能力				
税前利润/有形资产总额	1.31	2.36	3.36	3.12
税前利润/盈余（无形资产扣除前）	91.12	112.79	117.05	98.85
有效税率	30.2	31.72	34.99	34.99
保留盈利/盈余（无形资产扣除前）	30.69	32.45	31.31	21.24

二、保险公司偿付能力比率

偿付能力也被用来描述公司的资本充足性，即其资本基础是否足以承担所承担的各种风险。在这种背景下，偿付能力的指标从简单到复杂，其中最复杂的是资本模型，该模型分别对保险公司的每一个风险进行分析，并确定其资本基础的充分性。

（一）保险公司短期偿付能力比率

1. 流动比率（current ratio）

流动性是指资产转换成现金时并不发生重大减值损失的程度，即资产的变现能力。保险公司的流动性越高，资产变现的能力就越强。流动比率旨在衡量企业清偿短期债务的能力，保险业的短期债务主要是保险赔款或保险金给付。由于流动资产不能产生收益或仅能产生少许收益，所以企业拥有的流动资产过多会降低其盈利能力，而流动资产过少会带来偿付能力问题。因此如何有效配置流动资产以实现适当的流动性和收益率，对保险公司经营管理而言十分重要。流动比率的计算公式为：

$$流动比率=\frac{流动资产}{流动负债} \quad （式5-22）$$

流动比率是流动性最强的部分资产与短期准备金负债的比率。该指标体现了保险公司所持有的即期变现资产对短期保险责任的覆盖程度，也是评估保险公司短期偿付能力的参考指标。流动比率并无统一的标准，不同行业的流动比率通常有明显差别。保险行业的经验数据通常在2左右，并且财产保险业的流动比率要高于人身保险业。在美国，人身保险业的平均流动比率为3。流动比率并非衡量企业资产流动能力的绝对标准，还需考虑流动资产的质量，以及其他非现金资产的变现速度等因素。

2. 速动比率

速动比率的计算公式为：

$$速动比率=\frac{速动资产}{流动负债} \quad （式5-23）$$

速动资产是指具有高度流动性的现金、金融资产、应收保费（票据）、应收分保账款以及应收分保赔款等。对保险公司而言，现金和投资类资产的流动性较高，是偿还保险责任债务的首要保障。速动资产比率是指现金和投资资产之和与认可负债的比率，反映了保险公司对短期流动性需求的保障能力，常用于短期偿债能力的分析。在考察该指标时，可对保险公司不同年份的速动比率进行纵向比较，观察其变化趋势；也可与同业企业进行横向比较，以评估本公司在行业中的相对水平。

3. 营运资金比率

$$营运资金比率=\frac{流动资产-流动负债}{流动负债} \quad （式5-24）$$

其中，营运资金=流动资产-流动负债。营运资金（working capital）是指流动资产超过流动负债的金额，营运资金额越大，代表对流动负债的保障就越大。

（二）保险公司长期偿付能力比率

保险公司资产的来源分为两个部分，分别是股东投入的资本金以及向债权人借入的资金额。前者属于股东权益，后者属于债权人权益（即负债）。

1. 资本结构

资本结构是企业自有资本与股东权益的比率。

$$资本结构=\frac{负债}{股东权益} \quad (式5-25)$$

2. 杠杆率

$$杠杆率=\frac{负债}{盈余} \quad (式5-26)$$

杠杆是指企业使用自有资本和拆入资金进行投资时，对所产生的损失和收益的放大能力。企业如果增加自身的财务杠杆比率，就在无形中增加了自身的获利能力和风险暴露程度，反之亦然。如果使用杠杆后的投资收益率高于举债拆入资金的融资成本，则称为正财务杠杆；如果收益率低于融资利率，则称为负财务杠杆。

3. 权益比率

权益比率的计算公式为：

$$权益比率=\frac{股东权益}{资产总额} \quad (式5-27)$$

保险公司权益比率大于50%，代表自有资金大于借入资金（负债）。权益比率越高，债权人受到的保障程度越高。产险业的权益比率平均为30%，人寿保险的权益比率平均为10%—15%。

4. 资产负债率

资产负债率的计算公式为：

$$资产负债率=\frac{负债总额}{资产总额} \quad (式5-28)$$

资产负债率是负债总额占资产总额的比率，反映资产对负债的保障程度，用以计算资产总额中债权人提供的资金比重。资产负债比率越高，则表示企业的资金来源对债权人的依赖性越高，对保险企业债权人的保障程度越低。与一般企业不同，保险公司具有高负债经营的特点，其资产负债率较高，因此在考察该指标时应当结合保险行业的平均水平进行分析。

此外，保险公司的负债规模较大，且具有很强的不确定性，保险公司资产和负债的账面价值难以反映出公司所面临的各类风险。认可资产和认可负债是对保险公司账面资产和负债进行适当调整后得出的财务指标，使用认可资产和认可负债计算得到的认可资产负债率，相比于传统的资产负债率指标，更有助于对保险公司的风险进行管控。认可资产负债率的计算公式为：

$$认可资产负债率=\frac{认可负债}{认可资产} \quad (式5-29)$$

5. 偿付能力充足率指标

偿付能力充足率指标包括以下组成部分：综合偿付能力溢额、核心偿付能力溢额；综合偿付能力充足率、核心偿付能力充足率。

综合偿付能力溢额和核心偿付能力溢额，分别指实际资本与核心资本超过最低资本的部分，计算公式如下：

$$综合偿付能力溢额 = 实际资本 - 最低资本 \quad（式5-30）$$

$$核心偿付能力溢额 = 核心资本 - 最低资本 \quad（式5-31）$$

与偿付能力溢额相对应，综合偿付能力充足率与核心偿付能力充足率分别指保险公司的实际资本和核心资本与最低资本的比率。偿付能力充足率的计算公式如下：

$$综合偿付能力充足率 = \frac{实际资本}{最低资本} \quad（式5-32）$$

$$核心偿付能力充足率 = \frac{核心资本}{最低资本} \quad（式5-33）$$

偿付能力充足率能够反映出保险公司的资本规模是否与其业务和风险规模相匹配。充足的资本是保险公司履行赔付责任、维持稳定运营的保障，保险公司应当规范经营，保证综合偿付能力充足率在100%以上。

6. 产权比率

计算公式为：

$$产权比率 = \frac{负债总额}{股东权益比率} \quad（式5-34）$$

负债对股东权益比率计算的是企业借入资金与自有资金的比率，比率大于1表示企业借入资金大于自有资金，对债权人的保障较小，企业的财务结构不够健全。保险业主要的负债项目有应付赔款、保险准备金、应付分保账款、年金给付等，因此保险业的负债比率和负债对股东权益比率要高于其他产业。

7. 利息保障倍数

利息保障倍数体现了保险公司支付利息的能力，计算如下：

$$利息收入倍数 = \frac{息税前利润}{利息费用} \quad（式5-35）$$

一般而言，利息保障比率超过2倍是可取的，低于1.5倍的比率在某种程度上是无法补偿利息收入的，特别是在一个利率正在上升的市场。

该比率表示企业的经营利润承担利息支出的能力，可以衡量企业的偿债能力。如果这个倍数大于1，表明企业经营所得利润完全可以承担企业的借款利息费用；如果这个倍数小于1，则表示企业的利润无法承担企业负债经营的利息支出，说明该企业财务已陷入困境之中。企业要维持长期发展的、良好的财务状况，应保持恰当的利息保障倍数。

8. 现金负债保障比率（cash debt coverage）

现金负债保障比率的计算公式为：

$$现金负债保障比率 = \frac{营业净现金流入}{平均负债额} \quad（式5-36）$$

现金负债保障比率衡量的是企业用经营活动产生的净现金流入（现金流入减现金流出）清偿负债的能力，该比率越高则清偿能力越强。

在评估保险公司的债务水平时，利用债务的内在性质（固定或浮动利率）、选择对冲的方法以及考虑到期状况来考察债务的构成也很重要。“固定”或“可变”是指借款的利息支付金额是基于债务的名义价值（即本金）而定，还是基于高于现行（变动的）利率水平（如伦敦银行同业拆借利率）的保证金而定。

借款的期限说明是否偿还贷款本金（通常是“项目符号形式”），也就是说，在不久的将来，预计会有一次到期付款，而不是分期付款，或者有还款期。这意味着，如果偿还额高，全额偿还将耗尽流动资产，或需要再融资（即进一步借款以取代到期债务）。如果是前者，则需要充分了解这种潜在损耗的程度，因为流动资产的减少可能会对公司支付赔款或给付保险金的能力产生负面影响。

如果市场利率上升，对高负债保险公司的影响将比低负债保险公司更大，这会导致固定利率债券和浮动利率债券之间的有效分割（包括任何通过掉期进行的对冲等），以及该债券的到期期限。此外，在利率较低的市场，较高的债务水平是合理的，因为每一美元债务的利息成本对公司盈利能力的影响较小，这一点可以从利息支付比率中看出。更高的借款以及更高的利率的潜在影响可以通过预测和敏感性分析来评估。

9. 流动资产/总负债

该指标表示保险公司是否有足够的流动资产（上市证券、现金及现金存款），保证公司能够在必要时按照规定转换为现金以偿还债务。保险公司的大部分投资组合需要保持合理的流动性，流动资产应数倍于债务，因为这些资产需要足够大，以满足到期时的包括保险索赔的所有债务。

10. 盈余同净责任准备金的比率

该比率显示了按公司资本基础计算的保险准备金覆盖率，即保险公司的资本能够满足的最大预期索赔的程度。该比率增加表示保险公司的偿付能力增加。

11. 自由资产比率（free asset ratio）

自由资产比率一般与人寿保险公司有关，用于衡量人寿保险公司是否有足够资产承担潜在负债，该指标的计算方法有多种，有复杂的也有简单的。在英国，“自由资产”被定义为“可获得资产和隐含项目超过最低偿付能力保证金的部分”，自由资产比率的计算式如下：

$$自由资产比率=\frac{总资产-总负债-所需偿付能力保证金}{总负债} \quad （式5-37）$$

另一种计算方法如下：

$$自由资产比率=\frac{总资产-总负债-所需偿付能力保证金}{总资产} \quad （式5-38）$$

这个比率通过观察保险公司的盈余是否超过所需的最低偿付能力，并与公司规模的比较来确定其基础。如果盈余超过所需偿付能力保证金，这一比率数值为正，说明保险公司经营状况良好；如果这一比率数值为负，则表明该保险公司没有足够的资金来满足最低负债要求。

三、保险公司资产质量比率

“资产质量”是对资产“风险”的描述，同时还显示了潜在购买者认为该资产具有的价值。市场中供需的相互作用决定了交易资产的价格，可以根据市场的复杂程度以此价格实现销售和购买的速度。资产类别以及该类别中各种类型的“风险”取决于资产的性质。

对于金融资产，包括许多债务发行和 CDO（collateralized debt obligation），资产的质量通常可以通过发行人的外部评级或实际证券来确定。根据定义，投资者对“投资级”评级的要求越高，评级越高，质量、需求和流动性越高。

（一）总资产周转率（次）

$$\text{总资产周转率（次）}=\frac{\text{营业收入净额}}{\text{平均资产总额}} \qquad \text{（式 5-39）}$$

其中，营业收入净额是减去销售折扣等之后得到的净额，平均资产总额是指企业资产总额年初数与年末数的平均值。

总资产周转率还可以表示为：

$$\text{总资产周转率（次）}=\frac{\text{销售收入}}{\text{总资产}} \qquad \text{（式 5-40）}$$

总资产周转率是考察保险公司资产运营效率的一项重要指标，体现了保险公司经营期间全部资产从投入到产出的流转速度，反映了保险公司资产的管理质量和利用效率。通过该指标的对比分析，可以反映保险公司本年度以及以前年度总资产的运营效率和变化，发现不同保险公司在资产利用上的差距。

（二）资产认可率

$$\text{资产认可率}=\frac{\text{认可资产}}{\text{总资产}} \qquad \text{（式 5-41）}$$

认可资产是保险公司在评估偿付能力时依据监管机构的规定所确认的资产。保险公司的资产是指过去的交易或事项形成的、由公司拥有或控制的未来经济利益。在所有的资产中，只有那些可以被保险公司任意处置的、可用于履行对保单持有人义务的资产，才能被确认为认可资产。认可资产是保险公司可用于赔付的资产，对认可资产的计量是保险监管部门出于对资产安全性、流动性的考虑所提出的要求。资产认可率是认可资产占资产总额的比率，反映了认可资产在总资产中所占的比重，在一定程度上体现了保险公司的资产质量（见表 5-22）。

表5-22　　保险公司偿付能力充足率一览

保险公司名称	偿付能力充足率（%）				
	2016	2017	2018	2019	2020
新华保险	281.3	283.7	274.5	283.6	277.8
平安寿险	225.9	234.1	218.8	231.6	241.8
平安产险	267.3	217.5	223.8	259.2	241.4
中国人寿	297.2	277.7	250.6	276.5	268.9
太保寿险	257.0	245.0	261.0	257.0	242.0
太保产险	296.0	267.0	306.0	293.0	276.0
中国财险	287.0	278.0	275.4	282.0	289.0
信泰人寿	192.4	135.2	156.3	154.1	161.1
百年人寿	170.5	128.8	100.2	126.6	141.6
长城保险	113.1	213.3	174.0	162.5	170.4
光大永明人寿	401.1	249.4	243.0	200.4	241.5
国华人寿	129.2	114.5	128.2	139.0	186.3
合众人寿	209.3	161.6	197.6	174.9	158.5
华夏人寿	125.2	124.1	121.6	136.1	—
嘉禾人寿	101.7	122.0	164.5	172.2	196.3
昆仑健康	194.5	134.0	126.0	179.0	160.0
民生人寿	388.0	356.0	326.0	295.0	309.0
平安人寿	225.9	234.1	218.8	231.6	241.8
平安养老	249.0	265.0	249.8	247.0	237.0
人保健康	215.0	396.0	282.0	201.0	205.0
人保人寿	177.0	219.0	244.0	244.0	261.0
生命人寿	116.0	123.0	122.0	124.0	122.0
太平寿险	251.0	246.0	224.0	227.0	213.0
太平养老	324.0	336.0	299.0	221.0	234.0
信泰人寿	192.4	135.2	156.3	154.1	161.1
幸福人寿	119.6	140.3	186.1	230.5	224.7
阳光人寿	230.6	207.6	221.5	215.3	205.8
英大人寿	280.5	237.9	210.6	178.4	193.6
君康人寿	168.3	166.0	124.8	139.7	—
中邮寿险	230.3	167.3	167.3	160.8	166.3
安邦保险	434.2	—	—	—	—
安诚财险	692.4	716.8	513.1	454.1	506.5
安信农业保险	296.3	310.5	299.5	302.6	296.7
渤海保险	205.0	148.6	140.2	116.2	108.2

续表

保险公司名称	偿付能力充足率（%）				
	2016	2017	2018	2019	2020
长安保险	207.5	174.7	-185.9	185.6	152.8
大地财险	289.0	267.0	434.0	371.0	338.0
大众保险	357.7	271.3	275.3	251.6	231.7
鼎和财险	293.0	271.2	236.2	244.4	270.3
国元农业保险	350.0	395.1	348.0	392.0	282.0
华安财险	312.0	246.5	218.4	190.1	171.3
华农保险	616.1	427.6	320.3	201.2	191.6
华泰保险	—	—	330.0	337.9	334.4
民安保险	514.9	326.0	360.0	327.6	314.2
国寿财险	248.0	215.0	197.0	219.0	224.0
太平财险	206.2	216.2	224.6	271.0	—
天安保险	136.0	103.8	159.4	237.0	—
阳光财险	220.0	205.0	207.0	227.0	248.0
阳光农业保险	227.3	355.3	423.2	267.8	268.7
英大财险	155.1	154.1	220.9	274.8	266.0
永安财险	298.7	239.6	253.2	234.9	221.3
永诚财险	—	242.5	239.1	211.3	192.6
浙商财险	157.1	263.4	171.2	161.2	128.4
中银保险	301.0	268.0	299.0	314.0	366.0
紫金保险	298.7	283.1	293.1	261.7	578.0

专栏 5-2

证券简称	总资产周转率（次）		
	2020 年报	2019 年报	2018 年报
最高值	5.10	7.09	8.79
平均值	1.46	1.38	1.72
润生保险	—	2.25	2.97
创悦股份	5.10	3.70	4.73
诚安达	4.86	4.60	8.79
正迅保险	—	1.04	1.05
宜信博诚	0.86	1.18	1.01
锦泰保险	—	0.75	0.67
昌宏股份	—	0.42	0.94

续表

证券简称	总资产周转率（次）		
	2020 年报	2019 年报	2018 年报
新一站	1.60	1.61	1.19
润华保险	—	0.80	1.28
众诚保险	0.46	0.45	0.45
华成保险	—	0.61	0.85
同昌保险	—	1.07	1.16
华凯保险	—	7.09	7.83
永诚保险	—	0.45	0.52
鼎宏保险	1.88	2.03	2.95
民太安	—	1.41	1.41
中衡股份	—	0.98	1.02
盛大在线	—	2.21	2.46
中国人寿	0.20	0.21	0.20
中国太保	0.25	0.27	0.28
新华保险	0.22	0.21	0.21
中国人保	0.49	0.51	0.49
中国平安	0.15	0.16	0.16
西水股份	—	0.12	0.08
天茂集团	—	0.26	0.32

四、保险公司资金运用比率

该类指标衡量保险公司资金运用收益的情况。

（一）投资收益率（yield on investment）

投资收益率体现了保险公司投资活动的效益。投资业务收益是保险公司投资类资产在报告期内产生的财务口径收益，因而投资收益率又称为财务收益率。

$$投资收益率=\frac{总投资收益}{投资类资产资金占用规模} \qquad （式5-42）$$

其中，投资业务收益 = 投资收益 + 公允价值变动损益 + 汇兑损益 - 投资资产减值损失 - 投资业务的营业税金及附加 - 利息支出；投资类资产资金占用规模是指报告期内投资类资产所占用的保险资金。该指标体现公司在其投资组合中获得的回报，包括已实现和未实现的利息、股息以及资本收益和损失。

此外，投资业务收益加上可供出售金融资产公允价值变动净额，即为保险公司报告期内的总投资收益，总投资收益与报告期资金运用平均规模的比率为综合投资收益率，即：

$$综合投资收益率=\frac{总投资收益+可供出售金融资产公允价值变动净额}{投资类资产资金占用规模}$$

（式5－43）

（二）保险资金运用率

保险资金运用率是指保险公司在一定时期内可增值资产占可运用资金的比例，计算公式为：

$$保险资金运用率=\frac{平均资金运用额}{平均可运用资产总额}$$ （式5－44）

资金运用收益率是指保险公司在一定时期内投资所获得的收益占投资总额的比例，是反映保险公司的资金管理水平和资金运用效益的重要经济指标，计算公式为：

$$资金运用收益率=\frac{资金运用净收益}{本年现金和投资资产平均余额}$$ （式5－45）

资金运用收益率这一指标值的正常范围应大于3%。

（三）投资类资产占比

$$投资类资产占比=\frac{投资类资产}{资产总额}\times 100\%$$ （式5－46）

其中，投资类资产是指保险公司为获取投资性收益而持有的资产，包括交易性金融资产、买入返售金融资产、衍生金融资产、保户质押贷款、定期存款、可供出售金融资产、持有至到期投资、归入贷款及应收款的投资、存出资本保证金、投资性房地产等。

如：股票投资比率（equity backing ratio），

$$股票比率=\frac{股票投资}{总资产}$$ （式5－47）

该指标衡量保险公司通过股票投资承受价格波动风险的程度。

不动产投资比率（equity & property backing ratio），

$$不动产比率=\frac{不动产投资}{总资产}$$ （式5－48）

不动产投资通常具有较低的流动性，因为不动产具有波动性高、流动性低以及风险较高的特点，出售不动产所需的时间相对较长。

五、市场价值比率

（一）每股盈余

$$每股盈余=\frac{盈余}{总股本}$$ （式5－49）

每股盈余是指公司净利润与流通在外的普通股的比值。在对公司的财务状况进行研究时，投资者最关心的一个指标就是每股收益。每股收益是公司净利润与公司总股本比值，反映了公司每一股当前所具有的获利能力。考察每股收益历年的变化，是研究上市公司经营业绩变化最简单明了的方法。

由于公司财务报表上的净利润是根据一定的会计制度计算而得的，会计处理方法不同，净利润可能就不同。因此投资者在参考每股盈余指标时，要特别注意公司应收账款的变化情况是否与公司营业收入的变化相适应。如果应收账款的增长速度大大超过收入的增长速度，一部分已计入利润的收入很可能会收不回来，这样净利润的数值当然要打折扣了。

（二）股利率

$$\text{股利率} = \frac{\text{每股市价}}{\text{每股股利}} \qquad (\text{式}\ 5-50)$$

股利率是衡量股票价格的一种参考，与每股盈余相比，计算更为容易。一般而言，每股盈利总是大于每股股利，这是因为在盈利即税后利润中还需按照规定提取公积金，然后将余额分配给股东作为股息和红利。因此，每股股利数额总是比每股盈利少。

（三）市盈率

$$\text{市盈率} = \frac{\text{股价}}{\text{普通股每股收益（每股盈余）}} = \frac{\text{净利润} - \text{优先股股利}}{\text{发行在外的普通股股数股利率}} = \frac{\text{股利}}{\text{发行价格}} \qquad (\text{式}\ 5-51)$$

市盈率在一个考察期内（通常为 1 年），股票的价格和每股收益的比率。投资者通常利用该比率估量某股票的投资价值，或者利用该指标比较不同公司的股票。一般认为，如果一家公司股票的市盈率过高，那么该股票的价格具有泡沫，价值被高估。

（四）股利支付率（dividend payout rate）

$$\text{股利支付率} = \frac{\text{股息（已支付或可摊销）}}{\text{税后利润}} \qquad (\text{式}\ 5-52)$$

这个比率表示公司盈余以现金形式支付给股东的比例，它反映了公司的股利政策和股票的适销程度，体现了损益表上股息作为税后利润的百分比。该指标对于衡量未来几年可能支付的股息规模，以及判断大额股息支付是否影响资本积累非常重要，资本状况不佳的公司应尤其重视该指标。扩展中的公司为了保证扩大经营的资金需要，会留存较多的收益，故其股利支付率会比较低。

（五）每股净资产

$$\text{每股净资产} = \frac{\text{股东权益}}{\text{普通股股份总数}} \qquad (\text{式}\ 5-53)$$

每股净资产亦称每股账面价值，用以反映普通股每股期末享有的权益。除了计算每股净资产外，还要计算调整后的每股净资产。因为在企业的资产中，一部分实际是没有变现价值或市场价值极低的费用或损失，例如待摊费用和递延资产，只能在后续分期摊入成本、费用，而不能流动变现；三年以上账龄的应收账款是不大可能收回来的，故只能作为坏账损失报销；待处理财产净损失，只是在未查明损失原因时等待处理，不能再为企业带来经济利益。因此，把此类资产从股东权益中减掉，使得每股净资产的计算更加实在可靠。调整后的每股净资产的计算公式为：

调整后的每股净资产 =（期末股东权益 - 三年以上的应收账款 - 待摊费用 - 待处理净资产损失 - 递延资产或长期待摊费用）/ 期末普通股股份总数 （式 5 - 54）

六、杜邦分析体系

杜邦分析体系最初是由美国杜邦公司在 20 世纪 20 年代创立。该体系是以净资产收益率 ROE 为核心指标，并利用反映公司盈利能力的资产收益率、反映资产管理能力的总资产周转率以及反映财务政策的权益乘数之间的内在联系构建起来的综合分析体系，能够帮助管理者全面直观地了解公司的经营状况。杜邦分析体系以权益收益率为核心指标，重点揭示保险公司的获利能力以及权益乘数对权益净利率的影响，其基本思路为：

权益收益率 = 资产收益率 × 权益乘数

= 销售净利率 × 总资产周转率 × 权益乘数

=（净利润/销售收入）×（销售收入/总资产）×（总资产/所有者权益）

（式 5 - 55）

杜邦分析体系将企业权益收益率分为销售净利率、总资产周转率以及权益乘数三部分：

（1）销售净利率：实现股东财富最大化的基本途径是公司具备较强的盈利能力。销售净利率指标利用净利润与销售收入的比来反映公司每 1 元销售收入与其负担的成本费用之间可以“挤”出来的利润，该指标越大说明公司盈利能力越强，反之则较差。

（2）总资产周转率是销售收入与总资产的比率，反映公司使用资产效率的能力，在销售收入相同的情况下，如果需要的资产越少，则说明公司资产的盈利性越好，资产的使用效率越高。

（3）权益乘数指标通过总资产与所有者权益的比率来反映公司基本的财务状况。权益乘数大说明公司负债经营程度高，虽然能够获得较多的财务杠杆利益，但风险相对较高；反之，权益乘数低说明公司负债程度低，虽然只能获得较少的财务杠杆利益，但经营相对稳健。因此可以在考虑公司盈利能力的前提下，通过适度举债、合理安排资本结构的方式，利用财务杠杆利益抵消风险增大所带来的不利影响。

美国学者史密斯（Smith）1999年对传统杜邦分析体系进行修正，使其能够适用于保险公司。史密斯对传统的权益净利率指标进行调整，并对每个比率进行重新定义，推导过程如下：

权益收益率＝[（承保利润＋投资收益）/保费收入]×（保费收入/总资产）

×（总资产/所有者权益）

＝[（承保利润/保费收入）＋（投资收益/总资产）

×（总资产/保费收入）]×（保费收入/所有者权益）

＝[承保利润率＋（投资收益率×投资收益系数）]×肯尼系数

（式5－56）

在史密斯改进的杜邦分析体系中，承保利润率反映保险公司在保险业务领域的盈利能力；投资收益率反映保险公司投资业务的盈利能力；投资收益系数反映公司潜在的投资规模大小，进而决定潜在的投资收益；肯尼系数反映保险公司的偿付能力，对保险公司的经营绩效具有放大效应。

史密斯改进的杜邦分析体系增加了承保业务指标、投资业务指标以及肯尼系数指标，更符合保险公司的特点。由于保险业务与投资业务是保险公司的两个主要利润来源，对于保险公司的利润贡献具有同样的重要地位①，因此，Smith改进后的杜邦分析体系可以对保险公司的经营绩效进行更加全面的分析和评价。

财险公司的杜邦分析体系及拓展：

$$ROE=\frac{(\text{承保收益}+\text{投资收益})}{\text{保费收入}}\times\frac{\text{保费收入}}{\text{总资产}}\times\frac{\text{总资产}}{\text{所有者权益}}$$

$$=\left(\frac{\text{承保收益}}{\text{保费收入}}+\frac{\text{投资收益}}{\text{总资产}}\times\frac{\text{总资产}}{\text{保费收入}}\right)\times\frac{\text{保费收入}}{\text{所有者权益}} \quad \text{（式5－57）}$$

史密斯对四个比率的含义进行了详细解释，并指出了其对财产保险公司财务分析的重要意义。

承保收益率：承保收益与保费收入的比率，反映财险公司承保业务的盈利能力。

投资收益率：投资收益与总资产的比率，反映财险公司资金运用（投资）的盈利能力。

投资收益系数：反映公司的总资产相对于保费收入的规模，该系数越大说明投资业务对盈利能力的影响越大。

肯尼系数：保费收入与所有者权益的比率，是显示偿付能力风险的指标，美国要求该系数在3左右，欧盟则认为6—8也属于合理范围。

$$ROE=\frac{T}{S}=\frac{U+I}{S}=\frac{U}{P}\times\frac{P}{S}+\frac{I}{A_2}\times\frac{A_2}{A_1}\times\left(1+\frac{R+O}{S}\right)=\left(1-\frac{L}{P}-\frac{E}{P}\right)\times\frac{P}{S}$$

$$+\frac{I}{A_2}\times\frac{A_2}{A_1}\times\left(1+\frac{R}{S}+\frac{O}{S}\right) \quad \text{（式5－58）}$$

① 王艳、姚寅：《杜邦分析体系视角下我国非寿险业经营绩效评价》，《会计之友》2009年第5期。

各符号含义如下：

T：营业利润；S：所有者权益；U：承保利润；I：投资收入；R：准备金负债；O：其他负债；L：已发生赔款；P：已赚保费；E：费用支出；A_1：总资产。

A_2：可投资资产；$\frac{L}{P}$：综合赔付率；$\frac{E}{P}$：综合成本率；$\frac{U}{P}$：承保利润率；$\frac{P}{S}$：肯尼系数；$\frac{A_2}{A_1}$：投资资产利用率；$\frac{I}{A_2}$：投资资产回报率；$\left(1+\frac{R}{S}+\frac{O}{S}\right)$：总资产与所有者权益比率。

表 5－23 所示是美国某保险公司资金运用指标。

表 5－23　美国某保险公司资金运用相关指标　　单位：%

	31/12/X1	31/12/X2	31/12/X3	30/06/X4
股票支持比率（股票投资/有形资产总额）	30.74	30.74	27.78	29.03
股票＋房地产投资/有形资产总额	35.87	35.91	32.35	33.55
盈余/股票投资	1.69	3.82	7.79	8.44
盈余和次级债务/股权投资	3.99	6.2	10.41	10.94
流动资金比率（流动资产/总负债）	73.03	74.1	75.51	77.24
流动资产/净技术规定（不包括关联）	101.04	103.05	101.18	102.94
非关联投资				
可变收益证券/总投资	35.7	35.53	32.05	33.12
不可变收益证券/总投资	0.18	0.23	0.3	0.3
上市固定收益证券/总投资	44.86	45.31	49.47	49.51
非上市固定收益证券/总投资	2.3	1.81	1.21	0.8
房地产投资/总投资	5.99	6.01	5.32	5.21
贷款和存款投资/总投资	8	8.01	8.62	8.23
现金及现金等价物/总投资额	1.84	1.96	1.45	1.34
其他投资/总投资额	1.12	1.15	1.57	1.5
	100	100	100	100
总投资（非关联）/有形资产总额	85.67	85.97	85.85	86.86
关联投资				
关联资产/有形资产总额	9.27	9.41	9.19	9.09
其他				
总债务/承诺借款额	55.63	59.32	55.34	49.19

第五节 保险公司同行业比较分析

同业比较分析可以用几家同行业公司的数据进行比较，也可以将公司的财务指标或财务数据与其同业平均值、同业最高值和同业最低值进行比较，找出明显偏离同业平均水平的财务指标或财务数据。通过同业比较分析，可以从一定程度上判断财务报表的真实程度。例如，得知某家保险公司利润下降，但净收益在过去十年内稳定增长，尽管这些信息非常有用，但并没有考虑该行业中其他公司在这段时间内的经营状况，比如同行业的其他公司是否也出现利润下降的情况。

一、保险公司行业比较

通过找到保险行业财务指标或数据的平均值、最高值和最低值，可以分析本公司在行业中所处的地位。

图 5－2 显示了保险行业保费收入和增长率，通过比较单个保险公司和行业的值，可以分析保险公司的状况。

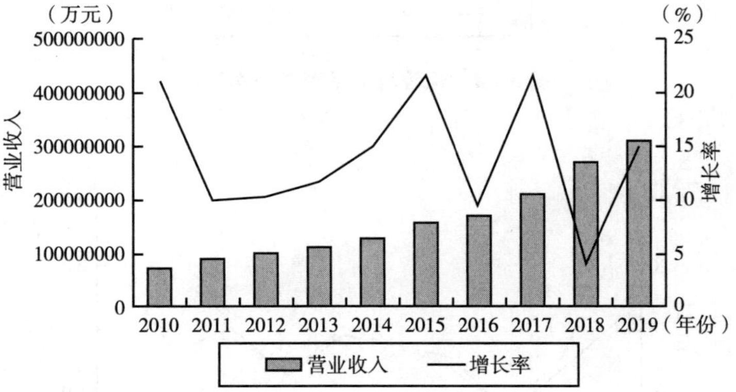

图 5－2 保险公司营业收入及增长率

图 5－3 显示了保险行业净利润及增长率，通过比较单个保险公司和行业的值，可以分析保险公司的状况。

图 5－4 显示了保险行业毛利率与净利率，通过比较单个保险公司和行业的值，可以分析保险公司的状况。

图 5－5 显示了保险行业 ROE 与 ROA，通过比较单个保险公司和行业的值，可以分析保险公司的状况。

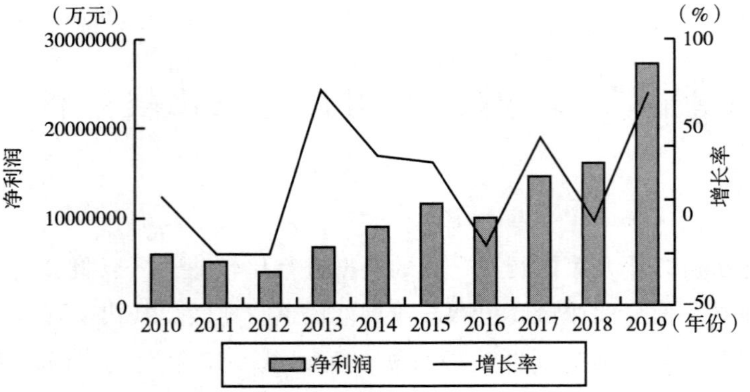

图 5-3　保险行业净利润及增长率

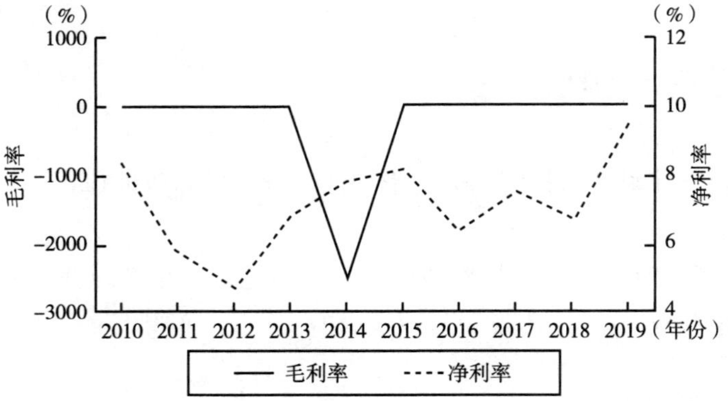

图 5-4　保险行业毛利率与净利率

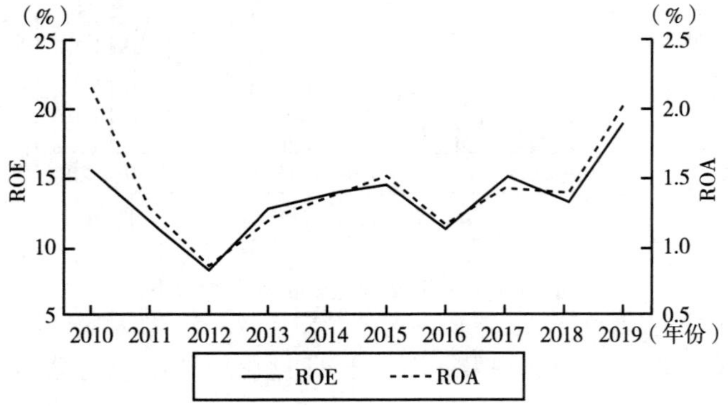

图 5-5　保险行业 ROE 与 ROA

图 5-6 为保险行业总体资产负债情况，通过比较单个保险公司和行业的值，可以分析保险公司的状况。

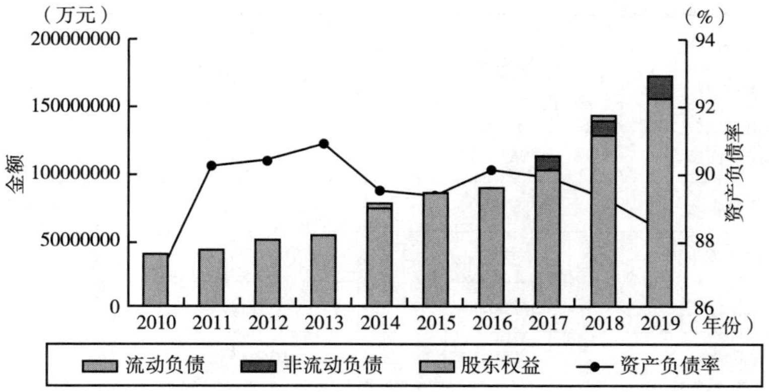

图 5－6　保险行业总体资产负债情况

二、保险公司同行业比较分析

同行业比较也可以叫作标杆（benchmarking）分析，将被用来做比较的公司称为标杆公司，标杆公司建立了先进的业绩标杆。公司的管理层通过与其竞争对手作比较，可以更容易地了解公司在竞争中的地位（见表 5－24）。

下面以三家财产保险公司为例，对保险公司进行同行业比较分析（见表 5－25）。

表 5－24　上市保险公司行业分析　单位：万元

项目／公司	总收入	净利润	总资产	总负债	股东权益	现金净流量
最高值	124699700.00	14940700.00	822292900.00	737055900.00	85237000.00	1538300.00
平均值	44952819.54	3888321.66	225662543.40	199429378.83	26233164.57	207118.29
中国平安	124699700.00	14940700.00	822292900.00	737055900.00	85237000.00	－455800.00
中国人寿	72947400.00	5828700.00	372673400.00	331739200.00	40934200.00	249700.00
中国人保	55077100.00	2213500.00	113322900.00	88592900.00	24730000.00	1538300.00
中国太保	38268200.00	2774100.00	152833300.00	134501300.00	18332000.00	442500.00
新华保险	17196800.00	1455900.00	87897000.00	79450900.00	8446100.00	276000.00
天茂集团	5012814.59	177593.52	20527394.56	17092047.18	3435347.38	－532083.77
西水股份	1467722.22	－172241.93	10090909.24	7573404.60	2517504.64	－68788.21

由表 5－25 可以看出，2016—2018 年应收保费率都有所上升，其中 X 财险上升是最快的。

表 5－25　　X 财险公司、Y 财险公司、Z 财险公司保费对比①　　单位：百万元

年份	项目 \ 公司	X 财险公司	Y 财险公司	Z 财险公司
2016	应收保费	25632.18	4082.57	1783.04
	保费收入	177996.92	96195.42	59783.39
	应收保费率（%）	14.40	4.24	2.99
2017	应收保费	34200.96	5910.27	2688.21
	保费收入	216090.04	104614.23	66250.48
	应收保费率（%）	15.82	5.65	4.06
2018	应收保费	50692.34	9062.06	3281.87
	保费收入	247525.56	117808.34	69154.54
	应收保费率（%）	20.48	7.69	4.75

表 5－26 可以看出，三家财险公司流动比率在 2016—2018 年基本上都在 1.35 的水平左右，2018 年 Y 财险公司的流动比率在三家公司中是最高的。

与另外两家公司相比，Y 财险公司现金比率不断下降，2018 的下降幅度较大，表明公司短期偿付能力相对降低，但是此比率仍然保持在一个合适的水平，不影响其短期支付能力（见表 5－27）。

表 5－26　　X 财险公司、Y 财险公司、Z 财险公司流动资产对比②　　单位：百万元

年份	项目 \ 公司	X 财险公司	Y 财险公司	Z 财险公司
2016	流动资产	272910.77	126507.96	70708.69
	流动负债	194622.86	93263.99	50135.92
	流动比率（%）	1.40	1.36	1.41
2017	流动资产	323320.53	138796.44	76112.96
	流动负债	232730.00	101142.19	58298.62
	流动比率（%）	1.39	1.37	1.31
2018	流动资产	370629.99	154282.53	78914.26
	流动负债	273418.84	107173.22	62704.38
	流动比率（%）	1.36	1.44	1.26

①② 数据来源：根据真实保险公司年报改编。

表 5-27 X 财险公司、Y 财险公司、Z 财险公司现金比率情况对比① 单位：%

（现金+现金等价物）/流动负债	X 财险公司	Y 财险公司	Z 财险公司
2016 现金比率（%）	49.9	86.4	115.38
2017 现金比率（%）	56.5	65.4	116.7
2018 现金比率（%）	62.7	29.7	90.8

三家上市的保险公司的资产负债率如表 5-28 所示。

表 5-28 X 财险公司、Y 财险公司、Z 财险公司资产负债率情况对比② 单位：百万元

年份	项目 \ 公司	X 财险公司	Y 财险公司	Z 财险公司
2016	负债总额	211410.39	96340.94	53244.18
	资产总额	274966.71	131581.47	73094.94
	资产负债率（%）	76.89	73.22	72.84
2017	负债总额	255043.06	108827.43	59838.87
	资产总额	325400.02	144119.95	80288.88
	资产负债率（%）	78.38	75.51	74.53
2018	负债总额	284191.75	125350.41	64380.71
	资产总额	361836.96	160820.23	84277.17
	资产负债率（%）	78.54	77.94	76.39

根据表 5-28 所示数据，三家上市公司的资产负债率都低于 90%，处于一个合理的范围之内，这说明这三家公司都具有较好的长期偿付能力。其中，Z 公司的资产负债率低于其他两家公司。同时比较发现，三家公司的资产负债率指标都略有升高，说明此三家公司的长期偿付能力略有下降。

根据财务报告数据可以得到三家上市保险公司的负债情况（见表 5-29）。

表 5-29 X 财险公司、Y 财险公司、Z 财险公司负债情况对比③ 单位：百万元

年份	项目	X 财险公司	Y 财险公司	Z 财险公司
2016	负债总额	211410.39	96340.94	53244.18
	所有者权益	63556.32	35240.53	19850.77
	负债经营率（%）	3.33	2.73	2.68

①②③ 数据来源：根据真实保险公司年报改编。

续表

年份	项目	X 财险公司	Y 财险公司	Z 财险公司
2017	负债总额	255043.06	108827.43	59838.87
	所有者权益	70356.96	35292.52	20450.01
	负债经营率（%）	3.62	3.08	2.93
2018	负债总额	284191.75	125350.41	64380.71
	所有者权益	77645.21	35469.82	19896.45
	负债经营率（%）	3.66	3.53	3.24

从表 5－29 可以看出，三家公司的负债经营率呈逐年上升的趋势，一方面说明公司经营资金增加，资金来源广泛，另一方面表示公司长期负债增加，风险也相对提高。其中，X 财险公司负债经营率最高，达到了 3.66%；Z 财险公司负债经营率最低，为 3.24%。该指标一般在西方国家保险公司的合理区间是 25%—35%，由于我国保险公司较少使用成本较高、来源稳定的长期负债，导致该项指标较低。

由表 5－30 可见，三家公司 2016 年的资本保值增值率虽然都高于 100%，但是增值幅度都不是很大，其中 X 财险公司最高，为 109.27%。总体来说，2017 年三家公司的资本保值增值率与 2016 年相比变化都不大，X 财险公司增长 0.93% 达到 110.20% 占据第一，而 Y 财险公司下降了 2.48% 变成了第三。2018 年 Y 财险公司和 Z 财险公司都出现了资产减值，X 财险公司基本保持不变。

表 5－30　X 财险公司、Y 财险公司、Z 财险公司所有者权益情况对比①　单位：百万元

年份	项目	X 财险公司	Y 财险公司	Z 财险公司
2016	所有者权益	63556.32	35240.53	19850.77
	资本保值增值率（%）	109.27	104.92	101.64
2017	所有者权益	70356.96	35292.52	20450.01
	资本保值增值率（%）	110.20	102.44	103.02
2018	所有者权益	77645.21	35469.82	19896.45
	资本保值增值率（%）	110.36	100.50	97.29

同 2016 年相比，2017 年 X 财险公司每股净资产的涨幅最大，数额最高，达到 25.89，而 Z 财险公司反而有所下降（见表 5－31）。

三家保险公司 2016—2018 年收入比较如下（见表 5－32、表 5－33、表 5－34）。

① 数据来源：根据真实保险公司年报改编。

表 5-31　　X 财险公司、Y 财险公司、Z 财险公司每股净资产情况对比①　　单位：元

年份＼公司	X 财险公司	Y 财险公司	Z 财险公司
2016	20.98	14.54	11.35
2017	25.89	15.17	11.59
2018	30.44	16.51	11.26

表 5-32　　X 财险公司、Y 财险公司、Z 财险公司营业收入情况对比②　　单位：百万元

年份＼公司	X 财险公司	Y 财险公司	Z 财险公司
2016	163116.86	89636.16	55728.85
2017	200909.92	94623.16	61144.19
2018	225482.77	104693.97	65610.87

表 5-33　　X 财险公司、Y 财险公司、Z 财险公司保费增长额情况对比③　　单位：百万元

年份＼公司	X 财险公司	Y 财险公司	Z 财险公司
2017	34871.83	5424.26	5178.26
2018	23698.53	9612.97	4.59

表 5-34　　X 财险公司、Y 财险公司、Z 财险公司保费增长率情况对比④　　单位：%

年份＼公司	X 财险公司	Y 财险公司	Z 财险公司
2017	22.74	6.49	9.80
2018	12.59	10.80	7.92

根据对已赚保费增长额和已赚保费增长率的计算，可以看出 2018 年 X 财险公司、Y 财险公司、Z 财险公司这三家公司保费都有较为明显的增长，而且 X 财险公司在 2017 年和 2018 年保费增长率都高于 Y 财险公司和 Z 财险公司。X 财险公司保费收入增长快速的主要原因在于：行业层面上，居民消费升级，保险行业需求增长，零售金融快速发展；公司层面上，保险产品回归本源，业务转型加快；此外，公司互联网客户流量引入和代理人数量增加促进了收入规模提升。

三家财险公司的营业利润和保费收入对比如表 5-35 所示。

①②③④　数据来源：根据真实保险公司年报改编。

表 5-35　　X 财险公司、Y 财险公司、Z 财险公司营业利润情况对比①　　单位：百万元

公司	项目＼年份	2016	2017	2018
X 财险公司	营业利润	15175.72	18901.82	20544.73
	本年保费收入	177996.92	216090.04	247525.56
Y 财险公司	营业利润	6023.94	5933.80	6466.21
	本年保费收入	96195.42	104614.22	117808.34
Z 财险公司	营业利润	2136.95	1841.66	1119.58
	本年保费收入	59783.39	66250.48	69154.54

三家财险公司在 2016—2018 年 3 年中都实现了盈利利润。2017 年 X 财险公司实现了利润率小幅增长，增长了 0.22 个百分点，Y 财险公司和 Z 财险公司分别下降了 0.59 和 0.8 个百分点。而 2018 年这三家财险公司的营业利润率都有所下降，这与 2018 年资本市场波动比较大有关。

三家财险公司的净利润对比如表 5-36 所示。

表 5-36　　X 财险公司、Y 财险公司、Z 财险公司净利润情况对比②　　单位：百万元

公司＼年份	2016	2017	2018
X 财险公司	13208.98	13372.05	12699.81
Y 财险公司	3484.37	3742.85	4540.07
Y 财险公司	120.66	807.78	1156.63

相较 2016 年，2017 年三家公司的净利润都有所增长，但是 2018 年 X 财险公司净利润有小幅下降。

由表 5-37 可以看出，在三家公司中，经营活动产生的现金流量净额最多的是 X 财险公司，Z 财险公司次之，Y 财险公司最少。这三家公司在经营活动现金流量上的差异主要体现在收取的原保险合同保费上；X 财险公司和 Y 财险公司投资活动产生的现金流量净额都为负，只有 Z 财险公司产生了正的现金流量净额；X 财险公司融资活动产生的现金流量净额为负，Y 财险公司和 Z 财险公司为正。

①② 数据来源：根据真实保险公司年报改编。

表 5－37　X 财险公司、Y 财险公司、Z 财险公司 2018 年度现金流量表对比[①]　单位：百万元

项目＼公司	X 财险公司	Y 财险公司	Z 财险公司
一、经营活动产生的现金流量			
收到原保险合同保费取得的现金	247494.31	122472.38	72980.59
经营活动现金流入小计	249852.51	123235.35	73352.11
经营活动现金流出小计	(236604.98)	(122997.19)	(76691.64)
经营活动产生的现金流量净额	13247.53	238.15	3339.54
二、投资活动产生的现金流量			
投资活动现金流入小计	134116.54	31145.27	24792.14
投资活动现金流出小计	(145401.98)	(41735.86)	(24977.41)
投资活动产生的现金流量净额	(11285.44)	(10590.59)	185.28
三、融资活动产生的现金流量			
融资活动现金流入小计	8586.57	10299.74	2658.01
融资活动现金流出小计	(9790.24)	(3398.29)	(247.65)
融资活动产生的现金流量净额	(1203.66)	6901.45	2410.36
现金变动	941.24	(3437.07)	(1110.50)

专栏 5－3

财务报表分析的局限性

财务报表分析主要供三个群体使用：一是公司的管理人员，利用财务报表分析来协助分析公司的财务状况，从而改善公司的经营业绩；二是债权人，包括银行信贷人员和债券评级分析人员，通过财务报表分析帮助评估公司偿还债务的能力；三是投资者，他们对公司经营的效率、风险以及成长前景感兴趣。

虽然财务报表分析可以提供有关公司经营和财务状况的有用信息，但是这种分析方法存在局限性，使用者在使用时需要慎重判断。财务报表分析的局限性体现在：

1. 许多企业集团通过在不同的行业中设立不同的业务分部开展经营，对此类公司而言，很难建立一个有意义的行业平均比率

因此，与大公司或者多行业的公司相比，比率分析对于小公司或者单一行业的公司更有效。

2. 绝大多数的公司都希望自己的业绩在平均水平以上，但是仅保持在平均水平并不能说是好的，最好以业内领先企业的比率为高标准的业绩目标

在这方面，标杆分析可以起到重要的作用。

① 数据来源：根据真实保险公司年报改编。

3. 通货膨胀可能会严重扭曲公司的资产负债表，账面价值可能会大幅度偏离“真实”价值

在大多数情况下，使用市场价值可能更合适，但市场价值数据通常很难得到，例如使用过的机器并未在市场上发生交易。此外，由于通货膨胀会影响资产价值、折旧费用和存货成本，利润也将受到影响。因此，对一家公司不同时间或者对不同时期各公司之间的比率进行比较分析时，必须谨慎地、有判断力地解读这些比率之间的差异。

4. 季节性因素同样会影响财务比率分析

以存货周转率为例，对于食品加工企业来说，如果恰好在旺季来临之前编制资产负债表，所记录的存货数据与旺季来临之后相比会有较大差异。在计算周转率时，这个问题可以通过采用月度存货（包括应收账款等）平均值的方法得以缓解。

5. 为了美化财务报表的各种活动，公司可能会对财务报表进行“粉饰”（“window dressing” technique）。财务报表粉饰的方法有以下两种：首先是粉饰经营业绩，包括利润最大化、利润最小化、利润均衡化和利润清洗；其次是粉饰财务状况，包括高估资产、低估负债。具体采用哪种方法取决于财务报表粉饰的动机。一般来看，基于业绩考核、获取信贷资金、发行股票和政治目的，会计报表粉饰一般以利润最大化、利润均衡化的形式出现；基于纳税和推卸责任等目的，会计报表粉饰一般以利润最小化和利润清洗的形式出现。就国有企业和上市公司而言，利润最大化的危害性最大，即所谓的虚盈实亏、隐瞒负债。

6. 不同的会计处理方式也会影响不同公司之间财务报表的比较

存货计价方法以及折旧的方法会影响财务报表，从而影响不同公司之间比较的结果。同样，如果一家公司大量租赁生产设备，那么其固定资产周转率可能会被人为提高，因为租赁的资产通常并不反映在资产负债表中。与此同时，尽管如果公司无法偿还租赁款就有可能会破产，但与租赁合同相关的负债可能并不反映在公司的负债中，如此一来负债率会很低。因此，租赁可以人为地改善公司的资产周转率和债务比率。当然，会计职业人员已经采取措施尽量减少这些问题，但仍然存在会对财务报表产生一定程度的扭曲。

7. 很难给出通用的标准来判断一个特定的比率的好坏

比如，较高的流动比率也许表明公司的流动性较好，但是过多的现金又会影响收益。类似地，较高的固定资产周转率一方面表明公司资产的使用效率较高，另一方面也表明公司缺少资本购买足够的资产。

8. 一家公司的各种财务比率中，也许有些看起来不错，而另外一些看起来欠佳，在这种情况下，就很难对该公司经营状况的好坏一概而论

许多银行和其他的贷款机构利用统计技术来分析公司财务比率的净影响结果，然后对多家公司按照出现财务问题的概率加以归类。比率分析固然有效，但纯机械、不加思考地进行比率分析是危险的。分析人员在进行比率分析时需要清楚比率分析存在的问题，借助理性和判断得出有关公司经营的有用信息。

【思考题】

1. 简述现金流量和净利润差异的原因。
2. 详细阐述三张报表的逻辑关系。
3. 说明一般情况下，对不同保险公司进行同行业对比时从哪些方面入手。
4. 解释杜邦分析体系中权益收益率的计算方法及各部分的意义。
5. 罗列保险公司长期偿付能力的计算指标。

第六章　保险公司融资管理

【学习目标和要求】

1. 了解保险公司融资管理的目的、影响因素和原则。
2. 掌握保险公司长期负债融资的不同方式。
3. 理解保险公司长期股权融资的不同方式。

【本章概览】

融资管理是保险公司财务管理的主要内容，对于保险公司的风险和收益具有重要影响。一般而言，保险公司获得所需资金主要有两种形式：一种是债务资本融资，即通过长期借款、发行债券、发行中期票据、融资租赁等方式，取得债务性融资；另一种是权益资本融资，即吸收直接投资、发行普通股等。本章第一节对保险公司融资管理进行概述；第二节分析保险公司长期负债融资；第三节分析保险公司长期股权融资。

第一节　融资管理概述

一、企业融资的目的

企业融资，是指企业从其生产经营现状及资金运用情况出发，根据其未来经营策略与发展需要，经过科学的预测和决策，通过一定渠道向其投资者及债权人筹集资金的一种财务活动。其基本目的是满足企业正常生产经营需要。但是由于企业在不同时期和不同阶段的具体财务目标不同，企业为实现其目标而进行融资的动机也不尽相同。概括起来，企业融资的目的主要有以下两种：

（一）满足生产经营需要

资金是企业持续从事生产经营活动的基本条件。因此，为满足生产经营的需要而进行的融资活动，是企业最为经常性的财务活动，也是企业融资的基本目的。

（二）满足资本结构调整需要

融资结构反映企业融资战略中负债融资和权益融资的结构比率。债务资金和权益资金比例不同，企业承受的融资风险也不同。融资结构需要综合考虑企业的预期收益和风险。企业为投资项目筹措资金，通常不会只采用一种融资渠道，而采取多种渠道、多种融资方式，按照最优资本结构的要求，合理安排债务融资和权益融资比率。在风险可控情况下，企业为了获取财务杠杆利益，一般会通过发行企业债或者向金融机构贷款等债务融资方式筹集资金。但是如果资金成本较高，财务风险较大，选择增发股票或使用留存收益就比较适宜。

二、影响企业融资的因素

影响企业融资的因素有许多种，但归纳起来，主要分为经济性因素和非经济性因素两大类。

（一）经济性因素

影响企业融资的经济性因素，通常主要有：

1. 融资成本

融资成本是指企业为取得和使用资金而付出的各种代价，具体包括融资费用和使用费用两项内容。

2. 融资风险

债务资本融资和权益资本融资都存在融资风险，由于债权必须偿还本息的义务性、固定性和难以展期性，决定了债权融资必须充分依托企业的偿债能力和获利能力。因此，相对于股本的无偿性、股息红利支付的非义务性、非固定性，债权融资的风险要大得多。

3. 投资项目

为一定的投资项目融资是企业融资的目的之一。为投资项目进行的融资活动需要考虑以下三个方面：第一，投资项目所需资金量决定融资量。这样可以不仅可以避免融资过多而造成资金闲置和浪费，也可以避免因资金不足而影响投资进度，造成机会损失。第二，投资进度直接影响着融资计划和资金到位时间的安排。在融资过程中，只有考虑了这种影响，才能避免由于期限搭配不当而引起的损失。第三，投资项目的未来收益能力决定着对融资渠道与融资方式的选择。因为如果投资项目的未来收益能力越高，则可选择的融资渠道及融资方式就越多；反之，则越少。

4. 资本结构

资本结构是指企业各种资本的构成及其比例关系。在资本结构中，如果权益资本比重大，则表明企业的财务实力强，有利于扩大债务规模；如果债务资本比重大，则表明企业的财务风险大。因此，一定时期内的资本结构决定着企业对融资方式的选择。

（二）非经济性因素

影响企业融资的非经济性因素，主要有：

1. 融资的难易程度

这主要涉及融资的审批程序及组织管理工作。一般来说，内部融资比外部融资的难度小、债券融资比借款融资的难度大、股票融资比负债融资的难度大。因此，企业在制订融资方案时，必须重视这一因素的影响。

2. 资金的使用约束

一般来说，无论是投资者还是债权人，出于投资安全性和收益性考虑，都会从不同方面对企业所融资金的使用施加一定的限制，这些限制即为使用约束。从约束的类型看，主要包括资金使用过程约束和使用结果约束两类。不论属于何种类型的约束，都不利于企业灵活地使用和调度资金。因此，企业在选择融资方式时，要视各方式的资金使用约束程度不同，有针对性地进行选择。

3. 融资的社会效应

有些企业在融资决策时非常注重融资后的市场效应和市场形象，即融资后的社会效应问题。如果不考虑其他条件，单就企业融资行为的市场效应而言，直接融资的社会效应最大，因为这类方式直接面对金融市场，具有融资后的市场广告作用，它比间接融资（如银行借款）的市场效应要大得多。

4. 融资对企业控制权的影响

企业在选择和评价各种融资方式时，需要考虑融资给企业原有股东带来的对企业控制权稀释问题。各种融资方式对企业控制权的影响力不同，从而会对企业生产经营活动的独立性、财务管理的自主权、企业利润的分配产生影响。所以企业在选择融资方式时，必须考虑它对原有股东控制权的影响。

与一般企业相比，保险公司可能更加重视筹集资金。保险公司融资的主要原因体现在以下两个方面：一方面，是为了满足监管要求，满足偿付能力充足率要求，保障保险消费者的利益，这是直接原因；另一方面，保险公司融资本质上是为了促进自身发展，增强竞争力。由于保险公司是经营风险的主体，其资本雄厚与否直接关系到企业实力以及市场上竞争力，充足的资金有利于提高保险公司抵御风险的能力。这两方面原因对于保险公司融资行为来说都十分重要。

三、企业融资的原则

企业在融资过程中，必须综合分析上述各种因素的影响，并围绕融资的目的，积极有效地开展融资活动。具体要求如下：

（一）规模适度原则

企业在融资过程中，无论通过何种渠道、采用何种方式融资，都应预先确定资金的需要量，使融资量与需要量相互平衡，防止融资不足而影响生产经营活动的正常开展，同时也要避免融资过剩而降低融资效益。

（二）结构合理原则

企业在融资时，必须使企业的权益资本与借贷资金保持合理的结构关系，一方面防止负债过多而增加财务风险，增加偿债压力；另一方面防止没有充分利用负债经营而使权益资本的收益水平降低。

（三）成本节约原则

企业在融资过程中，必须认真选择融资来源与方式，综合考虑不同融资渠道与融资方式的难易程度、资本成本等，降低融资成本，提高融资效益。

（四）时机得当原则

企业在融资过程中，必须按照投资机会来把握融资时机，以避免因融资过早而造成投资前的资金闲置，或者因取得资金滞后而丧失投资机会。

（五）依法融资原则

企业在融资过程中，必须贯彻执行国家有关法律法规及政策，依法融资，履行约定的责任，维护投资者权益。

四、融资方式

融资方式有不同的分类。一般来讲，企业融资可以按资金来源不同分为内源和外源融资。其中外源融资被讨论得更多，它是指企业从外部筹集资金，企业可以进行直接融资，即通过发行股票或债券的方式获取资金；也可以通过银行进行间接融资。内源融资是指企业通过改善自身经营水平等方式获取更多资金收入以提高利润，并利用自身的利润支持企业后续的发展，提高资金的使用效率。此外，也可以直接将融资方式分为股权融资和债权融资，向银行借款也属于债权融资。

保险业是经营风险的特殊行业，而资本是用于承担风险的，所以保险业务的开展要有相应的资本与之匹配。保险公司的资金大部分都来自保单保费收入，这是一种负债资本，保险公司的高度负债经营决定了它天然具有高杠杆的特点。这使保险公司在高财务杠杆的效应下要么获得更加丰厚的报酬，要么遭受更加巨大的损失，具有很大的财务风险。因此对保险公司进行融资分析是非常有必要的。保险公司融资方式决策的目标是在风险与收益平衡的基础上实现企业价值最大化。保险公司的融资方式会受到很多因素的影响，包括公司规模、公司成熟度、业务结构和再保险水平等。在我国，保险业偿付能力监管对保险公司融资行为的影响较大。保险公司的融资方式可分为内部融资和外部融资两种，内部融资的来源是企业利润的积累，外部融资主要包括股权和债权两种方式。面对多种融资方式，保险公司的选择不尽相同。一直以来，保险公司较为偏好资本直接投入的股权融资方式。这种方式快速高效，有利于迅速补充保险公司资本金，提高保险公司偿付能力。除此之外，保险公司还可通过次级债、资本补充债与境外发债等多种债权方式筹措资金，满足短期补充资本的需求。2020 年，共有 19 家保险公司发行债券，发行总额合计 777.5 亿元，其中 2 家财产险公司共发行 125 亿元、16 家人身险公司共发行 612.5 亿元以及 1 家再保险公司发行 40 亿元。

第二节 长期负债融资

一般来说，负债融资的优点是可以税前扣除债务的利息，这在一定程度上降低了负债融资的资本成本，为企业带来避税的效应；同时，负债融资不会对企业的股东结构产生影响，不会分散股东的控制权。但企业所负担的债务一般有明确的偿还期限和偿还利息，会使企业承担一定的偿付风险。如果企业资金周转出现问题，无法按期偿还债务，则将陷入财务困境甚至破产。

一、长期借款融资

长期借款融资是指企业向银行或其他非银行金融机构借入的使用期超过 1 年的借款。

（一）长期借款的种类

长期借款的种类有很多，各企业可根据自身的情况和各种借款条件加以选用。

1. 按提供贷款的机构划分

按提供贷款机构的不同，长期借款可分为政策性银行贷款、商业银行贷款等。

政策性银行贷款一般是指执行国家政策性贷款业务的银行向企业发放的贷款。例如，国家开发银行每年承担着大量国家重点项目的融资任务；进出口信贷银行为大型设备的进出口提供买方或卖方信贷等。

商业银行贷款是指各商业银行向工商企业提供的贷款。这类贷款主要是为了满足企业建设竞争性项目的资金需要，企业对贷款自主决策、自担风险、自负盈亏。

2. 按有无担保划分

按有无担保划分，长期借款可分为信用贷款和抵押贷款。

信用贷款，是指不需企业提供抵押品，仅凭其信用或担保人信誉而发放的贷款。

抵押贷款，是指要求企业以抵押品作为担保的贷款。长期贷款的抵押品，常常是房屋、建筑物、机器设备、股票、债券等。

根据《贷款通则》的规定，目前我国商业银行发放的贷款形式主要有委托贷款、信用贷款和抵押贷款等。

委托贷款是指由政府部门、企事业单位及个人等委托人提供资金，由贷款人根据委托人确定的贷款对象、用途、金额、期限、利率等代为发放、监督使用并协助收回的贷款。贷款人只收取手续费，不承担贷款风险。

信用贷款是指以借款人的信誉发放的贷款。其特征就是债务人无须提供抵押品或第三方担保仅凭自己的信誉就能取得贷款，并以借款人信用程度作为还款保证。这种信用贷款是我国银行长期以来的主要放款方式。由于这种贷款方式风险较大，一般要对借款方的经济效益、经营管理水平、发展前景等情况进行详细的考察，以降低风险。

（二）我国长期借款的条件

我国银行发放信用贷款的基本条件为：

“一、企业客户信用等级至少在 AA（含）级以上的，经国有商业银行省级分行审批可以发放信用贷款；

二、经营收入核算利润总额近三年持续增长，资产负债率控制在 60% 的良好值范围，现金流量充足、稳定；

三、企业承诺不以其有效经营资产向他人设定抵（质）或对外提供保证，或在办理抵（质）押等及对外提供保证之前征得贷款银行同意；

四、企业经营管理规范，无逃废债、欠息等不良信用记录。”

担保贷款是指保证贷款、抵押贷款、质押贷款。我国《物权法》第 223 条规定，在权利质押中，债务人或者第三人有权处分的下列权利可以出质：汇票、支票、本票、债券、存款单、仓单、提单；依法可以转让的股份、股票；依法可以转让的商标专用权、专利权、著作权中的财产权；依法可以质押的其他权利。质押与抵押相比，最大的特点是质物必须移交给银行占有。

综合授信是指银行对一些经营状况好、信用可靠的企业，授予一定时期内一定金额的信贷额度，企业在有效期与额度范围内可以循环使用。综合授信额度由企业一次性申报有关材料，银行一次性审批。银行一般是对有工商登记、年检合格、管理有方、信誉可靠、同银行有较长期合作关系的企业采用这种方式提供贷款。

（三）长期借款合同的主要内容

借款合同是规定借贷当事人双方权利和义务的契约。借款合同规定的基本条款主要有：①贷款种类；②借款用途；③借款金额；④借款利率；⑤借款期限；⑥还款资金来源及还款方式；⑦保护性契约条款等。

长期借款的利息率，按其在借贷期内是否变动，分为固定利率和变动利率两种。对于采取固定利率的长期借款来说，利率变化不会影响还款数额，可以回避利率上升的风险；但当利率走稳或者下调的时候，贷款人又将被锁定在一个较高的利率水平上。对于采用变动利率的长期借款来说，借贷双方应将长期借款的利率订在超过各年基本利率的若干百分点上。对长期借款的浮动利率的调整频率，通常是每年一次，也可以是半年或几个月调整一次，应在借款合同中加以规定。变动利率一般分为分期调整利率、浮动利率和期货利率三种。分期调整利率是借贷双方通过协商，在借款合同中规定可分期调整的利率，一般在基准利率的基础上，根据资金市场的情况每半年或一年调整一次，尚未归还的贷款利息应按调整后的利率计息。浮动利率是借贷双方通过协商，在借款合同中规定可根据资金市场的变动情况而随时调整的利率。一般情况下企业借入资金时应开出浮动利率期票，票据载明借款期限。但到期利率要在票据基本利率基础上，根据市场利率的变动加以调整计算。其基本利率通常以市场上信誉较好的企业的商业票据利率为参考，或以市场上相同借款期的公认利率为准，并在此基础上规定一定的浮动百分比限度，作为票据定期计息的浮动利率。浮动利率票据仍按面值到期还本，而定期支付的利息则要按浮动利率计算。期货利率，是借贷双方，在借款协议中规定按期货业务的利率来计算到期的借款利率。借款到期或在借款期内规定付息日时，应按当时期货市场利率计算付息额，到期按面值还本。

由于经济业务和环境的复杂多变，利率计算形式越来越多，保险公司在长期借款时，应根据具体情况合理地应用不同的利率政策，在吸引债权人的同时又有利于企业的发展。若融资时市场利率估计已达到顶峰，预期将下跌，则可先进行短期借款，或采用浮动利率；也可发行可提前回收的优先股等，获取短期资金。在利率水平下跌后，再借入利率较低的长期借款，使企业减少利息费用。若融资时市场利率较低，则可借入固定利率的长期借款，这能大大降低企业的融资成本。企业采取长期借款方式融资时，还应对还款方式和单复利计算等各种借款条件进行仔细研究，选择对企业最有利的借款和还款方式。

（四）保护性契约条款

由于长期借款的期限长、风险大，按照国际惯例，银行在与借款企业签订合同时，要提出一些有助于保证贷款按时足额偿还的条件。这些条件统称为保护契约条款，一般包括以下四个方面：

（1）一般保护性条款，是指在大多数借款合同中都有规定的保护性条款。条款中的规定主要包括：对借款企业流动资产持有量的规定，其目的在于保持借款企业资产应有的流动性和偿债能力；对现金股利、股票购回等现金支出项目的限制，其目的在于防止现金流出过量，影响其偿债能力；对资本支出规模的限制，其目的在于防止把资金冻结在非流动性资产上，以保护资产应有的流动性；限制其他长期负债，其目的在于防止其他贷款人取得对借款企业资产的优先求偿权等。

（2）例行保护性条款，是指作为例行常规的条款，在大多数借款合同中都会出现。条款规定主要包括：借款企业必须保存完好的会计记录，定期向银行提交财务报表，以便银行及时了解借款企业的财务状况；不准在正常情况下出售较多资产，以保持借款企业正常的生产经营能力；如期清偿应缴税金和其他到期债务，以避免被罚款而造成现金损失；不准以任何资产为其他单位或个人提供担保，以增加或有负债，影响自身债务的偿还；不准贴现应收票据或出售应收账款，以避免或有负债；限制租赁固定资产的规模，以防止支付过多的租金，削弱其偿债能力等。

（3）特殊保护性条款，是指在借款合同中针对某些特殊情况而规定的保护性条款。条款规定主要包括：贷款专款专用；不准过多地投资于短期内不能收回资金的项目；限制借款企业高层管理人员的工资及奖金支出；要求借款企业在借款期内不能随意更换主要经理人员；要求借款企业为主要经理人员购买人身保险等。

（4）违约惩罚条款。该条款对借款企业在违反以上保护条款时将受到的惩罚做出了规定。最为常用的惩罚条款是“提前偿付”，除此之外还有其他一些罚款性条款。所有这些惩罚性条款，目的都是保证贷款人在借款企业财务状况恶化时能提出强制性的改进措施，以保护其自身的利益。

二、债券融资

（一）债券的特点

债券是指经济主体为筹集资金而发行的、按期还本付息的有价证券。由企业发行的债券，称为企业债券或公司债券，企业债券或公司债券是企业按照法定程序发行并向债权人承诺于指定日期还本付息的有价证券。债券是一种相对低成本、成熟稳健的市场化融资手段，是资本市场重要的直接融资手段。本部分所说的债券，是指其期限超过 1 年的公司债券。与股票相比，公司债券主要有以下三个方面的特点：

一是契约性和有偿使用性。债券代表着一种债权债务关系，债券作为一种有价可转让债券，债务人和债券持有人之间必然存在一种契约关系。债券发行人通过发行债券筹集资金，债券投资人购买债券后可以定期获得资本金投入产生的利息，从而资金的使用具有有偿性。该过程也使得发行人与债权人之间建立了明确的契约关系。因此，公司利用债券所筹集的资金属于负债资金，需要还本付息。二是企业债券的持有者，即债权人，享有企业债券的所有权，但不享有企业所有权，因此，无权干涉企业的管理、经营和决策。三是债券具有分配上的优先权，债务人有权按期收取利息。债务人按期获得的利息在企业会计科目上计入成本项，因此在顺序上优先于股东分红。若发行人经营管理不善导致企业破产，则在对企业资产进行清查时，债券持有人的求偿权也优先于股东。这就使债权投资的风险小于股票，因而要求的报酬也低于股票。

（二）债券的种类

公司债券的种类有很多，一般有以下分类：

按是否记名，债券可分为记名债券和不记名债券。记名债券是指在券面上记有持券人的姓名或名称的债券。公司发行此类债券时，只对记名人还本，持券人凭印鉴收取利息。债券持有人可以用背书等方式转让记名债券，并让发行公司将受让人的姓名或名称载于公司债券存根簿。无记名债券是指在券面上不记载持有人的姓名或名称的债券，公司发行此类债券时，以债券为凭还本付息，一般采用剪票付息方式。无记名债券的转让，由原债券持有人将债券交付给受让人后即生效。从管理角度来看，记名债券有利于公司掌握债券持有人的情况，也有利于提高债券持有人债券财产的安全性；但从转让来看，不记名债券有利于债券持有人间的相互转让，降低债券持有人和发行公司的转让成本。

按能否转换为公司股票，债券可分为可转换债券和不可转换债券。可转换债券是指可按发行时所附的条款转换为优先股或普通股的债券。不享有这种权利的债券，则为不可转换债券。按照《公司法》的规定，上市公司只有经股东大会决议后方可发行可转换债券。对于可转换债券，公司应当按照转换办法向债券持有者换发股票，但债券持有者对是否转换为股票有选择权。

按有无担保，债券可分为抵押债券、信用债券和次位信用债券。抵押债券是指发行公司以特定的财产作为担保品的债券。它按抵押品的不同，又可分为：不动产抵押债券，即以公司的不动产作为抵押品而发行的债券；动产抵押债券，即以公司的动产作为抵押品而发行的债券；信托抵押债券，即以公司所持有的有价证券作为抵押品而发行的债券。抵押债券也可以按抵押品是否再次作为担保，分为：一次性抵押债券，即在债券契约中规定发行公司不得用该债券的抵押品再作为其他债券的担保品；再次抵押债券，即在债券契约中不限制发行公司将已经作为抵押的不动产再作为其他债券的抵押品。抵押债券还可以按赔偿次序，分为：第一抵押债券，即公司发行债券时，若担保品用以抵押一种以上的债券时，第一抵押债券在公司违约或清算时具有优先索取赔偿权；第二抵押债券，即只能在第一抵押债券得到清偿后，才能得到剩余款项的清偿权，因而其风险较高，利率的要求也相对较高。为了维护投资者的利益，抵押品的市场价值通常要大于债券发行额，以留有一定的安全边际。如果公司违反债券契约中的任一限制性条款，信托人代表债券持有人的集体利益，有权没收并出售抵押财产，以其收入偿还债务。如果出售所得小于发行在外的债券的金额，则债券持有人将成为剩余金额的一般债权人。

信用债券是一种无财产担保的债券。因此，这种债券的持有者只能以债券发行公司的资产性质、盈利能力和信誉为其担保，一旦公司清理，便成为公司的一般债权人。尽管信用债券没有财产担保，但在信用债券契约中，仍有规定各种限制性保护条款以维护信用债券持有者的利益，如限制以财产作抵押而发行新债券的保护性条款等。由于信用债券没有财产担保，因此发行这种债券的公司，应是历史悠久、资产流动性强、盈利能力高、信誉卓著的企业，如一些金融业、邮电业的公司。

次位信用债券是指其收益及资产的求偿权次于其他债券的债券。可见，这种债券与信用债券相同之处在于二者都是无财产担保债券，不同之处是次位信用债券在向公司作资产索赔时次于其他债券。对抵押债券、信用债券和次位信用债券这三种债券作比较，其在公司财产清偿时的顺序为抵押债券最先、信用债券次之、次位信用债券最后。因而对投资者而言，其风险的大小及利率的高低便与此顺序相反。

按利率是否变动，债券可分为固定利率债券和浮动利率债券。固定利率债券是指将利率记载于债券上，按这一固定利率向债权人支付利息的债券。浮动利率债券是指在债券上不明载利率，利率水平按一般利率的变动而同方向加以调整的债券。与固定利率债券相比，这种债券具有如下特点：首先，对投资者来说，其利率会随市场利率的上升而上升；其次，浮动利率债券的市场价值稳定，能使投资者得到更多的利息收入来应付其债务；最后，对发行公司来说，其可以通过发行浮动利率债券获取长期资金，而且不必在整个贷款期间都负担较高的利率。

按是否附有息票和利息支付方式，债券可分为附息债券和零息债券。附息债券是指在发行债券时附有各期息票的债券，债券持有者可按期持息票领取利息。息票也是一种有价证券，可以流通转让。零息债券是指票面利率为零，按面值折价出售，到期按面值归还本金，面值与售价之间的差额为投资者的收益的债券。这种债券虽然没有利息，但其收益一般较高。例如，1982 年初，美国的可乐饮料公司发行了一批偿还期限为 10 年的零息债券，其售价仅是其面值的 20%，年收益率高达 14.4%。零息债券对发行公司而言，具有很多优点，例如在债券到期之前不必支付利息和本金、到期收益率低于正常债券、摊销的折价费用可以抵减所得税等。但也存在不足之处，主要表现为当市场利率下降时，不宜提前收回；到期时，须筹措大笔资金用于还本。然而，对于投资者而言，零息债券没有被公司提前收回的危险；不管利率是升是降，其到期收益率都固定不变。

按能否提前收兑，债券可分为可提前收兑债券和不可提前收兑债券。可提前收兑债券是指公司按照发行时的条款规定，在认为合适的时间以一定条件和价格收回的债券。这种债券对发行公司有利，当利率降低时，公司可以用“以新换旧”的办法，收回已发行的利率较高的债券，代之以新的、利率相对较低的债券，以降低债券成本。为了维护债权人的利益，通常规定在一定的年限后公司方可行使其收兑的权利。不可提前收兑债券是指不能依条款从债权人手中提前收回的债券。公司只能在证券市场上按市场价格买回债券，或等到债券到期后收回。

按能否上市，债券可分为上市债券和非上市债券。上市债券是指可在证券交易所挂牌交易的债券，否则为非上市债券。上市债券具有信用程度和价值高、变现速度快等优点，因此较吸引投资者。但是，上市条件严格，而且企业需要承担上市费用。

按照偿还方式，债券可分为到期一次债券和分期债券。到期一次债券是指发行公司在债券到期日一次集中清偿本金的债券。分期债券是指一次发行，而分期、分批偿还本金的债券。

（三）债券的基本要素

债券尽管种类多种多样，但是在内容上都要包含一些基本的要素。这些要素是指发行的债券上必须载明的基本内容，这是明确债权人和债务人权利与义务的主要约定，具体包括：

1. 债券面值

债券面值是指债券的票面价值，是发行人在债券到期后应向债券持有人偿还的本金数额，也是企业向债券持有人按期支付利息的计算依据。债券的面值与债券实际的发行价格并不一定是一致的，发行价格大于面值称为溢价发行，小于面值称为折价发行，等于面值称为平价发行。

2. 偿还期

债券偿还期是指企业债券上载明的偿还债券本金的期限，即债券发行日至到期日之间的时间间隔。公司要结合自身资金周转状况及外部资本市场的各种影响因素来确定公司债券的偿还期。

3. 付息期

债券的付息期是指企业发行债券后的利息支付的时间，可以是到期一次支付，也可以是1年、半年或者3个月支付一次。在考虑货币时间价值和通货膨胀因素的情况下，付息期对债券投资者的实际收益有很大影响。到期一次付息的债券，其利息通常是按单利计算的；而年内分期付息的债券，其利息是按复利计算的。

4. 票面利率

债券的票面利率是指债券利息与债券面值的比率，是发行人承诺以后一定时期支付给债券持有人报酬的计算标准。债券票面利率的确定主要受到银行利率、发行者的资信状况、偿还期限和利息计算方法以及当时资金市场上资金供求情况等因素的影响。

5. 发行人名称

发行人名称指明债券的债务主体，为债权人到期追回本金和利息提供依据。

上述要素是债券票面的基本要素，但在发行时并不一定全部在票面印制出来，例如，在很多情况下，债券发行者是以公告或条例形式向社会公布债券的期限和利率。

(四) 债券的发行

1. 发行债券的条件

我国《公司法》规定，股份有限公司、国有独资公司和两个以上的国有企业或者其他两个以上的国有投资主体设立的有限责任公司，有资格发行公司债券。

有资格发行公司债券的公司，必须具备以下条件：

(1) 股份有限公司的净资产额不低于人民币 3000 万元，有限责任公司的净资产额不低于人民币 6000 万元；

(2) 累计债券总额不超过公司净资产额的 40%；

(3) 最近 3 年平均可分配利润足以支付公司债券 1 年的利息；

(4) 筹集的资金投向符合国家产业政策；

(5) 债券的利率不得超过国务院限定的水平；

(6) 国务院规定的其他条件。

另外，发行公司债券所筹集的资金，必须用于审批机关审批的用途，不得用于弥补亏损和非生产性支出，否则会损害债权人的利益。

发行公司凡有下列情形之一的，不得再次发行公司债券：

(1) 前一次发行的公司债券尚未募足的；

(2) 对已发行的公司债券或者其债务有违约或者延迟支付本息的事实，且仍处于持续状态的。

2. 发行债务的程序

发行公司债券要经过一定的程序，办理规定的手续。一般为：

发行债券的决议或决定。我国《公司法》规定可以发行公司债券的主体有三类：股份有限公司、国有独资企业和国有有限责任公司。这三类公司作出发行债券决议的机构不一样：股份有限公司和国有有限责任公司发行债券，由董事会制订方案，股东大会作出决议；国有独资公司发行债券，由国家授权投资的机构或者国家授权的机构作出决定。可见，发行公司债券的决议和决定，是由公司最高机构作出的。

发行债券的申请与批准。凡欲发行债券的公司，必须向国务院证券管理部门提出申请，并提交公司登记证明、公司章程、公司债券募集办法、资产评估报告和验资报告等文件。国务院证券管理部门根据《公司法》的规定和国务院确定的公司债券发行规模等，对公司的申请予以审批。

制作募集办法并予以公告。发行公司债券的申请被批准之后，应由发行公司制定公司债券募集办法。在此办法中应载明的主要事项有：公司名称、债券总额和票面金额、债券利率、还本付息的期限与方式、债券发行的起止日期、公司净资产额、已发行的尚未到期的债券总额、公司债券的承销机构。公司制定好募集办法之后，应按当时当地通常合理的方法向社会公告。

募集资金。公司发出债券募集公告后，就应在公告所规定的期限内募集资金。一般来讲，公司债券的发行方式有公司直接向社会发行（私募发行）和由证券经营机构承销发行（公募发行）两种。在我国，根据有关规定，公司发行债券须与证券经营机构签订承销合同。由承销机构发售债券时，债券投资者直接向其付款购买，承销机构代理收取债券款，交付债券。然后，承销机构向发行公司办理债券款的结算。在公司发行的债券上，必须载明公司名称、债券票面金额、利率、偿还期限等事项，并由董事长签名，公司盖章。公司对发行的债券还应置备公司债券存根簿予以登记。

3. 债券的发行价格

债券的发行价格是指发行公司（或其承销机构）发行债券时所使用的价格，也即投资者向发行公司认购债券时实际支付的价格。

影响债券发行价格的因素，主要有四个：一是债券面额。债券面额越大，则发行价格也越高；反之，债券面额越低，则发行价格也越低。二是票面利率。一般认为，票面利率越高，投资价值越大，从而其发行价格也越高；反之，票面利率越低，投资价值越小，从而其发行价格也越低。三是市场利率。在前面两个变量一定的情况下，市场利率越高，发行价格越低；反之，市场利率越低，发行价格越高。四是债券期限。一般认为，期限越大，其投资风险越大，要求的投资报酬率越高，债券发行价格就越低；否则，债券发行价格就越高。

债券的发行价格是由债券到期还本面额按市场利率折现的现值与债券各期利息的现值两部分构成的。其计算公式如下：

$$\text{债券发行价格} = \sum_{t=1}^{n} \frac{\text{债券面额} \times \text{票面利率}}{(1+\text{市场利率})^{t}} + \frac{\text{债券面值}}{(1+\text{市场利率})^{n}} \qquad (\text{式 } 6-1)$$

其中，n 为债券的期限；t 为付息期数；市场利率通常为发行时的市场利率。

从公式可以看出，由于票面利率与市场利率的差异，债券的发行价格可能出现三种情况，即等价、溢价与折价。具体为：当票面利率高于市场利率时，债券的发行价格高于其面额，即溢价发行；当票面利率等于市场利率时，债券的发行价格等于其面额，即等价发行；当票面利率低于市场利率时，债券的发行价格低于其面额，即折价发行。

在上述计算公式中，是以不同时期所采用的折现率（即市场利率）等同于发行时的市场利率为假定的。因此，上述计算债券发行价格的方法，其实是一种简化的方法。从理论上讲，越迟发生的收益，所采用的折现率可能就越高。原因包括以下三个方面：第一，风险因素。收益越迟发生，收回投资的时间越晚，不确定的因素越多，承担的风险就越大，相应的报酬率也就越高，从而折现率也就越高。第二，流动性偏好。投资者总是希望手中的资金或金融资产有较大的灵活性，因此在选择债券时，人们可以购买长期债券，也可分期购买短期债券，以保持较大的灵活性。如果两种债券的折现率相同，人们将倾向于购买短期债券，因而不利于吸引投资者的长期投资。为了吸引投资者的长期投资，企业必须提供比短期债券更高的收益，即降低债券价格，提高折现率。第三，通货膨胀影响。由于人们对未来通货膨胀率估计不准，从而债券的名义利率与实际利率因通货膨胀率而产生较大偏差，为了补偿通货膨胀及购买力风险，必须以提高收益率方式进行补偿，从而使长期债券的贴现率高于短期债券利率，债券后期利率高于前期利率。市场利率的这种期限关系，称为利率的期限结构。

4. 债券契约

债券契约是指发行债券的公司与债券投资者之间签订的原始契约，以及与债券发行机构之间签订的信托契约。其主要包括如下三个方面：

（1）保护性条款，即保护债券投资者利益的条款。其内容一般包括：对今后将发生负债融资的限制；对现金股利的限制；对股利发放总额的限制；对固定资产购置和清理的限制等。作为债券受托人即债权人的代表，银行或其他金融机构的权力和责任是：审核债务契约的细节；监督发行债券公司的行为是否符合契约中各项条款的规定；一旦发现公司未能履行契约时，应代表债权人采取行动，以维护债权人的利益。在债券契约中规定适当、合理的保护性条款，可增强债券对投资者的吸引力，也有利于公司较大规模地发行债券筹集资金。

（2）赎回条款。为了使发行公司在债券到期之前有提前清偿债券的选择权，增加发行公司资本结构及融资的弹性，在大多数债券契约中都附有赎回条款。例如，当市场利率下降时，公司可发行成本较低的债券取代成本较高的债券。

赎回债券的价格一般高于债券的面值，两者之间差额为赎回溢价，赎回溢价随赎回日期的减少而递减，即公司赎回债券越早溢价就越高；赎回债券越晚（离到期日越近）溢价就越低。赎回条款对发行公司的财务运用有利，但会对投资者不利。如果公司在市场利率下降时赎回债券，投资者就会失去高于市场利率的获利机会；若市场利率高于债券票面利率，投资者又会因发行公司不会履行赎回条款而失去增加利息收入的机会。因此，可赎回债券只有在其票面利率高于不可赎回债券时，才会被投资者接受。

（3）偿债基金。在大多数债券契约中都规定有偿债基金条款，其作用在于保证公司能定期偿还债券。偿债基金的数额按照契约中规定的条款固定拨付，若不固定则一般随公司每年的销售量或盈利而变动。发行公司支付给受托人的偿债基金一般有两种处理方法：一是在证券市场上购买该公司的债券；二是若债券的市价已达到或超过契约中所规定的赎回价格，则可将债券按照编号购回。在偿债基金条款的限制下，公司每年都要偿还部分债务，因而避免了到期偿还全部债务可能出现的资金短缺情况。还需说明的是，赎回条款中的债券赎回与偿债基金条款中的债券赎回存在本质区别：首先，前者维护发行公司的利益，而后者保护债券持有者的利益；其次，前者需支付赎回溢价，而后者无须支付赎回溢价；再次，前者是百分之百的赎回，而后者是按固定比率赎回；最后，前者需较高的收益率，而后者只需较低的收益率。

5. 债券的信用评级

债券信用评级是由债券评信机构根据发行者提供的信息资料，并通过调查、预测以及比较等手段，运用科学的分析方法，对拟发行的债券质量、信用和风险进行公正客观的评价定级。

债券的评级制度最早源于美国。1909 年，美国人约翰·穆迪（John Moody）在《铁路投资分析》（*Analysis of Railroad Investments*）一文中，首先运用了证券评级的分析方法。从此，证券评级的方法便推广开来，逐渐被许多国家采用。事实上，许多国家的证券法并不强制证券发行者必须取得债券评级，但是在发达的债券市场上，没有经过评级的债券往往因不被广大投资者接受而难以销售。因此，发行债券的公司都自愿向证券评级机构申请评级。标准普尔、穆迪投资者服务公司和惠誉国际信用评级公司都是国际知名的信用评级机构。

根据中国人民银行的规定，凡是向社会公开发行的企业债券，需由中国人民银行及其授权的分行指定的资信评估机构或公证机构进行评估。国务院 1993 年发布的《企业债券管理条例》规定，企业发行企业债券，可以向经认可的债券评信机构申请信用评级。

按照国际惯例，债券的等级一般分为 4 等 12 级，即 A、B、C、D 这 4 等，AAA、AA、A、BBB、BB、B、CCC、CC、C、DDD、DD、D 这 12 级。此外，为了更加精确地显示债券风险程度的高低，每一级所使用的字母后面还可用 1，2，3 或 +（加）、-（减）符号标示，如 A-1，A-2，A-3 或 A^+，A^-。现将各级信用等级所表示的含义说明如下：

AAA：最高级，表示支付利息和偿还本金的实力非常雄厚；AA：高级，表示支付利息和偿还本金的能力很强，与最高级只有些微小差别；A：中上级，虽然比前两级债券更易受到环境和经济条件等不利影响，但仍有较强的还本付息能力。

BBB：中级，具有充足的还本付息能力，但不利的经济条件或环境变化可能导致支付本息能力削弱；BB：中下级，表示债券具有很强的投机因素，对本息的保护是有限的；B：下级，表示不具备理想的投资条件，还本付息履行合约及其他条件的保障很少。

CCC：表示信誉不好的债券，即一旦出现不利条件，就有重大风险；CC 级的风险更大；C：这一等级仅适用不支付利息的收益债券。

DDD、DD、D：表示不同程度的违约债券，不履行债务，利息支付或本金清偿已受到了拖欠。

（五）债券融资的优缺点

债券融资的优点主要有：

资金成本较低。与股票相比而言，发行债券的发行成本较少，债券利息在税前支付，实际上由国家负担了一部分利息。

保障控制权。由于债券持有人无权参与发行企业的管理决策，故通过发行债券融资，企业的所有者不会损失其对企业的控制权。

可利用财务杠杆的作用。无论企业的盈利多少，债券持有人只收取固定的有限收入，而更多的收益可用于分配给所有者或扩大企业经营。

债券融资的缺点：

财务风险高。债券有固定的到期日，并定期支付利息，要承担按期还本付息的义务。在企业营业不景气时，亦需向债券持有人付息还本，这无异于釜底抽薪，会给企业带来更大的财务困难，甚至导致企业破产。

限制条件严格。发行债券的限制条件比借款受到的限制多，而且更加严格，这不仅会影响企业的资金使用，还可能会影响企业以后的融资能力。

融资数量限额。利用债券融资的数量，通常受一定额度的限制。根据国家有关规定，企业发行企业债券的总面额不得大于该企业的自有资产净值。

（六）我国债券融资现状

我国有企业债券和公司债券，企业债券按照 2011 年《企业债券管理条例》规定发行与交易，虽然没有明文规定企业债的发行主体必须是国有企业，但规定了企业债的发行要符合国家产业政策，对企业本身的生产经营、资产规模和运行规范都有严格的要求，其中，中央企业发行企业债券，由中国人民银行会同国家计划委员会审批；地方企业发行企业债券，由中国人民银行省、自治区、直辖市、计划单列市分行会同同级计划主管部门审批。在实际中，其发债主体为中央政府部门所属机构、国有独资企业或国有控股企业。因此，企业债券在很大程度上体现了政府信用。而且，对于通过企业债券募集的资金去向，《企业债券管理条例》等法律法规是有明确限定的。企业通过发行企业债券筹集到的资金只能用于固定资产投资和技术改革这两个方向，并且所要投资的项目必须经政府有关部门严格审批后才可以开展，因此投资项目直接同政府相关联。

公司债券是指公司依照法定程序发行、约定在一定期限还本付息的有价证券，其管理机构为中国证券监督管理委员会，发债主体为按照《中华人民共和国公司法》设立的公司法人。《公司法》规定，公司债的发行主体中，有限责任公司的净资产不得低于 6000 万元，股份有限公司的净资产不得低于 3000 万元。在实践中，公司债券的发行主体为上市公司，其信用保障是发债公司的资产质量、经营状况、盈利水平和持续盈利能力等。公司债券在证券登记结算公司统一登记托管，可申请在证券交易所上市交易，其信用风险一般高于企业债券。公司债券的用途比较灵活，可以依据本企业的经营情况决定，主要用途包括固定资产投资、技术更新改造、改善公司资金来源的结构、调整公司资产结构、降低公司财务成本、支持公司并购和资产重组等。因此，只要不违反有关制度规定，如何使用发债资金几乎完全是发债公司自己的事务，无须政府部门审批。

2015 年颁布《公司债券发行与交易管理办法》，公司债券市场进入创新发展阶段，可交换债、永续中票、优先股、资产证券化、项目收益债等创新产品不断涌现。2016 年我国债券市场的发展趋势迅猛，债券募集资金总额达到 2015 年度的 1.68 倍，2016 年整体发行额为 2.78 万亿元，债券存量超过 57 万亿元，企业债券市场在经济运行体制中的重要性日渐凸显。

国内早期的债券市场以刚性兑付为主，基本不用担心违约风险，但近年来企业类债券发行规模迅速增长的结果之一是债券市场违约事件增多。根据 WIND 统计，2014 年国内债券市场发生违约的债券数量有 6 只，2015 年增加到 21 只，2016 年则增加到 78 只，所有这些发生违约的债券都是企业类债券，而其中有接近一半是民营企业发行的债券①。

（七）保险公司债务融资

我国目前保险公司的债券融资工具主要为次级债和资本补充债券。

1. 次级债

随着保险业的发展、公司业务规模的扩大，以及保单负债的增加，为避免公司偿付能力不足，保险公司必须不断寻找更多的资本或资本的替代品来保持适度的风险资本比率。2004 年 9 月中国保险监管机构发布了《保险公司次级定期债务管理暂行办法》，允许保险公司发行次级债，有效缓解中国保险公司在快速发展过程中对资本金需求快速增加的问题。保险公司次级债是保险公司经批准定向募集的、期限在 5 年以上（含 5 年）且本金和利息的清偿顺序列于保单责任和其他负债之后、先于保险公司股权资本的保险公司债务。其特点首先表现为长期性，即债务期限至少 5 年；其次是次级性，这一特征也可从其定义中看出，其清偿顺序在所有债务之后；此外，只有在确保偿还次级债本息后的偿付能力充足率不低于 100% 的前提下，次级债的债务人才能偿付本息；在债务人无法按期支付利息和偿还本金时，债权人无权向法院申请对债务人实施破产清算。

保险公司在 2011—2012 年大规模发行次级债，规模达到了 1300 亿元，其中 2012 年次级债的发行票面利率在 4.6%—6%，2013 年及其后的次级债年利率普遍超过 5%，大部分在 6% 左右。截至 2014 年末，保险业次级债累计发行规模约在 2000 亿元。次级债的优点在于发行过程相对较为便捷，但缺点在于一般倾向于定向私募方式，产品销售范围有限，流动性一般，这在一定程度上影响了其适用性。根据次级债的规定，保险公司在发行次级债时就确定了发行的票面年利率，在前五个计息年度内固定不变；如果公司不行使赎回条款，则从第六个计息年度开始到本期债务到期为止，后五个计息年度的票面利率在初始发行利率的基础上提高 2%。这也就意味着，保险公司 2012 年次级债的发行票面利率在 4.6%—6%，如其选择不赎回，则后五个计息年度的票面利率在 6.6%—8%，这会导致保险公司未来支付的债券利息骤增。由此可见，如果保险公司在次级债发行五年后仍不赎回，则将面临相当高的资本成本。而从实际来看，大部分保险公司均选择在第五年末赎回

① 相关数据来自 Wind 数据库。

之前发行的次级债。例如，2015 年平安财险、华安财险等险企选择赎回 2010 年次级债 133 亿元；2016 年，中国人寿、太保人寿等险企均对 2011 年次级债进行赎回，规模在 500 亿元左右。

2. 资本补充债券

2015 年，央行、保险监管机构下发保险公司发行资本补充债细则后，资本补充债逐步替代次级债成为保险公司债务融资的首选，这与其资本成本较低有着密切的关系。2015 年 1 月，中国人民银行与中国保险监管机构联合下发《保险公司发行资本补充债券有关事宜》的公告，明确保险公司（或集团）发行资本补充债券的具体要求，也为保险公司的债务融资提供了新的途径，这也是保险公司首次可以通过公开发行债券的方式补充资本金的不足。所谓资本补充债券，是指保险公司发行的用于补充资本、发行期限在五年以上（含五年）且清偿顺序列于保单责任和其他普通负债之后、先于保险公司股权资本的债券。与之前保险公司发行的次级债相比，二者都属于保险公司利用债务性工具补充资本的方式；与次级债不同的是，资本补充债券可在央行的监督管理下在银行间债券市场发行和交易，这种方式流动性更高，投资者容量更广。此外，有关部门对保险公司发行资本补充债券做出了规定，申请公开发行资本补充债券的险企必须满足如下 5 项明确要求：保险公司具有良好的公司治理机制；连续经营超过 3 年；上年末和最近一季度净资产不低于 10 亿元；偿付能力充足率不低于 100%；最近 3 年没有重大违法违规行为。而以上条件大多数保险公司都可满足。由此可见，资本补充债券替代次级债，已成为保险企业发债“补血”的新选择。

从实务角度看，自 2015 年规定开始实施起，不少保险公司陆续申请发起资本补充债券，2015 年 6 月，平安财险首单发行 50 亿元资本补充债券，此后，包括华夏人寿、泰康人寿、天安财险、前海人寿、阳光财险等十余家险企申请发行资本补充债券，获批额度 886 亿元。2016 年 4 月，富德生命人寿和长安责任保险获准发行 10 年期可赎回资本补充债券，发行规模不超过 80 亿元和 5 亿元。2017 年有 3 家保险公司获批发行资本补充债券，合计规模不超过 170 亿元。2018 年有 8 家保险企业获批发行 10 年期资本补充债券，总计不超过 495 亿元。其中，中国人保及其子公司人保寿险获批发行资本补充债券的规模最大，合计不超过 300 亿元。这些都表明，在当前的资本市场上，资本补充债券渠道的开启增加了保险公司的融资渠道。同时，资本补充债在银行间市场发行，保险公司无须付出流动性溢价，再加上可以进行二级市场交易，交易灵活，投资者认购比次级债券更加活跃，能够进一步降低保险公司外部渠道的融资成本。

3. 保险资产证券化

资产证券化是近几十年国际金融领域最重要的一种金融创新，它于 20 世纪 70 年代在美国产生，90 年代开始迅速发展。资产证券化是指将缺乏流动性、但具有某种可预测现金收入属性的资产或资产组合，通过创立以其为担保的证券，在资本市场上出售变现的一种融资手段。随着金融创新的蓬勃发展，出现了保险公司资产证券化的趋势。保险资产证券化是指把保险公司的缺乏流动性但具有预期未来稳定现金流的资产聚集起来，形成一个资产池，通过结构性重组，将其转为可以在资本市场上出售和流通的证券，其实质是将保险公司的现金流转换成可交易的金融证券。

保单贷款在保险公司的资产负债表是作为资产出现的，当保险公司现金流量不足时，一个可行的办法是将这部分资产证券化。保单贷款未来有本金和利息形成的现金流量，符合证券化的条件。目前，国际上常见的是寿险保单贷款证券，寿险保单一般都有现金价值。一般说来，如果保单所承诺的未来收益的预期价值超过未来保费的预期价值，就产生现金价值。在交费期间，如果保单持有人预付了未来的死亡成本，保单就有了现金价值。现金价值也可以看成保单的持有人退保时寿险保单所包含的储蓄额。从经济学角度看，现金价值是在保险公司照管下的保单持有人的资产，保单持有人可以选择以保单的现金价值做抵押，从保险公司那里借得不高于保单现金价值的款项，而不必解交回保单。当然，保单持有人要为借款支付利息。传统做法是保险公司提供固定利率贷款。然而，随着20世纪70年代和80年代利率波动增大，一些保险公司开始提供指数化贷款利率保单。如果利率固定，保单贷款条款就是一个利率买入期权，期权的价值随利率波动而增减。为了降低保单贷款活动的现金压力，提高资产的流动性，随着抵押贷款业的发展，保单贷款支持证券也由此产生。具体运作时，首先要将保单贷款进行组合打包，将期限类别相近的保单贷款结合起来；其次要成立一家专门的公司（SPV），它只从事单一业务：然后购买证券化资产并以此为担保发行证券；最后是设计和销售证券，将来以保单贷款本金和利息产生的现金流量支付投资者的收益。保单贷款证券化可以大大缓解保险公司的现金压力，其实这也是产生资产证券化最主要的推动力。比较典型的例子是1987年美国普天寿保险公司将其保单贷款大规模证券化，当时成立了一家专项公司（SPC），以发行证券并同时从普天寿保险公司购买贷款现金流量。为了降低对证券所有人的偿付风险，对证券规定了最低和最高的预计偿付率。如果实际偿付低于预定的最低偿付率，普天寿保险公司保证垫付所需的现金以填补需支付给证券持有人的金额；如果实际偿付高于预定的最高偿付率，SPC会将多余的现金投入担保投资合同（见表6－1）。

表6－1　　保险公司债券发行情况

日期	证券	实际发行额（亿元）	期限（年）	债券评级	主体评级	发行利率（%）
2020－05－11	新华人寿	100.00	10.00	AAA	AAA	3.30
2019－03－20	中国人寿	350.00	10.00	AAA	AAA	4.28
2018－06－05	人民保险	180.00	10.00	AAA＋	AAA	4.99

三、租赁融资

（一）租赁的种类及其特征

国际会计准则认为，租赁是指在一个议定的期间内，出租人将某项资产的使用权让与承租人，以换取一项或一系列支付的协议。美国会计准则认为，租赁是指在一定规定的期间内转让财产、厂房和设备、土地或可折旧资产的使用权的协议。我国企业会计准则认为，租赁是指在约定的期间内，出租人将资产使用权让与承租人，以获取租金的协议。租赁的主要特点是转移资产的使用权而不是所有权，并且这种转移是有偿的，取得使用权以支付租金为代价，从而使租赁有别于资产购置和不把资产的使用权从合同的一方转移给另一方的服务性合同，如劳务合同、运输合同、保管合同、仓储合同以及无偿提供使用权的借用合同等。

1. 租赁按其性质和目的，可分为经营性租赁和融资性租赁

经营性租赁是相对于融资性租赁而言的租赁形式，指租赁公司向用户提供短期租赁设备，并提供维修管理等服务，是可撤销的、不完全的短期租赁业务。

对于融资租赁，《国际会计标准》对融资租赁作了如下定义：融资租赁是指出租人在实质上将属于资产所有权的一切风险和报酬转移给承租人的一种租赁。至于所有权的名义，最终可以转移也可以不转移。融资租赁对保险公司融资也是十分有意义的备选方案，可以增加保险公司财务的灵活性，减少保险公司资产的风险，同时，与负债融资相比限制较少。

租赁是以商品资金形式表现的借贷资金运动方式，兼有商业信用和银行信用的两重性，但融资租赁和经营性租赁、商业信用、银行信用有明显不同。

融资租赁与经营性租赁的区别：

一是租赁目的不同。在融资性租赁方式下，承租人在等于或接近于租赁标的物的经济寿命的租期内，可长期占有使用设备，其目的在于添置资产。由于融资性租赁相对于贷款不会增加承租人的对外负债，而且承租人具有购买选择权，所以资金不足且融资能力弱的承租人往往选择融资性租赁方式来添置资产。经营性租赁目的在于满足承租人短期、临时、季节性生产的需要，而非添置资产。目的不同是融资性租赁和经营性租赁的最主要区别，其他区别都是基于目的的差别派生出来的。

二是投资回收方式不同。融资性租赁的承租人目的在于添置资产，因此租期较长，与租赁设备的经济寿命相同。相应地，融资性租赁出租人可在一个租期内完全收回投资并盈利。同样地，经营性租赁因应承租人短期、临时、季节性需要的目的而产生和发展，租期较短，出租人须在多个租期内方可收回投资，即不完全付清。

三是涉及的当事人和合同不同。融资性租赁至少包括购买合同、租赁性合同，涉及出租人、承租人、供货方三个当事，而经营性租赁仅有租赁合同，只涉及出租人、承租人两个当事人。另外，根据出租人设备租赁的资金来源和付款对象来划分，租赁又可分为直接租赁、转租和回租三种形式，回租形式的租赁多数是融资性租赁。

2. 租赁按租赁资产的投资来源和付款对象，可分为直接租赁、转租赁和售后回租

直接租赁中，购置租赁资产所需的资金全部由出租人支付。出租人购入资产之后，既可以融资性租赁方式出租，也可以经营性租赁方式出租。直接租赁的主要特征是，出租人既是租赁资产的全资购买者，又是资产的出租者。

转租赁是指由一家租赁公司从另一家租赁公司或制造厂租进设备，然后转租给承租人的租赁方式。因此，从事转租业务的企业，既是承租人，又是出租人。和直接租赁相比，做转租业务的租赁公司在租赁设备上不需投入很多资金，因此承担的风险较低。做转租业务的租赁公司租入的资产，既有属于经营性租赁的，又有属于融资性租赁的。如果租入是经营性租赁，那转租也必须是经营性租赁；如果租入是融资性租赁，那么转租既可以是融资性租赁，也可以是经营性租赁。

售后回租是指一家公司将其资产出售给租赁公司，随即又向租赁公司原封不动地租回，按租赁合约规定分期支付租金的租赁方式。承租人采用这种方式，既可以将长期资金转化为流动资金，又可以继续使用原资产而不影响生产。此外，如果该资产已提完折旧，承租人在租回时不仅仍可享受租金抵减所得税的优惠，还能享受以出租人转让的折旧抵税好处。有时如果设备的出售价格高于其账面价值，则承租人还可获得资产差价收益。售后回租的资产多为融资性租赁。

3. 按出租人对购置一项租赁资产的出资比例，租赁可分为单一投资租赁和杠杆租赁

单一投资租赁是指在一次租赁交易中，由出租人独自承担最初设备的购置成本。单一投资租赁，既可采用融资性租赁方式，也可采用经营性租赁方式。

杠杆租赁，又称减税优惠租赁。它是由出租人、承租人和贷款机构三方共同开展的一种租赁方式。出租人采用这种租赁方式购置价格昂贵的租赁资产时，一般只需自筹该资产价款 20%—40% 的资金，其余 60%—80% 的资金则通过将该资产作为抵押品向金融机构贷款而取得，然后将购入的资产出租给承租人，并将收取租金的权利转让给提供贷款的金融机构，但长期贷款方对其债权没有追索权。租赁资产的所有权归出租方，这样出租人就能以少量资金带动巨额的租赁业务，故称为杠杆租赁。杠杆租赁通常是为大型资本密集型设备、资产提供资金融通的一种融资方式，其主要特征包括以下两个方面：第一，杠杆租赁至少涉及三方当事人，即承租人、出租人和贷款机构；第二，由于贷款机构对其所提供的债权没有追索权，故出租方的风险仅限于所出的 20%—40% 的资金范围之内。杠杆租赁具有许多优点。对于出租人来说，他既可以较少的投资（20%—40%）换得 100% 的折旧，从而获得抵税的好处，又可以得到租赁资产的残值变价收入，而且出租人的借款不是负债。对承租人来说，不仅能够使其支付的租金远远低于其他租赁或融资方式，而且他仍可获得应享有的正常利益。对于贷款机构来说，面临的贷款风险只占租赁资产价值的 60%—80%，并且可直接审查贷款最终使用人（承租人）的信用状况，所以保险系数较大，风险较小；还可以按资金市场当时的行情获得固定而长期的收益。所以，杠杆租赁是当前国际上较为流行的一种特殊形式的融资性租赁。

（二）租赁机构

随着租赁业务的发展，一个专门从事此项业务的出租人群体便出现了。出租人的作用在于筹集资金、提供各种设备，客户无须自己筹措资金就能在规定期限内拥有设备的使用权，从而提高了社会整体资金效益，降低了社会交易成本。目前，在我国从事租赁业务的租赁机构，主要有如下几种：

1. 独立的租赁公司

按照承担租赁业务的专业性程度来看，独立的租赁公司属于最重要、最基本的职业出租人。目前，在我国独立的租赁公司中，有些是中外合资企业，有些则是中资企业。国外涉足我国租赁业的有外资银行和租赁公司；国内的则有银行、投资信托公司、专业进出口公司、保险公司、物资部门和一些实力雄厚的工业企业。独立的租赁公司有如下三种类型：

（1）全面负责的服务性租赁公司。一般是专门从事某项设备或设施租赁的租赁公司，如专门经营汽车、计算机、工业设备、工业设施的租赁公司。它们的基本功能在于解除承租人在资产所有权上所负的各项责任或义务。为此，它们要执行下列职能：处理旧设备；购置新设备；维修出租的设备；支付与使用设备有关的其他费用，如安装费、保险费等。这些服务项目可以按照一揽子方式提供，也可以分别签订合同提供。服务性租赁公司所出租的资产，一般都属于经营性租赁。

（2）负责资金供应的租赁公司。实际上是一种财务性公司，当承租人需要投资某项设备或设施但资金不足时，财务性租赁公司便可采用租赁的办法为承租人提供财务上的帮助，以解决承租人融资所面临的困难。其帮助的形式，一般为融资性租赁。

（3）租赁经纪人。租赁经纪人的作用在于为希望租入资产的客户、希望以现金形式出售该资产的制造厂商和愿意以资金促成这一交易成功的贷款机构这三方面当事人提供中介服务，从中加以协调，促进交易顺利完成。为了适应客户或贷款机构的要求，有时租赁经纪人被要求充当名义上的出租人。在这种情况下，租赁经纪人就得借入资金购买预定出租的资产；而此时的贷款人一般要以该项资产作为贷款的附属担保品，并希望承租人有良好的信用来偿还这笔贷款。根据租赁合同，租金通常直接支付给贷款人。租赁经纪人通常在杠杆租赁中发挥作用。

2. 专业银行、投资信托公司、进出口公司和物资部门

专业银行、投资信托公司、进出口公司和物资部门除了作为出资方参与组织独立的租赁公司外，还分别利用自身在资金或物资供应等方面的优势，兼营租赁业务，如中国银行、中国工商银行、农业银行、交通银行、建设银行、中信银行的租赁部，各省市机电设备公司的租赁部，进出口公司的租赁部等。银行通过租赁的方式为企业提供资金，物资部门利用租赁提供设备、销售产品，而进出口公司则利用它们熟悉国外市场这一优势，为企业经济合理地提供扩展业务所需的进口设备。这些机构虽各有优势，但也存在不足。如物资部门缺乏资金，而银行则对有关设备的专业知识缺乏了解等，因此与专业的租赁公司相比，其提供的服务会有一定的局限性。

3. 其他机构

承租人既可以从上述专职或兼营的租赁机构获取他们所需资产的使用权，又可以从其他一些出租人那里得到他们所需资产的使用权。这些出租人一般为工业和商业企业，为了提高资产的利用效率，这些企业可能将经营活动中暂时不用或长期封存的设备和设施出租给其他企业。

（三）租金

在租赁融资方式下，承租公司要按合同规定向租赁公司支付租金。租金的数额和支付方式不仅对承租公司的纳税和财务状况有着直接的影响，也是承租公司进行租赁决策的重要依据。

1. 租金的构成

（1）经营性租赁的租金。包括租赁资产购买成本、租赁期间利息、租赁资产维护费、业务及管理费、税金、保险费及租赁资产的陈旧风险等。

（2）融资性租赁的租金。包括：设备价款，即由租赁设备的买价、运杂费和途中保险费等构成，是租金的主要内容；融资成本，即租赁公司为购买租赁设备所融资金的成本，也就是设备租赁期间的利息；租赁手续费，即由租赁公司承办租赁设备的营业费用和正常利润构成。

2. 租金的支付方式

租金的支付方式也会影响到租金的计算，支付租金的方式一般有如下几种：

（1）按支付时期的长短，可分为年付、半年付、季付和月付。

（2）按支付时期的先后，可分为先付租金和后付租金。先付租金是指在期初支付；后付租金是指在期末支付。

（3）按每期支付的金额，可分为等额支付和不等额支付。

3. 租金的计算法

在我国租赁实务中，计算税金的方法一般有如下两种：

（1）平均分摊法，是指按事先确定的利息率和手续费率计算出租赁期间的利息和手续费总额，然后连同设备成本按支付次数进行平均。其计算公式如下：

$$\text{每次支付租金} = \frac{(\text{设备成本} - \text{预计残值}) + \text{租赁期内支付利息} + \text{租赁手续费}}{\text{租赁期限}} \quad (\text{式}6-2)$$

（2）等额年金法，是指运用年金现值的计算方法经转换后测算各期付款房租的方式。从计算期的第一年至最后一年年末的效益额都相等时，称为等额年金。其计算公式如下：

①先付年金的等额年金法：

$$R = P_v \cdot \frac{i(1+i)^{n-1}}{(1+i)^n - 1} \quad (\text{式}6-3)$$

②后付年金的等额年金法：

$$R = P_v \cdot \frac{i(1+i)^n}{(1+i)^n - 1} \quad (式6-4)$$

其中，R 为每次应付租金，P_v为租赁物件总成本，i 为利率，n 为付租次数。

（四）租赁融资的优缺点

1. 租赁融资的优点

与其他融资方式相比，租赁融资方式具有以下优点：

可迅速获得所需资产。租赁集“融资”与“融物”于一身，比举债购买设备更快、更灵活，可使公司尽快具备生产能力。

保存公司举债能力。租赁特别是经营性租赁可以既不构成负债，也不改变公司的资本结构，从而保存了公司的举债能力。

增强资产的流动性。售后租回的运用，可以将公司的现有资产转化为现金，以补充公司的营运资本，由此增强了公司的现金流动能力。

融资限制性条款少。股票、债券、长期借款等融资方式会受到相当多的资格条件的限制。虽然类似的限制在租赁中也有，但相比之下较少，从而为公司生产经营活动提供了更大的弹性空间。

避免设备陈旧过时的风险。随着科学技术不断进步，设备陈旧过时的风险将会越来越大。在租赁业务中，如果出租人确定租金时难以预测资产的陈旧过时性，则承租公司就可避免承担设备陈旧过时的风险。经营性租赁在这一点上体现得更为明显。然而，大多数出租人一般都要求支付更多的租金来保护自己的利益。

降低平滑费用。由于租金是一项固定的年度支出额，因而租赁可以稳定公司的收益水平。另外，租金可以在税前收益中扣除，从而可以获得节税利益。

2. 租赁融资的缺点

租赁融资的缺点，主要体现为以下四个方面：一是租金较高，一般说来，租金要比债券利息高；二是租金支付的期限和金额固定，不利于公司资金调度，而且在公司财务困难时期，还会成为一项沉重的负担；三是丧失资产的残值。租赁期满，资产的残值一般归出租人所有，这对承租公司来说是一种机会损失；四是难以改良资产，承租公司未经出租人同意，不得擅自对租赁资产加以改良。

第三节　长期股权融资

一直以来，保险公司较为偏好资本直接投入的股权融资方式，这种方式比较快速高效，有利于迅速补充保险公司资本金，提高保险公司偿付能力。“偿二代”制度正式实施之后，保险监管机构对于保险公司的偿付能力和风险控制有了更高的要求。与此前“偿一代”仅凭借偿付能力充足率一个指标判定保险公司经营状况的标准不同，“偿二代”考核体系下有两大指标，即核心偿付能力充足率和综合偿付能力充足率，保险公司需要分别保持在50%和100%才算达标。偿付能力充足率下滑的情况下，保险公司会增加资本，实施增资计划。

股权融资主要来源于股东增资或是公司上市发行募资，其优点在于股东的资金是没有硬性偿还金额及偿还时间的，融资的风险较低，不会给企业的短期经营带来太大压力，同时，公司上市发行募资也有利于提高企业的知名度，提升品牌价值；缺点则是股权融资涉及现有股东的利益及控制权等问题，可能会改变原有的股东结构，分散原有股东对企业的控制权，而且资本成本较高。

一、股票的特征和种类

（一）股票的特征

股票是股份公司为筹集主权资本而发行的有价证券，是股东按其所持有股份享有权利和承担义务的权益凭证。发行股票是股份公司筹集主权资本的主要方式，也是股份公司获取其他类型资金的基础。股票作为股份的主要表现形式，具有如下特征：

对投资者而言，股票是一种长期性的投资。在一般情况下，投资者一旦购买某公司的股票，就不能中途随意要求退股抽回资金。对发行公司而言，所筹集的资金属于公司长期占用的“永久性资本”。

对投资者而言，股票存在着较大的投资风险，因而股东要求获得较高的投资收益；而对发行公司而言，其财务风险较低，但资本成本较高。

股票作为一种有价证券，可以在资本市场上自由转让、买卖和流通，也可以作为负债的抵押品，因此具有较强的流动性和变现能力，能够促进社会资金的合理配置和有效利用。

股票作为一种权益凭证，其持有者具有参与股份公司股利分配和承担有限责任的权利和义务。持有的数量越大，权利和义务越大。转让股票就是股东权利和义务的转移。

（二）股票的种类

股票的种类有很多，不同种类的股票具有不同的特点，因此为了便于公司根据有关情况筹集资金，有必要采用一定的标准和方法对股票进行适当的分类。目前，我国对股票的分类如下：

（1）按股东的权利和义务划分，股票可分为普通股和优先股。

（2）按票面是否记名划分，股票可分为记名股票和不记名股票。记名股票是指在股票票面和公司的股东名册上记载承购人姓名的股票，转让和继承记名股票必须要办理过户手续，变更股票票面和股东名册上的记名。不记名股票是指在股票票面和公司的股东名册都不记载股票承购人姓名的股票，但须记载股票数量、编号及发行日期。转让、继承不记名股票无须办理过户手续。因此，与记名股票相比，不记名股票的流通更为方便，是目前较为普遍采用的一种股票形式。按照我国《公司法》规定，公司向发起人、国家授权投资机构、法人发行的股票，应为记名股票；向社会公众发行的股票，可以为记名股票，也可为无记名股票。

（3）按票面是否标明金额划分，股票可分为有面值股票和无面值股票。有面值股票是指票面上注明一定金额的股票，如票面上标明 100 元、500 元等。无面值股票是指票面上不标明金额的股票。有面值股票与无面值股票相比，前者能够反映股票溢价，有利于会计核算，但容易使人们将票面金额误认为该股票所代表的价值；后者的优缺点则与前者相反。我国《公司法》明确规定股票必须标明面额。

（4）按投资主体不同划分，股票可分为国家股、法人股、个人股和外资股。国家股是有权代表国家投资的部门或机构以国有资产投入而形成的股份；法人股是指企业法人和具有法人资格的事业单位或社会团体以其可支配的资产投入而形成的股份；个人股为社会个人或本公司职工以个人合法财产投入而形成的股份；外资股是指外国和我国港、澳、台地区投资者购买的人民币特种股票。

（5）按发行时间的先后划分，股票可分为始发股和新股。始发股是公司设立时发行的股票，它是公司成立的基础。新股则是公司在增资时发行的股票，公开发行新股应在经营状况良好、盈利稳定、预期收益超过同行业平均利润率的前提下进行。若公司连续两年可分配利润不足以支付优先股股利或者支付该种股利后两年内未付普通股股利的，不得发行新股。

按发行对象和上市地区划分，我国的股票可分为 A 股、B 股、H 股、N 股、S 股。A 股是供祖国大陆地区个人或法人买卖的、以人民币标明票面金额并以人民币认购和交易的股票。B 股、H 股和 N 股是专供外国和我国港、澳、台地区投资者买卖的、以人民币标明票面金额但以外币认购和交易的股票。S 股在我国是指尚未进行股权分置改革或者已进入改革程序但尚未实施股权分置改革方案的股票。其中，B 股在上海、深圳上市；H 股在香港上市；N 股在纽约上市。

除了上述分类外，在其他一些国家，还有按其他的分类标准和方法。例如，按在股东大会上的投票权划分，股票可分单权股票、多权股票和无权股票；按股票发行公司能否向股东赎回本公司股票划分，股票可分为不可赎回股票和可赎回股票；按每张股票所代表的股份数划分，股票可分为单一股票和复数股票；按股票所有者的人数划分，股票可分为单有股票和共有股票等。

我国还有红筹股和蓝筹股的区别。红筹股（red chip）是指在中国境外注册、在香港上市的带有中国内地概念的股票，“带有中国内地概念”主要指中资控股且主要业务在中国内地。蓝筹股（blue chips）是指长期稳定增长的、大型的传统工业股及金融股。“蓝筹”一词源于西方赌场，在西方赌场中，有三种颜色的筹码，其中蓝色筹码最为值钱。证券市场上通常将那些经营业绩较好，具有稳定且较高的现金股利支付的公司股票称为“蓝筹股”。

二、股票的发行

股份公司不仅在设立时要发行股票，而且在成立之后，为了扩大经营规模、改善资本结构，也会增资发行新股票。对于股票的发行，应明确以下几点：

（一）股票发行的目的

明确股票发行的目的，是股份公司决定股票发行额度、发行时间、发行条件、发行方式的前提，也是投资者决定购股种类、股数和时机的依据。

公司发行股票，总体目标是为了筹措资本，具体原因和目的体现为如下几个方面：

为组建公司而发行股票。股份公司成立时，通常以发行股票的方式来筹集其主权资本。公司的主权资本是公司实力的主要标志，对公司的声誉和发展有着重大影响。

为扩大经营而发行股票。公司成立之后，为了扩大经营范围和规模，提高竞争能力，也需发行股票筹集所需资金。

为改善资本结构而发行股票。公司成立之后，资本结构会发生不断变化，如果主权资本比率过低，就会影响偿债能力，存在较大财务风险，增加举债的困难。为了提高主权资本比率，改善资本结构，增发新股票是行之有效的手段之一。

为兼并与反兼并而发行股票。公司成立之后，试图发展壮大，有两条途径：一是依靠自己的力量不断积累；二是兼并其他公司。而后者对公司的扩展更为快捷。公司兼并其他企业或公司，常常采用发行本公司的新股票换购被兼并公司股票的方式或用发行新股票所融资金购买被兼并公司的方式进行。同样，可能被兼并的公司若要维持经营权，解除被接管的威胁，也常采取发行新股票的方式使对方的计划落空。

为扩大公司影响而发行股票。有些经营状况良好的公司发行股票并非因资金短缺，而是为了提高其知名度。发行股票，尤其是进入证券交易所公开上市交易，必须经过严格审查，企业的资产、负债、业务经营范围和经营成果都须公布于众。如此极大地提高了公司的信誉，扩大公司的影响，为公司募集到大量的资金。

为分散经营风险而发行股票。由于企业发展过程中需要不断扩大经营规模、更新生产设备，原投资者不仅会面临资本金方面的限制，而且也面临着经营风险增大的问题。为了解决这两个问题，原投资者会采取发行股票的方式，一方面把一部分投入资本兑现，另一方面通过权益转让又吸收了更多的资本，从而把经营风险分散给其他的股东，达到一举两得的目的。

除了上述的原因和目的，公司发行股票还存在其他一些目的。例如，将公积金转化为资本金、股票的分割、向股东派发股票股利和无偿配股、将可转换的公司债券转换为股票等。

（二）股票发行的条件

为了保护投资者的合法权益，各国法律对股份公司发行股票都规定有严格的发行条件。

我国规定股份公司设立时，申请公开发行股票，按照《股票发行与交易管理暂行条例》，应当符合下列条件：

（1）其生产经营符合国家产业政策；

（2）其发行的普通股限于一种，同股同权，同股同利；

（3）发起人认购的股本数额不少于公司拟发行的股本总额的35%；

（4）在公司拟发行的股本总额中，发起人认购的部分不少于人民币300万元；但是国家另有规定的除外；

（5）向社会公众发行部分不少于公司拟发行的股本总额的25%，其中公司职工认购的股本数额不得超过拟向社会公众发行的股本总额的10%；公司拟发行股本总额超过人民币4亿元的，证监会按照规定可以酌情降低向社会公众发行部分的比例，但是最低不少于公司拟发行的股本总额的15%；

（6）发起人在近3年内没有重大违法行为；

（7）证券委规定的其他条件。

原有企业改组成股份公司时，申请公开发行股票，除应当符合上述条件外，还应当符合下列条件：

（1）发行前1年末，净资产在总资产中所占比例不低于30%，无形资产在净资产中所占比例不高于20%，但是证券委另有规定的除外；

（2）近3年连续盈利。

国有企业改组设立股份有限公司公开发行股票的，国家拥有的股份在公司拟发行的股本总额中所占的比例，由国务院或者国务院授权的部门规定。

根据《中华人民共和国公司登记管理条例》规定，股份有限公司增加注册资本的，应当提交国务院授权部门或者省、自治区、直辖市人民政府的批准文件；以募集方式增加注册资本的，还应当提交国务院证券管理部门的批准文件。

股份公司设立之后，发行新股票，必须具备下列条件：

（1）前一次发行的股份已募足，并间隔1年以上；

（2）公司在最近3年内连续盈利，并可向股东支付股利；

（3）公司在最近3年内财务会计文件无虚假记载；

（4）公司预期利润率可达同期银行存款利率水平；

定向募集公司申请公开发行股票，除应当具备股份有限公司公开发行股票的有关条件外，还应当具备下列条件：

（1）定向募集所得资金的使用与其招股说明书所述的用途相符，并且资金使用效益良好；

（2）从最近一次定向募集到本次公开发行期间没有重大违法行为；

（3）距最近一次定向募集股份的时间不少于12个月；

（4）内部职工股权证按照规定范围发放，并且已交国家指定的证券机构集中托管；

（5）证券委规定的其他条件。

（三）股票的发行与销售方式

股票的发行与销售方式对于公司能否及时有效地筹集资金具有重要作用，尤其对那些知名度不高、社会公众不甚了解的公司更是如此。因此，发行公司应根据自身、证券市场和投资者等诸方面的实际情况，正确地选择适宜的股票发行方式和销售方式。

1. 股票的发行方式

股票的发行方式是指公司发行股票的途径。总的来讲，可分为如下两类：

（1）公开间接发行，是指公司通过中介机构，公开向社会公众发行股票。我国股份公司采用募集设立方式和向社会公开发行新股票时，须由证券经营机构承销的，属于股票的公开间接发行方式。其优点主要在于：发行范围广，发行对象多，易足额募集资本；股票的变现性强，流通性好；还有助于提高发行公司的知名度和影响力。但也存在不足之处，主要是手续繁杂，发行成本高。

（2）不公开直接发行，是指公司不公开对外发行股票，只向少数特定的对象直接发行，因而不需经中介机构承销。我国股份公司采用发起设立方式和不向社会公开募集的方式发行新股，属于股票的不公开直接发行方式。这种发行方式的弹性较大，发行成本低，但发行范围小，投资利率较高，股票变现性差。

2. 股票的销售方式

股票的销售方式是指股份公司向社会公开发行股票时所采用的销售方法。一般有如下两类：

（1）自销方式，是指发行公司自己直接将股票销售给认购者。这种方式可由发行公司直接控制发行过程，实现发行意图，并节省发行费用；但往往融资时间较长，发行公司要承担全部发行风险，并需要发行公司有较高的知名度、信誉和实力。

（2）承销方式，是指发行公司将股票销售业务委托证券经营机构代理。这是发行股票普遍采用的一种方式。我国《公司法》规定股份公司向社会公开发行股票，必须与依法设立的证券经营机构签订承销协议，由证券经营机构承销。股票承销又分为包销和代销两种具体方式。所谓包销，就是根据承销协议商定的价格，证券经营机构一次性全部购进发行公司公开募集的全部股份，然后以较高的价格出售给社会上的认购者。这对发行公司来说，虽可及时筹足资本，免于承担发行风险（股款未募足的风险由承销商承担），但出售给承销商的股票价格较低，发行公司会损失部分溢价。所谓代销，就是证券经营机构仅替发行公司代售股票，并由此获取一定佣金，但不承担股款未募足的风险。

3. 股票的发行价格

股票发行价格，是指股份公司在募集企业股份资本或增资发行新股时，公开将股票出售给特定或非特定投资者所采用的价格。股票发行价格通常由股票发行者根据股票市场价格水平和其他因素综合确定。不同种类股票，由于股东权利和股利分派的性质、内容、方式不同，发行价格也各不相同。

目前股票发行市场上常见的几种发行价格如下：

（1）面额发行，也称等价发行或平价发行。它是指按股票面额出售新发行的股票，即股票发行价格等于股票面额。这种发行方式较为简便易行，不受股市变动影响，但缺乏灵活性。由于市场价格往往高于股票面额，面额发行可使认购者获得差价收益，绝大多数投资者都乐于认购，所以在以配股方式发行股票时，一般采用这种方式。

（2）时价发行，也称市价发行。它指股份公司发行新股时，以已发行的流通中的股票或同类股票现行价格为基准来确定股票发行价格的一种发行方式。采用时价发行时，股票面额与发行价格之间差异归发行者所有，并转入公司资本公积金。因此，发行公司可用较少的发行股数得到与采用面额发行等额的资金，同时还可以降低股票发行成本。时价发行方式通常在公开招股和向第三者配股发行时采用。

（3）中间价发行是指以介于股票面额和股票市价之间的价格发行股票的一种发行方式，通常在向股东配股发行股票时采用。采用中间价发行并不改变原有股东的构成，而且由于是对原有股东的分配，不需支付承销手续费，可以降低股票发行成本。

我国《公司法》规定，股票的发行价格可以等于票面金额，也可以超过票面金额，但不得低于票面金额。股票发行价格超过票面金额的，须经国务院证券管理部门批准。

股票价格受多种因素影响，并长期处于变动之中。可以说股票市场行情是商品经济社会政治、经济气候变化的“晴雨表”。因此，股份公司在确定股票发行价格时，必须考虑如下三类基本因素的影响：

（1）股份公司自身因素。主要包括公司盈利、股票股利、资产价值、股票分割等因素。

（2）市场因素。股票的发行和流通是通过股票市场来实现的，因此股票市场对股票价格有着直接的影响。这种影响首先表现在股票的供求关系上，同时也涉及股票市场的各种技术因素。如股票市场上的投机操作、市场规律及主管部门的限制行为等。

（3）政治、经济和社会因素。股票交易的普遍性，使股票价格对于各种社会影响的反应十分敏感。这些社会影响包括国内、国际的政治、经济、人的心理活动等因素的影响。

股份公司确定股票发行价格的方法，通常有如下三种：

（1）议价法，是指由股票发行公司与承销股票的中介机构直接协商，确定股票发行价格的方法。

（2）竞价法，是指从事股票发行业务的各个中介机构以投标方式竞相承销股份公司所发行股票。投标过程中，中标的价格即是股票发行价格。竞价法多用于热销的股票。

（3）定价法，是由股票发行公司自行制定发行价格的方法。目前，我国初次发行和上市股票，一般按面额发行或中间价发行。已上市股票一般按时价发行。由于我国目前尚无专门承销商，因此，公开委托发行一般采取由金融证券机构代理发行，基本上采用的是协商定价法。股票发行价格一般以股票面额加一定代理发行手续费（一般为3%）计算。已上市交易股票一般采用股票时价加一定代理发行手续费（一般为3%）计算。

三、股票上市

股票上市是指股份公司公开发行的股票经批准在证券交易所进行挂牌交易。经批准在交易上市交易的股票则称为上市股票。按照国际通行做法，非公开募集发行的股票或未向证券交易所申请上市的非上市证券，应在证券交易所外的店头市场上流通转让；只有公开募集发行并经批准上市的股票才能进入证券交易所流通转让。我国《公司法》规定，股东转让其股份，即股票进入流通，必须在依法设立的证券交易所里进行。

依据股票是否上市，发行股票的股份公司可分为上市公司和非上市公司。一般来说，上市公司都是那些经营状况良好、在行业发展中处于领先地位的少数企业。将股票上市是许多股份公司梦寐以求的事情。对股份公司来说，股票上市交易能极大地提高公司的信誉和知名度，有利于产品促销，增强上市公司的竞争能力，为公司的发展提供资金保证，同时，也能够为公司未来的融资创造有利条件。股票上市要求公司定期公布其经营成果和财务状况，促使上市公司在股东和社会大众的监督之下不断改善经营，提高经济效益。

（一）上市的方式

1. 国内 IPO 上市

IPO，即首次公开募股（initial public offerings），是指一家企业或公司第一次将它的股份向公众出售。其优点是显而易见的：首先，上市后公司能够直接面向资本市场上的潜在投资者，从而在市场上募集到大量资金，补充企业的资本，增强其流动性；其次，上市不仅能够为企业补充资金，还能够提高企业的知名度，提升企业声誉，有利于企业进一步扩大市场，获得消费者信任；此外，由于上市对于公司信息披露的要求更为严格，因此 IPO 上市有助于帮助企业完善其治理结构和信息披露制度，增强企业竞争力。

2019 年 12 月 28 日，我国证券法修订草案通过，修订的证券法明确全面推行注册制，确立了股票发行注册制的合法地位。修订的证券法按照全面推行注册制的基本定位，对证券发行注册制作了比较系统完备的规定，主要体现在以下几个方面：删除了对核准制的规定，取消发审委制度；删除了盈利门槛限制，将“持续盈利能力要求”改为“持续经营能力”；同时，强化了信息披露要求。值得注意的是，注册制改革落地不会“一步到位”，证券法为分步实施注册制留出了制度空间，关于注册制具体范围与实施步骤，由国务院规定。截至 2019 年 12 月 28 日，沪深两市上市公司总数已达 3774 家，总市值超过 58 万亿元。其中科创板上市公司 69 家，总市值 8597 亿元。这 3000 多家公司，除了科创板上市的 69 家，其余都是在股票发行审批制或核准制下实现上市的。

相对于其他行业，保险业目前的上市公司较少。2011 年 12 月，新华保险登陆 A、H 股市场。此后，包括中国人寿、中国平安、中国太保和新华保险在内的 4 只保险股组成 A 股保险板块。港股市场上，自中国人保集团 2012 年进行 IPO 之后，仅有中再保险一家于 2015 年 10 月在香港上市。保险业目前上市公司较少，一方面是由于国内的保险行业寡头垄断现象比较严重，市场份额相对集中；另一方面也是由于保险行业盈利周期较长，难以满足 IPO 上市的要求。

2. 曲线上市

现阶段，我国保险公司通过 IPO 直接上市仍存在一定的困难，部分保险公司另辟蹊径，采用曲线上市的方式，试图以间接的方式借力资本市场。国华人寿和天安财险先后分别通过天茂集团和西水股份实现了曲线上市。

目前，曲线上市的保险公司大多为民营背景，其实际控制人旗下同时拥有一家甚至多家上市公司。2013 年开始，保险监管机构允许社会资本控股保险公司（保险公司单一股东持股比例上限从 20% 放宽至 51%），持股比例的放宽为这些民营保险公司借壳上市提供了机会。

实现曲线上市的保险公司都有着若干共同的特征。一是上市公司大股东善于资本运作，推动资产置入的意愿强烈，保险公司与上市公司有共同的实际控制人；二是保险公司的股权相对集中，即便分散在不同的公司手中，但是整合起来花费的力气不大；三是公司业务增速强劲，盈利能力尚可，能为上市公司业绩提供良好基础。

曲线上市的好处也是显而易见的：一方面有利于保险公司拓宽资本补充渠道，未来可间接从资本市场上募集资金；另一方面民营资本擅长资本运作，可通过“利差”这种模式，使保险公司迅速在短时间内实现投资盈利，将其并入上市公司可起到抬升股价的作用，一举两得。

3. 海外上市

IPO 上市途径的阻塞不仅使得部分保险公司曲线上市，也使一些保险公司将目光投向了海外资本市场。尤其是近年来保险监管机构积极鼓励保险公司海外发行资本工具，进一步扩充了保险公司资本补充的空间。2014 年 8 月，国务院公布保险国十条，支持保险公司境外上市。

随着保险资金海外投资的放开，已经有不少保险公司走出国门，例如中国人寿在纽约上市。随着保险公司海外市场的开拓，保险企业在海外发债也开始提上日程，这不仅为保险公司提供了更多融资的途径，也使保险公司的经营和风控能力面临着新的挑战。

4. 新三板上市

面对主板 IPO 上市的严格要求，新三板也成为了保险公司融资的一个可行途径。尤其是 2016 年以来保险监管机构支持并鼓励符合条件的保险公司在新三板挂牌，给予了积极的政策导向。与 A 股主板相比，企业在新三板上市的条件较为宽松。在时间上，拟上市的公司只需要存续满两年，在盈利方面也没有硬性指标加以限制。此外，新三板采取备案制，流程大幅简化，从策划改制到挂牌上市仅需半年左右的时间，再加上“偿二代”的实施对保险公司资本金提出了更高的要求，新三板上市对于有融资需求的保险机构来说，也成为了一个较好的选择。

但限于客观条件，目前活跃在新三板保险板块的公司中，更多的是保险中介机构。永诚保险是在“新三板”市场挂牌的首家保险公司，截至 2018 年在新三板市场上市的保险公司还有锦泰保险和众诚保险。

（二）上市的条件

非上市公司要转化为上市公司必须具备特别的条件，包括：上市公司资本额、盈利能力、资本结构、偿债能力、股权分散程度、营业性质、经营能力及公司的社会地位等。我国《公司法》对股票上市规定的条件为：

（1）股票已向社会公开发行；

（2）公司资本总额不少于人民币 5000 万元；

（3）开业时间 3 年以上，最近 3 年连续盈利；

（4）持有面值人民币 1000 元以上的股东人数不少于 1000 人，向社会公开发行的股份达公司股份总额的 25% 以上，公司股本总额超过人民币 4 亿元的，其向社会公开发行股份的比例为 15% 以上；

（5）公司在最近 3 年内无重大违法行为，财务会计报告无虚假记载；

（6）国务院规定的其他条件。

（三）股票上市程序

一般来讲，股票上市须经历提出申请、审查批准、公告、上市交易等程序。股份公司应首先向证券管理机构提交上市申请书，并按规定报送有关文件和经审计的财务报表，证券管理部门对申请书和各种文件、财务报表进行审查，并作出批准与否的决定；取得上市资格的股份公司应公告其股票上市报告，将其申请文件存放在指定的地方供公众查阅；最后，股份公司办理有关其股票在证交所上市交易的具体事宜。

（四）股票上市的暂停与终止

上市公司有下列情形之一的，由国务院证券管理部门决定暂停或终止其股票上市：

（1）公司股本总额、股权分布等发生变化，不再具备上市条件（限期内未能消除的，终止其股票上市）；

（2）公司不按规定公开其财务状况，或者对财务报告做虚假记载（后果严重的，终止其股票上市）；

（3）公司有重大违法行为（后果严重的，终止其股票上市）；

（4）公司最近 3 年连续亏损（限期内未能消除的，终止其股票上市）。

另外，公司决定解散、被行政主管部门依法责令关闭或者宣布破产的，由国务院证券管理部门决定终止其股票上市。

四、普通股

（一）普通股股票的特点和分类

普通股股票是股份公司依法发行的、无特别权利的、股利不固定的一种股票。它是股份公司筹集主权资本的基本方式。

普通股股票除了具有前面已论述的一些基本特性外，还具有一些其他特性。其主要有：

1. 投票权

普通股股东不但有选举董事会的权力，公司章程的变化也必须得到他们的支持。在公司年会上选举董事会成员或修改章程，股东可以自己或以代理的形式参与选举。公司的管理层通常会恳求股东的委托授权，以掌握公司更多的投票权。有时，一些股东对现有的管理层或公司现有政策的不满会导致对委托授权的争夺。即努力争取那些不准备出席年会的股东的委托授权。管理层在决定公司事务中有很大的自主权，但来自董事会的监督及代理权的争夺，使管理层受到了某种程度的监督与限制。

每拥有一股普通股，股东在股东会上就有一票的投票权，股东通过投票表决就可参与公司的重大决策。然而，种种原因导致并不是每个股东都会参加股东大会，这些股东可以通过委托书的形式来行使其投票表决权。所谓委托书，就是投票权的转移证书。它们大多数是由公司管理部门寄出的，这是考虑许多小股东不能出席股东会议，将造成选票不足法定数量而采取的措施。如果不对投票权的委托程序加以严格的管制，就有可能产生如下问题：管理人员通过向股东请求足够数量的委托书来选出对他们有利的董事，以达到他们直接或间接地控制公司、滥用职权的目的；同样，少数股东也可能通过请求到足够数量的委托书，来控制公司的生产经营及管理活动。为了防范公司管理层或少数股东为追求私利而滥用委托书，保护全体股东的利益，就必须对委托书进行有效而合理的监督管理。而且，这种监督管理的职能应由政府的证券管理部门来行使，如证券交易委员会。

根据股份公司章程的规定，普通股股东对公司董事会成员的选择，可采用多数投票制或累积投票制。在多数投票制下，股东以其持有的股份数对董事表示赞成或者反对意见，实行一股一票的投票表决，而且要求对每一董事空缺必须投票。

2. 优先认股权

优先认股权，是指授予普通股股东购买增加发行的普通股股票或可以转换为普通股股票的其他任何有价证券的优先选择权。原有普通股股东按其拥有的股份在公司总股份中所占的比例优先认购新发行的普通股股票等有价证券，这样可以保护原有股东仍然能拥有对公司的控制权，使原有股东免受股票稀释所带来的损失。优先认股权将在后面的内容中作详细论述。

普通股股票除了可按前面已论述的各种标准进行分类外，还可按下列标准加以分类：

根据股票发行者的法律地位、普通股股票的风险转嫁及投资能力的不同，普通股股票可分为如下几种：蓝筹股股票，是指一些大型公司发行的股票，又称热门股票。发行这种股票的公司通常必须具备良好的条件，例如公司在所属行业内占重要甚至支配性地位，经营状况优良稳定，具有较强的融资能力，股利稳定、优厚等；成长股股票，是指那些销售额和收益的增长幅度高于整个国家及所在行业的增长水平的股份公司所发行的股票；收入股股票，是指当前能够支付较高收益的股份公司发行的股票；周期性股股票，是指股票收益随商业周期波动的公司所发行的股票，特点是公司利润在商业条件较好时增加，此时股票收益上升，股票价格上涨；反之，股票收益减少，股票价格下降；防守性股股票，是与周期性股股票相对应的股票，即在商业条件普遍恶化时，股利高于其他股票的平均收益的股票，特点是面对商业衰退的局面，其股利仍具有稳定性，如公用事业、药品行业等股票；投机性股股票，是指那些价格很不稳定或公司前景很不确定的股票。此类股票具有较大的不确定性，其价格在短时间内波动幅度较大，因而能够吸引一些股票投机者。此类股票的发行公司往往是从事开发性或风险性较大行业的公司。

（二）普通股股东的权利和义务

普通股股东作为股份公司真正的最后所有者，享有一定的权利，承担必要的义务。普通股股东的各种权利是由有关法律和股份公司章程所规定的，可分为整体行使的权利和个人行使的权利。

1. 普通股股东整体行使的权利

一般包括：修改公司的章程和细则；选举公司的董事；制定及修改公司的规章制度，任免公司重要人员；授权出售固定资产；批准吸收合并或兼并其他公司，或决定并入其他公司；批准公司资本结构的变更；决定发行优先股和债券等。这些权利股东个人通过行使投票权来实现，即股东个人通过投票表决来选举公司的董事会成员，然后通过董事作为股东的代表来影响和控制公司的运作。

2. 普通股股东个人行使的权利

一般包括：享有公司章程规定的投票权或表决权；转让或出售所拥有的股票；检查公司的账册；享受优先认股权；在公司解散清算时，偿付全部负债和优先股之后，可按比例分享公司的剩余资产（所以，普通股股东有时称为股份公司的“剩余所有者”）；阻止管理人员的越权行为等。

残值收入可以直接支付给股东，也可以以留给企业的股利或以再投资的形式分配给股东。股东可以直接从股利分配中受益，也可以从再投资中受益。再投资能够提高公司价值，增强公司获利能力，增加其未来的股利，从而导致股价提高。事实上，残余收入是以股利的形式直接分配给股东，或以资本收益的形式间接分配给股东的。但股东对留存利润或盈余公积的索取要受到包括有关法律和公司股利政策在内的许多因素的限制。在正常情况下，股东对利润的分配权利，往往被限制在董事会宣布的股利派发额度之内。因此，在正常情况下，股东并不直接享有盈余分配权，只有在管理人员和董事有欺诈行为或董事会宣布的分配方案有重大失实时，股东可通过法律途径直接要求派发股利。

普通股股东在享有上述权利的同时，也必须承担有关法律和公司章程所规定的义务。义务主要包括：遵守公司章程；缴纳所认缴的股本；以其缴纳的出资额为限，对公司的债务承担有限责任，甚至承担可能的损失以及法律责任等；在公司核准登记之后，不得擅自抽回出资；正如普通股股东对留存收益有要求权一样，在公司清算时，股东对剩余财产也有要求权。只有在债权人及优先股股东得到满足之后，股东才有权分配资产，当公司破产时，股东的权益通常得不到满足，对剩余资产的要求权降低了普通股的风险。

（三）普通股融资的优缺点

股份公司利用普通股融资的优点主要有：

（1）发行普通股股票筹措的资本，没有固定的到期日，无须偿还，是公司的永久性资本。这对于保证公司对资金的最低需要，维护公司长期稳定发展有着重要意义。

（2）发行普通股股票融资没有固定的股利负担，股利是否支付以及支付多少，视公司有无盈利和经营发展需要而定。因此，普通股融资不存在不能偿付的风险。

（3）发行普通股股票筹集的资本是公司最基本的资金来源，它反映了公司的实力，增强了公司的举债能力，提高了公司的信誉。

（4）公司在普通股股票发行和上市的过程中，将得到各专业中介机构，如承销商、会计师、律师等的协助和调查，并从中获得许多具有建设性的意见和建议。这有助于公司管理当局不断调整和完善其组织和财务上的结构，提高其经营管理水平。

（5）公司在普通股股票发行和上市的过程中，安排职工购买公司股份，使职工成为公司的股东，直接参与公司重大决策，把自身利益与公司前途紧密相连。这样的安排有助于激励职工士气，增强职工归属感。

股份公司利用普通股融资的缺点主要有：

（1）发行普通股股票融资的成本较高。首先，从投资者的角度来看，投资者投资普通股的风险较高，因而相应要求获得较高的报酬。其次，对于融资公司来讲，普通股股利从税后利润中支付，不具有抵税作用。最后，普通股的发行费用一般也高于其他证券的发行费用。因此，普通股融资的成本高于负债融资的成本。

（2）利用普通股融资，出售新股票，增加新股东，可能会分散公司的控制权；另外，新股东对公司已积累的盈余具有分享权，这就会降低普通股的每股净收益，从而可能引起普通股市价的下跌。

（3）发行新的普通股票，可能被投资者视为消极的信号，从而导致股价下跌。

五、优先股

（一）优先股股票的特点和种类

优先股股票是相对普通股股票而言的，它是指优先于普通股股东分享公司收益和剩余财产的股票，是股份公司筹集主权资本的方式之一。优先股给予其持有者在公司盈余分配和剩余财产分配中的优先权，但持有者通常没有表决权。与普通股对比而言，优先股在投资风险和股利分配上具有显著的差异。

优先股股票是一种兼有普通股股票和债券特点的融资工具。因此，其特点可归纳为以下两个方面：

（1）具有普通股股票的某些基本特点。其主要表现为：优先股融资构成股本；大多数情况下没有到期日；没有固定的股利支付义务；股利从税后收益中支取；优先股股东参加分配公司剩余财产，并承担有限责任等。

（2）具有债券融资的某些特点。其主要表现为：股利固定，不受公司经营状况和盈利水平的影响；没有表决权和管理权；在公司章程或发行协议中，可能规定有收回或赎回的条款，从而具有还本的特征；由于股利固定，对普通股股东权益变动而言，也存在财务杠杆作用。

优先股股票按其优先权利的不同，可作如下分类：

（1）累积优先股与非累积优先股。累积优先股是指公司在任何营业年度内未支付的股利可以累积起来，与以后营业年度的利润一起付清的优先股股票。股利率固定并可累积计算是累积优先股的特点。因此，累积优先股股票可以保证股东有稳定的股利收入。

非累积优先股股票是指公司按当年利润分配股利，而不予以累积补付的优先股股票。其特点在于，股利率固定，但只限于在本经营年度利润之内分取。例如，本年利润不足以支付全部优先股股利时，对其所欠部分，股份公司不予累积计算。

（2）参加分配优先股股票和不参与分配优先股股票。参加分配优先股股票，是指不仅按规定分得当年的定额股利，还有权与普通股一同参加利润分配的优先股股票。其特点是，在股份公司的利润增大时，优先股股东除可按固定股利率分取股利外，还可分得额外红利。参加分配优先股股票由于参与利润分配方式不同，又可分为全部参加分配的优先股股票和部分参加分配的优先股股票。

全部参加分配的优先股股票，是优先股股东有权与普通股股东共享本期剩余利润的优先股。部分参加分配的优先股股票是指优先股股东有权按规定额度与普通股股东共同参加利润分配的优先股股票。不参加分配的优先股股票指按规定股利率分取股利的优先股股票。其特点表现在优先股股东只有权分取定额股利，不能参加剩余利润的分配。

（3）可转换优先股股票和不可转换优先股股票。可转换优先股股票，是指股票持有者可以在特定条件下把优先股股票转成普通股股票或公司债券。其特点是，与普通股股票或公司债券的关系密切，其股票价格易受普通股股票或公司债券的价格影响而波动。例如，发行可转换优先股股票规定每股价格 100 元，普通股股票每股价格 20 元，规定 5 年内可转换 5 股普通股股票，则优先股股票持有者可在此期内择机按规定转换比例予以转换。

凡不具备转换普通股股票或公司债券权利的优先股股票，皆为不可转换的优先股股票。

（4）可赎回优先股股票和不可赎回优先股股票。可赎回优先股股票，是指股份公司有权按一定价格收回的优先股股票。股份公司收回优先股股票的目的是减少股利负担。所以，通常是在能够以较低股利的股票取代已发行的优先股股票时予以赎回。赎回方式：一是溢价方式。即根据事先规定的价格——优先股股票面值加上若干补偿金（溢价）赎回；二是基金补偿方式。即股份公司在发行优先股股票时，事先从所收取的股金中提留一部分设立补偿基金，用于赎回；三是转换方式。即将优先股股票转换普通股股票。

凡根据规定不可赎回的优先股股票，都为不可赎回的优先股股票。

（5）股利可调整优先股股票，是指股利率可以调整的优先股股票。其特点在于股利率不是固定的，可以进行调整。发行可调整的优先股股票的目的在于保护股东权益。这种股利率变化与股份公司的经营状况无关，而是与金融市场动荡和各种有价证券的价格及银行利率经常波动有关。

（二）优先股融资的优缺点

股份公司利用优先股融资的优点，主要有：

（1）优先股一般没有固定的到期日，不用偿付本金。发行优先股筹集资金，实际上近乎得到一笔无限期的长期贷款，公司不承担还本义务，也无须再做融资计划。对可赎回优先股，公司可决定在需要时按一定价格收回，这就使利用这部分资金更有弹性。当财务状况较弱时发行优先股，而财务状况转强时收回，这样有利于结合资金需求加以调剂，同时也便于掌握公司的资本结构。

（2）股利的支付既固定又有一定的灵活性。一般而言，优先股都采用固定股利，但对固定股利的支付并不构成公司的法定义务。如果公司财务状况不佳，可以暂时不支付优先股股利，而优先股股东并不能像公司债权人那样迫使公司破产。

（3）保持普通股东对公司的控制权。当公司既想向外界筹措自有资金，又想保持原有股东的控制权时，利用优先股融资尤为恰当。

（4）从法律上讲，优先股股本属于自有资金，发行优先股能加强公司的自有资本基础，可适当增强公司的信誉，提高公司的借款举债能力。

股份公司利用优先股股票融资也有缺点，主要有：

（1）优先股的成本虽低于普通股，但一般高于债券。

（2）优先股融资的限制较多。例如，对普通股支付股利的限制，对公司借债的限制等。

（3）可能形成较重的财务负担。优先股要求支付固定股利，但又不能在税前扣除，当盈利下降时，优先股的股利可能会成为公司一项较重的财务负担，有时不得不延期支付，从而也会影响公司的形象。

2013 年发布《关于开展优先股试点的指导意见》，2014 年证监会颁布《优先股试点管理办法》，优先股已逐渐发展成为上市银行补充资本的重要融资工具。截至 2019 年 3 月，沪深两市共有 26 家上市公司累计发行优先股 37 单，累计募集资金 6199.14 亿元。发行优先股的上市公司占全部上市公司的 0.72%，主要为银行类上市公司，共 19 家；其余分布在土木建筑行业（3 家）、造纸和纸制品类行业（1 家）、畜牧类行业（1 家）、医药制造类行业（1 家）和道路运输类行业。

六、优先认股权

（一）优先认股权的概念

优先认股权，是指股份公司在发行新普通股时，向原普通股股东提供的优先认购的权利。这种权利使原有普通股股东能按其股份比例优先购买发行的新普通股或可以转换为普通股的其他有价证券，以维持原有普通股股东在公司中所拥有的股份比例。股份公司向原有普通股股东提供优先认股权，是发行新普通股的一种促销手段。

（二）优先认股权的价值

优先认股权不仅能使原有股东维持其持股比例，而且还能使原有股东在一定期限内以低于市场的价格购买新普通股。即使原有股东不行使其优先认股权，也可将这种权利转售以获得额外收益。因此，优先认股权在其有效期限内是具有价值的。其价值的大小，取决于发行股票的市场价格与持优先认股权购买的认购价格之间的差额以及购买一股新股所需要的权数。

确定优先认股权价值的方法，有如下两种：

1. 附权法

原有股票在认购新股之前都具有认股权，此时的股票就称为“附权股票”。以附权股票的市场价格为基础来确定认股权的价值的方法就是附权法。

首先，计算购买一股新股所需的权数：

$$\text{所需权数} = \frac{\text{原有股数}}{\text{新增股数}} \qquad \text{（式 6-5）}$$

然后，计算每一有效的认股权的价值：

$$一权的价值 = \frac{附权的股票市价 - 认购价格}{所需权数 + 1} \quad (式6-6)$$

2. 除权法

当新股认购期已过或原有股票的认股权已经行使，此时的股票就称为“除权股票”。以除权股票的市场价格为基础来确定认股权的价值，就是除权法。

每一有效的认股权的价值为：

$$一权的价值 = \frac{除权的股票市价 - 认购价格}{所需权数} \quad (式6-7)$$

两种方法计算的结果相同。需要说明的是，运用这两种方法计算出来的价值只是认股权的理论价值，往往与实际价值不同。

利用优先认股权融资，还有如下两个问题需要说明：

一是利用优先认股权来发行股票对股价的影响。利用认股权融资，会导致股票的市价在除权日后下降一股认股权的价值。

二是利用优先认股权融资不会使原有股东因股票价值被稀释而蒙受损失，因为在这种附权发行股票的情况下，原有股东既不会获利，也不会蒙受损失。当然，如果原有股东忘记行使其优先认股权，或没有将其优先认股权转让，那么该股东就会蒙受损失。

（三）优先认股权的优缺点

优先认股权融资的优点主要有：

为公司募集大量急需的资金。利用优先认股权对原有股东发行新股，其认购新股的价格低于市场价格，从而可以激发投资人的兴趣，增加股票吸引力，为公司迅速募集急需资金。

利用优先认股权发行股票的发行成本比公开发行的发行成本要低。利用优先认股权对原有股东发行新股，不需要投资机构来推销，再加上认购价格低于市场价格而容易发行，因而其发行成本较为低廉。

利用优先认股权发行新股，在某种程度上有着股票分割的作用。利用优先认股权发行新股是一种间接的股票分割，能降低股票价格，吸收更多的投资者，而且适当的股价有利于价值的极大化。

优先认股权融资的缺点，主要是会稀释原有股票的价值。利用优先认股权发行新股，成功与否在很大程度取决于认购新股的价格是否适当。若原有股票的市价跌到新股的认购价格以下，股东们显然不会行使认股权，因为他们能以较低价格在股票市场上买到原有股票。因此，新股的认购价格必须大大低于原股票的市价，以减少原股票价格跌到认购价格以下的可能性。

七、认股权证

（一）认股权证的概念

认股权证是指随公司新发行证券而发行的一种权力证书，它表明其持有者有权在规定期限内，以约定价格优先购买一定数量的普通股股票。认股权证可以同证券连在一起，也可以同证券相分离。当认股权证同证券连在一起时，不能在市场上单独出售，而只有在其持有者行使优先认股权并购买股票时，才能与证券分离；当认股权证同证券分开时，可以在市场上单独出售。认股权证是公司向股东发放的一种凭证，授予其持有者在一个特定期间以特定价格购买特定数量的公司股票的权利。

认股权证和前面所讲的优先认股权虽然都属于优先权，但又有差异。前者是随发行债券或优先股而发行的，因此持有这种债券或优先股的投资者，就拥有优先认购普通股股票的权利；而后者则是原有普通股股东拥有优先认购新发行普通股股票的权利。

认股权证赋予了其持有者购买普通股股票时的选择权，与这种选择权有关的一些条款必须在认股权证上载明。这些条款主要包括购股的期限、每张认股权证能认购的股数、购买股票的价格（也称执行价格）。大多数认股权证都规定了行使权利的有效期限，但有些认股权证没有截止期，也就是说这些认股权证长期有效。认股权证的执行价格一般自始至终保持不变，也可以随着时间的推移逐步提高。公司在分割普通股或发行股票股利时，通常要对认股权证的执行价格进行调整。

（二）认股权证的价值

股份公司发行认股权证，是吸收投资者购买本公司证券的促销手段。投资者购买认股权证，既可获得固定的利息收入，也可获得优先认购普通股股票的选择权，还可获得转让认股权证的额外收益。因此，认股权证具有价值。认股权证的价值有理论价值和实际价值之分。

1. 认股权证的理论价值

可按下列公式计算：

理论价值 =（普通股股票市场价格 - 执行价格）× 认股权证一权所能认购的普通股股数

（式 6 - 8）

如果普通股股票的市场价格低于其执行价格，则认股权证的理论价值为负数，但在此时认股权证的持有者不会行使其认股权，所以当普通股股票的市场价格低于其执行价格时，认股权证的理论价值就为零。

理论价值是一种履约价值，即只要认股权证到期日标的股票市场价格与执行价格有差异，投资于认股权证就能取得收益。认股权证的理论价值是认股权证通常出售的较低价格，如果由于某种原因，认股权证的价格低于其理论价值，那么购买认股权证并执行其期权出售股票的套利行为将消除其差价。当标的股票市场价格低于其执行价格，那么认股权证的理论价值为零，这时认股权证是以“减值”交易；如果标的股票市场价格高于执行价格，那么认股权证的理论价值为正值，在这种情况下，认股权证是以“增值”交易。

时间价值是理论价值的溢价，即随着时间的延续，标的股票市价的变化可能使认股权证增值，认股权证投资者愿意付出的超过理论价值的超额权利金金额。理论价值是认股权证价值存在的内在原因，如果理论价值为零，认股权证价值也就应当为零。但实际上，认股权证价格总是高于理论价值，原因在于标的股票市场价格对理论价值存在杠杆作用。

2. 认股权证的实际价值

认股权证的实际价值，是认股权证在证券市场上的市场价格或售价。如果认股权证同证券连在一起，不能分离，其持有者就可以通过行使其优先认股权购买股票，使之与证券相分离，从而实现其价值；如果认股权证同证券可以分离，则其持有者可以不行使其认股权购买股票，而将认股权证在市场上出售，从而实现其价值。

3. 认股权证的理论价值和其实际价值之间的关系

一般来说，由于套利机制的作用，认股权证的实际价值高于其理论价值，认股权证的理论价值是其实际价值的最低界限。原因在于以下两个方面：首先，认股权证的理论价值不会是负数，否则认股权证的持有者就不会行使其认股权；其次，在此前提下，如果认股权证的实际价值低于其理论价值，套利者就会立刻购入认股权证，凭证购买股票，再把股票抛售出去，如此必将消除这种差额，使认股权证的实际价值高于其理论价值。

认股权证的实际价值超过理论价值的差额，称为超理论价值的溢价。之所以会形成超理论价值的溢价，是因为认股权证的投资具有极大的投机性，给予投资人高额的获利杠杆作用。认股权证对投资者来说很有价值，具有极大的吸引力；在期权市场上的公开买卖认股权证，助长了投资的投机性。超理论价值的溢价的最大额出现在股票市价接近或等于认购价格时，此时增加收益的机会对投资者最具有吸引力。当股票市价接近或等于认购价格之时，投资者投资于认股权证的资本利得最大，即认股权证发挥其高额的获利杠杆作用的机会最多。这是因为，随着股票价格的上涨，认股权证的理论价值增加，认股权证的市价（实际价值）也增加，但实际价值增加的幅度没有其理论价值增加的幅度大，认股权证的超理论价值溢价逐渐减少。

（三）认股权证的优缺点

公司在发行债券或优先股时使用认股权证，主要优点是：既有助于公司目前发行证券，筹集资金，降低资本成本，又有助于公司将来发行普通股，募集资金，降低发行成本。这是因为，公司随债券或优先股发行认股权证，使投资者既可以获得固定的利息收入，又可以获得按规定价格优先认购普通股所带来的较高股利或资本利得，还可以获得出售认股权证的额外收益，因此能够吸引广大投资者以较低的利率购买公司目前发行的债券或优先股，刺激投资者认购公司将来发行的普通股股票。

然而，认股权证也会给公司融资带来很大的不稳定性。这是因为，认股权证是赋予其持有者认购普通股股票的选择权，发行公司不能强制认股权证的持有者行使其认股权，而认股权的持有者在什么时候行使其认股权具有一定的随机性。一般来说，认股权证的持有者行使其认股权时，必须具备三个条件：（1）普通股的市场价格高于认购价格（执行价格）；（2）公司支付给股东的股利很丰厚或者逐渐提高；（3）令人满意的经营业绩使认股权证的执行价格逐渐提高。

八、可转换证券

（一）可转换证券的概念

可转换证券，是指可以按发行时所附的条件进行转换的一种证券，即在将来某一特定时期、按特定价格及相关条件转换成公司其他证券的债券和优先股。其中，可转换债券可按条件转换为优先股或普通股；也可按条件转换为普通股或债券。

1. 转换价格

转换价格，是指将可转换证券调换成其他证券的价格。其计算公式如下：

$$\text{转换价格}=\frac{\text{证券面值}}{\text{每张证券换取的普通股股数}} \quad \text{（式 6-9）}$$

公司在发行可转换证券时，对其转换价格都有明确规定。一般来说，转换价格在可转换证券的有效期内是固定的。但是可转换证券也可采用逐步提高的价格，作出这样规定的目的，在于促进可转换证券持有者尽可能提早进行转换，减少损失；同时也保证现有股东获得股票价值增值的好处，不至于因发行可转换证券而把好处分摊给新股东。

为了防止可转换证券不因股票分割、股票股利和以低于转换价格出售股票等因素贬值，几乎所有的可转换证券都有通行条款，该条款规定：若普通股以低于转换价格的价格出售，则转换价格就必须低于新股票发行时的价格水平；若股票被分割或公司宣布股票股利，则转换价格就必须低于按照股票股利或股票分割金额一定百分比计算的金额。

2. 转换比率

转换比率，是指可转换证券换取的普通股股数。其计算公式如下：

$$\text{转换比率}=\frac{\text{证券面值}}{\text{转换价格}} \quad \text{（式 6-10）}$$

由于转换价格既有固定的，也有逐步提高的，因此转换比率也必然有固定的和逐步降低的。

3. 转换期

转换期，是指可转换证券持有者行使其转换权的有效期限，一般等于债券期限。但也可以有另外规定，如递延转换期和有限转换期。递延转换期是规定持有者的转换权推迟到一定年限后；有限转换期则是规定只能在一定年限内进行转换。有限转换期一般比债券期限短，一旦超过有限转换期，可转换债券就自动成为非转换（或普通）债券。由于优先股是无期限的，故可转换优先股的转换期通常也是永久性的，即不规定转换期。

4. 可赎回

债券和优先股均可在契约中规定发行公司可以在到期日前按约定价格提前赎回的条款。提前赎回的债券，其赎回价格一般高于面值。赎回价格与面值之间的差额，称为赎回溢价。赎回溢价随着到期日的接近而逐渐减少。例如，期限 20 年，利息率为 10%，面值为 1000 元的债券，可规定第一个 5 年的赎回价格为 1080 元，第二个 5 年的赎回价为 1050 元，最后 10 年的赎回价为 1020 元等。赎回溢价的多少，通常取决于发行者和投资者对未来利率的预计。预计市场利率较低时，发行者可用较高赎回溢价在债券到期日前赎回债券，而后以较低利率发行新债券，企业不必等到债券到期才重新融资。债券赎回条款给企业增加了融资的灵活性，有利于降低融资成本。

债券提前赎回，同样适用于优先股。但优先股没有到期日，不可能在到期日最终赎回，所以，当优先股股票没有提前赎回的条款，而企业又要赎回优先股时，公司只能在市场上以高于市场价的价格购进优先股票或者以另一种证券调换已发行的优先股。企业用发行新证券办法重新更换已发行的旧债券或旧优先股，称为重换证券。

（二）可转换证券的价值

可转换证券的上述特点，决定了可转换证券的价值有如下三种存在形式：

1. 转换价值

转换价值，是指可转换证券换成普通股时的价值。它有转换初价和转换期价之分。所谓转换初价，就是转换期等于零时的可转换证券的价值。其计算公式如下：

$$转换初价(C_0) = P_0 \times R \qquad （式6-11）$$

其中，P_0为普通股的初始售价，R 为转换比率。

所谓转换期价，就是可转换证券在转换期内的价值。由于股利的增长，股价会随着时间的延长而提高，从而可转换证券的价值也会随着时间的延长而提高。转换期价的计算公式如下：

$$转换期价(C_t) = P_0 \times (1+g)^t \times R \qquad （式6-12）$$

其中，g 为股利的预期成长率，t 为转换期限。

转换价值是同普通股转换价格和市场价格相联系的。在转换价格不变的条件下，转换价值同普通股转换价格变动成正比；在普通股市场价格稳定的情况下，转换价值与普通股转换价格成反比变动。

2. 非转换价值

非转换价值，是指可转换证券在其持有者不行使转换权或发行者不行使赎回权时，具有债券或优先股原有的本身价值，即原有债券或优先股的价值。债券的价值是债券的本金和利息按一般投资者所要求的报酬率折现所得的价值。其计算公式如下：

$$非转换债券价值(B_0) = \sum_{t=1}^{n} \frac{I_t}{(1+i)^t} + \frac{P_n}{(1+i)^n} \quad (式6-13)$$

其中，I_t为债券年利息额；P_n为债券到期日本金；i为投资者所要求的报酬率；n为可转换债券尚余的期限。

由于优先股是所有权证券，它没有到期日，因此，非转换优先股价值可按下列公式计算：

$$非转换优先股价值 = \frac{年股利额}{股东要求的收益率} \quad (式6-14)$$

3. 市场价值

市场价值，是指在证券市场上成交的实际价格。

可转换债券的市场价值不会低于非转换价值和转换价值。可转换债券不会在低于非转换价值时出售，否则投资者就会认为这一债券有利可图而争相购买，最终驱使可转换债券的市场价值回升到非转换价值。同样，可转换债券也不会在低于转换价值时出售，否则投资者就会通过套购活动（即购进可转换债券并即刻换成普通股，然后抛售出去，以获得套购利润）来争购可转换债券，从而促使可转换债券的市场价值回升到转换价值。所以，可转换债券的市场价值不会低于非转换价值或转换价值。可转换债券的市场价值与底价之间的差价，将会逐年减少，到转化期其差价为0。

（三）可转换债券

可转换债券是介于普通股票与固定收益债券之间，同时兼具期权性质和债权性质的复合型金融衍生产品。其特殊性体现在，可转换债券在发行之时就已经明确规定了转换的各种具体事项，在规定的时间范围内，持有者可以将其转换为公司普通股票，并且按照既定的转换比率和转换价格获取收益。但是在进行转换之前，公司需要按时付给持有者相应的利息，并且若可转换债券持有方到期仍不进行转换，公司需要偿还本金。所以，可转换债券具有较高的灵活性，持有者可以根据自己的需求选择是否在规定时间内进行转换。在市场形势低迷的情况下，持有者能确保自身利益不受损失；当市场形势向好的情况下，持有者又能分享上市公司股价上升所带来的经济效益。

与股票投资者不同的是，可转换债券投资者并不是上市公司的股东，不能参与公司经营决策，无法从公司经营中获取股票红利。当可转换债券持有者在既定的时间内将其转换为公司普通股票后，方能获得公司股东所享有的相应权利和义务，才能够参与公司决策和分享公司红利。另外，投资者既可以行使转换权，也可以放弃转换权。从本质上说，可转换债券是一种金融衍生产品，与普通债券融资相比具有股权性融资的特性，与增发等融资方式相比又具有债权性融资的特点。

可转换债券的特征如下：

（1）可转换债券是一种具有固定收益的公司债券，有着固定利率与确定期限。

可转换债券可以为投资者提供相对稳定的本息保障与收益，也是其享有公司债权的凭据。所以，可转换债券具有相对充分的债权特性。此外，可转换债券期限主要是指转换存续期间，同其他债券相比，具有较强的灵活性，并且其固定利率比国债和普通债券的利率更低。

（2）可转换债券具有看涨期权的特征。

由于可转换债券存在转换成公司股票的可能性，投资者选择认购上市公司的可转换债券。债券的投资者在转换期间可以获得一定的利息收入，这种投资不仅风险较低，还能满足投资者的投资欲望。此外，投资者可以在此期间观察公司的经营状况并推断公司未来发展态势，对持有的可转换债券进行适时调整和处理。投资者观察和分析后，若认为该公司股票具有上涨空间，则会在转换期将手中的可转换债券换为股票。

（3）当可转换债券进行转股之后，具有了上市公司股票的特征。

此时的可转换债券已经成为公司的股票，投资者身份也转换成为公司股东，在承担股东相应的义务的同时享受股东的权利。投资者不再从公司获得利息收入，而是根据公司的经营状况获得分红收益。通常情况下，可转换债券的投资者会根据公司未来发展态势和股票上升空间选择是否进行转股操作。因此，投资者进行转股后的收益通常都会比转股之前高出许多。

可转换债券的发行能同时给债券的发行者和投资者带来利益，与普通债券相比，可转换债券是一种灵活性较强的融资手段。可转换债券的发行者根据自身发展情况降低发行利率，有效延缓权益的稀释，同时能以溢价方式在未来进行股权交易，还能获得可转换债券带来的税收优势。对于投资者来说，在经济不景气时，其可作为债权人获得固定利息收益；当经济好转时，又可以通过及时转股获得股票升值的收益。因此，可转换债券本身具有独特的属性，同时兼具股票、期权及债券三种类型金融产品的特性，为发行者与投资者提供了一条近乎完美的投融资“中间路线”。

可转换债券的转股价格是指可转换债券的投资者将可转换债券转换成相应上市公司的股票时应支付的价格，在购买可转换债券前，投资者可以仔细阅读该上市企业发行的有关可转换债券的说明书，一般情况下会列出可转换债券的转股价格。按照国际惯例计算转股价格时，首先应计算上市公司发布募集前20天或30天内的平均收盘价，然后基于这个价格进行一定幅度的上调，其浮动范围一般在10%左右。但转换价格不是固定不变的，会时常根据发行企业拆分和分红股票的情况作出相应的调整。例如，当一家企业宣布其股票一拆二时，可转换债券的转股价格就需要折半计算；当企业股价分配方案变化而使其股票的价格变动超过一定比例，转股价格也需做出相应调整。

影响可转换债券交易价格的基本要素：

（1）剩余到期期限。

剩余到期期限是指持有可转换债券至到期日所剩余的时间。我国可转换债券的期限最短为1年，最长为6年，自发行结束之日起6个月方可转换为公司股票。从理论看，持有可转换债券到即将到期日，将缩小相应的股票价格变化范围，同时减少相应风险，这就使可转换债券股权部分的确定度增加。由于时间缩短，投资者可以更好地了解发行人的财务状况及操作条件，并对未来的股票价格做出更清晰的判断，这将对可转换债券的价格进行更准确的估计，使其市场价格接近理论值。

（2）股票价格。

股票价格是指可转换债券的持有者将可转换债券转换为发行公司的股票时该企业股票的价格。通常情况下发行公司发行的股票种类很多，就我国证券市场而言，除了普通股和优先股，还有 A 股、B 股和 H 股以及其他形式。只有确定了股票价格，才能计算出可转换债券的转股价格。

（3）票面利率。

确定适当的利率能够有效地降低发行可转换债券的风险。利率的确定通常参考一般公司或政府债券，主要取决于公司预期业绩的增长。如果预期的转换价格高，利率水平就会相应降低。而其他条件相同时，债券票面利率的越高对投资者的吸引力越大，但持有者行使转股权前需要支付的利息会比其他债券多。因此，适当的票面利率通常是根据证券市场的实际情况确定的，从而使企业的风险收益达到最优化，同样有利于可转换债券成功转换。

（4）发行规模。

发行规模是一个很敏感的要素，同时也很难确定。这是因为发行规模相对较大的企业通过发行可转换债券获得的资金较多，就有可能因此获得较高的利润，使其发行的可转换债券与股票具有较大的升值空间；但是发行规模较小的企业发行的可转换债券较少，因此投资者行使转换权对企业股本的稀释程度就越小，因此可转换债券的价格会较高。所以，企业发行可转换债券应存在一个最合理的发行规模。

（5）股票价格波动率。

在资本市场中，股票的价格虽然随机行动，但仍存在一定的规律。通常情况下把基于历史一个阶段的涨幅平均值作为股票的波动率，如此就可对股票价格的未来趋势作出一个较为准确的判断。股票价格波动的变化对股票价格的变化有着直接的影响，股票价格的波动率越高，股票价格的上升和下降的机会越大；而由于可转换债券对股票价格下跌具有保护机制，故股票价格下跌不会使可转换债券价格的降低，而股票价格上涨却增加了投资者行使转股权的机会，从而提高了可转换债券的价格。

（6）股票红利。

股息和红利统称为股利。股息通常是指股东按一定比例从上市公司兑现利润，红利则是指上市公司在分配完股息后，将剩余的利润按股东投资的比例再分配给股东。股利是股东投资所获得的收益，以股份为计量单位，在具体执行时有现金股利、财产股利、负债股利和股票股利四种形式，其中现金股利是指上市公司向股东支付的货币形式的股息，是最常见的一种股利分配形式，也称作现金红利，而股票股利是上市公司将股票直接作为红利分配给股东，也称送红股。上市公司在分派股息后，如果仍然有剩余利润，就可以将剩余利润按照比例再分配给股东。若上市公司不分红或将所得的利润直接滚动到第二年，这部分利润就会记录在资产负债表中形成资本公积；而如果送红股给股东，那么这部分利润就将被记录在股本增加中，成为股东的权益。但是这样会增加企业的股票数量，降低股票的价格，以致影响可转换债券的价格。

(7) 公司信用等级。

信用等级是评价企业信用水平的指标，它通常考察的是企业的偿付能力和企业资本等，换言之就是信用评级机构采用一定的符号来对企业未来的偿债能力以及偿债的主动意愿作出评价，并向信息使用者提供有依据且可理解的信息。如果公司的信用评级很高，那么说明该公司的偿债能力与偿债的主动意愿也会更高，该公司发行的可转换债券的价格相应也会较高。

(四) 可转换证券融资的优缺点

可转换证券可以使公司在不追加资金来源的情况下，自动调整公司未来的资本结构，从而增加公司财务杠杆的灵活性；也可以为公司筹集资金、降低资本成本创造条件。例如，可转换证券可以使公司以较低的利率和较优的契约条件出售债券或优先股，也可使公司以高于现行市场价格的售价出售普通股。

然而，公司利用可转换证券融资也有缺点。若公司真正希望筹集主权资本，并希望且在债券发行后公司股票并不明显上涨，公司就很难偿还债务；可转换债券一般都有较低的票面利率，当它调换成股票之后，公司就失去了低成本负债，等等。

第四节　短期融资与营运资金管理

一、短期融资工具

保险公司可能会因亏损不能偿还到期债务，也可能会因资金运用不合理、短期偿债能力不足、暂时缺乏可周转资金而需要筹集资金。

(一) 短期借款 (short term loan)

短期融资主要以短期借款为主，短期借款是指企业为了维持自身日常的经营活动或者为了偿还某项债务而向银行或其他金融机构借入的还款期限在一年以下（含一年）的各种临时性借款，一般主要的途径是银行借款。短期借款按照用途与目的可分为生产周转借款、临时借款和结算借款；按照偿还方式可分为一次性偿还借款和分期偿还借款；按照利息支付方式可分为收款法借款、贴现法借款和加息法借款；按照有无担保可分为抵押借款和信用借款。

（二）商业信用（trade credit）

商业信用融资是以商品形式提供的借贷活动，以企业自身信用为基础，借助企业日常与供应商、客户的交易活动完成，属于债务融资的一种特殊形式。企业在市场交易中，由于存在延期支付货款或者预收货款，形成了企业间的直接信贷关系，具体表现为商品交易中双方货物与资金在时间和空间上的错位。商业信用融资的融入方主要通过预收账款、应付账款、应付票据三大往来的形式存在，以达到延迟支付、短期融入资金的效果。其中预收账款对应企业融入资金行为，应付账款和应付票据对应企业融入货物行为。商业信用是供应链上下游企业之间形成的一种自发性融资行为，也是企业短期资金的重要来源。

赊销（credit sale）是一种重要的商业信用。赊销是以信用为基础的销售，卖方与买方签订购货协议后，卖方让买方取走货物，而买方按照协议在规定日期付款或以分期付款的形式付清货款。赊销的特点主要表现为以下五个方面：

1. 增强企业市场竞争能力

在货币紧缩、市场疲软的情况下，企业为了增加销售量、不断开拓市场占有率，产品赊销行为普遍存在。赊销对企业发展有着积极促进作用，是企业常用的推销手段之一。一方面，企业往往通过赊销的手段吸引客户，促进产品销售，扩大产品的市场占有率，从而提高企业的竞争力和知名度；另一方面，赊销也有利于客户方克服资金周转困难，在一定期限内为客户提供便利。

2. 减少产品存量，节约企业存货成本

企业的费用支出项目存在多方面影响因素，企业存货占用水平是其一。企业通过赊销可减少仓库存货数量，从而降低企业保管、仓储等运营费用的支出，有效节约企业成本。为了防止库存产品数量过大而增加运营成本，大部分企业都会千方百计地以优惠的条件销售产品、减少库存，企业往往会通过赊销使库存产品转化为应收账款。这样不但有利于降低企业的运行成本，而且有利于提高企业的偿债能力。

3. 造成企业流动资金不足

由于赊销产生的应收账款不能及时变现，且易产生经济、债务纠纷，故企业会因赊销造成的资金缺少而发生支付困难，出现财务危机。当不能及时收回应收账款时，企业只能以自己的资金来垫付税款、员工工资、货款等，这会造成企业现金流出量更多，流动资金不断减少。长此以往，会加重企业资金供应的紧张状况。当赊销产生的应收账款占用时间过长时，企业只有通过拆借资金、银行贷款等方式来维持日常经营，这会增加企业借贷资金利息支出，也会增加企业因欠款而支出的各项费用。

4. 危及企业信用，增加信贷风险

赊销产生的企业应收账款有很大的坏账、呆账和拖欠风险。企业赊销的销售收入虽然增加了企业的账面利润，但应收账款的坏账损失风险会对企业造成非常不利的后果。如果企业实际发生的坏账损失大于计提的坏账准备金，表面上企业账面利润大幅增加，实际上已经形成了长期没有作坏账处理的账务，这会大大加重企业的经济负担，也给决策者提供了错误的决策信息，从而使决策者做出不正确或不合时宜的经营决策。赊销的本质是一种放贷类的金融活动，如果没有事前预防、事中控制和事后救济这套严密的风险管理制度和机制保障措施，赊销越多，企业垮台就越快。

5. 降低企业经营效率

为了应对赊销行为造成资金不足问题，企业往往进行举债经营，周而复始，高负债率必然增加企业财务负担，提高企业资不抵债的发生风险，从而降低企业的经济效益。如果因赊销产生的巨额应收账款被长期拖欠，那么赊销带来的好处和利润将被该风险冲抵，严重的会导致企业经营困难，甚至倒闭、破产。

（三）保理（factoring）

中国银监会颁布的《商业银行保理业务管理暂行办法》规定：保理业务是以债权人转让其应收账款为前提，集应收账款催收、管理、坏账担保及融资于一体的综合性金融服务。债权人将其应收账款转让给商业银行，由商业银行向其提供下列服务中至少一项的，即为保理服务。因此，保理指保理商受让卖方基于贸易或提供服务合同产生的应收账款，并为其提供预付款融资、应收账款催收、销售账户管理、信用风险担保中的一项或几项服务的综合性金融服务。

根据坏账出现的可能性划分，保理可以分为有追索权和无追索权保理。债务人的信用风险由保理商承担，当出现坏账后，保理商具有追回预付给债权人融资款项的权利，将这一权利称为追索权。有追索权保理意味着在债务人无法还款后保理商可以追回之前付给债权人的融资款项。无追索权保理则是指坏账出现后，保理商在债务人无法付款时必须承担债务，不得向债权人追回预付款。尽管是由于买方信用风险而使债务得不到清偿，保理商也不得向卖方追回已付的账款。值得注意的是，追索权并不影响保理合同中对还款风险的其他说明。

我国保理市场主要分为商业保理和银行保理。数据显示，2017 年我国商业保理业务量达 1 万亿元人民币，连续 5 年实现高速增长，截至 2017 年末，全国商业保理企业注册资金折合人民币累计超过 5700 亿元。

（四）汇票（bill of exchange）

汇票是由出票人签发的，要求付款人在见票时或在一定期限内，向收款人或持票人无条件支付一定款项的票据。汇票是国际结算中使用最广泛的一种信用工具。

我国 2004 年修订的《票据法》规定汇票分为商业汇票和银行汇票。商业汇票出票人是商业主体，付款人是商业主体或者银行，因而，又分商业承兑汇票和银行承兑汇票。一般而言，这两类商业汇票都是远期汇票，在出票后一定期限再付款。

1. 商业汇票的出票

出票是指出票人签发票据并将其交付给收款人的票据行为。出票人可以是债权人或是债务人，不管是债权人还是债务人出票，实际付款人都必须背书后交给债权人（收款人），债权人（收款人）即为持票人。

汇票绝对必要记载事项包括：表明“汇票”的字样、无条件支付的委托、确定的金额、付款人名称、收款人名称、出票日期、出票人签章。

汇票相对必要记载事项包括：付款日期，未记载付款日期的，为见票即付；付款地，未记载付款地的，付款人的营业场所、住所或者经常居住地为付款地；出票地，未记载出票地的，出票人的营业场所、住所或者经常居住地为出票地。

2. 商业汇票的背书

背书是指持票人为将票据权利转让给他人或者将一定的票据权利授予他人行使，而在票据背面或者粘单上记载有关事项并签章的行为。背书由背书人签章并记载背书日期，背书未记载日期的，视为在汇票到期日前背书。持票人将汇票以背书转让或者以背书将一定的汇票权利授予他人行使时，必须记载被背书人名称以背书转让的汇票。背书应当连续，即转让汇票的背书人（前手）与受让汇票的被背书人（后手）在汇票上的签章依次前后衔接，持票人以背书的连续，证明其汇票权利；后手对直接前手的背书真实性负责。背书时附有条件的，所附条件不具有汇票上的效力。非经背书转让，而以其他合法方式取得汇票的，依法举证，证明其汇票权利。

3. 商业汇票的承兑

承兑是指汇票付款人承诺在汇票到期日支付汇票金额的票据行为，分为商业承兑和银行承兑。承兑时在汇票正面记载“承兑”字样和承兑日期并签章。

付款人自收到提示承兑的汇票之日起三日内承兑或者拒绝承兑，并向持票人签发收到汇票的回单，付款人承兑汇票，不得附有条件，否则视为拒绝承兑。

定日付款或者出票后定期付款的汇票，持票人应当在汇票到期日前向付款人提示承兑，提示承兑是指持票人向付款人出示汇票，并要求付款人承诺付款的行为。见票后定期付款的汇票，持票人应当自出票日起一个月内向付款人提示承兑。汇票未按照规定期限提示承兑的，持票人丧失对其前手的追索权。见票即付的汇票无须提示承兑。汇票上未记载承兑日期的，以规定期限的最后一日为承兑日期。

4. 商业汇票的保证

汇票的债务可以由保证人承担保证责任，保证人由汇票债务人以外的他人担当，并在汇票或者粘单上按规定事项登记。

保证人应当与被保证人对持票人承担连带责任。汇票到期后得不到付款的，持票人有权向保证人请求付款，保证人应当足额付款。保证人为二人以上的，保证人之间承担连带责任。保证人清偿汇票债务后，可以行使持票人对被保证人及其前手的追索权。

5. 商业汇票的付款

持票人按照下列期限提示付款：

见票即付的汇票，自出票日起一个月内向付款人提示付款。

定日付款、出票后定期付款或者见票后定期付款的汇票，自到期日起十日内向承兑人提示付款。持票人未按照规定期限提示付款的，在作出说明后，承兑人或者付款人仍应当继续对持票人承担付款责任。

通过委托收款银行或者通过票据交换系统向付款人提示付款的，视同持票人提示付款。持票人获得付款，应当在汇票上签收，并将汇票交给付款人。持票人委托银行收款的，受委托的银行将代收的汇票金额转账收入持票人账户，视同签收。

汇票金额为外币的，按照付款日的市场汇价，以人民币支付。汇票当事人对汇票支付的货币种类另有约定的，从其约定。

6. 商业汇票的追索

追索权是票据的“第二顺序权利”，是汇票到期不获付款、到期前不获承兑，持票人向汇票上的债务人请求偿还票据金额、利息及其他款项的权利。

汇票到期被拒绝付款的，持票人可以对背书人、出票人以及汇票的其他债务人行使追索权。汇票到期日前，有下列情形之一的，持票人也可以行使追索权：汇票被拒绝承兑的；承兑人或者付款人死亡、逃匿的；承兑人或者付款人被依法宣告破产的或者因违法被责令终止业务活动的。

目前国内的汇票市场，依然是以银行承兑汇票为主。截至 2018 年，我国商业汇票承兑发生额为 18.27 万亿元，年底承兑余额为 11.96 万亿元。

相对商业汇票，银行汇票出票人和付款人都是银行，仅限于见票即付。

二、保险公司营运资金管理的内容

（一）营运资金管理的目的

营运资金管理理论研究中，营运资金的通常含义为流动资产与流动负债的差额，这是从研究企业资产流动性和偿债能力角度而言的。但是在经营管理方面，重点应放在经营活动中的营运资金的管理，对于大多数企业来说，企业靠销售货物获得收入，通过进销差价获取利润。而保险公司是以卖出保险合同、收购风险来获得业务收入的，鉴于寿险公司销售商品的特殊性，其资金运动主要围绕保险业务展开。保险公司业务活动带来的资金动向主要存在两种形式，也是保险公司的两方面利润来源，包括承保利润和投资利润。承保利润涉及用收取的实际保费收入剔除成本支出，结合大数法则和精算原理，得到承保的盈利或亏损，进行利润分配并形成权益性资本；投资利润指寿险公司可将收取的保费在提取责任准备金后，根据保险合同将进入保户储金及投资款科目的款项在监管允许的范围内进行投资，形成投资损益。因此，保险公司的营运资金主要是指保险公司在进行内部经营活动时所使用管理的各项流动资产与流动负债的差值，也就是保险公司维持正常经营活动的金额。具体来说，流动资产主要包括现金、应收保费、存款、应收账款、应售票据，流动负债主要包括短期借款、应付账款、应付手续费及佣金、应交税金以及应付工资等。保险公司的营运资金主要有以下几方面的特点：

第一，保险公司营运资金管理风险较高。保险公司的业务特点和经营特征决定了保险公司的经营活动具有较大的不确定性，尤其是保险公司一些资金流出项目不确定性较大，比如保险公司突然出现巨额赔付，则有可能造成保险公司出现资金链断裂的问题。

第二，保险公司营运资金管理较为复杂。与一般企业相比，保险公司经营业务活动范围相对较广，保险业务具有一定的复杂性和分散性，这些都决定了保险公司的营运资金管理过程也存在着较大的复杂性，需要依靠严格的管理程序对营运资金进行控制。

第三，保险公司营运资金管理需要动态管理。保险公司的营运资金管理，应该根据保险公司的自身实际状况，综合考虑保险行业发展变化等，制定科学合理的营运资金管理策略，并对营运资金进行跟踪控制，以确保营运资金管理的规范性。

（二）营运资金管理的重要性

企业的营运资金状况，不仅对企业内部管理非常重要，而且也是一个广泛应用于计量企业财务风险的指标。财此处的务风险是指企业陷入无力偿还到期债务等财务困境的可能性。在其他因素相同的情况下，一个企业的营运资金越多，它越能履行当期财务责任。由于营运资金是一个重要的财务风险计量指标，因此，企业的营运资金状况还会影响其负债融资的能力。商业银行以及其他金融机构的许多贷款协议都包含对企业营运资金最低水平要求的限制性条款，债务契约也经常包括类似的条款。

有效的营运资金管理，要求企业以一定量的营运资金为基础，正常地从事生产经营活动。在其他因素相同的情况下，这一特定金额的大小会因行业特性不同而异。营运资金之所以被用来衡量企业的偿债能力，除了人们持有“企业营运资金越多则偿还到期债务的能力越强”这一观念影响外，更是因为企业现金流量预测上的不准确性以及时间上的非同步性，促使营运资金成为企业生产经营活动不可或缺的组成部分。一般认为在现代市场经济中，企业的材料采购和产品销售都广泛地以商业信用为媒介而实现的情况下，流动资产转化为现金，是现金流入之源；以现金偿付流动负债，是现金流出之源。然而，每项流动资产和流动负债的流动性程度不尽相同。概括地说，对偿付流动负债所形成的现金流出较易于预测，即企业较易事先知道债务何时发生、何时到期、何时偿付。但是，对流动资产转化为现金流入的预测就比较困难。而现金流入和流出量之间的适应程度，则制约着企业应保持的净营运资本的水平。也就是说，如果企业的现金流入与流出的不确定性越大，则该企业越应保持较多的营运资金，以备偿付当期的到期债务。由此可见，现金流量的难以预测性和非协调一致性，使企业保持适量的净营运资本水平成为必要。

（三）营运资金管理的平衡

评估一个企业的营运资金状况需要从盈利性和风险性两个角度同时进行考察。从盈利性看，与“营运资金”相对应的“净流动资产”是以长期资金为其资金来源，基于流动资产与固定资产盈利能力上的差别，以及短期资金与长期资金融资成本上的差别，“净营运资本”越多，意味着企业是将更大份额的、融资成本较高的长期资金运用到盈利能力较低的流动资产上，从而使企业整体的盈利水平相应降低；反之亦然。这是营运资金与企业盈利水平之间的内在联系。

从风险性来看，主要是指企业陷入无力偿付到期债务而导致技术性无力清偿的可能性，通常用营运资金的多少来衡量。企业的营运资金越多，意味着流动资产与流动负债之间的差额越大，则陷入技术性无力清偿的可能性也就越小；反之亦然。然而，在现代市场经济中，盈利机制与风险机制往往是并存的。要赚取更高的盈利，往往要以承担更大风险为代价；如果只愿意承担较小的风险，则必须在赚取的盈利水平上作出一定的牺牲。它们之间存在着一定的此消彼长的关系。因此，必须对流动资产、流动负债以及两者之间的变动所引起的盈利与风险之间的消长关系进行全面的估量，正确地进行营运资金管理。

三、营运资金管理

（一）流动资产的管理

1. 流动资产的盈利性与风险性分析

流动资产结构性管理的目的，在于确定一个既能维持企业正常生产经营活动，又能在减少或不增加风险的前提下，给企业带来尽可能多利润的流动资金水平。一般而言，流动资产的盈利能力低于固定资产。首先，制造型企业中的厂房、设备等固定资产作为劳动资料（生产手段），通过人作用于原材料、辅助材料、燃料等劳动对象，可以给企业生产在产品、产成品，通过产品的销售或转化为现金和有价证券，或转化为应收账款，收回的价值大于生产与销售中的资金耗费，就会给企业带来利润，因而固定资产可视为再生产过程中的盈利性资产。与此相联系，流动资产在企业生产经营中同样必不可少。但除有价证券外，现金、应收账款、存货等流动资产只是为企业再生产活动的正常进行提供必要的条件，它们本身并不具有直接的盈利性。其次，依据“盈利与风险对应原则”，一项资产的风险越小，其预期报酬也就越低。由于流动资产比固定资产更易变现，其潜亏的可能性（风险）小于固定资产，报酬率自然也低于固定资产。因此，对流动资产进行结构性的管理，企业财务经理人员必须在盈利性与风险性之间进行全面的权衡并作出合理的选择。

2. 营运资金投资策略的报酬与风险分析

为便于分析，假定公司的固定资产额保持不变，并假定在相关的产量范围内，企业的应收账款及存货的管理是非常有效的，在每一产量水平下，应收账款和存货的投资是预定的。这样，我们的分析就可集中于流动资产中的现金与有价证券部分。盈利能力按全部资产收益率（税前息前利润/全部资产）计量；而企业陷入财务困境的风险则与企业的营运资金状况有关。一般而言，在流动负债保持不变的情况下，一个公司的流动资产占全部资产的比例越大，则营运资金越多，支付到期债务的能力越强，风险也就越小。另外，在某一特定的销售水平下，流动资产所占比例越大，其冻结或近于闲置在流动资产上的资金也越多，利润自然低于将这些资金投资于固定资产所创造的收益，因而其盈利能力也就越低。相反，流动资产占全部资产的比例越小，则企业的盈利能力越强，而风险也就越大。

（二）流动负债管理

由于预期现金流动很难与债务的到期及数量保持协调一致，这就要求流动负债的结构性管理把重点放在负债到期结构问题上，也就是在允许现金流动波动的前提下，在负债到期结构上应保持的安全边际。要解决这一问题，有赖于盈利能力与风险之间的权衡与选择。

1. 长、短期融资来源的风险与成本

负债融资根据其到期时间的长短可分为短期负债与长期负债两类。短期融资与长期融资所涉及的风险差异，将导致不同的利息成本。根据利率的期限结构理论，一个公司负债的到期日越长，其融资成本就越高。具体表现为两个方面：首先，与短期融资相比，长期融资比较缺乏弹性，因而，长期融资的实际成本通常高于短期融资。其次，长期融资在债务存在期限内，无论公司是否需要资金都必须支付利息，而短期融资则会使公司在资金的使用上具有弹性。如果公司的资金需要具有季节性，则采用短期融资方式便可使公司随着资金需要量的减少而逐渐偿还负债，而不必支付不必要的利息。

长、短期融资不仅成本不同，而且风险也不相同。借款人与贷款人对长、短期负债的相对风险的态度是不同的。就贷款人（资金的提供者）而言，贷款期限越长，风险也就越大。但对借款人（企业）而言，情况刚好相反。一般而言，公司的债务期限越短，不能偿付本金与利息的风险就越大；反之，如其他情况不变，债务期限越长，公司的融资风险就越小。原因主要在于两个方面：

首先，公司有可能因现金流量不足而难以偿还到期债务。公司的债务到期时，它要么按偿付计划如期偿付，要么安排新的借款以偿还到期债务。然而，由于短期借款的到期日很短，公司很有可能因各种意外事件难以取得所需资金；同时，贷款人又不愿更新契约，因此，公司重筹负债资金的频率越高，不能取得必要资金的风险也就越大。

其次，短期融资的利息成本具有不确定性。长期负债融资，其利息成本在整个资金使用期内基本稳定。而短期融资在一次借款偿还后，再次借款的利息成本未知，其利率在各个时期波动较大，由此可能加重公司税后利润的波动。

2. 不同融资计划的盈利能力与风险的选择

如前所述，长、短期负债的盈利能力与风险各不相同，这就要求在进行流动负债的结构性管理时，对其盈利能力与风险进行权衡和选择，以确定出既能使风险最小、又能使企业盈利能力最佳的流动负债结构，这可用流动负债占全部资产的比率来表示。这一比率可以反映出在企业的全部资产中流动负债融资的百分比。假定企业的总资产保持不变，流动负债占总资产比率提高，将使企业的盈利能力和风险同时提高。这是因为，流动负债占总资产比率提高意味着短期融资多于长期融资，而应付账款、应付票据以及其他应付款等短期负债的成本远低于长期融资，导致企业融资成本的下降，利润提高。而在假定企业的流动资产不变的情况下，企业的营运资金将随流动负债的增加而减少，营运资金的减少则意味着企业财务风险的增加。另外，由于短期负债大于长期负债，这一策略实际上缩短了企业的债务到期结构。更多的负债将在短期内到期，用于偿还到期债务的现金流量的负担增大，由此造成企业陷入无力清偿的风险增大。相反，流动负债占总资产的比率下降，使企业通过成本更高的长期资金筹措资金，从而将使企业的盈利能力下降；相应地，企业的财务风险也将由于流动负债减少引起营运资金的增加而下降。其结果是，延长了企业负债的到期结构，减轻了短期负债的负担，从而减少了企业的清偿风险。这样就使企业财务经理人员面临一个重要的抉择，即企业的流动负债以占全部资产多大的比例为宜。

（三）综合决策

前面分别讨论了流动资产和流动负债的结构性管理问题，着重分析在其他因素不变的情况下，不同融资计划的盈利能力与风险的选择问题。然而，有效的营运资金管理更要求研究它们之间对企业盈利能力和风险的综合影响。下面进行综合讨论。

由于流动资产和流动负债的变动对盈利能力和风险的影响各不相同，因此营运资本管理的一个重要任务是解决流动资产的资金融通问题。总括地说，流动资产的融资来源有短期来源（流动负债）和长期来源（长期负债和权益资本）。这就要求企业财务经理人员分析确定作为流动资产的正常资金来源的流动负债和长期资金的比例，即如何正确地确定最优的融资组合问题。

总括地说，企业总的融资量等于投放在固定资产与流动资产上的资金之和。相应地，企业的融资需要也可划分为恒久性资金需要和波动性资金需要两部分。企业固定资产和恒久性流动资产共同构成恒久性融资需要；而波动性流动资产则构成波动性资金需要。现代企业理财，满足恒久性与波动性资金需要的融资策略，一般有以下三种类型：

1. 配合型融资策略

配合型融资策略是指企业负债的到期结构与企业资产的寿命相对应。具体地说，短期及季节性流动资产的变动，通过短期负债融资；而恒久性流动资产及固定资产，则通过长期负债或权益资金融资。

2. 稳健型融资策略

稳健型融资策略，是指公司将其一部分预期的波动性资金需要，以长期负债或权益资金的方式融通。

3. 激进型融资策略

激进型融资策略与稳健型融资策略相反，它是以短期负债来满足部分恒久性流动资产的资金需要。

由此可见，各种的流动资产管理政策和流动负债管理政策的相互依存、共同作用，形成了上述三种不同类型的营运资金融资策略。它们之间的相互关系及其风险、报酬特征如表 6－2 和表 6－3 所示。

表 6－2　　流动资产、流动负债管理政策及营运资金融资策略三者之间的关系

流动资产管理政策 / 营运资金融资策略 / 流动负债管理政策	激进型政策 （流动资产占总资产比例下降，固定资产占总资产比例提高）	稳健型政策 （流动资产占总资产比例提高，固定资产占总资产比例下降）
激进型政策 （流动负债融资比例提高 长期资金融资比例下降）	［1］激进型融资策略	［2］中庸型融资策略
稳健型政策 （流动负债融资比例下降 长期资金融资比例提高）	［3］中庸型融资策略	［4］稳健型融资策略

表 6－3 清楚地反映了不同融资组合的风险与报酬情况。

表 6－3　　营运资本的风险、报酬特征

策略类型	序号	作用因素	风险特征	利润特征
激进型	［1］	激进型流动资产管理和激进型流动负债管理相结合的政策	流动资产占全部资产比例降低，而流动负债的融资比例提高，使净营运资本变小，甚至为负数，使企业的资金短缺风险和偿债风险达到最大	较多的流动负债融资使企业融资成本下降，提高固定资产投资比例，使企业盈利能力提高，其结果使企业有最高的盈利能力
中庸型	［2］	稳健型流动资产管理和激进型流动负债管理相结合的政策	较多的流动资产投资以较多的流动负债融资，而固定资产则以长期资金融资，达到时间，数量一定程度的配合，使企业风险居中	流动负债融资所带来的融资成本的节约为流动资产低报酬所抵消，使企业的获利能力居中
	［3］	激进型流动资产管理和稳健型流动负债管理相结合的政策	流动资产与流动负债占全部资产的比例，而固定资产的投资比例和长期资金融通比例同时提高，达到期限结构上的一定程度的配合，使企业风险居中	较大比例的固定资产投资给企业带来较高的报酬率，而较大比例的长期资金融资使企业的融资成本提高，两者在一定程度上的相互抵消，使企业获利能力居中
稳健型	［4］	稳健型流动资产管理和激进型流动负债管理相结合的政策	流动资产比例提高和流动负债比例下降，使企业净营运资本水平提高，变现能力变大，使企业偿债风险和资金短缺风险大致最小	流动资产的投资比例的提高使企业获利能力下降，而长期资金融资比例的提高使企业融资成本提高，由此使企业的获利能力达到最小

专栏 6-1

财务再保险

传统再保险补充了保险公司资本金的不足，并可通过收取分保手续费、占用保费准备金等手段获取资金。但传统再保险多被视为原保险公司转移承保风险的工具，而非融资的方式。相对于传统再保险，创新型的再保险品种——财务再保险则具有较强的融资特征。

财务再保险是指保险人与再保险人约定，保险人给再保险人支付再保险费，再保险人为保险人提供财务融通，并对于保险人因风险所致损失负担赔偿责任的行为。再保险人融通的资金与保险人整体财务状况有显著关系，且其现金流量应大于保险人一般再保险安排的现金流量。财务再保险起源于美国的非寿险市场，原先是非寿险公司希望得到再保险公司的财务援助，来降低因为自然灾害发生，赔款支付过多造成的公司财务亏损。自 20 世纪 90 年代起，人寿保险公司发现财务再保险也能够解决有关风险与资本的问题，于是开始将财务再保险观念应用在人寿保险业务的经营。传统再保险和财务再保险基本上都是保险公司转移风险的工具，只是前者的目的以分摊承保风险为主，而后者则是着重分担财务风险。承保风险是指保险公司承保风险事故可能产生亏损的风险；而财务风险还包括信用风险、资产风险、利率风险、时间风险等。若财务再保险不具有转移承保风险的功能，则只能视为平衡资产负债表的一种手段。通过财务再保险的安排，可以使保险公司未来的利润在当期实现；再加上保险公司已将负债分出，这样就可改善报表的结果。这是传统再保险与财务再保险最大的不同。

保险公司通过财务再保险的方式可以转移承保风险，但更多的是转移财务风险。实际上，财务再保险类似于再保险人给原保险人提供资金融通，从而平衡其财务报表，改善其财务状况，这样使原保险人的偿付能力等符合规定的要求，帮助原保险人扩大业务范围，并且减少由于经营风险造成财务困境的可能性。

财务再保险的主要功能表现为：再保险公司为新业务提供资金协助；改变险种利润/损失的显露方式及时间；降低股东的资本投入及提高资本的回报率。不同于传统再保险只是承接新业务的分入、分出，财务再保险还承接老业务、已有业务的分保，分出人把已有业务的利益或损失分给分入人，由分入人来承担将来保险业务收益的风险。此外，对于再保险人来说，财务再保险也限制了再保险人的风险，财务再保险合同一般要设定一个再保险人所承担累计责任风险的上限，并赋予再保险人在一定的条件下终止合同的权利。

保险公司的不同融资渠道各有优劣，且其可得性受到资本市场环境、国家政策以及企业自身特征的影响。从实践角度来看，国内保险公司的融资渠道曾一度比较受限，为了进一步从资本的源头促进保险行业的发展，保险监管机构也在逐步制定新的政策，拓宽保险公司的融资渠道，使保险公司能够发挥其经济功能和社会功能。目前，保险公司的资本补充渠道有股东注资、IPO 上市、发行次级债等。上市保险公司另有定向及公开增发、发行可转债等方式，境外上市的保险公司还可选择永续次级债等融资工具。

【思考题】

1. 企业融资的目的是什么?

2. 保险公司的长期融资方式有哪些?

3. 主权资本和长期负债资本各有什么特点?各有哪些筹集方式?

4. 普通股和优先股各有什么特点?利用它们融资各有什么优缺点?

5. 长期借款一般有哪些保护性契约条款?不同计息方法对融资成本有什么影响?长期借款融资有什么优缺点?

6. 如何选择营运资金管理策略?

第七章　保险公司资产负债管理

【学习目标和要求】

1. 了解保险公司资产负债管理的发展和内容，包括定义、必要性、目标和模式。

2. 掌握不同的保险公司资产负债管理模型。

3. 熟悉我国保险公司资产负债管理报告包含的内容。

【本章概览】

保险公司由于其业务性质的特殊，通常定价在前，实际成本在后，表现出负债驱动经营的特点。而且由于其负债的偿还，即保单的偿付，是在未来某一时点或者根据未来某一时间确定的，保险业务具有延后性和不确定性。本章关注保险公司的资产负债管理，分为三个部分：一是保险公司资产负债管理的发展及内容，包括保险公司资产负债管理的定义、必要性、目标和模式；二是保险公司资产负债管理模型，对比不同模型的特点及优缺点；三是介绍我国保险公司资产负债管理报告包含的内容。

第一节 保险公司资产负债管理概述

一、资产负债管理的概念

资产负债管理（asset and liability management，ALM）有广义和狭义之分。广义的资产负债管理，是指从保险公司的整体目标和战略出发，以偿付能力、流动性和法律约束等外部条件为前提，通过建立一整套完善的组织体系和技术，动态地解决资产和负债的期限和价值匹配问题，以保证保险公司运行的安全性、盈利性及流动性。狭义的资产负债管理，主要指在利率波动的经济环境中，通过构建投资策略和调整资产负债的持续期以改变利率敏感资金的配置状况，维持金融机构正净值。北美精算协会将资产负债管理定义为一种管理企业的活动，用来协调企业对资产与负债所做出的决策，是在给定的风险承受能力和约束下，为实现企业财务目标而制定、实施、监督和修正企业资产和负债的有关决策的过程。

保险公司的资产负债管理有两方面：负债端需要考虑险种差异、定价利率假设以及市场利率变化时保险客户执行嵌入选择权对偿付现金流量所造成的影响；资产端需要考虑市场利率、经济环境变化对金融产品价格和收益的影响等，核心内容则是管理由利率风险导致的资产与负债现金流的不匹配。

资产负债管理建立在资产负债表各科目之间的“对称原则”基础上，目的是缓解资金的流动性、盈利性和安全性之间的矛盾，实现三者的协调平衡。对称原则主要是指资产与负债科目之间的期限和利率要对称。其基本原则有四个方面：

（1）规模对称原则。资产规模与负债规模要相互对称，动态平衡。

（2）结构对称原则，也称偿还期对称原则。资金的分配应该依据资金来源的流通速度决定，即保险公司资产和负债的偿还期应该保持一定程度的对称关系。

（3）目标互补原则。资金的安全性、流动性和盈利性的均衡不是绝对的，可以相互补充。比如，在一定的经济环境中，流动性和安全性的降低，可通过提高盈利性来补偿。在实际工作中，不能固守某一目标，单纯根据某一个目标来决定资产分配。

（4）资产分散化原则。资产的运用要适当分散，避免风险，减少坏账损失。

二、保险公司资产负债管理的发展

（一）资产负债管理的起源与发展

为了应对利率风险，银行业于 20 世纪 50 年代开始涉足资产负债管理。随着 1979 年美国放松了对利率的管制，金融机构的资产负债开始产生较大的波动，美国和日本一些金融机构由于没有适当管理利率风险导致破产，一些监管机构开始要求公司提供有关利率风险的评估。在 20 世纪 80 年代早期，资产负债管理在保险业中开始获得高度重视，20 世纪 70 年代末到 80 年代初，北美的寿险公司率先涉足资产负债管理。从 20 世纪 70 年代末期开始，金融市场所发生的结构性变化导致市场整体波动性有较大的增加。与此同时，与收益率较低的传统保险产品相比，储蓄型保险产品是更具吸引力的替代品。这种混乱的情况导致严重的非中介化，因而给许多人寿保险公司带来不利的后果，引起保险公司对资产负债管理的重视。保险公司资产负债管理的许多方法和术语都是从银行业和投资业中借鉴过来并逐渐被调整，以适应人寿保险负债独有的特性和其复杂的特性。利率市场化导致的利率波动性加大是资产负债管理得以推行的最重要因素。ALM 最初是为了控制利率风险而产生的，随着 ALM 方法的发展，非利率风险如市场风险等也被纳入 ALM 中，使 ALM 成为金融机构管理风险的重要工具之一。

第二次世界大战结束后至 20 世纪 80 年代，日本成为仅次于美国的保险市场以及全球最大的寿险市场，其寿险业占全球总额的比例一度超过 40%。1997 年随着日产生命破产，短短 4 年时间里日本共有 7 家寿险公司和 2 家财险公司先后破产。而日本实行的低利率政策是导致诸多保险公司破产的重要原因之一。日本的低利率政策是在日本经济高速增长时期作为基本战略采取的制度。低利率虽然能使固定收益类资产短期收益，但是中长期面临再投资压力，同时使负债端保费收入难以维持高增长。同时由于低利率是系统性风险，很难通过资产调整和分散化投资来消除其给日本保险业带来巨大的挑战。低利率环境导致日本保险业保费收入停滞不前，同时行业主要利润来源的利差益逐渐变为利差损，叠加日本宏观经济泡沫，资产配置出现大幅亏损，股票及房地产崩溃，日元升值带来巨大的外汇损失，导致大量保险公司破产。外资保险公司的进入使得行业内竞争开始加剧，在部分金融机构破产之后，其互相持有的股权债券加剧了风险的传导。同时在监管方面，日本的偿付能力监管及信息披露制度均存在明显缺陷，在危机来临时政府没有积极应对。

威廉（William，1800）首次提出了资产负债管理的思想：保险公司需要保持充足的准备金以覆盖未来的负债，同时也需要结转盈余保证金，对利润来源进行分类度量。

弗雷德里克（Frederick，1938）首次提出了债券久期的概念，用于分析利率变动敏感性。佳林（Tjalling，1942）提出现金流匹配的思想。弗兰克（Frank，1952）引入了免疫的思想：公司建立资产负债结构，使得无论利率发生任何波动，都要保证公司资产净值至少等于负债净值。

（二）我国保险公司资产负债管理发展

相对于商业银行，保险业资产负债管理理论起步较晚。随着保险公司经营环境的不断改变、资本市场的频繁波动及保险公司业务模式的复杂性，资产和负债在数量、结构和期限的不匹配逐渐成为保险公司资产管理面临的主要风险，对保险公司的资产负债管理能力要求越来越高。良好的资产负债管理是保险业可持续发展的基石，也是支持保险业在日益复杂的风险环境中稳健发展、防范系统性风险的重要保障。

当投保人支付保费后，保险公司承诺对投保人提供保障，补偿其因约定的保险事故发生所造成的财务损失。保险产品可能承保的意外事故的范围并不是无限制的。人身保险产品保障与人的身体或生命有关的风险，如死亡。人寿保险公司管理死亡风险的主要工具是“风险汇集”这一概念，它使得保险公司可以将支付保险赔偿所带来的不利影响有效地在大量保单中分散，因而减少了意外事故发生和保险赔偿的不确定性。保险公司利用这种方式，对假定的个体死亡风险得到来自投保人的补偿，并且对处理自身所集中的死亡风险是相对可预测的。因此，大多数保险公司的储蓄和年金产品都包含储蓄因素，而投保人最终获得的收益也反映了部分保费赚取利息实现的增值。寿险或年金产品承担了死亡风险，而保险公司还要负责投资运用保险资金，这会产生相应的投资风险。保险公司在承担投资风险时的责任包括：谨慎地衡量风险水平，通过收取合适的费用对风险适当的定价，然后成功地控制风险。这些工作涉及投资风险，成为资产负债管理的核心内容。资产负债管理的重点在于协调投资策略和产品设计、定价以及实施管理之间的关系，困难在于协调人寿保险的负债与资产之间复杂的内在关系。资产和负债最终的财务影响是通过他们的现金流量表表现的。这些现金流可以持续到未来，而他们的现值的大小取决于计算利率。而且，一般人寿保险的资产和负债都包含了意外事故发生而产生的现金流，所以现金流的数量和时间都不能完全预测。

自 2003 年起，保险监管机构就开始重视并推行资产负债管理的工作。保险业处于快速增长通道，资产增长主要依赖于负债驱动。随着我国利率逐步市场化，保险业资产负债管理已经具备全面实施的条件，保险监管机构也越来越重视对资产负债管理的监管。根据 2008 年第 1 号《保险公司偿付能力管理规定》第二十二条，保险公司偿付能力管理体系包括：（1）资产管理；（2）负债管理；（3）资产负债匹配管理；（4）资本管理。资产与负债的管理是影响公司偿付能力的重要因素。2017 年 7 月，保险监管机构发布《关于征求对保险资产负债管理监管规则的意见及开展行业测试的通知》，旨在进一步防范保险业资产负债错配风险，提升保险公司防范化解风险的能力，强化保险监管的专业性和有效性。

三、保险公司资产负债管理的内容

（一）资产负债管理的必要性

保险风险发生时点的不确定性和损失金额的不确定性，导致保险公司负债发生时间的不确定性和支付金额的不确定性，这就要求保险公司需要通过资产负债管理，合理进行资产负债配置，以化解这些不确定性带来的偿付违约风险。随着保险公司面临的市场环境越来越复杂、可投资的资产种类越来越丰富，当前资产负债管理的好坏直接决定了保险公司发展的好坏。只有做好资产负债管理，保险公司才能保护股东及投保人的利益，才能保证国家的金融安全和社会稳定。因此保险公司的资产负债管理对公司、行业和社会均具有深远的意义，各国的监管部门也越来越重视对保险公司资产负债管理的监督和指导。

（二）资产负债管理的目标

资产负债匹配管理是资产负债管理的核心内容，具体是指保险公司恰当运用各种投资渠道使其资产和负债在数量、期限、币种以及成本收益上保持匹配，并根据偿付要求和投资收益动态不断调整资产负债结构的管理行为。资产负债匹配管理包括资产负债在期限上的匹配、总量上的匹配、结构上的匹配、性质上的匹配和币种方面的匹配（主要针对跨国保险公司）。

期限匹配是资产和负债匹配管理的重要内容，保险投资的期限结构（资产端）需要与负债结构相符，具体可以分为长期资产匹配长期负债、短期资产匹配短期负债，尽可能避免出现重大错配。借鉴美国的实践，长期性的健康险可考虑匹配投资中长期投资项目，如：大额协议存款、长期债券及收益稳定的基础建设投资等。针对非寿险准备金等具有短期性特点的险种，可以选择流动性较强的基金、企业债券、短期存款及中短期国债等。期限匹配技术通常使用平均流动率来衡量，平均流动率是资产的平均到期日和负债的平均到期日的比率。一般情况下，如果平均流动率小于1，则意味着保险投资结构不足；平均流动率大于1，则意味着保险投资过度。

资产与负债的资产来源结构匹配，即保险资金投资的结构应该与其来源结构相匹配。具体来讲，按照来源可将保险资金分为自有资本金、非寿险责任准备金和长期健康险责任准备金等三部分，不同的资金来源匹配不同的投资渠道，形成与之相适应的投资结构。

资产负债总量匹配，即资产规模和负债规模相匹配，也是投资总量与负债总量大体平衡，资金来源总额匹配资金运用总额，各会计年度资产端的现金流入能平衡当年负债端偿付的现金流出。既要避免由于资金来源不足影响偿付能力，又要避免因为大量资金闲置而承担过高的资金机会成本，间接导致资金贬值而无法满足未来保险金的偿付。资产负债的总量匹配需充分考虑承保风险的不确定性和经济金融环境变化所导致的资产和负债价值的变化情况，保持动态平衡。对于综合保险公司来说，其负债由长、中、短期的保险业务构成，业务结构相对复杂且随着业务的发展不断变化，时刻保持资产负债动态匹配则是日常财务管理的重要活动之一。

资产和负债币种匹配，即保持本币资产与本币负债匹配、外币资产与外币负债匹配，以防范汇率风险。此外，随着投资渠道的扩展，资产和负债币种的匹配也越来越重要。

资产和负债在成本收益上保持匹配。资产和负债从成本收益的角度进行匹配，对于保险公司来说尤其重要。具体来说，固定收益的资产可以与定额保险的负债匹配，万能险、分红险等变额保险品种的负债可以与股票投资、基金投资和实业投资等资产匹配。保险公司在满足偿付能力的同时，应主动利用市场时机，从成本收益的角度优化资产结构，避免保险资产遭受损失，尤其是在目前国内通货膨胀的情况下，做到这一点更为重要。

（三）资产负债管理的模式

资产负债管理的模式分为负债主导模式、资产主导模式和资产负债并行模式，三者比较如表 7－1 所示。

表 7－1　　资产负债管理模式

资产负债管理模式比较			
比较项目	负债主导模式	资产主导模式	资产负债并行模式
优点	有利于公司根据市场需求进行业务拓展	可以较为容易地实施资产负债匹配管理	同时满足承保和投资两方面需求，更全面地对公司价值进行管理
局限性	可能难以找到合适的资产组合与匹配负债，限制了其有效性； 若承保业务策略不合理，可能给保险公司带来较高的风险隐患	制定的保险业务策略可能无法满足市场需要，使公司在业务拓展中处于被动局面； 可能引发业务剧烈波动，造成流动性问题及财务的不稳定	涉及众多环节的协调和管理，过程十分复杂； 成功运行有赖于有关部门的协调合作，其构想常常不能得到执行，且难以达到预期效果
应用范围与要求	适合在资本市场健全、投资工具丰富、监管限制较少的国家中运用； 要求使用者具备成熟的管理理念，监管当局从审慎性原则出发构建一套有效的监管机制	要求使用者具备优秀的投资能力和良好的销售网络，并能提供完善服务； 完全使用该模式管理所有产品的并不多见，某些公司可能在待定阶段中采用该模式管理个别产品或产品线	是国际保险业资产负债管理中比较通行的做法； 要求管理层具备良好业务素质和决策能力，且必须建立完善的组织架构和业务流程与之配合

第二节　保险公司资产负债模型

资产负债管理匹配的技术手段有很多种，其中最主要的常用方法包括效率前沿模型、久期匹配（或称免疫）、现金流量匹配模型、期限缺口分析（关注流动性风险）、久期匹配、凸性匹配、关键点久期匹配、免疫技术、随机模型方法、动态财务分析模型（DFA）等。其中用到的数学方法主要集中于优化、随机控制等，这些技术的运用需要建立在长期有效的数据收集和精算的基础上。

一、资产负债模型的技术

（一）传统的资产负债管理技术

传统的资产负债管理技术主要是针对流动性风险和利率风险展开，立足于分析保险公司资产负债的现金流特点及其价值跟随利率变化的变动方式，关注现金流久期和缺口等关键指标，设定严格的管理要求，压缩了投资策略空间。

1. 效率前沿模型（the efficient frontier）

效率前沿是作为资产组合选择的方法而发展起来的，最初是马可维茨提出。它以期望代表收益，以对应的方差（或标准差）表示风险程度，因此又称期望—方差模型。该模型产生了一系列效率前沿，而非一个单独建议。这些效率前沿只包括了所有可能的资产组合中的一小部分。资产负债管理最常用的手段之一是利用模拟的方法发现一个基于期望—方差的效率前沿策略。假定有两个投资策略，可以很容易计算它们的期望与方差，如果随机地增加路径和策略，期望—方差散点图的上界将达到所谓的效率前沿线，这就意味着识别出了最优的风险/回报投资策略。

2. 免疫技术

资产负债管理的传统方法是“免疫”，这是一个建立在久期基础上的概念，即通过资产和负债的匹配，使公司免除利率风险。为了更容易地实施“免疫”策略，人寿保险业转而进行“分割”，即对具有不同久期的业务建立不同的资产组合或分割。通过把具有相同久期的负债组合起来，对应的资产部分就可以以一种适合于负债的方式进行管理。免疫技术是利用久期等指标建立合理的资产负债结构，使公司在利率变化的情况下保持盈余稳定。如果给定一组现金流量，某种证券的久期就可以计算出来。从概念上看，久期可以看成是现金流量的时间加权现值。久期匹配法就是要在资产组合中将资产与负债的利率风险相匹配。该方法传统的模型假定利率期限结构平缓且平行变动。当然目前很多模型得到了扩展，用以管理利率期限结构曲线形状变动等引起的现金流量的波动风险、流动性风险及信用风险。由于久期随利率波动而变化，即使最初资产与负债的久期是匹配的，随着利率的变化二者的久期可能不再匹配。

被动免疫的典型模型是 Redington 免疫模型，利用泰勒展开式，给出了构建利率风险免疫资产负债结构的三个具体条件：

（1）资产和负债现值相等；

（2）资产和负债久期相等；

（3）资产凸性不小于负债凸性。

主动免疫的典型模型是或有免疫模型：若当前资产价值能够满足负债的安全支付水平，可采取积极组合管理方法，以取得更好的投资收益；资产价值下降到免疫要求水平以下，优先进行免疫管理。模型的关键是分析现行利率下需要锁定多少资产（价值）进行免疫管理。

3. 缺口分析

在保险公司资产负债久期难以获得理想匹配的情况下，缺口分析通过分析利率对资产负债的影响来评估净资产对利率的敏感度，为公司的资负管理提供指引，提供了一种理想的利率风险监控方式，有效久期依赖于资产价格相对于利率变化的变动率，这个变动率由其凸性衡量。也就是说，金融机构为确保资产负债的匹配，不仅要求资产负债的久期匹配，而且通过资产和负债的久期和凸性的匹配，更精确地规避风险。

久期缺口模型测量了保险公司资产负债对于利率变动的敏感性差异，最终反映为公司的净资产的变动，衡量指标：

$$DG = DA - \mu \times DL \qquad (式 7-1)$$

其中，DA 总资产久期、DL 总负债久期、μ 保险公司的资产负债率，DG 为负时，公司净资产值与市场利率正相关。

到期缺口模型主要测量各期限区间内利率敏感性资产和负债规模之间的绝对值差异，衡量指标：

$$FG = RSA - RSL \qquad (式 7-2)$$

利率敏感性比率：

$$RSR = RSA/RSL \qquad (式 7-3)$$

其中，RSA 为利率敏感性资产规模，RSL 为利率敏感性负债规模，FG 大于 0 或 RSR 大于 1 时，净利息收入与利率正相关。

4. 现金流量匹配模型（cash flow matching）

现金流匹配要求公司构建合适的投资组合，保证每个时期能提供足够的现金来满足预期的负债支出。Elton 和 Gruber（1992）重新检验了各公司在负债不同的情况下的资产组合管理问题。他们发现“如果所有的资产都是均衡定价的，则没有投资者愿意采用免疫（即久期匹配）策略，除非是现金流量匹配的资产组合。另外，如果有一些资产不是均衡定价的，那么以现金流量匹配法匹配一部分资产与负债，同时以免疫法投资一部分资产组合但现金流量并不匹配，这种方法总是有利的”。据此 Elton 和 Gruber 提出建议，认为最优资产负债管理策略应该是在现金流量匹配限制下的最优化。最好的解决办法就是对所有意义的资产/负债路径都进行精确的现金流量匹配。注意，现金流量匹配是久期匹配的充分条件，现金流量匹配的资产组合一定是久期匹配的，但很多久期匹配的资产组合其现金流量并不匹配。

古典现金流匹配模型要求构建成本最小化的固定收益投资组合，使在每一个规划时点所获得的现金流入都能满足预期的负债现金流出，但该模型只要求各时间点上的资产现金流大于负债现金流，而忽略了对超出部分的处理，无形中增加了资产组合的构建成本，也被称为“安全消极组合”。

现金流贡献模型放松了古典模型的约束假设，允许超出部分现金流以较保守的再投资收益率进行积累，用来覆盖此后的负债现金流需求。

从风险的角度来看，过去的资产负债管理技术主要针对的是利率风险。随着保险资金投资渠道的扩展与资本市场的发展，目前资产负债管理技术针对的风险逐渐扩展为利率风险、流动性风险、市场风险等多种风险交织在一起的综合性风险。针对利率风险，主要的技术有免疫法；针对流动性风险，主要的技术有现金流匹配法；针对市场风险，主要的技术有缺口分析（到期 + 久期）等。实际中各类风险很多时候是同时存在，针对各类风险的资产负债管理技术也往往需要综合性考虑，常用的办法包括现金流测试、多重限制决策模型、随机规划模型、动态财务分析等（见图 7 – 1）。

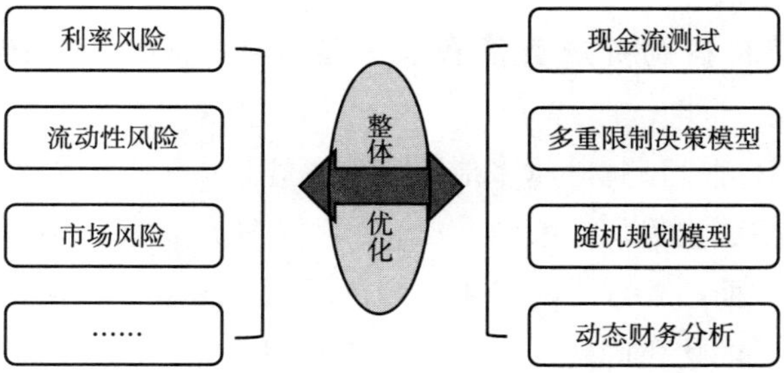

图 7 – 1　资产负债技术的综合匹配

（二）扩展的资产负债管理技术

大多数早期的资产负债管理模型只能解决短期问题或以公式明确表示的多阶段问题。但实践中对多阶段模型的需求越来越多。库斯（Kusy）和茨姆巴（Ziemba）提出了一个 5 年规划的多阶段随机规划线性模型，研究表明，他们的模型优于 5 年期的决定性模型。此外，还有很多成功的多阶段随机 ALM 模型，其中数学规划是多数模型应用的主要方法，布伦南（Brennan）等在他们的文章中建议以随机优化控制模型代替数学规划为基础的模型。

由于传统的资产负债管理模型在估价时用的是账面价值而不是市场价值，JP 摩根建议以 VaR 作为资产负债管理的替代方法。然而，一方面，目前的资产负债管理模型可以同时考虑账面价值与市场价值；另一方面，VaR 一般只用于短期（一般不超过 10 天）市场风险的管理。与 VaR 不同，资产负债管理除了可以管理市场风险外，还可以管理流动风险、信用风险等。在管理相应的风险时，资产负债管理模型需要考虑法律与政策限制来决定公司资产的分配。现代资产负债管理模型以场景设置或模拟来代表未来的各种可能性，其产生结果可以是各种状况出现的概率而不再是单一的预测结果。

扩展的资产负债管理技术尝试了更加广泛的全面风险管理，并相应设定了会计利润、股东回报、经济价值等多重目标，寻求风险和价值的平衡关系，引入了动态的思想，对传统经典方法进行了扩展与深化，以情景设置和随机情景来模拟未来的各种可能性路径，更加贴合实际，使用了运筹规划、随机情景等多种数学方法，大大扩展了资产负债管理中的决策手段。

1. 多重限制决策模型（multicriteria decision models）

以上模型都是单一目标模型，但在实际管理中可能会要求考虑一些互相冲突的目标。比如银行可能会考虑期望收益、风险、流动性、资本充足率、增长性、市场份额等。如果一一考虑这些目标并寻求最终解决的办法，模型将极为复杂，解决方法可能很多，决策者要进行有效分析将非常麻烦，因此发展出多限制决策模型。以目标规划模型为例，该模型是最常用的多限制决策模型之一，其主要优点在于灵活性，即允许决策者同时考虑众多的限制和目标。

2. 随机规划与随机控制资产负债管理模型（stochastic programming or stochastic control ALM model）

目前的资产负债管理模型越来越多地运用随机规划或随机控制的方法。随机规划 ALM 模型实际上是一类模型，它提供了模拟一般目标的方法。这些目标可以包括交易费用、税费、法律政策限制等方面的要求。但是由于考虑了众多因素，该模型的变量多而复杂，处理过程中需要解决大量的优化问题，所以计算成本相当高，实用性不强。

3. 动态财务分析模型（dynamic financial analysis，DFA）

作为资产负债管理的方法之一，动态财务分析最近才发展起来。动态财务分析模型可以用到前述的各种方法，如随机规划、随机控制等，但思想有所变化。前述各种方法都是以离散的状态假定（或者是确定性假定或者是随机产生）代表未来的不确定性，而动态财务分析希望能以连续的状态描述未来的不确定性。这种分析方法目前已被非寿险公司所采纳，寿险业也发展了适合于寿险公司的 DFA 模型。

4. 在险价值（value - at - risk，VaR）

VaR 在人寿保险的资产负债管理中也很受推广。VaR 确定了在一段给定时间最大的可能损失及其发生的概率。VaR 具有一些优点，例如，（1）它是把风险涵盖在一个数值内的简单度量标准。（2）它度量了下跌的风险，这也是公司管理的主要顾虑。而在大多数资产负债管理分析中风险是用波动性表示的，这种方法对于不利情形和有利情形是同等对待的。（3）VaR 可以成功应用于风险的人和来源或各种组合，这使它成为衡量人寿保险公司投资风险，包括利率风险和股票市场风险的理想工具。与此相关的市场风险在险价值（MVaR）也是一个经常使用的概念。MVaR 是指资产组合的期望市场价值和“最坏情况下”的组合市场价值之间的差异。MVaR 计算的是，在一年期限内，以 99.95% 的置信概率保证获得一个真的市场盈余，而需要持有的在负债的市场价值上的资产金额。MVaR 是对影响保险业务的现在和未来市场风险的测量。

（三）资产负债管理技术的比较

由于寿险公司的负债和负债支持的资产是相互依赖的，资产组合的收益率水平会影响分配给保单持有人的红利，从而影响保单持有人的行为。反之，负债组合的预期现金流出发生变化，也会影响寿险公司管理相应资产的方法，这种相互关系是将资产和负债统一进行管理的主要原因。同时，即使公司的资产和负债的组合是固定的，但其风险会随着行业竞争、金融市场波动和监管的发展而变化，因此，需要对寿险公司的资产和负债进行管理。针对寿险公司基于资产和负债的风险集合影响资产与负债的匹配和投资收益，寿险公司的资产负债管理提供了一种评估和应对的系统方法（见表 7－2）。

表 7－2　　寿险公司和非寿险公司资产负债管理模型的特征比较①

方法	现金流量匹配	现金流量测试	免疫法	动态财务分析
风险集中点	利率	利率	利率	多种
计算的复杂程度	中等	中等	低	高
使用的保险领域	寿险	寿险	寿险	寿险/责任险
一般应用范围	产品线	产品线	产品线	整个经营机构

现金流量匹配、现金流量测试、免疫法和动态财务分析是寿险公司进行投资资产和负债组合风险管理的主要工具。他们的复杂程度相差很大，而且各有优缺点。简单模型成本低，透明度高，计算错误的可能性小，便于向公司的一些非技术人员说明模型的假设和结果，但是简单模型没有考虑一些重要的动态因素和问题，容易得出误导性的结论。复杂模型虽然在技术处理上、假设设定上、数据取得上较为复杂，但能够更有效地管理投资风险，并且能识别出较简单模型所忽略的问题。随着管理方法的改进、计算成本的下降以及用户风险意识日益增强，在投资领域使用复杂风险控制模型已经成为一种趋势。

二、资产负债模型

在实务中，建立资产负债模型（即资产和负债建立在一个统一的模型中）的目的包括：使所设计的投资策略适应公司的产品或负债组合；更精确地预测投资收入；确定不同利率情景的潜在影响；测试各种设定分红和结算利率的方案等。如果某个保险公司仅对资产建模而不对相应的负债建模，这将毫无意义。资产模型要通过投资策略来建立，但是只有对产品现金流充分估计以后才有可能建立一个可靠的投资策略。可以为单个产品、一系列产品、整个业务线、独立的资产组合或是整个公司建立资产负债模型。模型可以包括新业务、有效业务或者是二者的混合。但是，建立资产负债模型并非轻而易举，且代价不菲。因此，只对那些公司最重要的资产组合建立模型，才是最有效且节约成本的方法。

① 张连增、戴成峰：《新会计准则下我国财产保险公司资产负债管理研究》，《保险研究》2013 年第 3 期，第 63－72 页。

（一）设计投资策略

除了定期寿险和短期意外险产品外，大多数产品都非常依赖投资回报。如果保险公司在没有能指导未来投资选择的投资策略的情况下设计寿险产品，简直是不可想象的。比方说，一个6年期两全保险产品在第6年末会有一笔巨大的现金流出。如果投资策略为购买10年期债券，那么就需要考虑如何满足第6年现金流需要。

（二）更精确地预测投资收入

投资收入一般是作为未来利率的函数进行计算的，而更精确的投资收入应该是通过一个与负债现金流相关的资产模型来计算。每家保险公司都对自己已经拥有的资产了如指掌，这些既有数据可被用来预测公司的很多未来投资收入，至少短期没问题。资产模型得到的投资收入分为两部分：（1）由现有资产带来的投资收入；（2）由未来购买的资产带来的投资收入。如果现有资产是不可赎回的（non-callable，比如不能提前偿还的贷款），现有资产的投资收入可以精确预测。此时，只有未来资产的投资收入是未知的。但是，如果资产是可赎回的（callable），那么利率下降将会导致大量资产的提前支付（prepayment），这使得公司在低利率时有大量资金需要投资，最终该公司的平均赚取利率将向新投资收益率（new money rate）方向迅速跌落。总之，可赎回的资产会给投资回报带来更多的变化与不确定性。

（三）能够测试利率情景的影响

建立有效业务模型时，如果能够估计出在各种利率情景下产品现金流的变化情况，那么建立资产模型使公司能够测试其投资策略，但是许多情景产生的投资结果可能并不令人满意。例如，如果某个产品需要6%的长期利率才可以保证盈利，那么投资策略就要尽可能保持当下的利率水平，比如7.5%。此时想要知道的是，在新投资收益率的作用下，利率水平下降并低于6%的结果。此外，公司还想了解利率突然下降与缓慢下降两种情况的结果。例如，假设公司的这款产品当前结算利率的竞争力较强，并且退保费用极少。如果公司决定进行长期资产投资以获取更大的已赚利率与结算利率间的利差，那么就要测试利率的快速和慢速增长产生的影响。目前已知的是，如果利率增长导致公司发生亏损，那么可能的情况有：（1）如果公司注入资金以维持有竞争力的结算利率，那么公司会产生利润损失，但保住了业务；（2）如果不想维持有竞争力的结算利率，那么保单持有人将退保并支付极少的退保费用，公司只能注销其递延获得成本（DAC）。同时在长期资产的市场价值大幅缩水的情况下，公司产生了大量现金流出，只能被迫以亏损价格卖出资产。资产负债模型能帮助管理层确定损失较小的结算利率方案。如果公司为结算利率提供资金补助，那么公司的所有保单都将损失一笔钱；如果公司不为结算利率提供资金补助，那么公司的损失仅限于退保的保单。根据补助的程度与假设的保单持有人的行为，就可以在两种方案中做出决策。

实务中利率情景的测试会产生以下几种积极的影响：

(1) 使公司更清楚地认识到所面临的所有重大风险，这是防范威胁公司生存的重大潜在风险（risk exposure）的第一步。有些人认为重大潜在风险只不过会造成一部分资金损失，但是，一个小部分资金损失事件也足以引发保单持有人挤兑型退保的大事件，这会引起更多损失，从而导致公司最终的衰败。

(2) 公司可以改变其投资策略以减少某些潜在风险。例如，市值调整（market value adjustment）条款可以在很大程度上缓解利率升高带来的资金游离风险（disintermediation risk）。

(3) 公司可以限制某种业务的总量，以限制聚合风险（aggregate risk）。

(4) 公司可以增加某种业务的数量以平衡风险，并使风险多样化。例如，年金的长寿风险（longevity risk）就可以通过让较高年龄的投保人承担较多的人寿保险风险（life insurance risk）来缓解。

(5) 了解可以接受的风险种类与风险水平。每一家保险公司经营的都是风险业务，然而通过事先了解风险，公司可以将间接损失降至最低。

(四) 建立分红和结算利率方案

描述未来利率模式（interest rate pattern）的假设，大多数测试利率情景的方法可以原封不动地用于建立和测试分红和结算利率方案。另外，还需要估计竞争对手的结算利率、自身的结算利率以及产品现金流随不同利率情景变化的方式。

负债模型会得到各种保费收入、准备金增量、死亡赔付、费用和偿付能力资本等多种数据指标；而资产模型的输出结果包括各个时间段的许多数据指标，比如负债现金流（产品现金流减去可分配收益与税款）、所购资产、资产现金流、抵偿现金不足的贷款与相应的本金与利息返还、投资收入、资产的账面价值、资产的市场价值、新购买资产的平均收益率、整个资产组合的平均收益率、新购买资产的平均久期和整个资产组合的平均久期等。更复杂的投资模型会计算并反映出那些抵偿现金不足的资产的市场价值和销售情况，另外还会给出每一时间段所购资产的详细情况，比如每一种未来所购资产的资产类别、质量、到期期限与收益率等。

(五) 处理负现金流

处理负现金流的方案也是资产模型必需的。当产品现金流为负值且绝对值超过资产现金流，其结果就会呈现负的总现金流，必须想办法弥补短缺的金额。处理这种负现金流最常用的两个方法是：借贷或卖资产，选择的方法要能反映出该公司处理负现金流的意图。公司及其所在市场的情况不同，实际的操作也会相应改变。(1) 借贷。一般情况下，公司每年都有极为充足的现金流，因此从整体看公司可能不需要求助于外部的任何组织或个人来解决负现金流问题。但是，公司内某一产品的业务很有可能会出现现金短缺。此时，该产品通常会向同公司的另一个产品“借贷”。无论是从内部借贷还是外部借贷，该模型都必须在任何需要借贷的时刻就支付的利率作出假设。外部借贷的利率是公司信贷质量的反映，它是公司的信用等级、资本状况（capital position）、借贷能力以及其他因素的函数。内部借贷的利率或者与外部相同，或者反映出以前那些借出资金的产品的利率。借来的资金将在第一时间用未来正的现金流偿还。因此，就所借资金而言，使用短期利率是有意义的。(2）卖资产。处理负现金流的另一个方法就是通过变卖资产来补足现金缺口。由于要售出资产，故该模型必须计算即将卖出的那部分资产的市场价值。模型需要依据某些原则决定首先卖出哪个资产。例如：首先卖出资本收益最大的资产；首先卖出到期期限最短的资产；首先卖出已经持有至少一年的资产。

第三节　保险公司资产负债管理报告

一、保险公司资产负债管理监管政策

（一）我国保险公司资产负债管理监管政策演进

我国监管机构对保险公司资产负债匹配管理十分重视，许多规定中都渗透着资产负债管理的理念。2003 年建立的第一代偿付能力监管制度体系（以下简称“偿一代”）要求保险公司须具备与其风险和业务规模相适应的资本；2010 年颁发、2014 年修订的《保险资金运用管理暂行办法》要求根据保险资金性质实行资产负债管理和全面风险管理，并指出董事会应当设立资产负债管理委员会，但对资产负债管理委员会的组织架构、人员配置、资质要求等没有提出进一步的细化标准；2012 年印发的《保险资产配置管理暂行办法》提及了对资产负债管理的量化评估指标及评估对象的要求；2015 年发布的《中国保监会关于加强保险公司资产配置审慎性监管有关事项的通知》要求对资产配置进行压力测试，评估压力情景对资产收益率、现金流、偿付能力的影响。

2016 年保险监管机构印发《保险资产负债管理监管暂行办法》，延续“偿二代”的风险导向框架，明确了“资产负债管理”的概念，提出资产负债管理需要注重加强险企资产负债的匹配，强调资产负债的联动。在新的监管规则下，保险公司即使偿付能力充足，只要资产负债错配严重，依然将受到监管重罚。

2018 年 3 月 1 日，保险监管机构正式发布《保险资产负债管理监管规则（1—5 号）》（以下简称《规则》），我国的保险公司资产负债监管框架正式形成，该框架以“一个办法”和“五项监管规则”为主要内容。

银保监会于 2019 年发布了《保险资产负债管理监管暂行办法》和《关于明确保险资

产负债管理报告报送要求的通知》(以下简称《通知》)。《通知》要求，从2019年一季度起，各公司应按照有关监管规则要求，开展资产负债管理量化评估，按要求报送季度报告。该《通知》还要求，各公司应按照《保险资产负债管理监管规则第5号：资产负债管理报告》编制资产负债管理年度报告，并于每年5月31日前报送年度报告。年度报告应包括四部分内容：一是资产负债管理量化评估表和年度分析报告；二是资产负债管理能力评估表；三是资产负债管理能力评估的支持性文件；四是资产负债管理年度报告签字盖章页。

这些举措对引导保险业树立正确的资产负债理念、构建合理的资产负债监管体系、践行科学有效的资产负债实践、推动行业持续健康发展具有重要意义。

(二)"偿二代"对保险公司资产负债管理的影响

2013年建立的中国第二代偿付能力监管制度体系(以下简称"偿二代")以风险为导向、资本金为约束，通过不同资产类别消耗资本金的不同来核定资产和负债的匹配程度，将资产负债管理作为偿付能力风险管理的重要因素之一。"偿二代"包含的17号监管规则中的第11号规则明确提到资产负债管理(见表7-3)。

表7-3　"偿二代"对资产负债管理的表述

编号	表述内容
1	保险公司应当运用恰当的风险管理工具，管理各类风险。风险管理工具包括但不限于：……(二)资产负债管理
2	保险公司应当将偿付能力风险管理目标嵌入资产负债管理流程中，在资产负债管理计划、决策中考虑偿付能力因素
3	保险公司应当健全资产负债管理机制，建立资产负债管理重大事项审议制度，确保资产和负债的互动在风险偏好约束之下

"偿二代"通过资本约束风险，即在资产配置时需要考虑负债成本、资产的风险收益比、流动性、资金占用等内在约束，本质上这对保险公司资产负债管理能力提出了更高的要求。具体来讲，"偿二代"通过风险因子来测度不同资产面临各类风险而占用的最低资本，最低资本的计量借鉴了巴塞尔协议Ⅱ的思想，采用了在险价值(VaR)的原理。

1. 更关注资本调整后的投资收益

"偿二代"的导向是投资风险越大则占用资本越多，保险公司在资产配置时需综合考虑各类资产的收益和风险，确定最优配置比例。风险因子的提取一般遵循以下原则：权益资产>固收资产，低流动性资产>高流动性资产，低信用等级资产>高信用等级资产。在不考虑信用等级、久期及其他因素影响的情况下，一般来讲存款、货币基金、债券型基金、债券/固收类资管产品/优先股、以公允价值计量的不动产、可转债、混合型基金、股票型基金、未上市股权/权益类资管产品、股票消耗的资本依次升高①。

2. 更关注产品设计对资产负债管理的影响

“偿二代”以保险产品为出发点，对产品按风险大小确认最低资本要求，产品类别、条款设计、业务发展策略将显著影响公司资本要求，储蓄性强、保底收益高、资产负债匹配差的产品通常提取的准备金高、资本消耗较多。

3. 更关注利率风险对资产负债管理的影响

“偿二代”体系下的利率风险同时对资产端和负债端产生影响，因此在资产负债管理时必须格外重视对利率风险的管理。财产险计算利率风险时采用综合因子法，期限是影响风险因子大小的关键，久期越长则风险因子越高，这充分强调了久期管理的重要性；人身险公司利率风险最低资本计量采用情景法，根据精算原理，利率对负债端的影响往往超过对资产端的影响，因此利率上升的不利情景更主要。实际资本在不同利率情境下的波动幅度大小，很大程度上取决于固定收益类资产与准备金负债的匹配程度，两者价值变动的匹配程度越高，对实际资本的净影响就越小，从而利率风险占用的资本就越少。为了减少利率风险对资本的占用，“偿二代”引导资产配置时尽量缩小资产负债的久期缺口。

（三）《保险资产负债管理监管规则（1—5 号）》对保险公司资产负债管理的影响

《保险资产负债管理监管规则（1—5 号）》规定保险公司资产负债管理评估标准包括五个部分，分别为：基础与环境、控制与流程、模型与工具、绩效考核以及资产负债管理报告。各部分均包括若干评估标准，依据这些标准进行打分评价，按照权重占比得到总评价结果。五项监管规则中，第 2、4 号量化评估通过构建模型和进行压力测试，从期限结构、成本收益和现金流等角度，评估公司资产负债匹配状况。第 1、3 号能力评估从目标策略、组织架构、人员职责、工作流程、系统模型、绩效考核等方面评估工资资产端和负债端的联动能力。第 5 号规则为管理报告，规范资产负债管理季度报告和年度报告的内容、报送方式以及独立第三方审核要求。

《规则》从能力评估和量化评估两个角度对保险公司进行评价，建立了长期经济价值、中期盈利能力、短期流动性及偿付能力限制的多维度资产负债管理多目标体系。能力评估的设计借鉴了 IAIS《保险监管核心原则和资产负债管理标准》、“偿二代”风险管理要求、COSO 风险管理架构，包括基础与环境、控制与流程、模型与工具、绩效考核及报告五个部分，量化评估主要包括期限结构匹配、成本收益匹配和现金流匹配监管。

能力评估从制度健全性和遵循有效性两个维度定性引导保险公司资产负债管理能力提升，前者主要评估制度制定是否科学、全面、合规，后者主要评估是否依据制度持续、有效实施。

---

① 注：考虑了市场风险和信用风险的相关性效用，未考虑根据股票涨跌幅度特征因子的影响。

量化评估通过定量标准来推动保险公司资产负债管理体系建设，期限结构匹配主要是通过久期缺口来衡量资产与负债的错配程度，成本收益匹配主要考量投资收益能否覆盖负债成本，现金流匹配主要通过流动性指标监测各账户未来三年的现金流状况。

1. 重视公司治理对资产负债管理的影响

良好的公司治理架构对提升保险公司经营管理能力至关重要，针对保险公司各部门之间沟通协作不到位的问题，《规则》建立了董事会下设资产负债管理委员会、资产负债管理执行委员会、资产负债管理执行委员会秘书处的组织架构体系，明确了各层级的战略达成目标、人员配备要求、职能责任分工、管理授权流程等。

2. 重视分账户管理对资产负债管理的影响

由于每种账户对投资收益、风险要求、给付频率的要求不同，《规则》要求拟定资产战略配置规划和年度资产配置计划时应考虑的各账户情况，在制定整体战略时应该根据每个业务条块的特点制定相应的资产负债管理战略，并考虑不同条块之间的互动效应；在构建资产负债管理模型时应当考虑不同情景对分红策略和万能结算策略的动态影响。

3. 重视产品开发对资产负债管理的影响

以往保险公司在开发产品时大多由业务部门向产品设计部门传导市场需求，忽略了资本市场的情况，等到保费流入后投资部门再进行配置难免出现资金闲置或无匹配可投资产的情况。《规则》要求保险公司明确“对公司资产负债匹配状况造成重大影响的产品”的标准，开发此类产品时，要制定对应的投资策略，并根据公司历史情况全面考虑可能对偿付能力、现金流和流动性、成本收益等的影响，这样从保险产品设计时就考虑资产负债联动，进而提高公司经营效率和稳定性。

4. 重视过程控制对资产负债管理的影响

《规则》明确每年须就业务规划和资产配置计划与实际经营情况进行回溯分析，要求保险公司对业务规划的实际保费收入、资产配置比例、投资收益率等与实际经营情况之间的偏差进行年度回溯分析。以往监管进行结果导向的管理，但此次更加注重能力培养、过程管控，引导保险公司通过回溯分析来不断优化资产负债管理机制、提高资产负债管理能力。

5. 重视资产配置对资产负债管理的影响

《规则》出台前，个别保险公司对资产配置重视程度高、建立了专业团队、构建了定量分析模型，但大部分公司资产配置还停留在较为粗放的阶段。为推动建立科学有效的资产配置体系、保证投资的稳定性，《规则》对资产配置进行详细规定，如战略配置规划及年度资产配置计划的主要内容、人员配置、决策审批及授权流程、分账户管理要求、约束条件、模型与工具等。

二、保险公司资产负债管理报告内容

保险公司资产负债管理报告主要通过保险资产负债管理监管信息系统模块上报，根据监管要求，保险公司报送的资产负债报告的内容应当包括公司信息、董事会和管理层声明、基本情况、业务规划和资产配置、资产负债管理与评估及外部机构意见。

（一）基本情况

基本情况包括资产负债管理的目标、组织架构图、人员和职责安排以及流程图。

各部分的具体要求如下：

（1）保险公司应当在年度报告中列报报告年度及本年度资产负债管理的目标及比较分析，包括期限结构目标、成本收益目标、流动性目标等。资产负债管理目标应符合公司风险偏好及风险容忍度（见表7－4）。

表7－4　　资产负债管理的目标及比较分析

资产负债管理目标	资产负债管理指标	本年度目标	报告年度目标	报告年度实际	报告年度目标与报告年度实际的比较分析
期限结构目标	**人身保险公司：**				
	公司自定的资产久期				
	公司自定的负债现金流流入久期				
	公司自定的负债现金流流出久期				
	公司自定的久期缺口				
	其他				
	财产保险公司：				
	沉淀资金缺口率				
	中长期资产				
	其他				
成本收益目标	公司自定的投资收益率				
	公司自定的负债成本率				
	公司自定的利差				
	其他				
流动性目标	**人身保险公司：**				
	公司自定的流动性目标				
	其他				
	财产保险公司：				
	公司自定的流动性目标				
	其他				
偿付能力目标	综合偿付能力充足率				
	核心偿付能力充足率				
	其他				

（2）保险公司应当在年度报告中列报资产负债管理的组织架构图、不同管理层级的相关负责人及职责安排。

人员包括董事会成员、资产负债管理专委会成员、资产负债管理执委会成员，以及秘书处和相关职能部门成员，名单列至部门负责人。

（3）保险公司应当在年度报告中列报资产负债管理的流程图，包括业务规划、产品开发与定价、资产配置、资产负债风险管理、流动性管理等的流程图。

（二）业务规划和资产配置

保险公司应当列报本年度经董事会审批的业务规划和资产战略配置政策。业务规划期限至少为3年，至少应包括各类产品业务未来3年的预期保费规模。资产战略配置政策包括资产战略配置规划摘要、年度资产配置计划摘要。

1. 资产战略配置规划

资产战略配置规划是指中长期资产配置的战略安排，期限至少为三年，每年至少滚动评估一次。主要内容包括：宏观经济趋势、保险业务和负债特征、各类资产风险收益特征、公司长期发展规划和整体风险承受能力等决策依据；各普通账户的长期收益目标或长期业绩比较基准；各普通账户的境内、境外大类资产配置比例；各普通账户允许、限制及禁止配置资产的标准；各普通账户的流动性要求、期限结构和再投资计划；会计分类原则等。

2. 年度资产配置计划

年度资产配置计划是指根据资产战略配置规划，结合保险市场和资本市场状况分析，制定的一年期资产配置策略。主要内容包括：年度经济形势分析、各市场分析、负债特征变化及各类资产风险收益预期等决策依据；各普通账户的资产负债情况；各普通账户的目标资产配置比例及浮动区间；各普通账户的年度收益目标或业绩比较基准；各普通账户的资产风险状况和压力测试结果分析。

3. 回溯分析

保险公司应当在年度报告中列报资产负债管理回溯分析，回溯分析的内容应当包括：分账户的预期保费收入与实际保费收入的偏差；大类资产配置收益率假设与实际大类资产收益率的偏差，分账户的预期资产配置比例与实际资产配置比例的偏差，分账户的预期投资收益率与实际投资收益率的偏差。

（三）资产负债管理与评估

保险公司应当根据保险公司资产负债管理能力评估规则的要求，报告资产负债管理能力的自评估结果，并进行差距分析，提出下一步改进措施。

保险公司应当根据保险公司资产负债管理量化评估规则的要求，报告经外部机构审核的量化评估表，并对期限结构匹配、成本收益匹配和现金流匹配的变化情况及原因进行分析，识别主要风险，提出防范化解风险的措施。

保险公司应当列报报告期内对资产负债匹配状况造成重大影响的业务、投资、赔付、融资等方面的事项。

（四）外部机构意见

保险公司应当在年度报告中列报资产负债管理年度审核意见，包括独立第三方审核机构①的名称、审核意见的类型等。独立第三方审核机构出具非标准无保留审核意见的，保险公司应当说明具体情况，与独立第三方审核机构的分歧，以及年度报告中独立第三方审核机构要求调整但未调整的内容、未调整的原因等。

专栏7-1

我国保险公司资产负债管理现状

2018年9月，普华永道发布《保险公司全面风险管理与资产负债管理调查报告》，结合新的监管重点，首次将资产负债匹配风险纳入全面风险管理体系的调查内容中。从82家公司的反馈统计数据来看，保险机构的风险管理和资产负债管理能力持续提高，意识逐步增强。风险管理体系建设整体情况持续提升。94%的保险公司已初步建立了风险管理体系，有38%反馈已建立完善的风控体系，56%反馈已经初步建立了风险管理体系，没有尚未开展风险管理体系工作的公司。约65%受访机构已将资产负债管理相关机制融入公司经营决策和关键环节，全部大型公司均已将资产负债管理机制融入公司决策；75%受访机构已经或正在搭建资产负债管理模型，几乎所有受访机构都已确定公司资产负债管理执行委员会秘书处。

但是数据也表明保险行业资产负债管理仍处在较初级水平，资产负债管理能力评估与量化评估的行业平均预期得分均在70分以下，分别为66.5分和68.9分。超过一半的受访机构认为成本收益匹配是公司资产负债管理量化评估最主要丢分项，其中以财险公司尤为明显，可能与其业务结构和车险整体盈利状况有关。2017年26%的受访机构认为资产负债管理为薄弱领域，由于资产负债管理监管规则的出台，71%的受访机构表示“资产负债管理模型与工具”一项最为薄弱；而流动性风险超过操作风险成为2018年受访机构第二薄弱的子风险领域。

在风险治理与组织架构方面，76%的受访机构设立有独立的首席风险官（CRO），且该比例逐年上升；23%的机构则由其他高管兼任CRO职责；77%的受访机构设立了独立

① 对保险公司的资产负债管理量化评估表出具审核意见的独立第三方审核机构，是指符合独立性要求和具备资产负债管理量化评估表审核所必需的专业胜任能力的会计师事务所、精算咨询顾问公司等机构。独立第三方审核机构的独立性应满足财政部关于中国注册会计师执业道德规范的有关要求，保持实质上和形式上的独立，不得因任何利害关系影响其客观、公正的立场。

的风险管理部门负责“偿二代”风险管理工作，较2017年提升12%，并且风险管理职能没有由财务、精算、稽核等部门兼职的情况。目前存在的问题是：风险管理和资产负债管理专业人才依然不足，无论是专业人员的数量还是资质能力，都尚且难以满足当前保险公司的需求。

在风险偏好与关键风险指标方面，调查结果显示，已建立符合偿二代的风险偏好陈述并获得董事会审批的公司占比高达95%，比2017年大幅上升27%；在设定风险偏好和容忍度时，大部分公司采用了多种方法的结合，其中压力测试、遵循监管底线和管理层经验讨论是三种最为常用的方法，采用的比例超过60%；而受访机构风险偏好传导至风险限额情况，建立定量传导模型的机构数量明显增加，定性方式设置指标、限额未与风险偏好形成传导关系、未建立风险限额的比例均有所下降。

近三年来，全行业风险偏好的应用能力持续提升，大部分受访机构已经将风险偏好应用于战略规划和业务预算、将风险偏好传导至风险限额。调查结果显示，2018年，55%的机构将风险偏好运用于资产负债管理与资产配置，45%的机构开始尝试风险绩效考核，普华永道认为，风险偏好与资产负债管理的结合，以及风险绩效考核将成为下一步风险偏好体系提升的主要方向，也是资产负债管理的重点。

分析与量化模型的复杂性、人员不足和经验欠缺、跨部门的职责分工与协调沟通是公司推进资产负债管理工作的主要挑战。行业内风险管理专业人员的经验和资历积累很难在短时间内有明显提升，随着保险行业的高速发展和外部环境的复杂变化，该制约因素的不利影响在一定时期内持续存在。

【思考题】

1. 简述资产负债管理“对称原则”的具体内容。
2. 简述资产负债管理的目标。
3. 比较三种资产负债管理模式的优点与局限性。
4. 简述三种资产负债管理方法并说明其应用的环境。

第八章 保险公司投资管理

【学习目标和要求】

1. 了解保险公司投资的基本概念，包括投资原则、资金来源等。
2. 了解保险公司投资的主要资产类型。
3. 掌握保险公司投资决策的过程、决定因素。
4. 熟悉保险公司资产委托管理模式。

【本章概览】

在保险公司的资产负债表中，主要资产类别通常是“投资”，投资资产对保险公司非常重要，投资资产决定保险公司是否有能力支付有效的索赔以及所需的资本基础规模。从本质上讲，保险公司必须决定投资的最佳水平，以确保获得足够的投资收益、充足的流动性和有限的损失风险。因此，资金运用需要考虑每种投资类型的潜在风险：一是市场风险，是指投资的波动性，即投资价值可能上升或下降的程度；二是资产质量和流动性风险、投资的公司/实体的质量，以及偿还（即转换为现金）投资资金的速度和便利性，可以在没有重大损失的情况下获得；三是从属风险，即保险公司投资引发财务困难时的还款优先权。本章分为四节：第一节介绍保险公司投资的原则和资金来源；第二节介绍保险公司投资的主要资产类型；第三节分析保险公司的投资决策；第四节介绍保险公司资产委托管理。

第一节　保险公司投资概述

一、保险公司投资的概念和种类

投资是将财力投放于一定的对象，以期望在未来获取收益的经济行为。保险公司的投资对保险公司的生存与发展是十分重要的，保险公司进行投资是取得利润的基本前提，是发展生产和经营的必要手段，也是降低风险的重要途径。任何投资的终极目标都是实现收益最大化，例如，与企业目标相联系，就是实现企业价值最大化或股东财富最大化。

按照不同的标准，投资的分类如下：

（一）长期投资与短期投资

按回收的长短，投资可以分为长期投资与短期投资。长期投资是指回收期在一年以上的投资，如固定资产的投资，也包括对无形资产和长期有价证券的投资；短期投资是指能够并且准备在一年内收回的投资，如对现金、应收账款、存货、短期有价证券的投资。一般而言，长期投资风险大于短期投资。相应地，长期投资收益高于短期投资，这种收益差别的基础是资金的时间价值。

（二）实体投资与金融投资

按投资对象的存在形式，可将投资分为实体投资与金融投资。实体投资是指具有物质形态的资产，广义的实体资产还包括无形资产。金融资产是投资者所选择的投资于各种金融工具所形成的资产。金融资产是一种权益，不具有实物形态。金融资产产生于资金融通，企业所掌握的金融资产在资产负债表中表现于资产方，而用资单位则表现于资产负债表的负债或所有者权益项目。从社会整体看，金融资产被金融负债与所有者权益抵消，故计算全社会财富时，只能包括实体资产而不包括金融资产。金融资产的直接表现形式为金融工具，它是资金缺乏部门向资金盈余部门融通资金时，或者发行者向投资者筹集资金时，依一定的格式形成的书面文件。金融工具种类繁多，如存款单、公司债券、股票、保险单与期货合约等。实体投资是指对实体资产的投资；金融投资是对金融资产或金融工具的投资。实体投资一般只能获得投资利润，而金融投资不仅可以获得投资利润，还可以获得资本利得即金融工具的买卖价差。在投资风险上，实体投资一般只遇到市场风险，也就是生产的产品不能在市场上出售的风险。由于金融市场受多方面因素的影响且对这些因素变动的反应也很灵敏，因而金融风险比市场风险大得多。总之，实体投资风险较小，收益也相应较低；金融投资的风险相对较大，投资收益也相对较高。企业在进行投资时，必须以此为基础，进行合理搭配。

（三）对内投资与对外投资

按投出的方向，投资可以分为对内投资与对外投资。对内投资是把资金投在企业内部，购置各种生产经营用资产；对外投资是指企业以现金、实物资产、无形资产等方式或者以购买股票、债券等有价证券方式向其他单位投资。从理论上讲，对内投资风险低于对外投资，因为相对于对外投资，企业对内投资不仅能对市场作出准确的判断和预期，而且对自身的情况更是了如指掌；对外投资的收益应该高于对内投资，否则企业无须作出对外投资的决策。

二、保险公司投资的原则

我国 2009 年 10 月 1 日新修订的《保险法》第一百零六条明确规定："保险公司的资金运用必须稳健，遵循安全性原则。"保险资金运用原则和一般资金运用的原则基本相同，即要求符合安全性、盈利性、流动性和匹配性原则等。

（一）安全性原则

安全性是在保险资金运用过程中应遵循的最基本原则，从保险资金运用的来源来看，大量的保险资金来自保户；从保险公司财务管理的角度来看，绝大部分保险资金被列入保险公司未来需赔付的负债。从长远来看，保险资金的总量应和未来赔付的资金保持一致，如果保险资金运用出现亏损，有可能使公司面临偿付能力不足的风险，进而影响公司和保户的利益。因此，保险资金运用首先要遵循安全性原则。

（二）盈利性原则

每个企业经营的最终目标都是追求盈利，保险公司也不例外，盈利是保险资金运用的直接目的。高盈利可以实现双赢局面，既可以为保险人带来巨大的效益，又可以实现良好的社会效益。较高的盈利可以提高公司的偿付能力水平，同时也能降低费率，进而扩大业务规模。这就要求在对投资项目的选择上资金运用应注重效益高的项目，在满足风险限度的基础上实现收益最大化，确保资产的保值增值。

（三）流动性原则

流动性是保险资产随时变现的能力，由于保险公司经营中面临的风险和损失均具有不确定性，导致流动性原则成为保险资金运用的一个重要原则。运用中的保险资金必须保持足够的流动性，以便随时满足保险赔偿和给付的需要。财险公司和寿险公司在保险资金的流动性要求方面存在较大不同，财产险具有期限短、损失发生频率高和损失程度变化较大的特点，对资金的流动性要求高；而长期寿险具有期限长且损失发生频率较低的特点，对资金运用的流动性要求较财险低一些。因此，保险公司应根据不同业务的特点对资金运用提出不同的要求，选择适当的投资项目和投资形式。

上述三种原则既相互联系又相互制约。其中盈利性是目标，安全性和流动性是基础。由于保险行业的特殊性，保险资金运用在遵循盈利性、流动性及安全性原则的基础上，还应遵守保险资金运用所特有的原则。

（四）匹配性原则

匹配性原则是指保险公司在投资过程中要保持资金运用与资金来源的匹配，即保险资金在投资时须在收益率、期限和风险方面与资金来源（即负债）的特点保持一致。保险公司的自有资本金和提取的总准备金除满足国家法定要求之外，一般可进行长期投资；各类准备金则需根据责任期限的长短来进行资金运作。需要强调的是，不要把匹配性原则绝对化，即要求保持资金来源与资金运用在大体上一致，并不限定资金来源与资金运用在收益性、偿还期和安全性等方面完全是一一对应的关系。

（五）替代性原则

替代性原则是充分利用保险法规定的各类资金运用形式在收益性、安全性和流动性方面的对立统一关系，寻求适合保险负债特点的资产组合形式。根据现代投资理论，任何投资只能达到一种“次优状态”，不可能同时满足流动性、安全性、收益性的最优。即在某一投资目标最大化的前提下，努力使其他目标在既定的范围内达到最好，意味着以牺牲一个目标为代价来换取另一个目标的最优。

（六）分散原则

分散原则是指保险公司不能将资金过分集中投资于某一类资产或某一行业，而应将其分散投资于不同的地区、部门或行业。分散的方式很多，如：保险公司投资的资产形式具有多样性，即投资的资产在收益率、期限、种类、风险等方面不相同；资产投向多样化，即将资金分散投向不同行业、产业或部门，而不集中投向于某一部门、产业或行业；资产规模分散化，即投资于同一部门、行业或地区的资金规模要保持适度。

（七）转移原则

转移原则是保险公司在进行投资时可以将资产的风险通过一定的方式转移给他方，从而降低自身的风险。主要包括以下几种方式：转让，即通过合约的方式向他方转移一定风险，如与通货膨胀时期相关的浮动利率债券合约等；担保，如第三方担保的贷款、以人寿保险保单作为抵押品的贷款、以不动产或者动产作为抵押品的贷款等；再保险，是指将自己的部分业务以分保的形式转给其他的保险公司，并收取一定的手续费；套期保值，即针对期限结构方面的管理，根据自己已经持有的资产头寸，进行反向的头寸买卖，从而抵消多头与空头之间的风险。

（八）平衡原则

要使资金的运用和来源之间保持一种总体平衡的关系，一方面要避免产生大量的闲置资金，以致产生过高的机会成本；另一方面，要防止资金在流动性不足的条件下，进行资产的变现而导致损失，故保持资金运用与资金来源在规模上大体平衡是相当必要的。

第二节 保险公司投资的主要资产

根据《保险法》第 106 条，我国保险公司的资金运用限于银行存款、债券、股票、证券投资基金等有价证券、不动产以及国务院规定的其他资金运用形式，并对不同类型的投资做了具体的投资比例等要求。

2018 年 1 月，保险监管机构发布《保险资金运用管理办法》，将保险资金运用的股票投资分为一般股票投资、重点股票投资和上市公司收购三个类别，并且明确对于不同类别的股票投资进行差别化监管；明确了保险资金可以投资全国中小企业股份转让系统挂牌的公司股票；对于保险集团（控股）公司、保险公司购置自用不动产、开展上市公司收购或者从事对其他企业实现控股的股权投资明确了资金来源——应当使用自有资金，2014 年版中的表述是“不得使用各项准备金”；投资管理人受托管理保险资金时，禁止性行为中增加了“不得将受托资金委托”和“不得为委托机构提供通道服务”两项内容，这与全资产管理行业“去通道、去嵌套”的监管要求一致；保险资产管理业务范畴中，将其他合格投资者加入保险资产管理产品的可发售对象行列中。

一、保险公司主要投资种类

（一）货币市场投资

货币市场是短期资金的市场，主要指融资期限在一年以下的金融市场。货币市场主要由短期借贷市场和短期证券市场组成。其中，短期借贷市场主要是指同业拆借市场，短期证券市场的交易对象是短期信用工具，以国库券为主，具体分为大额可转让定期存单市场、短期国库券市场、回购协议市场、商业票据市场、银行承兑票据市场等。

1. 同业拆借市场

同业拆借市场是各金融机构间以货币借贷的方式进行短期投融资活动的市场，是金融机构用来管理短期资金头寸、解决临时性资金短缺不足的市场。同业拆借市场最早出现于美国，形成的根本原因在于对金融机构实施的法定存款准备金制度，最早主要应用在银行类金融机构，后来慢慢扩展到银行与其他金融机构。

同业拆借市场的资金借贷期限一般比较短，最短的为同日拆解，也有 7 天、14 天、28 天以及几个月，最长不超过一年。同业拆借基本都是信用借贷，参与同业拆借的机构都在中央银行开设存款账户，同业拆借交易的资金则主要为央行存款账户的多余资金。同业拆借市场的存在，可以使得商业银行、保险公司这些金融机构在不用持有大量超额准备金的前提下，能够随时满足支付提现、保险理赔的需要。由于同业拆借期限较短、风险较小，金融机构可以把短期闲置资金投放于该市场，用于短期调整资产负债结构，保持资产的流动性和支付能力。同业拆借已成为金融机构资产负债管理的有效工具。

我国同业拆借市场早期主要是银行间同业拆借，对同业拆借的市场主体有严格的准入限制。早在 1998 年，中国人民银行就颁布了批准保险公司进入全国拆借市场的通知，允许部分保险公司从事债券的买卖和回购业务。2003 年，保险监管机构和国家外汇管理局发布《关于保险公司开办境内外同业拆借业务有关问题的通知》，允许具有外汇同业拆借业务资格的境内中外资保险公司通过中国外汇交易中心进行境内外汇同业拆借，但对拆借额度占外汇资本金的比例有严格限制。

2007 年，我国正式实行的《同业拆借管理办法》放宽了市场准入条件，除银行类金融机构外，主要的非银行金融机构首次获准进入拆借市场，包括信托公司、金融资产管理公司、金融租赁公司、汽车金融公司、保险公司、保险资产公司共 6 类。根据该办法，保险资产管理公司须在申请进入同业拆借市场前的最近 4 个年度连续盈利，保险公司则应在申请进入同业拆借市场前的最近 4 个季度连续的偿付能力充足率在 120% 以上。保险公司的最高拆入和拆出限额均不超过其实收资本的 100%，保险资产管理公司则不超过其净资产的 20%。在拆借期限上，规定保险公司、保险资产管理公司拆入资金的最长期限分别为 3 个月和 7 天，拆出资金最长期限由交易对手方的拆入资金最长期限控制，到期后不得展期。

同业拆借办法的出台使保险公司有了与银行等机构讨价还价的能力，在利率浮动空间上更加弹性化，拆出资金时可以获取更高的收益。此外，由于同业拆借是在金融机构之间进行的，与股票等其他渠道相比，保险资金面临的投资风险相对会小。

2. 票据贴现市场

票据贴现市场指将未到期的票据进行贴现，为客户提供短期资金融资的市场。当前，贴现市场的交易大致可分为两类：一类是票据持有人向商业银行或贴现公司贴现来换取现金的交易，这类交易占贴现市场业务的大部分份额；另一类是中央银行对商业银行或贴现公司已贴现过的票据再次贴现，为银行和贴现公司提供短期的融通资金。

商业票据安全性较高，其发行者往往是实力雄厚、信用评级较高的大公司、事业单位等，在票据发行前都需要评级公司依据发行者的管理水平、经营业绩、债务与风险、未来发展前景等方面进行评级。商业票据的流通期限短，一般少于 270 天，常见的是 30—50

天，流动性好，违约风险低，收益稳定，是较好的货币市场投资品种。

2003 年，保险监管机构发布《关于保险公司投资中央银行票据的通知》，允许保险公司在银行间债券市场投资中央银行票据，并明确指出中央银行票据符合认可资产的定义，对保险公司投资中央银行票据视同投资金融债券管理。

3. 银行存款

银行存款是指企事业单位和居民个人存放在银行的货币资金。银行存款的特点在于安全性高、期限短、流动性较好，但收益率较低。在保险业发达的国家，银行存款的投资比例非常低，仅满足一般流动性的需求，故一般很少将银行存款列为投资方式重点讨论。由于我国保险公司受到高度的投资监管，资本市场发展缓慢，可投资的金融产品种类较少，因此银行存款一直占据我国保险公司短期投资的较大比重。

协议存款是保险公司商业存款的主要形式之一。协议存款是商业银行根据中国人民银行或国家金融监督管理总局的规定针对部分特殊性质的中资资金，如保险资金、社保资金、养老保险基金等设立的特殊性存款。协议存款期限较长、起存金额较大，利率、期限、结息付息方式、违约处罚标准等皆可由双方商定。其中，保险公司办理协议存款，须由其总公司与银行总行签订《协议存款合同书》，约定利率的水平、存款期限、结息和付息方式、违约处罚标准、提前支取条件等事项，最低起存金额为人民币 3000 万元（含）。协议存款一直是我国保险公司重要的投资工具。

（二）债券

债券（bonds）是政府、金融机构、企业等直接向社会募集资金时，向投资者发行的、承诺按一定利率支付利息并按约定条件偿还本金的债权债务凭证。债券具有偿还性，债券的发行人必须按约定条件在规定的期限内偿还本金并支付利息；债券也有流通性，可以在二级市场自由转让。相对于股票，债券具有更高的安全性，债券通常按固定利率获得利息，在企业没有破产的情况下，与企业绩效的高低关联度较低，受市场利率的影响较大，整体而言，债券的投资收益较为稳定。债券的收益主要分为两部分：一部分是利息收入（不包括无息债券）；另一部分是二级市场上通过债券价格的变动买卖债券赚取差额。

按照发行主体划分，债券可以分为政府债券、金融债券、公司（企业）债券。由于不同发行机构的信誉和承担风险的能力各不相同，从发行主体对债券进行区分，有助于保险公司进行风险管理。

政府债券是政府机构为募集资金而发行的债券，主要包括中央政府债券（国债）、地方政府债券等。除政府直接发行的债券，有些国家把政府担保的债券也归类于政府债券体系，称为政府保证债券。这种债券往往由一些与政府有直接关系的公司或金融机构发行，或者政府机构单独成立融资平台并由政府提供担保。我国《中华人民共和国预算法》第 28 条明确规定“除法律和国务院另有规定外，地方政府不得发行地方政府债券”，因此我国地方政府实际上主要通过各类地方政府融资平台进行发债筹集资金，用于本地的基础建设经费投资。地方政府融资平台是指各级地方政府成立的以融资为主要经营目的的公司，包括不同类型的城市建设投资、城建开发、城建资产公司等企业（事）业法人机构，主要以经营收入、公共设施收费和财政资金等作为还款来源。地方政府融资平台是中国特有的经济现象，作为投融资平台的这些地方公司具有的特殊政府背景，一方面，使其比较容易获得银行贷款和发行城投债；另一方面，相当一部分城投公司具有政府担保性质，实质上成为了地方政府的隐性财政债务。

金融债券是银行等金融机构为筹措资金面向个人发行的一种有价证券。我国的金融债券多数只在银行间债券市场发行和流通，随着债券市场的发展，种类也日益增多，主要包括证券公司债券、商业银行的次级债券、保险公司的次级债券、证券公司短期融资债券以及混合资本债券。其中，次级债券主要是指银行等金融机构发行的本金和利息的清偿顺序在金融机构的其他负债之后，先于股权资本的债券。

公司债券是指公司依照法定程序发行的，约定在一定期限内还本付息的有价证券。公司债券又称企业债券。如果进行严格区分，公司债券指的是公司制企业发行的债券，如股份有限公司、有限责任公司，都具有公司的有限责任这一特征。而其他类型的企业，如独资企业、合伙制企业、合作制企业都不具备发行公司债券的产权基础，因而都不能发行公司债券。国有企业属于独资企业，从理论上讲不能发行公司债券。按照中国有关法律法规，中国的国有企业有其不同于其他国家国有企业的特别的产权特征，故我国国有企业也可以发行债券——企业债券（不是法律上的公司债券）。

公司债券的风险往往高于国债和金融债券，保险公司在进行公司债的投资时，应着重关注发债企业的信用风险等级，如果市场上信用评级公司不够权威和公允，则往往不能准确评估企业债的风险，投资风险较大。

从发达国家的保险行业投资来看，债券市场一直是保险机构投资的重要领域。固定收益证券是发达国家保险业常见的投资领域，发达国家发行的短期证券可以被视为具有接近零的违约风险、零从属风险和近零市场风险，因为具有短期性质，市场价格随着期限变为名义价值。长期政府证券存在一些市场风险，通常被视为处于非常低的单一百分点范围内。同样，投资级固定收益证券的整体风险较低，非投资级别债券则有更高的风险，非评级债券相当罕见，并且可能由新兴市场公司发行：如果风险权重为资产负债表中显示的此类债券总价值的 50% 或更多，则应对其进行保守处理；应用于抵押贷款支持证券的风险权重将考虑抵押品，可能约为 5%—10%；适用于债券基金投资的权重将取决于相关资产和策略的质量，平均约为 10%—20% 的权重可能是合适的；集团内公司债券的持有量应保守 50% 以上，因为如果保险公司遇到困难，这可能会对相关实体产生影响。

固定收益证券，例如公司发行的债券，根据票面价值支付固定的票面利率，其结果是，对利率变化的预期导致这些证券的市场价值发生反向变化。因此，投资于固定收益证券的保险公司会承担债券价值因预期利率上升而下跌的风险。在固定利率基础上的任何其他资产（如贷款）或负债（如借款）也都是如此，在固定利率基础上，由于利率波动而产生有效损失。利率变化实际上是由债券投资组合的平均“持续时间”决定的。债券的“期限”，以及债券价格对市场利率变化的敏感性，受到到期时间、票面利率和到期收益率的影响。实际上，根据债券投资组合的总体特征，债券投资组合的波动性通常在每年1%左右。

很多国家甚至专门为寿险公司和养老保险基金发行期限较长的特种债券，有些长达30年，以满足保险行业资产和负债匹配的需求。美国保险业在1994—2004年飞速发展，固定收益债券始终是保险资金最重要的投资领域，尤其是寿险公司，这一比重始终保持70%左右。欧洲主要的发达国家，如法国、德国等，固定收益证券的投资比重也达到60%左右。

我国1995年颁布的《保险法》规定，保险公司可投资于政府债券、金融债券。2003年，允许保险公司投资信用评级在AA级以上的企业债券。2012年，保险监管机构制定了《保险资金投资债券暂行办法》，对保险公司投资政府债券和准政府债券、企业（公司）债券、金融企业（公司）债券、证券公司债券、国际开发机构人民币债券等列明了较为详细的投资规范、投资要求、风险控制和监督管理。

保险资金投资金融企业（公司）债券，应当符合下列条件：

（1）商业银行发行的金融企业（公司）债券，应当具有国内信用评级机构评定的A级或者相当于A级以上的长期信用级别；其发行人除符合中国人民银行、国家金融监督管理总局的有关规定外，还应当符合下列条件：①最新经审计的净资产，不低于100亿元人民币；②核心资本充足率不低于6%；③国内信用评级机构评定的A级或者相当于A级以上的长期信用级别；④境外上市并免于国内信用评级的，国际信用评级机构评定的BB级或者相当于BB级以上的长期信用级别。保险资金投资的商业银行混合资本债券，除符合上述规定外，应当具有国内信用评级机构评定的AA级或者相当于AA级以上的长期信用级别，其发行人总资产不低于2000亿元人民币。商业银行混合资本债券纳入无担保非金融企业（公司）债券管理。

（2）证券公司债券，应当公开发行，且具有国内信用评级机构评定的AA级或者相当于AA级以上的长期信用级别；其发行人除符合中国证券监督管理委员会的有关规定外，还应当符合下列条件：①最新经审计的净资本，不低于20亿元人民币；②国内信用评级评定的AA级或者相当于AA级以上的长期信用级别；③境外上市并免于国内信用评级的，国际信用评级机构评定的BBB级或者相当于BBB级以上的长期信用级别。

（3）保险公司可转换债券、混合资本债券、次级定期债券和公司债券，应当是保险公司按照相关规定，经中国保险监管机构和有关部门批准发行的债券。

（4）国际开发机构人民币债券，其发行人除符合国家有关规定外，还应当符合下列条件：①最新经审计的净资产，不低于50亿美元；②国内信用评级机构评定的AA级或者相当于AA级以上的长期信用级别；免于国内信用评级的，国际信用评级机构评定的BBB级或者相当于 BBB 级以上的长期信用级别。

非金融企业（公司）债券包括非金融机构发行的企业债券、公司债券、中期票据、短期融资券、超短期融资券等非金融企业债务融资工具、可转换公司债券以及原中国保险监管机构规定的其他投资品种。保险资金投资的非金融企业（公司）债券，应当符合下列条件：

（1）其发行人除符合有关部门的规定外，还应当符合下列条件：①最新经审计的净资产，不低于 20 亿元人民币；②国内信用评级机构评定的 A 级或者相当于 A 级以上的长期信用级别；③境外上市并免于国内信用评级的，国际信用评级机构评定的 BB 级或者相当于 BB 级以上的长期信用级别。

（2）有担保非金融企业（公司）债券，具有国内信用评级机构评定的 AA 级或者相当于 AA 级以上的长期信用级别，其担保符合下列条件：①以保证方式提供担保的，应当为本息全额无条件不可撤销连带责任保证担保，且担保人资信不低于发行人的信用级别。②以抵押或质押方式提供担保的，担保财产应当权属清晰。未被设定其他担保或者采取保全措施的，经有资格的资产评估机构评估的担保财产，其价值不低于担保金额，且担保行为已经履行必要的法律程序。③担保金额应当持续不低于债券待偿还本息总额。

（3）无担保非金融企业（公司）债券，具有国内信用评级机构评定的 AA 级或者相当于 AA 级以上的长期信用级别。其中，短期融资券具有国内信用评级机构评定的 A－1 级。有担保非金融企业（公司）债券的担保，不完全符合本条规定的，纳入无担保非金融企业（公司）债券管理。

（4）保险资金投资的无担保非金融企业（公司）债券，应当采用公开招标发行方式或者簿记建档发行方式。其中，簿记建档发行方式应当满足下列条件：

①发行前，发行人应当详细披露建档规则；②簿记建档应当具有符合安全保密要求的簿记场所；③簿记建档期间，簿记管理人应当指派专门人员值守并维持秩序；现场人员不得对外泄露相关信息；④簿记管理人应当妥善保管有关资料，不得泄露或者对外披露。

（5）保险资金投资的企业（公司）债券，按照规定免于信用评级要求的，其发行人应当具有不低于该债券评级规定的信用级别。

保险公司投资中央政府债券、准政府债券，可以按照资产配置要求，自主确定投资总额。保险公司投资有担保的企业（公司）债券，可以按照资产配置要求，自主确定投资总额；投资无担保非金融企业（公司）债券的余额，不超过该保险公司上季末总资产的 50%。保险公司投资同一期单品种中央政府债券和准政府债券，可以自主确定投资比例。保险公司投资同一期单品种金融企业（公司）债券和有担保非金融企业（公司）债券的份额，不超过该期单品种发行额的 40%；投资同一期单品种无担保非金融企业（公司）债券的份额，不超过该期单品种发行额的 20%。同一保险集团的保险公司，投资同一期单品种企业（公司）债券的份额，合计不超过该期单品种发行额的 60%，保险公司及其投资控股的保险机构比照执行。债券发行采取一次核准（备案或注册）、分期募集方式的，其同一期是指该债券分期发行中的每一期。

保险公司投资同一发行人发行的企业（公司）债券的余额，不超过该发行人上一会计年度净资产的20%；投资关联方发行的企业（公司）债券的余额，不超过该保险公司上季末净资产的20%。

保险公司委托多个专业投资管理机构投资的债券，其投资余额应当合并计算，且不超过中国保险监管机构规定的投资比例。

保险公司的投资连结保险产品、非寿险非预定收益型保险产品等独立账户或产品，其投资债券的余额，不超过相关合同约定的比例。

随着我国保险行业的快速发展，保险资金已成长为债券市场上的重要机构投资者。根据中国银保险监管机构披露的数据，2018 年保险行业在国债企业债等债券投资 5.6 万亿元，占比 34.36%，超过银行存款占比，成为保险资金最大的投资品种。但由于我国债券市场发展相对不够成熟，债券种类不够丰富，债券的评级市场缺少权威的评级公司，债券投资在我国保险资金的比重与发达国家相比仍然较低，低利率的银行存款仍然是当前保险资金投资的重要渠道。根据人保健康的年报数据，2015 年末债券投资比重占总资产的26.3%，其中企业债占比 16.95%，金融债占比 8.62%；2016 年末略有下降，为 23.54%。

（三）股票

股票是一种有价证券，是股份公司在筹集资本时向出资人发行的股份凭证，代表着其持有者（即股东）对股份公司的所有权。

股票具有期限的永久性、权利和责任对等、流动性、收益性、风险性的特点。期限的永久性意味着股票没有到期日，投资者不能在购买股票后向公司要求返还股本，但可以在二级市场上出售股票，获得资本利得收益。对于公司来说，二级市场的股票交易只是股东之间的股权转让，并不减少公司的资本。权利和责任意味着股东作为公司的所有者，在公司经营中享有一定权利，如参加股东大会、对公司重大决策进行投票表决、领取股息，股东享有公司的剩余索取权和剩余控制权等。股东承担的责任是以其持有的股票为限的连带清偿责任，股东获得收益的次序排在公司员工收入、各类债权人之后，但对于公司的债务不承担连带责任。风险性意味着股票投资的期望收益较高，但股东也需要承担较高的风险，股东的市场价格会随公司的盈利情况而变动，也会受到宏观经济、政治局势等系统性风险因素的影响，相对于银行存款、债券、基金等，股票存在着更大的风险性。但股票也具有良好的流动性，股票持有人可以通过股票交易市场随时变现获取现金，因此股票是流动性很强的投资工具。

按照股东的权益分类，股票一般分为普通股和优先股。普通股是上市公司在盈利和分配上享有普通权利的股份，它公司资本的构成基础，是股票的一种基本形式，也是发行量最大、最重要的股票。目前，在我国 A 股市场上交易的股票均为普通股。普通股股票持有者按其所持有股份比例享有的基本权利有：参与股东大会，并享有建议权、表决权和选举权、利润分配权、优先认股权、剩余资产分配权。优先股是相对于普通股而言的，主要指在利润分配及剩余财产分配享有的权利方面优先于普通股。优先股通常预先设定股息收益率，按期收取利息，但同普通股一样，具有不可返还性。优先股股东一般享有选举权和被选举权，对股份公司的重大经营决策无投票权。优先股是介于股票和债券中间的一种形式。我国一直没有发行优先股，直到2013 年12 月9 日中国证券监督管理委员会第16 次主席办公会会议审议通过《优先股试点管理办法》（以下简称《办法》），2014 年3 月21 日中国证券监督管理委员会公布【第97 号令】，并宣布自公布之日起施行。该《办法》共9章70 条，包括总则、优先股股东权利的行使、上市公司发行优先股、非上市公众公司非公开发行优先股、交易转让及登记结算、信息披露、回购与并购重组、监管措施和法律责任、附则。

按发行对象和上市地区的不同，又可以将股票分为A 股、B 股、H 股和N 股等。A 股是供我国大陆地区个人或法人买卖、以人民币标明票面金额并以人民币认购和交易的股票。B 股、H 股和N 股是国外和我国港澳台地区投资者买卖的，以人民币标明票面金额但以外币认购和交易的股票。其中，B 股在上海、深圳上市；H 股在香港上市；N 股在纽约上市。

在国外保险行业的发展历程中，股票投资以其较高的投资收益率一直在保险投资中占有重要地位。以美国寿险公司为例，1991 年股票投资的比重在5% 左右，到2001 年则快速上升到30% 左右。国外保险资金在股票投资中的比重快速上升，一方面得益于监管政策的放松，另一方面也是现代保险金融属性增强的表现之一。

在我国，由于资本市场的滞后发展，一开始保险资金的投资渠道十分狭窄，仅限于银行存款、债券、证券基金等，一直到2004 年10 月，保险监管机构和证监会联合发布了《保险机构投资者股票投资管理办法》，允许保险机构投资者从事或者委托符合规定的机构从事股票、可转换公司债券等股票市场产品交易。该办法规定保险机构投资者的股票投资仅限于人民币普通股、可转换公司债券以及中国保险监管机构规定的其他投资品种。保险机构投资者的股票投资可通过一级市场申购和二级市场交易两种方式进行。2006 年，为进一步拓宽保险资金投资渠道，改善资产配置状况，提高投资管理效益，国务院批准发布《关于保险机构投资商业银行股权的通知》，保险集团（控股）公司、保险公司、保险资产管理公司可以投资境内国有商业银行、股份制商业银行和城市商业银行等未上市银行的股权，并对投资范围和投资原则、投资方式和资金来源、投资比例和核算基数、选择条件和主要指标、报备程序和审批事项、退出机制和应急处理、风险管理和监督检查这八个方面做了详细的规定。

2015 年，中国保险监管机构发布关于提高保险资金投资蓝筹股票监管比例有关事项的通知，将投资单一蓝筹股票的余额占上季度末总资产的监管比例上限由5% 调整为10%；投资权益类资产的余额占上季度末总资产比例达到30% 的，可进一步增持蓝筹股票，增持后权益类资产余额不高于上季度末总资产的 40%。上季度末偿付能力充足率不低于 120%；投资蓝筹股票的余额不低于股票投资余额的 60%。

2017 年，保险监管机构发布关于进一步加强保险资金股票投资监管有关事项的通知，该通知要求：保险机构开展一般股票投资的，上季末综合偿付能力充足率应当不低于 100%；开展重大股票投资和上市公司收购的，上季末综合偿付能力充足率应当不低于 150%，且已完成股票投资管理能力备案，符合有关保险资金运用内部控制的监管要求。

2018 年 3 月，银行保险监管机构发布《保险公司股权管理办法》（以下简称《办法》），对 2010 年发布的《保险公司股权管理办法》进行全面修订，涵盖股东资质、股权取得、入股资金、股东行为、股权事务、材料申报等内容，新版制度以近些年保险公司股权治理中存在的一些问题为导向，对股权比例做出调整，对穿透式监管进行了制度设计，增加了事前、事中、事后的机制，来规范股东行为。部分内容包括：在股权变更时，为规范通过收购现有股东间接入股保险公司，以规避监管审核的行为，新的《办法》里设置了一些针对性措施，如纳入备案管理，需要提前向监管部门进行报告和备案，从而进行资质条件审核；如果没有备案，监管机构将加大审查力度，或者采取相应的监管措施。在出资时，加强资金真实性来源的考核，在审核中，原来一般从形式完备上做要求，比如要求提供财务报告等；现在对一些存疑的资金来源或者资金，要求进行整体资金来源的梳理，要求提供银行流水账单等，要求在出资的时候承诺是自有资金。在公司治理方面，如果股东僵局始终不能达成一致，监管可能会介入。

受限于监管要求，我国保险公司目前对股票的直接投资比例相对较低。2018 年保险行业股票和证券投资基金 19219.87 亿元，占比 11.71%。从中国平安年报披露的数据来看，2017 年末股权型金融资产投资占比 15.7%，长期股权投资占比 2.4%，二者合计 18.1%。2018 年末，股权型金融资产投资占比 12.9%，长期股权投资占比 3.3%，二者合计 16.2%，与 2017 年相比，下降了 1.9 个百分点。

（四）证券投资基金（securities investment fund）

证券投资基金是指通过发售基金份额的方式募集资金，募集到的资金由基金托管人托管，由基金管理人管理和运作，以资产组合方式进行证券投资的一种利益共享、风险共担的集合投资方式。

基金主要具有三个特征：（1）集合投资。基金将零散的资金巧妙地汇集起来，交给专业机构投资于各种金融工具，以获得资产的增值。（2）组合投资、分散风险。通过构建投资组合实现分散风险、提高收益是基金的主要特点。中小投资者由于资金有限，很难做到分散投资，但是通过购买基金，就相当于用很少的钱买了一揽子股票组合，能够有效分散风险。（3）专业理财。基金实行专家管理制度，基金管理人一般是具有丰富行业经验的专业投资研究人员，能够最大程度降低信息不对称导致的投资风险。

按投资标的分类，证券投资基金通常分为债券基金、股票基金、货币市场基金和混合型基金。债券基金以债券为主要投资对象，债券比例须在80%以上，这类基金的风险较低，适合稳健型投资者；股票基金以股票为主要投资对象，股票比例须在60%以上。股票基金的投资目标侧重于追求资本利得和长期资本增值，相对债券基金，收益更高，风险也更大。货币市场基金是以货币市场工具为投资对象的一种基金，通常被认为是无风险或低风险的投资，其投资对象期限一般在一年内，包括银行短期存款、国库券、公司债券、银行承兑票据及商业票据等。混合基金主要从资产配置的角度看，股票、债券和货币的投资比例没有固定的范围。

证券投资基金是一种集中资金、专家管理、分散投资、降低风险的投资工具，但投资者仍有可能面临风险。证券投资基金存在的风险主要有：(1) 市场风险。基金主要投资于证券市场，相对于购买股票而言，由于能有效的分散投资和利用专家优势，投资者购买基金可能对控制风险有利。然而，分散投资虽能在一定程度上消除来自个别公司的非系统性风险，但无法消除市场的系统性风险。因此，证券市场价格因经济因素、政治因素等各种因素的影响而产生波动时，基金收益水平和净值将发生变化，从而给基金投资者带来风险。(2) 管理能力风险。基金管理人作为专业投资机构，虽然比普通投资者在风险管理方面确实有某些优势，如能较好地认识风险的性质、来源和种类，能较准确地度量风险，并通常能够按照自己的投资目标和风险承受能力构造有效的证券组合，在市场变动的情况下，能够及时地对投资组合进行更新，从而将基金资产风险控制在预定的范围内。但是，不同的基金管理人的基金投资管理水平、管理手段和管理技术存在差异，从而会对基金收益水平产生影响。(3) 技术风险。当计算机、通信系统、交易网络等技术保障系统或信息网络支持出现异常情况时，可能导致基金日常的申购或赎回无法按正常时限完成、注册登记系统瘫痪、核算系统无法按正常时限显示基金净值、基金的投资交易指令无法即时传输等风险。(4) 巨额赎回风险。这是开放式基金特有的风险。若因市场剧烈波动或其他原因而连续出现巨额赎回，并导致基金管理人出现现金支付困难的情况时，基金投资者申请巨额赎回基金份额，可能会面临部分顺延赎回或暂停赎回等风险。

我国《证券投资基金法》规定，基金财产应当用于下列投资：第一，上市交易的股票、债券；第二，国务院证券监督管理机构规定的其他证券品种。因此，证券投资基金的投资范围为股票、债券等金融工具。目前，我国的基金主要投资于国内依法公开发行上市的股票、非公开发行股票、国债、企业债券和金融债券、公司债券、货币市场工具、资产支持证券、权证等。

证券投资基金是保险公司的重要投资工具，尤其是股票型基金。原因体现为以下三个方面：首先，相对于直接投资股票风险，保险公司投资基金的风险更小，而收益又高于债券投资，并且能够做到有效的分散化投资。其次，保险公司通过证券投资基金参与证券市场的投资，不用受到保险监管机构对保险资金直接投资股票比例的限制。最后，保险公司投资于基金可以享受专业的基金管理团队的理财服务，一定程度上可以在控制风险的同时，降低保险公司的内部成本。

1999 年 10 月，国务院批准我国保险公司可以通过购买证券投资基金进入股票二级市场，保险公司持有的证券投资基金投资比例最高为总资产的 5%。随后逐渐放开这一比例。2005 年，重新修订的《保险公司投资证券投资基金管理暂行办法》规定：

（1）投资证券投资基金的账面余额，不超过该保险公司上季末总资产的 15%；

（2）投资单一证券投资基金的账面余额，不超过该保险公司上季末总资产的 3%；

（3）投资单一封闭式基金的份额，不超过该基金发行份额的 10%。

其中第九条还规定：保险公司不得以任何理由超过规定的比例投资基金。

保险公司经批准开办的投资连结保险可以设立投资基金比例为 100% 的投资账户，万能寿险可以设立投资基金比例最高为 80% 的投资账户。投资账户的设立、合并、撤销、变更应符合我会的有关规定。

2010 年 8 月，保险监管机构发布《关于调整保险资金投资政策有关问题的通知》，明确保险公司投资证券投资基金的余额，不超过该保险公司上季末总资产的 15%，且投资证券投资基金和股票的余额，合计不超过该保险公司上季末总资产的 25%。

在权益类投资方面，通知明确，保险公司应当根据权益类投资计划，在上季末总资产 20% 的比例内，自主投资股票和股票型基金，并符合下列规定：

（1）投资同一上市公司的股票，不超过该公司总股本的 10%；超过 10% 的仅限于实现控股的重大投资，适用《保险资金运用管理暂行办法》有关重大股权投资的规定。

（2）保险公司投资证券投资基金的余额，不超过该保险公司上季末总资产的 15%，且投资证券投资基金和股票的余额，合计不超过该保险公司上季末总资产的 25%。

（3）投资单一证券投资基金的余额，不超过该保险公司上季末总资产的 3%；投资单一封闭式基金的份额，不超过该基金发行份额的 10%。

通知明确，保险公司应当加强流动性管理，配置银行活期存款、中央银行票据、政府债券、政策性银行债券和货币市场基金等资产的余额，不低于该保险公司上季末总资产的 5%。

在固定收益类资产投资方面，将可投资有担保债券的品种，调整为有担保的企业债券、有担保的公司债券、有担保的可转换公司债券和有担保的公开发行的证券公司债券。将投资有担保企业（公司）类债券的信用等级，调整为具有国内信用评级机构评定的 A 级或者相当于 A 级以上的长期信用级别。投资商业银行金融债券、商业银行次级债券、商业银行次级定期债务、国际开发机构人民币债券以及有担保的企业（公司）类债券，可自主确定投资总额；投资上述债券同一期单品种的份额，不超过该期单品种发行额的 20%。

将可投资无担保债券的品种，调整为无担保企业债券、非金融企业债务融资工具和商业银行发行的无担保可转换公司债券。将投资中国境内发行的无担保企业（公司）类债券的信用等级，调整为具有国内信用评级机构评定的 AA 级或者相当于 AA 级以上的长期信用级别。

投资无担保企业（公司）类债券的余额，不超过该保险公司上季末总资产的 20%；投资上述债券同一期单品种的份额，不超过该期单品种发行额的 10%。

随着我国股票市场的快速发展，股票投资在保险资金投资中将越来越重要。根据中国保险年鉴的统计，2018 年保险投资银行存款 24363.50 亿元，占比 14.85%；债券 56382.97 亿元，占比 34.36%；股票和证券投资基金 19219.87 亿元，占比 11.71%；其他投资 64122.04 亿元，占比 39.08%。

（五）另类投资

国家“十二五”规划对保险业提出了“适时调整保险资金投资政策”。中国原保险监管机构随之制定了一系列拓宽保险资金投资渠道的新规定，如修订保险资金境外投资管理办法细则、扩大保险投资在香港资本市场的投资范围，从过去单一的股票、债券和基金延伸到衍生品、探索保险资金参与保障房建设等。随着监管部门不断拓宽保险资金的运用渠道和范围，保险行业的另类投资种类越来越丰富，在各个投资领域的影响力也越来越大。未来将进一步支持保险资金投资养老实体、医疗机构、汽车服务等相关机构的股权。

保险资金具有规模大，久期长，来源稳定的特点，目前保险产品中占比最大的寿险类产品的期限通常在 15 年以上，分红险的期限一般在 10 年以上。保险资金来源稳定，能够满足国家大型基础设施和重大项目建设对长期资金的需求。近两年，保险行业在支持实体经济发展领域做出了重要贡献。据中国保险资产管理业协会数据，截至 2018 年 12 月底，保险行业累计发起设立各类债权、股权投资计划 1056 项，合计备案（注册）规模 25301.40 亿元。2018 年 1—12 月，26 家保险资产管理公司注册债权投资计划和股权投资计划共 213 项，合计注册规模 4547.26 亿元。其中，基础设施债权投资计划 121 项，注册规模 2940.86 亿元；不动产债权投资计划 89 项，注册规模 1245.40 亿元；股权投资计划 3 项，注册规模 361.00 亿元。2018 年保险监管机构发布《关于保险资金设立股权投资计划有关事项的通知》，明确不得借由股权投资计划开展明股实债和通道业务，导致与 2017 年同期相比，2018 年股权计划注册规模缩减；在债权计划中，基础设施债权计划的注册数量及规模增加明显，体现出 2018 年保险资金加大支持实体经济发展的趋势①。

2010 年，原中国保险监管机构印发《保险资金投资不动产暂行办法》指出，保险资金可以投资基础设施类不动产、非基础设施类不动产及不动产相关金融产品。其中第八条规定：保险公司投资不动产，应当符合下列条件：

（1）具有完善的公司治理、管理制度、决策流程和内控机制；

（2）实行资产托管机制，资产运作规范透明；

（3）资产管理部门拥有不少于 8 名具有不动产投资和相关经验的专业人员，其中具有

① 数据来源：2019 年保险资产管理行业报告。

5年以上相关经验的不少于3名，具有3年以上相关经验的不少于3名；

（4）上一会计年度末偿付能力充足率不低于150%，且投资时上季度末偿付能力充足率不低于150%；

（5）上一会计年度盈利，净资产不低于1亿元人民币（货币单位下同）；

（6）具有与所投资不动产及不动产相关金融产品匹配的资金，且来源充足稳定；

（7）最近三年未发现重大违法违规行为；

（8）中国保险监管机构规定的其他审慎性条件。

第十四条规定：保险公司投资不动产（不含自用性不动产），应当符合以下比例规定：

（1）投资不动产的账面余额，不高于本公司上季度末总资产的10%，投资不动产相关金融产品的账面余额，不高于本公司上季度末总资产的3%；投资不动产及不动产相关金融产品的账面余额，合计不高于本公司上季度末总资产的10%。

（2）投资单一不动产投资计划的账面余额，不高于该计划发行规模的50%，投资其他不动产相关金融产品的，不高于该产品发行规模的20%。

二、我国保险公司投资现状

随着保险行业快速发展，保险行业的投资结构和投资比重也在随着业务模式的拓展和创新在不断发生变化。

（一）市场总体情况

随着市场行情与政策环境变化，保险行业资产配置结构不断调整。2014—2017年，传统银行存款、股票、证券投资基金占比下滑，股票、证券投资基金和其他类投资占比提升。保险监管机构公布的数据显示，2018年保险资金运用余额为164088.38亿元，较年初增长9.97%。其中，银行存款24363.50亿元，占比14.85%；债券56382.97亿元，占比34.36%；股票和证券投资基金19219.87亿元，占比11.71%；其他投资64122.04亿元，占比39.08%。从趋势来看，以保险债权计划等非标资产在内的其他类资产仍然在保险资金运用中占绝对比例（见图8－1）。

受股指和债券收益率回调影响，上市保险公司投资端收益有所减少。截至2018年底，中国人寿、中国太保和新华保险分别实现投资收益1113.96亿元、499.99亿元和315.86亿元，同比分别减少17.5%、5.05%和8.9%（见图8－2）。

（二）保险公司投资案例

以A保险公司为例，截至2018年12月31日，A保险资金的投资资产总额达到27942.20亿元。从表8－1可以看出，A保险资金的投资组合分布于固定收益类投资（定期存款、债券投资、债券计划投资、理财产品投资及其他固定收益类投资）、权益投资（股

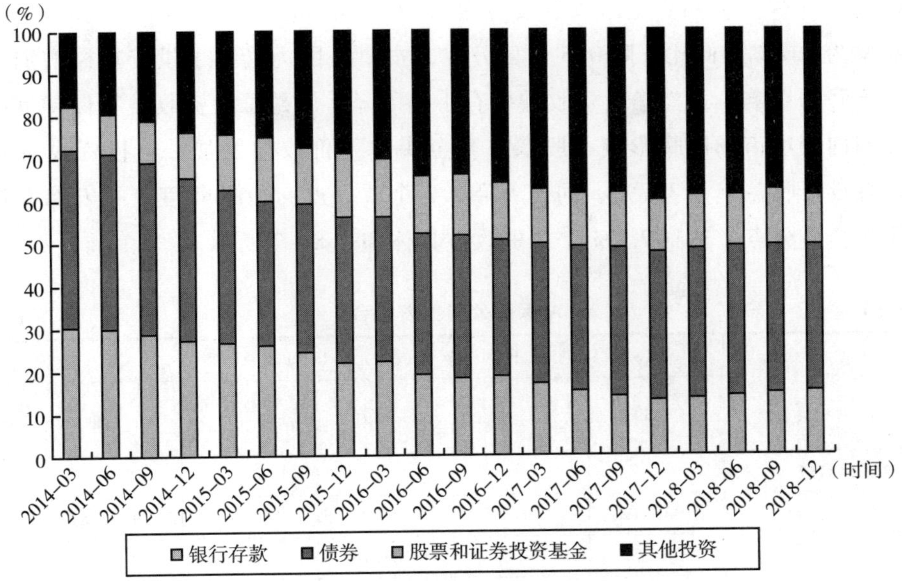

图 8-1　2018 年保险业资金运用结构①

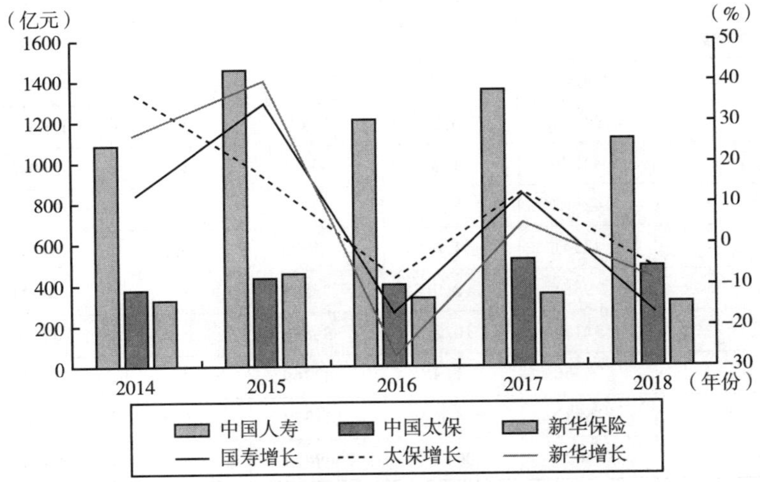

图 8-2　上市险企投资收益及增长率②

票、权益型基金、股权投资、债券型基金、优先股及理财产品投资）、投资性物业和现金、现金等价物及其他等。其中，固定收益类投资的占比依旧最高，达到了 69.3%，相较于 2017 年略有上升，但是较 2016 年下降了 4.1%；而权益投资占比仅次于前者，但是与 2017 年相比确有大幅提升，提升了 6%；投资性物业和现金、现金等价物及其他两项的投资占比与上年度基本持平，没有较大波动。由此可见，2018 年平安保险资金的投资走向是以固定收益类投资为主，并辅以提高权益投资。

①② 数据来源：公开资料整理。

2018 年，A 保险公司资金净投资收益为 1267.07 亿元，较 2017 年同比增长 4.4%，净投资收益率为 5.2%，同比下降 0.6 个百分点，主要是因为受到了投资规模增加、债类资产利息率下降的影响。虽然净投资收益率有小幅下降，但是总投资收益率保持良好的增长态势，受国内资本市场回暖影响，股票、基金买卖差价收益增加，总投资收益同比下降 29.1%，总投资收益率为 3.7%，同比下降 2.3 个百分点。2017 年度，平安综合投资收益率上升 3.3 个百分点，达到 7.7%。投资收益具体如表 8－2 所示。

表 8－1　　A 保险公司投资组合①

单位：百万元

	2018 年 12 月 31 日		2017 年 12 月 31 日		2016 年 12 月 31 日	
	账面值	占总额比例（%）	账面值	占总额比例（%）	账面值	占总额比例（%）
按投资对象分						
固定收益类投资	1938849	69.3	1680071	68.5	1470798	73.4
定期存款	201251	7.2	163074	6.6	206548	10.3
债券投资	1270765	45.4	1071688	43.7	910968	45.4
债权计划投资	156501	5.6	140292	5.7	135781	6.8
理财产品投资	285663	10.2	195633	8	124004	6.2
其他固定收益类投资	24669	0.9	109384	4.5	93497	4.7
权益投资	574664	29.7	580305	23.7	366876	18.2
股票	231801	8.3	272474	11.1	136350	6.8
权益型基金	44276	1.6	33226	1.4	30096	1.5
股权投资	142982	5.1	97198	4	71051	3.5
债券型基金	43541	1.6	11973	0.5	12544	0.6
优先股	79881	2.9	78546	3.2	74721	3.7
理财产品投资	32183	10.2	86888	3.5	42114	2.1
投资性物业	53356	1.9	47769	2	43442	2.2
现金、现金等价物及其他	116532	4.1	141329	5.8	123664	6.2
投资资产合计	2794620	100	2449474	100	2004780	100

表 8－2　　A 保险公司投资收益②

单位：百万元

	2018 年	2017 年	2016 年	2018—2017 年变动（%）	2017—2016 年变动（%）
净投资收益	126707	121340	108069	4.4	12.3
已实现的收益	280	4118	（15332）	（93.2）	不适用
公允价值变动损益	（37099）	648	2612	不适用	（75.2）
投资资产减值损失	（387）	44	（495）	不适用	不适用
总投资收益	89501	126150	94854	（29.1）	33.0

①②　数据来源：根据实际保险公司年报整理改编。

续表

	2018 年	2017 年	2016 年	2018—2017 年变动（%）	2017—2016 年变动（%）
可供出售金融资产公允价值变动	—	37675	（15860）	—	不适用
综合投资收益	—	163825	78994	—	107.4
净投资收益率（%）	5.2	5.8	6.0	下降 0.6 个百分点	下降 0.2 个百分点
总投资收益率（%）	3.7	6.0	5.3	下降 2.3 个百分点	上升 0.7 个百分点
综合投资收益率（%）	—	7.7	4.4	—	上升 3.3 个百分点

A 保险公司长期以来投资收益比较稳定，表 8－3 显示，从 2015 年开始，无论是净投资收益率还是总投资收益率，A 保险公司都是最高的。2015 年，资本市场行情前涨后跌，从表 8－4 可以看出，经过横向比较，A 保险公司的权益资产配置显然是三家险企中最低的，只有 16.20%。而 2017 年是蓝筹股的牛市，A 保险公司的权益类资产配置高达 23.70%，但 B 保险公司却只有 15.79%，C 保险公司为 19.10%。这表明 A 保险公司的投资风格较为激进，对趋势的判断更为准确。资本市场越低迷，权益资产配置比例越高，而固定收益类资产配置比例相对越低。

表 8－3　　保险公司投资收益率情况①　　单位：%

公司名称	收益指标	2018 年	2017 年	2016 年	2015 年
A 保险公司	净投资收益率	5.20	5.80	6.00	5.80
	总投资收益率	3.70	6.00	5.30	7.80
B 保险公司	净投资收益率	5.00	5.10	5.10	4.90
	总投资收益率	4.60	5.20	5.10	7.50
C 保险公司	净投资收益率	4.64	4.91	4.61	4.45
	总投资收益率	3.28	5.16	4.56	6.39
D 保险公司	净投资收益率	4.90	5.40	5.40	5.20
	总投资收益率	4.60	5.40	5.20	7.30

表 8－4　　保险公司投资类别②　　单位：%

投资类别	C 保险公司				A 保险公司				B 保险公司			
	2015 年	2016 年	2017 年	2018 年	2015 年	2016 年	2017 年	2018 年	2015 年	2016 年	2017 年	2018 年
固定到期日投资占比	77.69	78.26	80.76	77.51	77.70	74.60	68.50	69.7	74.90	64.30	67.30	65.7
权益类投资占比	17.99	17.17	15.79	13.67	16.20	16.90	23.70	12.9	18.00	16.50	19.10	16.6
现金及其他占比	4.32	4.57	3.45	8.82	6.10	8.50	7.80	17.4	7.10	19.20	13.60	17.7
合计	100	100	100	100	100	100	100	100	100	100	100	100

①② 数据来源：根据实际保险公司年报整理改编。

截至2018年底，A保险公司非标债权类资产规模为4421.64亿元，在可投资资产中占比15.8%。非标债权类资产的结构分布具体如表8－5所示。其中基础设施建设的投资占比最大，说明A保险公司已基本倾向于实物资产投资。

表8－5　　A保险公司非标债权资产结构和收益率分布①

行业	投资占比（%）	名义投资收益率（%）	期限（年）	剩余到期期限（年）
基建	34.9	5.77	9.12	5.17
高速公路	16.5	5.88	5.41	5.41
电力	6.3	5.50	2.89	2.89
基建设施及园区开发	5.5	5.69	7.59	7.59
其他（水务、环保、铁路投资等）	6.6	5.84	4.74	4.74
非银金融	30.8	4.73	3.77	3.77
不动产	22.2	6.14	2.33	2.33
煤炭开采	2.7	7.20	2.08	2.08
其他	9.4	5.75	4.23	4.23
总计	100.0	5.84	3.96	3.96

非标债权类资产信用水平较高，有98%以上的所持债权计划和信托计划外部信用评级为AAA，2%左右为AA+及AA，除部分高信用等级的主体融资免征信外，大部分项目都有担保或抵质押；从行业及地域分布看，主动规避高风险行业和区域，目标资产分散于非银金融、高速公路等行业；从投资时间和收益率上看，很好地把握了优质项目大量供给的黄金时期，有效提升了整体组合的投资收益率。

第三节　保险公司投资决策

一、保险公司的投资决策过程

保险公司的投资决策整体来说是从现有的负债结构出发，根据负债特点在可选择的资产范围内寻找最佳的投资组合策略。关于投资决策的分析大致可以从投资决策制定的准则、决策制定的基本流程以及决策的风险与收益分析这三个角度展开。

① 数据来源：根据实际保险公司年报整理改编。

（一）保险公司投资考虑的因素

保险公司投资一般要考虑投资收益、投资风险、投资约束和投资弹性。

1. 投资收益

投资的根本动机是追求投资收益最大化，在企业投资中，首要考虑的因素是投资收益。投资收益包括投资利润和资本利得，投资利润是投入资金运用后所取得的收入和发生的成本之差，资本利得则只是金融商品卖价与买价之差。在投资中考虑投资收益应以投资收益最高且具有确定性的方案为选择对象；在投资中考虑投资收益，需要分析影响投资收益的因素，并针对这些因素及其对投资方案的作用、方向及程度，寻求提高和稳定投资收益的途径。

2. 投资风险

投资风险是一种市场或经营风险，表现为商品或服务价值不能充分实现或不能实现的风险。因而，投资风险意味着投资收益的不确定性。投资风险主要来源于投资者对市场预期的不确定性以及经营效率的缺乏。在投资中考虑投资风险意味着必须实现投资收益与投资风险的匹配以及充分合理预期投资风险，防止和减少投资风险给企业带来损失的可能性。为此必须通过对投资风险的预期，确定企业可望实际得到的投资收益，并从中选择最优投资方案；在投资中考虑投资风险也需要提出合理的策略来规避投资风险，以便将投资风险降至最低程度。投资风险与融资风险存在着一定的联系。如果企业投资项目亏损，必然无力偿还债务，因而从长期看，投资风险的存在必然导致融资风险与财务风险的存在。在投资中，企业必须考虑投资风险存在的可能性，寻找引起投资风险的原因，并提出规避风险的办法。一般来讲，企业投资于不同的方向就会形成不同的风险。

3. 投资约束

投资约束是指投资企业对接受投资企业行使制约权力的程度。投资约束与投资风险密切相关，当投资风险较大时，投资企业对接受投资企业的约束就会增加；反之，这种约束就会变弱。投资约束也与投资目的相联系，如果投资是为了取得对投资企业的控制权，这种约束自然很强，如果投资单纯为了实现预期高收益，自然对接受投资企业的约束相对较弱。整体上讲，投资约束与投资企业的投资动机以及投资项目的风险程度相联系，投资企业必须根据这两个方面确定投资约束的内容和方法，或者确定投资约束的程度。

4. 投资弹性

投资弹性涉及两个方面：一是规模弹性，投资企业必须根据自身资金的可供能力和投资效益或者市场供求状况，调整投资规模；二是结构弹性，投资企业必须根据市场风险或市场价格的变动，调整投资结构，即调整现存投资结构。这种调整只有在投资结构具有弹性的情况下才能进行。对实体投资与金融投资来说，投资弹性有着很大的差异。尽管如此，有一点是相同的，就是企业要投资扩张只需追加资金。从这个意义出发，投资扩张与投资本身是否有弹性一般无直接关系，也就是说投资弹性主要是就投资收缩与投资结构调整的可能性而言的。在市场经济下，投资弹性具有重要意义。由于市场处在一种变动中，企业经营规模和投资规模、企业经营结构和投资结构都必须相应调整，而调整的前提就是投资弹性。

以上四个投资应考虑的因素，归结起来，都可以集中在投资收益和投资风险上。投资约束是为防止投资风险，或降低其投资风险，但同时也会相应降低投资收益。投资弹性根据市场风险的变化，相机调整投资规模与结构，为此必然付出一定的代价（如投资组合会使企业丧失最大的获利机会），使投资收益与投资风险处于相称状态。

（二）保险公司投资决策的准则

根据投资的性质，如果未实现多样化，往往就无法消除非系统性（即非市场性）风险，理论上，多样化是消除此类风险的主要方式。多样化意味着在一系列投资类型和投资类别内的公司中分散资产，以避免单一市场的影响或单一市场的波动对价值产生重大影响。例如，如果该公司遇到意外困难，那么对特定公司股票的集中投资（与多样化相反）可能会造成巨大损失。类似地，如果投资是相关的（即一方中的负面运动将导致其他方的负面运动），也可能出现类似的情况，例如，投资的两家公司在同一行业中经营的情况。因此，资本模型应包含一种机制，即资本费用反映了与集中投资相关的风险。分析师需要决定风险的程度和相关资本费用的大小。对于多样化的投资组合或主要由政府股票等近无风险证券组成的投资组合，可能不需要额外收费；对于中等程度的集中，应当收取一小笔费用（某些地方高达投资组合的5%）；在多样化程度较弱的情况下，如果集中在某个公司或单个房地产开发投资超过投资组合的1/10，那么应收取5%—10%的资本费用；而在多样化程度极低的情况下，可能需要10%—20%甚至更多的资本费用。

制定保险投资决策大致可以依据三个基本准则：均值—方差投资组合准则、最大化效用准则以及最小化破产概率准则。

1. 均值—方差投资组合准则

Markowitz（1952）的投资组合理论不仅是现代金融理论的重要组成部分，也对保险公司投资决策产生了重大影响。该理论将风险定义为期望收益率的波动率，首次将数理统计的方法应用到投资组合的选择理论。由该理论引申而出的均值—方差准则直观地体现了收益与风险的均衡。

根据均值—方差模型，制定投资决策时需要遵循两个判断标准：同等风险下的尽可能高的期望收益率或者一定的期望收益率下尽可能最低的风险。投资决策的目标就是二者之间达到某种平衡。Lawrence（1968）较早将投资组合理论应用在保险投资决策领域，主要集中在寿险公司投资决策的影响因素。Babbel 和 Hogan（1992）建立了一个根据保险公司资产和负债收益差异性的最优投资决策模型，该模型主要从股东权益最大化和投保人利益两个方面展开。Elton 和 Gruber（1992）则从股东角度将保险公司最优资产组合中分成两部分：“基于负债的投资组合”和“基于盈余的资产组合”，其中“基于负债的投资组合”

主要由现金投资构成的无风险组合，“基于盈余的资产组合”则由风险资产组成。

对于保险公司来说，在确定组合投资时，要仔细权衡风险与收益。较高的资产组合投资回报率往往伴随着较高的风险，监管成本和财务风险也会随之增长。在使用均值—方差模型时，还要兼顾投资收益与监管、偿付违约风险之间的关系。

2. 最大化效用准则

最大化投资者的投资效用是经济学领域的常用投资准则。经济学家伯努利最早提出“效用值”的概念，即效用值会随财富的增加而增加，但效用值的增长速度边际递减。

Lambert 和 Hofflander（1966）、Kahane（1975）、Krous（1970）等学者在 Markowitz 组合投资理论的基础上，假设保险人的期望效用函数为二次函数，对有关财产保险的投资进行了研究。Petterson（1984）指出了在保证赔付情况下的寿险投资策略，即确定保险盈余部分的投资比例，对于保险公司的安全性具有很重要的作用。Browne（1995）研究了 CARA（constant absolute risk aversion），将保险投资对象看作是一个整体的风险资产，其价格满足几何布朗运动，将保险投资决策建立在随机过程模型的基础上，提出了效用最大化目标下的最优投资策略选择问题。Wu 和 Cai（2008）在 Browne 等学者的基础上，应用最大化效用准则研究了投资—再保策略的选择问题。

3. 最小化破产概率准则

识别和分析风险一直是保险公司制定投资策略时面临的重要问题，效用最大化准则无法体现出保险公司风险的大小，破产概率成为衡量保险公司风险的重要指标。最小化破产概率准则强调保险投资中的风险因素，针对保险公司给定的一个保费率以及对应的保险项目计算保险公司承保过程中的破产概率，这个概率越小越好。

最小化破产概率的基础上，还有终极破产概率的概念，即保险公司的最终理赔损失减去保费收入后超过初始保险准备金的概率。当最终理赔损失超过了保费收入初始准备金的总和，保险公司便因无力支付赔款而走向破产。

整体而言，投资组合策略是一个动态的投资决策过程，一方面需要确定保险投资的种类，另一方面需要确定各种投资产品的投资比重。确定各投资产品的种类和比重，实施多元化的投资组合分布，是避免风险过于集中的重要手段之一，对保险公司来说具有重要的意义。保险公司选择合适的投资策略及资产负债计量方法，并且辅以科学的计算工具，将投资风险控制在可以接受的范围内。

2005 年，随着我国监管政策逐步允许保险资金进入资本市场投资，选择最佳投资策略成为保险公司面临的重要难题，也是保险公司财务管理的重要目标和重要内容。

（三）保险公司的投资决策流程

保险公司的投资决策需要考虑其承保业务的现金流特点，通过合理安排投资品种、期限和方式等，实现现金流入和流出在时间、金额和结构上的匹配。如果现金存量过低，可能会影响保险公司的偿付能力，导致财务风险；而现金存量过高，又会造成资金的浪费，损失投资收益。例如，由于寿险公司的承保业务结构以中长期为主，其应该选择以中长期投资为主、短期投资为辅的投资策略，同时还要考虑寿命、医疗、经济条件等因素，运用动态利率敏感现金流分析、久期免疫、动态财务分析等现金流分析技术，尽可能提高现金流预测的准确性，提高现金流管理策略。保险公司的产品结构复杂，涉及长、中、短期，且各部分比重还会随着保险业务范围的拓展而变化，对投资决策的要求更高，需要在行业发展阶段、企业发展战略与方向导致现金流量变化的基础上，建立一种动态的投资决策机制。

1. 资产与负债的匹配

对于保险公司来讲，资产负债匹配是投资决策的第一步。资产负债匹配管理包括资产负债在期限上的匹配、总量上的匹配、结构匹配及性质匹配等。具体来说，又可细分为两个目标：（1）确定风险资产的匹配上限。风险资产（risk capital）主要是指资产结构中未来收益率不确定且可能造成损失的那部分高风险资产，如股票和衍生金融产品。高风险高收益的资产对应的配置则是银行存款、债券、基金等低风险资产。对于保险公司来说，为了保证当前和未来的保险赔付能力，满足监管要求，首先需要根据保险公司未来的业务发展趋势确定基本的风险资产限额。风险限额是指不同层次的资金运用部门可用于抵御风险损失的最大资本额，是根据风险调整后资本收益率（risk adjusted return on capital，RAROC）的最大化原则，应用资产组合分析模型设定的风险敞口（EAD）或风险价值（VaR）的上限。风险限额代表了保险公司在某一项业务中所能承受的最大风险，凡在限额以内发生的损失，都可以通过保险公司的自有资本金和准备金来给付，超出限额则意味着损失超过承受能力，保险公司必须采取减少风险暴露、分散资产组合以及运用衍生工具等方式进行风险缓释。（2）资产和负债在现金流流入和流出方面的匹配，即根据负债久期和现金流入设置资产的久期和现金流，这部分在资产负债匹配章节还会进一步展开分析。

2. 风险与收益的匹配

风险与收益的匹配是投资决策非常重要的环节，这一环节在建立前面的投资决策准则和资产与负债特征的基础上，将具有不同风险、收益特征的资产组合在一起，在降低系统性风险的同时，获得最高的投资回报率。根据投资组合内各类资产的历史收益率，对组合的风险和收益进行测算。这部分计算不仅需要建立在历史数据的基础上，还需要对未来一段时间的宏观经济形势和资本市场波动做深入分析，对不同类别的投资资产所对应的风险进行测算，进而对未来不同的经济情况下的资产负债配置比例进行调整。

3. 资产与负债的再平衡和动态调整

由于不同的保单承保时间存在差异，且随着行业和市场的变化而变化，保险公司在制定投资策略的过程中，需要根据经济情况的变化对资产比例进行再平衡和不断调整。保险公司尤其需要重视投资决策的再平衡过程，结合保险的盈利模式以及业务结构不断进行动态调整。

4. 投资决策的选择与评价

在确定资产与负债、风险与收益的上下限以后，需要对投资项目和组合进行评价和分析。一般分为三个步骤：首先确定投资（投资组合）的资本成本，其次预测投资（投资组合）的净现金流并进行折现，最后结合现金流的不确定性，分析折现现值，并决定是否接受投资方案。

（四）保险公司投资决策的方法

1. 静态决策分析方法

静态决策分析方法是指不考虑资金时间价值的分析方法。

（1）投资回收期法。投资回收期是指收回初始投资所需的时间。投资回收期的计算方法，因每年营业净现金流量是否相等而不同。

当每年现金净流入量相等时，

$$回收期 = \frac{初始投资}{年现金净流入量} \quad （式 8-1）$$

当每年现金净流入量不相等时，

$$回收期 = \begin{matrix}短于回收期\\最高年限\end{matrix} + \frac{\left(初始投资 - \begin{matrix}短于回收期最高年限\\累计现金净流入量\end{matrix}\right)}{\left(\begin{matrix}长于回收期最低年限\\累计现金净流入量\end{matrix} + \begin{matrix}短于回收期最高年限\\累计现金净流入量\end{matrix}\right)} \quad （式 8-2）$$

例如，某企业有资金 100000 元，准备用于投资，要求的投资回收期为 6 年，现有两个投资项目可供选择，相关资料如下：

投资项目 A：预计平均年现金净流入量为 20000 元。

投资项目 B：预计平均年现金净流入量为 18000 元。

故投资项目 A 预计投资回收期为 5 年，投资项目 B 预计投资回收期约为 5.6 年。

投资项目 A 和投资项目 B 的预计投资回收期都短于要求的投资回收期，而投资项目 A 的预计投资回收期又短于投资项目 B 的预计投资回收期，故投资项目 A 的投资效果优于投资项目 B。

投资回收期法易于理解，计算简便，但存在明显的缺点，即没有考虑资金的时间价值，忽略了不同方案回收期满后现金流量变化情况，方案的评价和选择具有片面性。

（2）会计收益率法。会计收益率是指项目的原始投资所获得的年平均净收益率。会计收益率法就是将投资项目的年平均净收益率与该项投资的资金成本加以比较，判断投资是否可取，然后在可取投资方案中选择会计收益率大的投资方案的一种投资决策方法。会计收益率的计算公式如下：

$$会计收益率 = \frac{年平均净收益}{平均投资额} \quad （式 8-3）$$

（3）平均报酬率（ARR）法。平均报酬率是投资项目寿命周期内的平均年投资报酬率，其常见的计算公式为：

$$平均报酬率 = \frac{平均现金流量}{初始投资额} \quad （式 8-4）$$

此方法不受建设期长短、投资方式、回收额等影响，计算简单，可以作为方案评价的辅助性手段，但缺点是无法利用现金流量信息。

2. 动态决策分析方法

动态决策分析方法是指考虑了资金时间价值的决策分析方法。主要有：

（1）净现值法。净现值（net present value）是投资项目投入使用后的净现金流量，按资本成本或企业要求达到的报酬率折现为现值，减去初始投资以后的余额，称为净现值（NPV）。该方法利用净现金效益量的总现值与净现金投资量算出净现值，然后根据净现值的大小来评价投资方案。净现值为正值，说明投资方案是可以接受的；净现值是负值，从理论上来讲，投资方案是不可接受的，但是从实际操纵层面来说这也许与公司的战略性的决策有关，比如说是为了支持其他的项目，开发新的市场和产品，寻找更多的机会获得更大的利润。此外，回避税收也有可能是另外一个原因。当然，净现值越大说明投资方案越好。净现值法是一种比较科学也比较简便的投资方案评价方法。净现值的计算公式如下：

$$NPV = \sum_{t=1}^{n} \frac{C_t}{(1+r)^t} - C_0 \quad （式 8-5）$$

其中：NPV 为净现值，C_0为初始投资额，C_t为 t 年现金流量，r 为贴现率，n 为投资项目的寿命周期。

净现值法的决策规则：在只有一个备选方案的决策中，净现值为正时采纳，为负时不采纳；在多个备选方案的互斥选择决策中，应选净现值为正值中的最大者。

净现值法优点是，考虑了资金时间价值，能反映各种投资方案的净收益，因而是一种较好的方法，缺点是不能揭示各个投资方案本身可能达到的实际报酬率。

（2）获利指数。获利指数又称利润指数（PI），是投资项目未来报酬的总现值与初始投资额的现值之比。其计算公式为：

$$PI = \left[\frac{NCF_1}{(1+i)^1} + \frac{NCF_2}{(1+i)^2} + \cdots + \frac{NCF_n}{(1+i)^n}\right] / C \quad （式 8-6）$$

即

$$PI = \frac{未来报酬总现值}{初始投资额} \quad （式 8-7）$$

获利指数决策规则：在只有一个备选方案决策中，获利指数大于或等于 1 时采纳，否则拒绝；在有多个方案的互斥选择决策中，应采纳获利指数超过 1 最多的投资项目。

获利指数的优点是考虑了资金时间价值。由于获利指数是用相对数表示的，所以采用获利指数进行决策有利于在初始投资额不同的投资方案之间比较。

（3）现值指数法。现值指数法（PVI）是指某一投资方案未来现金流入的现值同其现金流出的现值之比。具体来说，就是把某投资项目投产后的现金流量，按照预定的投资报酬率折算到该项目开始建设的当年，以确定折现后的现金流入和现金流出的数值，然后相除。计算公式：

$$PVI=\frac{未来现金流入量的总现值}{原始投资额}$$

$$=\frac{[A_1\cdot(1+i)^{-1}+A_2\cdot(1+i)^{-2}+\cdots+A_n\cdot(1+i)^{-n}]}{PV}=\frac{\sum_{t=1}^{n}A_t\cdot(1+i)^{-t}}{PV}$$

（式 8－8）

若现金流入的现值与现金流出的现值之比大于 1，表明在取得预定报酬率所要求的期望利益之外，投资还要获得超额的现值利益，这在经济上是有利的。与此相反，若二者之间的比值小于 1，则意味着投资回收水平低于预定报酬率，投资者将无利可图。

（4）内含报酬率法。内含报酬率（*IRR*）是指能够使未来现金流入现值等于未来现金流出现值的贴现率，或者说是使投资方案净现值为零的贴现率。内含报酬率法是根据方案本身内含报酬率来评价方案优劣的一种方法。若内含报酬率大于资金成本率，则方案可行。内含报酬率越高方案越优。

其计算公式为：

$$\sum_{t=0}^{n}\frac{NCF_t}{(1+IRR)^t}=0 \qquad （式 8－9）$$

内含报酬率的计算一般是通过逐次测试逼近法进行的，其计算步骤如下：

当每年 *NCF*（net cash flow）相等时：

第一步：计算年金现值系数。

$$年金现值系数=\frac{初始投资额}{每年 NCF} \qquad （式 8－10）$$

第二步：查年金现值系数表，在相同期数内，找出与上述年金现值系数相近的较大与较小的两个贴现率。

第三步：根据上述两个邻近的贴现率和已求得的年金现值系数，采用插值法计算出内含报酬率。

如 *NCF* 不等，则按下列步骤计算。

第一步：先预估一个贴现率，并按此贴现率计算净现值。如净现值为正，提高贴现率，再进行测算。如净现值为负，应降低贴现率，再进行测算。经过多次反复测算，找到净现值由正到负并且比较接近于零的贴现率。

第二步：根据上述两个邻近的贴现率计算出方案的实际内部报酬率。

内含报酬率的决策规则：在只有一个备选方案的决策中，如果计算出的内含报酬率大于或等于企业的资本成本或必要报酬率就采纳，反之，则拒绝；在多个备选方案决策中，应选用内含报酬率超过资本成本或必要报酬率最多的投资项目。

内含报酬率考虑了资金的时间价值，反映了投资项目的真实报酬，概念易于理解。但该方法的计算比较复杂，特别是 *NCF* 不相等时，需要经过多次测算才能求得。

二、保险公司投资资产的现金流模型

（一）保险投资资产的现金流

现金流反映了收付实现制原则下企业在一定时期内现金流入和流出的资金活动。对现金流的分析不仅是保险公司偿付能力分析的重要内容，而且是保险公司产品定价、企业估值、财务管理工作的重要基础。正常情况下，净现金流金额越大，说明保险公司偿付能力越强，违约风险越低。但现金流净增加额并非越多越好，现金流的收益性往往较差，太高的现金流净额一方面有可能意味着保险公司不能充分利用现有资产，将资产过高配置在盈利能力较低的现金资产上；另一方面，保险公司现金流的增加主要依靠负债的增加，保险公司现金流的快速增加，往往意味着未来现金流出的可能性增加（现金赔付支出），还需要注意净现金流量的稳定性与再生性，以及业务扩张带来的潜在赔付成本的上升。保险公司在进行现金流管理时，需格外警惕现金流的异常增长，这有可能意味着管理层偏好风险。过于偏好风险和现金流流入，不计成本的过度扩张，是企业后来陷入经营困境的根源。

保险公司投资活动引起的现金流主要分为现金流入、现金流出和净额三部分。

（1）投资活动的现金流入主要包括收回投资收到的现金、取得投资收益收到的现金、处置固定资产、无形资产和其他长期资产收回的现金净额，主要由收回投资收到的现金构成。以中国人寿为例，2017 年和 2018 年收回投资收到的现金分别占投资活动现金流入的 87% 和 78% 左右。

（2）投资活动的现金流出主要包括投资支付的现金、质押贷款净增加额、购置固定资产、无形资产和其他长期资产所支付的现金、支付其他与投资活动有关的现金。其中，投资支付的现金占现金流出的主要比重。以中国人寿为例，2015 年和 2016 年投资支付的现金占投资活动现金流出的 95% 以上。

（3）投资活动的现金净流量则是一年内保险公司投资活动的现金流入和现金流出的差额。由于保险公司的投资活动还受到经营活动现金流量净额和融资活动现金流量净额的影响，因此投资活动现金流净额若为负值，则意味着保险公司很有可能处在业务快速发展的阶段，一方面保险业务带来大量正的经营活动净现金流量，另一方面通过吸收大量的投资获得正的融资活动现金流量净额。

（二）保险投资的现金流模型

保险公司投资项目的现金流模型需要综合考量各投资项目的预期现金流和对应的资本成本，以及所对应的综合赔付率，建立一个综合的现金流管理模型，具体来说需要经过以下几个步骤：

（1）预算和估测投资资产的现金流。由于保险公司的投资组合包含着不同风险与收益的各类资产，需要首先对每类资产的现金流进行分析预测，进而按照投资权重得到整体组合的现金流预测值。实务中一般按照资产出售获得的资金、可预测的现金流（息票本息、贷款支出、租金收入、股票红利分红、保单抵押贷款利息、到期支付与投资费用等）、提前支付的现金流（看涨看跌期权、额外偿债基金给付以及贷款提前支付）、资产违约等进行分类。

（2）确定净现金流，即投资资产现金流加上保险业务收入现金流减去可分配利益。

（3）如果净现金流为正，则根据投资策略购买对应的资产；如果净现金流为负，则需要根据调整资产组合内的资产，将流动性差的长期投资转为流动性强的现金存款等，以保证赔付的正常支付。

（4）在期末时确定所投资资产的市场价值与账面价值，进而确定当期的投资收入、资本利得与资本亏损。

第四节 保险公司资产委托管理

国际保险业投资运作机制主要存在两种方式：自营投资和委托投资。自营投资保险公司自身控制投资活动，效率相对较高。但随着金融活动日益专业化与复杂化，自营难以适应时代的要求。而委托投资方式，是指保险公司通过支付一定管理费用，将全部或部分保险资金委托给专业的投资管理机构进行运作。

一、保险公司资产委托模式

保险资产委托管理模式中的资金运作机制包括集团内委托、独立第三方委托和资金托管三个方面。

（一）集团内委托

集团内委托指保险集团内设立或控股专门的保险资产管理公司，由其对保险资金进行专业化、规范化运作。如美国国际集团、德国安联集团、法国安盛集团等都是将保险资金交由旗下子公司进行专业化管理。

保险资产管理公司可分别接受集团内的产险子公司、寿险子公司、健康险子公司和再保险子公司等的委托进行保险投资活动，也可由各保险子公司把资金统一上缴到集团公司，再由集团公司把资金下划到所属的资产管理公司运作，资产管理公司把各保险子公司的资金分别设立账户，进行独立投资，集团公司负责资金运作的总体规划协调，并负责投资风险的控制。

由于不同公司的发展战略、经营范围、管理手段等差异较大，各国际保险集团委托人和管理人职责分工、内部委托的具体运作方式等方面存在很大差异。一般来讲，保险资产管理公司与保险公司在分工上相互独立、各司其职，在财务上独立核算，自负盈亏，双方就保险资金的投资方向、投资规模、投资收益以及双方的权利义务等达成协议。

以慕尼黑再保险资产管理公司（MEAG）为例，国际保险资产委托管理的运作过程如下：

1. 委托人和管理人分工明确，各负其责

在慕尼黑再保险资产管理公司的委托关系管理中，委托人（各保险公司）的主要职责是选择管理人和托管人、资产负债管理、资产战略配置、向管理人发送投资指引，监控权利人的投资活动和流动性管理等；管理人积极参与全过程，提供专业咨询；与委托人积极沟通，确定投资指引，按照委托人要求，进行投资操作，进行积极的风险管理和风险控制，监控投资操作的全过程；与委托人进行良好的交流与沟通，及时通报委托资产的投资操作情况，提供委托资产的相关信息，满足监管机构和委托人的要求。

2. 客户关系管理是投资管理全过程的基础和核心

2003 年，慕尼黑再保险资产管理公司组建了委托关系管理团队，下设客户经理。一方面，客户经理代表慕尼黑再保险资产管理公司与客户进行沟通和交流，了解客户的需求，并及时提供信息。另一方面，客户经理在慕尼黑再保险资产管理公司内部代表客户利益，组织协调各投资经理的投资活动，监控投资全过程，并进行动态的风险管理。

3. 客户经理参与投资管理的全过程

慕尼黑再保险资产管理公司将资产战术配置划分为动态资产配置、中期资产配置和短期资产配置三个层面，各个层面的主要工作内容如表 8－6 所示。

表 8－6　资产配置各阶段工作内容

工作名称	负责部门	工作内容	工作期限
动态资产配置	委托关系管理部门	1. 在风险收益基础上开展工作 2. 运用市场判断构建投资组合，满足客户的投资目标 3. 客户管理：设置投资约束条件、投资组合的比较基准和投资权限	1 年内
中期资产配置	研究部门	1. 形成中期市场判断 2. 对中期资产配置组合评价	1 年内
短期资产配置	投资部门	1. 根据短期市场情况进行操作 2. 决定品种选择和时机选择 3. 评价短期资产配置组合的效果	3 个月内

4. 严密科学的风险管理，有效防范投资风险

慕尼黑再保险资产管理公司在预警系统中设定客户投资指引中规定的限制条件，如净损失限制、风险资本、股票投资的止损额等。风控部门、委托关系管理部门和投资部门根据自身职能监控风险，并采取有效措施。

（二）独立第三方委托

独立第三方委托指保险公司自身不直接从事投资运作，而将全部或部分保险资金委托给外部的专业投资公司管理。一般情况下，再保险公司、非寿险公司和小型寿险公司使用这种方式比较多，部分大型公司也将自己管理能力较弱的险种交由专业投资机构运作。

国际保险业近百年的发展经验表明，资产委托机制的出现，引进了市场竞争，提高了投资收益。此外，资产委托机制的作用还体现在以下两个方面：一方面，通过建立保险公司和资产管理公司的双重风险监控体系，明确了委托人与受托人的责任和权利，加强了对投资管理的考核，有效地促进了保险投资的专业化运作；另一方面，保险公司通过设立或控股保险资产管理公司的方式，为大型保险公司适应金融混业经营趋势、向国际金融保险集团发展积累了有益的经验。

面对日益激烈的保险业务竞争，保险公司对专业化资产管理业务的要求越来越高，全球资本市场中保险资产的第三方管理业务出现并得到了迅速发展，主要原因如下：

（1）全部或部分资产外包给第三方资产管理机构，可以节省部分人力、信息技术等支出，节约成本。

（2）内部资产管理机构的投资管理能力有限，为了获得更高的投资收益，就需要寻求外部专业机构帮助。自多起保险公司破产事件后，欧美国家更加严格地监管保险公司的投资操作，一些有影响力的评级机构也开始对保险公司进行重新考察和评级，保险公司受到来自评级机构的更多压力。

（3）不断深入的专业化分工，使保险公司对外部机构和先进技术的依赖程度越来越高。

（4）成功的资产负债管理要求具备大量的专业技能，很多中小型保险公司由于技术力量有限，需要寻求第三方资产管理公司完成其资产负债匹配工作。

（5）会计和监管政策的变化，需要花费大量的时间和精力去研究，而外部的专业化服务可以减轻这种负担。

一般而言，第三方管理的保险资产可分为三种类型：一般账户资产、与产品相关的资产和特种投资。

1. 一般账户资产

指没有特殊管理要求的保险资产。一般而言，中小型保险公司更加倾向于将全部或大部分一般账户资产委托给第三方管理。

2. 与产品相关的资产

随着保险业务经营范围的拓展，保险公司不能为某一类保险产品或某一经营区域配备专门的资产管理人才，这时内部的资产管理机构就无法满足保险公司这部分投资需求，需要外包给其他资产管理人。

3. 特种投资

对于一些小类别或特种资产（如高收益债券、新兴市场债券、行业股票基金、抵押贷款证券、小企业股票基金、商品、私有股权和对冲基金等）的管理，出于专业化分工的考虑，会将这部分资产交给第三方进行管理。

（三）资金托管

保险资产委托管理模式下的资金托管，是指将用于投资的保险资金的保管、清算等职责委托给托管银行等金融机构。资金托管机制与资产委托机制一起，共同搭建起保险资产委托管理的专业化运作框架（见图 8－3）。

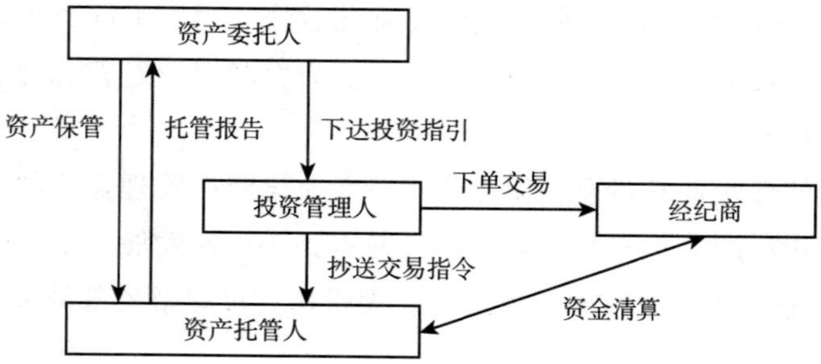

图 8－3　保险资产委托管理的运作框架

二、中国保险公司的资产委托管理

（一）政策规定

2003 年，中国原保监会颁布《保险资产管理公司管理暂行规定》，严格规定了保险资产管理公司的投资身份和比例限制，界定了业务范围和定位，明确了和控股母公司的利益分配方式，确立了保监会的监管主体地位，为保险资产管理公司的规范运作奠定了良好的法治基础。2004 年，原保监会发布《保险资金运用风险控制指引（试行）》，首次提出保险公司应建立第三方托管机制。2005 年，发布《关于开展保险资金托管工作的通知》，将保险资产托管作为强制性制度安排加以推广和普及，保险资产托管业务正式起步，这一阶段以股票资产托管为主，包括少量的债券和基金资产；2006—2013 年，原保监会陆续对保险资金境外投资和资金运用提出第三方托管要求，并在后续发布的一系列新增投资范围的法规中，都将第三方托管作为一项必要机制加以明确。保险资产托管业务进入了快速发展期，托管资产范围也由股票资产为主发展到涵盖股票、债券、基金、股权、不动产等各类资产以及资管公司发行的资管产品领域。

2014 年，原保监会和原银监会联合下发的《关于规范保险资产托管业务的通知》提出保险资金运用形成的各项投资资产全部实行第三方托管和监督，至此保险资金运用进入全托管阶段。

随着中国保险业的迅速发展及保险同业交流的增加，在中国保险监管机构的指导下，各保险公司借鉴国际同业经验，开始探索具有中国特色的保险资金运用管理模式。

（二）实践探索

随着保险行业快速发展，截至2017年底①，32家保险资产管理机构的资产管理规模约15.29万亿元，同比增长11.44%，其中，受托管理保险资金11.8万亿元，占其管理规模的77%，管理的第三方业务（含非股东方委托的保险资金）规模约为5.06万亿元，占管理规模的34.38%，同比增长24.02%，据此估计，32家保险资产管理机构管理的非保第三方业务规模约为3.49万亿元。目前，第三方业务市场份额占比较高的保险资产管理公司包括平安资管、泰康资管、阳光资管、太平洋资管、中国人寿资管、太平资管。此外，中意资管2018年第三方资产管理业务规模增速达37.8%。2018年末我国保险托管规模达到18.4万亿元，平均年化增长率超40%，成为国内托管市场第三大托管品种。

2003年，中国人保资产挂牌成立，成为保险行业首家专业保险资产管理公司，中国人保成为实现保险资金专业化运作的保险公司。2003年10月，中国人寿资产管理公司正式挂牌成立。我国保险资产管理公司逐渐增加，《保险资产管理公司管理暂行规定》颁布之后，有多家保险公司根据此规定上报成立资产管理公司的方案，2018年共有3家保险资产管理公司获批筹备，包括工银安盛资产管理、交银康联资产管理、中信保诚资产管理。2021年1月，银保监会发布《保险资产管理公司监管评级暂行办法》，加强对保险资产管理公司的监管。

三、委托资产的绩效评估

（一）资金治理结构

以资产委托机制和资金托管机制为核心的保险资产委托管理模式已成为国内外保险投资业发展的主流模式。

1. 分工明确

委托投资管理模式下，由于涉及多方当事人，如何合理界定各方当事人的法律关系和职责定位，成为这种模式有效运行的关键和核心。一般情况下，委托人主要负责资产战略配置、投资监控和绩效评估；管理人主要负责具体的资产战略配置、投资策略制定、操作及风险管理；托管人则负责资产保管、资金清算、会计核算以及监督部分投资。

---

① 2018年数据尚未公布。

2. 相互制衡

一是委托人和管理人间的相互制衡，委托人虽然处于核心地位，但其行为在一定程度上受到管理人的制约，需要参考管理人意见进行资产配置和投资；二是委托人和托管人相互制衡，例如托管人有权检查委托人所提供财产及相关凭证的合法性，同时托管人必须根据托管协议定期提供托管报告、履行投资监督和其他相关职责；三是管理人和托管人间的相互制衡，针对管理人下达的交易指令，托管人有权根据托管协议和相关法律法规审核交易的合规性，发现异常情况向委托人报告，在征得其同意的情况下可采取特殊处理。但对于管理人的合规交易操作，托管人必须及时履行清算职责并进行相关会计处理。

3. 协调运作

委托人作为保险资金的所有者和委托管理框架的建立者，应当承担协调各方当事人相互协作的重要职责，建立紧急事件处理机制，实现各方当事人间协调合作。

（二）投资运作机制

委托给专业投资管理机构运作资金，有利于降低保险公司资产管理成本支出，使其专注于保险业务，保险公司只需要支付少量的管理费和托管费，保险公司内部的部门主要从事资产战略配置、投资监督和绩效评估，从而大大减少了资产管理的各项成本支出。

委托给专业投资管理机构运作还有助于利用投资管理机构的专业知识和经验，改善投资水平。保险公司可以通过市场化选择机制，从众多的专业投资管理机构中遴选信誉优良、业绩卓著、与自身投资理念相契合的投资管理机构，也可以将性质、来源不同的资金委托给具有比较优势的不同投资管理机构，充分发挥资产管理市场的细分收益。

有利于提高保险资产管理的监管水平，实现了保险资金集约、规范、高效的管理，为保险监督部门进一步强化保险资金运用监管创造了有利条件。

（三）风险制度安排

保险公司资金运用是否安全，不仅关乎保险业的经营成败，在一定程度上还会影响国家经济发展和社会稳定，因此，保险资产委托管理模式在机制设计上充分体现了风险可控优势，主要体现在：

1. 风险分散和隔离机制

具体表现为投资流程分散和资金有效隔离。在委托管理模式下，委托人负责资产战略配置和投资监督，投资管理人负责具体的投资研究和决策，托管人负责资金保管和清算，从而实现了投资流程的分散化；另外，各职能人员各司其职，从而实现了信息流和资金流的分离。

2. 三重监控机制

委托人的投资管控方面，委托人从自身资金特性和收益要求出发，制定资产战略配置方案，从而在保险投资的宏观配置层面掌控风险。另外，保险公司对投资管理人进行严格的监督管理，分析其投资策略是否得当以及是否符合监管部门的相关规定；管理人的风险管理方面，管理人作为专业的投资管理机构，必须针对不同金融产品的特性，建立相互独立的前后台控制体系，实施全方位、全过程的风险管理；而托管人在投资监督环节发挥作用，监督管理人的投资操作是否符合规定，一旦发现异常，应及时向委托人及监管部门报告。

【思考题】

1. 简述保险资金运用原则。
2. 梳理我国对保险公司资金应用的监管发展。
3. 简述保险投资决策制定的三个基本原则。

第九章　保险公司资本结构

【学习目标和要求】

1. 了解保险公司资本成本概述及其计算。
2. 熟悉保险公司资本结构。
3. 掌握保险公司的最优资本结构。

【本章概览】

2009 年，全球最大的工程设备生产商卡特彼勒公司（Caterpillar Inc.）发现自己正处于债务高于资本的境地。截至 2008 年底，卡特彼勒的账面价值资本结构包括 89% 的债务和 11% 的股权。卡特彼勒的管理层清楚地意识到，过度负债可能会使一家原本声誉良好的公司破产。2009 年卡特彼勒公司的销售额下降了，由于其的海外销售额占其总收入的 67%，该公司受到贸易的沉重打击。因此，卡特彼勒的管理层开始通过降低营运资本、降低管理费用和偿还投资者提供的债务的方式进行调整，事实上，从 2009 年第一季度到 2010 年第一季度，卡特彼勒减少了近 16% 的投资者提供的债务。卡特彼勒公司采取上述举措后，其债务与资本比率在经济不景气的情况下已降至 83%，而对于大多数公司来说，83% 的债务比率也是过高的。由于在全球市场的业务多样化，卡特彼勒成功地度过了经济衰退。毕竟，在一个不断扩大的世界经济体中，额外基础设施的需求将导致更多的建设，增加对其设备的需求。然而，如果更详细地研究卡特彼勒的资本结构，就会发现其资本结构远远超出了预期。从市值角度来看，卡特彼勒的债务资本比率仅为 51%，远低于按账面价值计算的 83%，这有助于解释该公司能够继续获得债券评级的原因。

由于行业特性等方面的差异，不同行业公司的资本结构决策也不同。保险行业作为金融业的分支，其业务过程、产品形态以及资产负债的特征与一般的产品制造业，甚至于金融行业中的银行业等都有显著不同。一方面，保险业务过程中的保单设计、承保等过程本身就具有负债性质；另一方面，不同一般企业发行债券、银行借款等负债，保险行业所面临负债的偿还日期、偿还净额都具有较大的不确定性，这也使资产结构决策显得尤为重要。本章分为三节：第一节是保险公司资本成本包含的内容及其计算；第二节是保险公司的资本结构；第三节是保险公司最优资本结构。

第一节　保险公司资本成本

资本的来源有债务、优先股、普通股、留存收益等，投资者提供资本期望能获得他们所要求的资本回报率，所要求的回报率代表公司的资本成本。影响资本成本的因素有很多，利率、税收政策和经济状况等因素都是公司无法控制的，而公司筹集资金以及投资资金的方式也对其资本成本产生了深远的影响。保险公司融资问题的本质为资本结构问题，是否进行融资、如何进行融资等一系列公司决策最终都会影响公司的资本结构。

一、资本成本概述

（一）资本成本的概念

资本成本是指资本的价格，从融资者的角度来看，资本成本是指公司取得和使用资本时所付出的代价。通常来讲，当公司从银行、其他金融机构或资本市场等取得资金时，都需付出相应的代价，例如发行债券、股票的费用，向银行或非银行金融机构借款的手续费用等。在此之后，公司持有并使用这些资金的过程中，也需付出相应的代价，如支付给股东的股利、支付给债权人的利息等。从投资者的角度来看，对资本成本更直观的解释是，资本成本是投资者所要求的回报率即预期收益率。从这一角度来看，资本成本更多是机会成本的概念，而不是公司实际支付的成本的概念。

通常企业的外部融资渠道包括股权融资和债权融资。债权融资的资本成本比较容易理解，由于企业所借的债务或发行的债券有规定的偿还时间和偿还本息，因此债务的利息及相关的手续费用即为债权融资的资本成本。但对于股权融资，由于不用还本和付息，企业付出的代价看似非常低，但实际上，投资者来说，与债权融资相比，股权融资风险更高，因此相应要求更高的报酬率。如果融资者无法提供相应的期望报酬率，那么投资者将会放弃或转移其投资。因此，相较于债权融资，股权融资的资本成本实际上更高。

从资本成本的构成来看，一般包括资本筹集成本和资本使用成本两部分。资本筹集成本是指在资金筹集过程中发生的各项费用，如发行股票或债券的手续费、印刷费、律师费等；而资本的使用成本是指占用资金所要支付的费用，如股息、利息等。两者相比，资本使用成本是企业经常发生的，而资本筹集成本通常在筹集资金时一次性发生。因此在计算成本时，资本筹集成本有时可作为融资金额的一项抵减项直接进行扣除。

资本成本可以用绝对数表示，也可以用相对数表示。在一般情况下，如果不作特别说明，资本成本就是用相对数表示的成本率。其计算公式如下：

$$K = \frac{D}{P - F} \times 100\% \text{ 或 } \frac{D}{P - (1 - f)} \times 100\% \qquad (式 9-1)$$

其中，K 为资本成本，以百分率表示；D 为使用费用；P 为融资总额；F 为融资费用；f 为融资费用率，即融资费用与融资数额的比率。

在上式中，融资费用作为融资总额的减项，其理由主要有：融资费用是在融资时已发生的一次性耗费，而不属于资金使用期内的预计持续付现项目。在资金使用过程中，可被公司利用的资金，不是融资总额，而是融资总额减去融资费用之后的净额。因此，按照配比原则，只有融资净额，才能与使用费用配比。从出让资金的投资者来看，资本成本即为投资报酬，而投资报酬则主要表现为在投资期间所获得的收益额。显然，融资费用不是投资者的收益，不宜作为分子计入其投资报酬率之中。

从融资者的角度看，资本成本是取得资本所付出的代价；从投资者的角度看，资本成本是投资者最低要求收益率；从经济学的角度看，资本成本是经济资源的机会成本。

（二）资本成本的作用

1. 资本成本是融资决策的基本依据

保险公司在做出融资决策时，需要确定融资的总额、资本的来源以及不同融资方式的选择，而在这些决策过程中，都离不开对资本成本的分析和把握。例如，通常来说，随着融资总额的增加，保险公司的风险也在不断增加，因此资本成本也会不断提高。当保险公司的融资总额上升到一定程度时，其运用成本所获得的收益已经不足以弥补高昂的资本成本，那么此时保险公司就不适合再增加融资数额。同时，即便确定了融资总额，保险公司也可能面临着多种选择，是股权融资还是债权融资，是发行次级债还是发行资本补充债券，不同的融资途径面临不同的风险和成本，保险公司需依据资本成本进行慎重选择。

2. 资本成本是评价投资项目可行性的主要标准

保险公司在运营过程中，面临着非常多的投资决策，而评价一个投资项目是否财务可行的一个重要指标就是其内含报酬率是否超过了其资本成本。如果其内含报酬率低于其资本成本，表明这一项目并未达到投资者的期望报酬率，从财务角度看这不是一个可行的投资决策。

3. 资本成本是衡量资本结构是否合理的依据

当将保险公司作为一个整体来看时，保险公司面临的不是一笔笔单个的融资的成本，而是总的综合资本成本，这一参数能够帮助确定最优资本结构，并进一步优化调整公司的资本结构。

4. 资本成本对于评估保险公司的企业价值也有着重要意义

在保险公司经营过程中，可能会遇需要评估企业价值，例如，保险公司的扩张可能需要其进行并购或重组，或者制定新的公司战略，此时需要评估不同战略选择对于企业价值的影响。目前，评估公司价值最常用的方法之一即为现金流量折现法，而其中重要的参数之一——折现率，往往会选用公司的资本成本作为替代。这也是资本成本被广泛运用的一个代表情况。

（三）影响资本成本的因素

影响资本成本的因素有很多，主要有：

1. 融资期限

融资期限越长，资本成本就越高；否则，资本成本就越低。这是因为，期限越长，未来的不确定性因素就越多，风险就越大，投资者所要求的报酬也就越高，从而资本成本也就越高。例如权益资本与债务资本比较，权益资本期限是无限的（除非公司破产），因此其成本比负债成本要高。

2. 市场利率

市场利率是资金市场供求关系变动的结果，是资金这一特殊商品的价格。当资金市场供不应求时，市场利率就要相应提高；当资金供过于求时，市场利率就要相应降低。作为各种融资方式的基准利率，市场利率提高时，就会相应提高各种融资方式的成本；反之，则会相应降低各种融资方式的成本。

3. 公司的信用等级

公司的信用等级反映了公司在资金市场中的地位，从而对各种融资方式产生较大的影响。一般认为，信用等级越高，公司信誉越好，投资者的投资风险就越小，所要求的风险报酬也就越小，从而融资成本就会相对降低；否则，融资成本就会相对提高。

4. 融资工作效率

融资工作效率越高，所花费的融资费用就越低，资本成本也就越低；否则，资本成本就越高。

5. 抵押担保

如果公司能够为债务资本提供足够的抵押或担保，则债权人投资的“安全系数”就大，所要求的投资报酬率就相对较低，从而使资本成本也相应降低；否则，就会加大资本成本。

6. 通货膨胀率

从投资者角度来看，通货膨胀率实质上是名义收益率与实际收益率间的差率，是对货币购买力风险进行的一种价值补偿。因此，它作为产生系统风险的重要因素之一，对所有的收益项目都会产生较大的影响。一般情况下，通货膨胀率越高，则资本成本就越高；否则，资本成本就越低。

7. 政策因素

例如，国家为了扶持某一产业的发展，对该产业内的公司提供优惠的贷款利率，从而使这些公司的借款成本降低。又如国家的所得税政策对资本成本有着明显的影响。

8. 资本结构

由于个别资本成本的不同，加上公司融资总额是多种融资方式的有机组合，因此如何安排各种融资方式的融资量占总体资本的比重，即合理确定资本结构，就成为决定综合资本成本的重要因素之一。

9. 市场风险

市场风险是指投资者通过组合投资仍不能加以消除的投资风险。它一般用符号 β 表示。根据资本资产定价模型可以知道，市场风险对资本成本有着较大的影响。

（四）资本成本的形式

资本成本的形主要可以分为三种：个别资本成本、综合资本成本和边际资本成本。一般来讲，个别资本成本用于评价不同的融资方式，如借款资本成本率、债券资本成本率、普通股资本成本率、优先股资本成本率、留存收益资本成本率等；综合资本成本用于资本结构决策；而边际资本成本则用于追加融资结构决策。下面分别对保险公司的三种资本成本予以说明。

二、资本成本的计算

资本成本计算包括个别资本成本、加权平均资本成本和边际资本成本的计算。

（一）个别资本成本

个别资本成本是指保险公司使用各种融资方式的成本，主要包括负债资本成本和权益资本成本。其中负债资本成本主要包括银行借款资本成本和债券成本；权益资本成本主要包括优先股资本成本、普通股资本成本和留存收益资本成本。

1. 银行借款资本成本

银行借款资本成本包括借款时发生的融资费用和以后要支付的借款利息两部分。由于长期借款利息一般计入财务费用，可以抵税，因此计算时，实际借款资本成本应从利息中扣除所得税，其计算公式为：

银行借款资本成本 = 每年利息 ×（1 - 所得税率）/银行借款总额 ×（1 - 借款费用率）

（式 9 - 2）

从计算公式中也可以看出，银行借款的利息可以在税前扣除，因而能够在一定程度上起到抵税的作用。但在实际操作中，由于保险公司属于负债经营，资本负债率比较高，同时政策监管也较为严格，因此，保险公司通过银行借款进行融资的可得性相对较低，在一定程度上提高了这一融资途径的资本成本。

2. 债券成本

债券成本主要指债券应付的利息和融资费用。同银行借款类似，债券的利息支出也可以在税前扣除。公司必须将其新增债务支付的利率定义为税前债务资本成本，税后债务资本成本用于计算加权平均资本成本，由于利息是税前扣除的，它等于新债务的利率减去由债务利息引起的税收节约。之所以要使用债务的税后资本成本计算加权平均的资本成本，主要是因为要尽可能地使公司股票价值达到最大化，而公司的股票价值依赖于税后的现金流量。因为关注的是税后的现金流量，而现金流量和收益率的计算应被放在可以比较的基础上，于是相应调低利率，以考虑债务资本所带来的税收优惠。

债券的融资费用一般较高，包括申请发行债券的手续费、注册费、印刷费、上市费及推销费等。债券利息的支付方式一般有两种，即分次付息和到期一次付息。在这两种方式下，债券成本的计算是不完全相同的。

不考虑货币时间价值，长期债券成本计算公式为：

债券成本 = 每年利息 ×（1 - 所得税率）/债券融资总额 ×（1 - 融资费用率）

（式 9 - 3）

如果考虑货币时间价值，长期债券成本计算公式为：

$$P_0 = \sum_{i=1}^{n} \frac{I_t}{(1 + k_d)} + \frac{M}{(1 + k_d)^n} \quad \text{（式 9 - 4）}$$

$$k_i = K_d(1 - T) \quad \text{（式 9 - 5）}$$

其中，P_0表示举债取得的实际资本额，I_t表示第 t 期利息支出，M 表示第 n 期偿还的本金，k_d表示税前债务成本，k_i表示税后债务成本。

债券的发行方式有三种，即平价发行、溢价发行和折价发行。这三种方式的区别体现了债券的票面利率与市场利率之间的关系，但不管债券是以何种方式发行，债券利息应按面值计算，而且债券的融资额应按具体的发行价格计算。

债务融资有两个重要的优点：一是支付的利息可以免税，而股息不可免税，这降低了债务相对于权益的相对成本；二是债务回报率是固定的，因此如果公司非常成功，股东不必分享公司的利润。然而，债务融资也有缺点，主要体现在以下几个方面：首先，太多的债务会增加公司的风险，这会增加公司的债务和股权成本。其次，如果公司处于困难时期，营业收入不足以支付利息费用，则公司可能破产。由于使用债务存在额外风险，收益和经营现金流不稳定的公司往往会限制其使用。最后，业务风险较低、经营现金流稳定的公司无法从承担更多债务中获益。当经济不景气时，债务资本必须支付利息，公司必须要加强财务状况，防止信用评级下降。

债务资本的成本是新债务的利率，而不是已有债务的利率，之所以使用新债务的利率，是因为使用资本成本的主要目的是进行资本预算决策。例如，讨论一台新机器是否能够获得足够的收益以补偿投资该机器所需要的资本成本时，应当注意公司过去借入资本的利率与此无关，需要考虑新获得资本的成本。基于这些原因，与票面利率相比，流通在外债务的到期收益率能够更好地估计债务资本成本。如果收益率曲线向上或向下倾斜，则长期债务和短期债务的成本将不同，通常使用长期债务的成本来计算债务资本成本，因为大多数情况下，公司筹集资金是为长期项目提供资金，但也有一些公司使用短期债务和长期债务的组合为项目融资。在计算债务资本成本时，这些公司可能会根据其计划使用的长期和短期债务的比重来计算其债务资本成本的加权平均数。

3. 优先股资本成本

优先股同时兼有普通股与债券的双重性质，即优先股与债券的相同之处，是定期支付利息；与普通股的相同之处，是不存在到期还本，不抵扣公司上缴的所得税。优先股的成本，是由预定股利和融资费用两部分构成的。优先股最大的特点是定期支付固定股利，无到期日，股利从税后利润中支付，而且每年支付都相同，所以可以看作是一项永续年金。优先股成本属于权益成本，其成本主要是发行优先股支付的发行费用和优先股股利。由于优先股是税后支付，所以不具有减税的作用。优先股的资本成本计算公式是：

优先股资本成本 = 优先股每年支付的股利/优先股融资总额 ×（1 – 融资费用率）

（式9 – 6）

对于保险行业来说，优先股是完善资本补充机制的有效手段。保险公司以优先股的方式补充资本金，其资本成本和发债差不多，财务费用则低于股市融资。对于发行方来说，优先股属于核心资本，对于购买方来说则类似于固定收益投资。因此，与股市融资相比，保险公司发行优先股不失为一种成本相对较低的资本补充渠道。

4. 普通股资本成本

普通股与优先股的成本计算方法基本相同，但普通股的股利不固定，将随着公司经营状况的变动而变化，在正常情况下将呈逐年增长的趋势。另外，当公司破产清理时，普通股股东的索赔权位于优先股股东之后，因而其风险最大，成本也最高。普通股成本的计算比较复杂，有不同的评估模型，例如，折现现金流法、资本资产定价模型（CAPM）、套利定价理论（APT）、Fama – French 三因素模型、贴现现金流模型以及剩余收益折现模型等。

比较简单的有折现现金流法：

$$P_0 = \sum_{t=1}^{\infty} \frac{D_t}{(1 + k_s)^t} \qquad \text{（式 9 – 7）}$$

其中，P_0表示普通股的价值（价格），D_t表示普通股股息，k_s表示留存收益成本。

资本资产定价模型是以风险大小作为计算普通股成本依据的一种方法。根据 CAPM 模型，股权的资本成本是由公司的系统风险决定的，投资者要求的报酬率包含无风险报酬率和风险报酬率两部分，以公式来表示即为：

普通股资本成本 = 无风险报酬率 + 股票的 β 系数 × （平均风险股票必要报酬率 − 无风险报酬率）　（式 9 − 8）

因此，在实际采用这一模型进行计算时，需要确定无风险利率、市场组合的必要报酬率以及 β 系数。无风险利率体现了资金的时间价值，在实际中通常选择国债收益率、国债回购利率、银行间拆借利率或是银行存款利率作为替代。市场组合的必要报酬率可以用上证 A 股指数作为近似代替，β 系数则通常采用过去市场收益与单个股票的收益率来进行回归估算。

5. 留存收益资本成本

留存收益是由公司税后利润形成的，其所有权属于股东，实质上相当于股东对公司的追加投资，属于保险公司的内部融资。留存收益融资不存在利息支出，增加的资本没有直接的成本，但是这些资本仍然是有成本的，即机会成本。由于公司的税后利润属于股东。债券持有人通过利息的支付得到补偿，优先股股东通过优先股股利得到补偿。支付债务利息和优先股股利之后留下来的所有利润归普通股股东所有，可以作为因使用了普通股资本而对普通股股东所做出的补偿，为股东工作的管理层可以将这部分资金以股利的形式全部支付给股东，也可以作为留存收益再投资于公司的业务。如果管理层决定保留部分收益，便会存在机会成本，股东如果以股利的形式收到这部分收益，可以将其投资于其他股票、债券、房地产或其他投资工具。因此，公司留存收益的盈利应该至少相当于股东自己投资于其他可比风险项目上的收益，因而也存在着相应的资本成本。留存收益资本成本的确定方法与普通股资本成本的确定基本相同，只是不考虑融资费用，其成本可近似等同于普通股的资本成本。

（二）加权平均资本成本

加权平均资本成本（weighted average cost of capital，WACC）也称为综合资本成本，是以各种不同融资方式的资本成本为基数，以占资本总额的比重为权数计算的加权平均数，代表是以一个企业为整体的总的资本成本。用公式来表示，即为：

$$\text{加权平均资本成本} = \sum \text{单项资本成本} \times (\text{单项融资额} / \text{总融资额}) \quad (\text{式 } 9-9)$$

由于企业的融资成本分为股权资本成本和债权资本成本两大类，因此在计算加权平均资本成本时，又可以将计算公式写为：

加权平均资本成本 = 股本占融资总额的百分比 × 股权资本成本 + 债务占融资总额的百分比 × 债务资本成本 ×（1 − 所得税率）　（式 9 − 10）

$$WACC = k_a = w_d k_d (1 - T) + w_p k_p + w_e (k_s \text{ 或 } k_e) \quad (\text{式 } 9-11)$$

债务资本的目标权重 W_d、优先股资本的目标权重 W_p、普通股权益的目标权重 W_e以及这些资本的成本，组合在一起被用来计算公司的加权平均资本成本。只有债务才有一个税后调整因素（$1-T$），这是因为债务的利息可以在税前扣除，而优先股股利和普通股的收益不能在税前扣除。

基本步骤：

（1）计算每项融资来源的资本要素成本；

（2）确定各种融资来源分别在全部资本中的比重；

（3）用融资百分比作为权重计算公司的加权平均资本成本。

计算加权平均资本成本（WACC）时，会假设公司有一个特定的目标资本结构。然而，目标资本结构往往会随着时间的推移而发生变化，这种变化会影响每种资本的风险和成本，而这一切都会改变加权平均资本成本。此外，WACC 的变化将影响资本预算决策，并最终影响股价。影响资本结构决策的因素很多，即使是同一行业的企业，其资本结构也往往存在着巨大的差异。

计算加权平均资本成本时，主要关注的是必须由投资者提供的资本，而最终重要的是公司的目标资本结构（target capital structure），即公司计划通过未来项目筹集资本来达到的。在下一节中，将更详细地探讨公司是如何决定其资本结构的，存在一个最优资本结构，在这个最优资本结构中，债务、优先股和普通股各自所占的百分比是能够使公司价值最大化的百分比，公司根据这些比例筹集资本。

W_d、W_p、W_e表示负债、优先股和普通股权益目标权重。权重指的是公司在未来筹集资本时，计划使用的不同类型资本的百分比。目标权重可能与目前的实际权重不同。计算加权平均资本成本时确定权重的方法（见表 9-1）。

表 9-1　　加权平均资本成本权重选取方法比较

方法	优点	缺点
按照账面价值	数据直接从资产负债表获得，方便简单	债券、股票的市场价值与账面价值脱离
按照市场价值	能够有效地反映出公司当前的实际资本成本的水平	股票、债券的市场价格经常变动
按照目标资本结构	按照公司长期的目标资本结构作为计算加权平均资本成本的权重，适用于公司追加资本时的融资决策	—

由公式可知，综合资本成本受个别资本成本和资本结构这两个因素的影响。公司的个别资本成本，即股权资本成本和债务资本成本的变动会引起综合资本成本的变化，而资本结构则影响了股本占融资总额的百分比和债务占融资总额的百分比，进而引起综合资本成本的变化。综合资本成本衡量的是公司融资的总体代价，也是进行资本结构决策，确定不同资金来源的重要参考指标。

（三）边际资本成本的计算

边际资本成本，是指企业追加筹集资本的成本，它反映的是每新增加一个单位企业资本而增加的成本，可见边际资本成本关注的是资本的动态变化过程。当公司融资规模扩大和融资条件发生变化时，公司需要通过计算边际资本成本进行追加融资决策。

假定所保持的各种长期资金比例是一种最优的资本成本，但并不意味着只要公司按这一资本结构进行融资，就能使其综合资本成本最低。因为，事实上并不是在这个比例范围内，较大幅度地扩大融资都会保持原有的综合资本成本，其原因在于各种资金来源超过一定融资额度时，原来的资本成本就会增加。因此，在公司追加融资时，就需要知道融资额在什么数额上会引起资本成本的变化，这便要用到边际资本成本的概念。

边际资本成本也要按加权平均法计算。它取决于两个因素：一是追加资本的结构；二是追加资本的个别成本水平。如果追加融资时资本结构和个别资本成本保持不变，那么边际资本成本与公司原加权平均资本成本相同；如果追加融资时资本结构改变，个别资本成本保持不变，那么边际资本成本也会随之发生变化；如果追加融资时资本结构保持不变，个别资本成本有可能保持不变，也有可能发生改变，这主要取决于增资后投资人的期望。通常来说，公司的融资总额越高，公司的风险可能会相应增大，对于资金的提供者来说，尤其是债权人来说，需要更高的期望报酬率以补偿增加的风险，因而企业的边际资本成本也随之升高。在计算确定边际资金成本时，应当首先确定公司最优资本结构，继而确定各种融资方式的资金成本，再计算融资总额分界点。融资总额分界点是某种融资方式的成本分界点与目标资本结构中该种融资方式所占比重的比值，反映了在保持某资金成本的条件下，可以筹集到的资金总限度。一旦融资额超过融资分界点，即使维持现有的资本结构，其资金成本也会增加。最后，根据计算出的分界点，可得出若干组新的融资范围，对各融资范围分别计算加权平均资金成本，即可得到各种融资范围的边际资金成本。

保险公司在选择各种不同的融资方式（如股票、债券 、银行贷款等）时，往往会使用个别资本成本进行选择，从融资规模和资本成本等多方面进行权衡。而在进行资本结构决策时，则需要选择加权平均资本成本，以期通过对不同来源资本占比的调整，最终使企业的总的融资代价最低。

（四）资本成本管理

1. 影响加权平均资本成本的因素

许多因素影响公司的加权平均资本成本，其中一些超出公司的控制范围，但另一些受到公司的财务和投资决策的影响。

（1）公司不可控制的因素。利率水平、股价水平和税率水平是三个超出公司控制的非常重要的因素。如果经济体中的利率上升，债务资本的成本就会提高，因为公司为获得债务资本，不得不向债权人支付更多的收益。类似地，若股票价格大范围下降，拉低了公司的股价，则权益成本会上升。税率对资本成本也有重要影响，因为在计算债务资本的成本时会用到税率，而且税率还以其他的不太明显的方式影响资本成本。比如，如果股利和资本利得税税率相对于利息收入的税率有所降低，这可以使股票相对于债券的吸引力增加，从而降低权益资本成本，从而也会降低加权平均资本成本。

（2）公司可以控制的因素。公司可以通过三种方式直接影响资本成本：改变资本结构政策；改变股利支付率；通过改变资本预算法则以接受那些比之前接受过的项目的风险更高或更低的项目。

资本结构影响公司的资本成本，如果公司改变其资本结构，那么用来计算加权平均资本成本的权重就会发生变化，在其他条件不变的情况下，目标债务比率的增加将会使WACC降低，若债务比率减少则相反，因为债务资本的税后成本要低于权益资本的成本。但是，其他因素并不一定会保持不变，债务的增加也会增加债务资本和权益资本的风险，从而这种组成成本的增加会抵消权重调整的影响，使WACC增加。

股利政策影响公司可得的留存收益，因此也影响发行新股的需求以及发行成本。这意味着，股利支付率越高，留存收益增加额越小，权益资本成本越高，因此公司的WACC越高。但是，相比留存收益，投资者可能更倾向于股利，此时股利的减少会使其他资本增加。

公司的资本预算决策也会影响其资本成本。估计资本成本是以公司流通在外的股票和债券的必要收益率为起点，这些成本率反映了公司现有资产的风险。因此，其中暗含的假设是，新资本会投资于与现有资产类型相同的资产。这一假设通常是成立的，因为大多数公司会投资于与当前所运营的资产类似的资产。然而，如果公司投资于一个全新的高风险产品线，其债务和权益的成本（以及WACC）会增加。

2. 资本成本管理的途径

（1）合理安排融资期限。长期资本主要是用于长期投资，因此融资期限要服从于投资年限与资本预算，投资年限越长，融资期限也就越长。但是，由于投资是分阶段、分时期进行的，因此公司在融资时，可按照投资的进度来合理安排融资期限。这样，既可减少资本成本，又可避免造成资金不必要的闲置。要合理安排融资期限，除了要依据投资期限外，还要考虑投资项目的回收期及现金流量状况。

（2）合理预测利率。资本市场利率是多变的，因此合理预测利率对提高融资决策的正确性、降低资本成本有着重要意义。

（3）提高公司信誉，积极参与信用等级评估。公司要想提高其信用等级，树立起良好的财务形象，首先必须积极参与信用等级评估，让市场了解自己，也让自己走向市场。只有这样，才能在资本市场上融资时获得便利条件，增强投资者的投资信心，从而降低资本成本。

（4）合理负债经营。在投资收益率大于债务成本率的前提下，积极利用负债经营，取得财务杠杆利益，降低资本成本，提高投资效益。

（5）提高融资工作效率。要提高融资工作效率，公司就必须做好以下几项工作：①正确制订融资计划；②充分掌握各种融资方式的基本程序，理顺融资程序中各步骤间的关系，并制定具体实施步骤，以便于各步骤间的衔接与协调，节约时间与费用；③在人员安排上，组织专人负责融资计划的具体实施，保证融资工作的顺利开展。

(6) 降低股票融资成本。股东投资总是希望获得较大的收益，而股东获得投资收益的方式有两种，即股利和资本利得。股利是公司的现金流出，构成资本成本，而资本利得则属于市场社会收益的再分配，与公司的现金流出无关。

第二节 保险公司的资本结构

资本结构是指公司各种资本的构成及其比例关系，有广义与狭义之分。广义的资本结构是指全部资金来源的结构，既包括长期资本，也包括短期负债。狭义的资本结构是指长期资本的构成及其比例关系，而将短期债务列入营运资本管理。

一、资本结构的影响因素

(一) 制度环境

资本结构的“MM 定理”证明了在资本市场无交易成本、无税收、市场完全竞争、无破产成本，个人和企业能够以同样的利率借入、贷出资金，没有信息成本，且投资者理性的前提下，企业的资本结构与企业价值是无关的。然而，现实生活中，企业并不是生活在真空中，而是存在于真实的资本市场，而真实的资本市场则必然存在交易成本。Coase (1937) 和 Williamson (1985) 从交易成本的角度研究发现，企业所处的制度环境会对企业的资本结构产生影响。对保险公司来讲，其本身即为负债驱动经营，且日常的保险业务所收到的资金也必须投入资本市场，以匹配其未来某一时刻保单偿付所需的支出。可以说，保险公司每时每刻都在与资本市场产生联系。因而，一国的宏观制度环境，尤其是金融市场的发展程度、制度环境下的财务困境成本、宏观经济政策都会对保险公司的资本结构决策产生影响。

具体来说，企业在决定其资本结构决策时，会考虑内外部多方面的风险。如果一个国家金融市场发展较为健全，信息不对称程度较低，交易成本更小，那么保险公司能够顺利地通过在资本市场发行股票等方式筹集到充足的资金，其资产负债率也就相应较低。反之，如果国家的金融市场化较低，当保险公司面临融资需求时，可能会由于高额的交易成本或者信息不对称等原因导致其股价过分低估，融资成本过高，从而放弃股权融资，只能选择债券等方式进行融资，资产负债率也就相应提高。

此外，资本结构的“权衡理论”认为，负债对企业价值一方面具有正向的“税盾”

效应，能够通过在税前扣除增加企业价值；另一方面，负债的增加会加大企业的财务困境成本，对企业价值产生负面效应。因而，资本结构决策实际上是两者的权衡。由权衡理论也可以发现，企业的财务困境成本和破产成本影响着企业的资本结构。而在不同的国家，即不同的制度背景下，保险公司面临的财务困境成本也是不同的。这种财务困境成本既有显性成本又有隐性成本。显性成本，即保险公司一旦陷入财务困境，需要付出的诉讼、罚款、法律咨询等一系列费用。而相较于显性成本，保险公司面临的看不见的隐性成本则更为“致命”。由于保险本身就是一种风险规避的行为，保险公司面临的大量消费者及潜在消费者是风险厌恶的。如果一家保险公司陷入财务困境，其一直以来形成的口碑将陷入危机，极大地影响消费者对其的信任程度，可能会造成客户大量流失，客户流失会进一步加剧财务困境问题，形成恶性循环，最终对企业价值造成更大的损失。因此，如果保险公司处在财务困境成本更好的制度环境中，那么它会相应调整其资本结构，降低资产负债率。

（二）宏观经济政策

国家的宏观经济政策也会对保险公司的资本结构决策产生影响。国家通过货币政策、税收政策以及影响企业发展环境的政策来调控宏观经济，而宏观的货币政策通过传导机制使货币供应量及资金的供求关系发生变化，从而导致利率的上下波动。而保险公司对于金融市场的变化十分敏感，这种利率波动会对保险公司的资本结构产生很大的影响。如果一定时期内银行贷款利率较低，资金结构中负债资金的比重相对就会上升；反之，负债资金比重就会下降。税收政策决定了不同行业的税率，对某些所得税税率较低的行业，财务杠杆的作用就不大，则负债资金比重小较好；反之，某些所得税税率高的行业，财务杠杆的作用较大，举债融资带来的减税好处就多。

金融市场的变化对公司资本结构有很大的影响。例如，当市场资金很紧缺时，往往会使信用等级较低的长期债券无市场可言，因此，急需资金且信用等级较低的公司只好放弃长期负债融资方案，而到股票市场和短期资金市场上去筹措资金。又如当金融市场利率偏高，而预期有下降趋势时，则公司不便发行长期债券，而宜发行短期债券。若此时股票市场稳定，则公司也可保留一定的负债能力，采用增发股票的方式融资。当市场利率下降时，再采用长期债券或长期借款的方式融资。另外，如果资本市场稳定时公司股价却下跌，市场利率稳定时公司却要以较高利率或接受更加苛刻的限制性条款才能筹措到资金，则公司应检查其负债比例是否过高，如果是这样，就应采取相应措施，调整资本结构，改变融资方式。

（三）公司规模

根据信号传递理论，由于资本市场上的潜在投资者与公司的管理层间存在着针对公司的信息不对称，因此，管理层往往会通过其资本结构向潜在投资者传递信号，帮助潜在投资者做出决策。对于规模较大的保险公司来说，一方面，更多采用债务融资能够向市场传达管理者对于公司未来发展的信心，向市场传递正面信号，帮助其进一步开拓市场，提高声誉，因而规模更大的保险公司倾向于采用债务融资；同时，相较于规模较小的保险公司，规模更大的保险公司业务更趋于多样化，在一定程度上降低了公司的破产风险，且规模较大的保险公司往往受到更多的媒体和社会关注，其信息透明度相对较高，因而往往能够获得更低的债务融资成本，从而进行更多的债务融资，其资产负债率更高。国内外的以往研究也证明了这一点，例如，Baxter 和 Cragg（1970）发现，规模越大的企业越倾向于通过发行债券进行融资。张仕英（2008）选取权益保费比率作为资本结构决策的代理变量，发现保险公司规模与资本结构水平正相关。谢晓霞等（2011）和郝臣等（2016）则选取资产负债比率作为资本结构决策的代理变量，均得到保险公司规模与资产负债率正相关的研究结论。

（四）获利能力

根据优序融资理论，保险公司在进行融资时，会优先考虑内源融资，再考虑外部融资；在外部融资时，又会优先选择债务融资，再选择股权融资。当公司本身的获利能力较强时，可以保留更多的盈余作为公司内源融资的来源，进而降低了对外部融资的需求。因此，保险公司的获利能力也对公司的资本结构决策有着重要影响。陆正飞和辛宇（1998）采用实证数据证实了获利能力与资产负债率具有显著的负相关关系。

（五）成长性

保险公司的成长性也是影响其资本结构决策的重要因素。由于处于成长期的保险公司正在飞速发展中，其业务规模和投资规模都在迅速扩张，在这种情况下，内部的资金很可能无法满足不断增长的投资需求，因而，需要更多地采用外部融资的方式满足投资需求。而外部融资中，目前的保险公司依然偏好采用债务融资的方式，因而，对于成长性的保险公司来说，其资产负债率可能更高。

（六）公司治理

公司治理对于资本结构决策的影响来源于资本结构的代理理论。代理理论认为，由于股东和管理层、股权人和债权人间存在着利益冲突，进而产生代理成本，损害企业价值。而债务增加能够能在一定程度上增加企业的破产风险，从而增加了经理人员寻租的风险和成本，减少管理层的自由度，使管理层和股东的利益趋于一致，从而提高管理人员的效率，增加企业价值。基于这一思路，学者们进行了更深入的探索和研究，并发现有效的公司治理会增加公司负债。例如，Kumar（2004）研究了新兴市场国家的公司股权结构和资本结构之间的关系发现：公司治理机制较弱、股权结构较分散，特别是从属于集团的公司倾向于高负债率；高外资股权比率或低机构所有权的公司倾向于低负债率；而董事会的股权比率和公司资本结构的联系不显著。闫庆悦和李娜（2007）利用中国数据，检验了公司治理因素对资本结构选择的影响。研究结果表明，股权集中度、国家股比例、流通股比例、董事会规模、产品要素市场竞争程度、创新战略指标和私人收益指标与资本结构水平负相关；独立董事比例、董事会会议频率和股权制衡度指数与资本结构水平正相关；法人股比例、董事长是否兼任总经理与资本结构水平关系不显著。谢晓霞等（2011）选取中国上市保险公司2007—2010年的年报数据和中期报表数据，对保险公司治理结构与资本结构的关系进行了探索，发现政府持股比例、外资持股比例、董事会成员持股比例增加以及董事长兼任CEO有利于改善保险公司的资本结构。独立董事比例、具有金融从业经验的独立董事与保险公司资本结构无关。

（七）竞争结构

公司利用负债融资的能力取决于销售活动的盈利能力。因此，与销售额的稳定性一样，边际利润的稳定性对资本结构有较大的影响。新公司进入本行业并参与竞争的能力会影响公司的边际利润。增长较快的行业一般有较高的边际利润，但新公司也很容易进入该行业并参与竞争，因而会影响旧公司的边际利润。边际利润的下降，必然会削减旧公司吸收负债的能力。

（八）偿债能力与现金流量

公司运用财务杠杆的程度，要受其偿债能力和现金流量的制约。如果公司现金流量稳定，支付能力较强，则所允许的负债融资额就较大。所以，公司财务人员在进行负债融资时，必须对公司未来现金流量进行预测，并与偿付债务时的现金需求量进行比较，凡没有充足现金流量作保证并预计会引起较大财务风险的，都不应采用负债融资。

（九）贷款人与信用评价机构

不管公司财务人员认为什么是最适当的财务杠杆是什么，或认为最合理的资本结构的平均成本是多少，贷款人和信用等级评估机构的态度实际上往往是决定资本结构的关键性因素。如果公司的财务杠杆过高并对其前景过于乐观，但贷款人认为风险太大，表示不愿意贷款，或者评估机构认为公司潜在风险将会增大，公司的信用等级将有所下降。在这种情况下，社会公众对公司风险的评价，就会比较倾向于贷款人或信用等级评估机构的意见。这样就会使更多的贷款人不愿意向公司贷款，甚至已经贷款的债权人也要收回贷款。而公司要使贷款人和信用等级评估机构改变其态度，提高自身信用等级，唯一办法就是减少负债，降低财务杠杆系数；或增加主权资本融资，扩大其实力。因此，公司在进行资本结构决策时，必须考虑贷款人和信用等级评估机构的制约。这种制约是有好处的，类似于报警器，当公司负债比例过高、财务风险较大时，报警系统就会作出反应，要求公司及时调整融资政策，改善资本结构。

（十）公司管理人员

采取何种资本结构，选择何种融资方式，与管理人员的态度有关，即与他们的风险意识和对业绩重视程度有关。如果公司管理人员敢于冒险，并乐于显示其业绩和才能，则可能尽量采用负债融资；否则，就可能较少利用财务杠杆，尽量降低负债资本的比重。

（十一）税收因素

利息费用可以抵税，而股利则不能抵税，因此，公司的所得税率越高举债的好处就越大。所以，税收客观上对公司负债融资有一种刺激作用。

二、保险公司的资本结构

（一）保险公司资本结构的影响因素

一些学者研究公司规模、多元化程度、治理结构等普适性对保险公司资本结构的影响（Cummins，Nini，2002；DeHaan，Kakes，2010；谢晓霞等，2011；郝臣等，2016）。

一些学者用实证的方法研究保险公司资本结构的影响因素，Cummins 等（1996）对财产保险公司的资本和投资组合风险决策进行了研究，他们建立了一种基于期权定价理论的理论模型，该模型预测了保险公司资本与风险之间的正相关关系，实证检验结果支持了模型的预测，并且证明了管理激励在决定保险市场的资本和风险方面发挥了作用。Guo 等（1997）以净保费与资本之比作为衡量财险公司资本结构指标进行了研究，研究结果表明承保业务的自留风险与财险公司的资本结构成反比。Baranoff 等（2007）采用结构方程模型（SEM）研究美国寿险公司的资本结构，认为影响资本结构的主要因素是承保风险和投资风险。Sharif B 等（2012）利用巴基斯坦 2004—2009 年 31 家保险公司的面板数据，通过模型试验研究发现，盈利能力、收益波动率、流动性与保险公司资本结构呈负相关关系，但流动性的影响不显著。Rahman 等（2014）利用统计模型研究了保险公司的盈利能力、流动性、增长率、规模等因素对资本结构的影响，得出对保险公司资本结构具有重要影响的因素是盈利能力、流动性、规模。徐华（2005）考察了我国寿险公司资本结构的影响因素，研究表明，1998—2003 年寿险公司资本结构主要受寿险公司的规模和寿险公司收益波动性的影响，而成长性、获利性、信息不对称问题及代理问题并非影响寿险公司的主要因素。张仕英（2008）选取中国 26 家保险公司为研究样本，研究发现：对于权益资产比率而言，保险公司的资本结构水平与保险公司规模、公司风险、未来成长机会显著负相关，与再保险比率、自由资金关系不显著；对于权益保费比率而言，保险公司的资本结构水平与保险公司规模、公司风险、未来成长机会显著正相关，与再保险比率、自由资金关系不显著。李莎（2011）以财务杠杆（总负债/股东权益）作为资本结构，认为保险公司的战略目标成长性、规模与其财务杠杆之间存在较为显著的相关性。连红奇等（2014）整理中国平安、中国人寿、中国太保、新华保险四家上市公司2008—2012年的数据，选取财务杠杆指标代表保险公司资本结构，发现公司规模、公司的成长性、资产担保价值、盈利能力、实际税率对资本结构影响显著。郝臣等（2016）选取2008—2012年中国79家保险公司财务数据进行资本结构影响因素实证研究，认为保险公司的规模对其资本结构有着显著的正向影响，而保险公司的获利能力、资产担保价值、未来成长能力、再保险比率都和保险公司资本结构没有显著的相关性。栾密密（2017）在前人研究的基础上拓展了相关指标，通过构建多元线性模型专门针对我国财险公司的资本结构进行研究。结果表明，我国财险公司的总资产报酬率、公司规模、再保险比率对其资本结构有着正向影响，保费增长率、公司成熟度对其资本结构存在负向影响。Shiu（2011）采用1985—2002年英国非寿险保险公司为样本，认为再保险比率与资本结构正相关。谢晓霞等（2011）选取中国2007—2010年上市保险公司为研究样本，研究发现保险公司的资本结构水平与公司规模显著正相关，与政府持股比例、外资持股比例、董事会成员持股比例以及总资产收益率显著负相关，与高管人员持股比例、独立董事比例、金融从业独立董事比例以及股权集中度关系不显著。王向楠和梁晶（2012）选取1998—2010年中国财产保险公司和人寿保险公司作为研究样本，研究发现保险公司的资本结构水平与公司规模、公司成熟度以及再保险比率显著正相关，与产品分散化、地理分散化以及收支间隔期关系不显著。景珮和李秀芳（2013）选取了2001—2011年中国27家保险公司作为研究样本，选取权益保费比率作为被解释变量，研究发现保险公司的资本结构水平与公司的获利性显著正相关，与公司的承保风险、再保险比率、公司规模以及公司的成长性显著负相关。连红奇等（2014）认为公司的成长性、盈利能力、公司规模、实际税率、资产担保价值和宏观经济等因素对保险公司资本结构的影响有助于优化其资本结构，更好地应对经营中所面临的风险。李彬（2015）认为企业规模、盈利能力、成长性、所得税和收益现金流等微观因素能够影响保险公司的资本结构。

（二）保险公司资本结构的测量

资本结构是指公司债务资本与权益资本的比率，即公司的股东权益与债权人权益在公司总权益中的分配。通常用财务杠杆来衡量公司的资本结构，而它又有多种表达形式，比如权益资本/总资产、负债/资产、责任准备金/股东权益等。保险公司的资金来源分为两个方面，一部分来自股东投入的资本金，记为S；另一部分来自保单的保费收入。

基于以上假设，保险公司股东收益率的表达式（不考虑税收）为：

$$R_s = \frac{(P_1 + P_2 + S) + (P_1 - L) - P_2 \times i}{S} \quad （式9-12）$$

可简化为：

$$R_s = R_v + \frac{P_1}{S} \times (R_v + 1 - K) + \frac{P_2}{S} \times (R_v - i) \quad （式9-13）$$

其中，风险保费收入用P_1表示，储蓄保费用P_2表示（为了简化，没有考虑附加保费），R_v投资资产收益率；R_s为股东收益率；I为储蓄保费的承诺利率；L为保单的赔付额；K为保单的赔付率（$K = L/P_1$）。

模型可以看到股东收益除了投资资产收益外，还与保单的赔付额、承诺利率、权益资本和负债资本有着密切关系。又由于保险行业天然具有“高负债”的特点，P_1和P_2远大于S，所以，P_1/S和P_2/S起到了“双向放大”作用：当$R_v + 1 - K > 0$，$R_v - i > 0$时，P_1和P_2，即负债越大，股东的收益率也就越大；而当$R_v + 1 - K < 0$，$R_v - i < 0$时，负债越大，股东的收益率就越小，小于投资收益率甚至小于零。在此模型中，财务杠杆即P_1/S和P_2/S，写作$(P_1 + P_2)/S$。以上表达式分析表明，财务杠杆效应具有不确定性，可能是正向积极的，给公司带来丰厚的利润回报；也可能是负向消极的，给公司造成不良影响甚至巨额损失，使公司面临财务危机。一方面，财务杠杆具有正效应，即企业合理使用财务杠杆可使权益资本利润率的提高；另一方面，财务杠杆负效应是与正效应相对而言的，是由于财务杠杆的不合理使用而导致公司权益资本利润大幅度降低甚至为负。在保险公司财务管理活动中，正确认识和利用财务杠杆，有利于做出正确的举债经营决策，提高权益资本净利润率，降低财务风险。财务杠杆既可以为投资者带来额外收益，也可以放大其财务风险。企业在运用财务杠杆时，应注意扩张其积极作用，限制其消极作用，以促进财务杠杆发挥作用。

权益资本与债务资本的关系。保险行业天然具有“高杠杆”的特征。保险公司股东以其投入的资本为限承担责任，但其财务管理目标为价值的最大化，所以说其权益资本天然具有风险的有限性和收益的无限性，即$-100\% < R_v < \infty$。这就使股东有强大的激励扩大其收益而不考虑风险，一是通过投资品种的选择增大R_v（投资收益率），二是不断增加其债务资本的融资而并不扩充资本，即财务杠杆P/S的不断增大。由上可知，财务杠杆不仅可以在公司获得收益时成倍放大其收益，还会在公司出现亏损时成倍放大其亏损。P/S的扩大放大了公司面临的财务风险，这种情况下，不仅股东的权益难以保障，债权人（投保方）的利益更是缺乏保障。按照风险与价格的对等性，保险公司理应将公司风险反映在保单的价格中，但是，现实中保险公司和公司的债权人（投保方）并没有在保单价格中考虑公司的财务风险，也可以说投保方对保险公司的财务风险是麻木、不敏感的。造成这种现象的最重要的原因是存在“保险保障基金制度”。在保险公司被撤销、被宣告破产等情形下，应用保险保障基金向保单持有人或者保单受让公司等提供救济，可以减少保单持有人的损失，确保保险机构平稳退出市场，维护金融稳定和公众对保险业的信心。也就是说，保险公司具有债务资本的偿付刚性。

基于以上公司股东趋利的动机、财务杠杆双向的放大效应以及保险这一特殊行业的债务资本偿付刚性的特点，使保险行业必须进行资本监管，控制其财务杠杆。我国《保险法》中早已有对偿债能力的相关规定：第69条规定“设立保险公司，其注册资本的最低限额为人民币二亿元”，这一条就限制了公司资本的最低值，并且规定“国务院保险监督管理机构根据保险公司的业务范围、经营规模，可以调整其注册资本的最低限额，但不得低于本条第一款规定的限额”。最低资本限额只适合于刚开始从事保险业务的公司的偿付能力的控制，而对于大部分已经开业的保险公司，其作用是极其有限的。而且，最低资本限额没有考虑保险公司资产和负债的风险性，不能反映保险公司业务规模和风险大小对其偿付能力的要求。

三、资本结构决策

（一）随时间变化的资本结构

公司实际的资本结构随时间变化，主要有以下两个原因：

一是达到目标资本结构的行为，若公司目前并未达到其目标资本结构，则公司会有目的地筹集新的资本，使实际的资本结构向目标资本结构转变。

二是市场的原因，公司可能产生很高的利润或很大的亏损，使资产负债表上报告的权益的账面价值发生巨大的变化，股价也随之变化。类似地，债务的账面价值可能并未变化，但当市场总体利率的变化或公司违约风险的变化造成公司的利率变化时，公司债务的市场价值会发生巨大的变化。这些债务或权益的市场价值的变化将造成公司资本结构的改变。

但是，在某个给定的时间，大部分公司都会有一个具体的目标资本结构。若实际的债务比率超过了目标，公司会发售大量股票并使用所获的资金来偿还债务。或者，若股价上升，使债务比率低于目标，公司可以发行债券并使用所获得的资金来回购股票。实际上公司可以通过每年为了资本预算而采取的融资手段逐渐向其目标资本结构靠拢。

（二）确定资本结构的方法

1. 比较成本法

比较成本法是通过计算不同资本结构的综合资本成本，并以此为标准，从中选择综合资本成本最低的资本结构的决策方法。

【例 9－1】某公司初创时有三个融资方案可供抉择，其有关资料如表 9－2 所示。

表 9－2　　不同资本结构及资本成本表　　单位：万元

融资方式	融资方案Ⅰ		融资方案Ⅱ		融资方案Ⅲ	
	融资额	资本成本（%）	融资额	资本成本（%）	融资额	资本成本（%）
长期借款	400	6	500	6.5	800	7
长期债券	1000	8	1500	8	1200	7.5
优先股	600	12	1000	12	500	12
普通股	3000	15	2000	15	2500	15
合计	5000	—	5000	—	5000	—

根据上述资料，运用比较成本法进行资本结构决策。

$$融资方案I的综合资本成本=\frac{400}{5000}\times 6\%+\frac{10000}{5000}\times 8\%+\frac{600}{5000}\times 12\%+\frac{3000}{5000}\times 15\%=12.52\%$$

$$融资方案II的综合资本成本=\frac{500}{5000}\times 6.5\%+\frac{1500}{5000}\times 8\%+\frac{1000}{5000}\times 12\%+\frac{2000}{5000}\times 15\%=11.45\%$$

$$融资方案III的综合资本成本=\frac{800}{5000}\times 7\%+\frac{1200}{5000}\times 7.5\%+\frac{500}{5000}\times 12\%+\frac{2000}{5000}\times 15\%=11.62\%$$

比较以上三种融资方式的综合资本成本，不难看出，融资方案Ⅱ的综合资本成本最低，故此方案为最优。公司按此方案筹集资本，便可实现资本结构的最优化。

公司在持续生产经营过程中，由于扩大业务或对外投资等原因，有时需要追加融资。追加融资以及融资环境的变化会使公司原有资本结构发生变化，因此，为了使资本结构在不断变化中保持最优，就必须对追加融资进行决策，可运用比较成本法。其方式有两种：一是直接测算和比较各备选追加融资方案的边际资本成本，从中选择最佳融资方案；二是将各备选追加融资方案与原有最优资本结构汇总，测算各追加融资方案下汇总资本结构的综合资本成本，从中选择最佳追加融资方案。这两种方式下的决策结果是一致的。

【例 9－2】某公司现有两个追加融资方案可供选择，有关资料如表 9－3 所示。

表 9－3　　备选追加融资方式有关资料表　　单位：元

融资方式	追加融资方案Ⅰ		追加融资方案Ⅱ	
	融资额	资本成本（%）	融资额	资本成本（%）
长期借款	500	7	600	7.5
优先股	200	13	200	13
普通股	300	16	200	16
合计	1000	—	1000	—

根据这些资料，运用比较成本法进行追加融资决策。

$$追加融资方案Ⅰ的边际资本成本=\frac{500}{1000}\times 7\%+\frac{200}{1000}\times 13\%+\frac{300}{1000}\times 16\%=10.9\%$$

$$追加融资方案Ⅱ的边际资本成本=\frac{600}{1000}\times 7.5\%+\frac{200}{1000}\times 13\%+\frac{200}{1000}\times 16\%=10.3\%$$

比较以上两个方案的边际资本成本，便不难看出，方案Ⅱ的边际资本成本最低，故此方案为最优。

若该公司原有的资本结构是例 1 所选择的，将其与上述两个追加融资方案汇总，则其综合资本成本分别为：

$$采用方案Ⅰ追加融资后的综合资本成本=\frac{500}{6000}\times 6.5\%+\frac{600}{6000}\times 7\%+\frac{1500}{6000}\times 8\%+\frac{1000}{6000}\times 12\%+\frac{200}{6000}\times 13\%+\frac{300}{6000}\times 16\%=11.69\%$$

采用方案Ⅱ追加融资后的综合资本成本 $=\frac{500}{6000}\times6.5\%+\frac{600}{6000}\times7.5\%+\frac{1500}{6000}\times8\%+\frac{1000}{6000}\times12\%+\frac{200}{6000}\times13\%+\frac{2000}{6000}\times15\%+\frac{200}{6000}\times16\%=11.5\%$

由上述计算的结果可知，追加融资方案Ⅱ优于方案Ⅰ。这与上述第一种方式下的选择结果一致。按此结果追加融资后的资本结构，将是：长期借款为1100万元、长期债券为1500万元、优先股为1200万元、普通股为2200万元。

2. 无差别点分析法

研究资本结构，不能离开公司的盈利能力，因为偿债能力是建立在未来盈利能力基础之上的。公司的盈利能力，一般用“息税前利润”表示。同时，确定资本结构也不能不考虑它对股东财富的影响，因为负债融资是通过它的杠杆作用来达到增加股东财富的目的。股东财富，可用“每股盈余”（EPS）来表示。将这两个方面结合起来，分析资本结构与盈利能力、每股盈余之间的关系，可以运用无差别点分析法。因此，这种方法也称EBIT－EPS分析法。无差别点分析法是指首先确定各种融资方案下每股盈余相等时的无差别点（息税前利润分界点），然后据此选择最佳融资方案的一种决策方法。

无差别点可按下列公式计算：

$$\frac{(\overline{EBIT}-I_1)(1-T)-d_1}{N_1}=\frac{(\overline{EBIT}-I_2)(1-T)-d_2}{N_2} \qquad \text{（式 9－14）}$$

其中，$\overline{EBIT}$为无差别点；I_1、I_2分别为两种融资方案下的年利息；d_1、d_2分别为两种融资方案下的优先股股利；N_1、N_2分别为两种融资方案下的流通在外的普通股股数。

当预计的息税前利润大于$\overline{EBIT}$时，利用负债融资较为有利；否则，就不应再增加负债，以发行普通股为宜；当预计的息税前利润等于$\overline{EBIT}$时，采用两种方案无差别。

【例9－3】 假设某公司目前有资本75万元。现因生产发展需要准备再融资25万元，这些资本可以利用发行股票来筹集，也可以利用发行债券来筹集。其有关资料如表9－4所示。

上述资本结构的变化对普通股每股盈余的影响，具体如表9－5所示。

由表9－5可见，在息税前利润为200000元的情况下，利用负债融资能使每股盈余上升较多，这可能更有利于股票价格上涨，因而，更符合理财目标。

表9－4　不同融资方案资本结构表　单位：元

融资方式	原资本结构	增加融资后资本结构	
		增发普通股（1）	增发债券（2）
债券（利率8%）	100000	100000	350000
普通股（面值10元）	200000	300000	200000
资本公积	250000	400000	250000

续表

融资方式	原资本结构	增加融资后资本结构	
		增发普通股（1）	增发债券（2）
留存收益	200000	200000	200000
资本总额	750000	1000000	1000000
普通股股数（股）	2000	3000	2000

表 9－5　　不同融资方案下每股盈余计算表　　单位：元

项目	增发股票（1）	增发股票（2）
预计息税前利润（EBIT）	200000	200000
减：利息	8000	28000
税前利润	192000	172000
减：所得税	96000	86000
税后利润	96000	86000
普通股股数（股）	3000	2000
每股盈余（EPS）	3.2	4.3

那么，息税前利润究竟为多少时，是发行普通股有利，还是发行债券有利呢？其计算如下：

$$\frac{(\overline{EBIT}-8000)(1-50\%)-0}{3000}=\frac{(\overline{EBIT}-28000)(1-50\%)-0}{2000}$$

$$\overline{EBIT}=68000(\text{元})$$

当预计息税前利润大于 68000 元时，利用负债融资较为有利；否则，发行普通股较为有利；当预计息税前利润等于 68000 元时，采用两种方案无差别。该公司的预计息税前利润为 200000 元，故采用债券融资方式较为有利。

上述分析过程，可用图 9－1 简单明了地加以反映。

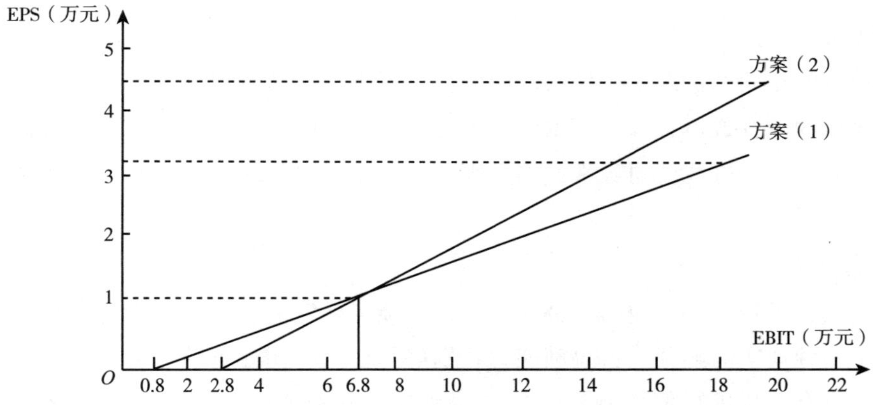

图 9－1　EBIT－EPS 分析图

由图 9－1 可以看出，当 *EBIT* 大于 68000 元时，负债融资的 *EPS* 大于普通股融资的 *EPS*；反之，则情况相反；而当 *EBIT* 等于 68000 元时，两种融资方式的 *EPS* 相等。

成本分析法考虑了资本结构对综合资本成本的影响，无差别点分析法考虑了资本结构对股东财富的影响，但这两种方法把资本结构对风险的影响置于视野之外，是不全面的。因此，它们所提供的财务信息，只能供资本结构决策时参考。

（三）资本结构决策的主要依据

在进行资本结构决策时，公司通常要考虑以下因素：

1. 销售稳定性

相对于销售不稳定的公司而言，如果公司的销售相对较为稳定，采用更多的债务从而发生更高的固定费用就要相对安全一些。从历史上看，与其他行业的公司相比，公共事业公司由于其稳定的需求，通常都有更高的财务杠杆。

2. 资产结构

许多公司在确定目标资本结构时，也会考虑其希望持有的现金额度。在其他因素保持不变时，若公司的资产负债表上报告的现金越多，通常公司的债务比率就越高。基于此，通常会评估另外一个指标——净负债（net debt），等于公司负债总额减去现金和现金等价物（有价证券）。

$$净负债 = 负债总额 - 现金和现金等价物 \tag{式 9－15}$$

保持其他因素不变，公司的现金或其他可以作为贷款担保的证券越多，则公司的负债越多。那些具有通用用途的资产，可以运用于各种领域，往往适合作为担保，而有特定用途的资产则不适合作为担保。因此，房地产公司通常都有较高的杠杆比率，而涉及科学技术研究的公司则相反。

3. 经营杠杆

在其他方面相同的情况下，公司的经营杠杆程度越低，就越能更多地利用财务杠杆，因为公司面临的经营风险更少。

4. 增长率

在其他方面相同的情况下，增长较快的公司通常更多地依赖于外部资本。而且，由于发行普通股票的融资成本高于发行债券，这就鼓励快速增长的公司更多地依赖于债务融资。然而与此同时，这些公司经常面临更大的不确定性，这又会减少它们运用债务融资的意愿。

5. 盈利能力

研究发现，投资收益率较高的公司通常采用债务融资的较少。尽管这一事实难以找到理论依据，一种现实的解释是：盈利能力特别好的公司，比如英特尔公司、微软公司以及谷歌公司，没有必要进行债务融资，高收益率鼓励它们通过内部产生的资金来解决融资需求。

6. 所得税

利息是可以作为费用扣除的项目，而利息作为费用扣除对于高税率的公司来讲是极具价值的。因此，公司的所得税税率越高，债务融资的优势就越大。

7. 控制

债务和股票对于管理层控制作用的差异会影响到资本结构。一方面，如果管理层目前拥有投票表决权（占有50%以上的股票），但是没有条件购买更多的股票，他们也许会选择债务融资方式；另一方面，如果公司的财务状况已经很差，采用债务融资会面临严重的违约风险，管理层也许会决定采用权益融资，因为如果公司出现违约，管理层几乎肯定会丢掉工作。然而，如果采用的债务太少，管理层就会冒公司被收购的风险。因此，控制作用方面的考虑会影响公司对债务融资和权益融资的选择，因为在不同的情况下，会有不同类型的资本对管理层起到更好的保护作用。如果管理层没有足够的安全可言，就会考虑控制方面的需要。

8. 管理层的态度

要证明某种资本结构下的股票价格更高，是非常困难的，管理层可以根据自己的判断决定合理的资本结构。有些管理层采取的做法更为保守，因此就会选择低于行业平均的债务融资，而激进的管理层则会使用更多的债务融资，以便为股东创造更多的利润。

9. 债权人和债务评级机构的态度

无论公司管理层如何对公司的财务杠杆进行分析，债权人和债务评级机构的态度经常是影响财务结构决策的重要因素。公司通常会与债权人和债务评级机构一起讨论其资本结构，并认真考虑债权人和债务评级机构的建议，进行融资决策。例如，最近有一家公用事业公司得到穆迪公司和标准普尔公司的意见，如果公司发行更多的债券，公司债券的级别就将调低，结果公司采用权益融资支持其扩张计划。

10. 市场状况

目前股票和债券市场的短期和长期变化都会对公司的最优资本结构产生重要的影响。例如，在最近的信用危机中，垃圾债券市场走到了穷途末路，任何新评级低于BBB级的长期债券，几乎都难以在市场上以“合理的”利率成交。因此，如果低评级的公司需要资本，不管公司的目标资本结构如何，都会被迫进入股票市场融资，或者通过短期债务市场融资。然而，当市场情况好转时，这些公司就可以出售债券，从而向其目标资本结构靠拢。

11. 公司的内部状况

公司的内部状况也会影响其目标资本结构。比如，假设公司刚刚成功地完成了研发项目，公司预计会在不远的将来获得高额回报。然而，未来的高收益还没有得到投资者的认可，因此难以反映在公司的股票价格上。这样，在预期的高额回报变为现实之前，公司宁可通过债务融资也不愿发行股票。只有预期回报变现并反映在股票价格上之后，公司才会发行普通股票，并用所获得的资金归还债务，向其目标资本结构靠拢。这一点在前面讨论信息不对称和信号理论时已经说明。

12. 财务灵活性

公司并不能准确预知融资决策会如何影响公司的股票价格。但是，公司必须放弃某些有前景的投资，因为如果相应的资金没有到位，这种投资就会降低公司的长期盈利能力。从这个方面考虑，财务经理的主要目标永远筹集公司经营所需的资本。同样，在时机较好时，公司可以通过股票和债券融资；但当时机不好时，如果公司提供某种担保，资本的供应者也会愿意提供相应的资金，这意味着公司需要采用债务融资方式。而且，公司发行新的股票就向投资者传达了一种消极的“信号”，因此，成熟的公司通常不需要发行新股。

总而言之，保持财务灵活性是资本结构决策的目标。从经营的角度看，保持财务灵活性意味着保留足够的借款能力。虽然这是一种主观判断，但是很明显的是，其依赖于公司预测的资金需求、预测的资本市场状况、管理层对公司前景的信心以及出现资本短缺的后果这些因素。

第三节　保险公司最优资本结构

一、保险公司资本结构

保险公司的收入绝大部分来自保费收入，类别为负债资本，因而保险公司经营业绩越好，负债资本越高，从而财务杠杆数值就比较大。高财务杠杆具有双面作用，一方面好的经营业绩会给保险公司带来丰厚的报酬，而另一方面如果公司业绩出现滑坡则会给公司造成更加巨大的损失，使得商业保险公司存在较大的财务风险。保险公司是经营风险的金融机构，与传统行业的资本结构相比具有自己的特性：保险公司是负债经营，而且其负债部分主要是来自保费收入，保险产品的消费者同时也是保险公司的债权人；而保险公司的股权资本也有获利要求，这种特殊性使得保险公司的资本结构受到监管机构和股东收益最大化的双重要求。因而如何确定最优的资本结构使其既能够满足偿付能力监管要求、维持保险公司的财务稳定性，又能够实现股东的收益最大化，成为一个日益重要的研究问题。

对保险公司资本结构的研究大多是以资本结构理论为基础的延伸，最常见的是用各类保险公司融资数据来验证资本结构理论。Cheng 和 Weiss（2012）用实证结果证明保险公司资本结构符合权衡理论，认为保险公司的客户具有债权人性质，过高的负债会使客户用脚投票。还有学者认为保险较银行更不具备透明性，债权人会因此要求更高的投资报酬，使债务融资成本过高，迫使保险公司更多地进行股权融资（Harrington，Niehaus，2002；Morgan，2002；Zhang 等，2009）。Dhaene 等（2017）将保险公司与工业企业进行对比，认为保险公司有更多的内生性驱动因素，因此更多地关注自融资金。Fier 等（2013）从所有权机构入手分析，认为大部分保险公司股权融资来自所属的金融集团，因为金融集团能以更低的资本成本在准确的时机进入内部资本市场。黄智锋（2002）支持优序融资理论，认为我国保险公司普遍不具备上市能力，应通过提高投资收益而非通过外部融资来填补资金缺口。

由于行业的特殊性，保险公司在确定资本结构时还要考虑再保险比例、承保风险、股权结构等因素的影响。具体来说，Adams 等（2008）在对英国的人寿保险公司研究中发现再保险有扩大债务融资的能力，Shiu（2011）在对英国非寿险公司的研究中也证明了相同的观点。许闲（2013）研究发现我国非寿险公司购买再保险能够减少偿付压力，从而促进企业维持较高的财务杠杆水平。景珮等（2013）通过实证研究表明，除盈利性外，再保险比例、规模、成长性与承保风险的提高均对保险公司资本结构有负向影响。

Martin 等（2010）就保险评级的变化对保险公司的股价影响进行了分析。他们认为评级上升和下降对股价的影响结果是不对称的。评级上升对股价基本上没有影响，而评级下降则会导致股价下降 7% 左右，而股价的变化则影响了公司整体的融资能力。Vanacker 和 Sophie（2010）用 Logistic 回归方法分析了高成长性保险公司的融资策略，认为营利性企业更愿意内部融资。那些债务水平比较高、现金流有限、亏损可能性大的非营利性企业更愿意采取股权融资，他的研究支持了“优序融资理论”。Lee 和 David（2003）分析了保险集团的情况，认为集团化的保险公司募集股票的能力更强。

学者们也探讨了研究方法。Helmut 和 Hato（2007）认为，净现值法比资产配置法能更加有效地分析保险公司的资本结构。Ailice 等（1998）用不同的方法估计了财产保险公司的权益资本的成本，认为在分析财产保险公司的权益资本的成本时，APT 模型和 CAPM/APT 综合的模型的表现比 CAPM 要更加适合。

与美国公司奉行的逐食理论不同的是，国内上市公司的融资顺序与国外恰好相反，大多数上市公司再融资严重偏向于外部融资，基本是按照“股票—债券—内部融资”的顺序进行的，内部积累在再融资中的占比不到 10%。在 1998—2000 年的 3 年中，沪市符合条件的上市公司中有 90% 采用配售的方式再融资，债券融资也只占再融资总额中很小一部分。2004 年 9 月中国保监会出台《保险公司次级定期债务管理暂行办法》之后，因税前列支和不摊薄现有股东权益的优势，发行次级债务成为国内保险公司重要的融资手段。不仅中小型保险公司对次级债务情有独钟，就连大型上市保险公司，如人保财险、平安集团中的人保财险、平安财险，也把发行次级债务作为经常性的再融资手段，其中人保财险集团在 2008 年 4 月发行了规模达 78.08 亿元的次级债，开创了我国保险业以集团名义募集次级债的先河。对上市公司来说，发行新股成为再融资的首选。

对于非上市保险公司来说，主要是内源性的融资、股东注资和发行次级债务这三种方式。内源性融资的主要来源是企业自身的内部积累，例如，华泰保险公司成立 14 年来，在每年分红之外，将较多的未分配利润留在公司，为公司未来发展留足后劲、储备能量，通过自我造血形成了华泰特有的内生积累发展模式①。国内不少中小型保险公司起初注册资本较少，经过一段时间的业务发展之后，往往会出现偿付能力不足的情况，这时就需要股东注资，从而形成一个“注资—成立—发展—再注资”的过程。

二、最优资本结构

（一）确定最优资本结构

如果一家公司的期望每股收益在债务同资本比率达到 50% 时达到最大，是否意味着该公司的最优资本结构为 50% 的债务？回答是否定的，最优资本结构，也称目标资本结构，是能够使公司的股票价格达到最高的结构，或使企业的价值实现最大化的资本结构，而这时的债务/资本比率通常略低于公司的期望每股收益最高时对应的水平。

股票的价格与期望的股利正相关，而与风险负相关。如果更高的债务水平能够提高每股收益，提高财务杠杆就可以提高公司的股票价格。然而，更高的债务水平同样会增加公司的风险，从而会提高权益资本的成本，也就是会降低股票的价格。因此，在公司的债务与资本比率从 40% 上升到 50% 时，公司的每股收益虽然在上升，但是这种上升可能会被相应风险的上升所抵消。

对于是否存在最优资本结构，不同的资本结构理论给出了不同的答案。在无税的“MM 定理”下，企业的价值与资本结构无关；而在有税的“MM 定理”下，负债所占的比例越高，企业的价值越大。另外一些理论则有不同的意见，例如，权衡理论认为，企业的负债一方面会提高企业的财务困境成本，对企业价值有负向作用；而另一方面可以在税前扣除负债利息，产生“税盾”效应，对企业价值有正向作用，最优资本结构正是在两者间找到一个平衡点，使负债对企业价值的综合效用达到最大。代理成本也有类似的观点，认为存在一个最优资本结构，使得代理成本最低，实现企业价值最大化。

从实践角度来看，一般认为最优资本结构是存在的。最优资本结构是指在一定时期内，使综合资本成本最低、公司价值最大的资本结构，可以在一些企业实践中得到证实。

首先，在现实中，基本上很难看到完全由债权或是完全由股权作为融资来源的企业，即便是在资产负债率普遍偏高的保险业，也未曾见过其资产负债率为 100% 的保险公司。这说明既包括债权融资又包括股权融资的混合融资，要优于仅选择债权融资或者是股权融资的单一融资。Berglof 和 Thadden（1994）认为，同时具有短期和长期利益的资本结构比仅有一种股权的资本结构更优，最优资本结构应为权益和债务、短期和长期债权同时存

① 黄明、程明：《上市公司再融资存在的主要问题与相关政策建议》，证监会研究中心，2010 年 8 月。

在。此外，由于一个企业的资本结构会影响到经理人员和投资者之间未来的谈判，所以必然会影响当前的投资决策。一般来说，企业将选择不同类别的投资者，并在不同的时间和自然状态下将利益分配给不同的投资者。既然企业同时选择合适的债权融资和股权融资，就必须面临股权融资和债务融资的比例分配问题，即资本结构的选择。

其次，从实务角度来看，不同行业的企业的资本结构存在较大差异。假设不存在最优资本结构，那么从统计学意义上看，不同行业的资本结构随机分布，不具有显著差异。而之所以与现实不符，正是因为不同行业的特性影响了不同行业企业资本结构的选择，这从侧面证实了最优资本结构的存在，即不同行业的企业基于各自的行业特征，拥有针对自身行业的最优资本结构。

再次，公司的资产负债率是否越高越好？或者公司的资产负债率是否越低越好？有些企业由于资产负债率过高而承担着巨大的偿还压力，一旦其经营业务受到宏观经济环境或行业政策的负面影响，就会由于资金链断裂而导致资不抵债，即便拥有较强的生产能力和盈利能力也只能无奈倒闭。同时，也有一些企业在需要融资时盲目保守，维持着较低的资产负债率，在抵御了风险时，也错失了企业扩张发展的大好机会。从现实实践可以看出，过多或是过少的债务融资，对于企业而言都非好事。维持适度的债务融资即最优资本结构，才有利于企业的长期发展。

从次，尽管权益资本成本通常高于债务资本成本，但是全部采用较低成本的债务融资并不会实现价值最大化，这是因为债务资本比重对于债务资本成本和权益资本成本造成了反馈效应。例如，如果某公司发行超过40%（例如50%）的债务，它将更多地依赖这种成本低廉的资本来源，但是公司采用的债务融资较多将提高债务资本成本和权益资本成本，最终将抵消掉低成本资本带来的好处；依据市场价值，债务比率为47%的资本结构，其加权平均资本成本最低，尽管降低债务比率可以在一定程度上降低债务的边际成本，但是由于这会增加高成本的权益资本的比重，故大量地减少债务资本会提高加权平均资本总成本。

最后，能够使WACC最小化的资本结构同样会实现公司股票价格的最高化。如果公司将所有的收益都作为股利发放，不再将取得的收益投入经营当中，公司的每股收益和每股股利的增长率为零，可以采用零增长股票的价格模型来估计各种资本结构下的股票价格。研究发现，期望的股票价格会先随着财务杠杆上升，在债务比率达到最大值后开始下降。因此，最优的资本结构可以同时满足公司股票价格最大化和公司WACC最小化。

（二）加权平均资本成本与资本结构的变化

管理者应该选择合理的资本结构，以实现公司股票价格的最大化。但是，很难估计资本结构的变化对股票价格的影响，能够实现公司股票价格最大化的资本结构也能实现公司的加权平均资本成本最小化。与说明公司的资本结构变化如何影响股票价格相比，说明公司的资本结构变化如何影响公司的加权平均资本成本要容易得多，所以许多管理者依据对资本结构与加权平均资本成本之间关系的估计来进行资本结构的决策。

当公司没有发行优先股时，加权平均资本成本定义为：

$$WACC = k_a = w_d k_d(1 - T) + w_e(k_s \text{或} k_e) \quad （式9-16）$$

其中，w_d和w_e表示在总资本中，债务资本和权益资本的比率，两者之和为1。如果债务同资本比率上升，则债务资本和权益资本的成本都会上升。债权人明白，如果公司有更高的债务/资本比率，就会增加出现财务困境的风险，由此就会导致债权人要求更高的利率。

在实践中，财务经理可采用预测技术来确定债务同资本比率的变化如何影响公司的流动比率、利息保障倍数以及EBITDA的固定负担倍数，然后会与银行家和债券评级机构讨论公司的预测财务报表，而银行家和债券评级机构会询问很多相关的问题，并且也许会做出他们自己对公司前景预测的调整。银行家和债券评级机构会将公司的财务比率与行业内其他公司的财务比率进行比较，然后据此确定敏感性的评级和相应的利率。此外，如果公司计划向公众发行债券，美国证券交易委员会（SEC）要求公司公布新的债券发行之后有关比率的预测。基于对以上情况的了解，有经验的财务经理就会根据预测的比率，进一步预测银行家以及其他出资人会如何判断公司的风险，进而确定债务的资本成本。因此，他们就可以较为精确地估计资本结构的变化对债务成本的影响。

三、保险公司最优资本结构

对于保险公司的最优资本结构问题，学者从不同的角度进行了研究和验证。Scott和Greg（2002）发现不同类型的保险公司最优资本结构不同，且其向最优资本结构调整的速度也有所不同；Jiang和Mary（2012）以财产保险作为切入点，将权衡理论和优序融资理论运用到保险公司的资本结构理论中，证明了财产保险公司存在着最优资本结构，并发现权衡理论比优序融资理论在解释保险公司的最优资本结构方面具有更强的解释力；李冰清和谭艺（2013）以股东收益最大化为目标，建立了离散情况下的保险公司股东收益率模型，以单条产品线为基础考虑保险公司每一期的保费收入、赔付支出、投资收益以及偿付能力约束，通过对未来经济情景和保险产品收支的模拟，确定不同初始资本投入的最优投资策略和与之对应的资本投资收益率，进而选择能获得最高收益率的初始资本投入为最优的资本投入，从而确定保险公司的最优资本结构。

蔡颖（2010）认为，国际上对于保险公司的最优资本结构有不同的理解。例如，标准普尔公司确定的作为其内部评级标准使用的保险公司最优资本结构，是随着普通股权在资本结构中占比的不断提高和债券占比的下降，保险公司的信用评级也逐步提升；AAA级保险公司与BBB级保险公司资本结构的最大差异就体现在普通股和债券占比的不同上，55%—75%的普通股加小于15%的债务占比就可以被评为AAA级；强制性可转换债券和信托优先证券的比例一直分别保持在10%—15%和15%的水平（见图9-2）。

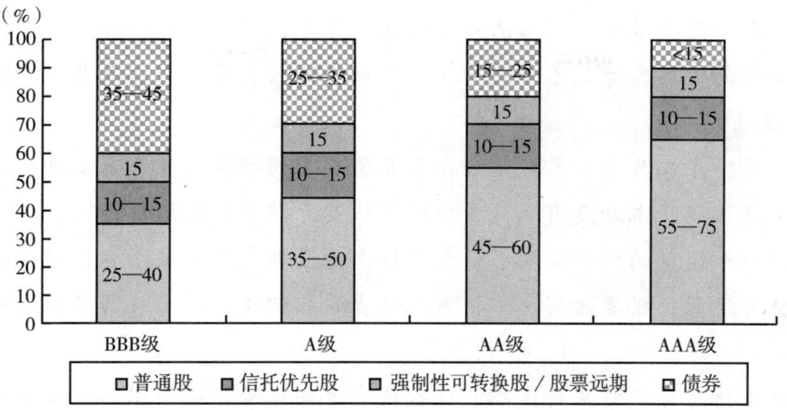

图 9－2　标准普尔公司确定的保险公司最优资本结构

虽然很难给出某一家具体保险公司的资本结构在不同发展阶段的最佳比例，但是国际保险实务界确实存在着一个所谓的最优资本结构，其主要内容大体包括：一是普通股权相对较大，如普通股权占比近一半以上；二是一定要有负债，且比例适当。对一家 AAA 级保险公司来说，债券在资本构成中的占比控股在四分之一以内，对处于成长期的公司来说，债券占比可以略高一些，但不建议超过 35%；三是可以适当发行一些介于股权与债券之间的混合证券。混合证券具有股权和债券的双重属性，不同种类的混合证券在优先级、对资产的索取权、税收优惠、支付期间和计算资本等方面有一些区别。公司可以根据自身业务发展特点和监管需要来发行混合证券，完成融资。这种证券往往规定一定的转股条件，对当前股东利益一般不具有摊薄效应，也不影响投票权，有些情况下还可以享受税收上的好处。

因此，保险公司存在最优资本结构。然而，这并不意味着最优资本结构是一成不变的，恰恰相反，最优资本结构处于动态变化之中，保险公司向最优资本结构的调整也是一个长期的、动态的、不断优化的过程。

专栏 9－1

美国财产保险公司最优资本结构的选择

（一）资本结构与税费

1. 公司税费

在美国，财产保险公司的投资收益首先要支付两层公司所得税，包括联邦所得税和州所得税，然后向股东分派红利。财产保险公司在缴纳企业所得税时，其对债权人支付的利息可以在税前扣除，具有利息抵税作用。而其对股东支付的股利是在缴纳企业所得税之后支付，所以，财产保险公司股权融资的成本高于债务融资。

由于保险的需求价格弹性较低，故保险公司股权融资的高成本通过保费的形式转嫁给投保人，并能够以多种方式进行量化。

监管机构通常认为股权融资降低了保险公司破产的风险，对消费者有利。但是股权融资的高税收成本会提高保费，损害消费者权益。另外，长期次级债融资可以激励债券持有人评估保险公司的财务实力，进而减少了破产风险，因此债券融资也有很多优势。

2. 双重课税

资本成本是股东或其他资本提供者向企业所要求的回报。持有资本的成本是权益持有人向保险公司提供了资本却没有从保费中获得边际利润补偿的损失。

接下来用一个简单的例子说明了这几个概念的区别。假如某个保险公司需要1亿美元的资本支持公司运营，投资者将这1亿美元投资于相似风险的项目将获得的回报就是资本的机会成本。

双重征税是持有资本的主要成本，权益所有者向保险公司提供的资本通过投资获得的收益在缴纳公司所得税后还需要缴纳个人所得税，相当于同一笔投资收益交了两次税。

（1）假设权益所有人将1亿美元投资于无风险债券，获得10%的回报，然后缴纳个人所得税。资本直接投资支付的税费 = 投资收益 × 个人所得税税率 = 1亿 × 10% × 25% = 250万美元（假设股票和债券收益的个人所得税税率均为25%）。

（2）如果保险公司也将1亿美元投资于无风险债券，那么它将支付350万美元的企业所得税，然后再将剩余的650万美元派发给权益所有人，然后支付个人所得税。保险公司进行资本投资所交的税费 = 公司所得税 + 个人所得税 = 投资收益 × [公司所得税税率 + (1 - 公司所得税) × 个人所得税税率] = 350万 + 650万 × 25% = 512.5万美元。

（2）和（1）的差为投资收益 × 公司所得税税率 × (1 - 个人所得税税率) = 1亿 × 10% × 35% × (1 - 25%) = 262.5万美元，即保险公司双重课税的成本，也是持有资本的主要成本。（假定债券投资收益和股票投资收益的税率相等）

3. 个人所得税税率

普通纳税人债券投资收益的平均税率为32%—36%，这取决于他们的纳税等级。普通股的有效税率取决于持有期、税前收益率以及股利与资本积累的比例。保险公司的股票年收益率平均为12%，一半红利和一半资本利得，投资者在实现收益前的平均持有期间为十年。

在12%的年利率下，1美元在10年后将获得3.106美元本息，即 $1 \times (1 + 12\%)^{10} = 3.106$。缴纳企业所得税（15%）后的收益为 (1 - 15%) × (\$3.106 - \$1) = \$1.79。投资者得到这一收益所需的税后投资收益率为 $(1.79 + 1)^{0.1} - 1 = 10.81\%$，有效税率为 1 - 10.81%/12% = 9.92%。2003年，美国长期投资的个人资本利得税被调降到15%（对于归入最低和次低所得税缴纳人群的两类人，资本利得税为5%）。在50%红利，50%资本利得的情况下，普通股边际税率为 0.5 × （15% + 9.92%）= 12.46%。

因此，股票的有效税率大约为12.5%，因为债券投资收益的平均税率为32%—36%，所以债券利息收入的税率和股票投资的税率之差大约为（32% + 36%）/2 - 12.5% = 21.5%，双重税收的成本大约是13%。

（二）边际投资者与实证数据

边际投资者是投资决策受税率变化影响的投资者。假如股票投资收益的税率增加，将会有投资者将持有的部分股票转化为债券。养老基金、个人退休账户、大学基金等免税投资者也持有股票，虽然投资于股票和债券收益的税率都等于0，但这些免税基金的相对收益率却受税率变化的影响。

实际上，所有投资者都有可能在股票和债券之间转换投资，但是无法确定各自的比例。

表9-6为美国1980年以来利息和股东红利的个人所得税的最高税率等级，最高的长期资本利得的税率和最高的公司所得税税率的变化情况。

表9-6　　个人所得税税率　　单位：%

年份	利息/股息红利	资本利得	公司所得税税率
<1982	70	28	46
1982—1986	50	20	46
1987	39	28	40
1988—1990	28	28	34
1991—1992	31	28	34
1993—1996	40	28	35
1997—2001	40	20	35
2002—2003	36	20	35
2004	36*	15	35

注：*2003年，股东股息的个人税率变为15%，与资本利得的税率相同。

股票与债券之间税率的差异以及企业所得税税率之间的差异会导致公司资本结构发生变化。个人纳税人普通股相对于债券的税收优惠在1981年以前很高，1986—1990年下降到几乎为零，2004年上涨至新高。1986年“税法改革法”引起债务杠杆增加，2004年减少有效税率应导致债务杠杆下降。但是由于其他一些因素的存在，导致实证结果并不能使人信服：税率处于不断变动之中，但是债务杠杆几乎不变。

（三）保险公司的破产成本

破产成本是破产过程所要花费的成本，而不是造成破产的损失。破产成本来自破产程序的监管要求或在破产中失去价值的专业资产，包括律师费、法院费用、研究开发、专利、版权、客户名单等。

在破产中资产（包括专业器械、研发成果、专利和创新等）会发生减值的企业倾向于避免债务。资产（包括房地产、仓库、办公楼等）在破产中不发生损失的企业往往会使用更多的债务。金融资产在破产过程中不会损失价值。因为投资的债券和股票可以在股市正常出售，保险公司的固定资产如办公楼可以卖给其他企业。唯一损失的资产是无形的特许经营成本，但它的价值相对于主要依靠股权融资的制药和高科技企业的特许经营价值来说微不足道。

保险公司破产成本比较低，理论上保险公司倾向于发行债务资本而不是股本资本，但实际情况并不是这样。

保险公司持有债务资本具有很多优点。实际生活中，一些保险公司通过控股公司和关联公司发行债务或盈余票据。发行债务和盈余票据必须经监管机构批准，但是保险公司通过控股公司发行的债务使监管机构无计可施，从而使保险公司成功规避了相关部门的监管。

如果一个拥有20亿美元盈余和低RBC比例的保险公司需要5亿美元的新资本。以每年12%的预期成本发行新股存在以下弊端：(1) 由于股票购买者较少以及中介费的存在，故交易成本高。(2) 股东股息在公司支付企业所得税之后支付，不能抵税。(3) 新股发行通常导致股价下跌。因此由于交易成本和股票价格下跌，保险公司可能会失去5000万美元，每年会产生3230万美元的附加税。

发行债务则避免了这些缺点，但债务发行中的现金并未提高RBC比。相反，如果保险公司通过控股公司发行5亿美元债务来增加法定盈余，不仅交易成本低，而且保险公司股价不会下降。由于使用控股公司发行债务能规避国家监管，保险公司有经济动机来使用债务进行融资，并最终使投保人受益。

(四) 保险公司发行次级债的影响

一些监管机构认为债务不能支持长期的保单承诺：如果债务在保险给付之前到期，债券的现金将退还债券持有人，从而不能支付赔款。银行与保险公司类似，银行也对消费者承担长期还本付息的义务。但银行监管允许长期次级债作为二级资本，而且约定如果债务在五年内到期，只有一定比例能被算作资本；并且存款人的债权优先于债券持有人。因此，保险公司发行次级债将在一定程度上支持保单的长期保单承诺。

根据我国的《保险公司次级定期债务管理方法》(以下简称《管理方法》)，保险公司次级债是指保险公司为了弥补临时性或者阶段性资本不足，经过批准募集期限在五年以上(包括五年)，且本金和利息的清偿顺序位于保单责任和其他负债之后、先于保险公司股权资本的保险公司债务。而且《管理方法》规定，在次级债到期之前，保险公司可以按照一定的比例将其计入附属资本，从而提高保险公司的偿付能力，因此，保险公司的次级债兼具资本性、债务性和次级性三个特征。近年来，我国越来越多保险公司采用次级债作为融资工具，次级债的发行对保险公司的运营以及整个金融体系的运作都发挥了举足轻重的作用，它不仅提高了保险公司的偿付能力，而且推动了资本市场的发展完善。2004年，保险监管机构允许保险公司发行次级债补充资本。截至2014年末，保险业次级债累计发行规模约为2000亿元。2013年，保险业又开拓了上市保险公司发行次级可转换债券和保险集团发行次级债两类融资渠道，如中国平安保险集团发行了260亿元次级可转债，随后中国人保集团发行了160亿元次级债。

发行次级债能够加强相关利益方对保险公司偿付能力的监管。如果保险公司经营不善，管理层将会失去在保险公司的工作；风险投资带来的巨额收益会使公司重新获得充足的偿付能力，这些收益将全部归管理层和股东所有；而风险投资导致公司破产时损失最大的只有保单持有人，所以对保险公司的风险投资行为进行监督显得尤为重要。

保险公司掌握着来自投保人的保费资金，保单持有人在某种程度上类似于保险公司的债权人。债权人向公司提供资金并要求利息回报，保单持有人向保险公司提供资金，并要求保险公司在被保险人遭受损失时给予赔付。但是保单持有人依赖监管部门、代理人和评级机构保障他们的利益，因而保单持有人几乎没有关注保险公司经济能力的动机。

如果保险公司通过长期次级债融资，那么债权人和债券承销商将会具有关注保险公司偿债能力的动机，并对保险公司的风险投资活动进行监督。基于RBC资本要求，保险公司的债务在保单责任后支付。另外需要注意的是：（1）短期债券并不能对长期的保单责任提供支持；（2）优先债的还本付息优于无担保索赔，所以优先债不能支持保单责任；（3）与银行类似，长期次级债能支持保单责任的履行。

债权人希望保险公司能够有一部分权益资本确保他们的资金安全，并在合同中约定保险公司权益资本需要达到总资本的50%以上，否则债权人有权撤回投资。因此，债权人会监督公司的偿债能力。只有当债权人能够监督公司的储备充足性并能够在公司不满足事先约定标准的情况下能抽回资金时，才能将长期次级债作为资本。因此，债权人有精确预计公司偿付能力的经济动机，债务融资创造了更好的偿付能力监管机制，所以资本市场机制在评价公司长期偿债能力方面比州监管部门的效率更高。

总之，资本市场将决定保险公司的最优资本结构。如果保险公司债务资本太多，会违反合同约定的债权比；如果权益资本太多，双重课税的高成本导致公司的竞争力降低。最优的资本结构不仅能降低保费还能降低破产风险。

（五）债务融资和税费以及混合债

债务融资的利息具有抵税作用，保险市场是竞争性市场，故保单持有人的保费会有所降低。但是利息收入的个人所得税比较高，进而抵消了利息抵税的部分或全部好处。对于持有保险公司股票的个人纳税人，大约有21%的差异；对于免税投资者，差异为零。实际很难明确地衡量债务融资的税收收益。

长期次级债使银行能够将债务的税收优势与股本的资本优势结合起来。本文认为，和银行类似，如果保险公司的资本没有受RBC限制，那么它会发现发行长期次级债的相同优势。

混合债券是具有权益特征的长期次级债，其利息收益是税前扣除的。如果公司不满足特定的盈余比，那么利息的支付可能会延迟。保险公司可以根据自身业务发展特点和监管需要适当发行一些介于股权与债券之间的混合债券。混合债券具有股权和债券的双重属性，不同种类的混合债券在优先级、对资产的索取权、税收优惠、支付期间和计算资本等方面有一些区别。混合债券往往规定了一定的转股条件，对当前股东利益一般不具有摊薄效应，也不影响投票权，有时还可以享受税收上的好处。

总之，资本市场是有效的，市场总能够推动保险机构选择出最优资本结构。

【思考题】

1. 请解释计算公司的加权平均资本成本时，应使用账面价值、市场价值还是目标权重？在基于账面价值、市场价值或目标价值时，为什么资本的权重会有所不同？

2. 请指出公司资本构成中3种主要的资本组成部分，并指出各种资本组成部分的成本及其权重符号。

3. 如果公司目前的债务比率为50%，但是计划在未来仅适用40%的债务，在计算加权平均资本成本时，应使用哪个比率作为W_d？请给出解释。

4. 在计算加权平均资本成本时，为什么用债务的税后资本成本而不是其税前资本成本？

5. 相关的债务资本成本是已有债务（或者说旧债务）的利率，还是新债务的利率，为什么？

6. 公司流通在外债务的到期收益率如何被用来计算债务的税后资本成本？

7. 某公司有流通在外的20年期不可赎回债券，票面价值为1000元，年化的票面利率为11%，市场价格为1294.54元。若公司发行新债务，则对于债务利率的合理估计是多少？若公司税率为30%，则债务的税后利率是多少？

8. 在估算优先股的资本成本时，是否需要进行所得税的调整？为什么？

9. 某公司的优先股目前的价格为80元，每年支付每股6元的股利。忽略发行成本，则公司优先股的资本成本是多少？

10. 请阐述销售稳定性、资产类型、所得税和债权人和债务评级机构的态度如何影响目标资本结构。

第十章 保险公司偿付能力管理

【学习目标和要求】

1. 了解我国及美国、欧盟保险公司偿付能力监管的制度。
2. 熟悉我国保险公司偿付能力监管的发展历程。
3. 掌握保险公司偿付能力管理的内容、方式、影响因素。

【本章概览】

偿付能力通常是指公司偿还债务的能力，具体表现为公司是否有足够的资产来抵偿负债。对于一般公司而言，债务的不确定性较小，只要其资产能够完全偿还债务，就具有偿付能力。但是对保险公司而言，债务的不确定性较大，资产价值不但应该超过负债的期望值，还需要超出一定的规模，以应对非正常的赔偿和给付。保险公司的偿付能力是指保险公司对所承担的风险在发生超出正常的赔偿和给付数额时的经济补偿能力，即不但要求资产能够完全偿还债务，还要求超出一定额度，这个额度称为偿付能力边际（solvency margin），也称偿付能力保证金、偿付能力额度等。保险公司的经营对象是风险，充足的偿付能力能够保证保险公司及时足额支付赔付金，维持公司稳定运营，保障投保人权益。若保险公司的偿付能力出现问题，在意外事故发生时无法履行偿付责任，就可能引发财务风险，甚至面临破产，从而损害投保人的利益，影响保险市场稳定。因此，偿付能力是保险公司稳健经营的关键，是保险监管部门实施管理时关注的核心问题，亦是评级机构和投保人评估保险公司风险时的最终落脚点。本章分为四节：第一节是保险公司偿付能力监管概述；第二节是我国保险公司偿付能力监管；第三节是保险公司偿付能力管理；第四节介绍保险公司偿付能力报告。

第一节 保险公司偿付能力监管概述

一、偿付能力监管的必要性

保持充足的偿付能力，不仅是保险公司持续稳健发展的基础，也因涉及公众利益而具有社会意义。保险经营具有风险长期隐蔽的特点，客观上要求其加强偿付能力管理。在保险经营过程中，由于保险公司提供的产品具有特殊性，即经营成本后置，因此长期风险隐蔽性较强。保险企业提供保险服务，先收取保费，后承担保险责任，在保险事故发生后支付赔款或给付保险金，即保险公司先获得保费收入，后发生成本费用。在保险公司发生亏损时，只要能签发新保单，获得新的保费收入，就可以用新保单获得的保费收入支付原有保单发生保险事故的赔款或保险金，而被保险人是很难发现这种情况的。如果可保资源有限或经济环境发生变化，保险公司新单保费收入下降就会导致保险公司支付困难，甚至破产，长期隐蔽的风险最终会爆发出来。因此，保险公司经营风险的长期隐蔽性，使保险公司的偿付能力管理具有重要意义。

由于保险行业在国民经济体系中的地位特殊，其本身是社会经济补偿制度的一个重要组成部分。保险公司的亏损或倒闭不仅会影响股东的利益，还会严重损害被保险人的利益，因此保险公司的偿付能力状况关系到保险业乃至整个金融业的稳健发展。保险运作机制决定了投保缴费与可能的保险金赔付之间存在时间差，偿付能力风险就是保险公司对投保人的信用风险。保险公司风险汇集的作用，使其经营稳健性涉及社会公众利益的实现，因而，偿付能力状况是保单持有人对保险业的信心基础。如果一家大型保险公司出现偿付困难的现象，有可能因“羊群效应”引发大规模的退保风潮，而将原来的非系统金融风险演变成系统性的金融风险。随着中国保险业资产规模的日益扩大，及社会、经济和金融业的融合日益深入，保险公司偿付能力管理的影响力涉及整个社会和金融行业，这使得国家对于保险公司偿付能力的监管非常严格。

尽管世界各国保险监管的侧重点和方式方法各不相同，但是监管的核心都是确保保险公司有偿付能力。目前，国际上相对比较成熟的偿付能力监管体系是美国的风险资本制度（risk - based capital，RBC）和欧盟的第二代偿付能力监管体系（Solvency Ⅱ）（见表 10 - 1）。

表 10－1 各国保险监管体系概况

国家	监管部门	监管方法	引入时间	主要内容
美国	美国保险监督官协会（NAIC）	RBC偿付能力监管——风险资本法（RBC）	1993年	要求保险公司依据资本的内在风险提取责任准备金，根据公司规模和风险状况评估资本和盈余的充足性，通过资本充足性监管间接控制保险公司的最低偿付能力
英国	监管金融服务管理局（FSA）	个别资本适足评估（ICA）	2004年	寿险、产险及再保险公司根据公司业务与所采用的风险内控措施自行评估公司应有适足资本额，原则上，风险项目应包括市场风险、保险风险、信用风险、流动性风险、营运风险、集团风险，但公司仍应就其自身状况考虑并计算其他项目的适足资本
欧盟	欧盟委员会（EC）	法定偿付能力额度法（Solvency Ⅰ）	1973年	通过对固定比率的规定确定法定最低偿付能力标准，保险公司的实际偿付能力或偿付能力保证基金不得低于法定最低偿付能力。2013年将采用Soleney Ⅱ，将大幅增加现有偿付能力水平，进一步提高透明度并强化以风险管理为核心原则
日本	金融监督厅（FSA）	简化的风险资本法（RBC）	1998年	1996年修订的《保险业法》增加偿付能力比率来衡量保险公司经营健康与否，并规定该比率不得低于200%。1998年12月日本再次修订《保险业法》，新增保险公司的早期预警措施，规定对于偿付能力比率＜200%法定比率下限的保险公司实施立即纠正措施；对于边际偿付能力比率介于100%—200%的保险公司，令其提出营运改善计划并及时实行
中国	中国保险监督管理委员会	动态偿付能力监管	2001年	采用固定比率法计算公司的法定偿付能力额度。根据偿付能力水平实施分类监管，150%以上为安全区域

二、美国保险业的风险资本制度

（一）风险资本制度

美国最初对偿付能力的监管是，各州对保险公司资本金划定一个明确的最低标准，包括法定资本金（required capital）和超额资本金（surplus capital），其中法定资本金通常是100万或200万美元。20世纪中期开始，美国保险公司根据新出现的金融工具开发了很多新产品，而且保险公司的展业竞争日趋加大，投资回报压力剧增，保险公司为了吸引客户而给出较高的投资回报率，纷纷投资于高风险、高回报的证券，而在利率一路下滑的环境下，保险公司破产变得很普遍。于是监管部门开始探索新的有效的监管规则。美国保险监督官协会（NAIC）1992年核准了寿险业的风险基础资本公式，产险业的RBC公式在1995年也开始应用于财险公司的财务报告中。加拿大的MCCSR（minimum continuing capital and surplus requirement）标准以及澳大利亚的PADs（provtsions for adverse deviations）标准也属于这种监管方式。

美国保险监督官协会通过风险资本比率评估资本和盈余的充足性，实现对保险公司偿付能力的早期预警和监管。风险资本比率是借鉴巴塞尔协议对商业银行资本充足性的要求，对保险公司按其面临的不同风险分别规定所需要的风险资本额，将一些根据资产负债表、损益表的数据和一些表外财务数据得出的风险因子相乘得出一个假设的最小资本金数额，然后将这个数额与保险公司经过调整的资本金比较，以确定该公司的资本金是否充足，并授权监管部门采取相应的干预措施。

风险资本比率（RBC ratio）=调整的资本（adjusted capital）/授权控制水平 RBC（authorized control level RBC）（式 10－1）

调整的资本是公司的法定资本和盈余（statutory capital and surplus）、资产评估准备金（asset valuation reserve）、自主投资准备金（voluntary investment reserves）、保单分红责任（dividend liability）的一半四项的总和。授权控制水平等于 50% 乘以风险资本总额，风险资本总额 RBC 为：

$$RBC = C_0 + C_{4a} + \sqrt{(C_1 + C_{3a})^2 + C_2^2 + C_{3b} + C_{4b}^{\ 2}} \quad （式 10－2）$$

其中，C_0代表关联企业资产风险，反映对关联企业的投资无法收回的风险；C_1是资产风险，代表资产市场价值波动和不良资产风险；C_2是保险风险，承保业务关于死亡率、发病率、续保率、费用率等所有假设与实际经历不一致的风险；C_{3a}是利率风险，即由于利率变动引起资产和负债不匹配的风险；C_{3b}是健康信用风险；C_{4a}是业务风险，即一般经营不当的风险；C_{4b}是健康保险费用风险。其中，每一风险因素又是根据针对不同风险因素的不同风险额和规定的风险因子之积。

美国保险监管的 RBC 标准是借鉴巴塞尔协议对商业银行资本充足性的要求提出的，是基于历史的报告期会计价值的静态方法，在该模式下，美国保险监督官协会通过风险资本比率评估资本和盈余的充足性，实现对保险公司偿付能力的监督管理。RBC 标准对于寿险公司、健康险公司和非寿险公司分别计算最低风险资本要求，结合各个保险公司的实际资本计算出 RBC 比率，根据比率的大小进行分类，并确定是否采取监管措施以及采取何种监管措施。NAIC 根据 RBC 的大小将监管严格程度划分为五个等级，风险资本比率越低监管越严格。此外，NAIC 要求保险公司每年提交一次 RBC 报告，并根据计算的 RBC 结果采取相对应的监管措施。RBC 公式计算的结果被分成 5 个“行动等级”，分别是：

（1）不行动（no action），要求风险资本比率超过 200%；

（2）公司行动级（company action level）：风险资本比率在 150%—200%，这个级别要求保险公司在 45 天内向监管机构提交一份详细的解释报告和一份行动计划，采取增加资本金或降低风险的行动。这个等级的保险公司的财务状况并没有差到需要施以直接的监管措施的地步，但公司仍需要向监管当局做出财务状况恶化的解释。

（3）监管行动级（regulatory action level）：风险资本比率在 100%—150%，这个级别也要求保险公司提交一份改善状况的行动计划，但同时监管当局会对其进行财务检查。

（4）授权控制级（authorized control level）：风险资本比率在 70%—100%，归入这一

级别的保险公司将被置于监管当局的监控之下，但保险公司仍有一些自由决定权。

（5）强制控制级（mandatory control level）：风险资本比率低于70%，在该级别，保险监管当局将采取强制措施将保险公司置于其严格的监管控制之下（见表10－2）。

表10－2　　RBC比率及其对应的监管行动

RBC比率（R）	水平与层次	监管措施
R≥200%	适当水平	—
150%≤R＜200%	公司行动水平	保险公司应当向监管部门提交一份“RBC”计划，说明是什么原因造成了公司财务状况不佳，并陈述纠正计划，预测采取与不采取该纠正行动的两种财务后果
100%≤R＜150%	法定行动水平	监管部门在认为必要的情况下检查和分析该保险公司的财务状况，并要求公司采取适当的措施。在这种情况下，监管部门可以使用行政命令或采取行政措施
70%≤R＜100%	授权控制水平	监管部门可以在其认为对保险公司的保单持有人、债权人和社会公众有利的情况下，接管或者解散该保险公司
R＜70%	法令控制水平	监管部门必须接管或者解散该保险公司，除非可以合理地预期造成该公司处于目前糟糕状况的原因会在90天内清除

RBC标准以及保险公司提交的详细解释报告能帮助监管当局和保险公司找到财务状况恶化的问题所在并估计出现问题的大小，由此建立了一个风险预警体系，它对于不同财务状况的分层管理使保险监管当局在处理有问题的保险公司时具有很大的灵活性，同时，RBC标准能有效识别出面临破产的保险公司，“强制控制级”手段确定了保险监管当局应该采取强制控制措施的明确界限。RBC标准使保险公司的资本金与公司的风险紧密联系起来，风险大的公司需要更多的资本金，风险小的公司只需较少的资本金。

RBC制度则是规则导向的，条款明确，计算简便。但是由于使用统一标准对保险公司的风险进行衡量，忽略了保险机构个体风险的差异与特殊性，对于个体保险公司真实风险的识别与衡量存在一定局限性，不能充分反映保险公司的全面风险。RBC制度没有考虑全面的风险，RBC比率的计算公式仅仅包含了关联资产风险、非关联资产风险、保险风险、市场风险和其他商业风险，不包含流动性风险、汇率风险、长寿风险、巨灾风险、操作风险等，并且只考虑了未来5—10年的发展，不考虑长尾风险。2008年后开展的SMI对此进行了改进，结合了RBC原有的规则导向和SolvencyⅡ的原则导向，在资本标准、公司治理与风险管理、集团监管、监管会计与财务报告、再保险五个方面进行了规定，意在建立起一个能够适应国内国际保险市场变化的偿付能力监管框架，完善RBC制度。

（二）RBC下保险公司资本充足率模型

保险公司可以使用风险资本模型来估计保险公司承担的每项主要风险所需的资本水平，并确定公司是否有足够的人均资本，这与保险公司用来衡量吸收保险损失所需资本的风险资本（RBC）的概念有关，保险公司使用基于风险的资本建立模型并进行量化。

以美国某保险公司为例分析资本充足率模型（见表10-3）：

表10-3　某保险公司资本充足率　单位：%

报告日期	31/12/X1	31/12/X2	31/12/X3	31/12/X4
覆盖期间（月）	12	12	12	6
技术条款充足率：				
净责任准备金/净保费	1042.15	937.07	1073.41	1068.98
(净责任准备金+盈余)/净承保保费	1048.80	950.77	1101.66	1100.85
(净责任准备金+盈余+次级债务)/净承保保费	1057.85	959.28	1111.16	1110.30
关联业务/关联资产的责任准备金	102.22	99.3	100.05	98.44

分析资本充足率的“资本模型”可以确定保险公司承担主要风险所需的资本金额，并将其与公司实际上拥有的资本金额进行比较，如果后者显著低于前者（即资本比率远低于100%），表明保险公司的资本可能不足。使用资本模型的优势在于资本模型侧重分析与保险公司相关的特定风险，并且它可以显示公司如何降低某些风险以实现更好的资本充足率。例如股票的价格往往比固定收益证券更具波动性，投资组合中股票占比较高的公司往往会承担更大的投资风险，因此可能会产生脆弱的资本比率。然而，如果股票市场前景变弱，公司可能制定转向低风险证券投资的策略。但持有风险较低的证券也存在弊端，如果股票价值增加的幅度大于证券，那么投资收益可能会下降，这时保险公司可能从固定收益证券转向股票。

创建资本模型，首先要确定保险公司面临的主要风险；其次，要为这些因素分配合适的风险权重。保险公司面临的主要风险可以分为两类：第一，保险风险，包括风险溢价、储备风险、专业化和多样化风险和再保险风险；第二，非保险风险，包括投资及利率风险、信贷风险、经营风险、宏观环境风险和微观环境风险。在这些风险中，易于量化的风险可以包含在资本模型中，下面对这些风险进行具体介绍，并说明利用资本模型进行评估。

1. 风险溢价

保费有两种风险：

（1）保费的规模不足以使保险公司在一个周期内支付索赔和费用后盈利是主要风险；

（2）投保人不按期支付保险费的风险。

在资本模型方面，风险加权（根据发生保险事件的概率从实际表格中获得）将应用于资本费用净保费的计算。风险权重的大小取决于保险公司所从事业务的精确性质，根据风险的严重程度从1%到50%不等。寿险业务通常被视为风险较低的业务，其风险权重仅为个位数百分点；非人寿保险的风险权重往往在较高的25%—50%的范围内，具体的数值取决于保险的具体类型。

2. 责任准备金

责任准备金是对预期保险索赔和支付总额的精算评估，它们是保险公司资产负债表上的负债，而不是用于索赔的现金准备金。“准备金风险”是对可能发生索赔的专业评估不准确的风险。这种风险可以通过对保单应用适当的风险权重来量化，这种风险权重的大小取决于保险公司的业务性质，较低的单一数字比例适用于寿险业务，非寿险业务的比例在30%以上。

3. 投资与利率风险

保险公司投资是为了获得投资收益，以便在索赔发生时为其支付提供支持。投资收益与利率风险密切相关，根据性质，利率风险可以分为：市场风险，反映投资的波动性，即投资的价值预期上升或下降的程度；资产质量与流动性风险，反映被投资公司的质量、还款的速度及变现程度；集中风险，反映非系统风险的非消除，是由于投资组合缺乏分散性而引起的；次级风险，指公司投资遭遇财务困难时优先偿还的风险。

4. 信用风险

信用风险是指与保险公司相关的第三者无力偿债、放弃保险或再保险业务而引致损失的风险。保险公司在评估交易对手的信用风险时，应当采用国际程序将风险降至最低。

5. 其他宏观和微观环境风险

其他宏观和微观环境风险是指可能与保险公司的活动有关的其他可量化风险，例如，可能导致损失的政治或法律活动，也应当考虑在内。

三、欧盟偿付能力监管体系

（一）欧盟第一代偿付能力监管体系

从欧洲共同体成立开始，欧洲各国在政治、经济等方面都逐渐形成了联盟，这个背景下，在欧洲建立统一的保险市场和统一的保险监管体系是必然的要求。1964年，第一部关于保险监管的再保险法令发布，标志着欧盟第一代偿付能力监管体系（Solvency Ⅰ）的萌芽；1973年和1979年，第一代非寿险指令（the first non - life insurance directive）和第一代寿险指令（the first life insurance directive）依次颁布，确立了成员国之间保险机构的开业自由，奠定了欧盟Solvency Ⅰ体系的基础；1988年和1990年，第二代非寿险指令（the second non - life insurance directive）和第二代寿险指令（the second life insurance directive）依次颁布，规定了承保风险位于欧盟的保险合同的冲突规则，意在保护被保险人的权益；1992年，第三代非寿险指令（the third non - life insurance directive）和第三代寿险指令（the third life insurance directive）颁布，明确了单一执照制度与母国监管原则，即欧盟任一成员国允许设立的保险机构均能在其他成员国境内自由设立机构并提供服务，并由母国监管机构进行监管；2002年，欧盟颁布了“寿险综合指令”，加上其他一系列监管指令，构成第四代非寿险和寿险指令，明确了偿付能力监管的核心，这一系列监管指令构成了欧盟第一代偿付能力监管体系（Solvency Ⅰ）。

Solvency Ⅰ的偿付能力指标依赖于业务规模，主要反映承保风险，未能全面反映保险公司面临的总体风险，也不能及时反映风险变化，因此，从2003年开始，欧盟就启动了Solvency Ⅱ的监管体系。2011年，欧盟委员会向欧盟议会和理事会提交了偿付能力“综合二号指令”（omnibus Ⅱ directives），并陆续进行了5次量化影响测试（quantitative impact study，QIS），对指令内容进行修改与完善，Solvency Ⅱ于2016年1月1日正式生效。

（二）欧盟第二代偿付能力监管体系

欧盟Solvency Ⅱ（以下简称欧Ⅱ）是由欧洲保险和职业养老金监管委员会（EIOPA）领导负责，并由欧盟各成员国的保险监管机构参与制定实施的，目的是深化欧洲保险市场的统一监管，各国监管层的自由裁量权很小。Solvency Ⅱ借鉴了银行业巴塞尔协议的“三支柱”监管体系，对量化分析、定性监管和公开信息披露这三个维度进行了规定。

1. 第一支柱：数量标准

欧Ⅱ的第一支柱主要涉及数量标准要求，如规定保险公司准备金计算、偿付资本额的计算和要求的标准。

（1）保险准备金的计算。保险准备金的计算是欧Ⅱ第一支柱的重要内容。保险公司的经营特点是先出售保单，后发生赔付，出售保单后便承担未来可能赔付的风险。应对该项风险的会计技术就是将该风险作负债处理，具体方法就是提取保险准备金。由于保险公司的偿付资本额是采用资产减去负债得到的，对于资产的确定，一般采用资产的市场价值方法来计算，而负债的市场价值则比较难以获得，欧Ⅱ虽然采用公允价值的概念，但是负债公允价值计算的最终方法仍在讨论之中。

（2）偿付资本要求。偿付资本要求的衡量主要是依据风险的考虑，计算产生所谓的风险基础资本，也就是所需的经济资本。标准法中的偿付资本要求主要是针对不同风险计算相应风险资本额，目前标准法包括的风险项目有市场风险、信用风险、保险风险以及营运风险等这类必须计入偿付资本要求的风险资本计算范围的风险。值得注意的是，目前欧Ⅱ并未将资产负债匹配风险和流动性风险纳入标准法的计算范围，而是纳入第二支柱的讨论范围。

（3）最低资本要求。最低资本要求是保险监管的重要依据，如果保险公司资本额低于该标准，监管机构就可能吊销其营业执照。在欧Ⅱ中，最低资本要求的计算是根据偿付资本要求产生的，但是如何通过偿付资本要求来计算最低资本要求，目前仍在讨论之中。此外，若保险公司的资本额介于最低资本要求与偿付资本要求之间，监管机构应该采取何种行动进行干预，欧Ⅱ目前也尚未作出明确规定，今后有可能将该项权力赋予各成员国监管机构。

（4）内部模型。欧Ⅱ第一支柱允许保险公司在实行标准法之外还可以运用内部模型来计算偿付资本要求。内部模型法的选择可以促使公司建立一套量身定做的风险管理架构，依据公司发展的实际情况搭建最适合自身的风险管理体系。以内部模型法计算偿付资本要求在监管制度设计上不但可以提高公司差异化经营的竞争优势，还可以为公司风险管理提供动力，但内部模型本身必须先取得主管机关核准，也就是说公司必须先符合“内部模型法”的规范条件并通过主管机关的审核之后才能实行，而主管机关有权力核准内部模型法，也有权力根据保险公司是否持续符合内部模型法的规范条件而撤销已核准的内部模型法。

2. 第二支柱：监管检查流程

不同于第一支柱在技术面和数量上的计算，第二支柱关注的是对于保险公司管理质量的要求以及监管执行上的相关规定。

（1）内部管理的要求。欧Ⅱ对公司内部管理的要求，主要是公司治理、内部控制、内部稽核等制度的构建和强化。对于各个层面的风险，欧Ⅱ参考了国际保险监管官协会的各项准则，并配合第一支柱中对于风险衡量上的要求，着手制定风险管理、资产负债管理、投资管理等规范，这些规范是欧Ⅱ以风险为基础的监管制度中不可或缺的监管项目，主要体现为风险在管理质量上的监管要求。这些“质”的要求与第一支柱中风险“量”的要求相结合，将提高保险监管的有效性。

（2）监管执行流程。相比于对公司内部管理要求的内部自我监管与检测，监管执行流程则是外部监管机构的检查制度，主要有三项内容：第一，一般检查与实地检查流程；第二，监管的权力行使；第三，检查流程的公开透明。在监管执行的过程中，被监管者非常注重监管的公平性，透明公开的流程可以将监管行为置于公众监督之下，实现对监管权力的制约。

（3）偿付资本要求的增加。偿付资本要求在第一支柱有计算上的规定，而在第二支柱当中的资本要求增加并不是来自计算的结果，而是根据监管机构在监管执行流程中的判断得出，这也是监管执行上的权力之一，即使保险公司依据标准法计算得出的结果符合偿付资本要求，也有可能在监管流程中被监管机构判定必须增加资本以确保公司的财务稳健。由于第二支柱主要监控公司风险管理的质量，如果公司未能达到要求的风险管理质量水平，则由监管机构判断是否需要增加偿付资本要求以确保公司的财务稳健。

3. 第三支柱：监管报告与公开信息披露

由于长久以来保险公司的经营信息一直缺乏透明度，其信息披露与透明化的趋势来自内部的股东与外部的监管机构、分析师、评级机构、媒体、投资人等各种压力。从巴塞尔Ⅱ的实践来看，市场约束可强化监管功能，因此第三支柱在欧Ⅱ中扮演了重要的角色。另外，第三支柱的规范与国际保险监督官协会的监管准则以及国际会计标准委员会的会计准则对于信息披露与透明化原则的要求也是一致的。

在监管理念上，欧盟 Solvency Ⅱ是原则导向的，通过单个保险公司的数据有针对性地进行单个风险的评估，在第一支柱定量要求中，允许并鼓励保险公司运用内部模型进行自身风险与偿付能力的评估，充分考虑到了保险机构间的个体差异。Solvency Ⅱ在给监管者提供监管依据的同时，也给保险公司提供了一个全面风险管理的框架，鼓励保险公司结合自身的发展特点，创新风险管理工具，建立全面风险管理制度。

在风险计量方法上，欧盟Solvency Ⅱ以市场价值为基础，按照国际会计准则对于保险公司的资产和负债进行评估，并且建立了多层次的资本标准。第一层次为最低资本要求（minimum capital requirement，MCR），规定了保险公司必须持有的最低资本金额，采用比例法进行计算。第二层次为偿付能力资本要求（solvency capital requirement，SCR），是保险公司在正常经营水平下必需的经营资本，可以采用标准模型或者内部模型法进行计算。标准模型运用模块式的计算方法考察了较为全面的风险，包括市场风险、保险风险、信用风险、操作风险等，以99.5%置信水平下的VaR作为标准；而内部模型法则充分考虑了各保险公司之间的个体差异，允许保险公司采用内部模型来进行各自的风险评估，在监管的同时促使保险公司在量化风险的基础上建立起一整套风险管理及价值创造体系，完善内部风险管理。

四、引入动态偿付能力监管模式

国际上对保险公司偿付能力的动态监管主要有两种形式：一种是美国的现金流量测试（cash flow testing，CFT）；另一种是加拿大的偿付能力动态测试（dynamic capital adequacy testing，DCAT）。现金流测试是在某一确定的评估日，在一系列预测的基本假设情况下，通过预测和比较资产与负债在未来某个时间段内可能的现金流量的时间和数量，分析保险公司在这个时间段内的财务状况、偿付能力水平、准备金水平、产品设计的可行性等。寿险公司现金流量测试采用五年的预测期，财产保险公司采用一年的预测期。

一般说来，现金流测试（CFT）过程包括以下四个步骤：

（1）组合划分，确定与将要被测试的产品或产品组合负债相匹配的资产。

（2）选择未来市场利率假设方案的过程：选择测试的综合假设情景（scenarios）。

（3）现金流预测的过程：选择恰当的现金流测试模型，预测不同综合假设条件下的现金流。

（4）财务结果评估的过程：将现金流测试的结果与保险人希望达到的结果相比较，分析结果。

如果某些业务决策的现金流测试结果不能达到希望水平，则保险人应采取行动修改决策方案或避免可能导致不利假设条件的风险因素。

动态偿付能力测试只是在现有的评估基础和方法上，使用一个固定的模拟情景，比如美国使用“纽约州七假设”来进行现金流测试，NAIC要求保险人在被称为“纽约州七假设”的七种利率假设条件下测试现金流量。一旦完成了NAIC规定的现金流测试，保险人的评估精算师被要求签署一份精算意见和备忘录（actuarial opinion and memorandum，

AOM)。AOM 的签署表明在规定假设条件下对保险人的现金流进行检测后，从评估精算师的角度看来，给定匹配准备金的资产的情况下，保险人的准备金对客户的未来负债作了充分准备。如果提存的准备金不充分，则要求保险人提存附加精算准备金。

另一种动态偿付能力测试形式是加拿大的 DCAT 方法，其实质与 CFT 相同。DCAT 要求精算师在做现金流量测算时，不仅考虑到已有的业务，而且对公司的新业务也做出了假设。以寿险公司现有业务和未来可能业务为基础进行现金流量测试，在组合划分上，令资产分组合的市场价值超过负债分组合的市场价值，从而产生了初始的分组合资产盈余。假设方案不仅包括市场利率，还包括其他因素，诸如新业务成长因素等，在评估财务结果时不仅要看资产是否满足发债的要求，而且还要看最终的资本盈余水平是否满足要求。

第二节 我国保险公司偿付能力监管

一、中国保险业偿付能力监管发展

（一）第一代偿付能力监管标准

20 世纪 90 年代中期《保险法》中引入偿付能力监管的概念和基本要求，虽然有十分简单的偿付能力监管指标，但并没有发挥实质性的约束作用。

2003 年，保险监管机构发布了《保险公司偿付能力额度及监管指标管理规定》，初步建立起一套衡量保险公司偿付能力的指标体系，我国偿付能力监管迈出实质性步伐，进入“偿一代”时期。我国“偿一代”即第一代偿付能力监管标准始建于 2003 年，主要参考了欧盟 1979 年寿险公司偿付能力额度标准和 1973 年产险公司偿付能力额度标准。到 2007 年我国基本构建起一套较为完整的体系，包括保险公司内部风险管理制度、偿付能力评估标准和报告制度、财务分析和检查制度、监管干预制度、破产救济制度五个部分。第一代偿付能力监管制度体系的建立推动保险公司树立了资本管理理念，在防范风险、促进中国保险业科学发展方面起到了十分重要的作用。

（二）第二代偿付能力监管标准

随着保险行业的发展，“偿一代”体系的衡量标准过于简单，不能清晰反映公司的风险，“偿二代”便在借鉴欧洲第二代偿付能力监管体系的基础上应运而生。2012 年，保险监管机构发布《中国第二代偿付能力监管制度体系建设规划》，旨在建立一套新的以风险为导向的偿付能力管理制度。2015 年，保险监管机构发布《保险公司偿付能力监管规则

(1—17 号)》(以下简称《监管规则》),该文件将保险公司面临的各类偿付能力风险均纳入考察范围,对风险的评估和管理也更为全面。中国“偿二代”在采纳国际通行的三支柱框架的同时,在风险分层理论、三支柱的逻辑关联、资产负债评估框架、寿险合同负债评估、风险管理要求与评估(SARMRA)、风险综合评级(IRR)、市场约束机制等多个方面,充分体现了中国新兴保险市场的特征。其中最重要的部分是三大支柱,中国“偿二代”的三大支柱主要借鉴于欧洲第二代偿付能力监管体系的三大支柱。

第一支柱定量资本要求,主要防范能够用资本量化的保险风险、市场风险和信用风险等,通过科学识别和量化各类风险,要求保险公司具备与其风险相适应的资本。第一支柱定量资本要求主要包括五部分内容:一是可量化风险的最低资本要求,即保险风险、市场风险和信用风险的最低资本要求;二是实际资本评估标准,即保险公司资产和负债的评估标准和认可标准;三是资本分级,明确各类资本的标准和特点;四是动态偿付能力测试,即保险公司在基本情景和各种不利情景下,对未来一段时间内的偿付能力状况进行预测和评价;五是监管措施,即监管机构对不满足定量资本要求的保险公司,区分不同情形,可采取的监管干预措施。

第二支柱定性监管要求,是在第一支柱的基础上,进一步防范难以量化的风险,如操作风险、战略风险、声誉风险和流动性风险等。第二支柱共包括四部分内容:一是风险综合评级,即监管部门综合第一支柱对能够量化风险的定量评价和第二支柱对难以量化风险的定性评价,对保险公司总体的偿付能力风险水平进行全面评价;二是保险公司风险管理要求与评估,即监管部门对保险公司的风险管理提出具体监管要求,如治理结构、内部控制、管理架构和流程等,并对保险公司风险管理能力和风险状况进行评估,进而根据评估结果计量公司控制风险的最低资本;三是监管检查和分析,即对保险公司偿付能力状况进行现场检查和非现场分析;四是监管措施,即监管机构对不满足定性监管要求的保险公司,区分不同情形,可采取的监管干预措施。

第三支柱市场约束机制,是在第一、第二支柱的基础上,通过对外信息披露、提高透明度等手段,借助市场的约束力,加强对保险公司偿付能力的监管,防范依靠常规监管工具难以防范的风险。第三支柱市场约束机制是新兴保险市场发展的客观要求,是我国偿付能力监管体系的重要组成部分。第三支柱主要包括以下三个方面内容:一是通过对外信息披露手段,充分利用除监管部门之外的市场力量,对保险公司进行约束:二是监管部门与市场相关方建立持续、双向的沟通机制,加强对保险公司的约束;三是规范和引导评级机构,使其在偿付能力风险防范中发挥更大作用。

由于我国国情特殊,与欧美偿付能力监管体系相比,我国“偿二代”凸显三大制度特征。一是统一监管,我国保险市场是全国统一监管,这与美国以州为单位和欧盟以成员国为单位的分散保险监管体制有很大区别;二是新兴市场,充分考虑了我国在人才储备、数据积累、资本来源等方面的特征,强调制定适合我国国情的监管要求;三是风险导向兼顾价值,资产负债评估以及资本要求标准应该公允、恰当,兼顾保险业资本使用效率和效益，有效提升保险公司的个体价值和保险行业的竞争力。

（三）偿付能力监管新标准

自2016年1月1日起，我国保险业正式实施中国风险导向的偿付能力体系，保险监管机构按照《监管规则》第11号文件“偿付能力风险管理要求与评估”规定，对保险公司偿付能力风险管理能力进行监管评估。偿付能力风险管理要求与评估（solvency aligned risk management requirements and assessment，SARMRA），是指保险监管机构对保险公司偿付能力风险的管理能力做出相关要求，并按照一定标准进行评估，确定保险公司控制风险水平的监管行为。

保险公司SARMRA评估的内容包括9个方面：基础与环境、目标与工具、保险风险管理能力、市场风险管理能力、信用风险管理能力、操作风险管理能力、战略风险管理能力、声誉风险管理能力和流动性风险管理能力。

9项评估内容都要从“制度健全性”和“遵循有效性”两方面进行评价。“制度健全性”是指保险公司的偿付能力风险管理基础、环境、目标和工具等是否科学、全面、合规；“遵循有效性”是指保险公司的偿付能力风险管理制度、机制是否得到持续的、有效的实施。

对“制度健全性”和“遵循有效性”的评估结果分为“完全符合”“大部分符合”“部分符合”和“不符合”四类。保险监管机构根据四类评估结果给予监管评分，其中“制度健全性”的权重为60%，“遵循有效性”的权重为40%。将9项评估内容的评价得分加权汇总得到保险公司SARMRA评估的最终结果。

保险监管机构每年对保险公司偿付能力风险管理能力进行一次评估，于4月至10月之间组织实施。评估结束后一年之内，若保险公司偿付能力风险管理能力发生重大变化，保险监管机构可以进行重新评估。偿付能力风险管理评估结束后，由监管部门向保险公司通报评估结果。基于保险公司的偿付能力风险，《监管规则》第13号文件“偿付能力信息公开披露”明确了保险公司应当在季度偿付能力报告中列示的三类指标：偿付能力充足率指标、流动性风险监管指标以及风险综合评级。

目前，我国已经进入“偿二代”二期建设，“偿二代”二期在“偿二代”三支柱监管框架体系基础上，对实收资本、最低资本和信息披露等具体规则进行修订和完善，成为保险公司偿付能力管理和风险管理的新基准，也对保险公司提出了前所未有的挑战，部分资产配置策略较为激进的保险公司可能面临较大资本补充压力。“偿二代”二期工程建设的总体目标是：一是坚持风险导向，提高偿付能力监管制度体系的风险针对性，进一步扩大风险覆盖面，提高风险计量的科学性和风险管理的有效性，更加及时、恰当地反映保险业偿付能力状况和风险变化情况；二是坚持问题导向，治乱象，降杠杆，强执行，从严从实加强资本约束，加大监管政策传导力度，提高保险业风险管理水平和风险抵御能力；三是坚持开放导向，积极向国际审慎监管规则和金融治理体系提供中国经验和中国方案，不断加强国内监管合作与国际监管合作，防范跨市场、跨领域、跨地区交叉性金融风险；四是坚持前瞻导向，密切跟踪金融科技发展新趋势，不断提高监管科技水平，研究探索新科技条件下保险业审慎监管的新理念、新方法和新工具。

“偿二代”二期工程提出了三大任务和二十六项具体任务。三大任务包括完善监管规则、健全运行机制和加强监管合作。完善监管规则包括15项具体任务，重点解决当前存在的保险公司资本不实、关联交易复杂、资产不实、多层嵌套导致底层资产不清、产品不透明、非理性举牌问题、局部流动性风险突出、保障功能发挥不足等问题和制度漏洞。健全运行机制包括6项具体任务，旨在确保“偿二代”实施到位，增强偿付能力监管的执行力，包括建立常态化、多元化的偿付能力数据真实性检查制度，逐步建立多维、立体、开放的偿付能力风险分析监测体系，跟踪云计算、大数据、人工智能、区块链等金融科技的发展趋势，开展监管科技的应用研究等。加强监管合作包括5项具体任务，推动国内监管合作与国际监管合作。在国内监管合作方面，按照党中央和国务院金融稳定发展和监管协调机制的部署，推动建立和积极参与金融审慎监管的合作机制，强化与人民银行、国家金融监督管理总局、证监会、外汇管理局等相关部门的审慎监管协调，切实防控好跨市场、跨行业、跨领域的各类交叉性金融风险；在国际监管合作方面，加强与其他国家（地区）尤其是“一带一路”共建国家（地区）的偿付能力监管合作，积极参与国际监管规则制定等。

二、我国保险公司偿付能力监管规定

（一）偿付能力风险的构成

根据我国《保险公司偿付能力监管规则第10号》文件的规定，保险公司偿付能力风险由固有风险和控制风险组成。

1. 固有风险

固有风险是指在现有的正常的保险行业物质技术条件和生产组织方式下，保险公司在经营和管理活动中客观存在的偿付能力相关风险。固有风险由可量化为最低资本的风险（以下简称量化风险）和难以量化为最低资本的风险（以下简称难以量化风险）组成。量化风险包括保险风险、市场风险和信用风险，难以量化风险包括操作风险、战略风险、声誉风险和流动性风险。

2. 控制风险

控制风险是指因保险公司内部管理和控制不完善或无效，导致固有风险未被及时识别和控制的偿付能力相关风险。

（二）流动性风险

1. 保险公司的流动性风险及现金流压力测试

流动性风险，是指保险公司无法及时获得充足资金或无法及时以合理成本获得充足资金，以支付到期债务或履行其他支付义务的风险。

现金流压力测试，是指保险公司在基本情景和压力情景下，对未来一段时间内的流动性风险进行预测和评价。所谓基本情景，是指保险公司合理估计的未来发生的情景，压力情景则是指保险公司未来有可能发生并且会对偿付能力充足率产生重大不利影响的情景。

2. 流动性风险指标

流动性风险监管指标包括净现金流、综合流动比率和流动性覆盖率。

（1）净现金流。净现金流包括三项指标：一是报告期的实际净现金流；二是在基本情景下未来预计净现金流；三是在压力情景下未来预计净现金流。

（2）综合流动比率

$$综合流动比率 = \frac{现有负债的预期现金流出合计}{现有资产的预期现金流入合计} \quad （式 10-3）$$

综合流动比率反映保险公司在报告日所持有的资产和负债在未来期间内，预期的现金流入和现金流出的分布情况和匹配情况。综合流动比率是建立在一定假设之上的预测指标。

（3）流动性覆盖率

$$流动性覆盖率 = \frac{优质流动资产的期末账面价值}{未来一个季度的净现金流} \quad （式 10-4）$$

其中，优质流动资产是指在压力情景下，在无损失或极小损失的情况下，容易快速变现且无变现障碍的资产。优质流动资产通常包括：现金；国债；央行发行或担保的债券和票据；合同约定可提前支取的定期存款、协议存款（按 90% 的折算系数计算）；政策性银行发行的 AAA 级金融债和商业银行发行的 AAA 级的金融债（按 90% 的折算系数计算）；AAA 级的公司债和企业债（按 85% 的折算系数计算）；上市股票（按 50% 的折算系数计算）。

流动性覆盖率反映保险公司在压力情景下未来一个季度的流动性水平，也是基于一定假设的预测指标。

三、保险公司偿付能力评估

（一）偿付能力边际

偿付能力边际，保险公司必须在总资产与由保险责任准备金构成的负债之间保持一个足够大的容量，以承担可能发生实际索赔大于索赔期望时的赔偿或给付责任，这个容量就称为保险公司的偿付能力边际。从不同管理需要角度可以分为：

最低偿付能力边际（MSM），指保险公司为履行偿付义务在理论上应当保持的偿付能力边际。

法定偿付能力边际（SSM），指保险监督管理机构规定的保险公司必须具备的最低偿付能力边际，即由保险法规规定的保险公司在存续期间必须达到的认可资产与认可负债的差额。

实际偿付能力边际（ASM），指保险公司实际具备的偿付能力边际，即根据监管法规、会计准则调整后的认可资本减去认可负债的差额。若低于法定偿付能力边际，则意味着该公司处于不能偿付状态；若达到或超过法定边际，则公司处于具备偿付能力状态，但这并不意味着财务稳定，还要对最低偿付能力边际进行。过高的实际边际会增加公司经营成本，也无必要。

（二）偿付能力风险评估

监管机构在对保险公司的偿付能力风险状况进行评估时，根据偿付能力风险的类别以及量化的难易程度采取不同的评估方式。对于可量化的固有风险及控制风险，通过最低资本进行计量；对于难以量化的固有风险，则纳入风险综合评级进行评估。

偿付能力风险的组成及其评估方式如图 10－1 所示。

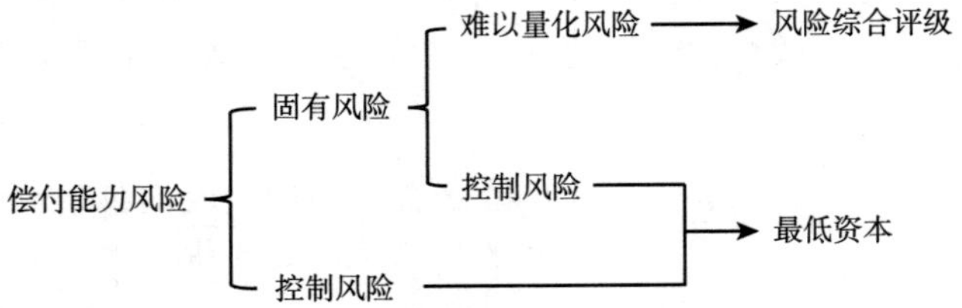

图 10－1　偿付能力风险的组成及其评估方式

风险综合评级，即分类监管，是保险监管机构根据相关信息，以风险为导向，综合分析、评价保险公司的固有风险和控制风险，根据其偿付能力风险大小，评定为不同的监管类别，并采取相应监管政策或监管措施。

1. 风险综合评级的内容

风险综合评级包括以下内容：

（1）对操作风险、战略风险、声誉风险和流动性风险四类难以量化的固有风险进行评价。其中：

①操作风险，是由于不完善的内部操作流程、人员、系统或外部事件而导致直接或间接损失的风险，包括法律及监管合规风险；

②战略风险，是由于战略制定和实施的流程无效或经营环境的变化，导致公司战略与市场环境、公司能力不匹配的风险；

③声誉风险，是由于保险公司的经营管理或外部事件等原因导致利益相关方对保险公司负面评价，从而造成损失的风险；

④流动性风险，是保险公司无法及时获得充足资金或无法及时以合理成本获得充足资金，以支付到期债务或履行其他支付义务的风险。

（2）结合保险公司的偿付能力充足率情况及上述四类难以量化风险的评价结果，评估保险公司的综合偿付能力风险等级。

2. 风险综合评级的类别

保险监管机构按照偿付能力风险大小将保险公司分为 A、B、C、D 四个监管类别，从 A 类到 D 类，偿付能力风险逐渐增大，具体如表 10－4 所示。

表 10－4　　保险公司风险综合评级的四级监管类别

监管类别	偿付能力充足率	操作风险、战略风险、声誉风险、流动性风险
A	达标	小
B	达标	较小
C	无论是否达标	某一类或几类风险较大
D	无论是否达标	某一类或几类风险严重

专栏 10－1

“偿二代”标准下保险公司情况

随着保险业风险的不断累积，2016 年财险公司、寿险公司和整个保险业各季度核心和综合偿付能力充足率持续下降，反映了“偿二代”对风险变化的敏感性。2017 年保险监管加严以后，第二季度保险业核心和综合偿付能力充足率首次出现小幅反弹，寿险公司核心偿付能力充足率略有回升。2016 年，部分保险公司偿付能力充足率低于监管门槛，分别受到相应的监管制裁。部分保险公司由于大规模扩张高风险业务，“偿二代”下的监管资本大幅增加，虽然其偿付能力充足率达标，但逼近监管门槛。部分风险综合评级为 A 类的保险公司，偿付能力风险管理能力监管评估（SARMAR）得分较高，获得了降低监管资本要求的奖励。部分风险综合评级为 C 类或 D 类的保险公司，SARMAR 得分较低，被追加了监管资本要求，资金的使用成本上升。

下面对保险市场风险监测情况和保险公司增资情况进行分析。首先讨论 2017 年“偿二代”对保险市场风险监测情况。2017 年上半年，保险业综合偿付能力充足率和核心偿付能力充足率均较 2016 年底回升；SARMAR 平均得分为 78.58 分，较上年底略有下降；2016 年第四季度核心和综合偿付能力充足率不达标的两家保险公司，两项指标再次不达标；风险综合评级为 B 类以上的保险公司占比为 98%。保险行业风险总体可控，市场平稳健康发展。接下来分析保险公司增资情况。保险公司可以通过追加资本金、发行债券、上市融资等多种方式补充资本，提高偿付能力要先提高资本充足率。2015 年，59 家保险公司增资高达 1922 亿元，超过 2013 年和 2014 年的总和。2016 年整个保险市场新增资本金 748.54 亿元，寿险公司增资 488.55 亿元，财险公司增资 144.88 亿元，再保险公司增资 82.7 亿元，资管公司增资 28 亿元，集团公司增资 4.41 亿元。2017 年上半年，8 家公司共增资 95.32 亿元，5 家公司发布增资计划，累计拟增资 88.98 亿元，较 2016 年增资规模大幅下滑。2018 年 5 家保险公司偿付能力不达标，其中吉祥人寿、珠江人寿、百年人寿这 3 家寿险公司风险综合评级低于 B，而中法人寿偿付能力不足、风险综合评级过低，长安责任涉及 P2P，偿付能力不足，已经被下监管函。就增资情况来看，据中国保险行业协会披露数据统计，2018 年共有 36 家险企涉及增资，大部分增资主体集中在中小型保险公司，而 2018 年的增资总额接近 650 亿元。其中，国华人寿年内单次增资总额最大，而利宝保险年内前后发生 3 次增资。

第三节 保险公司偿付能力管理

一、保险公司资本的内容

（一）保险公司资本的特征

公司的资本通常指的是公司的权益资金，是企业依法筹集并长期持有、自主支配的资本。从会计学的角度来看，公司资本也可以称为“所有者权益”，其包含实收资本、资本公积、盈余公积和未分配利润四个部分。在某些情况，狭义的公司资本仅包含实收资本，即由股东出资直接形成企业的资金。

而保险公司的资本，和一般公司的资本概念也有所不同，这与其业务特性密不可分。保险产品的消费具有滞后性和风险性。对于一般商品来说，消费者与销售者间的交易一旦完成，消费者即拥有这一产品，并同时享有对产品的使用权，换句话说，其对于产品的评估是即时性的。而对于保险产品来说，消费者在与保险公司签订合约并缴纳保费时，由于偿付条件尚未触发，并不会立刻享有相应的保险服务，而是在实际发生时才能对保险产品进行使用和评估。这种滞后性一方面给消费者带来了风险，另一方面也给保险公司风险的把控以及资本负债的管理带来了挑战。尤其是对于很多长期险而言，保险公司是先行拿到消费者的保费，其偿还责任却要在十几年，甚至几十年后才会履行，如果公司不能很好地进行资产负债管理而导致资产缩水，极端的甚至会导致公司破产，那么就不能够依据合约完成其偿还责任，损害消费者的合法权益。

保险业务的这一特征反映在资本上，也使得其资本，尤其是长期资本，呈现出和其他行业公司不同的特性。对于一般公司来说，其资本是公司自己拥有的，是未来生产经营服务的初始投资，政府对于大部分行业的资本通常不会进行过多的干涉和管控。而对保险公司来说，其资本更重要的功能是保证其偿付能力，以应对可能的风险损失。保险公司和银行一样，是对广大公众承担未来给付责任的金融机构，保证对投保人刚性履约是保险公司持续经营的根基。一旦经营中发生风险和损失，保险公司必须首先动用自身资本来弥补损失，才可能保证对投保人的赔偿和给付。吸收风险损失是保险资本最为重要的功能。也正因为如此，无论在哪个国家，政府对于保险业的资本都会进行一定的规定和限制，以保障社会公众利益。通常，各国保险监管会将资本充足作为审慎监管的核心，要求保险公司实际资本达到最低资本要求，并将二者的比率即偿付能力充足率，作为刚性的监管指标，划出保险公司资本约束的底线。资本监管、社会责任和风险管理，这三大特点决定了保险资本是保险经营的基石，确保资本充足成为保险公司资本管理的基本目标。而从另一个角度来看，保险资本在为社会公众利益提供保障的同时，也需要为其投资者即股东，带来相应的期望回报。保险业尤其是寿险业积累了大量的长期资金。如果不能对这些资金进行有效的管理，提高资本利用效率，那么股东的权益就得不到保障，从长期来看，反而影响了保险行业的发展。因此，保险公司的资本管理需要在满足资本充足的约束条件下，优化承保和投资等经营环节，管控各种风险，减少资本消耗，降低资本成本，增加利润价值，争取更大资本回报。

（二）保险公司的实际资本

1. 认可资产

保险公司的认可资产，是指处置不受限制，并可用于履行对保单持有人赔付义务的资产。不符合前述条件的资产，为非认可资产。认可资产所包括的资产类别如表 10－5 所示。

表 10－5　　认可资产所包含的资产类别

资产类别	含义
现金	库存现金、活期存款等
流动性管理工具	货币市场基金、短期融资券、买入返售证券、央行票据、商业银行票据和拆出资金等
投资资产	定期存款、协议存款、政府债券、金融债券、企业债券、资产证券化产品、信托资产、基础设施投资、权益投资、投资性房地产、衍生金融资产、其他投资资产等
长期股权投资	保险公司对被投资单位实施控制、重大影响的权益性投资，以及对其合营企业的权益性投资
再保险资产	应收分保准备金、应收分保账款和存出分保保证金等
应收及预付款项	应收保费、应收利息、保单质押贷款、应收股利、预付赔款、存出保证金、其他应收和暂付款项等
固定资产	自用房屋、机器设备、交通运输设备、在建工程、办公家具等
独立账户资产	投资连结保险等各投资账户中的投资资产
其他认可资产	递延所得税资产（由经营性亏损引起的递延所得税资产除外）、应急资本等

除认可资产外，保险公司的非认可资产主要有以下几类：

（1）无形资产；

（2）由经营性亏损引起的递延所得税资产；

（3）长期待摊费用；

（4）有迹象表明保险公司到期不能处置或者对其处置受到限制的资产，包括：

①被依法冻结的资产；

②为他人担保而被质押或抵押的资产（为自身担保的抵押物和质押物除外）；

③由于交易对手出现财务危机、被接管、被宣告破产等事项而导致保险公司对其处置受到限制的资产；

④由于当地的管制、政治动乱、战争、金融危机等原因导致保险公司对其处置受到限制的境外资产；

⑤其他到期不能处置或处置受限的资产。

（5）保险监管机构规定的其他非认可资产。

2. 认可负债

保险公司的认可负债，是指保险公司无论在持续经营状态还是破产清算状态下均需要偿还的债务，以及超过监管限额的资本工具。不符合前述条件的负债，为非认可负债。认可负债所包括的负债类别如表 10－6 所示。

表 10－6　　认可负债所包含的负债类别

负债类别	含义
保险合同负债	未到期责任准备金和未决赔款责任准备金
金融负债	卖出回购证券、应付返售证券、保户储金及投资款、衍生金融负债等
应付及预收款项	应付保单红利、应付赔付款、预收保费、应付分保账款、应付手续费及佣金、应付职工薪酬、应交税费、存入分保保证金等
预计负债	按照企业会计准则确认、计量的或有事项的有关负债
独立账户负债	保险公司对投资连结保险等提取的投资账户负债
资本性负债	保险公司发行的资本工具按照保险监管机构有关规定不能计入资本的部分
其他认可负债	递延所得税负债、现金价值保证、所得税准备等

除认可负债外，保险公司的非认可负债主要有以下几类：

（1）保险公司根据财政部有关规定对农业保险业务提取的大灾风险保费准备金；

（2）保险公司发行的符合核心资本或附属资本标准、用于补充实际资本且符合计入资本相关条件的长期债务，包括次级定期债务、资本补充债券、次级可转换债券等；

（3）保险监管机构规定的其他非认可负债。

3. 实际资本

保险公司的实际资本，是指保险公司在持续经营或破产清算状态下可以吸收损失的财务资源。实际资本等于认可资产减去认可负债后的余额。

（1）实际资本的特点。保险公司的实际资本具有存在性、永续性、次级性和非强制性。

存在性，是指实际资本是实缴资本，即实际资本属于保险公司实际收到的股东出资额，是公司现实拥有的资本。

永续性，是指实际资本应当没有到期日，或根据保险监管机构规定具有较长的期限。

次级性，是指破产清算时，实际资本的受偿顺序位于保险合同负债和一般债务之后。

非强制性，是指实际资本的本金返还和利息（股息）支付不属于保险公司的强制义务，或者在特定条件下可以返还或支付。

（2）实际资本的分类。根据资本吸收损失的性质和能力，保险公司的实际资本分为核心资本和附属资本。

核心资本是指在持续经营状态下和破产清算状态下均可以吸收损失的资本。核心资本分为核心一级资本和核心二级资本，核心资本的特点如表 10－7 所示。

表 10－7　　核心一级资本与核心二级资本的特点

	核心一级资本	核心二级资本
存在性	实缴资本	实缴资本
永续性	没有到期日；发行时不应产生该工具将被回购、赎回或取消的预期	没有到期日或者期限不低于 10 年；发行 5 年后方可赎回并且不得含有利率跳升机制及其他赎回激励
次级性	能吸收经营损失和破产损失；破产清算时的受偿顺序排在最后；发行人或其关联方不得提供抵押或保证，也不得通过其他安排使其在法律或经济上享有优先受偿权	能吸收经营损失和破产损失；破产清算时的受偿顺序列于保单持有人和一般债权人之后，先于核心一级资本；发行人或其关联方不得提供抵押或保证，也不得通过其他安排使其在法律或经济上享有优先受偿权；有到期日的，应当含有减记或转股条款，当触发事件发生时，该资本工具能立即减记或者转为普通股
非强制性	任何情况下本金返还和收益分配都不是保险公司的强制义务，且不分配收益不被视为违约	有到期日的，支付本金或利息后偿付能力充足率不达标时，不能支付本金或利息；可以设定递延支付条款或取消支付条款

附属资本是指在破产清算状态下可以吸收损失的资本。附属资本分为附属一级资本和附属二级资本，附属资本的特点如表 10－8 所示。

表 10－8　　附属一级资本与附属二级资本的特点

	附属一级资本	附属二级资本
存在性	实缴资本	实缴资本
永续性	期限不低于 5 年	期限可以低于 5 年
次级性	能吸收破产损失；破产清算时的受偿顺序列于保单持有人和一般债权人之后，先于核心资本	能吸收破产损失；破产清算的受偿顺序列于保单持有人和一般债权人之后，先于附属一级资本
非强制性	可以设定本息递延条款；发行人无法如约支付本息时，该资本工具的权益人无权向法院申请对保险公司实施破产	可以不设定本息支付的约束条件

保险公司的实际资本及其分类如图 10－2 所示。

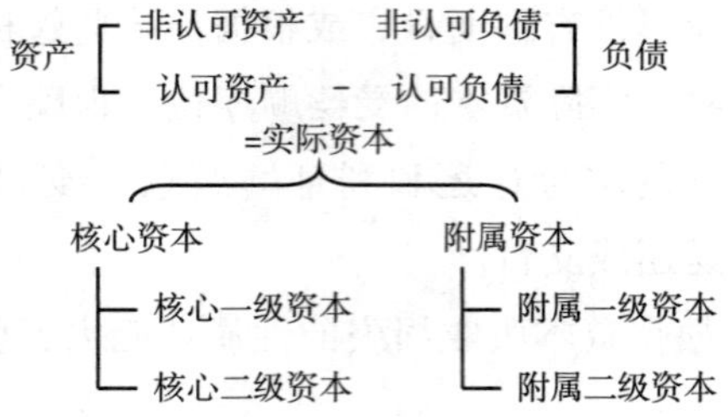

图 10－2　保险公司的实际资本及其分类

（3）实际资本限额。保险公司的各级实际资本应当满足一定限额标准：

①附属资本不得超过核心资本的 100%；

②核心二级资本不得超过核心资本的 30%；

③附属二级资本不得超过核心资本的 25%。

这一分析侧重于保险公司的资本基础与债务、资产、保险准备金及业务水平相比（见表 10－9）。

表 10－9　　衡量资产、保险准备金和业务水平的比率

报告日期	31/12/X1	31/12/X2	31/12/X3	31/12/X4
覆盖期间（月）	12	12	12	6
资本充足率				
未来拨款基金增长（非相互）（%）	N/A	0.94	－29.67	－0.25
盈余增长（%）	N/A	130.11	106.15	13.59
杠杆率：				
总负债/盈余（%）	846.01	401.85	195.17	173.54
非次级债/（盈余＋次级债）（%）	300.77	209.54	120.89	111.01
净债务/盈余（%）	542.81	258.39	137.69	126.18
毛利率（x）	19.46	33.53	47.63	44.41
利息收入/利息支出（%）	3183.24	3050.80	2834.62	2834.62
净利率（x）	－0.63	－1.14	－1.74	－1.62
有效的总利息费用率（%）	1.61	1.54	1.71	1.69
流动资产/总负债（%）	1653.88	1550.25	1749.59	1772.94
总债务/自由现金流（%）	7.28	9.89	670	4.29
偿付能力（参见下面的资本模型摘要）				
估计偿付能力资本/净保费收入（%）	24.46	30.14	43.67	47.18
偿付能力资本/盈余（%）	367.89	220.02	154.6	148.02
偿付能力比率（净承保保费/盈余和次级债务）（%）	637.11	450.24	264.92	242.04
净承保保费/盈余（%）	1503.88	729.97	354.02	313.77
盈余/有形资产总额（%）	0.52	1.18	2.16	2.45

续表

报告日期	31/12/X1	31/12/X2	31/12/X3	31/12/X4
盈余和次级债务/有形资产总额（%）	1.23	1.91	2.89	3.17
盈余/已公布 RMMS（%）	0	0	0	0
盈余和次级债务/已公布的 RMMS（%）	0	0	0	0
偿付能力资本估算/公布 RMMS（%）	0	0	0	0
偿付能力资本估算/估计的 RMMS（%）	86.68	114.81	141.66	169.26
盈余/技术准备净额（%）	0.64	1.46	2.63	2.98
盈余和次级债/净技术规定（%）	1.51	2.37	3.52	3.86
自由资产比率（%）（应该 > 0%）	-0.98	0.35	0.53	1.03

当然这只是一个指南，因为模型得出的是在给定时间点计算的资本比率，反映了绝对水平而忽略了变化趋势。如果一家公司能够快速、轻松地改变其风险状况，其资本比率也会发生巨大变化。所以正如进行敏感性分析时需要确定改变某些关键变量（如从股票转向固定收益投资）对公司资本比率的影响一样，在进行资本比率评估时要了解公司的实际情况。

（三）保险公司的最低资本

保险公司的最低资本，是指基于审慎监管目的，为使保险公司具有适当的财务资源，以应对各类可量化为资本要求的风险对偿付能力的不利影响，保险监管机构要求保险公司应当具有的资本数额（见图 10-3）。

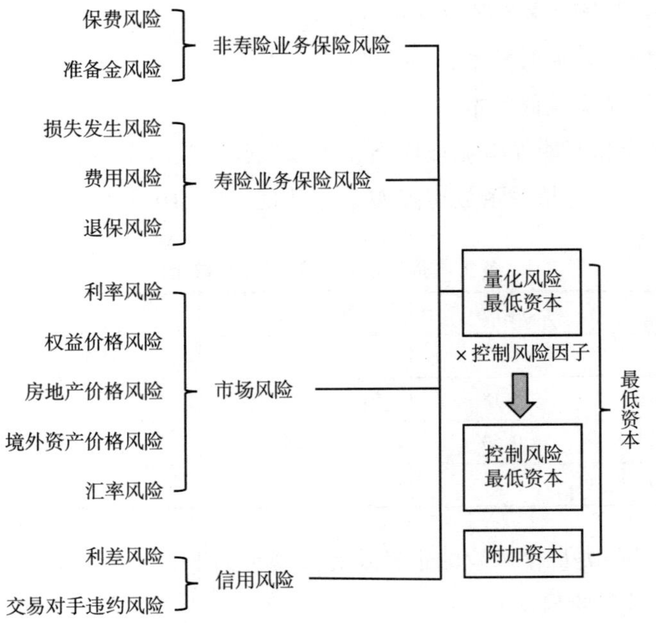

图 10-3 保险公司最低资本的构成

1. 最低资本的构成

保险公司的最低资本由三部分组成：

一是量化风险最低资本，即保险风险、市场风险、信用风险对应的最低资本；

二是控制风险最低资本，即控制风险对应的最低资本；

三是附加资本，包括逆周期附加资本、国内系统重要性保险机构的附加资本、全球系统重要性保险机构的附加资本以及其他附加资本。

最低资本的计量以保险公司面临的各类风险为基础，涵盖所有可量化为资本要求的固有风险及控制风险。最低资本的构成如图 10 - 3 所示。

2. 保险公司量化风险最低资本的计量

《监管规则》第 2 号文件“最低资本”对保险公司最低资本的计量方式进行了详细说明，并给出了量化风险最低资本的计算公式：

$$MC = \sqrt{MC_{风险} \times M_{相关系数} \times MC_{风险}^{T}} - LA \qquad (式 10-5)$$

上式中各符号的含义如下：

MC——量化风险整体的最低资本；

$MC_{风险}$——保险风险、市场风险和信用风险的最低资本行向量；

$M_{相关系数}$——各类风险最低资本的相关系数矩阵；

LA——特定类别保险合同的损失吸收效应调整。

保险公司 $MC_{风险}$ 由（$MC_{寿险保险}$，$MC_{非寿险保险}$，$MC_{市场}$，$MC_{信用}$）组成，其中：

$MC_{寿险保险}$——寿险业务保险风险最低资本；

$MC_{非寿险保险}$——非寿险业务保险风险最低资本；

$MC_{市场}$——市场风险最低资本；

$MC_{信用}$——信用风险最低资本。

此外，分红保险和万能保险业务应当考虑损失吸收效应调整。

各类风险最低资本的相关系数矩阵 $M_{相关系数}$ 如表 10 - 10 所示。

表 10 - 10　各类风险最低资本的相关系数矩阵

相关系数	$MC_{寿险保险}$	$MC_{非寿险保险}$	$MC_{市场}$	$MC_{信用}$
$MC_{寿险保险}$	1	0.18	0.50	0.15
$MC_{非寿险保险}$	0.18	1	0.37	0.20
$MC_{市场}$	0.50	0.37	1	0.25
$MC_{信用}$	0.15	0.20	0.25	1

《监管规则》对各类量化风险的定义及有关规定如下：

一是非寿险业务保险风险：

非寿险业务，是指保险公司经营的财产保险，以及保险期间为一年或一年以内的短期意外险、短期健康险和短期寿险。非寿险业务的保险风险包括保费及准备金风险、巨灾风险。

（1）保费风险。保费风险是指由于保险事故发生的频度及损失金额存在不确定性，导致保费可能不足以支付未来的赔款及费用，从而使保险公司遭受非预期损失的风险。

（2）准备金风险。准备金风险是指由于已发生未决案件在未来的赔付金额及时间存在不确定性，导致赔付可能超过准备金金额，从而使保险公司遭受非预期损失的风险。

非寿险业务的保费风险最低资本、准备金风险最低资本采用综合因子法计算，计算公式如下：

$$MC = EX \times RF \quad （式 10-6）$$

其中，

$$RF = RF_0 \times (1 + K) \quad （式 10-7）$$

公式中各个符号的含义如下：

MC——各业务类型的保费风险或准备金风险的最低资本；

EX——风险暴露；

RF——风险因子；

RF_0——基础因子；

K——特征因子，$K = \sum_{i=1}^{n} k_i$，$K \in [-0.25, 0.25]$，保险监管机构另有规定的除外；

k_i为第 i 个特征系数，n 为特征系数的个数；

对特征系数 k_i，由偿付能力监管规则规定和赋值；无明确规定并赋值的，则 $k_i = 0$。

二是寿险业务保险风险：

寿险业务，是指保险公司经营的以人身为保险标的的保险，包括长期寿险（含年金保险）业务、长期健康险业务及长期意外险业务。

寿险业务的保险风险包括损失发生风险、费用风险和退保风险。

（1）损失发生风险。损失发生风险，包括死亡发生率风险、死亡巨灾风险、长寿风险、疾病发生率风险、医疗及健康赔付损失率风险等。

①死亡发生率风险，是指由于死亡发生率的实际经验高于预期而使保险公司遭受非预期损失的风险。

②死亡巨灾风险，是指由于巨灾事件（如流行病、地震、海啸等）的发生导致短期内死亡发生率大幅上升而使保险公司遭受非预期损失的风险。

③长寿风险，是指死亡发生率改善的实际经验高于预期而使保险公司遭受非预期损失的风险。

④疾病发生率风险，是指由于疾病发生率实际经验高于预期发生率而使保险公司遭受非预期损失的风险。

⑤医疗及健康赔付损失率风险，是指由于医疗或健康赔付成本（含意外医疗、意外死亡、护理、失能收入等赔付责任）的实际经验高于预期而使保险公司遭受非预期损失的风险。

（2）费用风险。费用风险，是指由于保单维持费用的实际水平高于预期而使保险公司遭受非预期损失的风险。

（3）退保风险。退保风险，是指由于退保的实际经验与预期发生偏离而使保险公司遭受非预期损失的风险。退保风险包括：

①退保率风险，是指退保率的实际经验与预期偏离而使保险公司遭受非预期损失的风险。

②大规模退保风险，是指由于特殊事件（如金融危机、声誉危机等）导致短期内退保率大幅上升而使保险公司遭受非预期损失的风险。

寿险业务保险风险最低资本采用情景法计算，即分别在基础情景假设和不利情景假设下计算评估日的现金流现值，最低资本等于两种情景下的现金流现值之差，且不得为负。即寿险业务各类保险风险的最低资本为：

$$MC_i = \max\{(PV_{基础情景} - PV_{不利情景}),0\} \quad （式10-8）$$

其中，

MC_i——寿险业务保险风险各类子风险的最低资本；

$PV_{基础情景}$——基础情景假设下，考虑再保因素后计算得到的寿险业务现金流现值；

$PV_{不利情景}$——不利情景假设下，考虑再保因素后计算得到的寿险业务现金流现值；

基础情景假设下的事件发生率，由保险公司根据实际经验和未来发展变化趋势确定，但不得超过保险监管机构规定的上限或下限。不利情景假设下的事件发生率，通过对基础情景假设下的事件发生率进行调整而得，即：

$$不利情景假设 = 基础情景假设 \times (1 + 调整比例) \quad （式10-9）$$

或

$$不利情景假设 = 基础情景假设 + 绝对调整额 \quad （式10-10）$$

三是市场风险：

市场风险是指由于利率、权益价格、房地产价格、汇率等不利变动，导致保险公司遭受非预期损失的风险。保险公司的市场风险包括利率风险、权益价格风险、房地产价格风险、境外资产价格风险和汇率风险。

（1）利率风险。利率风险是指由于无风险利率的不利变动导致保险公司遭受非预期损失的风险。

（2）权益价格风险。权益价格风险是指由于权益价格不利变动导致保险公司遭受非预期损失的风险。

（3）房地产价格风险。房地产价格风险是指由于投资性房地产价格不利变动导致保险公司遭受非预期损失的风险。

（4）境外资产价格风险。境外资产价格风险是指由于境外资产价格不利变动导致保险公司遭受非预期损失的风险。

（5）汇率风险。汇率风险是指由于汇率波动引起外币资产与负债（含外汇衍生品）

价值变动，导致保险公司遭受非预期损失的风险。

各类市场风险的最低资本采用相关系数矩阵进行汇总，计算公式为：

$$MC_{市场} = \sqrt{MC_{风险} \times M_{相关系数} \times MC_{风险}^{T}} - LA \qquad (式 10-11)$$

其中，

$MC_{市场}$——市场风险的最低资本；

$MC_{风险}$——各类市场风险组成的最低资本行向量；

$M_{相关系数}$——各类市场风险最低资本相关系数矩阵；

$MC_{风险}$由（$MC_{利率}$，$MC_{权益价格}$，$MC_{房地产}$，$MC_{境外固收}$，$MC_{境外权益}$，$MC_{汇率}$）组成；

$MC_{利率}$——为利率风险的最低资本；

$MC_{权益价格}$——为权益价格风险的最低资本；

$MC_{房地产}$——房地产价格风险的最低资本；

$MC_{境外固收}$——为境外固定收益类资产价格风险的最低资本；

$MC_{境外权益}$——为境外权益类资产价格风险的最低资本；

$MC_{汇率}$——为汇率风险的最低资本。

市场风险最低资本相关系数矩阵如表 10－11 所示。

表 10－11　　市场风险最低资本相关系数矩阵

	$MC_{利率}$	$MC_{权益价格}$	$MC_{房地产}$	$MC_{境外固收}$	$MC_{境外权益}$	$MC_{汇率}$
$MC_{利率}$	1	-0.14	-0.18	0	-0.16	0.07
$MC_{权益价格}$	-0.14	1	0.22	0.06	0.50	0.04
$MC_{房地产}$	-0.18	0.22	1	0.18	0.19	-0.14
$MC_{境外固收}$	0	0.06	0.18	1	0.04	-0.01
$MC_{境外权益}$	-0.16	0.50	0.19	0.04	1	-0.19
$MC_{汇率}$	0.07	0.04	-0.14	-0.01	-0.19	1

四是信用风险：

信用风险是指由于交易对手不能履行或不能按时履行其合同义务，或者交易对手信用状况的不利变动，导致保险公司遭受非预期损失的风险。保险公司面临的信用风险包括利差风险和交易对手违约风险。

（1）利差风险。利差风险是指利差（资产的收益率超过无风险利率的部分）的不利变动而导致保险公司遭受非预期损失的风险。

（2）交易对手违约风险。交易对手违约风险是指交易对手不能履行或不能按时履行其合同义务，导致保险公司遭受非预期损失的风险。

保险公司信用风险最低资本信用的计算公式为：

$$MC_{信用} = \sqrt{MC_{利差}^{2} + 2\rho \times MC_{利差} \times MC_{交易对手违约} + MC_{交易对手违约}^{2}} \qquad (式 10-12)$$

其中，

$MC_{信用}$——信用风险最低资本；

$MC_{利差}$——利差风险最低资本；

$MC_{交易对手违约}$——交易对手违约风险最低资本；

ρ——$MC_{利差}$和$MC_{交易对手违约}$之间的相关系数，$\rho=0.25$。

3. 保险公司控制风险最低资本的计量

保险公司控制风险最低资本的计量，以量化风险最低资本为基础，结合保险公司偿付能力风险管理评分进行调整而得。控制风险最低资本的计量步骤如下：

首先，由保险监管机构依据《监管规则》第11号文件“偿付能力风险管理要求与评估”对保险公司的偿付能力风险管理水平进行评估，得到相应的评估分数S；

其次，根据评估分数S计算控制风险因子Q，计算公式为：

$$Q=-0.005S+0.4 \qquad \text{（式 10-13）}$$

最后，将量化风险最低资本与控制风险因子Q相乘，得到控制风险最低资本，即：

$$MC_{控制风险}=Q\times MC_{量化风险} \qquad \text{（式 10-14）}$$

其中，$MC_{控制风险}$为控制风险最低资本，$MC_{量化风险}$为量化风险最低资本。

二、影响保险公司偿付能力的因素

影响保险公司偿付能力的因素包括：

第一，资本金。这是保险公司设立和运作的基础，按《中华人民共和国保险法》要求，保险公司开业时最少要有2亿元资本。资本金是保证偿付能力的最后一道关卡，以备准备金提存不足、资产无法清偿负债时的急需。

第二，各项准备金与保障基金。为了将来能够履行赔偿或给付保险金责任，必须将保费大部分按照精算要求和保险监管部门的规定提取各项准备金和保障基金。提存不足会影响偿付能力，提存越多偿付能力越强。

第三，投资收益与资金运用状况。宽广的投资渠道、较高的投资回报率是现代保险业发展的必然要求，也是保险公司偿付能力得以提高的重要保证。如果保险公司有着很高的经营水平，可以在股市、债市等货币或资本市场上进行投资，其收益可以提取一部分作为公积金，公积金增多，实际资本就会增多，偿付能力就会增强。但是，必须实现稳健的保值增值，才能长期而有效地保障保险公司的偿付能力。

第四，业务质量和业务增长率。业务质量主要由退保率和赔付率体现，退保率、赔付率越高，公司偿付能力越低。保险业务增加，要求的最低资本需求也会增加，业务增长速度和偿付能力负相关。

第五，费用水平。费用是控制业务流量和盈利水平的重要杠杆，费用水平的高低直接影响保险公司的利润高低，进而影响保险公司偿付能力的强弱和经营的稳定。

三、保险公司偿付能力管理的内容

（一）保险公司偿付能力管理的重要性

许多保险公司都会采取行动以适应监管机构对偿付能力要求的监管。短期内，不同保险公司的反应取决于它们的资本金水平。资本金水平低的公司将被迫采取补救措施；偿付能力强的公司可以不改变它们的行为模式，但也可能为了提高竞争力而做出改变。长期来看，这将使得保险公司做出决策，以确定是否需要改变其长期投资和经营策略，以应对偿付能力监管。同样的偿付能力要求对于资本雄厚的大公司和资本金不多的小公司的含义显然不同，因此，在监管时仅考虑绝对的偿付能力要求是失之偏颇的。风险资本比率（资本金除以总的偿付能力要求）是一个更常用的指标，它也是各个国家监管层和公众的关注点。从风险资本比率的构成来看，任何能够增加资本金或减少偿付能力要求的措施都有助于提高风险资本比率。当然，只考虑提高风险资本比率是不够的——操作中造成的交易成本、变现损失、提前支付的税款以及减少的未来的盈利能力都应该考虑在内，保险公司必须在风险资本比率提升和这种“成本”提升之间求得平衡。在保险公司经营过程中可能导致偿付能力不足的原因有很多，包括：确定的保险费率过低：价格竞争导致费率过低，造成亏损；业务质量差造成赔付率过高：核保把关不严、道德风险严重等造成业务质量不佳；内部管理不善导致高额骗赔案件；对巨灾风险估计不足：一旦发生巨灾，造成赔付困难；保险投资失败；再保险安排不当，对重大标的自留额过高，一旦发生大额损失，赔付困难；其他宏观因素。

日常经营管理活动中，偿付能力管理能影响保险公司的各个方面包括：

1. 产品设计

偿付能力直接或间接地影响着保险公司的产品策略，引导公司进行产品开发的有效管理。保险公司在不同的发展时期会设计不同的产品，产品设计过程中需要考虑公司的偿付能力，因为不同产品对于公司偿付能力的消耗程度是不同的。例如，趸交的产品大多会要求公司在首年有更多的资本金支持，而期交产品对于首年资本金的要求相对较低，另外投连险对于资本金的要求也比较低。在不同的偿付能力状况下，公司设计出的产品可能会存在比较大的差异。在偿付能力很充足的情况下，公司可以设计比较激进的产品，通过更高的佣金或者手续费来提高销售规模，凭此尽快占领市场，同时由于销售规模的扩大，产品的固定费用会得到摊薄；反之，在公司偿付能力比较紧张的情况下，产品设计必须比较谨慎。

2. 投资策略

偿付能力也会直接影响公司的投资策略或者资产配置。在公司偿付能力或者是资本金不是很充裕的情况下，公司在进行投资或者进行资产配置时需要充分考虑投资风险可能给公司的偿付能力带来的冲击。这种情况下，偿付能力状况直接约束公司采取更为稳健的投资策略。

3. 其他日常经营活动

公司的偿付能力状况也会影响到公司的其他日常经营活动，比如公司在偿付能力比较紧张的情况下，会压缩各项费用，包括管理层及一般员工的福利或者奖金等，公司必须采取紧缩的预算政策，保证在新的资本金到位之前公司不会出现偿付能力不足的情况。

偿付能力作为保证企业持续经营的一项最重要的指标，任何保险公司的管理层及公司的股东都会对其给予持续的关注。因为公司一旦出现偿付能力不足的情况，首先介入的就是监管部门，它会干预公司的日常经营，限制公司部分或者全部的经营行为；另外，偿付能力的状况直接关系到公司的形象和品牌，偿付能力不足会对公司的品牌产生极大的负面影响，即使公司通过注资等途径改善了偿付能力状况，也只是亡羊补牢。

（二）针对资产的偿付能力管理

1. 分配可投资的现金流

资产违约风险与偿付能力要求是正相关的，所以高风险（高收益率）的资产往往对应着高偿付能力要求，低风险（低收益率）的资产往往对应着低偿付能力要求，所以保险公司不会仅仅因为偿付能力要求而改变他们的投资行为。假设某保险公司最关心的是资产回报率（*ROE*）和风险资本比率目标，那么锁定资产回报率（*ROE*）（譬如 10%）和风险资本比率目标（如 1.5 倍），就能够根据该公司的整体状况推算出各类资产的“无差异收益率”。举个例子，如果收益率为 $r\%$ 的国债与收益率为 $(r+0.5)\%$ 的 A 级债券都能够恰好满足 10% 的资产回报率（*ROE*）目标和 1.5 倍的风险资本比率目标，那么应当认为它们在这两方面对该公司是“无差异的”。这样，在考虑分配可投资的现金流时，收益率为 $(r+0.6)\%$ 的 A 级债券就更值得考虑。需要注意的是，对于各类资产，除了要考虑收益率外，还应当考虑资产坏账、资产中暗含的选择权（如债券回购以及贷款的提前偿付等）、经营过程中的费用等因素。

2. 调整债券组合的质量

由于资产违约风险是产生偿付能力要求的原因之一，如果保险公司能够将其资产转移为较高信用评级的债券，那么就能够降低其偿付能力要求。

3. 投资的债券组合分散

债券组合的过分集中显然会带来额外的风险，这也就导致了更高的偿付能力要求。如果在持有的债券组合中，发行者的数量相对较少的话，那么债券组合的分散化会显著改善偿付能力要求。除了考虑保险公司持有资产的发行者数量外，监管机构往往还要对众多资产品种的分布情况进行监督。举个例子，某保险公司共持有 500 种债券，但是 95% 的价值都集中于其中 10 种债券，那么该保险公司实际上并没有做到资产“分散化”。美国对资产集中的监管方法是，除去某些特定的资产，投资排前十的公司需要用双倍计算风险资本（RBC）因子。显然，将前十位的投资投向低风险资本（RBC）因子的资产是降低风险资本（RBC）的有效办法。

如果一家保险公司的前十位最大的投资是商业抵押贷款，而不是 BBB 级的公司债券，那么该公司就在承受资产集中的“惩罚”。比如一家很大的保险公司，它的前十位最大的投资中每一项都是5000 万美元多一点的商业抵押贷款（RBC 因子为 3%）。而它的第 11 至第 20 位的投资每一项都是 5000 万美元的 BBB 级公司债券（RBC 因子为 1%，并假设它们来自于 10 个不同的发行者）。假设该保险公司的债券的风险资本（RBC）“发行者数目”调整因子是 1.0，那么上述 20 种资产的总风险资本（RBC）为：（10 ×2 ×3% ×5000 万）+（10 ×1% ×5000 万） =3500 万美元。现在反过来考虑，其前十位最大的投资是 BBB 级公司债券，而第 11 至第 20 位的投资是商业抵押贷款，那么上述 20 种资产的总风险资本（RBC）为：（10 ×2 ×1% ×5000 万）+（10 ×3% ×5000万）=2500 万美元，总的风险资本（RBC）减少了 1000 万美元。

4. 减持商业抵押贷款

商业抵押贷款的资产组合流动性很差，当实物资产市场萧条的时候，调整商业抵押贷款的资产组合将会更加困难。从经济学的角度来看，最好的方式可能是将一部分信用评级最高的商业抵押贷款证券化，提高其流动性，使之易于出售。当保险公司的商业抵押贷款资产违约因子比较高的时候，减持商业抵押贷款将有效地降低偿付能力要求。

5. 减持普通股票

由于普通股票不能够很好地和大部分保险以及年金对应的负债相匹配，大部分寿险公司都不倾向于投资太多普通股票。但是对于正在销售（或曾经销售过）大量分红保险产品（例如传统终身寿险）的保险公司，以及有很高的盈余－负债比例的保险公司，则倾向于持有一定数量的股票。随着偿付能力要求概念的提出，将股票替换为与股票相联系的债券将是一种行之有效的策略，这些债券可以是可转换债券，也可以是其他定制的债券。实际上，任何合并了权益资产（股票或实物资产）和债券概念的有价证券都是双赢的选择。

（三）针对负债的偿付能力管理

1. 降低准备金

所有高于法定下限的准备金都可以被削减，这不仅意味着法定盈余的增加，还意味着偿付能力要求中定价风险的减少。从这两个方面来讲，高于法定下限的准备金有助于提高风险资本比率；但是从实践的角度来看，现在大部分保险公司持有的准备金已经达到或者非常接近法定准备金的下限。

2. 改变产品类型

利率风险促使保险公司销售那些低风险产品，例如，退保时的现金价值按照市场价值进行修正的产品，或者从出单开始的退保费用就长期定在5%或更高的产品。但无论如何，这种行为对于风险资本比率仅产生渐进的影响，而且不能立即改善公司风险资本比率偏低的状况，风险资本比率依赖于保险公司的长期产品计划。

3. 鼓励保单贷款

从技术的角度来讲，保单贷款是保险公司的资产。由于其不会带来任何信用风险，保单贷款不会导致源自资产违约风险的偿付能力要求的需要，可以说是质量最好的资产。然而近些年来，美国许多保险公司通过采取利益刺激的手段减少了保单贷款，这些手段包括：对保单贷款者采用较低的保单红利额度、实施保单贷款偿还计划等。事实上，从偿付能力要求的角度看，保险公司鼓励保单持有人进行保单贷款是有积极意义的。但是既然保单贷款代表的是保单持有人的“选择权”，所以保险公司并不能控制这种“投资”在账目上的额度。然而，在某种程度上，刺激保单贷款的增加是有可能的——例如，自动贷款缴纳保费计划或采用有利于保单贷款者的保单红利额度政策。

其他的偿付能力管理方法包括发行股票进行融资、母公司注资、安排再保险和削减经营项目等。

专栏 10－2

资产模型案例

资本模型格式

表 10－12 显示了资本的计算和组成，并确定了保险公司资本基础。

表 10－12　　资本模型　　单位：百万英镑

资本模型	31/12/X1	31/12/X2	31/12/X3	30/06/X4
偿付能力资本计算				
资本和准备金	3627	5393	8287	9135
隐藏资本准备金	1600	1615	1136	1133
资本充足	5227	7008	9423	10268
注：扣除无形资产后	2915	4541	7374	8219
少数股权利益	134	137	172	170
次级债	1789	1880	2098	2100
全部偿还资本预先无形资产扣除	7190	9025	11693	12538
减少无形资产	－2312	－2367	－2049	－2049
无形资产扣除后的总保险资本	4838	6658	9644	10489
要求的资本计算				
保险风险				
保费风险——寿险和健康险	336	364	378	374
保费风险——一般业务	1225	1490	1339	1417
准备金风险——寿险和健康险	2567	2546	3212	3212

续表

资本模型	31/12/X1	31/12/X2	31/12/X3	30/06/X4
准备金风险——一般业务	18717	19105	19201	19497
总保险风险资本费用	22846	23506	24130	24501
非保险风险				
投资风险 —— 股票	8924	9154	9485	9914
投资风险——固定收益债券	2251	2294	2160	2782
投资风险——房地产财产	1299	1330	1318	1310
投资风险——抵押贷款	1	1	24	35
投资风险——其他贷款	1212	1243	1325	1300
投资风险——现金和存款	92	96	112	103
投资风险——衍生品投资及其他	244	254	388	377
额外投资组合集中风险费用	0	0	0	0
总投资风险资本费用	14023	14372	15412	15821
利率风险资本费用	512	521	627	632
其他信用风险资本费用	468	437	566	440
或有及其他风险资本费用	786	789	732	743
其他微观和宏观风险费用（可选）	0	0	0	0
非保险风险资本总额	15789	16119	17337	17635
总保险和非保险资本费用	38634	39625	41468	42136
风险调整后需要的资本	35708	36680	37943	38694
资本比率（应>100%）				
完全偿付能力资本				
扣除无形资产前	20.02	24.6	30.82	32.4
扣除无形资产后	13.55	18.15	25.42	27.11
从资本中排除次级债和少数股东权益				
扣除无形资产前	14.64	19.11	24.83	26.54
扣除无形资产后	8.18	12.65	19.43	21.24

使用的特定资本比率取决于保险公司的交易风险，计算无形资产前后的资本比率来确定无形资产的影响也很重要，如果在扣除无形资产之前和之后计算的资本比率均高于100%，则可以认为资本充足率是令人满意的。如果扣除无形资产后的资本比率低于100%，无形资产毫无价值，则可能存在资本充足问题。

表10－13将有助于解释资本比率：

表 10－13　资本比率和资本充足力

资本比率（%）	资本充足力
<70	潜在的弱势
70—100	弱势
100—110	合格
111—120	好
121—140	强
141—160	非常强
>160	优越

第四节　保险公司偿付能力报告

一、偿付能力报告内容

根据《保险公司偿付能力监管规则第 13 号：偿付能力信息公开披露》，保险公司应当遵循充分性、及时性、真实性和公平性原则，编制偿付能力季度报告摘要并对外公开披露。季度报告摘要应当包括基本信息、主要指标、实际资本、最低资本、风险综合评级、风险管理状况、流动性风险和监管机构对公司采取的监管措施。

保险公司应当列报偿付能力充足率指标的本季度数、上季度可比数和下季度预测数，包括认可资产、认可负债、实际资本、最低资本和核心偿付能力充足率等。认可资产指处置不受限制，并可用于履行对保单持有人赔付义务的资产。除了对子公司的长期股权投资等特殊项目外，各项认可资产均以账面价值进行计算。认可负债指保险公司在持续经营和破产清算状态下均需要偿还的债务，以及超过监管限额的资本工具。非寿险业务保险合同的认可负债等同于账面价值，寿险业务保险合同的认可负债由未到期责任准备金和未决赔款准备金共同组成。认可资产减去认可负债的差额就是实际资本，表示保险公司在持续经营或破产清算状态下可以吸收损失的财务资源。

同时，“偿二代”根据资本吸收损失的性质和能力，对保险公司持有资本进行分级。在持续经营状态和破产清算状态下均可吸收损失的资本是核心资本；只能在破产清算状态下吸收损失的是附属资本。最低资本是指基于审慎监管目的，为使保险公司具有适当的财务资源，以应对各类可量化为资本要求的风险对偿付能力的不利影响。综合偿付能力充足率是实际资本与最低资本的比值，核心偿付能力充足率是核心资本与最低资本比值，均反映保险公司偿还债务的能力。

在我国的偿付能力体系中，其指标一般包括核心偿付能力充足率、综合偿付能力充足率以及风险综合评级。寿险公司一般经营长期业务，需要关注后续赔付和支出，更应该保证充足的偿付能力。表 10－14 列出了中国人寿、人保人寿和人保健康三家公司偿付能力信息，我国要求保险公司核心偿付能力充足率和综合偿付能力充足率分别不低于 50% 和 100%，可以看出三家公司都远高于行业要求。

表 10－14　　　偿付能力充足率指标①　　　单位：百万元

项目	中国人寿	人保人寿	人保健康
实际资本	761367.30	73241.51	10354.53
最低资本	303871.57	30068.64	3677.77
认可资产	3218365.69	390458.40	34492.08
认可负债	2456998.39	317216.88	24137.55
核心偿付能力充足率）（%）	250.55	201.46	182

二、偿付能力评估

“偿二代”的突出特征是在公司偿付能力管理的基础上进行三方面的监管：定量资本要求、定性监管要求和市场约束机制。根据三个监管要素对保险公司的风险进行划分，定量资本要求包括可以量化的保险风险、信用风险和市场风险；第二支柱定性监管要求在第一支柱的基础上进一步防范难以量化的风险；第三支柱通过借助市场的约束力对难以监管的风险进行防范。控制风险和可量化的固有风险通过最低资本进行计量，难以量化的固有风险则纳入风险综合评级进行评估。风险综合评级由保险监管机构根据相关信息，以风险为导向，根据偿付能力风险的大小，评定为不同的监管类别，采取相应的监管政策和监管措施，中国人寿、人保人寿、人保健康三家公司 2018 年第 4 季度的风险综合评级结果均为 A 类，表明其偿付能力充足率达标，操作风险、战略风险、声誉风险和流动性风险小。

除此之外，银保险监管机构还定期对保险公司开展偿付能力风险管理能力评估（sarmra），通过查阅材料、问卷调查、质询谈话等方式，对保险公司的风险管理能力进行打分。结合评估结果和量化风险最低资本可以计算出控制风险的最低资本。测试范围包括基础与环境、目标与工具、保险风险管理、市场风险管理、信用风险管理、操作风险管理、战略风险管理、声誉风险管理和流动性风险管理九大模块，具体结果如表 10－15 所示。

① 数据来源：中国人寿、人保人寿、人保健康偿付能力报告。

表 10－15　　偿付能力风险管理能力评估结果①　　单位：分

项目	中国人寿	人保人寿	人保健康
风险管理基础与环境	17.76	15.70	16.06
风险管理目标与工具	8.41	7.64	7.63
保险风险管理	8.60	8.31	8.09
市场风险管理	8.65	8.07	7.95
信用风险管理	8.61	8.02	7.70
操作风险管理	8.59	8.12	8.03
战略风险管理	8.77	8.45	8.35
声誉风险管理	7.34	8.04	7.87
流动性风险管理	8.22	8.00	7.84
总分	84.94	80.35	79.52

三、保险公司偿付能力报告

保险公司应当定期向保险监管机构报送偿付能力报告，接受社会公众和利益相关方的监督。下面以 A 寿险公司为例，简要介绍保险公司的偿付能力报告框架中包含的指标。

（一）公司基本信息

报告的第一部分是对公司基本情况的说明，包括公司注册地址、法定代表人、经营范围和经营区域、股权结构及股东情况、控制性或实际控制人、子公司、合营企业和联营企业情况、董事、监事和高级管理人员的基本情况以及偿付能力信息公开披露联系人及联系方式等。

（二）主要指标

报告第二部分是偿付能力相关指标的具体数据，包括核心偿付能力充足率、核心偿付能力溢额、综合偿付能力充足率、综合偿付能力溢额、最近一期的风险综合评级、保险业务收入、净利润、净资产等指标的当季度末数和上季度末数。A 寿险公司 2018 年第 1 季度末及 2018 年第 4 季度末的偿付能力指标数据如表 10－16 所示。

表 10－16　　中国人寿保险股份有限公司偿付能力主要指标②　　单位：百万元

名称	2018 年第 1 季度（末）数	2018 年第 4 季度（末）数
核心偿付能力充足率	270.82%	250.55%
核心偿付能力溢额	464643.69	457481.28

① 数据来源：中国人寿、人保人寿、人保健康偿付能力报告。

② 数据来源：根据真实保险公司偿付能力报告编撰。

续表

名称	2018 年第 1 季度（末）数	2018 年第 4 季度（末）数
综合偿付能力充足率	270.86%	250.56%
综合偿付能力溢额	464751.06	457495.73
最近一期的风险综合评级	B 类	A 类
保险业务收入	243420.02	67291.98
净利润	13118.03	-8328.67
净资产	332602.03	318004.94

A 寿险公司 2018 年第 1 季度和第 4 季度偿付能力充足率都超过 200%，处于比较高的水平，说明该保险公司的偿付能力比较好。

（三）实际资本

报告第三部分披露了 A 寿险公司 2018 年第 1 季度末及 2018 年第 4 季度末的认可资产、认可负债以及各级实际资本额，具体如表 10-17 所示。

表 10-17　　A 寿险公司实际资本①　　单位：百万元

名称	2018 年第 1 季度（末）数	2018 年第 4 季度（末）数
认可资产	2947632.16	3218365.69
认可负债	2210867.95	2456998.39
实际资本	736764.21	761367.30
核心一级资本	728865.27	753561.27
核心二级资本	7791.57	7791.57
附属一级资本	107.37	14.46
附属二级资本	0	0

表中数据显示，A 寿险公司 2018 年第 1 季度末的实际资本为 73676421.15 万元，其中核心一级资本 72886526.86 万元，核心二级资本 779157.01 万元，附属资本全部为附属一级资本，共 10737.28 万元。2018 年第 4 季度末实际资本相比 1 季度增长了 2460308.74 万元，主要来源于核心一级资本的增加。

（四）最低资本

报告第四部分是 A 寿险公司 2018 年第 1 季度末及 2018 年第 4 季度末的最低资本额，具体如表 10-18 所示。

① 数据来源：根据真实保险公司偿付能力报告编撰。

表 10 - 18　　A 寿险公司最低资本①　　单位：百万元

名称	2018 年第 1 季度（末）数	2018 年第 4 季度（末）数
量化风险最低资本	279719.42	311567.28
寿险业务保险风险最低资本	59350.03	62911.84
非寿险业务保险风险最低资本	4537.68	5200.45
市场风险最低资本	272932.18	305460.38
信用风险最低资本	47858.80	52410.34
量化风险分散效应	60630.06	65912.14
特定类别保险合同损失吸收效应	44329.20	48503.60
控制风险最低资本	(7706.27)	(7695.71)
附加资本	0.00	0.00
最低资本	272013.15	303871.57

（五）风险综合评级

报告第五部分是 A 寿险公司近两季度的风险综合评级情况。报告显示，A 寿险公司 2018 年第 4 季度和第 3 季度的风险综合评级结果均为 A 类。2018 年第 1 季度报告显示，2017 年第 4 季度和第 3 季度的风险综合评级结果分别为 B 类和 A 类。

（六）风险管理状况

报告显示，A 寿险公司 2018 年评估得分 84.94 分，九大评分模块得分分别如下：风险管理基础与环境 17.76 分，风险管理目标与工具 8.41 分，保险风险管理 8.60 分，市场风险管理 8.65 分，信用风险管理 8.61 分，操作风险管理 8.59 分，战略风险管理 8.77 分，声誉风险管理 7.34 分，流动性风险管理 8.22 分。

（七）流动性风险

报告第七部分为流动性风险监管相关指标（见表 10 - 19）。

表 10 - 19　　流动性监管指标②

名称	2018 年第 1 季度（末）数	2018 年第 4 季度（末）数
实际净现金流（百万元）	13231	-16316
综合流动比率	—	—
未来 3 个月内综合流动比率（%）	196	111
未来 1 年内综合流动比率（%）	1175	496
未来 1 至 3 年内综合流动比率（%）	-243	-201

①② 数据来源：根据真实保险公司偿付能力报告编撰。

续表

名称	2018 年第 1 季度（末）数	2018 年第 4 季度（末）数
未来 3 至 5 年内综合流动比率（%）	4112	-813
未来 5 年以上综合流动比率（%）	26	24
公司整体流动性覆盖率（%）	—	—
压力情景一	3353	1921
压力情景二	2652	2020

报告显示，A 寿险公司 2018 年第 1 季度净现金流 13231 百万元，2018 年第 1 季度净现金流为 -16316 百万元，呈现亏损的状态。预计下一季度的综合流动比率为 111%。压力情景一下（即签单保费较去年同期下降 80%，同时退保率假设为基本情景的 2 倍）流动性覆盖率 1921%；压力情景二下（即预测期内到期的固定收益类资产 20% 无法收回本息）流动性覆盖率 2020%。A 寿险公司 2018 年第 4 季度的流动性风险指标数据表明，公司现金流充裕。

（八）监管机构对公司采取的监管措施

报告第八部分是中国银保险监管机构对公司采取的监管措施及公司的整改情况。报告显示，中国银保险监管机构在当季未对 A 寿险公司实施有关监管措施。

专栏 10 -3

偿付能力体系下责任准备金的评估

寿险合同负债评估由未到期责任准备金评估和未决赔款准备金评估两部分组成。在会计年度末，保险事故已经发生，但保险人因未与被保险人就事故、损失金额以及赔付标准等事项达成一致而未履行合同责任，为了满足此类未决赔案未来的赔付支出，保险人将按一定的标准提存准备金，称为未决赔款准备金。监管 3 号文中规定未决赔款准备金“以其在财务报表中的账面价值作为认可价值”，此规定与现行会计准备金一致。

未到期责任准备金是指保险公司在会计年度末对未发生但将来可能会发生的保险责任而提存的资金。对于寿险业务来说，未到期责任准备金也称寿险责任准备金，是寿险业务负债的重要组成部分。根据不同的核算目的，保险公司采用不同的计算方法和精算评估假设来计算寿险责任准备金，主要分为法定准备金、盈余准备金和税收准备金。其中，法定准备金的评估是为了满足监管机构对保险公司偿付能力的监管需求，确保在压力情景下保险公司偿付能力的充足性，采用相对保守和谨慎的精算假设进行核算的。盈余准备金的核算是为了满足投资者对保险公司会计信息的需求，保险公司根据自身经验，采用最优的精算假设核算出的，旨在反映公司的真实经营情况和负债水平。目前，我国的盈余准备金是按照新会计准则对准备金计提的原则和方法进行计量的。税收准备金是为了确定保险公司的税收金额而得到的准备金，我国目前还没有独立的税收准备金。

寿险合同未到期责任准备金的计算公式为：

$$\begin{aligned}\text{未到期责任准备金} &= \text{最优估计准备金} + \text{风险边际}\\ &= \text{现金流现值}(PV) + TVOG + \text{风险边际}\end{aligned} \quad (\text{式 } 10-15)$$

其中，$TVOG$ 是选择权及保证利益的时间价值。

与第一代偿付能力口径责任准备金相比，“偿二代”口径下的责任准备金核算方法有很大的变化，主要体现以下几个方面：首先，“偿二代”准备金计算现金流现值采用了毛保费的评估方法，其现金流入和流出项的选取也跟“偿一代”准备金不尽相同；其次，“偿二代”加入了选择权及保证利益的时间价值（$TVOG$），确保了寿险公司在开发新产品时衡量提供较高的选择权和保证利率带来的收益和成本；最后，与会计准备金相似，“偿二代”在准备金中加入了风险边际，并规定风险边际的评估方法，统一了核算假设的取值标准。

（一）现金流现值核算方法与“偿一代”准备金评估方法的比较

“偿一代”口径责任准备金即为法定最低责任准备金，其未到期责任准备金采用修正净保费法进行计算。计算时给付责任只包括未来的保险责任（死亡给付、生存给付、满期给付、疾病给付和残疾给付）以及已公布的增额红利部分，不能真实地反映保险产品未来的全部可能负债。实务中各寿险公司一般采用定价预定利率作为计算准备金的评估利率，这种做法并不能真实反映市场利率水平对准备金的影响。

在“偿二代”监管体系下未到期责任准备金的评估中，现金流现值（PV）采用毛保费的评估方法，以保险合同预计产生的未来现金流为基础进行评估。未来预期现金流等于未来预期现金流的流入项减去流出项。其中，监管 3 号文详细规定了未来预计现金流流入和流出项的组成内容，现金流入为各期毛保费，现金流出包括保险合同中约定未来可能向受益人给付的保证利益、非保证利益以及管理保险合同相关费用（即保单维持费用）。保证利益是指在保险合同中约定的、明确给付条件和数额的责任；非保证利益是根据保险合同的约定所构成的推定义务；保单维持费用是管理合同和处理保单相关理赔时发生的费用。

相对于“偿一代”而言，“偿二代”监管体系下现金流现值的评估方法有以下四个方面的进步：一是对评估假设和评估方法制定统一标准，可以在一定程度上避免部分公司设定过激的假设和折现率，真正起到偿付能力监管的目的；二是采用了与会计口径责任准备金一致的各项现金流入和流出，与“偿一代”准备金相比，更能反映产品未来所有可能的收入和支出，更加真实地反映保险公司的利润和未来负债水平；三是对不同业务使用不同的综合溢价，这有利于为高风险业务提供更加有力的准备金保障；四是对不同保费收入的公司分级设定费用区间，由于小型保险公司资本较为薄弱，比大型公司更容易出现偿付能力不足的情况，分级设定监管区间对加强小型保险公司偿付能力监管具有重要的作用。总的来说，“偿二代”监管体系下的现金流现值评估方法更贴近保险市场的实际发展状况，更能满足偿付能力监管的需要。

（二）*TVOG* 的引进

"偿二代"监管体系坚持了我国保险业"放开前端，管住后端"的监管改革思路，即在把握风险底线的前提下，坚持费率市场化和投资市场化，增加保险公司的自主权，让市场在资源配置中发挥一定的作用，使保险公司的经营模式由"负债驱动投资"向"负债和投资齐头并进"转变。而这种"负债和投资齐头并进"的经营模式对投资收益率的依赖性很强，一旦保险公司的投资管理战略失误，那么保险保单中隐含的退保选择权和保证收益等期权价值将对公司偿付能力的影响极大。目前，国际上已发生了多起由于低估保险合同中的期权价值而导致保险公司破产的事件。因此，保险监管机构在建设"偿二代"监管体系的过程中，将分红险、万能险等业务的选择权及保证利益的时间价值（time value of financial options and guarantees）加入了寿险合同负债评估的过程中，并规定各寿险公司应采用因子法对 *TVOG* 进行计量，测算所需风险资本金。

"偿二代"监管体系采用因子法计算 *TVOG*，不仅简化了计算的难度、节约了时间，也避免了不同公司之间因采用不同的情景发生器和计量方法而造成的不一致。

（三）风险边际的核算

"偿二代"准备金引入了风险边际这一概念，用于评估寿险合同负债风险的不确定性。风险边际不考虑公司自身的违约风险，主要反映过程风险、参数风险和模型风险。常用的风险边际的计量方法有资本成本法、分位数法和情景对比法等，"偿二代"监管规定可采用资本成本法和情景分析法二者之一测算寿险合同负债中的风险边际，并对情景分析法中不利情景的参数假设进行了统一规范。欧盟 Solvency Ⅱ 采用资本成本法评估风险边际，我国大部分寿险公司采用情景分析法计量会计准备金下的风险边际。

"偿二代"监管体系规范了情景对比法中需考虑变动的参数以及参数变动的幅度，避免了当前会计责任准备金计算风险边际时的不足之处，体现为以下几点：第一，部分公司不考虑退保率变动对风险边际的影响，由于金融市场环境和人民生活水平的变化，可能会产生集体退保等现象，所以考虑退保率假设的变动具有明显的现实意义；第二，部分公司对假设变动的方向不进行测试，由于产品的险种和保险责任不同，导致现金流限制增加的假设变动方向也不一定相同，公司对所有产品采用相同的假设变动方向，对部分产品而言并不能达到产生最大不利情景的效果；第三，各家寿险公司对风险边际各项假设变动比例的设定不尽相同，使得有的公司变动比例设定较小而导致准备金计提不足，有的公司设定比例过高而导致偿付能力不足。统一风险边际涉及的变动假设和假设变动幅度，不仅有利于使各公司风险边际处于合理的水平，而且有利于监管机构对寿险公司风险边际进行统一监控和比较分析。

专栏 10－4

"偿二代"背景下保险公司的资本管理

2016 年，风险导向的偿付能力监管制度体系"偿二代"正式实施，人身险系列监管新规实施，寿险业务结构优化，万能险逐渐收缩；同时，保险监管机构对保险公司举牌上市公司、投资非上市公司股权和不动产等实施了更为严格的信息披露制度。这些监管政策在规范保险市场的同时，也对保险公司的长期资本战略管理提出了新的挑战。资本管理既是保险经营的最基本要求，也是保险经营的价值体现，对保险公司长期健康的发展有着重要的意义。而长期资本战略水平直接决定了承保和投资的规模、结构、风险和效益，保险公司只有具备专业的资本管理能力，才能培育出强大的投资管理能力和业务发展能力，才能在激烈的市场竞争中站稳脚跟。

长期资本战略管理的最终目标是为了实现公司价值最大化，在这一总体目标下，保险公司需要依据负债现金流和成本预测，进行战略资产配置和动态调整，避免公司的非理性决策。要实现公司价值最大化，首先要求保险公司的长期资本满足充足性。保险监管机构等监管方对于保险公司的最低资本量有着明确的要求，在“偿二代”出台前，最低资本要求主要与保费规模相关，不能全面反映风险，也不能体现管理价值，导致保险公司往往重规模、轻管理，依赖于股东补充资本维持规模增长，资本管理对保险经营的重要性并不显著；而在“偿二代”出台后，全面确立了最低资本要求，形成有效的资本约束机制。

“偿二代”以风险为导向，全面覆盖了保险风险、市场风险、信用风险、操作风险、流动性风险、战略风险、声誉风险，将所有的主要风险明确为资本要求，并将风险管理能力与量化最低资本要求直接关联，设定了综合充足率、核心充足率、分类监管、流动性等各个指标，如果不达标就能触发刚性、严格的监管措施。这种将保险经营风险转化为最低资本要求的方式也使得保险公司的资本要求更加具体化，也要求保险公司将外部的资本约束与公司的发展战略相结合，在自身资本不足以支撑业务发展时，拓宽融资途径，合理运用外部融资，通过长期资本战略管理保证资本的充足性。

要实现公司的价值最大化，另一个对于长期资本战略管理的要求是实现资本的合理配置和高效利用。对于保险公司来说，其业务范围既包括短期险，也包括长期险，这就使财产险等公司资产负债的期限结构比寿险更复杂，更强调资产负债的匹配以及对于资产的合理配置。资本的充足性必须得到保证，但如果资本过于充足，导致资本的利用效率低，影响资本的收益率，也会大大降低公司价值。尤其是我国经济正面临从数量时代向质量时代的关键转型阶段，现阶段宏观经济环境虽有好转，但经济的深层次结构性问题并未完全解决，资本市场仍会面临波动，预计低利率和资产荒的局面将维持较长时间。当利率下行时，传统的资产负债管理模式会受到极大程度的冲击。如果片面强调资产负债匹配，则很有可能在减少波动性的同时，锁定较低甚至负收益。保险公司应在认清形势的基础上，注重资产的多元化配置，提高资本的盈利能力，在规避风险的同时实现公司价值最大化的最终目标。

从长期资本战略管理的内容来看，主要关注对于战略资产的配置。既要保证资产价值的稳健性，又要使资产配置获得足够的收益以满足其负债成本的要求。这既包括对于风险容忍度的把控以及对资产端的利率风险管理，也包括对于资产负债匹配风险的管理。其管理的主要原则分为一般原则和匹配原则，既要注重长期资产的安全性、收益性、多样性和流动性，又要注重资产端和负债端的期限匹配、规模匹配、成本收益匹配以及币种匹配。

【思考题】

1. 简述保险公司针对资产的偿付管理内容。
2. 简述保险公司针对负债的偿付管理内容。
3. 阐述实际资本、最低资本、综合偿付能力充足率指标的作用。

第十一章　保险公司股利政策

【学习目标和要求】

1. 了解保险公司股利政策的不同理论。
2. 掌握保险公司股利政策在实践中的运用。
3. 熟悉我国保险公司的股利政策。

【本章概览】

盈利的企业通常面临三个重要的问题：公司应该向股东分发多少自由现金流；公司应该通过股利的形式还是股票回购的形式分发现金；公司应该维持一个稳定且持续的分配政策还是应该随着情况的变化而调整股利政策。公司的股利政策一直以来都是财务管理领域非常重要的一个方面，关系着收益留存或分配的权衡问题，即支付股息会导致总资产减少，为了维持资产水平以及把握优质项目的投资机会，公司必须通过发行额外的债务或股权获得资金，而如果公司无法筹集外部资金，其发展将受到影响。因此，发放股利可能意味着公司的现金外流及未来增长放缓。而如果将大量收益留存在公司内部，较少发放股息，那么投资者可能会觉得向公司提供资金几乎不会带来任何回报，在现实世界中没有股息支付的股票往往看起来不那么诱人，也难以给投资者传递公司发展向好的积极信号，因此股价也就偏低。由此看来，公司的股利政策既影响股东的财富，也影响公司的长期发展。本章分为三节：第一节是分析保险公司股利政策理论；第二节是介绍实践中的股利政策；第三节是分析我国保险公司的股利政策。

第一节　保险公司股利政策理论

股利政策是指在法律允许的范围内，企业是否发放股利、发放多少股利以及何时发放股利的方针及政策。企业的净收益可以支付给股东，也可以留存在企业内部，股利政策的关键问题是确定收益分配和留存的比例。

一、股利无关理论

1961 年，Miller 和 Modigliani 发表题为《股利政策，增长和公司价值》的文章，提出了著名的“M&M 股利无关理论”，认为股利政策对公司的股票价格或资本成本没有影响，公司的价值仅依赖公司资产的经营效率。该结论是在一系列严格的假设条件下成立的，假设条件主要包括四个方面：

不存在个人或公司所得税；

不存在股票的发行和交易费用；

公司的投资决策与股利决策彼此独立（投资决策不受股利分配的影响）；

公司的投资者和管理当局可相同地获得关于未来投资机会的信息。

股利无关论认为：投资者并不关心公司股利的分配，股利的支付比率不影响公司的价值。公司股利政策与公司价值无关的理论是建立在一系列理想的假设之上的，现实中很难满足以上四个假设。因为所得税、交易成本都是存在的，并会使公司的资本成本受到股利政策的影响。

在完美市场假设下，投资者可以随时用手中的股票换得现金，同样也可以用多余的现金增加投资，在股利和资本利得之间没有明显的偏好。对于企业而言，由于不存在交易和发行成本，即使分配了高额股利，也可以迅速发行新股筹集资金，股票价格不会有大幅波动。股利无关理论为后来的研究提供了重要的方向，大量的相关理论都是围绕如何逐步放宽假设进行讨论的。

二、股利相关理论

放宽股利无关论中严苛的假设条件，股利政策就会对企业价值和股本成本产生影响。

股利相关理论认为股利政策会对股本成本产生影响，代表理论有“在手之鸟”理论和税差理论。

（一）“在手之鸟”理论

投资者的收益来源于两种渠道：股利收益和资本利得。其中资本利得是指低买高卖资产（如股票、债权或不动产等）获得的价差收益。在不成熟的股票市场下，企业的留存收益再投资会有很大的不确定性，并且投资风险将随时间推移不断增大，风险厌恶的投资者倾向于获得当期的而非未来的收入。也就是说，在投资者眼里，1 元的股利收入的价值实际上超过了 1 元资本收益的价值。在这种情况下，当公司提高其股利支付率时，股东面临的不确定性就会降低，期望报酬率也会下降，公司股票价格上升；反之，如果公司降低股利支付率或者延期支付，就会增大投资者风险，投资者必然要求较高报酬率以补偿其承受的风险，最终导致公司的股票价格下降。因此较高股利发放率政策，可以带来更高的企业价值。

迈伦·戈登和约翰·林特纳认为，投资者对股利收益和资本利得收益偏好是不同的。现金股利，特别是正常现金股利，是投资者有把握按时按量得到的收入，好比手中之鸟。资本利得则要通过出售手中的股票才能得到，而股票价格又总是起伏不定，如果股价下跌，资本利得就会受到损失，甚至一文不值。因此，资本利得好比林中之鸟，虽然看上去很多，但却不一定抓得到。因此，资本利得风险大于股利收益风险，人们更喜欢现金股利，即“两鸟在林不如一鸟在手”。故随着现金股利分配比率的降低，股票投资的资本成本将上升，使股票价格下降。

但这一理论对股利政策的解释存在一定的问题。从长远来看，不论是现金股利还是资本利得的真正实现都需要有企业的实际业绩支撑。因此，尽管企业可以在短期内依靠资金的调度和安排满足既定数额的现金股利的发放，但如果没有长期盈利业绩的支持，必然会在某一时期无法保证现金股利的发放。相反，如果企业能够长期保持良好的盈利业绩，尽管市场在一段时间内可能未能充分认识公司股票的价值而导致其价格被低估，但从长远看企业的实际价值一定会在股票价格上表现出来。因此，如果股票市场在一个较长时期内是有效率的市场，就不存在现金股利的风险一定低于资本利得的风险，现金股利也就不一定优于资本利得。

（二）税差理论

股利无关论中假设不存在个人和公司所得税，这在现实中显然是不成立的。一方面，在资本利得税低于股利收入税率的前提下，股东倾向于资本利得而不愿意收取股利，也就是将资金留在公司或者用于回购股票能带来更大的收益。另一方面，即使资本利得和股利收入的税率相同，二者的时间价值也存在差异。资本利得税具有延时性，在未来卖出股票时缴纳税费即可；股利收益税则要求在收取时立即缴纳，股东可以选择获得资本利得来延迟纳税。因此，企业要实现价值最大化的目标，减轻股东的纳税负担，采用低股利支付率政策是必然选择。

莱森伯格和拉姆斯韦在1979年根据税收效应提出了有关税差理论。在有些国家，不同收益的所得税征收比率会有所不同，比如，在1986年税制改革前，美国规定投资期达6个月以上的投资者出售股票所得的资本利得只按收入的40%征收所得税。因此，对一个边际所得税税率为30%的投资者来说，如果他通过出售长期持有的股票得到资本利得收益，只需要按12%（40%×30%）的税率交纳所得税；而如果他得到的是现金股利收益，则要按30%的税率交纳所得税。根据美国1992年的税法，对现金股利所得征收的所得税最高税率为31%，对资本利得征收的所得税税率为28%，仍有差异。另外，如果投资者不出售股票，就没有获得资本利得，也就不用纳税。投资者将资金保留在公司中继续增值，直至出售股票获得资本利得时才需纳税，这种推迟纳税的效果，有利于投资者得到更多的收益。因此，从所得税的效应看，对那些能够充分利用留存收益进行有效投资、增加股东财富的公司来说，发放现金股利对股东更为有利。

在我国，上市公司向股东发放现金股利要按照20%的税率代扣代缴个人所得税，股东得到现金股利必须缴纳个人所得税。但是，如果股东靠出售股票获得资本利得，不必缴纳个人所得税。所以，从税收的角度看，在我国向股东分派现金股利对股东可能是不利的。

三、股利政策的新理论

20世纪70年代末以来，有学者引入代理理论、信息不对称理论等，从公司“内部因素”入手，阐述了股利变动如何影响公司的价值，深入分析选择最优股利政策的决定因素，形成一系列新的股利政策决定理论。

（一）股利信号理论

股利无关理论关于股利分配政策与公司价值无关的讨论得以成立的基本假设之一，是投资者和公司管理人员对公司的未来发展和收益状况有相同的了解和预期。但实际上投资者对公司实际状况和未来前途的了解远不如公司管理人员清晰，在他们之间存在着某种信息不对称。

一般来讲，投资者只能通过公司的财务报告和其他公开发布的信息来了解公司的经营状况和盈利能力，并据此来判断股票价格是否合理。由于公司的财务报告可以在一定程度内进行调整和润色，使之既符合有关规定，又能够给外界一个较好的印象，甚至某些提供虚假信息的财务报告也有可能逃过中立审计机关的检查。因此，投资者对公司财务报告的信任程度是有限的，还需要从其他渠道获得信息。公司的现金股利分配，就是一条极为重要的信息渠道。针对公司采取的对将来现金流量和公司价值产生潜在影响的每一个行动，金融市场都会做出反应。根据信号传递原理，当公司宣布改变股利政策时，实际上是向市场传递了信息，或向投资者发出了信号，这一信号有其正面性，也有其负面性。

股利信号理论认为：股利政策向投资者传递重要信息。如果公司支付的股利稳定，说明该公司的经营业绩比较稳定，经营风险较小，有利于股票价格上升；如果公司的股利政策不稳定，股利忽高忽低，这就给投资者传递企业经营不稳定的信息，导致投资者担心投资风险，进而使股票价格下降。

稳定的股利政策是许多依靠固定股利收入的股东更喜欢的股利支付方式，更有利于投资者有规律地安排股利收入和支出。普通投资者一般不愿意投资于股利支付额忽高忽低的股票，因此，这种股票不大可能长期维持相对较高的价位。另外，稳定的股利或稳定的股利增长率可以向投资者传递该公司经营业绩稳定或稳定增长的信息，对公司股票价格有正面的影响。

（二）客户效应理论

每个投资者所处的收入水平不同，可能会导致对股利发放率有不同的要求。越富有的投资者，其边际税率可能会越高，更加偏好低股利支付率的增长型股票。而某些投资者如退休人员和基金组织，通常比较关心本期收入，希望公司能将其收益的较高比重作为股利予以发放，他们通常处于低税级甚至零税级，因而对纳税问题并不太重视。因此，公司在制定或调整股利政策时不可能让所有投资者都满意，股利的变动只能吸引投资者买入或卖出相应的该公司的股票，比如低边际税率的投资者持有高股利支付率的股票，低股利支付率的股票吸引高税率的投资者。公司可以按不同的边际所得税对投资者进行分级，满足不同边际税率等级的投资者的选择偏好。

（三）代理成本

企业代理成本即代理人和委托人之间由于利益冲突所造成的成本，产生代理成本的直接原因是管理权和所有权的分离。常见的委托代理冲突与股利政策之间也会相互影响。一般而言，支付股利和发行新股能降低代理成本，但同时会增加交易成本。企业在确定股利支付率时，需要在代理成本和交易成本之间进行权衡，使得总成本最小。一方面，股东为了降低代理成本，会促使公司增发股利，股利的支付会削弱管理人员对现金的支配，为自身谋取利益的可能性大幅降低；另一方面，企业代理成本一部分来源于监督成本，在高股利支付率的情况下，为了满足投资的需要，公司不得不进行外部融资，即发行股票或者负担债务。在外部融资的过程中，公司必须接受投资者和监管机构的检查和约束，外部资本市场对企业的监督增强时，不合理的投资行为会得到控制，代理成本就会降低。因此股利的发放有助于减少企业的监督和代理成本，也解释了市场为何存在一边融资一边派发股利的现象。

有关股利政策的一个疑问是：为什么公司支付股利的同时又发行新股？由于新股的发行成本较高，所以如果公司有较好的投资机会，公司不应分派股利而是应用公司所产生的收益进行再投资从而使公司的成本最低。对此问题的一种解释是股利的分派有信号作用。但很难准确得出信号作用所产生的价值会高于发行新股的成本。第二个解释与代理成本有关。股东与经理之间存在着代理冲突，股东要求经理们以股东财富最大化为目标行动，而经理们则更多地从自身利益出发，由于这个潜在的代理冲突的存在，股东需要支付代理成本来监督经理的行动，但对于公众持股的公司而言，很难做到股东共同监督经理。最有效的方式便是委托第三方，类似于代表债券持有人和代表股东的受托人的利益监督经理。

当企业经常进行外部融资时，监督问题会大幅减少。当企业发行新股或新债时，负责承销的投资银行、评级机构的分析人、交易所的证券分析人和潜在的投资者会对企业的经营决策和财务决策进行审慎的分析。企业现有的投资者可通过多出售证券来影响经理们的行动，新的投资者可以仔细审查经理人的行为，如果发现问题可拒绝购买新的证券。实际上，就监督经理人的行动而言，新的投资者比现有的投资者更为有效，因此企业需要不断地从外部获得资金以减少代理问题。

第二节　实践中的股利政策

一、股利政策概述

（一）公司利润分配的原则

公司利润分配遵循以下原则：

1. 依法分配原则

企业利润分配的对象是企业缴纳所得税后的净利润，这些利润是企业的权益，企业有权自主分配。国家有关法律、法规对企业利润分配的基本原则、一般次序和重大比例作了较为明确的规定，目的是保障企业利润分配的有序进行，维护企业和所有者、债权人以及职工的合法权益，促使企业增加积累资本，增强风险防范能力。国家有关利润分配的法律和法规主要有公司法、外商投资企业法等，企业在利润分配中必须切实执行上述法律、法规。利润分配在企业内部属于重大事项，企业的章程必须在不违背国家有关规定的前提下，对本企业利润分配的原则、方法、决策程序等内容作出具体而明确的规定，企业在利润分配的过程中必须遵守相关规定。

2. 资本保全原则

资本保全原则是责任有限的现代企业制度的基础性原则之一，企业在利润分配中不能侵蚀资本。利润的分配是对经营中资本增值额的分配，不是对资本金的返还。按照这一原则，一般情况下，企业如果存在尚未弥补的亏损，应首先弥补亏损，再进行其他分配。

3. 充分保护债权人利益原则

按照债权人风险承担的顺序及其合同契约的规定，企业必须在利润分配之前偿清所有债权人到期的债务，否则不能进行利润分配。同时，在利润分配之后，企业还应保持一定的偿债能力，以免发生财务危机，危及企业生存。此外，在企业与债权人签订某些长期债务契约的情况下，其利润分配政策还应征得债权人的同意或审核方能执行。

4. 多方及长短期利益兼顾原则

利益机制是制约机制的核心，而利润分配的合理与否是利益机制最终能否持续发挥作用的关键。利润分配涉及投资者、经营者、职工等多方面的利益，企业必须兼顾，并尽可能地保持稳定的利润分配。在企业获得稳定增长的利润后，应增加利润分配的数额或百分比。同时，由于发展及优化资本结构的需要，除依法必须留用的利润外，企业仍可出于长远发展的考虑，合理留用利润。在积累与消费关系的处理上，企业应贯彻积累优先的原则，合理确定提取盈余公积金和分配给投资者利润的比例，使利润分配真正成为促进企业发展的有效手段。

（二）公司股利支付的重要概念

公司股利支付需要明确几个关键时点：股利宣告日、股权登记日、除息日和股利发放日。

股利宣告日是指公司董事会将股利支付情况予以公告的日期。公告中将宣布每股支付的股利、股权登记期限、除去股息的日期和股利支付日期。董事会根据发放股利的周期举行董事会会议，提出股利分配方案，经股东大会讨论通过后，正式宣告股利的发放方案，宣布方案的这一天被称为宣告日。在宣告日当天，股份公司确认了对股东的法定债务，应登记有关股利负债（应付股利）。

股权登记日是指董事会规定的登记有权领取股利的股东名单的截止日期，股权登记日通常在股利宣告日的两周以后，在股权登记日仍然持有公司股票的人才能够分得股利。这天以后购入该公司股票的股东则不能享有此次分红配股。

股权登记日后的下一个交易日就是除权日或除息日。除权是指由于公司股本增加，每股股票所代表的企业实际价值（每股净资产）有所减少，需要从股票市场价格中剔除这部分影响的行为。上市公司将股票股利分配给股东，也就是公司的盈余转增资本或进行配股时，就要对股价进行除权。上市公司若以现金股利进行分配时，股价就要除息。

股利发放日是指公司以约定方式实际发放股利的日期，通常比股权登记日滞后一段时间，以便公司在规定时间内办理款项过户手续或发行新股。

二、股利政策

制定合适的股利政策是企业极为重要的财务决策，公司必须紧密联系企业实际，充分运用战略眼光，推行稳健决策，作出适当选择。可供选择的常见股利政策有：

（一）剩余股利政策

当企业面对良好的投资机会时，会根据自己的最佳投资资本结构，将未来投资所需的资金从盈余中预留出来，然后剩下的收益作为股利发放给股东。这样的股利政策可以优先满足公司自身的增长需求，但股利数额会随着企业每年的投资机会和盈利能力发生变化，对于股东而言有很大的不确定性。确定股利分配额的具体流程如下：

（1）确定最佳资本预算；

（2）确定为此预算需要所应筹集的股本数额；

（3）最大可能地利用留存收益来满足这一股本数额的需要；

（4）只有在其收益满足最优资本预算需要后还有剩余的情况下才能发放股利。

（二）固定股利或稳定增长股利

采用固定股利政策的公司在一定时间内规定每股股利的大小，并保持这个水平不变。这种政策下，不论公司的财务状况如何，企业发放股利的数额将长时间保持不变，只有在确定未来企业收益率大幅增长的情况下，才会增加每年的股利分配额。这种政策下的股利支付额很稳定，不会出现大幅、无序波动，能够增强投资者信心，为公司树立良好的形象。但从企业的角度，这种将股利支付与盈利相脱离的做法会给企业的财务造成巨大的压力。

（三）固定发放

企业每年按固定的比例从税后利润中支付股利。对于企业而言，每年的利润处于不断变化之中，发放比率是固定的。这种方法很好地解决了稳定股利政策中股利支付与财务状况割离的问题，但由于企业的股利分配额随着收益变动频繁发生改变，会给股东带来企业经营状况不稳定、未来发展不明确的印象。

（四）固定低股利加额外分红

企业事先制定一个比较低的固定股利，使公司在收益最低时或需留存较多收益时也能够负担，一般情况下每年按照这个数额进行发放，再根据实际情况判断是否分配额外的股利。在当年利润较高或无须留存较多收益的情况下，可支付额外的红利。这项政策既吸收了固定股利政策的优点，又在实际分配上具有较大的弹性；不仅使公司在财务上具有灵活性，还可以在一定程度上稳定股价，在资本市场上得到了投资者和企业的偏爱。

（五）股票回购

股票回购是指上市公司利用现金等方式，从股票市场上购回本公司发行在外的一定数额股票的行为。公司在股票回购完成后可以选择注销股票，或将回购的股票作为“库藏股”保留。回购的股票不同于发行在外的股票，不再参与每股收益的计算和分配。保留的股票可以用于发行可转换债券、雇员福利计划等，或在需要资金时重新出售。

股票回购的优势包括：投资者通常认为回购宣告传递了积极的信号，因为回购通常是由于经理人认为股票被低估而引起的。当公司通过回购股票来分配现金时，投资者具有选择卖或不卖的权利。如果采用现金股利，股东则必须接受股利支付额并缴税。因此，那些需要现金的股东可以卖出一些手中的股票，同时，那些不需要额外现金的股东可以持有手中的股票。从所得税角度讲，回购为以上两种类型的投资者都提供了所需的方式。回购可以转移市场上“过剩”的大量股票，控制每股股价水平。

从短期来看，股利是有“黏性”的，如果在将来不能够保持增长的趋势，那么经理人不愿提高股利，也不愿意减少现金股利，因为这将传递负面信息。因此，如果额外的现金流量只是暂时的，经理人更愿意以回购股票的形式进行分配，而不是宣布增加不能保持下去的现金股利。

公司可以使用剩余股利模型建立一个目标现金发放水平，将分配方式分为股利组成部分和回购组成部分。股利支付率相对较低，但股利相对比较稳定，且将随着流通在外的股票数量的减少而增长。只有现金股利分配方式的分配方案相比，回购使公司在调节分配总额时有了更多的灵活性，因为回购可以在每年都有差异，却不会发出不利的信号。IBM 和沃尔玛等公司都选择了回购，说明这个方法值得推荐，这也是股票回购日益增多的主要原因。

股票回购可以用于推动资本结构发生大规模变化。例如，几年前，爱迪生联合电气（Consolidated Edison）公司认为公司的债务比率过低，使公司无法降低资本成本。该公司决定借入 4 亿美元的债务，用这个资金回购普通股，这使公司的资本结构快速地从欠佳的状态达到最佳状态。

当公司将股票期权作为员工报酬的重要组成部分时，其可以通过回购的方式获得相应的股票，用于满足员工行使股票期权的需要。这就避免了为执行股票期权而专门发行新股的麻烦，也解决了由此产生的每股收益稀释问题。近些年，微软公司和其他高科技公司已经使用了这一方法。

回购的劣势包括：对股东来说，股票股利和资本利得存在明显差异。与回购相比，现金股利对股票价格提升的贡献可能更大，现金股利的效果通常是确定的，但是股票回购的效果却有较大的不确定性。

出售股票的股东们可能没有充分意识到回购的所有含义，或者可能没有掌握有关公司现在和未来活动的所有信息，尤其是在管理层有充分理由相信股票价格比内在价值要低得多的情况下。公司通常为了避免潜在的股东诉讼，在真正开始回购股票之前就会发布回购的公告。

公司可能会对回购的股票付出过高的价格，这会对其他的股东不利。假如公司股票的市场交易不活跃，并且公司希望回购数量较多的股票，回购价格可能被推到高于股票的内在价值的水平，而在公司停止回购后，股票价格又会回落。

股票回购的优点与缺点如表 11－1 所示。

表 11－1　　股票回购的优缺点比较

	从股东角度	从管理者角度
优点	传递股票价值被低估的信号； 股东可以选择是否出售股票； 推迟纳税	股利水平在短期内是“黏性”的； 股票回购变化不会产生不好的信号； 股票回购可使资本结构产生大规模的变化
缺点	现金股利比较可靠； 被课以非正当积累税； 回购股票出价高时，不利于剩下的股东	回购被认为投资机会少； 回购存在法律风险； 存在操纵股票价格的嫌疑

2018 年 11 月 9 日，证监会、财政部、国资委联合发布《关于支持上市公司回购股份的意见》，要求上市公司完善股份回购机制，明确股份回购的触发条件和回购流程等具体安排，进一步支持各类上市公司通过回购股份的方式实施股权激励及员工持股计划。

因此，对于股票回购，可以得到以下结论：首先，因为资本利得税税款是可递延支付的，回购作为向股东们发放收益的一种方式，在所得税方面更有优势。由于回购是向需要现金的股东们提供现金，并且也允许不需要现金的股东们延迟收款，从而加强了这个优势。另外，股票股利可靠性更强，因此，更适合于那些需要稳定收益来源的股东。其次，因为存在信号效应，公司不应该轻易改变其股利，这将降低投资者对公司的信心，并对其权益资本成本和股票价格产生负面影响。然而，现金流量同投资机会一样，随时在变化。因此，在剩余股利模型中，“适当的”股利会随时变化。为了避免这个问题，公司可以将其股利设置足够低的水平，以避免股利的支付对经营的限制，然后用较为常规的股票回购去分配多余的现金。最后，如果公司想在短期内显著地改变其资本结构，或者想把从一次性事件中获得的收益分配给股东，或者想获得股票用于员工股票期权计划，在这些情况下，股票回购都是非常有用的。

（六）股票分割和股票股利

1. 股票分割

股票分割是指将额外的股份按现有持股比例分配给各股东。当发生股票分割时，公司“购回”其发行在外的股份，再将原来的一股换成两股或更多。股东权益账户没有变化，但会使在外流通股增多。

2. 股票股利

股票股利是企业支付股利的一种方式。用额外的股票支付，而不是用现金支付，会计处理上只涉及从留存收益账户向股本账户的转移。表 11－2 展示了一个简单的例子，比较股票股利和股票分割之间的异同。

表 11 - 2　　股票分割与股票股利

	实行之前	股票按 1∶2 分割	股票股利为 20%
普通股	5000000	5000000	6000000
核准发行量（万股）	600	1200	600
在外流通量（万股）	500	1000	600
面值（元）	1	0.5	1
实收资本	10000000	10000000	89000000
留存收益	155000000	155000000	75000000
普通股股东合计	170000000	170000000	170000000

注：每股股价 80 元。

通过表 11 - 2 可以看出，股票分割和股票股利都造成了在外流通股数的增加，每股收益和每股市价都会相应的下降。不同之处在于股票分割会造成股票面值降低，而发放股票股利后的面值保持不变，虽然股东权益总额未发生变化，但股票股利造成了所有者权益账户的内部转移。

三、影响股利政策的因素

成熟的公司有着稳定的现金流量和有限的增长机会，这类公司倾向于以支付股利或回购普通股的方式向股东返还大量现金。相反，快速增长的公司有着大量良好的投资机会，因此倾向于将大部分现金投资在新项目中，而不是支付股利或回购股票。长期以来被视为增长型公司代表的微软公司，就是这类公司的例子。该公司的销售收入从 1989 年的 78600 万美元增长到 2012 年预计的 745 亿美元，年增长率超过 20%，许多增长来自那些有关新产品和新技术的长期的、大型的投资项目，考虑到该公司更关注增长，因此一直没有支付股利。

并且，一直到 2003 年，公司都没有向股东支付股利，因为其管理层希望保留现金以用于收购或其他投资。然而，随着时间的推移，这个典型的增长型公司开始发展成为成熟的“现金牛”公司。该公司的 Windows 和 Office 产品已经占领了市场，每个月为公司带来大量自由现金流。在 2003 年 6 月 30 日的资产负债表上，公司报告了 490 亿美元的现金。

从那时候起，微软公司就改变了发展策略。如今，该公司将其现金的很大一部分支付给股东。首先，在 2003 年，公司第一次支付了 0.02 美元的季度股利。这个常规性的股利在 2004 年实现翻倍，公司的现金流持续增加。到 2004 年中期，微软公司的现金储备量增长到超过 600 亿美元。那时候，公司在现金分配方面有了一些更大的举动，常规性股利再次翻倍到了 0.08 美元。更引人注目的是，微软公司宣告了一个一次性的每股 3 美元的特殊股利，并且公司还宣告计划将在公开市场上回购共 300 亿美元的股票。从 2004 年开始，虽然微软公司的股利持续增加，回购也一直在进行，该公司还是继续产生大量现金。到

2011 年 3 月，公司报告的现金持有量大约为 500 亿美元。近年来公司通过股利分配和股票回购向股东返还大量现金的行为被看成是股利政策的重要变化。

影响公司股利政策的因素很多，总的来看有如下几种：

（一）限制条件

1. 债务合同

在借入长期债务时，债务合同对公司发放现金股利通常都有一定的限制，公司的股利政策必须满足这类契约的约束。一般来说，企业的资产负债率越高，到期偿还债务的压力就越大。为了保持良好的信誉以维持持续经营，公司管理者通常选择优先偿还债务，选择较低的分配率甚至不分配股利。因此负债较少的公司分配股利的概率越大，数量也就越多。

2. 资产减值准备

减值准备对资产账面余额超过可回收金额的估计。会计准则规定，公司应定期对各项资产计提八项减值准备。其中包括对应收账款和其他应收款等应收款项计提的坏账准备，还包括对股票、债券等短期投资计提的短期投资跌价准备。如果企业提前计提大量的投资跌价准备，说明其对未来的收益持悲观态度。企业的股利政策与其经营状况息息相关，因而在大幅集体资产减值准备的情况下，企业的营业收入会相应下降，最终导致企业的整体利润降低，流向股东的股利也就相应减少。

3. 现金的可得性

现金可得性是指公司获得现金的能力。当企业能在短时间内积累大量现金时，资产的流动性也会大幅提升，从而能够满足企业周转和风险应对的需要。但如果现金资产的比率过高，也会带来资金闲置问题。因而企业应该对资产的流动性进行合理安排，在允许的范围内提高现金比例。现金的可得性越高，企业积攒现金的速度越快，能够更好满足股东分配现金股利的需求。

4. 非正当累计收益惩罚税

非正当累计收益惩罚税是美国税法中的一项规定：公司在没有合理解释未来资金需要的情况下，累计的留存收益超过 25 万美元，将会被课以重税，如果企业没有良好的投资项目，其留存收益就要作为股利分配给股东。因此公司股利分配越多，被实施非正当累计收益惩罚税的可能性就越低。

同样的，为维护有关各方的利益，我国法律对公司的利润分配顺序、资本充足性等方面也有所规范，公司的股利政策必须符合这些法律规范。我国规定公司在计算出可分配利润、弥补以前年度亏损、提取法定盈余公积以及任意盈余公积后才可向股东支付股利。公司股东会或董事会违反上述利润分配顺序，在抵补亏损和提取法定公积金之前向股东分配利润的，必须将违反规定发放的利润退还公司。

（二）投资机会

在制定股利政策时，管理者通常会考虑今后投资的所需资金，有良好投资机会的公司支付较少的股利，这与剩余股利政策相契合。但是关于投资机会对股利政策的影响没有达成一致结论，传统观念认为投资机会与股利政策之间存在正相关关系。面对较多的投资项目，公司往往会对内部融资和外部融资的资本成本进行考量。成长能力较强的公司会将资金留存于公司内部，扩大资产规模并提高潜在收益率，从而选择不分配股利。有学者表明股票股利分配与企业的发展潜力成正比，但与现金股利发放之间的关系不显著。也有实证研究得出企业的成长能力与股利分配之间没有显著关系。综上所述，投资机会与股利政策的关系要根据公司的实际情况以及股利的分配形式具体分析。

（三）各种资本来源的可得性

1. 新股发行成本

股票发行成本是指股份公司在发行股票过程中支付的各项费用，主要包括股票印刷费、广告宣传费、资产估值费、发行手续费以及其他费用。股份公司发行股票是一个复杂的过程，多数公司采取间接发行方式，即与证券承销机构签订承销合同并支付一定的手续费，由其负责组织办理股票的发行事宜。股票股利是以股票形式支付的股利，必然会涉及发行成本。新股发行成本与发行公司的资信水平、发行数量的多少以及证券承销机构的信用等级都有密切的联系，当企业面对高额的发行费用时，为股东分配股票股利的动机就会被大大削弱。

2. 控制权

在股份公司中，每个股东权利的大小，取决于各自占有股票的多少。一般采用个人股东或集体股东持有的股票数额对公司的控制权进行衡量。股权结构会对股利政策造成一定的影响。比如，企业中明显的代理问题就是大股东与中小股东之间的冲突，体现在股利分配行为上，即大股东由于自身税率的限制，更加倾向于获得资本利得，可能为了自身的利益而牺牲中小股东，建议企业分配较少的股利。因此对企业控制权越高的股东，越不愿意进行股利分配。但实际情况中，企业会通过完善自身内部控制、严格信息披露流程来保护中小股东权益。

3. 资本结构弹性

资本结构，是指企业的各种资本构成及其比例关系，是企业一定时期融资组合的结果。上市公司资本的来源一般包括内部融资、股权融资和债权融资三个方面。资本结构弹性是公司随着经营目标的变化调整融资结构的可能性。最佳的资本结构是能够保证以最低的融资成本和最小的融资风险获得最大收益的结构。保持较好的资本结构弹性有利于公司灵活应对金融市场变动，当外部条件发生剧烈变化时，企业能够及时改变融资方式和资本结构，维持利润收入和日常经营的稳定性。企业在持续盈利的情况下，会愿意向股东支付更多的股利。

四、基于企业生命周期的股利政策

根据生命周期理论，公司会根据外部投资机会的变化不断优化自身的股利政策。处于不同生命周期的企业会选择不同的股利政策，具有较高利润和较低成长机会的公司趋于支付高额股利，而新兴公司选择自留大部分利润。结合之前提到的股利政策具体来看，企业各个阶段的资金需求、产生的现金流量和股利政策如表 11－3 所示。

表 11－3　　生命周期与股票政策选择

阶段	启动	迅速扩张	成熟	衰退
资金需求	受规模和其他基础设施的限制	相对于公司价值较高	相对于公司价值中等	由于投资项目萎缩，资金需求低
产生的现金流量	进行投资因而为负	现金流量相对于公司价值较低	现金流量占公司价值的比例上升	相对于公司价值较高
股利政策	没有股利 发行新股	没有或低股利	增加股利	特殊股利 回购股票

初创和成长中的公司适合剩余股利政策。一般新兴企业面临良好的投资机会，对资金需求比较大，其投资收益率高于股票市场必要报酬率，同时股东对股利的依赖性不十分强烈，在股利和资本利得方面没有偏好或者偏好于资本利得。对于一些处于衰退期，又需要投资进入新的行业以求生存的公司来说，也可以选用这种方法。

公司处于高速增长阶段时，由于规模迅速扩大而需要大量资金，股东往往又有分配股利的要求，一般选用低正常股利加额外股利政策。该政策能够很好地平衡资金需求和股利分配这两方面的要求。另外，对于那些盈利水平各年间浮动较大的公司来说，这无疑也是一种较为理想的支付政策。

稳定增长期的企业可选择稳定增长股利政策，成熟期的企业可选择固定股利政策。这两种政策都适用于发展较为成熟、生产能力扩张的需求较低、盈利充分并且获利能力比较稳定的公司。

以上通过公司发展的生命周期理论来分析如何选择合适的股利政策。但是，生命周期只是选择股利政策的一个重要方面，实践中需要仍要考虑其他因素。比如在高速成长阶段公司分配股利的压力比较小、投资机会较多，也可以采用剩余股利政策以寻求资本成本最低。另一方面，这几种股利政策也未必单一存在，有些公司会将其他的政策与固定股利支付率搭配使用，根据实际情况制定出适合公司本身的政策。

第三节　我国保险公司的股利政策

一、上市公司股利政策相关规定

2008 年 10 月 7 日，中国证监会公布《关于修改上市公司现金分红若干规定的决定》

决定：提高再融资的现金分红门槛，将“最近 3 年以现金或股票方式累计分配的利润不少于最近 3 年实现的年均可分配利润的 20%”修改为：“最近 3 年以现金方式累计分配的利润不少于最近三年实现的年均可分配利润的 30%。”

2013 年 1 月 7 日，上海证券交易所发布《上海证券交易所上市公司现金分红指引》提出，上市公司一般可以选择固定金额政策、固定比率政策、超额股利政策、剩余股利政策。上市公司应当在年度报告“董事会报告”部分中详细披露现金分红政策的制定及执行情况。鼓励上市公司，特别是每股市价低于每股净资产的公司、完成重大资产重组后仍存在未弥补亏损而无法进行现金分红的公司，通过现金回购股票的方式回报投资者，当年实施股票回购所支付的现金视同现金红利。

2013 年 11 月 30 日，中国证监会发布《上市公司监管指引第 3 号——上市公司现金分红》：鼓励上市公司在章程中明确现金分红在利润分配方式中的优先顺序，要求上市公司在进行分红决策时充分听取独立董事和中小股东的意见和诉求，督促上市公司进一步强化现金分红政策的合理性、稳定性和透明度，形成稳定回报预期。支持上市公司采取差异化、多元化方式回报投资者，结合自身发展阶段并考虑其是否有重大资本支出安排等因素制定差异化的现金分红政策。鼓励上市公司依法通过发行优先股、回购股份等方式多渠道回报投资者，支持上市公司在其股价低于每股净资产的情况下回购股份。

该文件还提出董事会应当综合考虑所处行业特点、发展阶段、自身经营模式、盈利水平以及是否有重大资金支出安排等因素，提出差异化的现金分红政策，具体的要求如下：

公司发展阶段属成熟期且无重大资金支出安排的，进行利润分配时，现金分红在本次利润分配中所占比例最低应达到 80%；

公司发展阶段属成熟期且有重大资金支出安排的，进行利润分配时，现金分红在本次利润分配中所占比例最低应达到 40%；

公司发展阶段属成长期且有重大资金支出安排的，进行利润分配时，现金分红在本次利润分配中所占比例最低应达到 20%。

二、我国保险公司的股利政策特点

（一）分配方式以现金股利为主

我国上市公司采用多种方式进行股利分配，除了之前提到的现金股利、股票股利、股票分割等基本方式，还采用了配股、资本公积转增股本等形式，但我国上市保险公司股利分配多以现金股利为主，我国拥有五家 A + H 股两地上市的保险公司，分别为：中国人寿、中国平安、中国太保、新华保险和中国人保。通过对我国上市保险公司 2007—2018 年股利分配方案进行统计，几乎全部公司都选择了现金股利分配，只有中国平安在 2015 年分配了一次股票股利。同时，中国人保 2018 年 11 月正式登陆 A 股市场，公开声明除特殊情况外，公司每年将以现金方式累计发放不少于当年实现的可分配利润的 10% 的股利。根据公司及下属子公司偿付能力充足率、业务发展情况和需求、经营业绩、股东回报等因素，拟定具体分配方案。由此可见，虽然整个上市公司存在着多种分配选择，但各家保险公司都一致选择了现金股利，体现了上市保险公司较强的现金储备，也体现出上市公司充分考虑投资者对实际收益的需求，传递企业经营状况良好的信息，增强投资者信心。

（二）股利分配持续性强

从股利分配的稳定性来看，上市保险公司表现不俗。通过表 11－4 可以看出，对于上市保险公司而言，不分配的现象鲜有发生，每家保险公司都实现了连续五年分红。四家公司基本保证了从上市日开始到 2018 年底，每年分配现金股利；其中盈利较好的公司还能保持一年内多次发放现金股利。稳定且连续的股利支付政策对提升企业形象、增强投资者信心起到至关重要的作用；连续高额分红的公司能够使投资者的持股意愿增强、持有期限增加，从而吸引长期投资者，减小筹集资金的压力，达到稳定证券市场的作用。

表 11－4　　2014—2018 年上市保险公司股利分配情况①

公司名称	上市时间	2014 年	2015 年	2016 年	2017 年	2018 年
中国人寿	2007 年	10 派 3 元	10 派 4 元	10 派 4.2 元	10 派 2.4 元	10 派 4 元
中国平安	2007 年	10 派 4.5 元； 10 派 2.5 元	10 派 5 元； 10 送 10 元（股票）； 10 派 1.8 元	10 派 3.5 元； 10 派 2 元	10 派 5.5 元； 10 派 5 元	10 派 12 元； 10 派 6.2 元
中国太保	2007 年	10 派 4 元	10 派 5 元	10 派 10 元	10 派 7 元	10 派 8 元
新华保险	2011 年	10 派 1.5 元	10 派 2.1 元	10 派 2.8 元	10 派 4.8 元	10 派 5.2 元

（三）股利支付率稳定

股利支付率，也称股息发放率，一般用净利润总额中股利所占比重来表示，反映公司的股利分配政策和股利支付能力。一方面，从上市公司整体股利支付水平上来看，股利支付率的均值为 20% 左右，与英国、日本等成熟市场还有一定的差距；另一方面，我国金融类上市公司子行业内的股利支付率差异较大，银行业维持在 20% 左右，证券和信托业波动幅度较大，保险行业相对稳定，基本上保持在 25%—40%。表 11－4 中关于每股现金股利的分配金额，也呈现出稳步上升的状态，这离不开保险公司的稳定经营。

专栏 11－1

保险公司股利政策现状

专栏部分结合几家保险公司年度报告，对不同公司的股利政策进行分析。

---

① 数据来源：锐思数据库（RESSET）。

自2016年开始，平安集团的每股股息逐年攀升，到2018年达到1.72元/股，同比上升了14.7%，现金分红比例为32.7%。集团的股利政策信息披露完整，对于每年股利支出有具体的说明，分配过程也严格遵循国家法律法规的要求。集团整体按照中国企业会计准则编制的报表数与按国际财务报告准则编制报表数两者孰低的原则确定可供股东分配的利润。同时根据公司章程和国家有关规定，对利润分配的顺序进行严格把控：先弥补上一年度亏损、提取净利润弥补累计亏损后金额的10%的法定盈余公积、按股东大会决议提取任意盈余公积，最后再支付股东股利。2018年共发生三笔股利支付，均为现金股利。分别是按每股人民币1元宣派的2017年末期股利、按每股人民币0.2元宣派30周年特别股息、按每股人民币0.62元宣派2018年中期股利。股利宣发数额与上年同期相比均有增长。每一笔股利发放都列明了股票基数、股息总额和决议文件，反映了公司与股东大会决策的真实性。

股利派发的核算过程也比较严谨，在股东大会批准前，经董事会提议的年末现金股利作为未分配利润中的单独部分继续在资产负债表的所有者权益中核算；于股东大会批准并宣告后，确认为负债。总体来看，平安集团的股利分配是比较有序、科学的，平安集团盈利能力稳健、可支配资金充足，利润分配决策程序完善，分红比例规定明确，充分保护了投资者的合法权益；但从数据来看，其股利政策仍然存在改进空间。

平安集团曾经尝试过派送股票股利，但可能考虑到市场的接受程度，近年来回归单一的现金股利发放形式。而且，平安集团沿用了之前的剩余股利政策，对于高速增长甚至稳定增长阶段的公司来说有一定的不适配性，可以在考虑自身盈利、现金流和偿付能力状况下采用固定低股利加额外分红政策或者稳定增长股利政策，这对于增强股东信心，树立企业形象均有正向作用。

至2019年3月20日，中国人寿在全国银行间债券市场发行总额为人民币350亿元的资本补充债券，并于2019年3月22日发行完毕。本期债券为10年期固定利率债券，票面利率4.28%。寿险公司在第5年末拥有附有条件的发行人赎回权。根据2019年3月27日寿险公司董事会通过的2018年度利润分配方案，在按寿险公司2018年度净利润的10%提取任意盈余公积金人民币1275百万元后，寿险公司按其已发行股份28264705000股计算，拟向全体股东派发现金股利每股人民币0.16元（含税），共计约人民币4522百万元。

中国人民财险于2019年3月22日，本公司董事会建议派发截至2018年12月31日年度末期股息每普通股人民币0.272元，共计发放现金股利人民币60.50亿元，提取任意盈余公积金人民币100亿元（其中，从2018年度净利润中提取人民币59.02亿元，从2018年末未分配利润中提取人民币40.98亿元）。此外，公司董事会建议发行10年期的资本补充债券人民币80亿元。

中国人保（集团）于2019年3月22日，本公司董事会建议派发2018年度末期股息每普通股人民币0.0457元，股息总额约人民币2021百万元。

【思考题】

1. 简述股票回购的优缺点。

2. 阐述股票股利与股票分割的区别。作为一名股东，你是希望公司宣布100%的股利支付，还是希望一股分为两股的股票分割——如果两者都是可行的话。

3. 大多数公司都希望其股票保持很高的市盈率，并且希望拥有更多的公众股份所有权（更多数量的股东），解释股票股利政策和股票分割政策是如何促进公司达到这些目标的。

4. 指出下面的说法是正确还是错误，如果是错误的，指出错在哪里。

（1）如果公司在一个公开市场上回购股票，那么那些出售股票的股东要缴纳资本利得税。

（2）如果你有某公司100股的股票，这个公司实行一股分为两股的股票分割政策，在分割后你将拥有200股股票。

（3）某些股利再投资计划会增加公司的权益资本。

（4）税法的规定会鼓励公司将更大比重的净收益用于支付股利。

（5）如果公司的投资群体偏好大量的股利，那么公司就不大可能采用剩余股利政策。

（6）如果公司采用剩余股利政策，其他条件保持不变，一旦这个公司的投资机会得到改善，该公司的股利支付就会增加。

5. 为什么一些投资者偏好高股利支付的公司，而另一些投资者偏好低股利甚至不支付股利的公司？

6. 简述股利政策的影响因素。

7. 阐释企业在不同生命周期股利政策的选择有何不同。

8. 简述我国保险公司股利政策的基本特征。

参考文献

［1］保险公司投资资产委托管理模式研究编委会．保险公司投资资产委托管理模式研究［M］．北京：首都经济贸易大学出版社，2007.

［2］蔡颖．保险公司偿付能力与资本结构优化问题研究［J］．保险研究，2010（11）：8－19.

［3］李晓艳，沈科瑛．保险公司内含价值理论发展综述［J］．财经界（学术版），2012（11）：168－169.

［4］李维安，李慧聪，郝臣．保险公司治理、偿付能力与利益相关者保护［J］．中国软科学，2012（8）：35－44.

［5］孟婧．中国财务管理基础理论研究的历史沿革与创新趋势［J］．经济研究导刊，2013，192（10）：107－108.

［6］蒋屏．公司财务管理［M］．北京：对外经济贸易大学出版社，2001.

［7］金秀，黄小原．资产负债管理多阶段模型及应用［J］．中国管理科学，2006，14（5）：38－44.

［8］缴文超，陈雯．低利率专题研究系列报告之——从日产生命破产看待长期低利率对保险业的挑战［R］．深圳：平安证券股份有限公司，2016.

［9］中国精算师协会．保险公司财务管理［M］．北京：中国财政经济出版社，2010.

［10］中国精算师协会．会计与财务［M］．北京：中国财政经济出版社，2010.

［11］赵刚，王婷婷．内含价值评估体系在保险公司经营管理中的运用［C］．上海：中国保险学会学术年会，2011：430－440.

［12］张立钧，周瑾．2018 年保险公司全面风险管理与资产负债管理调研报告［J］．金融会计，2018（10）：53－64.

［13］张新民．企业财务报表分析［M］．北京：中国人民大学出版社，2017.

［14］张涌波．国内外保险公司投资比较与启示［J］．中国国际财经（中英文），2018，（8）：231.

［15］Andrew Lacey，Insurance Company Financial & Risk Analysis，San Bernardino，2017.

［16］AXA. Integrated Report［R］. France：AXA，2007－2016.

［17］AXA，Annual Financial Report［R］. France：AXA，2003－2016.

［18］Bruneau C，Selim Mankaï. Economic Capital and Optimal Investment for Non-Life

Insurance Companies [J]. 2009.

[19] Chorafas D N. Economic Capital Allocation with Basel Ⅱ || Benefits from risk-based pricing and rating targets [J]. 2004: 31 -60.

[20] Diers D, Eling M, Kraus C, et al.. Market-consistent embedded value in non-life insurance: How to measure it and why [J]. The Journal of Risk Finance, 2012, 13 (4): 320 -346.

[21] Feldblum S. Capital Structure, Solvency Regulation, and Federal Income Taxes for Property-Casualty Insurance Companies [J]. Variance Journal Org.

[22] Meigs, R. F. , Ryan, A. M. F. , Johnson, B. J. , Meigs, W. B. (Year) . Financial Accounting-9th ed. McGraw-Hill.

[23] Gelderman M, Liersch H, Klaassen P, et al.. A supervisory view on economic capital models [J]. Financiele Economie, 2005.

[24] Istrate C, Badea D. Financial management of insurance companies in the context of the new regime Solvency Ⅱ [J]. Proceedings of the International Conference on Business Excellence, 2017, 11 (1): 625 -636.

[25] Miriam O. , S. Gene. Insurance Company Operations, LOMA, 2005.

[26] Serafeim G. Consequences and Institutional Determinants of Unregulated Corporate Financial Statements: Evidence from Embedded Value Reporting [J]. Journal of Accounting Research, 2011, 49 (2): 529 -571.

附　录

附表一　　复利终值系数表

期数	1%	2%	3%	4%	5%	6%	7%	8%	9%	10%
1	1.0100	1.0200	1.0300	1.0400	1.0500	1.0600	1.0700	1.0800	1.0900	1.1000
2	1.0201	1.0404	1.0609	1.0816	1.1025	1.1236	1.1449	1.1664	1.1881	1.2100
3	1.0303	1.0612	1.0927	1.1249	1.1576	1.1910	1.2250	1.2597	1.2950	1.3310
4	1.0406	1.0824	1.1255	1.1699	1.2155	1.2625	1.3108	1.3605	1.4116	1.4641
5	1.0510	1.1041	1.1593	1.2167	1.2763	1.3382	1.4026	1.4693	1.5386	1.6105
6	1.0615	1.1262	1.1941	1.2653	1.3401	1.4185	1.5007	1.5809	1.6771	1.7716
7	1.0721	1.1487	1.2299	1.3186	1.4071	1.5036	1.6058	1.7738	1.8280	1.9487
8	1.0829	1.1717	1.2668	1.3686	1.4775	1.5938	1.7182	1.8509	1.9926	2.1436
9	1.0937	1.1951	1.3048	1.4233	1.5513	1.6895	1.8385	1.9990	2.1719	2.3579
10	1.1046	1.2190	1.3439	1.4802	1.6289	1.7908	1.9672	2.1589	2.3674	2.5937
11	1.1157	1.2434	1.3842	1.5395	1.7103	1.8983	2.1049	2.3316	2.5804	2.8531
12	1.1268	1.2682	1.4258	1.6010	1.7959	2.0122	2.2522	2.5182	2.8127	3.1384
13	1.1381	1.2936	1.4685	1.6651	1.8856	2.1329	2.1098	2.7196	3.0658	3.4523
14	1.1495	1.3195	1.5126	1.7317	1.9799	2.2609	2.5785	2.9372	3.3417	3.7975
15	1.1610	1.3459	1.5580	1.8009	2.0789	2.3966	2.7590	3.1722	3.6425	4.1772
16	1.1726	1.3728	1.6047	1.8730	2.1829	2.5404	2.9522	3.4259	3.9703	4.5950
17	1.1843	1.4002	1.6528	1.9479	2.2920	2.6928	3.1588	3.7000	4.3276	5.0545
18	1.1961	1.4282	1.7024	2.0258	2.4066	2.8543	3.3799	3.9960	4.7171	5.5599
19	1.2081	1.4568	1.7535	2.1068	2.5270	3.0256	3.6165	4.3157	5.1417	6.1159
20	1.2202	1.4859	1.8061	2.1911	2.6533	3.2071	3.8697	4.6610	5.6044	6.7275
21	1.2324	1.5157	1.8603	2.2788	2.7860	3.3996	4.1406	5.0338	6.1088	7.4002
22	1.2447	1.5460	1.9161	2.3699	2.9253	3.6035	4.4304	5.4365	6.6586	8.1403
23	1.2572	1.5769	1.9736	2.4647	3.0715	3.8197	4.7405	5.8715	7.2579	8.2543
24	1.2697	1.6084	2.0328	2.5633	3.2251	4.0489	5.0724	6.3412	7.9111	9.8497
25	1.2824	1.6406	2.0938	2.6658	3.3864	4.2919	5.4274	6.8485	8.6231	10.835
26	1.2953	1.6734	2.1566	2.7725	3.5557	4.5494	5.8076	7.3964	9.3992	11.918
27	1.3082	1.7069	2.2213	2.8834	3.7335	4.8823	6.2139	7.9881	10.245	13.110
28	1.3213	1.7410	2.2879	2.9987	3.9201	5.1117	6.6488	8.6271	11.167	14.421
29	1.3345	1.7758	2.3566	3.1187	4.1161	5.4184	7.1143	9.3173	12.172	15.863
30	1.3478	1.8114	2.4273	3.2434	4.3219	5.7435	7.6123	10.063	13.268	17.449
40	1.4489	2.2080	3.2620	4.8010	7.0400	10.286	14.794	21.725	31.408	45.259
50	1.6446	2.6916	4.3839	7.1067	11.467	18.420	29.457	46.902	74.358	117.390
60	1.8167	3.2810	5.8916	10.520	18.679	32.988	57.946	101.26	176.03	304.48

续表

期数	12%	14%	15%	16%	18%	20%	24%	28%	32%	36%
1	1.1200	1.1400	1.1500	1.1600	1.1800	1.2000	1.2400	1.2800	1.3200	1.3600
2	1.2544	1.2996	1.3225	1.3456	1.3924	1.4400	1.5376	1.6384	1.7424	1.8496
3	1.4049	1.4815	1.5209	1.5609	1.6430	1.7280	1.9066	2.0872	2.3000	2.5155
4	1.5735	1.6890	1.7490	1.8106	1.9388	2.0736	2.3642	2.6844	3.036	3.4210
5	1.7623	1.9254	2.0114	2.1003	2.2878	2.4883	2.9316	3.436	4.0075	4.6526
6	1.9738	2.1950	1.3131	2.4364	2.6996	2.9860	3.6352	4.3980	5.2899	5.3275
7	2.2107	2.5023	1.6600	2.8262	3.1855	3.5832	1.5077	5.6295	6.9826	8.6054
8	2.4760	2.8526	3.0590	3.2784	3.7589	4.2998	5.0589	7.2508	9.2170	11.703
9	2.7731	3.2519	3.5179	3.8030	4.4355	5.1598	6.9310	9.2234	12.166	15.917
10	3.1058	3.7072	4.0456	4.4114	5.2338	6.1917	8.5944	11.806	16.060	21.647
11	3.4785	1.2262	4.6524	5.1173	6.1759	7.4301	10.657	15.112	21.119	29.439
12	3.8960	1.8179	5.3503	5.9360	7.2876	8.9161	13.215	19.343	27.983	40.037
13	4.3635	5.4924	6.1528	6.8858	8.5994	10.699	16.386	24.759	36.937	54.451
14	4.8871	6.2613	7.0757	7.9875	10.147	12.839	20.319	31.691	48.757	71.053
15	5.4736	7.1379	8.1371	9.2655	11.974	15.407	25.196	40.565	64.359	100.71
16	6.1304	8.1372	9.3576	10.748	14.129	18.488	31.243	51.923	84.954	136.97
17	6.8660	9.2762	10.761	12.468	16.672	22.186	38.741	66.461	112.14	186.28
18	7.6901	10.575	12.375	14.463	19.673	26.623	48.039	86.071	148.02	253.34
19	8.6128	12.056	14.232	16.777	23.214	31.948	59.568	108.89	195.39	344.54
20	9.6463	13.743	16.367	19.461	27.393	38.338	73.864	139.38	257.92	468.57
21	10.804	15.668	18.822	22.574	32.324	46.005	91.592	175.41	341.45	637.26
22	12.100	17.861	21.645	26.186	38.142	55.206	113.57	228.36	449.39	866.67
23	13.552	20.362	24.891	30.376	45.008	66.247	140.83	292.30	593.20	1178.7
24	14.179	23.212	28.625	35.236	53.109	79.497	174.63	374.14	783.02	1603.0
25	17.000	26.462	32.919	40.874	62.669	95.396	216.54	478.90	1033.6	2180.1
26	19.040	30.167	37.857	47.414	73.949	114.48	268.51	613.00	1364.3	2964.9
27	21.325	34.390	43.535	55.00	87.260	137.37	332.95	784.64	1800.9	4032.3
28	23.884	39.204	50.066	63.800	102.97	164.84	412.86	1004.3	2377.2	5483.9
29	26.750	44.693	57.575	74.009	121.50	197.81	511.95	1285.6	3137.9	7458.1
30	29.960	50.950	66.212	85.850	143.37	237.38	634.82	1645.5	4142.1	10143
40	93.051	188.83	267.86	378.72	750.38	1469.8	5455.9	19427	66521	*
50	289.00	700.23	1083.7	1670.7	3927.4	9100.4	46890	*	*	*
60	897.60	2595.9	4384.0	7370.2	20555	56348	*	*	*	*

* >99 999

附表二　　复利现值系数表

期数	1%	2%	3%	4%	5%	6%	7%	8%	9%	10%
1	0.9901	0.9804	0.9709	0.9615	0.9524	0.9434	0.9346	0.9259	0.9174	0.9091
2	0.9803	0.9712	0.9426	0.9246	0.9070	0.8900	0.8734	0.8573	0.8417	0.8264
3	0.9706	0.9423	0.9151	0.8890	0.8638	0.8396	0.8163	0.7938	0.7722	0.7513
4	0.9610	0.9238	0.8885	0.8548	0.8227	0.7921	0.7629	0.7350	0.7084	0.6830
5	0.9515	0.9057	0.8626	0.8219	0.7835	0.7473	0.7130	0.6806	0.6499	0.6209
6	0.9420	0.8880	0.8375	0.7903	0.7462	0.7050	0.6663	0.6302	0.5963	0.5645
7	0.9327	0.8606	0.9131	0.7599	0.7107	0.6651	0.6227	0.5835	0.5470	0.5132
8	0.9235	0.8535	0.7874	0.7307	0.6768	0.6274	0.5820	0.5403	0.5019	0.4665
9	0.9143	0.8368	0.7664	0.7026	0.6446	0.5919	0.5439	0.5002	0.4604	0.4241
10	0.9053	0.8203	0.7441	0.6756	0.6139	0.5584	0.5083	0.4632	0.4224	0.3855
11	0.8963	0.8043	0.7224	0.6196	0.5847	0.5268	0.4751	0.4289	0.3875	0.3505
12	0.8874	0.7885	0.7014	0.6246	0.5568	0.4970	0.4440	0.3971	0.3555	0.3186
13	0.8787	0.7730	0.6810	0.6006	0.5303	0.4688	0.4150	0.3677	0.3262	0.2897
14	0.8700	0.7579	0.6611	0.5775	0.5051	0.4423	0.3878	0.3405	0.2992	0.2633
15	0.8613	0.7430	0.6419	0.5553	0.4810	0.4173	0.3624	0.3152	0.2745	0.2394
16	0.8528	0.7284	0.6232	0.5339	0.4581	0.3936	0.3387	0.2919	0.2519	0.2176
17	0.8444	0.7142	0.6050	0.5134	0.4363	0.3714	0.3166	0.2703	0.2311	0.1978
18	0.8360	0.7002	0.5874	0.4936	0.4155	0.3503	0.2959	0.2502	0.2120	0.1799
19	0.8277	0.6864	0.5703	0.4746	0.3657	0.3305	0.2765	0.2317	0.1945	0.1635
20	0.8195	0.6730	0.5537	0.4564	0.3769	0.3118	0.2584	0.2145	0.1784	0.1486
21	0.8114	0.6598	0.5375	0.4388	0.3589	0.2942	0.2415	0.1987	0.1637	0.1351
22	0.8034	0.6468	0.5219	0.4220	0.3418	0.2775	0.2257	0.1839	0.1502	0.1228
23	0.7954	0.6342	0.5067	0.4057	0.3250	0.2618	0.2109	0.1703	0.1378	0.1117
24	0.7876	0.6217	0.4919	0.3901	0.3101	0.2470	0.1971	0.1577	0.1264	0.1015
25	0.7798	0.6095	0.4776	0.3751	0.2953	0.2330	0.1842	0.1460	0.1160	0.0923
26	0.8820	0.5976	0.4367	0.3604	0.2812	0.2198	0.1722	0.1352	0.1064	0.0839
27	0.7644	0.5859	0.4502	0.3468	0.2678	0.2074	0.1609	0.1252	0.0976	0.0763
28	0.7568	0.5744	0.4371	0.3335	0.2551	0.1956	0.1504	0.1159	0.0895	0.0693
29	0.7493	0.5631	0.4243	0.3207	0.2429	0.1846	0.1406	0.1073	0.0822	0.0630
30	0.7419	0.5521	0.4120	0.3083	0.2314	0.1741	0.1314	0.0994	0.0754	0.0573
35	0.7059	0.5000	0.3554	0.2534	0.1813	0.1301	0.0937	0.0676	0.0490	0.0356
40	0.6717	0.4529	0.3066	0.2083	0.1420	0.0972	0.0668	0.0460	0.0318	0.0221
45	0.6391	0.4102	0.2644	0.1712	0.1113	0.0727	0.0476	0.0313	0.0207	0.0137
50	0.6080	0.3715	0.2281	0.1407	0.0872	0.0543	0.0339	0.0213	0.0134	0.0085
55	0.5785	0.3365	0.1968	0.1157	0.0683	0.0406	0.0242	0.0145	0.0087	0.0053

续表

期数	12%	14%	15%	16%	18%	20%	24%	28%	32%	36%
1	0.8929	0.8772	0.8696	0.8621	0.8475	0.8333	0.8065	0.7813	0.7576	0.7353
2	0.7972	0.7695	0.7561	0.7432	0.7182	0.6944	0.6504	0.6104	0.5739	0.5407
3	0.7118	0.6750	0.6575	0.6407	0.6086	0.5784	0.5245	0.4768	0.4348	0.3975
4	0.6355	0.5921	0.5718	0.5523	0.5158	0.4823	0.4230	0.3725	0.3294	0.2923
5	0.5674	0.5194	0.4972	0.4762	0.4371	0.4019	0.3411	0.2910	0.2495	0.2149
6	0.5066	0.4556	0.1323	0.4104	0.3704	0.3349	0.2751	0.2274	0.1890	0.1580
7	0.4523	0.3996	0.3759	0.3538	0.3139	0.2791	0.2218	0.1776	0.1432	0.1162
8	0.4039	0.3506	0.3269	0.3050	0.2660	0.2326	0.1789	0.1388	0.1085	0.0854
9	0.3606	0.3075	0.2843	0.2630	0.2255	0.1938	0.1443	0.1084	0.0822	0.0628
10	0.3220	0.2697	0.2472	0.2267	0.1913	0.1615	0.1164	0.0847	0.0623	0.0462
11	0.2875	0.2366	0.2149	0.1954	0.1619	0.1346	0.0938	0.0662	0.0472	0.0340
12	0.2567	0.2076	0.1869	0.1685	0.1373	0.1122	0.0757	0.0517	0.0357	0.0250
13	0.2292	0.1821	0.1625	0.1452	0.1163	0.0935	0.0610	0.0404	0.0271	0.0184
14	0.2046	0.1597	0.1413	0.1252	0.0985	0.0779	0.0492	0.0316	0.0205	0.0135
15	0.1827	0.1401	0.1229	0.1079	0.0835	0.0649	0.0397	0.0247	0.0155	0.0099
16	0.1631	0.1229	0.1069	0.0980	0.0709	0.0541	0.0320	0.0193	0.0118	0.0073
17	0.1456	0.1078	0.0929	0.0802	0.0600	0.0151	0.0259	0.0150	0.0089	0.0054
18	0.1300	0.0946	0.0808	0.0691	0.0508	0.0376	0.0208	0.0118	0.0068	0.0039
19	0.1161	0.0829	0.0703	0.0596	0.0431	0.0313	0.0168	0.0092	0.0051	0.0029
20	0.1037	0.0728	0.0611	0.0514	0.0365	0.0261	0.0135	0.0072	0.0039	0.0023
21	0.0926	0.0638	0.0531	0.0443	0.0309	0.0217	0.0109	0.0056	0.0022	0.0016
22	0.0826	0.0560	0.0462	0.0382	0.0262	0.0381	0.0088	0.0044	0.0017	0.0012
23	0.0738	0.0491	0.0402	0.0329	0.0222	0.0151	0.0071	0.0034	0.0013	0.0008
24	0.0659	0.0431	0.0349	0.0284	0.0188	0.0126	0.0057	0.0027	0.0010	0.0005
25	0.0588	0.0378	0.0304	0.0245	0.0160	0.0105	0.0046	0.0021	0.0010	0.0005
26	0.0525	0.0331	0.0264	0.0211	0.0135	0.0087	0.0037	0.0016	0.0007	0.0003
27	0.0469	0.0291	0.0230	0.0182	0.0115	0.0073	0.0030	0.0013	0.0006	0.0002
28	0.0419	0.0255	0.0200	0.0157	0.0097	0.0061	0.0024	0.0010	0.0004	0.0002
29	0.0374	0.0224	0.0174	0.0135	0.0082	0.0051	0.0020	0.0008	0.0003	0.0001
30	0.0334	0.0196	0.0151	0.0116	0.0070	0.0042	0.0016	0.0006	0.0002	0.0001
35	0.0189	0.0102	0.0075	0.0055	0.0030	0.0017	0.0005	0.0002	0.0001	*
40	0.0107	0.0053	0.0037	0.0026	0.0013	0.0007	0.0002	0.0001	*	*
45	0.0061	0.0027	0.0019	0.0013	0.0006	0.0003	0.0001	*	*	*
50	0.0035	0.0014	0.0009	0.0006	0.0003	0.0001	*	*	*	*
55	0.0020	0.0007	0.0005	0.0003	0.0001	*	*	*	*	*

* <0.0001

附表三　　年金终值系数表

期数	1%	2%	3%	4%	5%	6%	7%	8%	9%	10%
1	1.0000	1.0000	1.0000	1.0000	1.0000	1.0000	1.0000	1.0000	1.0000	1.0000
2	2.0100	2.0200	2.0300	2.0400	2.0500	2.0600	2.0700	2.0800	2.0900	2.1000
3	3.0301	3.0604	3.0909	3.1216	3.1525	3.1836	3.2149	3.2464	3.2781	3.3100
4	1.0604	4.1216	4.1836	4.2465	4.3101	4.3746	4.4399	4.5061	4.5731	4.6410
5	5.1010	5.2040	5.3091	5.4163	5.5256	5.6371	5.7507	5.8666	5.9847	6.1051
6	6.1520	6.3081	6.4684	6.633	6.8019	6.9753	7.1533	7.3359	7.5233	7.7156
7	7.2135	7.4343	7.6625	7.8983	8.1420	8.3938	8.6540	8.9228	9.2004	9.4872
8	8.2857	8.5830	8.8923	9.2142	9.5491	9.8975	10.260	10.637	11.028	11.436
9	9.3685	9.7546	10.159	10.583	11.027	11.491	11.978	12.488	13.021	13.579
10	10.462	10.950	11.464	12.006	12.578	13.181	13.816	14.487	15.193	15.937
11	11.567	12.169	12.808	13.486	14.207	14.972	15.784	16.645	17.560	18.531
12	12.683	13.412	14.192	15.026	15.917	16.870	17.888	18.977	20.141	21.384
13	13.809	14.680	15.618	16.627	17.713	18.882	20.141	21.495	22.953	24.523
14	14.947	15.974	17.086	18.292	19.599	21.015	22.550	24.214	26.019	27.975
15	16.097	17.293	18.599	20.024	21.579	23.276	25.129	27.152	29.361	31.772
16	17.258	18.639	20.157	21.825	23.657	25.673	27.888	30.324	33.003	35.950
17	18.430	20.012	21.762	23.698	25.840	28.213	30.840	33.750	36.974	40.545
18	19.615	21.412	23.414	25.645	28.132	30.906	33.999	37.450	41.301	45.599
19	20.811	22.841	25.117	27.671	30.539	33.760	37.379	41.446	46.018	51.159
20	22.019	24.297	26.870	29.778	33.066	36.786	40.995	45.752	51.16	57.275
21	23.239	25.783	28.676	31.969	35.719	39.993	44.865	50.423	56.765	64.002
22	24.472	27.299	30.537	34.248	38.505	43.392	49.006	55.457	62.873	71.403
23	25.716	28.845	32.453	36.618	41.430	16.996	53.436	60.883	69.532	79.543
24	26.973	30.422	34.426	39.083	44.502	50.816	58.177	66.765	76.79	88.497
25	28.243	32.030	36.459	41.646	47.727	54.863	63.294	73.106	84.701	98.347
26	29.526	33.671	38.553	44.312	51.113	59.156	68.676	79.954	93.324	109.18
27	30.821	35.344	40.710	17.084	54.669	63.706	74.484	87.351	102.72	121.1
28	32.129	37.051	42.931	49.968	58.403	68.528	80.698	95.339	112.97	134.21
29	33.150	38.792	45.219	52.966	62.323	73.640	87.347	103.97	124.14	148.63
30	34.785	40.568	47.575	56.085	66.439	79.058	94.461	113.28	136.31	164.49
40	48.886	60.402	75.401	95.026	120.80	154.76	199.64	259.06	337.88	442.59
50	64.463	84.579	112.80	152.67	209.35	290.34	406.53	573.77	815.08	1163.9
60	81.670	114.05	163.05	237.99	353.58	533.13	813.52	1253.2	1944.8	3034.8

续表

期数	12%	14%	15%	16%	18%	20%	24%	28%	32%	36%
1	1.0000	1.0000	1.0000	1.0000	1.0000	1.0000	1.0000	1.0000	1.0000	1.0000
2	2.1200	2.1400	2.1500	2.1600	2.1800	2.2000	2.2400	2.2800	2.3200	2.3600
3	3.3744	3.4396	3.4725	3.5056	3.5724	3.6400	3.7776	3.9184	3.0624	3.2096
4	4.7793	4.9211	4.9934	5.0665	5.2154	5.3680	5.6842	6.0156	6.3624	6.7251
5	6.3528	6.6101	6.7424	6.8771	7.1542	7.4416	8.0484	8.6999	9.3983	10.146
6	8.1152	8.5355	8.7537	8.9775	9.4420	9.9299	10.980	12.136	13.406	14.799
7	10.089	10.730	11.067	11.414	12.412	12.916	14.615	16.534	18.696	21.126
8	12.300	13.233	13.727	14.240	15.327	16.499	19.123	22.163	25.678	29.732
9	14.776	16.085	16.786	17.519	19.086	20.799	24.712	29.369	34.895	41.135
10	17.549	19.337	20.304	21.321	23.521	25.959	31.643	38.593	47.062	57.352
11	20.655	23.045	24.349	25.733	28.755	32.150	40.238	50.398	63.122	78.998
12	24.133	27.271	29.002	30.850	34.931	39.581	50.895	65.510	84.320	108.44
13	28.029	32.089	34.352	36.786	42.219	48.797	64.110	84.853	112.30	148.47
14	32.393	37.581	40.505	43.672	50.818	59.196	80.496	109.61	149.24	202.93
15	37.280	43.842	47.580	51.660	60.965	72.035	100.82	141.30	198.00	276.98
16	42.753	20.980	55.717	60.925	72.939	87.442	126.01	181.87	262.36	377.69
17	48.884	59.118	65.075	71.673	87.068	105.93	157.25	233.79	347.31	514.66
18	55.750	68.394	75.836	84.141	103.74	128.12	195.99	300.25	459.45	770.94
19	63.440	78.969	88.212	98.603	123.41	154.74	244.03	385.32	607.47	954.28
20	72.052	91.025	102.44	115.38	146.63	186.69	303.60	494.21	802.86	1298.8
21	81.699	104.77	118.81	134.84	174.02	225.03	377.46	633.59	1060.8	1767.4
22	92.503	120.44	137.63	157.41	206.34	271.03	469.06	812.00	1401.2	2404.7
23	104.60	138.30	159.28	183.60	244.49	326.24	582.63	1040.4	1850.6	3271.3
24	118.16	185.66	184.17	213.98	289.49	392.48	723.46	1332.7	2443.8	4450.0
25	133.33	181.87	212.79	249.21	342.60	471.98	898.09	1706.8	3226.8	6053.0
26	150.33	208.33	245.71	290.09	405.27	567.38	1114.6	2185.7	4260.4	8233.1
27	169.37	238.50	283.57	337.50	479.22	681.85	1383.1	2798.7	5624.8	11198.0
28	190.70	272.89	327.10	392.50	566.48	819.22	1716.1	3583.3	7425.7	15230.3
29	214.58	312.09	377.17	456.30	669.45	984.07	2129.0	4587.7	9802.9	20714.2
30	241.33	356.79	434.75	530.31	790.95	1181.9	2640.9	5873.2	12941	28172.3
40	767.09	1342.0	1779.1	2360.8	4163.2	7343.2	27290	69377	*	*
50	2400.0	4994.5	7217.7	10436	21813	4497	*	*	*	*
60	7471.6	15835	29220	46058	*	*	*	*	*	*

* >99999

附表四 年金现值系数表

期数	1%	2%	3%	4%	5%	6%	7%	8%	9%
1	0. 9901	0. 9804	0. 9709	0. 9615	0. 9524	0. 9434	0. 9346	0. 9259	0. 9174
2	1. 9704	1. 9416	1. 9135	1. 8861	1. 8594	1. 8334	1. 8080	1. 7833	1. 7591
3	2. 9410	2. 8839	2. 8286	2. 7751	2. 7232	2. 6730	2. 6243	2. 5771	2. 5313
4	3. 9020	3. 8077	3. 7171	3. 6299	3. 5460	3. 4651	3. 3872	3. 3121	3. 2397
5	4. 8534	4. 7135	4. 5797	4. 4518	4. 3295	4. 2124	4. 1002	3. 9927	3. 8897
6	5. 7955	5. 6014	5. 4172	5. 2421	5. 0757	4. 9173	4. 7665	1. 6229	4. 4859
7	6. 7282	6. 4720	6. 2303	6. 0021	5. 7864	5. 5824	5. 3893	5. 2064	5. 0330
8	7. 6517	7. 3255	7. 0197	6. 7327	6. 4632	6. 2098	5. 9713	5. 7466	5. 5348
9	8. 5660	8. 1622	7. 7861	7. 4353	7. 1078	6. 8017	6. 5152	6. 2469	5. 9952
10	9. 4713	8. 9826	8. 5302	8. 1109	7. 7217	7. 3601	7. 0236	6. 7101	6. 4177
11	10. 3676	9. 7868	9. 2526	8. 7605	7. 3064	7. 8869	7. 4987	7. 1390	6. 8052
12	11. 2551	10. 5753	9. 9640	9. 3851	8. 8633	8. 3838	7. 9427	7. 5361	7. 1607
13	12. 1337	11. 3484	10. 6350	9. 9856	9. 3936	8. 8527	8. 3577	7. 9038	7. 4869
14	13. 0037	12. 1062	11. 2961	10. 5631	9. 8986	9. 2950	8. 7455	8. 2442	7. 7862
15	13. 8651	12. 8493	11. 9379	11. 1184	10. 3797	9. 7122	9. 1079	8. 5595	8. 0607
16	14. 7179	13. 5777	12. 5611	11. 6523	10. 8378	10. 1059	9. 4466	8. 8514	8. 3126
17	15. 5623	14. 2919	13. 1661	12. 1657	11. 2741	10. 4773	9. 7632	9. 1216	8. 5436
18	16. 3983	14. 9920	13. 7535	12. 6896	11. 6896	10. 8276	10. 0591	9. 3719	8. 7556
19	17. 2260	15. 6785	14. 3238	13. 1339	12. 0853	11. 1581	10. 3356	9. 6036	8. 9601
20	18. 0456	16. 3514	14. 8775	13. 5903	12. 4622	11. 4699	10. 5940	9. 8181	9. 1285
21	18. 8570	17. 0112	15. 4150	14. 0292	12. 8212	11. 7641	10. 8355	10. 0168	9. 2922
22	19. 6604	17. 6580	15. 9369	14. 4511	13. 4886	12. 3034	11. 0612	10. 2007	9. 4424
23	20. 4558	18. 2922	16. 4436	14. 8568	13. 4886	12. 3034	11. 2722	10. 3711	9. 5802
24	21. 2434	18. 9139	16. 9355	15. 2470	13. 7986	12. 5504	11. 4693	10. 5289	9. 7066
25	22. 0232	19. 5235	17. 4131	15. 6221	14. 0939	12. 7834	11. 6536	10. 6748	9. 8226
26	22. 7952	20. 1210	17. 8768	15. 9828	14. 3752	13. 0032	11. 8258	10. 8100	9. 9290
27	23. 5596	20. 7059	18. 3270	16. 3296	14. 6430	13. 2105	11. 9867	10. 9352	10. 0266
28	24. 3164	21. 8213	18. 7641	16. 6631	14. 8981	13. 4062	12. 1371	11. 0511	10. 1161
29	25. 0658	21. 8444	19. 1885	16. 9837	15. 4111	13. 5907	12. 2777	11. 1584	10. 1983
30	25. 8077	22. 3965	19. 6004	17. 2920	15. 3725	13. 7648	12. 4090	11. 2578	10. 2737
35	29. 4086	24. 9986	21. 4872	18. 6646	16. 3742	14. 4982	12. 9477	11. 6546	10. 5668
40	32. 8347	27. 3555	23. 1148	19. 7928	17. 1591	15. 0463	13. 3317	11. 9246	10. 7574
45	36. 0945	29. 4902	24. 5187	20. 7200	17. 7741	15. 4558	13. 6055	12. 1084	10. 8812
50	39. 1961	31. 4236	25. 7298	21. 4822	18. 2559	15. 7619	13. 8007	12. 2335	10. 9617
55	42. 1472	33. 1748	26. 7744	22. 1086	18. 6335	15. 9905	13. 9399	12. 3186	11. 0140

续表

期数	10%	12%	14%	15%	16%	18%	20%	24%	28%	32%
1	0.9091	0.8929	0.8772	0.8696	0.8621	0.8475	0.8333	0.8065	0.7813	0.7576
2	1.7355	1.6901	1.6467	1.6257	1.6052	1.5656	1.5278	1.4568	1.3916	1.3315
3	2.4869	2.4018	2.3216	2.2832	2.2459	2.1743	2.1065	1.9813	1.8684	1.7663
4	3.1699	3.0373	2.9173	2.8550	2.7982	2.6901	2.5887	2.4043	2.2410	2.0957
5	3.7908	3.6048	3.4331	3.3522	3.2743	3.1272	8.9906	2.7454	2.5320	2.3452
6	4.3553	4.1114	3.8887	3.7845	3.6847	3.4976	3.3255	3.0205	2.7594	2.5342
7	4.8684	4.5638	4.2882	4.1604	4.0386	3.8115	3.6046	3.2423	2.9370	2.6775
8	5.3349	4.9676	4.6389	4.4873	4.3436	4.0776	3.8372	3.4212	3.0758	2.7860
9	5.7590	5.3282	4.9464	4.7716	4.6065	4.3030	4.0310	2.5655	2.1842	2.8681
10	6.1446	5.6502	5.2161	5.0188	4.8332	4.4941	4.1925	3.6819	3.2689	2.9304
11	6.4951	5.9377	5.4527	5.2337	5.0286	4.6560	4.3271	3.7757	3.3351	2.9776
12	6.8137	6.1944	5.6603	5.4206	5.1971	4.7932	4.4392	3.8514	3.3868	3.0133
13	7.1034	6.4235	5.8424	5.5831	5.3423	4.9095	4.5327	3.9124	3.4272	3.0404
14	7.3667	6.6282	6.0021	5.7245	5.1675	5.0081	4.6106	3.9616	3.4587	3.0609
15	7.6061	6.8109	6.1422	5.8474	5.5755	5.0916	4.6755	4.0013	3.4834	3.0764
16	7.8237	6.9740	6.2651	5.9542	5.6685	5.1624	4.7296	4.0333	3.5026	3.0882
17	8.0216	7.1196	6.3729	6.0472	5.7487	5.2223	4.7746	4.0591	3.5177	3.0971
18	8.2014	7.2497	6.4671	6.1280	5.8178	5.2732	7.8122	4.0799	3.5294	3.1039
19	8.3649	7.3658	6.5504	6.1982	5.8775	5.3162	4.8435	4.0967	3.5386	3.1090
20	8.5136	7.4694	6.6231	6.2593	5.9288	5.3527	4.8696	4.1103	3.5458	3.1129
21	8.6487	7.5620	6.6870	6.3125	5.9731	5.3837	4.8913	4.1212	3.5514	3.1158
22	8.7715	7.6446	6.7429	6.3587	6.0113	5.4099	4.9094	4.1300	3.5558	3.1180
23	8.8832	7.7184	6.7921	6.3988	6.0442	5.4321	4.9245	4.1371	3.5592	3.1197
24	8.9847	7.7843	6.8351	6.4338	6.0726	5.4509	4.9371	4.1428	3.5619	3.1210
25	9.0770	7.8431	6.8729	6.4641	6.0971	5.4669	4.9476	4.1474	3.5640	3.1200
26	9.1609	7.8957	6.9061	6.4906	6.1182	5.4804	4.9563	4.1511	3.5656	3.1227
27	9.2372	7.9426	6.9352	6.5135	6.1364	5.4919	4.9636	4.1542	3.5669	3.1233
28	9.3066	7.9844	6.9607	6.5335	6.1520	5.5016	4.9697	4.1566	3.5679	3.1237
29	9.3696	8.0218	6.9830	6.5509	6.1356	5.5098	4.9747	4.1585	3.5687	3.1240
30	9.4269	8.0552	7.0027	6.5660	6.1772	5.5168	4.9789	4.1601	3.5693	3.1242
35	9.6442	8.1755	7.0700	6.6166	6.2153	5.5386	4.9915	1.1644	3.5708	3.1248
40	9.7791	8.2438	7.1050	6.6418	6.2335	5.5482	4.9966	4.1659	3.5712	3.1250
45	9.8628	8.2825	7.1232	6.6543	6.2421	5.5523	4.9986	4.1664	3.5714	3.1250
50	9.9148	8.3045	7.1327	6.6605	6.2463	5.5541	4.9995	4.1666	3.5714	3.1250
55	9.9471	8.3170	7.1376	6.6636	6.2482	5.5549	4.9998	4.1666	3.5714	3.1250

附表五

自然对数表

N	0	1	2	3	4	5	6	7	8	9
1.0	0.0000	0.0100	0.0198	0.0296	0.0392	0.0488	0.0583	0.0677	0.0770	0.0862
1.1	0.0953	0.1044	0.1133	0.1222	0.1310	0.1398	0.1484	0.1570	0.1655	0.1740
1.2	0.1823	0.1906	0.1989	0.2070	0.2151	0.2231	0.2311	0.2390	0.2469	0.2546
1.3	0.2624	0.2700	0.2776	0.2852	0.2927	0.3001	0.3075	0.3148	0.3221	0.3293
1.4	0.3365	0.3436	0.3507	0.3577	0.3646	0.3716	0.3784	0.3853	0.3920	0.3988
1.5	0.4055	0.4121	0.4187	0.4253	0.4318	0.4383	0.4447	0.4511	0.4574	0.4637
1.6	0.4700	0.4762	0.4824	0.4886	0.4947	0.5008	0.5068	0.5128	0.5188	0.5247
1.7	0.5306	0.5365	0.5423	0.5481	0.5539	0.5596	0.5653	0.5710	0.5766	0.5822
1.8	0.5878	0.5933	0.5988	0.6043	0.6098	0.6152	0.6206	0.6259	0.6313	0.6366
1.9	0.6419	0.6471	0.6523	0.6575	0.6627	0.6678	0.6729	0.6780	0.6831	0.6881
2.0	0.6931	0.6981	0.7031	0.7080	0.7129	0.7178	0.7227	0.7275	0.7324	0.7372
2.1	0.7419	0.7467	0.7514	0.7561	0.7608	0.7655	0.7701	0.7747	0.7793	0.7839
2.2	0.7885	0.7930	0.7975	0.8020	0.8065	0.8109	0.8154	0.8198	0.8242	0.8286
2.3	0.8329	0.8372	0.8416	0.8459	0.8502	0.8544	0.8587	0.8629	0.8671	0.8713
2.4	0.8755	0.8796	0.8838	0.8879	0.8920	0.8961	0.9002	0.9042	0.9083	0.9123
2.5	0.9163	0.9203	0.9243	0.9282	0.9322	0.9361	0.9400	0.9439	0.9478	0.9517
2.6	0.9555	0.9594	0.9632	0.9670	0.9708	0.9746	0.9783	0.9821	0.9858	0.9895
2.7	0.9933	0.9969	1.0006	1.0043	1.0080	1.0116	1.0152	1.0188	1.0225	1.0260
2.8	1.0296	1.0332	1.0367	1.0403	1.0438	1.0473	1.0508	1.0543	1.0578	1.0613
2.9	1.0647	1.0682	1.0716	1.0750	1.0781	1.0818	1.0852	1.0886	1.0919	1.0953
3.0	1.0986	1.1019	1.1053	1.1086	1.1119	1.1151	1.1184	1.1217	1.1249	1.1282
3.1	1.1314	1.1346	1.1378	1.1410	1.1442	1.1474	1.1506	1.1537	1.1569	1.1600
3.2	1.1632	1.1663	1.1694	1.1725	1.1756	1.1787	1.1817	1.1848	1.1878	1.1909
3.3	1.1939	1.1969	1.2000	1.2030	1.2060	1.2090	1.2119	1.2149	1.2179	1.2208
3.4	1.2238	1.2267	1.2296	1.2326	1.2355	1.2384	1.2413	1.2442	1.2470	1.2499
3.5	1.2528	1.2556	1.2585	1.2613	1.2641	1.2669	1.2698	1.2726	1.2754	1.2782
3.6	1.2809	1.2837	1.2865	1.2892	1.2920	1.2947	1.2975	1.3002	1.3029	1.3056
3.7	1.3083	1.3110	1.3137	1.3164	1.3191	1.3218	1.3244	1.3271	1.3297	1.3324
3.8	1.3350	1.3376	1.3403	1.3429	1.3455	1.3481	1.3507	1.3533	1.3558	1.3584
3.9	1.3610	1.3635	1.3661	1.3686	1.3712	1.3737	1.3762	1.3788	1.3813	1.3838
4.0	1.3863	1.3888	1.3913	1.3938	1.3962	1.3987	1.4012	1.4036	1.4061	1.4085
4.1	1.4110	1.4134	1.4159	1.4183	1.4207	1.4231	1.4255	1.4279	1.4303	1.4327
4.2	1.4351	1.4375	1.4398	1.4422	1.4446	1.4469	1.4493	1.4516	1.4540	1.4563
4.3	1.4586	1.4609	1.4633	1.4656	1.4679	1.4702	1.4725	1.4748	1.4770	1.4793
4.4	1.4816	1.4839	1.4861	1.4884	1.4907	1.4929	1.4951	1.4974	1.4996	1.5019

续表

N	0	1	2	3	4	5	6	7	8	9
4. 5	1. 5041	1. 5063	1. 5085	1. 5107	1. 5129	1. 5151	1. 5173	1. 5195	1. 5217	1. 5239
4. 6	1. 5261	1. 5282	1. 5304	1. 5326	1. 5347	1. 5369	1. 5390	1. 5412	1. 5433	1. 5454
4. 7	1. 5476	1. 5497	1. 5518	1. 5539	1. 5560	1. 5581	1. 5602	1. 5623	1. 5644	1. 5665
4. 8	1. 5686	1. 5707	1. 5728	1. 5748	1. 5769	1. 5790	1. 5810	1. 5831	1. 5851	1. 5872
4. 9	1. 5892	1. 5913	1. 5933	1. 5953	1. 5974	1. 5994	1. 6014	1. 6034	1. 6054	1. 6074
5. 0	1. 6094	1. 6114	1. 6134	1. 6154	1. 6174	1. 6194	1. 6214	1. 6233	1. 6253	1. 6273
5. 1	1. 6292	1. 6312	1. 6332	1. 6351	1. 6371	1. 6390	1. 6409	1. 6429	1. 6448	1. 6467
5. 2	1. 6487	1. 6506	1. 6525	1. 6544	1. 6563	1. 6582	1. 6601	1. 6620	1. 6639	1. 6658
5. 3	1. 6677	1. 6696	1. 6715	1. 6734	1. 6752	1. 6771	1. 6790	1. 6808	1. 6827	1. 6845
5. 4	1. 6864	1. 6882	1. 6901	1. 6919	1. 6938	1. 6956	1. 6974	1. 6993	1. 7011	1. 7029
5. 5	1. 7047	1. 7066	1. 7084	1. 7102	1. 7120	1. 7138	1. 7156	1. 7174	1. 7192	1. 7210
5. 6	1. 7228	1. 7246	1. 7263	1. 7281	1. 7299	1. 7317	1. 7334	1. 7352	1. 7370	1. 7387
5. 7	1. 7405	1. 7422	1. 7440	1. 7457	1. 7475	1. 7492	1. 7509	1. 7527	1. 7544	1. 7561
5. 8	1. 7579	1. 7596	1. 7613	1. 7630	1. 7647	1. 7664	1. 7681	1. 7699	1. 7716	1. 7733
5. 9	1. 7750	1. 7766	1. 7783	1. 7800	1. 7817	1. 7834	1. 7851	1. 7867	1. 7884	1. 7901
6. 0	1. 7918	1. 7934	1. 7951	1. 7967	1. 7984	1. 8001	1. 8017	1. 8034	1. 8050	1. 8066
6. 1	1. 8083	1. 8099	1. 8116	1. 8132	1. 8148	1. 8165	1. 8181	1. 8197	1. 8213	1. 8229
6. 2	1. 8245	1. 8262	1. 8278	1. 8294	1. 8310	1. 8326	1. 8342	1. 8358	1. 8374	1. 8390
6. 3	1. 8405	1. 8421	1. 8437	1. 8453	1. 8469	1. 8485	1. 8500	1. 8516	1. 8532	1. 8547
6. 4	1. 8563	1. 8579	1. 8594	1. 8610	1. 8625	1. 8641	1. 8656	1. 8672	1. 8687	1. 8703
6. 5	1. 8718	1. 8733	1. 8749	1. 8764	1. 8779	1. 8795	1. 8810	1. 8825	1. 8840	1. 8856
6. 6	1. 8871	1. 8886	1. 8901	1. 8916	1. 8931	1. 8946	1. 8961	1. 8976	1. 8991	1. 9006
6. 7	1. 9021	1. 9036	1. 9051	1. 9066	1. 9081	1. 9095	1. 9110	1. 9125	1. 9140	1. 9155
6. 8	1. 9169	1. 9184	1. 9199	1. 9213	1. 9228	1. 9242	1. 9257	1. 9272	1. 9286	1. 9301
6. 9	1. 9315	1. 9330	1. 9344	1. 9359	1. 9373	1. 9387	1. 9402	1. 9416	1. 9430	1. 9445
7. 0	1. 9459	1. 9473	1. 9488	1. 9502	1. 9516	1. 9530	1. 9544	1. 9559	1. 9573	1. 9587
7. 1	1. 9601	1. 9615	1. 9629	1. 9643	1. 9657	1. 9671	1. 9685	1. 9699	1. 9713	1. 9727
7. 2	1. 9741	1. 9755	1. 9769	1. 9782	1. 9796	1. 9810	1. 9824	1. 9838	1. 9851	1. 9865
7. 3	1. 9879	1. 9892	1. 9906	1. 9920	1. 9933	1. 9947	1. 9961	1. 9974	1. 9988	2. 0001
7. 4	2. 0015	2. 0028	2. 0042	2. 0055	2. 0069	2. 0082	2. 0096	2. 0109	2. 0122	2. 0136
7. 5	2. 0149	2. 0162	2. 0176	2. 0189	2. 0202	2. 0215	2. 0229	2. 0242	2. 0255	2. 0268
7. 6	2. 0281	2. 0295	2. 0308	2. 0321	2. 0334	2. 0347	2. 0360	2. 0373	2. 0386	2. 0399
7. 7	2. 0412	2. 0425	2. 0438	2. 0451	2. 0464	2. 0477	2. 0490	2. 0503	2. 0516	2. 0528
7. 8	2. 0541	2. 0554	2. 0567	2. 0580	2. 0592	2. 0605	2. 0618	2. 0631	2. 0643	2. 0656
7. 9	2. 0669	2. 0681	2. 0694	2. 0707	2. 0719	2. 0732	2. 0744	2. 0757	2. 0769	2. 0782

续表

N	0	1	2	3	4	5	6	7	8	9
8.0	2.0794	2.0807	2.0819	2.0832	2.0844	2.0857	2.0869	2.0882	2.0894	2.0906
8.1	2.0919	2.0931	2.0943	2.0956	2.0968	2.0980	2.0992	2.1005	2.1017	2.1029
8.2	2.1041	2.1054	2.1066	2.1078	2.1090	2.1102	2.1114	2.1126	2.1138	2.1150
8.3	2.1163	2.1175	2.1187	2.1199	2.1211	2.1223	2.1235	2.1247	2.1258	2.1270
8.4	2.1282	2.1294	2.1306	2.1318	2.1330	2.1342	2.1353	2.1365	2.1377	2.1289
8.5	2.1401	2.1412	2.1424	2.1436	2.1448	2.1459	2.1471	2.1483	2.1494	2.1506
8.6	2.1518	2.1529	2.1541	2.1552	2.1564	2.1576	2.1587	2.1599	2.1610	2.1622
8.7	2.1633	2.1645	2.1656	2.1668	2.1679	2.1691	2.1702	2.1713	2.1725	2.1736
8.8	2.1748	2.1759	2.1770	2.1782	2.1793	2.1804	2.1815	2.1827	2.1838	2.1849
8.9	2.1861	2.1872	2.1883	5.1894	2.1905	2.1917	2.1928	2.1939	2.1950	2.1961
9.0	2.1972	2.1983	2.1994	2.2006	2.2017	2.2028	2.2039	2.2050	2.2061	2.2072
9.1	2.2083	2.2094	2.2105	2.2116	2.2127	2.2138	2.2148	2.2186	2.2170	2.2181
9.2	2.2192	2.2203	2.2214	2.2225	2.2235	2.2246	2.2257	2.2268	2.2279	2.2289
9.3	2.2300	2.2311	2.2322	2.2332	2.2343	2.2354	2.2364	2.2375	2.2386	2.2396
9.4	2.2407	2.2418	2.2428	2.2439	2.2450	2.2460	2.2471	2.2481	2.2492	2.2502
9.5	2.2513	2.2523	2.2534	2.2544	2.2555	2.2565	2.2576	2.2586	2.2597	2.2607
9.6	2.2618	2.2628	2.2638	2.2649	2.2659	2.2670	2.2680	2.2690	2.2701	2.2711
9.7	2.2721	2.2732	2.2742	2.2752	2.2762	2.2773	2.2783	2.2793	2.2803	2.2814
9.8	2.2824	2.2834	2.2844	2.2854	2.2865	2.2875	2.2885	2.2895	2.2905	2.2915
9.9	2.2925	2.2935	2.2946	2.2956	2.2966	2.2976	2.2986	2.2996	2.3006	2.3016
10.0	2.3026									

附表六　　正态分布下的累积概率[$N(d)$]

(即变量取值小于其均值与 d 个标准差之和的概率)

X/σ	0.00	0.01	0.02	0.03	0.04	0.05	0.06	0.07	0.08	0.09
0.0	0.5000	0.5040	0.5080	0.5120	0.5160	0.5199	0.5239	0.5279	0.5319	0.5359
0.1	0.5398	0.5438	0.5478	0.5517	0.5557	0.5596	0.5636	0.5675	0.5714	0.5753
0.2	0.5793	0.5832	0.5871	0.5910	0.5948	0.5987	0.6026	0.6064	0.6103	0.6141
0.3	0.6179	0.6217	0.6255	0.6293	0.6331	0.6368	0.6406	0.6443	0.6480	0.6517
0.4	0.6554	0.6591	0.6628	0.6664	0.6700	0.6736	0.6772	0.6808	0.6844	0.6879
0.5	0.6915	0.6950	0.6985	0.7019	0.7054	0.7088	0.7123	0.7157	0.7190	0.7224
0.6	0.7257	0.7291	0.7324	0.7357	0.7389	0.7422	0.7454	0.7486	0.7817	0.7549
0.7	0.7580	0.7611	0.7642	0.7673	0.7704	0.7734	0.7764	0.7794	0.7823	0.7852
0.8	0.7881	0.7910	0.7939	0.7967	0.7995	0.8023	0.8051	0.8078	0.8106	0.8133
0.9	0.8159	0.8186	0.8212	0.8238	0.8264	0.8289	0.8315	0.8340	0.8365	0.8389

续表

X/σ	0. 00	0. 01	0. 02	0. 03	0. 04	0. 05	0. 06	0. 07	0. 08	0. 09
1. 0	0. 8413	0. 8438	0. 8461	0. 8485	0. 8508	0. 8531	0. 8554	0. 8577	0. 8599	0. 8621
1. 1	0. 8643	0. 8665	0. 8686	0. 8708	0. 8729	0. 8749	0. 8770	0. 8790	0. 8810	0. 8830
1. 2	0. 8849	0. 8869	0. 8888	0. 8907	0. 8925	0. 8944	0. 8962	0. 8980	0. 8997	0. 9015
1. 3	0. 9032	0. 9049	0. 9066	0. 9082	0. 9099	0. 9115	0. 9131	0. 9147	0. 9162	0. 9177
1. 4	0. 9192	0. 9207	0. 9222	0. 9236	0. 9251	0. 9265	0. 9279	0. 9292	0. 9306	0. 9319
1. 5	0. 9332	0. 9345	0. 9357	0. 9370	0. 9382	0. 9394	0. 9406	0. 9418	0. 9429	0. 9441
1. 6	0. 9452	0. 9463	0. 9474	0. 9484	0. 9495	0. 9505	0. 9515	0. 9525	0. 9535	0. 9545
1. 7	0. 9554	0. 9564	0. 9573	0. 9582	0. 9591	0. 9599	0. 9608	0. 9616	0. 9625	0. 9633
1. 8	9. 0641	0. 9649	0. 9656	0. 9664	0. 9671	0. 9678	0. 9686	0. 9693	0. 9699	0. 9706
1. 9	0. 9713	0. 9719	0. 9726	0. 9732	0. 9738	0. 9744	0. 9750	0. 9756	0. 9761	0. 9767
2. 0	0. 9772	0. 9778	0. 9783	0. 9788	0. 9793	0. 9798	0. 9803	0. 9808	0. 9812	0. 9817
2. 1	0. 9821	0. 9826	0. 9830	0. 9834	0. 9838	0. 9842	0. 9846	0. 9850	0. 9854	0. 9857
2. 2	0. 9861	0. 9864	0. 9868	0. 9871	0. 9875	0. 9878	0. 9881	0. 9884	0. 9887	0. 9890
2. 3	0. 9893	0. 9896	0. 9898	0. 9901	0. 9904	0. 9906	0. 9909	0. 9911	0. 9913	0. 9916
2. 4	0. 9918	0. 9920	0. 9922	0. 9925	0. 9927	0. 9929	0. 9931	0. 9932	0. 9934	0. 9936
2. 5	0. 9938	0. 9940	0. 9941	0. 9943	0. 9945	0. 9946	0. 9948	0. 9949	0. 9951	0. 9952
2. 6	0. 9953	0. 9955	0. 9956	0. 9957	0. 9959	0. 9960	0. 9961	0. 9962	0. 9963	0. 9964
2. 7	0. 9965	0. 9966	0. 9967	0. 9968	0. 9969	0. 9970	0. 9971	0. 9972	0. 9973	0. 9974
2. 8	0. 9974	0. 9975	0. 9976	0. 9977	0. 9977	0. 9978	0. 9979	0. 9979	0. 9980	0. 9981
2. 9	0. 9981	0. 9982	0. 9982	0. 9983	0. 9984	0. 9984	0. 9985	0. 9985	0. 9986	0. 9986
3. 0	0. 9987	0. 9987	0. 9987	0. 9988	0. 9988	0. 9989	0. 9989	0. 9989	0. 9990	0. 9990
4. 0	1. 0000	1. 0000	1. 0000	1. 0000	1. 0000	1. 0000	1. 0000	1. 0000	1. 0000	1. 0000
5. 0	1. 0000	1. 0000	1. 0000	1. 0000	1. 0000	1. 0000	1. 0000	1. 0000	1. 0000	1. 0000

注：例如，$d=0.22$，则 $N(d)=0.5871$，即正态分布变量有 0. 5871 的可能取值小于其均值与 0. 22 个标准差之和。

附表七　　　　**e^{rt}的值：1 元的连续复利终值**

	r									
0	1%	2%	3%	4%	5%	6%	7%	8%	9%	10%
1	1. 0101	1. 0202	1. 0305	1. 0408	1. 0513	1. 0618	1. 0725	1. 0833	1. 0942	1. 1052
2	1. 0202	1. 0408	1. 0618	1. 0833	1. 1052	1. 1275	1. 1503	1. 1735	1. 1972	1. 2214
3	1. 0305	1. 0618	1. 0942	1. 1275	1. 1618	1. 1972	1. 2337	1. 2712	1. 3100	1. 3499
4	1. 0408	1. 0833	1. 1275	1. 1735	1. 2214	1. 2712	1. 3231	1. 3771	1. 4333	1. 4918
5	1. 0513	1. 1052	1. 1618	1. 2214	1. 2840	1. 3499	1. 4191	1. 4918	1. 5683	1. 6487
6	1. 0618	1. 1275	1. 1972	1. 2712	1. 3499	1. 4333	1. 5220	1. 6161	1. 7160	1. 8221
7	1. 0725	1. 1503	1. 2337	1. 3231	1. 4191	1. 5220	1. 6323	1. 7507	1. 8776	2. 0438
8	1. 0833	1. 1735	1. 2712	1. 3771	1. 4918	1. 6161	1. 7507	1. 8965	2. 0544	2. 2255

续表

	r									
0	1%	2%	3%	4%	5%	6%	7%	8%	9%	10%
9	1.0942	1.1972	1.3100	1.4333	1.5683	1.7160	1.8776	2.0544	2.2479	2.4596
10	1.1052	1.2214	1.3499	1.4918	1.6487	1.8221	2.0138	2.2255	2.4596	2.7186
11	1.1163	1.2461	1.3910	1.5527	1.7333	1.9348	2.1598	2.4109	2.6912	3.0042
12	1.1275	1.2712	1.4333	1.6161	1.8221	2.0544	2.3164	2.6117	2.9447	3.3201
13	1.1388	1.2969	1.4770	1.6820	1.9155	2.1815	2.4843	2.8292	3.222	3.6693
14	1.1503	1.3231	1.5220	1.7507	2.0138	2.3164	2.6645	3.0649	3.5254	4.0552
15	1.1618	1.3499	1.5683	1.8221	2.1170	2.4596	2.8577	3.3201	3.8574	4.4817
16	1.1735	1.3771	1.6161	1.8965	2.2255	2.6117	3.0649	3.5966	4.2207	4.953
17	1.1853	1.4019	1.6653	1.9739	2.3396	1.7732	3.2871	3.8962	4.6182	5.4739
18	1.1972	1.4333	1.7160	2.0544	2.4596	2.9447	3.5254	4.2207	5.0531	6.0496
19	1.2092	1.4623	1.7683	2.1383	2.5857	3.1268	3.7810	4.5722	5.5290	6.6859
20	1.2214	1.4918	1.8221	2.2255	2.7183	3.3201	4.0552	4.9530	6.0496	7.3891
21	1.2337	1.5220	1.8776	2.3164	2.8577	3.5254	4.3492	5.3656	6.6194	8.1662
22	1.2461	1.5527	1.9348	2.4109	3.0042	3.7434	4.6646	5.8124	7.2427	9.0250
23	1.2586	1.5841	1.9937	2.5093	3.1582	3.9749	5.0028	6.2965	7.9248	9.9742
24	1.2712	1.6161	2.0544	2.6117	3.3201	4.2207	5.3656	6.821	8.6711	1.1023
25	1.2840	1.6487	2.117	2.7183	3.4903	4.4817	5.7546	7.3891	9.4877	1.2182
30	1.3499	1.8221	2.4596	3.3201	4.4817	6.0496	8.1662	11.023	14.880	20.086
35	1.4191	2.0138	2.8577	4.0552	5.7546	8.1662	11.588	16.445	23.336	33.115
40	1.4918	2.2255	3.3201	4.9530	7.3891	11.023	16.445	24.533	36.598	54.598
45	1.5683	2.4596	3.8574	6.0496	9.4877	14.880	23.336	36.598	57.397	90.017
50	1.6487	2.7183	4.4817	7.3891	12.182	20.086	33.115	54.598	90.017	148.41
55	1.7333	3.0042	5.2070	9.0250	15.643	27.113	46.993	81.451	141.17	244.69
60	1.8221	3.3201	6.0496	11.023	20.086	36.598	66.686	121.51	221.41	403.43

注：例如，以10%的年利率连续复利，则今天投资1元，1年末的价值为1.1052元，2年末的价值为1.2214元。